2016 XINGQING NIANJIAN

兴庆年鉴

银川市兴庆区地方志编审委员会办公室　编

2016 XINGQING NIANJIAN

方志出版社
Publishing House of Local Records

图书在版编目（CIP）数据

兴庆年鉴. 2016 / 银川市兴庆区地方志编审委员会办公室编. — 北京：方志出版社，2018.5
ISBN 978-7-5144-3087-5

Ⅰ. ①兴… Ⅱ. ①银… Ⅲ. ①区（城市）—银川—2017—年鉴 Ⅳ. ①Z524.34

中国版本图书馆CIP数据核字（2018）第126428号

兴庆年鉴（2016）

编　　者：银川市兴庆区地方志编审委员会办公室
责任编辑：宁　芳

出 版 人：冀祥德
出 版 者：方志出版社
地址　北京市朝阳区潘家园东里9号（国家方志馆4层）
邮编　100021
网址　http://www.fzph.org
发　　行：方志出版社图书经销中心
电话（010）67110500
经　　销：各地新华书店
印　　刷：宁夏凤鸣彩印广告有限公司

开　　本：880×1230　　1/16
印　　张：27.25
字　　数：1047千字
版　　次：2018年5月第1版　　2018年5月第1次印刷
印　　数：0001~2000册

ISBN 978-7-5144-3087-5　　定　价：298.00元

《兴庆年鉴 2016》编委会

《兴庆年鉴 2016》编辑部

编辑说明

一、《兴庆年鉴 2016》以马克思列宁主义、毛泽东思想、邓小平理论、“三个代表”重要思想、科学发展观、习近平新时代特色社会主义思想为指导，坚持辨证唯物主义和历史唯物主义的立场、观点和方法，坚持文化自信、发扬传统、秉笔直书、反映现实、探索规律，为社会主义建设服务，为广大人民群众服务，使年鉴能逐步走进千家万户。

二、《兴庆年鉴 2016》力求全面、客观、翔实地记录 2015 年 1 月 1 日至 12 月 31 日发生在兴庆区行政区域内的政治、经济、社会等活动以及人文自然等情况，主要反映兴庆区 2015 年各项事业的发展状况、重大事件和取得的新业绩。

三、《兴庆年鉴 2016》继续采用通行的分类编辑法，以类目、分目、条目 3 个层次编排。不同层次的标题，以字体、字号和版式设计加以区别。为反映分类的客观性，个别分目设次分目。条目是年鉴最基本的表述形式，反映年鉴最基本的内容，条目标题统一用黑体字加【 】表示。

四、《兴庆年鉴 2016》与《兴庆年鉴 2015》存在承接关系。设特载、兴庆区 2015 年为民办实事、媒体看兴庆、大事记、兴庆区综览、政党·政务、民主党派·群众团体、法治、军事、农牧·绿化·水利、驻地工业·房地产业、城乡建设·交通运输、城乡服务与管理、商贸·物流、财政·税收、金融、综合经济管理、卫生管理·人口健康、科学技术·环境保护、社会服务·人民生活、教育、文化·体育·旅游、乡·镇·街道（管委会）、学苑人物、荣誉、附录 26 个部类（目），128 个分目，1068 个条目。

五、《兴庆年鉴 2016》对分目、条目之间的交叉信息内容，采取分清主次、详略互见和互补等记述方法，力求不遗漏，也忌重复。

六、《兴庆年鉴 2016》记载内容，由兴庆区各个部门及属地各有关单位提供，并经各主管部门审核；统计数据以兴庆区统计局提供的《2015 年银川市兴庆区国民经济和社会发展统计公报》为准。有些是自治区和银川市的相关内容，只在彩页中反映。

七、《兴庆年鉴 2016》表述形式有条目、图片、表格等。行文中严格执行文字、数字、计量单位、标点符号的国家标准规范 （ 习惯原因，有的土地面积用“亩”表示），全书一律使用第三人称记述。

八、人物类设“学苑人物”，尝试每年的特定倾向性，侧重某个领域，避免欲全而又不能全的一般性记述。文中照片均由区委宣传部和各单位提供。

《兴庆年鉴》编辑部

2017 年 12 月

2015 年 4 月 23 日，自治区党委书记李建华（前排中）在兴庆区调研

2015 年 5 月 28 日，自治区主席刘慧（中）在兴庆区调研康居工程建设

2015 年 11 月 9 日，自治区党委常委、副主席李锐（中）在兴庆区参加消防宣传月启动活动

2015 年 4 月 30 日，自治区副主席马力（中）检查银川汽车站消防工作

2015 年 6 月 5 日，自治区人大常委会副主任王儒贵（前左三）在兴庆区调研

2015 年 11 月 17 日，自治区政协副主席李淑芬（右三）在兴庆区调研基层党建工作

2015 年 3 月 19 日，银川市委书记徐广国（中）在兴庆区检查康居工程建设情况

2015 年 10 月 13 日，银川市市长白尚成（左四）在兴庆区委书记马爱平（左三）的陪同下考察宁夏医科大学骨科医院

2015年7月16日，银川市人大常委会主任孙荣山（右四）在清真寺和穆斯林群众欢度开斋节

2015年2月9日，兴庆区党委书记马爱平（左二）检查客运站消防安全工作

2015年10月28日，兴庆区区长朱韶峰（中）在宁光电工厂调研

2015年5月7日，兴庆区政协主席曹生林（左二）调研“平安兴庆”建设工作

2015年9月8日，兴庆区人大常委会副主任肖建东（中）调研青少年矫正帮扶工作

2015年12月3日，最高人民法院信息化技术服务中心主任许建峰（中）调研兴庆区人民法院信息化建设

2015 年 7 月，步行街摩巡队整齐亮相

2015 年 8 月 16 日，步行街中队巡逻队员文明巡查

2015 年 11 月 9 日，消防战士教市民如何使用消防水带

2015年3月5日，兴庆区“我是雷锋”暨“鲜花朵朵送雷锋”活动正式启动

2015 年 7 月 16 日，安监部门检查特种设备压力管道安全

2015 年 8 月 17 日，市场管理二分局开展危险品检查工作

2015 年 10 月 28 日，安监局会同消防部门检查月牙湖头道墩加油站防火设施

2015 年 3 月 19 日，通贵乡召开 2015 年民兵组织整顿点验大会，100 名基干民兵参加

2015 年 8 月 19 日，兴庆区教育局组织 2015 年新招聘的 194 名教师进行岗前军事化训练

2015 年 11 月 3 日兴庆区婚姻登记处代表宁夏参加全国第二届结婚登记颁证技能比赛

2015 年 8 月 12 日，胜利街街道康馨社区组织辖区青少年参加听抗战故事、观看抗战电影活动

2015年1月5日，兴庆区副区长马少红（左二）在和老同志交谈

“最美银川人“李树元照顾辖区老人

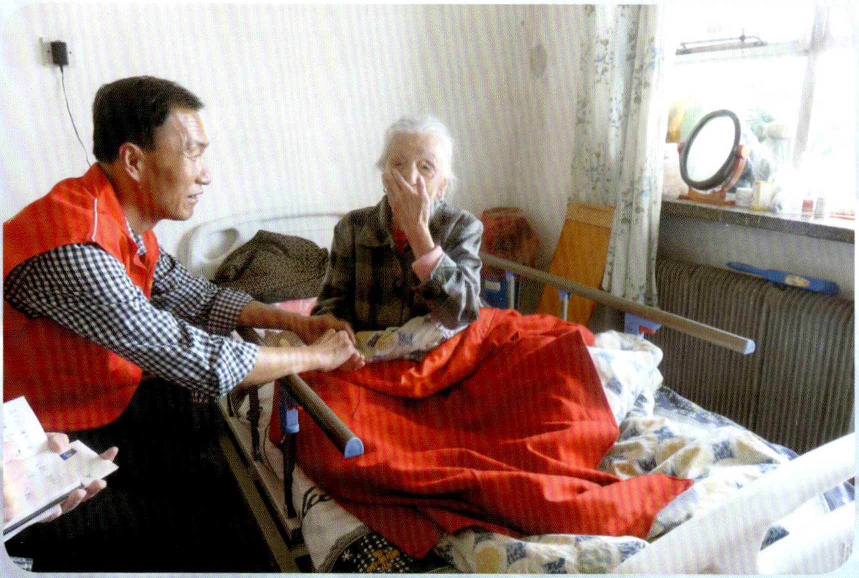

2015年8月18日，斯达克世界从此欢声笑语——中国（宁夏）助听捐赠验配活动在人民广场启动

2015年10月18日，为纪念抗战胜利70周年，富宁街街道举行“革命歌曲大家唱”活动，老中青三代人同唱革命歌曲，共忆革命岁月

2015年3月19日，兴庆区政府购买学前教育服务，学生家长领取助学券

2015年1月28日，慈善家皮勇（右）为兴庆区社会福利院送来价值万元的慰问品

2015年9月18日，富宁街街道举行“民族大团结、欢乐古尔邦”趣味运动会，50余名回族、汉族群众欢聚一堂，品尝特色清真美食，参与趣味游戏

为做好人口早期启蒙教育，富宁街打造“亲亲宝贝”早教乐园，为0~3岁幼儿提供全方位的早教服务，满足社会和家庭对婴幼儿早期教育的需求

2015年9月6日，兴庆区为清洁工配发新电动车

2015年5月4日，兴庆区团委举办“五四青年”表彰活动

2015 年 4 月 28 日，兴庆区社会福利院、中心敬老院举办“技能之星”大赛

2015 年 5 月 13 日，兴庆区第九届“兴庆杯”中小学生田径运动会在自治区体育场举行

2015年1月26日，大庙社区的20多名小朋友参与“腊八拼豆DIY”活动，创作属于他们自己的腊八节礼物

2015年5月29日，富宁街街道中寺社区与银川市宗睦幼儿园联合举行“好家风伴成长”庆“六一”亲子活动，幼儿园小班的100余名“萌宝”为家长表演“环保服装秀”

2015年5月8日，回民三小学生身着汉服为母亲敬茶，“以爱之名 感恩母亲”活动

落户月牙湖乡的移民分享花卉丰收的喜悦

孩子们表演足球操

移民群众在月牙湖红树莓基地采摘

民族北街

北京东路

塞上江南好风光

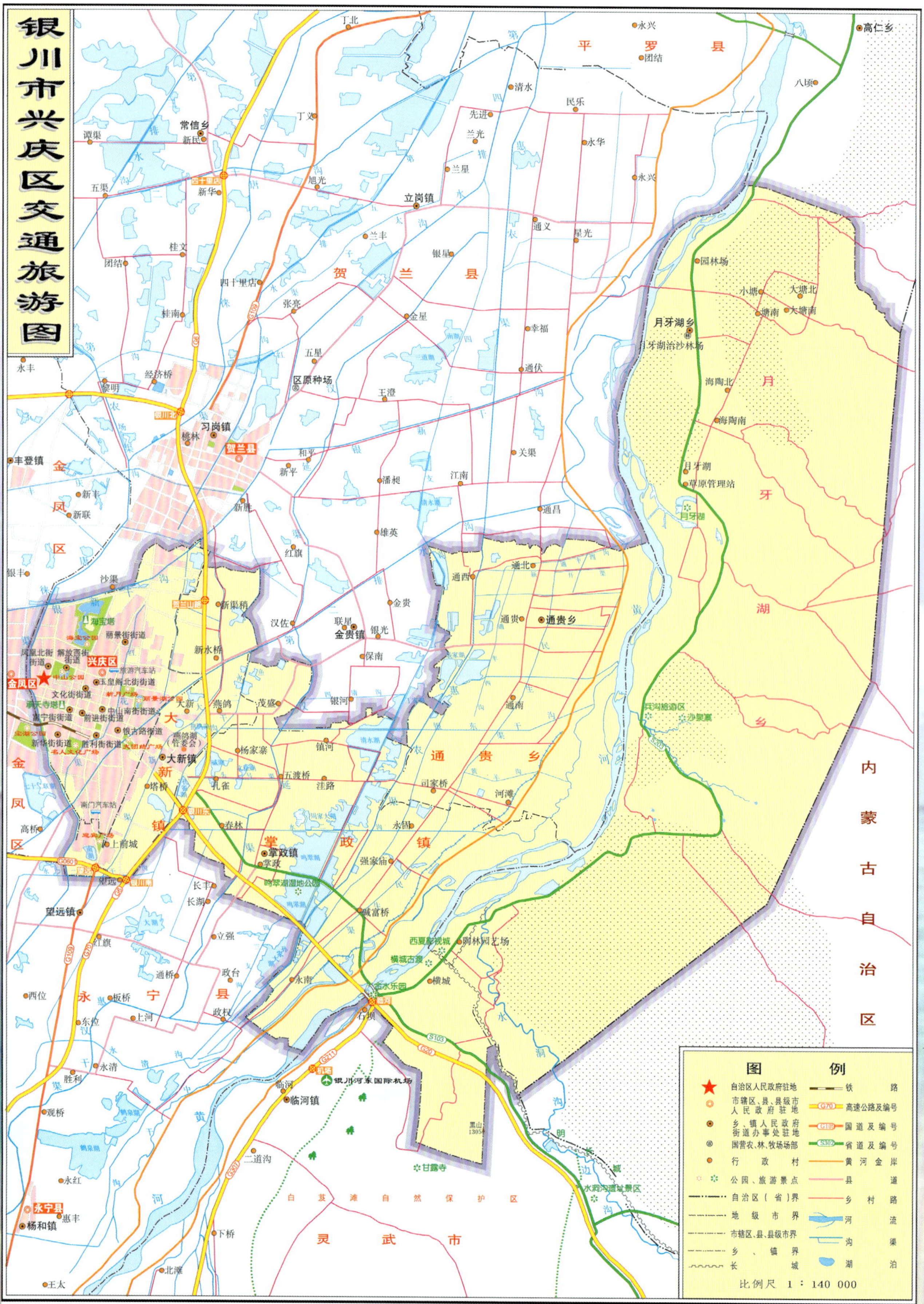

审图号：宁 S(2015) 2号

宁夏国土测绘院 编制

兴 庆 数 揽

人口及住户

常住人口总数：734353 人（截止 2015 年 9 月 30 日），

其中女性 364900 人

少数民族人口：165407 人

农业人口：63018 人

出生率：9.23‰

死亡率：4.00‰

自然增长率：5.23‰

出生人口性别比：108

已婚育龄妇女：118834 人

结婚率：5.98‰

离婚率：2.11‰

住户总数：271983 户

平均每户居住人口数：3 人

地理及天气

位置：东经：106° 16′，北纬：38° 53′

面积：828 平方公里

绿化面积：约 100 万平方米

城市建成区绿化覆盖率：41.6%

海拔高度：1112.5~1107.5 米

全年平均温度：10.2℃

年平均降水量：227.1 毫米

平均降水日数：44.6 天

年平均蒸发量：1313 毫米

平均无霜期：224 天

空气质量优良天数：259 天

就业

城镇新增就业人数：10062 人

城镇登记失业率：3.16%

社会保障

城乡居民养老保险参保人数：34659 人

城乡居民医疗保险参保人数：206754 人

道路

乡村公路沥青混凝土路面道路：121 条，350 余公里

主要经济指标

地区生产总值：448.04 亿元

其中：第一产业增加值 6.14 亿元

第二产业增加值 117.36 亿元

第三产业增加值 324.54 亿元

社会消费品零售总额：231.49 亿元

规模以上工业增加值：8.5 亿元

固定资产投资总额：210.8 亿元

一般财政收入：12.96 亿元

城镇居民人均可支配收入：30514 元

农村居民人均可支配收入：12625 元

教育

普通中学：24 所

小学：46 所

普通中学专任教师：2714 人

小学专任教师：2513 人

普通中学在校学生：23674 人

小学在校学生：53698 人

学龄儿童入学率：100%

其中：女童入学率 100%

初中升学率：100%

旅游

景区接待游客量：78.1 万人次

农家乐接待旅客量：33.2 万人次

旅游收入：7265 万元

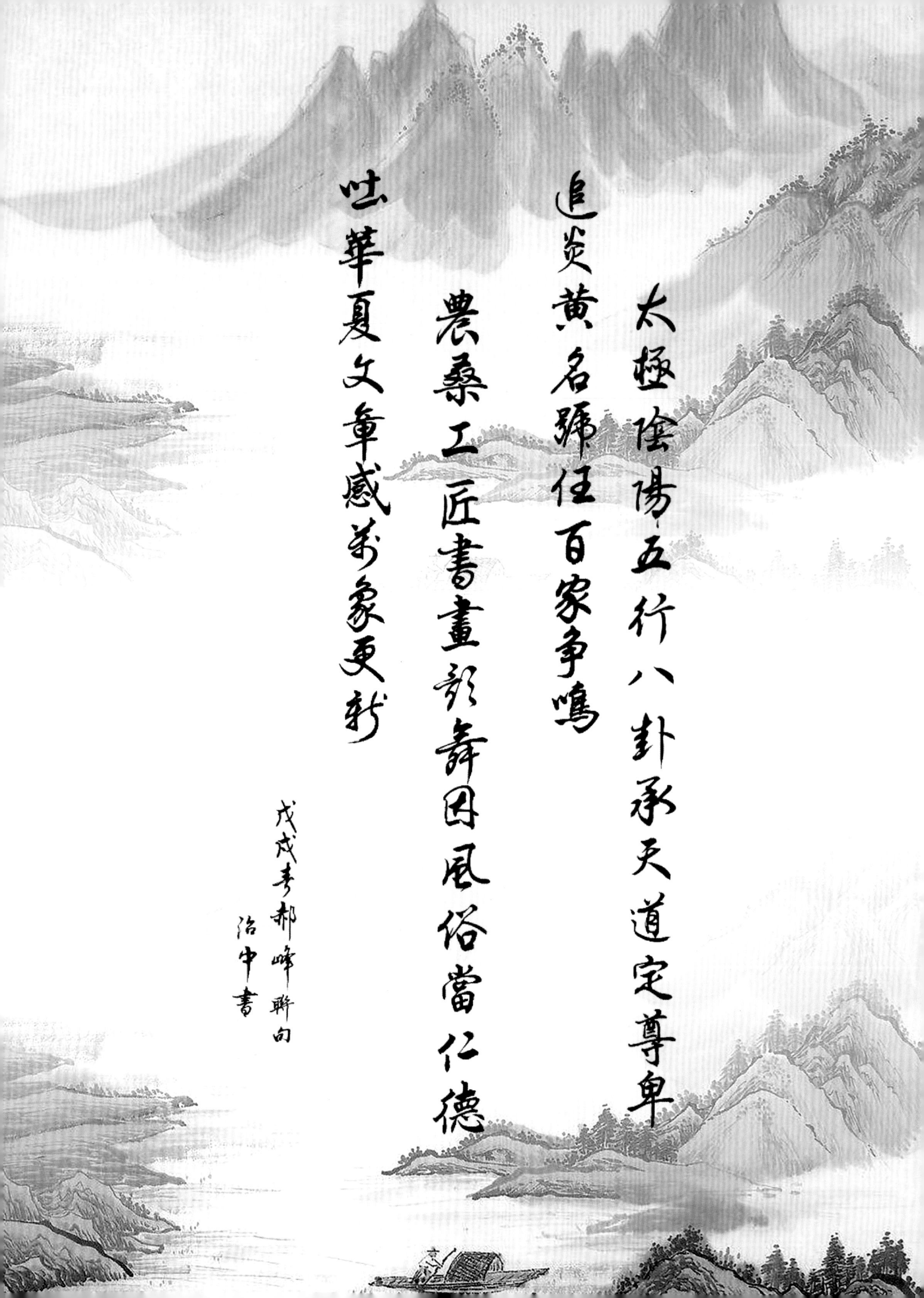
太極陰陽五行八卦承天道定尊卑
追炎黃名歸任百家爭鳴
農桑工匠書畫歌舞因風俗當仁德
吐華夏文章感萬象更新
戊戌春郝峰聯句
治中書

目录

CONTENTS

特载

兴庆区2015年为民办实事

媒体看兴庆

大事记

兴庆区综览

政党·政务

民主党派·社会团体

法治

军事

农牧·绿化·水利

驻地工业·房地产业

城乡建设·交通运输

城乡服务与管理

商贸・物流

财政・税收

金融

综合经济管理

卫生管理·人口健康

科学技术·环境保护

社会服务·人民生活

教育

文化·体育·旅游

乡·镇·街道（管委会）

学苑人物

荣誉

附录

索引

英文目录

▷特 载

工 作 报 告

抢抓机遇　奋发有为
率先在全区全面建成小康社会
不断开创开放富裕和谐美丽兴庆区建设新局面

——在中共兴庆区委二届八次全体（扩大）会议上的报告（摘要）

马爱平

2016年1月8日

一、为“十三五”良好开局打下了坚实基础

2015年，是兴庆区经济下行压力最大的一年，面对前所未有的压力和挑战，区委团结带领辖区各族干部群众，紧紧围绕“四个宁夏”建设和银川市“2258”工作思路，不畏艰难，迎难而上，适应新常态，抢抓新机遇，坚定不移地实施“8531”工作思路，经济保持平稳较快发展。预计全年完成地区生产总值440亿元，同比增长8%；全社会固定资产投资205亿元，同比增长15%；社会消费品零售总额198亿元，同比增长6%；公共财政预算收入12.96亿元，同比增长12.63%；城镇居民人均可支配收入和农村居民人均可支配收入分别达30780元和12600元，均增长9%；规模以上工业增加值8.5亿元，同比增长13%，基本完成了“十二五”的主要目标任务，为“十三五”良好开局打下了坚实基础。

（一）“八区”建设夯实了发展根基

内陆开放型经济试验区的中心区建设强力推进。以国家实施“一带一路”战略和自治区“两区”建设为契机，强化内陆开放中心地位和集聚辐射效应。仅用8个月完成了银川通用机场规划报批、建设运营，成功举办2015中国·银川通用航展暨银川通用机场落成典礼，园区将成为宁夏通航产业布局的枢纽中心，助力银川市“丝绸之路经济带”战略支

点的实施。银川综合保税区的产业联动区建设融入加快。围绕综合保税区主导发展穆斯林用品、商品展销和电子交易等产业，开展联合招商活动，对接洽谈项目十余个。“京东商城银川馆”“苏宁易购银川馆”项目投入运营。滨河新区的承载区功能不断提升。以打造现代化园林城市为契机，推动老城区与滨河新区的联动发展，重点实施了东部水系开发保护等项目，大力推进通贵乡和掌政镇城镇建设、教育医疗、生态保护等基础设施建设，为实现区域联动发展奠定了基础。“一圈两带”优势特色产业区发展势头强劲。把产业转型升级作为提升区域经济竞争力和发展方式的关键来抓，以项目投资调结构、促转型。坚持商贸兴区，立达深航国际酒店开业运营，填补了兴庆区无五星级标准酒店的空白，光大银行银川分行等金融企业落户，骏华牧业、国龙医疗等投资企业“新三板”上市，新华商圈核心竞争力显著提升；坚持物流促区，银川永泰城、宁港财富中国等重点项目顺利推进，交通物流园、四季青国际服装城、迪卡侬银川店开业运营，成功举办第十二届婚博会、宁夏（首届）中阿国际茶博会，商贸物流带活力逐步增强；坚持特色活区，新建蔬菜种苗繁育和花卉育苗中心，设立了花卉产业发展基金，成功举办中国西部花店业第三届高峰论坛，落实花卉种植5653亩、瓜菜6.17万亩、优质稻6万亩，万亩奶牛养殖场存栏奶牛1.9万头。黄河横城旅游集散中心投入运营，完善鸣翠湖公园、丽景湖公园、徕龙公园、檀溪谷水上乐园、黄沙古渡等景区基础设施。全年共接待游客78.1万人次，旅游收入7265万元。城乡一体化示范区全面推进。统筹谋划城乡空间、功能、基础设施和公共服务布局，推动城乡协调发展，城镇化率达93.78%，居全区首位。全面完成农村土地承包经营权确权登记。创新农村信贷模式，掌政资金公司成为自治区进入“新三板”挂牌程序的两家新型农村金融机构之一。统筹推进城乡社会保障体系建设，城乡居民养老保险参保率达95%，城镇新增就业和农村劳动力转移就业均超过1万人，形成了城乡一体化发展新格局。创新社会治理先行区建设成效显著。全面深化和谐社区“11125”模式，开展“三权下放”网格化管理试点工作，全面完成街道、社区划界调整工作。完成政府机构改革，推进三级政务服务体系规范化建设，实施兴庆区政务服务中心改扩建工程，下放服务权限、减少审批程序、减少办理流程。开展社区社会组织孵化培育试点工作。深化“平安兴庆”建设，加强立体化治安防控体系建设，严厉打击“黄赌毒”、传销等各类违法犯罪活动，燕鸽湖管委会被命名为2015年全国社区戒毒康复工作示范点。强化信访责任制，落实县级领导下访接访和包案制，化解疑难信访积案30余件，群体访、进京访和非访量明显下降。“六五”普法顺利通过区市验收。安全生产形势持续好转，“三级全覆盖”模式在全区推广。加强宗教场所的服务与管理，推动民族宗教事务发展。建立党管武装工作经费投入机制，扎实推进双拥共建。优质教育文化引领区成绩突出。投入1.59亿元，完成了16所学校的扩建、迁建和维修项目。推进教育集团化办学模式，实现优质教育资源全覆盖。进一步推进阳光招生，完善中小学入学片区公示和公办园入园摇号等制度，开辟外来务工人员子女入学“绿色通道”。加大教师培训培养力度，实施梯级名师培养，扩大城乡教师轮岗交流。投入500余万元，为7000多名农村孩子免费提供了营养早餐。以各迎检县区第一名的成绩顺利通过国家义务教育均衡发展验收。文体科技事业蓬勃发展。兴庆区体育馆项目主体完工。开展“文化兴庆·花开四季”等各类文化活动、演出275场，送电影1400场。兴庆区文化馆顺利通过国家二级馆评估定级验收。综合医疗康体服务区体系日趋完善。深入推动“健康兴庆行动”，加快医疗体制改革，完成大新镇、掌政镇卫生院等7个医疗机构建设，全面落实乡镇卫生院、村卫生室“先住院、后付费”模式，城乡居民“15分钟就医圈”已形成并得到完善。全面开展城乡居民普惠性健康体检。大病医疗救助基金建立并发挥作用。顺利通过国家卫生应急综合示范区验收。落实人口和计划生育政策，人口出生政策符合率控制在98%以上。

（二）“五大”工程取得重大成果

棚户区改造、道路畅通工程成绩斐然。加快棚户区改造步伐，争取国家、区市、银行各类资金和贷款26.88亿元，全力推进满春三期等16个棚户区建设，216万平方米棚户区已分批交付使用，约1.3万户4万余名群众得到妥善安置。新华西街道路畅通及棚户区改造工程全面完工，湖滨西街道路畅通及唐徕小区棚户区改造工程顺利推进。投入3400万元，对12个老旧小区进行综合改造，近万名群众受益。生态移民逐步致富工程成效突出。全面完成了“十二五”期间3979户1.68万人的生态移民安置任务。突出产业支撑，引进并实施万亩奶牛养殖园区、羊绒针织厂、清真兔产业园、花卉园区、红树莓种植基地等项目，多渠道增加农民收入，实现了全方位、多层次的精准扶贫。移民收入由搬迁前的3500元增长到现在的6500元，增长86%。统筹城乡规模推进工程扎实开展。通贵小城镇建设全面启动，赵家湖综合整治生态旅游度假项目建成并投入使用。掌政特色小城镇被评为全国第三批特色旅游名镇。率先在全区启动了乡村道路亮化工程。改造危房1009户，建设高标准农田6.3万亩，新建乡村公路12公里，整修农路686条，清淤沟渠1319条。完成通贵农村饮水安全改造、银北百万亩盐碱地改良等工程，城乡基础设施进一步完善。洁净兴庆工程效果明显。实施城管体制改革，开展“三权下放”“四位一体”的网格化、精细化管理，数字化城市管理体系进一步完善。配齐配强环卫设施，提高环卫工人待遇。实行主次干道“以克论净”工作标准，北京路、凤凰街等重点路段机械化作业覆盖率达100%。深入开展门头牌匾、渣土撒漏、乱搭乱建等专项整治。重点开展了老旧小区、红花渠两侧和二排沟等区域治理，城乡环境面貌显著改善。顺利通过国家卫生城市复检。大力开展绿化造林，完成造林3207亩，新增绿地38万平方米。人才培训督查考核工程保障有力。注重干部梯次培养，实施“双百工程”和科级干部轮训，强化优秀、年轻、党外干部储备培养，选派54名干部到乡镇、信访部门、重点项目一线挂职锻炼。开展领导班子干部“四述四评”活动，凭实绩选拔任用干部，全年共交流提拔干部66人。围绕“双增双减”“大干实干100天”等重点工作开展巡视督查，不断完善并深化绩效考评工作，营造了干事创业的良好氛围。

（三）“三项”任务全面完成

招商引资成果丰硕，引进实施招商引资项目32个，总投资517.9亿元，到位资金72.57亿元，完成区市下达任务的103.6%；引进各类股权基金、短期融资券等金融项目13个，到位资金60.7亿元。上争资金稳步推进，全年实施政府投资项目72个，上争各类资金14.7亿元，完成目标任务的105.3%。财政收入稳定增长，加大财源培植和税收征管力度，公共财政预算收入12.96亿元，同比增长12.63%。

（四）党的建设不断加强

以“三严三实”推动发展。把专题教育作为重大政治任务来抓，坚持以上率下，区委常委带头讲党课、带头学习研讨、带头查摆问题、带头整改提高，推动了专题教育深入开展。围绕3个专题，组织专题研讨、集体自学、专题讲座，取得了良好效果。认真组织召开区委班子民主生活会，深入开展批评与自我批评。把专题教育与中心工作紧密结合，部署开展“四问四查”“四项清理”等活动，有力推动了经济社会发展和干部作风转变。以基层党建强根固基。以“双增双减”为抓手，扎实推进“基层服务型党组织建设年”活动，投入

檀溪谷欢乐水世界

1300万元专项资金用于“双增”项目实施，实现空壳村“脱壳”12个。实施党建创新项目21个，为民服务和发展专项资金项目125个。加强基层党组织带头人队伍建设，选派36名“第一书记”到村居任职，夯实执政基础。顺利完成社区两委换届工作。以思想宣传强化意识形态。加强理论武装工作，区委中心组学习17次，印发学习活页12期，开展各类理论宣讲80余场。大力培育和践行社会主义核心价值观，95人获得“感动宁夏人物”“最美银川人”和“兴庆区道德模范”等荣誉称号。加大对外宣传力度，开通“今日兴庆”微信公众平台和“美丽兴庆”手机客户端，在中央、区市各类主流媒体刊播新闻4800余次，提高了兴庆区知名度和影响力。以民主建设凝聚力量。加强党委对人大、政府、政协工作的领导，巩固发展爱国统一战线，全面落实中央群团工作会议精神，注重发挥工青妇等群团组织的桥梁纽带作用，调动了各方面积极性，形成了凝心聚力推进跨越发展的良好局面。

（五）党风廉政建设深入推进

深入落实“两个责任”。学习贯彻《准则》《条例》，开展“守纪律、讲规矩”主题教育活动，筑牢拒腐防变思想防线。通过述纪述廉述作风、集体约谈和责任追究等强有力措施，推动党风廉政建设主体责任和监督责任的落实，建立了上下互动的责任体系。向41个单位派驻8名纪检专职副书记，实现了纪检机构全覆盖。抓好巡视整改工作。认真制定整改方案，建立整改台账，针对问题逐一落实整改措施、明确牵头包抓领导、责任部门、整改时限及要求，实行挂账销号制度，整改工作取得了明显成效。加大执纪问责力度。持续抓好“八项规定”精神的贯彻落实，严肃查处违纪违规案件32件32人。全面开展“三政两不为”专项治理，通报单位22个，约谈干部112人，问责干部133人。“三公”经费同比下降18.26%。

同志们，伴随着2015年的结束，“十二五”时期各项工作画上了圆满的句号。回顾波澜壮阔的“十二五”，承载了兴庆区各族人民继往开来的美好憧憬，也记录了我们在关键时期的砥砺奋进和全面发展。我们面对经济下行、商贸服务业受周边地区冲击等困难和压力，紧紧把握“一带一路”、宁夏内陆开放型经济试验区、中阿博览会等重大机遇，谋长远、打基础，促发展，办成了一系列大事，完成了一批群众关注的难事急事，经济社会发展迈上了新台阶，为率先在全区全面建成小康社会打下坚实基础。这五年是综合经济实力显著增强的五年，地区生产总值年均增长9%，经济总量达到440亿元，是2010年的1.6倍；地方公共财政预算收入年均增长17.91%，达到12.96亿元，是2010年的2.69倍；社会消费品零售总额年均增长11%，达到198亿元，是2010年的1.7倍；全社会固定资产投资年均增长18%，五年累计达703亿元，是“十一五”时期的2.2倍。其中，地区生产总值、社会消费品零售总额两项指标的绝对值位居全区首位。这五年是发展能力显著提升的五年，服务业提档升级，工业经济提速转型，现代都市农业提质增效。新华商圈、商贸物流带和沿黄特色产业带辐射能力不断增强，通航产业、金融服务、电子商务等新产业、新业态取得突破性发展。三次产业比为2：28：70，经济内生动力显著增强，经济质量和效益稳步提高。这五年是城乡面貌发生巨大变化的五年，实施了小城镇建设、生态移民、棚户区改造、乡村道路、主干道路大整治大绿化等一批重要的交通、水利和生态基础设施建设工程，城乡面貌发生了翻天覆地的变化。先后获得自治区主干道路大整治大绿化一等奖等荣誉，生态移民工作连续三年获得全区一等奖。这五年是对外开放实现重大突破的五年，以“一圈两带”为主要载体，充分发扬“三千精神”，强化园区招商、产业招商和以商招商，绿地集团、浦发银行、麦德龙等世界、国内500强企业落户，兴庆区集聚外资、民资的洼地效益逐步形成。招商引资到位资金五年累计达319亿元，是“十一五”时期的4.6倍。这五年是人民群众得到最多实惠的五年，城镇居民人均可支配收入和农村居民人均可支配收入分别达30780元、12600元，是2010年的1.7和1.8倍，两项指标的绝对值位居全区首位。五年累计城镇新增就业和农村劳动力转移就业10万余人。基本实现了城乡养老、医疗保险制度全覆盖。和谐社区建设模式在全区推广。“受教育在兴庆”品牌更加凸显。被文化部命名为2014—2017年度“中国民间文化艺术之乡”称号。截止2014年底，兴庆区小康社会总体实现程度达92.29%，位居全区首位。

同志们，总结2015年，回顾“十二五”，成绩值得肯定，经验弥足珍贵。所有这些成绩的取得，是区市党委、政府正确领导的结果，是区委、人大、政府、政协，各级组织、广大干部群众共同努力的结果。在此，我代表区委常委会，向为兴庆区发展作出贡献的广大干部群众和社会各界人士，表示衷心的感谢并致以崇高的敬意！

同时，我们也要清醒的认识到，发展不足是主要矛盾、加快发展是根本任务的基本区情没有变，既要加快发展，又要加快转型的双重任务没有变。我们在发展的道路上还存在不少困难和问题：经济总量虽大，但发展质量还不够高，大项目、好项目不多，尤其缺乏重大战略、科技项目及平台支撑；虽然商贸物流业发展势头强劲，但布局尚不合理，高端人才匮乏，创新驱动能力较弱，转型升级压力较大；一些群众关心关注的热点难点问题还没有得到很好的解决，民生工作还需进一步加强；面对政治、经济和作风建设新常态，个别党员干部作风不严不实，被动应付、办法不多、不敢担当、“慵懒散慢”等现象还不同程度存在。对此，我们一定高度重视，坚持问题导向，切实加以解决。

二、“十三五”时期的总体思路和基本要求

“十三五”时期是全面建成小康社会的决胜阶段，“十三五”规划是全面建成小康社会的收官规划。我们要科学判断、准确把握当前形势，树立强烈的机遇意识、进取意识和责任意识，积极应对困难和挑战，坚定发展的信心和决心。

“十三五”时期的总体思路是：高举中国特色社会主义伟大旗帜，深入贯彻落实党的十八大及十八届三中、四中、五中全会和习近平总书记系列重要讲话精神，坚持“四个全面”战略布局和“创新、协调、绿色、开放、共享”的发展理念，贯彻自治区党委十一届六次、七次全会及市委十三届六次全会精神，围绕“四个宁夏”战略布局，以提高经济发展质量和效益为中心，以创新争先、转型领先为主线，培育经济增长新动能，提升经济发展新优势，打造改革开放新高地，加快城镇化、信息化、农业现代化进程，加快形成以现代服务业为核心的新型产业体系，统筹推进政治、经济、文化、社会、生态文明建设和党的建设，为建设开放富裕和谐美丽兴庆区，率先在全区全面建成小康社会而努力奋斗！

“十三五”时期的主要预期目标是：地区生产总值年均增长8%以上；地方公共财政预算收入年均增长8.5%；全社会固定资产投资年均增长11%以上；社会消费品零售总额年均增长5%；城镇居民和农村居民人均可支配收入年均分别增长9%、10%。

实现“十三五”时期发展目标，破解发展难题，厚植发展优势，必须把“创新、协调、绿色、开放、共享”的发展理念贯穿于“十三五”经济社会发展的全过程和各个方面，引领新常态下兴庆区发展的新实践，努力打开发展新思路，走出发展新路径，开辟发展新境界。必须贯穿创新的发展理念，在提升综合实力上实现重大突破。解决一切问题关键在于发展，必须把创新摆在发展全局的核心位置，不论形势如何变化，勇于创新和加快发展始终是我们的第一要务。综合分析各种因素，“十三五”兴庆区经济增长必须保持在年均8%以上的增速，到2018年达到550亿元，比2010年翻一番，为率先在全区全面建成小康社会夯实基础。必须贯穿协调的发展理念，在转变发展方式上实现重大突破。必须把加快转变发展方式贯穿始终，加快发展通航、金融、电子商务、信息咨询等产业为主的现代服务业，加快工业经济转型升级，加快现代农业提质增效。培育发展新动力，激发创新创业活力，推动大众创业、万众创新，释放新需求，创造新供给，推动新技术、新业态发展。必须贯穿绿色的发展理念，在生态建设和环境保护上实现重大突破。坚定走生产发展、生活富裕、生态良好的文明发展道路，落实环境保护制度，大力开展绿化美化行动。继续实施天然林保护、万亩农田基础改良工程，加大力度保护鸣翠湖、黄沙古渡、徕龙公园、北塔湖等生态景区。到2020年，辖区森林覆盖率达到12%，生活垃圾无害化和污水处理率继续提高，环境治理取得明显成效。必须贯穿开放的发展理念，在对外开放和扩大招商引资上实现重大突破。坚持开放促改革，开放促创新，开放促转型，开放促发展，主动参与国内外区域合作。依托河东机场、综合保税区、银川东部门户优势，挖掘与周边及中阿合作的机遇，深化与中东市场的合作力度，打造宁夏对外开放洼地，实现服务宁夏、辐射西北、联系国内、面向国际的全方位开放格局。招商引资、财政收入年均增幅分别在10%、8.5%。“十三五”期间全社会固定资产投资累计超过1370亿元，是“十二五”的1.9倍，年均增长11%以上。必须贯穿共享的发展理念，在保障和改善民生上实现重大突破。始终坚持“强区”与“富民”同步发展的理念，努力保持每年公共财政投入80%以上用于民生事业。大力实施扶贫攻坚战略，确保2018年末，兴庆区贫困人口实现全面脱贫。以人人享有生活保障为目标，力争统筹城乡居民基本医疗保险参保率达到100%，统筹城乡居民养老保险覆盖率达到98%以上。到2020年，城镇居民和农村居民人均可支配收入分别达到45200元和19300元。

政府工作报告（摘要）

——在银川市兴庆区三届人民代表大会第四次会议上

银川市兴庆区区长　朱韶峰

2016年1月27日

一、解放思想，攻坚克难，经济社会发展取得新成就

2015年是“十二五”的收官之年，在区市党委、政府和兴庆区委的坚强领导下，在人大、政协的监督支持下，兴庆区政府紧紧围绕“四个宁夏”建设、银川市“2258”工作方略和区委“8531”工作思路，团结依靠辖区各族干部群众，坚定信心，迎难而上，以求真务实的作风干工作，以勇于担当的精神抓落实，经济社会保持了持续健康发展的良好态势。实现地区生产总值448.04亿元，增长8.5%，其中第一产业6.14亿元，增长4.3%；第二产业117.36亿元，增长8.9%；第三产业324.54亿元，增长8.4%。三次产业比重为1.4：26.2：72.4。全社会固定资产投资210.8亿元，增长17.8%；地方一般公共预算收入12.96亿元，增长12.6%；社会消费品零售总额231.49亿元，增长7.5%；城镇和农村常住居民人均可支配收入分别达30514元和12625元，增长8%和8.1%。在经济发展新常态下，地区生产总值、社会消费品零售总额、城乡居民人均收入总量位居自治区各县区第一。

一年来，我们主要做了以下工作：

（一）坚持转型升级，产业结构进一步优化

服务业规模不断壮大。以项目投资调结构、促转型，立达深航国际酒店投入运营，填补了兴庆区没有五星级酒店的空白；交通物流园、四季青国际服装城、迪卡侬银川店开业运营，商贸物流带活力增强。地王广场、世和天玺等项目加快建设，光大银行、浦发银行银川分行等金融企业成功落户，新华商圈竞争力显著提升。引进金融融资项目13个，到位资金60.7亿元，骏华农牧、国龙医疗等4家企业“新三板”挂牌，金融业增加值占服务业增加值比重达30%。全年接待游客78万人次，旅游收入7265万元，旅游业稳步发展。

现代都市农业加快发展。设立花卉产业发展基金，新建花卉育苗中心，落实花卉种植5653亩，80%以上鲜切花外销到北京、上海、天津等城市，成功举办中国西部花店业第三届高峰论坛，“兴庆塞上花卉”知名度不断提高。新建蔬菜种苗繁育中心，落实瓜菜种植6.17万亩，优质稻种植6万亩。水产养殖2.83万亩，南美白对虾养殖初具规模。万亩奶牛园区存栏1.9万头，辖区鲜奶产值4.2亿元。新培育农民专业合作社7个，家庭农场

18个。投入1300万元，实施农业“双增”项目13个，16个空壳村实现“脱壳”。开展农村土地承包经营权确权工作，流转土地5.2万亩。

工业经济稳步增长。投入500万元，与宁夏银行业批发贷款担保公司合作设立中小微企业发展基金，为46家企业办理担保贷款近9000万元。积极推进卧龙电器等企业开展技术创新，建立国家地方联合工作实验室、技术中心和工作站。申报产业振兴和技术改造项目3个、新型工业化项目3个，新增柏盛环保、神州数码等“专、精、特、新”企业4个，企业核心竞争力进一步增强。完成规模以上工业增加值8.5亿元，同比增长10.6%。万元GDP能耗下降7.84%。

通航产业振翅起航。投资9.5亿元，建设银川通用机场和通航产业园，仅用8个月时间完成了机场规划报批、初步设计、工程建设，建成了机场跑道、站坪、综合业务楼等配套工程，完成了通航产业园7条主干道路建设和2010亩绿化工程。同飞虎雄鹰、河南大地等国内外通航企业达成投资意向性协议，成功举办银川通用机场开航仪式和银川航展活动，实现了当年建成、当年运营的工作目标，创造了银川建设的新速度和新效率。

项目投资强劲有力。千方百计争资金，攻坚克难上项目。全年实施政府投资项目72个，上争资金14.7亿元，完成目标任务的105%。实施招商引资项目32个，实际到位资金72.6亿元，完成下达任务的104%。全社会固定资产投资的稳步增长，有效拉动了区域经济的快速发展。

（二）坚持建管并重，城乡面貌进一步改善

棚户区改造全力推进。续建新建棚户区项目16个、362万平方米，年内交付使用康居项目12个住宅、216万平方米，回迁安置群众4万余人。配套建设幼儿园、社区卫生服务站、生活超市等便民服务设施，建立党员活动室、人大代表联络室、人民调解工作室等社区阵地，成立了物业公司，实行居民自主管理。开发信息管理平台，科学管理拆迁安置工作。依法完成宝湖路、银佐路拓宽等项目土地征收，拆除各类建筑物53万平方米，收储土地1.23万亩。旧城改造工作稳步推进，新华西街中卫巷安置区交付使用，湖滨西街唐徕小区安置区主体完工。投入4978万元，对12个、25万平方米的老旧小区进行改造，解决了排水不畅、道路破损等问题，近万名群众居住条件得到改善。

小城镇建设步伐加快。实施了通贵乡、月牙湖乡规划修编工作。投入3.2亿元，建成掌政小城镇安置区三期11.8万平方米。实施惠农渠生态公园和东湖景观绿化项目，檀溪谷水上乐园、鸣翠湖冬季滑雪项目引领休闲旅游新风尚，掌政镇获评全国第三批特色旅游名镇。投入6500万元，新建通贵乡集镇安置区一期2.2万平方米；投入5800万元，新建通贵老年综合福利服务中心，回乡特色小镇初具规模。

城乡环境整治成效显著。推行城管、环卫、乡镇（街道）、社区（村）四位一体网格化、精细化管理，将12个城管执法中队下放到乡镇、街道。开展门头牌匾、渣土撒漏等8类专项治理行动，加大背街小巷管护力度，下大力气整治民乐瓷砖市场、北塔四队等城中村环境卫生。实行主干街道“以克论净”深度清扫保洁，机械化作业率达100%。新建公厕7座，改建公厕17座，改造垃圾中转站18座，更换保洁车331辆。落实一线环卫职工增资机制，新建改建休息室26个，环卫工人待遇进一步提高。开展林带、庄点巷道、沟渠卫生专项整治，农村人居环境全面提升。实施“蓝天工程”，拆除燃煤茶浴炉79台，空气质量好于二级以上天数达259天。顺利通过国家卫生城市复审。

社会治理水平日益提升。完成街道社区划界调整，重新划定网格740个。全面推进和谐社区“11125”模式，建成社会治理网格服务中心，设立社区服务站90个，公开招聘网格员180名。试点“三权下放”“三社联动”机制，成立街道社工团队4个，街道社会组织孵化园试点4个。顺利完成社区两委换届，改善银华、东方等11个社区办公条件。完善信访工作三级网络建设，化解疑难信访积案30件。理顺司法行政管理体制，完善社区矫正制度，调处矛盾纠纷3481件。“六五”普法顺利通过区市验收，依法治区工作在全市考核中名列第一。

平安兴庆创建不断深入。推进安全生产“三级全覆盖”，开展“十大”专项整治，安全生产形势总体向好。投入957万元，完成188个居民区技防改造。建立专职巡逻处警队伍，打造高效快速处警模式。破获各类刑事案件4919起，八类主要刑事案件同比下降10.8%，治安案件同比下降9.4%。投入禁毒专项资金435万元，新建绿荫工作室13个。燕鸽湖管委会被评为全国社区戒毒康复工作示范点。

（三）坚持统筹兼顾，社会事业进一步发展

办好人民满意的教育。投入1.59亿元，完成16所学校的扩建、迁建，加快推进“三通两平台”信息化建设。深化优质教育扩面工程，新成立联合发展共同体2个，大教研基地

1个。实施梯级名师培养计划，招聘教师194名，城乡教师轮岗交流规模进一步扩大，办学水平全面提升。深入推进“阳光招生政策”，落实公办幼儿园入园摇号招生制度。采取在民办幼儿园购买学位等方式，扩大普惠性学前教育资源。投入565万元，为7426名农村学生提供免费营养早餐。顺利通过国家义务教育均衡验收。

医疗计生工作整体推进。建成掌政镇中心卫生院等7所医疗机构，爱尔眼科医院投入运营，宁医大骨科医院开工建设。全面落实乡镇卫生院“先住院、后付费”模式，委托银川市第三人民医院对大新镇卫生院进行管理。继续实施“七免一救助”政策，城乡居民普惠性健康体检9300人，建立居民电子健康档案51万份。重点做好流动人口计生服务管理工作，人口出生政策符合率达95.69%。强化疾病预防和公共卫生应急能力建设，顺利通过国家公共卫生应急示范区验收。

科技文体事业蓬勃发展。实施科技项目46个，顺利通过自治区“全国科普示范县（区）”验收。推进基层图书馆建设，8个街道中心图书馆、20个图书流通点的服务效能得到提升。打造示范性农民文化大院6个，建成社区（村）综合文化服务中心37个。开展“文化兴庆·花开四季”等各类文化演出活动240场次，基层群众文化生活日益丰富。兴庆区体育馆主体完工，5个多功能运动场所投入使用，群众性文体活动蓬勃开展。

（四）坚持改善民生，生活水平进一步提高

城乡生活条件持续改善。投入3650万元，建成月牙湖乡塘北路、月牧路，硬化、维修道路6.15万平方米，新建客运招呼站10座。投入1060万元，实施乡村道路阳光亮化工程，安装太阳能路灯2454盏，覆盖乡村道路79公里，农村群众出行条件进一步改善。投入813万元，实施阳光沐浴工程，安装太阳能热水器7501台。改造农村危房1009户。建设高标准农田6.3万亩。实施月牙湖扬水泵站更新改造项目，完成掌政镇镇河村人饮工程，1420户、7200名群众饮水安全问题得以解决。提升城市绿地景观12万平方米，完成造林3207亩。

生态移民任务全面完成。完成最后一批生态移民824户、3290人的搬迁安置工作，建成滨河家园商网二期项目。深入落实金融扶贫、产业扶贫，争取扶贫资金1130万元，发放扶贫贷款912万元，购置移民托管奶牛845头。清真兔产业园、红树莓二期项目投产运营，红树莓种植规模达2500亩，移民外出务工7500余人，劳务创收8200万元，增收致富渠道进一步拓宽。生态移民人均收入由搬迁前的3500元增长到6022元，增长72%。

民生保障体系日趋完善。建立建筑企业工资银行代付制度，依法清欠农民工工资1.12亿元，代发工资2.14亿元。完善社会救助体系，提高城乡困难群众医疗救助标准，开展“救急难”试点工作，发放各类救济救助优抚资金4118万元。投入322万元，提高1667名重度残疾人补贴标准。投入2000万元，化解900多名失地农民养老保险历史遗留问题。统筹城乡居民养老保险参保3.5万人，参保率95%。建设养老幸福院10个、老饭桌14个，养老服务体系进一步完善。

就业创业工作成绩斐然。落实更加积极的就业政策，发放灵活就业人员社保补贴1800万元，城镇新增就业10062人，农村劳动力转移就业10294人，“零就业家庭”实现动态消零。积极培育新型创业载体，宁夏结婚中心等3家创业基地被命名为市级“创业孵化示范基地”和“示范众创空间”。举办兴庆区首届网络创业大赛，选送的“智慧社区”项目荣获自治区网络创业大赛一等奖。“大众创业、万众创新”热情空前高涨。

（五）坚持务实高效，自身建设进一步加强

在深入调研科学论证的基础上，政府常务会议决定重大事项240件。自觉接受人大及其常委会法律监督和政协民主监督，办结人大代表议案4件、建议意见46件、政协委员提案44件，民生10件实事全部完成。认真开展“三严三实”专题教育活动，班子成员对征求到的16条意见建议，认真落实整改，树立了“为民、务实、清廉”的良好形象。严格执行中央八项规定，“三公”经费减少233万元，同比下降16.3%。加强依法行政，健全重大行政决策合法性审查机制，实现了法律顾问制度全覆盖。投入1300万元，改扩建兴庆区政务服务中心。强化社区减负增效，减少社区行政事务179项，下沉公益服务8类38项。进一步加大经济责任审计和行政问责力度，严肃查处违纪违规案件32件32人，全面开展“三政两不为”专项治理，通报单位22个，约谈干部122人，问责干部133人。

一年来，我们扎实推进国防动员、双拥优抚等工作，全面贯彻落实党的民族宗教政策，外事侨务、妇女儿童、档案、老龄等工作稳步推进，税务、国土、环保、市场监管等工作取得了新进展。

各位代表，总结2015年，我们在困难中前行，在作为中收获；回顾“十二五”，我们付出了艰辛，创造

了辉煌。

过去的五年，是经济实力大幅提升的五年。五年来，我们始终坚持“调整经济结构首先要调整知识结构，转变发展方式首先要转变思维方式”，坚持经济工作项目化，项目工作具体化，抓好“思想、环境、项目、干部”四要素，以钉钉子的精神，狠抓各项工作落实，经济实力显著提升。地区生产总值、公共财政预算收入、全社会固定资产投资、社会消费品零售总额、城镇和农村常住居民人均可支配收入分别是2010年的1.7倍、2.3倍、2.3倍、1.9倍、1.6倍和1.7倍。

过去的五年，是城乡面貌变化最大的五年。五年来，我们始终坚持统筹发展，城乡面貌显著变化。先后实施了光华门、上前城等城中村改造，中卫巷、唐徕小区旧城改造，掌政、通贵集镇建设，强家庙、河滩中心村等工程，累计投入150亿元，建设规模达500万平方米，群众居住条件得到有效改善。改造老旧小区69万平方米，9745户近3万名群众受益。修建乡村道路148公里，美丽乡村建设取得新成效。累计投入8.57亿元，完成生态移民搬迁1.68万人，生态移民工作连续三年获得自治区一等奖。投入8.68亿元，高质量完成永二干沟治理、徕龙公园建设及京藏高速公路防洪排涝绿化工程，主干道路大整治大绿化工作连续两年荣获自治区考核一等奖。

过去的五年，是群众得到实惠最多的五年。五年来，我们始终坚持协调发展，社会事业全面进步。每年把80%以上的财力投入到民生事业。累计投入5.76亿元，新建、改造学校75所。建成医疗机构43家，城乡公共卫生服务实现了均等化。建成兴庆区文化馆等各类文化阵地222个。城镇新增就业、农村劳动力转移就业达10万余人，城乡居民医疗保险参保率100%。新建、改造城乡社区服务阵地61个，兴庆区被评为自治区“平安县区”和民政工作先进县区。全面小康社会总体实现程度达92.29%，位居自治区各县区前列。

各位代表，五年来，辖区干部群众激情创业、热情干事，谱写了兴庆区发展史上新的篇章。这些成绩的取得，是区市党委、政府和兴庆区委正确领导的结果，是人大、政协监督支持和参政议政的结果，是驻区单位、驻区部队通力协作、广泛参与的结果，是兴庆区上下同心同德、奋力拼搏的结果。在此，我代表兴庆区人民政府，向辛勤奋斗在各条战线上的干部群众，向给予政府工作大力支持的人大代表、政协委员、驻区单位和部队、各民主党派和社会团体，向为兴庆区建设发展作出贡献的社会各界朋友们，致以崇高的敬意和衷心的感谢！

在肯定成绩的同时，我们也清醒地认识到，经济社会发展中还存在着一些困难和问题，主要表现在：一是经济发展质量不高，大项目、好项目不多；二是商贸物流业布局不合理，产业同质化竞争比较严重；三是老旧小区、城中村基础设施薄弱；四是征地拆迁引发的信访案件居高不下；五是企业投资项目拖欠农民工工资时有发生；六是部分低收入家庭，特别是残疾人家庭的生活还比较困难；七是城镇就业压力加大，农民增收困难；八是个别干部不作为、慢作为、混日子的现象还不同程度存在。对此，必须高度重视，认真剖析，积极施策，认真加以解决。

二、坚定信心，决战决胜，全面建成小康社会

“十三五”时期，是全面建成小康社会的决胜期，是全面深化改革的攻坚期，更是兴庆区创新追赶的关键期。根据兴庆区委二届八次全会精神，今后五年兴庆区政府工作的总体思路是：高举中国特色社会主义伟大旗帜，全面贯彻党的十八大及十八届三中、四中、五中全会精神，深入贯彻习近平总书记系列重要讲话精神，认真落实“四个全面”战略布局，坚持“创新、协调、绿色、开放、共享”发展理念，按照自治区党委十一届七次全会及市委十三届六次全会部署，围绕“四个宁夏”建设，以提高经济发展质量和效益为中心，以创新争先、转型领先为主线，培育经济增长新动能，提升经济发展新优势，加快城镇化、信息化、农业现代化进程，加快形成以现代服务业为核心的新型产业体系，统筹推进经济、政治、文化、社会、生态文明建设，为建设开放富裕和谐美丽兴庆区，在全区率先全面建成小康社会而努力奋斗！

主要预期目标是：到2020年地区生产总值年均增长8%以上；地方一般公共预算收入年均增长8.5%；全社会固定资产投资年均增长11%以上；社会消费品零售总额年均增长5%；城镇和农村常住居民收入年均增长9%和10%。

各位代表，确定这样一个目标，是全面建成小康社会的需要，是兴庆区各族人民的期盼和愿景，也是我们应该肩负的责任和使命。当前，经济下行压力持续加大，但经济长期向好的基本面没有变。随着国家“一带一路”战略、“四个宁夏”建设等一系列重大战略决策的实施和利好政策的

释放，兴庆区的发展仍处于大有作为的战略机遇期。实现上述目标，我们必须认清形势、坚定信心，必须加快创新驱动、优化资源配置，必须坚持问题导向、破解发展难题，把“创新、协调、绿色、开放、共享”的发展理念贯穿于经济社会发展的全过程，着力在转型升级、优化结构、增强动力、补齐短板上有所突破。

今后五年，要在以下五个方面实现战略性突破：

（一）坚持创新发展，培育经济发展内生动力

发挥市场在资源配置中的决定性作用，加快实施以现代服务业为主的第三产业发展规划，着力培育新的增长点。突出发展现代金融、现代物流、电子商务、养老健康、文化创意五大先导型服务业。培育壮大通航产业，着力打造“一基地、一社区、三中心”，力争“十三五”末，实现产值100亿元。大力实施创新驱动战略，突出企业创新主体地位，做大创新型企业群体，加快推进“互联网+”行动，积极推进“两化”融合，增强发展活力。充分发挥人才在科技创新、产业转型方面的引领作用，大力引进、培育各类专业人才和实用人才，为经济社会发展提供坚实的人才支撑和智力保障，着力打造兴庆经济升级版。

（二）坚持协调发展，加快城乡一体化建设步伐

发挥规划的引领作用，修编掌政镇总体规划，启动京藏高速公路以东、黄河以西村庄整合布局调整工作，集中建设一批中心村、特色村，做到“优势特色鲜明、产业布局合理、设施配套完善、生活环境优美”，让农村群众生活得更敞亮、更舒心。实施京藏高速公路以西“镇改街”和“村改居”工作，逐步完成北塔四队、民乐瓷砖市场等所有城中村拆迁改造。完成300万平方米老旧小区改造任务，实现物业管理全覆盖，让市民生活得更方便、更舒适。实施大新渠、红花渠综合改造工程。抓好通贵海绵小镇和月牙湖通航小镇建设。新建农村公路120公里，主干道路亮化实现全覆盖。坚持“扶贫”与“扶智”并重，完成自治区中南部地区2050户、8200人的易地扶贫搬迁任务。

（三）坚持绿色发展，打造宜居宜业生态环境

大力发展花卉产业，全面推进花卉种苗生产本地化，力争到2020年花卉种植面积达1万亩，产值突破3亿元。打造优质稻产业带，良种率达到100%。实施东部水系连通工程，以二二支沟、四三支沟为主线，连通鸣翠湖、闫家湖等湖泊水系2100亩，沿湖泊水系配建道路，建成集餐饮娱乐、休闲健身、果蔬采摘、花卉观赏、水产养殖为一体的农业休闲观光产业带，打造现代都市农业示范区。加大工业废气、燃煤小锅炉、城市扬尘、机动车尾气等治理力度。大力实施城乡环境综合整治工程，着力提升生态绿化水平，健全完善水域污染防治体系，扎实开展生态创建，让群众在生态持续改善中增强幸福感。到2020年城市绿地率达到43.5%，农村生活垃圾无害化处理率达到95%，生活污水处理率达到35%以上，进一步营造“天蓝、地绿、水清、城静、居安”的人居环境。

（四）坚持开放发展，增强区域经济竞争活力

主动融入“一带一路”战略，依托综保区与滨河新区，抢抓中阿合作机遇，打造宁夏对外开放窗口，加快形成服务银川、辐射宁夏、联系国内外的全方位开放格局。坚持“走出去、引进来”，紧盯国内外500强企业、行业龙头企业、高新技术企业，精心组织项目洽谈、银企座谈、招商推介等活动，引进一批成长性好、产业链长、科技含量高、投资强度大、财税贡献多的项目，促进产业集聚。大力推进现代金融业发展，吸引更多的银行、证券、保险、投资、担保、信托等各类金融企业到兴庆区设立机构、开展业务，实现金融产业与区域经济的良性互动，努力建设金融强区。

（五）坚持共享发展，切实保障和改善民生

推进基本公共服务均等化，确保每年公共财政投入80%以上用于民生事业。全面落实就业创业政策，提升就业创业质量，创建国家充分就业星级社区2—3个，自治区充分就业星级社区10个，城镇新增就业5万人，农村劳动力转移就业5万人，城镇登记失业率控制在4%以内。大力发展教育事业，新建、改扩建一批幼儿园和中小学校，在自治区率先实现教育现代化。强化医疗卫生服务，实现人人享有基本医疗保障。认真落实计划生育政策，提升出生人口素质，促进人口长期均衡发展。继续加强社会治理创新，全面落实居住证制度，建立居住证与教育、卫生、就业等基本公共服务衔接机制。大力发展文体事业，深入开展民族团结进步创建活动。实施精准扶贫、精准脱贫，确保2341户9981名贫困人口在2018年全部脱贫，不让一个贫困人口在全面建成小康社会进程中掉队。完善社会保障体系、城乡社会救助体系和多层次的养老服务体系，解决好4.63万名残疾人康复就业，建设老年日间照料中心12个，不断提升社会保障救助质量。

三、开拓创新，真抓实干，奋力实现“十三五”良好开局

2016年是实施“十三五”规划的开局之年，做好今年的工作对顺利完成“十三五”目标和率先全面建成小康社会至关重要。

今年的主要预期目标是：地区生产总值增长8%；地方一般公共预算收入增长8.5%；全社会固定资产投资增长11%；社会消费品零售总额增长6%；城镇和农村常住居民人均可支配收入分别增长9%和10%。上争资金力争突破15亿元。

实现上述发展目标，今年将突出抓好七个方面重点工作：

（一）壮大第三产业规模，力促产业结构转型升级

加快商贸物流业现代化、信息化步伐，推进宁港财富中国、银川永泰城等17个总投资430亿元的续建项目建设；开工建设浙江国际轻纺城、颐和盛世广场等12个总投资170亿元的新建项目；抓好联想科技城、高科技文化未来世界城等17个总投资460亿元在谈项目的对接洽谈。对以新华商圈为主的传统服务业进行提档升级，规划建设新华街天桥走廊，做到互连互通。实施北环批发市场一期综合改造和宁夏众一物流园三期续建工程。围绕打造金融强区，力促中国长城资产管理公司宁夏分公司等金融企业落户兴庆区。加快通航产业发展，进一步完善通航产业园道路、绿化等基础设施建设。深化与北汽通航、斯洛文尼亚蝙蝠飞机制造等企业的战略合作，开展飞机组装、拆解、航空器维修等业务，规划建设银川通航博物馆、飞机再利用中心，打造通航全产业链。鼓励支持京东商城和苏宁易购银川馆等电商扩大经营，加大千村电商工程推进力度。大力发展生态观光旅游，力促通贵塞上江南文化健康园和世界穆斯林马术运动公园等项目落地，促进文化与旅游产业的融合发展。全年完成招商引资到位资金75亿元。

（二）加快现代农业发展，推动特色农业提质增效

加大花卉招商力度，做实“兴庆塞上花卉”品牌，加快花卉育苗中心建设，落实花卉种植面积7000亩。蔬菜育苗中心投产达效，创建设施蔬菜核心示范区2个，优质稻生产稳定在6万亩。扩大万亩奶牛园区生产规模，辖区奶牛存栏达到3.2万头。依托皓月清真产业园，建设月牙湖、通贵清真牛羊散养基地。推行小型水利工程管理体制改革，完善农田水利设施，抓好月牙湖压力管道、黄河防洪二期等重点项目，实施2000亩农田排碱项目，建设高标准农田4万亩。推进农业农村综合改革，搭建科技服务、产品认证、农超对接服务平台。培育新型职业农民500人，新增家庭农场5个、农民专业合作社5个，促进农业增效，农民增收。

（三）加大城乡建设投入，推进城乡协调均衡发展

高标准推进棚户区改造。投入8.9亿元，开工建设颐和安置区、大新安置区二、三期等5个27.9万平方米棚户区改造项目。切实抓好燕鸽、塔桥、光华、美华家园、民乐二期5个87.9万平方米的棚户区续建工程。投资5800万元，配套建设大新综合市场、塔桥村百货市场、上前城村标准化菜市场。加快唐徕小区安置区建设进度，确保年内回迁安置。投入3000万元，对30万平方米老旧小区进行改造，推行居民自治、物业管理等多元化物业服务模式。

加快小城镇建设步伐。投入1000万元，改造危桥8座。投入4000万元，新建翻建农村公路36公里，新建客运招呼站20座。投入1000万元，实施掌政镇永固饮水安全巩固提升工程，确保3252户1.2万名群众受益。投入5000万元，实施掌政小城镇仓储配套设施项目和市政道路建设。加快通贵海绵小镇建设，投入3亿元，新建集镇安置区二期5.6万平方米，实施沿街既有建筑节能改造和水系、道路建设。投入1680万元，建设强家庙、河滩中心村粮食仓储及农机具停放点。围绕银川通用机场和通航产业园，举办首届跳伞节，加快建设月牙湖通航小镇。

提升城乡综合管理水平。深入推进“洁净兴庆”工程，巩固网格化、精细化城市综合管理模式，深化全国文明城市创建成果。新建公厕2座，改建升级公厕16座、垃圾中转站10座。更新环卫垃圾清运车16辆，建设特种车辆全封闭车库30座。提高机械作业率，加大主次干道洒水、洗扫和喷雾降尘频次。继续落实一线环卫工人增资100元机制，新建休息室13个，建立稳定的清扫保洁队伍。积极探索环卫工作市场化运作模式，通过政府购买服务，健全农村环境卫生长效管理体制，推进城乡环卫工作一体化。

（四）实施精准扶贫，为建成小康社会打好基础

启动“十三五”易地扶贫搬迁安置，做好约400户产业移民的搬迁安置工作。加快实施产业扶贫，推进清真兔产业园高效运行，实施红树莓冷链深加工项目。加大教育扶贫，大

力开展职业技能培训，培训生态移民1300人次。加大移民劳务输出力度，生态移民户均1.5人外出务工就业，千方百计促进移民持续增收。完成近700户的脱贫销号任务。实施社会保障兜底扶贫，提高城乡低保救助标准，试点开展核对信息系统建设，加强贫困户和残疾人生活保障，鼓励残疾人自主创业。

（五）保障改善民生，加快社会各项事业发展

推进教育优质均衡发展。投入2亿元，实施七小迁建，三小西校区、十六小翻建，十二小、二十七小续建，三十小新建等项目。建立完善居住人口入学同城化机制。投入500万元，扩大政府购买民办学前教育服务范围，提高学前教育优质资源覆盖率。继续对兴庆区籍升入职业技术院校初中毕业生，给予奖学金补贴，提高高中升学率。投入2430万元，实施智慧教育建设项目，建设网络远程教育系统。提高边远地区乡村教师待遇，扩大农村学生免费营养早餐覆盖面。成立教师发展中心，提高教师整体素质和业务水平，提升教育在兴庆品牌影响力。

深化健康兴庆建设。新建国龙医院、通贵卫生院、中山南街和清河社区卫生服务中心，力促宝丰健康城项目早建设、早达效。依托宁夏医科大学附属医院、银川市第一人民医院等优质医疗资源，落实医疗联合体办医模式，促进基层医疗服务水平上台阶。强化食品安全工作，建立全区首个县级食品安全快速检测站。实施“全面二孩”政策，确保出生政策符合率稳定在95%以上。

繁荣文化体育事业。大力开展群众性文化活动，倡导全民阅读，组织开展“文化兴庆·花开四季”等各类活动300场次。建成兴庆区体育馆并对外开放，建设春祥园社区等3个多功能运动场所。完善丽景湖公园体育配套设施，建设环城林带体育健身休闲步道，营造全民健身运动的良好氛围。

完善社会保障和就业创业体系。全面落实城乡居民医疗、养老等社保政策，建立失独家庭关爱制度，推进社会救助体系建设，扩大“救急难”救助范围。落实好劳动合同备案制，实现劳动保障监察信息化、动态化管理，完善农民工工资支付保障制度。积极推进“大众创业、万众创新”，城镇新增就业1万人，农村劳动力转移就业1万人。

（六）加强社会治理，确保社会和谐稳定

提升和谐社区创建成果。深化“星级和谐社区”创建活动，推进“三权下放”“三社联动”，强化政府购买公共服务机制，孵化培育社会组织120个。加强智慧兴庆建设，配合自治区做好“政务云”建设工作，推进各类信息开放共享。启用兴庆区政务服务中心，推行行政事务审批一站式服务。投入2500万元，实施社会福利院、中心敬老院维修改造工程。建成通贵老年综合福利服务中心，建设农村养老幸福院5个，提升农村养老服务水平。

积极推进平安兴庆建设。深化信访“335”工作法，加快规范化社区（村）调委会建设，探索建立律师、“两代表、一委员”参与的信访矛盾化解制度，全力排查和化解社会矛盾，引导群众依法表达诉求。启动“七五”普法工作，试点建立社区服刑人员电子管控平台。开展“安全生产执法年”活动，建立“党政同责、一岗双责、失职追责”的安全生产责任体系，努力减少安全生产事故。投入1500万元，实施2个公安派出所迁建和10个派出所办公用房节能改造项目。完善“兴庆义警”工作机制，确保社会安定有序，人民安居乐业。

（七）切实转变职能，不断改进工作作风

坚持依法行政。严格按照法定权限和程序履职尽责，自觉接受人大法律监督和政协民主监督，主动接受社会监督和舆论监督。推行政府权力清单和责任清单。认真落实重大行政决策公众参与、专家论证、风险评估、合法性审查、集体讨论决定等法定程序，坚持人大代表、政协委员和居（村）民代表、法律顾问列席政府常务会议制度，确保重大决策制度科学、程序合法、过程公开、责任明确。

坚持改进作风。政府班子成员要率先垂范，带头改进作风，带头深入基层，带头联系群众，带头解决实际问题。全体领导干部要自觉践行“严字当头、干在实处”的要求，恪尽职守、敢于担当。开短会、重实干，办实事、讲实效，推行任务、责任、时限三落实，做到一事一清。强化政府公共服务职能，认真办好民生10件实事。严格绩效考核和行政问责，加大部门履行职责督查力度，进一步提高办事效率和服务水平。

坚持清廉从政。坚决贯彻中央八项规定和区市廉政建设若干规定，严格落实“两个责任”，认真履行“一岗双责”。强化行政监察，不断完善工程建设、招标投标、政府采购等领域制度建设，规范权力运行。加强审计监督，严格控制“三公”经费。严肃查处违纪违法案件，预防和惩治腐败，以良好的政府形象取信于民。

银川市兴庆区人民代表大会常务委员会工作报告（摘要）

——在银川市兴庆区三届人民代表大会第四次会议上

银川市兴庆区人大常委会副主任　肖建东

2016年1月28日

2015年是全面完成“十二五”规划的收官之年。在兴庆区委的领导下，常委会深入贯彻党的十八大和十八届三中、四中、五中全会精神，紧紧围绕区委“8531”工作思路，坚持监督与支持并重，协调与服务结合，依法履行宪法和法律赋予的职责。一年来，共召开常委会会议7次，组织视察和调研19次，听取和审议“一府两院”工作报告14项，作出审议意见13项，依法任免国家机关工作人员41名，任命人民陪审员90名，圆满完成了兴庆区三届人大三次会议确定的各项工作任务。

一、紧扣发展主题履职监督，促进经济平稳运行

立足实现全面小康，促进经济发展水平稳步提升。常委会坚持把促进发展作为第一要务，改进监督形式，延伸调研内容，充分发挥监督与支持作用。听取和审议了兴庆区2015年上半年国民经济和社会发展情况的报告，针对存在的经济下行压力大，政府投资项目开工率低，部分经济指标靠后等问题，建议政府主动适应经济新常态，结合年初确定的经济目标任务认真分析，积极应对，切实落实“经济工作项目化”工作思路，紧盯重点项目建设，增强发展动力。同时，为切实编制好兴庆区“十三五”规划，落实好全面建成小康社会决胜阶段的各项发展任务，先后两次组织各界人大代表召开座谈会，建议政府在“十三五”规划编制中，进一步紧扣经济社会发展方向、目标、举措和重点，立足长远，把握关键，全力推进国民经济持续健康发展，在全区率先实现全面建成小康社会的奋斗目标。

立足全口径预决算，推进审查监督体系建设。认真贯彻落实新《预算法》，充分发挥预决算审查咨询专家作用，进一步加强对政府财政资金全口径预决算的审查监督，督促政府细化预算编制。严格预算执行，结合审计报告，选取重点领域、重点单位，延伸审查了部分预算单位预算执行情况。听取和审议了政府关于2014年度财政决算及2015年上半年财政预算执行情况的报告，2014年度财政预算执行及其他财政收支情况的审计工作报告，审查批准了2014年度财政决算。针对存在问题，督促预算单位整改落实，切实提高财政资金使用效益。在审查监督内容上，将公共财政预算、政府性基金预算以及政府性债务全部纳入，逐步实现全口径预算；程序上，强化预算编制、预算执行审查监督和推进预决算公开，逐步实现全过程监督；主体上，通过组织代表深度参与、借助预决算审查咨询专家审查等方式，逐步形成了全方位参与、全口径预决算审查监督体系。

立足区域协调发展，推进城乡一体化进程。实施小城镇建设是统筹城乡发展、为百姓谋福祉的重要举措。常委会围绕建设民族特色小城镇目标，组织代表对通贵乡特色小城镇建设及经济发展情况进行了视察。从城镇规划、产业扶持、农业结构调整、基础设施建设等角度，多个层面客观分析，提出对策建议。自治区十一届人大四次会议将加强通贵乡特色小城

镇建设的支持和协调列为重点督办建议，并开展专题调研，就建设过程中的规划、土地、资金筹措等方面的问题，提出建议并协调解决，有力推动了兴庆区多举措加快小城镇建设的步伐。

立足产业结构调整，推进土地流转规范运行。农业农村工作关乎兴庆区全面建成小康社会目标的顺利完成。常委会将农村土地经营流转列入年度监督议题，听取和审议了政府关于土地经营流转工作情况的报告。针对土地经营流转管理不规范、社会化服务体系不健全等问题，建议政府加强土地流转服务与监管，支持和培育新型农业经营主体，完善流转土地配套基础设施建设，建立健全农业社会化服务体系，进一步优化了农业产业结构。

二、紧扣惠及民生履职监督，推动社会和谐发展

全力促进义务教育均衡发展。组织人大代表对兴庆区义务教育均衡发展工作进行测评，支持政府进一步完善硬件设施，配齐配强师资力量，加大控辍保学和经费投入力度，均衡配置教育资源，确保兴庆区义务教育均衡发展工作高标准通过国家验收。

稳步推进卫生事业统筹发展。常委会将促进基层卫生医疗服务体系建设作为民生工作监督的重点，组织代表深入月牙湖乡卫生院、大新镇新水桥安置区及家园社区卫生服务中心等地，实地了解基层卫生医疗服务体系建设情况。听取和审议了政府关于基层卫生医疗服务体系建设的工作报告。在充分肯定成绩的同时，建议政府加强乡镇、社区卫生服务建设的领导与管理，制定优惠政策，稳定人才队伍，进一步完善服务网络，科学规划服务职能，转变基层卫生医疗服务模式，促进基层卫生医疗服务均衡发展。

切实加强涉农项目审查监督。在专题调研的基础上，听取和审议了政府关于水利基础设施及秋季农田水利建设工作情况的报告。要求政府把农田水利基础设施建设作为农业增效、农民增收、推动农业现代化、助力新农村建设的重要任务来抓，从科学编制农田水利建设总体规划，争取国家和区、市涉农涉水项目资金，提高土地产出效益，加强农田水利基础设施管护等方面，出实招，求实效，夯实农业提质增效的基础。

积极推进生态移民扎根致富。组织代表赴彭阳县考察移民搬迁工作，多次深入月牙湖移民安置区开展调研，从搬迁对接、完善安置区基础设施建设、发展产业支撑带动移民致富等多个方面，积极建言献策，督促政府认真落实生态移民搬迁致富各项举措，开展全方位、多层次的精准扶贫，多渠道增加移民收入，为全面实现“搬得出、稳得住、能致富”的工作目标奠定了坚实基础。

三、紧扣法治进程履职监督，提升社会治理能力

深入推进司法监督。听取和审议了法院关于行政审判工作情况的报告，要求法院忠实履行审判职责，完善行政审判工作机制，创新工作方法，提高行政审判工作效率。听取和审议了检察院关于刑事诉讼监督工作情况的报告，要求检察院进一步强化诉讼监督意识，始终把解决人民群众反映强烈的问题作为诉讼监督的着力点，坚持查办执法不严、司法不公背后的职务犯罪。在事前预防性监督、事中即时性监督、事后追责性监督上求突破，进一步规范司法行为，提高司法公信力，维护社会公平正义。

规范社区矫正工作。组织代表深入丽景街办事处等单位，对社区矫正工作情况进行视察。听取和审议了政府关于社区矫正工作情况的报告，要求政府高度重视，规范管理，进一步完善体制机制，切实加强保障工作，加大宣传力度，积极动员更多社会力量共同参与，不断提升社区矫正工作的社会知晓度和认同感。

高度关注禁毒工作。随着城市化进程的加快，人口聚集速度急剧上升，禁毒工作面临诸多压力和挑战。组织代表对兴庆区公安分局禁毒工作情况进行调研，要求兴庆区公安分局及各禁毒成员单位进一步增强做好禁毒工作的责任意识，从经费和人员保障等方面进一步完善“绿荫工作室”建设，实现乡镇街道全覆盖。

认真解决信访诉求。切实做好信访件的登记、转办、交办和督办工作，引导群众合理表达诉求。协调解决拆迁、涉法涉诉等方面群众反映强烈的信访问题，促进信访矛盾的化解。一年来，共接待来访群众33人（次），受理群众来信20件，办理上级人大常委会交办的信访案件2件，办结率100%。

依法进行人事任免。坚持党管干部和人大依法任免相统一，完善人事任免程序，加强对有关机关任免案的初审，充分保障组成人员在干部任用上的知情权、表达权，为“一府两院”开展工作提供了组织保障。

四、紧扣代表主体作用发挥，激发履职服务活力

着力加强代表学习培训。全面落实代表培训计划，采取走出去，引进

来等方式，由人大常委会各副主任带队，先后组织6批61名人大代表到厦门国家会计学院、上海国家会计学院等培训基地，学习新预算法、立法法等法律法规及相关业务知识，开阔了代表视野，有力提升了代表履职能力。

着力搭建代表活动平台。密切代表与基层的联系，常委会组织代表围绕通航产业园建设、“双增双减”、老旧小区改造等重点工作，深入基层开展视察调研，针对存在的问题提出建议意见36条，协调开展对兴庆区民乐瓷砖市场秩序混乱、交通拥堵等问题的整治，为重点工作深入推进发挥了积极作用。在玉皇阁北街试点开展代表“积分制”管理，通过“智能卡”对代表联系基层活动、参与志愿服务活动、提出建议意见、为民办事等履职情况进行积分核定，有力提高了代表履职活动实效。针对代表联系基层活动在乡镇开展较薄弱的情况，指导大新镇在各村设立人大代表工作室。结合兴庆区康居工程建设，在安置区规划设立“人大代表工作站”，进一步拓宽了代表联系基层群众的渠道。围绕知情知政，组织28名代表列席政府常务会议。认真落实代表向选民述职制度，组织125名代表向选区选民述职。同时，通过人代会公布代表全年履职情况，增强了代表的履职意识和服务意识。

着力督办代表议案建议。对兴庆区三届人大三次会议表决通过的“关于解决月牙湖乡塘南村幸福村庄人饮工程”等4件议案，多次组织代表深入承办单位，开展专题调研和视察检查，3件议案已落实，1件正在办理中。人代会会议期间代表提出的47件建议，常委会认真转办交办。对其中“将农村五保老人全部纳入兴庆区养老院集中供养”等3件建议由常委会领导及相关委室进行重点督办，就重点建议办理情况，专题听取政府汇报。经过各方共同努力，1件重点建议已办理完毕，2件正在办理中，其他代表建议都已全部办结或答复。在新华街富华社区人大代表“双联”活动中，自治区党委书记、人大主任李建华提出了完善社区养老服务体系建设的建议，政府及时办理落实，建成120平米的夕阳红日间照料中心，逐步完善了“居家养老为基础、社区照料为依托、机构养老为补充”的养老服务体系，得到了群众的好评。

依法开展代表补选工作。三届人大三次会议以来，2名代表辞职、8名代表调离兴庆区，代表资格自行终止。常委会适时补选兴庆区三届人大代表7名，并指导相关选区依法开展补选工作。通过严格候选人公示、严格投票环节、严格审查程序等，确保了补选工作依法有序进行。

五、紧扣常委会委员能力提升，提高自身建设水平

切实增强依法履职能力。常委会把加强思想政治建设摆在首位，深入学习习近平总书记系列重要讲话精神，坚持理论自信、道路自信、制度自信，自觉同中央和区、市、兴庆区党委保持高度一致。常委会各工作机构紧紧围绕兴庆区人大及其常委会中心任务，结合自身职责积极开展调查研究，审议拟定有关建议，在增强监督实效、发挥代表作用等方面做了卓有成效的工作。

全面加强党风廉政建设。严格执行党风廉政建设责任制，认真落实“一岗双责”，严明政治纪律和政治规矩。严格执行中央八项规定和自治区、银川市、兴庆区关于作风建设的有关规定，持续纠治“四风”。认真开展“守纪律讲规矩”“四问四查”等活动，持续加强纪律建设。坚持学习型机关建设，全年共组织集中学习讨论26次，不断提升干部队伍综合素养。

扎实开展“三严三实”教育。按照自治区、银川市和兴庆区党委部署要求，组织机关干部职工，认真学习有关文件和领导讲话精神，广泛征求意见，深入查找常委会班子及党员领导干部“不严不实”方面存在的突出问题，认真撰写剖析材料，组织召开专题民主生活会，深入开展批评与自我批评，并积极抓好整改落实，“三严三实”专题教育活动取得明显成效。

各位代表，2015年兴庆区人大常委会所取得的各项成绩，是兴庆区委坚强领导的结果，是全体人大代表认真履职、辛勤努力的结果，是“一府两院”大力协同、密切配合的结果，也是兴庆区社会各界关心支持的结果。在此，我谨代表兴庆区人大常委会，向全体代表，向所有关心、支持人大工作的社会各界人士，表示崇高的敬意和衷心的感谢！

回顾一年来的工作，我们也清醒的认识到，常委会的工作与新的形势、人民的期望、代表的要求还有一定的差距，主要是：监督工作中跟踪督办的力度有待加大、机制有待完善；新《预算法》的落实有待于进一步加强；常委会同代表、代表同群众的联系有待于进一步做细做实等。对此，我们将自觉接受群众监督，虚心听取代表意见，在今后的工作中认真研究，努力加以改进。

中国人民政治协商会议银川市兴庆区第三届委员会常务委员会工作报告（摘要）

——在兴庆区政协三届四次会议上

银川市兴庆区政协主席　曹生林

2016年1月26日

2015年，兴庆区政协常委会在区委的坚强领导下，在政府及社会各界的大力支持下，紧紧依靠和团结带领全体政协委员、各民主党派、工商联和各族各界，深入贯彻落实党的十八大和十八届三中、四中、五中全会精神，牢牢把握团结、民主两大主题，围绕“8531”工作思路，认真履行政治协商、民主监督、参政议政职能，为兴庆区科学发展和民生事业作出了积极贡献。

一、围绕中心，服务大局，为推动改革发展献计出力

履职尽责，政治协商谋发展。政协常委会紧扣发展主题，本着“高度重视常委会、着力推进主席会、重点突出专题协商会”的原则，开展协商议政。一年来，政协常委会围绕推进依法治区、社会创新治理与和谐社区建设、政府购买学前教育、现代都市农业和农村改革、棚户区改造及康居工程建设等重要工作，召开协商会议13次，提出可行性意见建议49条。围绕“残疾人康复、就业暨权益保障”问题，提出要“用好用足国家政策、加大残疾人就业投资和培训力度”的建议；围绕“加强农村村（队）干部选拔培养”工作，提出要“创新干部选拔培养机制，做到选派与选举相结合”的建议，其中有的建议已融入到党委政府的工作中。在“提高村医待遇、解决养老保险”的专题协商中，“乡村医生基本养老与收入问题”的建议被政府采纳，正在依据自治区出台的有关政策，制定兴庆区的实施方案，有望在2016年施行。在“加快和促进现代服务业发展”专题座谈会上，委员们提出“要学习理解现代服务业知识，注重信息与电子商务的结合，学会运用互联网+的经营方式；并希望政府“要运用市场经济的理念来处理新常态经济形势，定期向社会提供与发布相关信息，加大人才培养、技能培训力度”，为科学谋划“十三五”规划发展目标提供了参考。

视察调研，问效咨政促发展。政协常委会坚持把开展视察调研活动，作为政协履行职能的重要载体，组织委员对银川通航产业园区项目进展情况、城乡市容环境卫生管理、农村文化阵地建设等工作进行了视察。精选调研课题，对加强老旧小区物业管理、为中小学配备专职心理健康教师及法院执行工作等情况进行专题调研，发挥了建言咨政的作用。全年撰写并呈报区委视察报告和调研报告9篇，提出意见建议48条，其中《关于兴庆区民办教育规范管理工作的视察报告》，得到区委马爱平书记的高度重视，即刻签批政府要认真研究办理。对农村文化阵地建设和老旧小区物业管理情况的报告，政府朱韶峰区长亲自安排落实。王伟忠委员执笔的《基层动物防疫工作亟待加强》的调研报告，在《人民政协报》上刊登，其所提“把动物防疫的网络延伸到基层，意识强化到基层，技术传授到基层”的建议备受各界关注。

二、把握主题，发挥优势，为构建和谐社会凝心聚力

加强民主评议，提升监督实效。

一年来，9个委员小组坚持“走得近、找得准、提得出、有效改”的原则，通过明查暗访、座谈交流、问卷调查等形式，对环保兴庆分局、国（地）税分局等18家单位，就执行国家政策和法律法规、解决热点难点问题等情况，进行了民主监督。一是现场参与，掌握详情。法、检两院分别聘请了蒲志伟、杨玉明等9名委员为廉政监督员和民主监督员，对大案要案和群众关注度高的案件进行旁听4次，全程参与案件的审理和办理过程。二是沟通交流，实地了解。委员小组对劳动就业创业基地——大兆发超市和宁夏结婚文化中心的就业情况、凤凰北街崇安社区发展社会组织孵化园的培育情况等，进行了现场征询；对兴庆环保分局燃煤锅炉烟尘污染、建筑工地冲洗设备使用、洒水降尘等综合治理情况，进行了实地查看并提出意见建议。三是回访交流，促进整改。委员们对兴庆区国税南局、宁夏银行北京路支行、人保财险公司等单位，就监督活动中发现的问题整改落实情况再次进行回访，听取了被监督单位的情况通报。通过座谈交流和问卷调查显示，这些单位都能提出有效措施，积极进行整改，办事群众满意率提升到95%以上，委员考评满意度达到98%。

加强党派联系，广泛凝聚人心。深入贯彻落实《中国共产党统一战线工作条例（试行）》，不断加强与各民主党派、工商联、人民团体和无党派人士的联系交流。坚持主席约谈委员和民主党派座谈交流制度，积极邀请各界人士参加政协的调研视察和民主监督活动，参加党委、政府部门的监督和评议，较好地发挥了各界人士在参政议政、反映民意工作中的重要作用。

三、以人为本，反映民意，为促进民生改善尽职竭力

三届三次会议以来，共收到提案166件，其中委员个人提案150件，民主党派集体提案16件，立案51件，已办结43件，办结率为84%，另有8件列入下年度办理计划，逐步解决。一是重点提案重点督办。对于确定的6件重点提案，分别由区委书记、政府区长、政协主席和各位副主席亲自领衔督办。特别是《关于做好老旧小区改造后物业管理建议》的提案，爱平书记多次进行现场办公，有力促进提案办理实效，呈现出“解放西街社区居委会代管、中山南街办事处成立物业服务中心管理”等较为突出的服务模式，得到广大居民的好评。韶峰区长对于《政府购买服务解决兴庆区中小学急需的服务项目》提案，确定将中小学后勤社会化管理列入预算，于2016年全面铺开，受到学校、教师及社会各界的好评。8月下旬，政协主席组织委员重点对《在乡村公路主干道安装太阳能路灯的建议》办理情况进行视察督办。该项目作为亮化工程，被政府列为2015年为民办实事之一，投资1000余万元，在孔司路、银通路等全长79公里路段安装太阳能路灯2454盏，既保障了群众夜间出行安全，又强化了社会治安管理。二是双向评议促办质量。召开提案办理“双向评议”会议，听取民政局、劳动就业服务局等九个承办单位的汇报，各提案委员对承办单位的汇报做出相应评价。“提”“办”双方进行互评互议，委员对提案办理单位的满意率达80%以上，承办单位对委员提案质量评议满意率达98.75%。三是拓宽提案收集渠道。根据委员提案，政协在兴庆区乡镇、街道、村、社区和小区楼院内安装300多个社情民意收集箱，拓宽了信息收集渠道。共收集信息43条，正在分类整理，将可行性信息转换为提案，其他的作为意见建议，在2016年度转交相关部门予以办理。

政协领导调研民办教育工作

四、突出主体，健全机制，为履行政协职能创造良好条件

加强机关建设，夯实履职基础。深入学习习近平总书记关于治国理政的新思想新要求，用新理论武装头脑、指导工作。认真学习《党章》和《准则》、《条例》，接受反腐倡廉教育，切实践行“三严三实”。认真落实中央八项规定，严格控制“三公”经费。深入开展“三政两不为”、“守纪律、讲规矩”等活动，着力打造“学习型、廉洁型、创新型、服务型”机关，建设高素质干部队伍。

突出委员主体，搭建履职平台。一是联系基层心系群众。政协主要领导带头深入基层联系点掌政镇春林村，访贫问苦，解决问题。在双增双减专项行动中，多方协调，引进台商有机蔬菜种植技术，建设32亩蔬菜大棚，增加农民和村集体收入。帮助该村建设集用餐、健身、娱乐为一体的老饭桌，解决60岁以上老人生活困难问题。各基层联系点的委员，通过在社区设立委员公示牌、公布委员联系电话和电子邮箱等形式，建立反映社情民意直通车；对涉及百姓民生的城市环境卫生、教育资源均衡发展、冬季供暖等问题，与居民进行面对面交流访谈，收集社情，反映民意。一年来，委员们下基层开展视察调研、了解民情、交流联谊等活动13次。二是爱心捐助济困解忧。委员们充分发挥专长和优势，积极开展送医送药、法律援助等活动。政协委员爱心理事会继续组织开展助学帮困活动，对富宁街辖区孤儿研究生王汶、兴庆区七小患病学生蒋鹏程分别给予2万元和1万元的爱心资助，对教育界20名重大疾病教师予以6万元慰问捐助。严景琨、陈建瓯、郭兴斌委员活动小组开展了“斋月慰问和夕阳红慰问”活动，捐助慰问品3万余元。马建国委员以其自办公司“胜利体育”名义，为全区体育事业捐资179万元，彭德才委员个人资助一名大学生全年学费和生活费7000余元，有效发挥了委员履职积极性。

各位委员、同志们，以上成绩的取得，是兴庆区委的正确领导，是人大、政府的大力支持，是各人民团体、政协参加单位的积极参与，是各部门、各有关方面密切配合的结果。在此，我谨代表政协常委会，向所有关心、支持政协工作的各级领导和社会各界人士表示诚挚的感谢！向辛勤工作在各条战线并为政协工作尽职尽责的全体委员致以崇高的敬意！

在肯定成绩的同时，我们也清醒地认识到，工作中还存在一些不足，主要表现在：协商成果转化效果不突出；民主监督工作成效不明显；界别及委员小组活动载体不丰富；委员履职能力和教育培训力度跟不上等等。对于这些问题，我们将高度重视，认真研究，切实加以改进。

银川黄河大桥

银川市兴庆区人民法院工作报告（摘要）

——在兴庆区第三届人民代表大会第四次会议上

银川市兴庆区人民法院院长　姜戈

2016年1月28日

2015年，兴庆区人民法院在兴庆区委的坚强领导和人大、政府、政协及上级法院的有力监督、支持和指导下，认真贯彻党的十八届三中、四中、五中全会和习近平总书记系列重要讲话精神，紧紧围绕自治区高院“113327”和兴庆区“8531”工作思路，扎实开展“改革发展年”主题活动，各项工作取得了新成效。全年共受理各类案件22028件，同比上升43.06%，审执结18424件，比上年多结5684件，同比上升44.62%。其中，受理审判案件15080件，同比上升30.80%，审结13180件，审限内结案率99.54%；受理执行案件6948件，同比上升79.67%，执结5244件，执结率75.48%，执结标的为21.01亿元。

一、狠抓执法办案第一要务，全力维护社会公平正义

依法严惩刑事犯罪，提高群众安全感。受理刑事案件997件1309人，审结946件1220人，审限内结案率为99.16%。依法严惩抢劫、强奸、故意伤害等暴力侵害群众人身财产安全犯罪案件260件381人；积极参与反腐败斗争，审结贪污贿赂、渎职犯罪案件28件43人。严厉打击危险驾驶犯罪，审结153件153人。参与“大收戒”行动，审结涉毒品犯罪96件99人，其中被告人咸某忠贩卖甲基苯丙胺159.26克、持有海洛因141.82克，依法从重判处其有期徒刑15年。坚持“宽严相济”原则，依法判处缓刑、免刑、无罪等231人，未出现超期羁押和超审限案件。

妥善调处民商事纠纷，增强社会和谐度。受理民商事案件13616件，审结11797件，审限内结案率96.20%，调撤率53.44%。为及时高效化解矛盾纠纷，构建了“711”矛盾纠纷多元化解模式，七个专业化合议庭结案1690件，调撤率达到了

全国人大内务司法委员会调研组到兴庆区人民法院调研行政审判及修订法院组织法工作

41.48%，7个行业部门参与诉调对接，调解案件322件。5名人民调解员受理诉前委托调解纠纷2274件，调解1478件，调解成功率达65.00%。36名司法联络员参与诉前、诉中调解112件次，判后答疑41件次。11月份，在全区法院构建多元化矛盾纠纷化解机制现场会上，我院被评为示范法院并做了经验交流。

不断加大执行力度，突显司法权威性。积极开展“反消极执行、反规避执行”专项执行活动，利用“点对点”“总对总”查控系统查询被执行人财产线索8796人次，办理诉前及诉讼财产保全案件919件。借助最高法院失信被执行人曝光平台，在网络和媒体曝光被执行人信息15次，共计335个单位、1778个自然人。向公安机关移送涉嫌拒不履行法院生效裁判案件17件17人，形成对拒执罪报送的常态机制。坚持阳光执行，公开听证执行异议案件112件、代表委员监督执行4件、当事人见证执行2915件，提高了执行工作的透明度。

大力化解行政纠纷，促进执法规范化。积极开展行政案件相对集中管辖试点工作，全年受理行政案件220件，审结201件，收案同比上升131.58%，审限内结案率100%。贯彻落实自治区政府制定的《行政机关负责人出庭应诉工作规定》，行政机关负责人出庭率达99.00%，“告官不见官”现象得到有效改善。强化与行政执法机关的沟通协调，行政案件和解率达25.87%，举办讲座15场次，发出司法建议6份，促进行政机关依法行政。

畅通申诉信访渠道，展现司法人性化。坚持依法纠错，受理申诉和申请再审案件28件，依法再审22件，结案21件，其中改判5件，维持1件，撤诉2件，驳回起诉2件，其他11件。开通了远程视频信访接待系统，坚持实行周一院领导接待、平时专职法官接待制度，共接待群众来信来访3216人（件）次，受理信访案件74件，已化解56件。加大司法救助力度，依法为经济确有困难的当事人减、缓、免诉讼费12.36万元，为22名特困当事人发放司法救助金56.09万元。

轻微刑事案件速办现场会

二、围绕能力提升工程，努力推进法院队伍建设

坚定价值追求，提升队伍对思想建设的重视度。将“三严三实”专题教育与“改革发展年”活动结合起来，通过邀请党校教授讲党课、升国旗、宣誓、演讲、专题民主生活会等形式学习领会活动精神，在全院营造了积极向上的工作氛围。扎实开展“大干实干100天”活动，成立青年突击队、举办“大比武”活动，制定《院领导办案制度》，干警放弃双休日，加班加点工作。活动中，院领导带头办案18件，一线法官人均结案数279.15件，同比增加75.29件，为圆满完成全年工作任务打下坚实基础。

规范审判管理，提升群众对公平正义的获得感。以信息化为抓手，加强对立案、审判、执行、信访各个环节的管控，印发审限监督通报36期、审判管理通报83期，实现审判执行全程留痕。坚持案件“三评查”机制，共评查案件16165件，对10件三类案件责任法官予以通报处罚。通过强化监督，促进案件质效提升，实现了“三升两降”，在收案数同比上升43.06%的情况下，结案率同比提升0.79个百分点，服判息诉率同比提升1.27个百分点，发回、改判率同比降低1.94个百分点，上诉率同比降低1.27个百分点，案件质量和效率均处于全市法院前列。

筑牢自律意识，深化干警对党风廉政建设的紧迫感。坚持“讲廉政就是给干警最大福利”的理念，不断完善机制建设，制定《廉政约谈实施细则》《终结本次执行程序案件监督管理办法》等4项制度，并实行监督问责常态化，开展审务政务督察120

次，发出通报41期，通报批评202人次，廉政约谈22人次；抽查终结本次执行程序案件627件，恢复执行后执结案件8件，问责9人次。通过架设“高压线”、加密“防火墙”，确保队伍纯洁性，没有出现违法违纪的人和事。全区法院召开审务督察工作经验交流会，我院作为观摩点受到了各级领导好评。

实现司法民主，增强社会各界对法院工作的认同感。坚持党的领导不动摇，主动就法院重点工作及时向区委、人大汇报，邀请人大代表、政协委员旁听庭审、评查案件、调研法院工作118人次。认真办理人大转办、督办的案件18件并及时反馈，协助政协民主监督员对“执行难”顽疾开展课题调研，提供大量详实数据与案例。7月，全国人大内务司法委员会领导到我院调研，对立案窗口建设、信息化建设、司法公开等工作给予肯定。

三、落实司法改革创新要点，大力提升司法公信力

改革工作机制，实现权责统一。在交通事故巡回法庭试点审判团队模式，实行“1+2+2”审判长负责制，5人团队全年收案844件，结案722件。落实人民陪审员“倍增计划”，人民陪审员倍增到185人，在全区法院率先研发了人民陪审员管理系统，实行随机抽选、集中分配、归口管理，实现了人民陪审员的信息化管理。人民陪审员参与审理案件3022件，陪审率87.34%，均衡陪审率达88.33%，同比提高了53.20%。

强化窗口建设，落实为民举措。落实立案登记制，做到依法受理的所有案件“有案必立、有诉必应”，制作《立案材料补正告知书》《诉讼材料收取凭证》，实现了材料收取的全程留痕。进一步强化了诉讼服务中心、大新法庭窗口基础设施及软硬件配备，实现网上预约立案，同步录音录像，制作了便民服务联系卡，规范工作人员言行，畅通诉讼绿色通道，在银川市服务型窗口建设中诉讼服务中心被评为优秀窗口。

加大司法公开，推行阳光司法。推进司法公开“三大平台”建设，生效裁判文书上网11271件，上网率为100%，法院官方微博发布信息154条，处理舆情12起。举办法院开放日活动11场次，邀请800余名机关干部、在校师生等各界人士走进法院，提高了司法公开透明度。强化信息调研，各级媒体采稿385篇，各类刊物刊登调研文章17篇。

四、把握司法为民工作主线，营造良好法治氛围

服务中心工作，提高城市建设文明度。制定《兴庆区法院主动融入“一带一路”的实施意见》，通过树立服务意识、强化审判职能，主动服务银川开放内涵式发展。充分发挥城市管理巡回法庭作用，积极参与城市精细化管理，已在城管部门结合具体案件开展专题培训班7次，配合城管开展专项治理活动5次。

延展少审职能，加大青少年普法影响力。审结未成年人刑事案件127件200人、涉少民事案件69件。与银川市多家小学建立“模拟法庭进校园”活动机制，举办模拟法庭3场次。与自治区妇联、自治区团委联合开通“未成年人心灵成长之友”微信公众号，搭建了回访帮教及青少年普法宣传自媒体平台。根据未成年犯罪真实案例拍摄的首部法治微电影《暖阳》，网络点击量突破10万人次。

坚持司法为民，形成普法教育常规化。深入推进依法治区建设，根据“六五”普法活动要求，积极开展“法律十进”活动，在“宪法日”、“禁毒宣传日”等重要节点，利用巡回审判、展板、电子屏、发放普法宣传资料等形式，进行法律知识宣传。共计开展法律宣传13场次，巡回办案21件，发放各类材料3000余份，提升了辖区群众的法律意识。

银川市兴庆区人民检察院工作报告（摘要）

——在银川市兴庆区第三届人民代表大会第四次会议上

银川市兴庆区人民检察院检察长　刘定远

2016年1月28日

一年来，在区委和上级检察院的坚强领导下，在人大及其常委会的有力监督和政府、政协以及社会各界的支持关心下，我院认真贯彻落实党的十八大、十八届四中、五中全会精神以及中央、区、市政法工作会议、检察长工作会议精神，按照上级检察机关的总体部署和要求，认真履行法律监督职责，扎实推进基层检察院规范化建设，努力实践与基层大院“工作相适应、业绩相对称、争当排头兵”的工作目标，各项检察工作取得了新的成效。

一、强化执法办案，检察业务工作全面提升

紧紧围绕服务和保障经济社会发展、促进社会和谐稳定、保障和改善民生强化执法办案。

切实加大查办和预防职务犯罪工作力度。我院认真落实人大常委会对我院查办和预防职务犯罪工作的审议意见，进一步强化措施，集中查办了一批涉及征地拆迁、医疗设备采购、工程建设等领域的职务犯罪大要案。全年共立案侦查贪污贿赂犯罪案件28件30人、渎职侵权案件2件6人，立案人数同比分别上升30%、200%，努力营造风清气正的发展环境。一是着力提升突破案件和深挖“窝案串案”的能力。我院在立案侦查永宁县原胜利乡党委书记、乡长王某某涉嫌受贿一案时，深挖细查，共立案14件15人，占贪污贿赂犯罪立案总人数的50%，涉案金额260余万元。二是着力提升办案的效果和质量。在稳定办案规模的同时，注重提高大要案率、侦查终结率、起诉率和有罪判决率。共查处大要案27件29人，占立案人数的96.7%，同比上升了22.8%。移送审查起诉26件28人，同比上升55.6%，法院判决17件24人。经自治区检察院进行评查，我院办理的自侦案件全部为优质案件。三是坚持惩防并举，不断强化职务犯罪预防工作。开展了“综治宣传月”集中宣传活动，深入到中铁十一局建筑安装工程公司等国有企业，开展职务犯罪预防警示宣传教育19次，接受教育人数5065人，组织国有企业管理人员到银川监狱接受警示教育。开展了生态移民项目、征地拆迁等领域专项预防活动。对2个发案单位的领导班子进行集体约谈，督促其健全完善预防职务犯罪措施。进行行贿犯罪档案查询7079次，处置违法单位10件（次）。

严格依法办理审查逮捕、审查起诉案件。始终保持打击严重刑事犯罪的高压态势，加大对涉恶、涉毒、涉暴、涉众等严重破坏社会稳定犯罪、侵犯人民群众人身、财产安全犯罪的打击力度，积极参与社会治安综合治理和平安创建。共受理公安机关提请批准逮捕案件868件1209人，同比分别上升4.8%和5.8%。受理移送审查起诉案件965件1254人，同比分别上升13.9%和11.5%。坚持以审判为中心的刑事诉讼新理念指导和推进执法办案，努力做到全面审查证据，准确认定事实，严格法律适用。对不构成犯罪48人，事实不清、证据不足216人依法不批准逮捕，对9人存疑不起诉，对245件414人退回补充侦查，对84件155人二次退回补充侦查，决不“带病”批捕起诉，充分尊重和保障了人权，确保了案件质量。依法稳妥办理影响社会稳定的敏感、重点案

件。依法批捕、起诉了21件33人涉嫌非法集资、非法吸收公众存款、集资诈骗等涉众型犯罪案件，涉案金额达2.86亿元，涉案受害人1500余人，维护了社会秩序和大局稳定。认真贯彻宽严相济刑事政策，依法对具有法定从轻、减轻情节的110人以无逮捕必要不批准逮捕，对18人相对不起诉，充分体现了司法的人文关怀。加强与公安、法院的沟通协调，积极推行轻刑快办工作机制，对161件162人启动轻刑快办程序，及时化解了矛盾。深化未成年人刑事犯罪检察工作机制，加强对未成年人犯罪嫌疑人的心理矫正和教育挽救。共办理未成年人刑事犯罪提请批准逮捕、审查起诉案件288件468人。

5月13日，兴庆区人民检察院开展立案监督

二、强化法律监督，努力维护司法公平公正

紧盯人民群众反映强烈的执法不严、司法不公等突出问题，进一步强化措施，依法监督。

切实加强对侦查活动的监督。对公安机关应当立案而不立案的案件，要求公安机关说明不立案理由，监督公安机关立案28件38人，同比分别上升40%和96%；对公安机关不应当立案而立案的案件，要求公安机关说明立案理由，监督公安机关撤销案件41件72人，同比分别上升27%和52%；针对公安机关遗漏犯罪嫌疑人、遗漏犯罪事实等情形，追捕35人，追诉14人，追加犯罪事实19起，追加漏罪7项；针对公安机关侦查活动违法行为提出纠正意见19件（次）。

切实加强对审判活动的监督。通过量刑建议、列席法院审判委员会、出庭支持公诉，加强对同级法院刑事审判活动的监督。认真审查人民法院的刑事判决书，依法提请抗诉6件14人，法院改判3件3人，维持3件11人。加强对人民法院生效民事判决裁定、审判程序和执行活动的监督力度，开展了执行工作和行政执法专项检查。共受理不服民事行政判决、裁定的申诉、申请执行活动监督等各类案件60件。经审查发出再审检察建议2件，提请抗诉2件，市检察院支持并提出抗诉2件。发出检察建议28件，法院回复并采纳24件。

切实加强对行政执法活动的监督。深化“两法衔接”工作机制，与兴庆区有行政处罚权的行政执法部门实现全部联网，审查行政执法案件711件，监督行政执法部门移送刑事犯罪案件线索3件3人，公安机关全部立案。向行政执法部门发检察建议5件，全部回复采纳。向公安机关移交犯罪线索2件。切实加强对社区矫正工作的法律监督，对8人提出撤销缓刑的监督建议，已有2人被法院裁定撤销缓刑收监执行，依法纠正了被矫正人员脱管、漏管的问题，有效预防其重新犯罪，实现了监督工作的常态化。

三、狠抓规范司法，不断提升规范司法能力

我院受理的案件最多，发生司法不规范的机率也最多。院党组坚持问题导向，持续发力，扎实开展了规范司法行为专项整治工作，做到“问题找不准不放过、整改不到位不放过、责任不追究不放过、成效不明显不放过”，集中对司法办案中不规范行为和突出问题进行整治。抓好学习教育。组织干警深入学习习近平总书记等中央领导关于依法治国、规范司法行为的重要论述等内容，引导干警切实转变司法理念，增强规范司法的责任意识。系统学习办理案件必须应知应会的法律法规、司法解释和办案规则，组织规范司法能力考试，开展了“规范司法，从我做起”主题演讲比赛等活动，着力培养干警规范司法的好习惯。深入查找问题。按照上级院确定的查摆问题重点，多措并举，共查找出10个方面不规范司法行为74项，认真进行了梳理和剖析，形成了重点问题整治清单。狠抓整改落实。对查找的问题认真制定整改措施，建立“销号”台账，及时进行整改。自侦部门实行讯问犯罪嫌疑人全

程全部同步录音录像，制定了“十个必须”“十个不准”，切实保障律师和犯罪嫌疑人的合法权利，确保规范司法。刑检部门针对诉讼权利义务告知和保障、听取律师意见等方面的不规范问题，制定了“一个告知、两个必须、三种方式”及时整改，防止在案件事实认定、法律适用方面出现错误。统一了审查报告、起诉书等法律文书的标准，规范公诉干警出庭行为，建立完善“十项制度和长效机制”，确保规范司法。取得明显成效。干警规范司法的意识不断增强，在案件总量上升的情况下，办案质量、办案效率有了新的提升，无捕后不诉和无罪案件。

四、狠抓窗口建设，全面提升服务群众水平

按照上级院对服务型窗口建设工作的部署和要求，进一步完善“多种业务职能、一个窗口对外、一站式办理”的便民服务模式，为来访群众、律师提供更加快捷、便利、周到的服务。优化服务环境。高标准、高起点建成新的检务大厅，进一步完善了各项便民设施。提升服务质量。开展了“温暖来访心、满意在检察”文明接待活动，编印了办事指导手册，通过互联网、微信等方式开展预约接访，为来访群众、当事人和律师办理业务提供更加便捷的服务。实行“大接访”工作机制，主要业务科室全部在控告申诉大厅接待接访，杜绝控申接待与业务科室工作衔接脱节的现象。坚持检察长定期接访等制度，加强对服务质量的测评、考核和督察问责，促进窗口建设工作“常态化”，全面提升服务群众水平。及时化解矛盾。认真做好涉法涉诉信访接待和息诉罢访工作。一年来，共接待处理来信来访、律师阅卷、法律咨询494件次。其中受理控告申诉42件、刑事申诉4件、上级交办案件3件，全部及时办结并答复，妥善化解了9起非法吸收公众存款等涉众型犯罪案件引发的20人以上群体访事件，没有发生闹访和越级上访问题，维护了大局稳定。积极做好司法救助工作，全年共救助刑事被害人6人，救助金额19万元，我院被推荐为全市窗口建设第二批“先进窗口单位”。

五、深化检务公开，自觉接受社会各界监督

牢固树立“监督者更应接受监督”的意识，全面落实“公开常态化”的要求，全力打造“阳光”检察。一年来，在“人民检察院案件信息公开网”公开案件法律文书、程序性信息1511件、重要案件信息

6月12日，区人民检察院开展检察宣传进万家活动

30件。借助检察微博等新媒体发布检察工作信息907条，及时发布检察工作动态，解答群众咨询，搭建了检民沟通的新平台。邀请人大代表、政协委员、社会各界群众定期举办“检察开放日”活动，切实让人民群众走近检察、了解检察、热爱检察、信赖检察。开展了“检察宣传进万家”送法上门活动。投入60余万元，精心编印了《携您走进兴庆检察》《让法律为青春护航》《挽救折翼的雏鹰》系列丛书20万册，送到辖区内家庭、学校、机关，全面宣传检察工作，保障人民群众对检察工作的知情权、参与权和监督权。高度重视人大、政协对我院检察工作审议和视察调研，诚恳听取意见建议，认真抓好整改落实，自觉接受监督。主动征求公安机关、人民法院、律师对检察工作的意见建议，依法保障律师会见、阅卷等权利，充分尊重律师对具体案件提出的正确意见建议，不断加强和改进检察工作，确保检察权正确行使。

六、加强自身建设，努力打造过硬检察队伍

以“建设一流机关，打造一流队伍，培育一流作风，创建一流业绩”为目标，按照“五个过硬”要求，切实加强对干警的教育、监督和管理，奋力推进检察队伍专业化、职业化建设。深化“三基提升工程”。开展了庭审观摩、公诉人辩论赛、法律文书评比等岗位练兵、业务竞赛活动。加大教育培训力度，干警外出参加各类培训220人次。鼓励干警参加在职学历教育和司法考试，干警中本科以上学历比例达到97%，其中硕士研究生和在读研究生30人，居各基层院首位，学历层次和素质能力有了新的提升，23名干警在上级检察院组织的各种业务竞赛中获奖，1名干警被评为全区青年检察人才。狠抓纪律作风建设。加强干警的政治理论学习，扎实开展职业道德教育、“守纪律讲规矩”等教育活动，教育和引导干警牢固树立正确的司法理念和执法观，牢固树立纪律意识和规矩意识。开展创先争优活动、加大检务督察力度，坚决整治松散疲沓、反应迟缓、执行力不强等问题，保障检令畅通、检纪严明、执法高效。抓好党风廉政建设。按照“教育有说服力，监督有约束力，查处有威慑力”的思路，抓好自身反腐倡廉建设。认真履行好“两个主体责任”，层层签订党风廉政建设责任书和八小时以外双向监督承诺书，经常性开展正面教育和警示教育，开展述职述廉、廉政承诺等廉政建设活动，筑牢拒腐防变、廉洁执法的思想防线，以铁的决心维护纪律的严肃性。加强思想政治工作。定期召开队伍思想状况分析会，经常性开展“谈心教育”，在不违规的前提下，救助因重大疾病生活困难的干警，及时解决干警工作生活中的困难和问题，充分调动了干警的工作积极性，服务意识和责任意识不断增强，为做好检察工作提供了保证。

七、狠抓基础建设，检务保障能力不断提升

加强信息化硬件建设，高标准改造了内外部局域网、检务公开自动查询和发布系统，完成了高清晰视频会议系统、远程视频接访系统、电子卷宗扫描、大楼内外安全监控等信息化建设，干警利用信息化办公、办案的能力和水平不断提升，科技强检再上新的台阶。完成了办公楼室外硬化、亮化、美化、绿化等工程，为检察工作的长远发展夯实了基础。

各位代表，一年来，经过全院干警不懈努力，我院整体工作又取得了新的成绩，实现了新的发展。我院分别被银川市人民检察院、自治区人民检察院评为全市、全区“先进基层检察院”，被推荐为“全国先进基层检察院”。这些成绩的取得，是区委和上级检察院坚强领导的结果，是人大、政府、政协及社会各界监督、支持和关心的结果。在此，我代表全院干警表示衷心的感谢和崇高的敬意！

一年来，我们虽然做了一些工作，但也清醒认识到，我院检察工作中仍然存在一些问题和不足。一是民事行政法律监督工作仍然存在薄弱环节，监督的效果还不明显；二是对干警的教育培训缺乏自身特色，对专家型、骨干型人才选拔、培养的力度不够；三是案多人少的矛盾更加凸显，影响了办案的效率；四是对检察工作的经验总结提炼不够，检察宣传和调研工作相对滞后。对此，我们将高度重视，在今后的工作中认真加以解决。

▷特载

银川市兴庆区2015年国民经济和社会发展统计公报

经济总体情况

2015年，兴庆区完成地区生产总值448.04亿元，同比增长8.5%。分别占区、市的15%、30%。其中第一产业6.14亿元，同比增长4.3%；第二产业117.36亿元，同比增长8.9%；第三产业324.54亿元，同比增长8.4%。三次产业结构为1.4：26.2：72.4。第三产业中，金融业占34%，批发零售业占8%，住宿餐饮业占3%，房地产业占8%，交通运输、仓储和邮政业占3%，营利性服务业占24%，非营利性服务业占20%。金融业、批发业、信息传输计算机服务业拉力较强，增速分别为17.6%、9.4%、16%。住宿业和其他营利性服务业增速为负值，分别为-3.7%和-20.7%。

表一 2014—2015年1—4季度地区生产总值及增速对比

	2014年生产总值（亿元）	2015年生产总值（亿元）	2014年增速（%）	2015年增速（%）
1季度	81.55	86.93	6.6	9.2
2季度	181.35	187.00	7.4	7.7
3季度	299.58	313.81	9.0	8.0
4季度	425.90	448.04	8.4	8.5

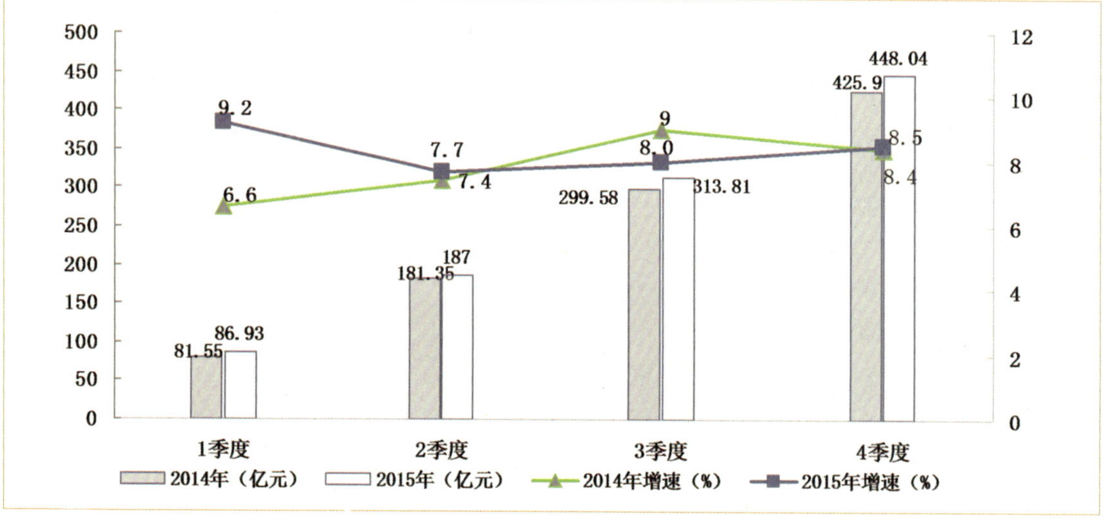

图1 2014—2015年1—4季度地区生产总值及增速 单位：亿元、%

经济运行情况及特点

1. 社会消费品市场增长缓慢。2015年，累计实现社会消费品零售总额231.49亿元，同比增长7.5%。总量居区、市第一，分别占区、市总量的29.3%、48.5%。一是城镇依然是拉动消费主体。兴庆区城镇实现社会消费品零售总额229.75亿元，同比增长7.4%；乡村实现社会消费品零售总额1.74亿元，同比增长20.0%。从比重看，城镇零售总额占整个社会消费品零售总额的比重达99.25%。从增幅看，城镇消费增长贡献率达到98.2%，拉动兴庆区社会消费品零售总额增长7.4个百分点。二是批发零售业仍占据主导地位。1—12月份，兴庆区批发零售业累计实现零售额187.23亿元，增长4.6%。其中批发业实现零售额23.64亿元，同比下降1.8%；零售业实现零售额163.59亿元，同比增长5.6%。

表二　2014—2015年1—4季度社会消费品零售总额及增速对比表

	2014年社会消费品零售总额（亿元）	2015年社会消费品零售总额（亿元）	2014年增速（%）	2015年增速（%）
1季度	44.12	54.14	4.1	7.9
2季度	85.65	104.64	4.0	6.5
3季度	134.09	165.21	5.3	7.1
4季度	187.30	231.49	6.1	7.5

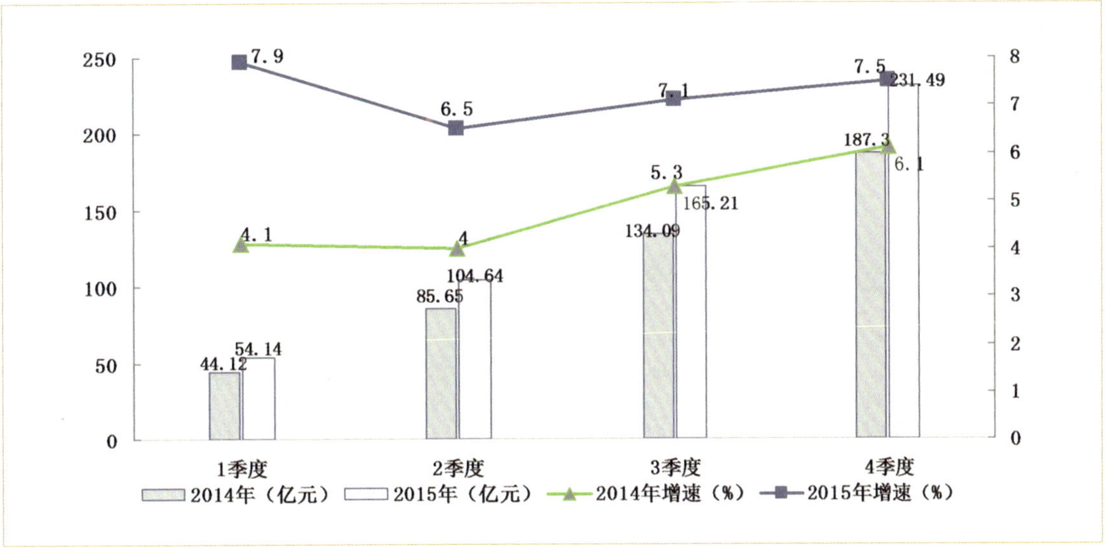

图2　2014-2015年1-4季度社会消费品零售总值及增速图　　单位：亿元、%

2. 固定资产投资增速加快。2015年，兴庆区完成固定资产投资210.8亿元，同比增长17.8%，较上年同期回落14.6个百分点。其中房地产开发完成投资93.94亿元，同比增长12.9%，占兴庆区固定资产投资的45%；区、市两级项目完成投资59.83亿元，同比下降11.8%，占兴庆区固定资产投资额的28%；兴庆区本级项目继续保持较快增长势头，完成投资57.02亿元，同比增长105%，占兴庆区固定资产投资的27%。

表三　2014—2015年1—12月固定资产投资及增速表

	2014年固定资产投资（亿元）	2015年固定资产投资（亿元）	2014年增速（%）	2015年增速（%）
1—2月	2.16	2.75	11.3	27.7
3月	13.27	14.68	34.5	10.7
4月	24.87	31.98	17.3	28.6
5月	45.54	55.02	31.0	20.8
6月	62.82	75.16	29.6	19.6
7月	76.76	92.00	34.6	19.9
8月	107.00	125.78	44.2	17.5
9月	121.50	139.19	39.0	15.9
10月	142.75	158.58	39.4	11.8
11月	160.96	186.09	37.8	15.6
12月	178.93	210.79	32.4	17.8

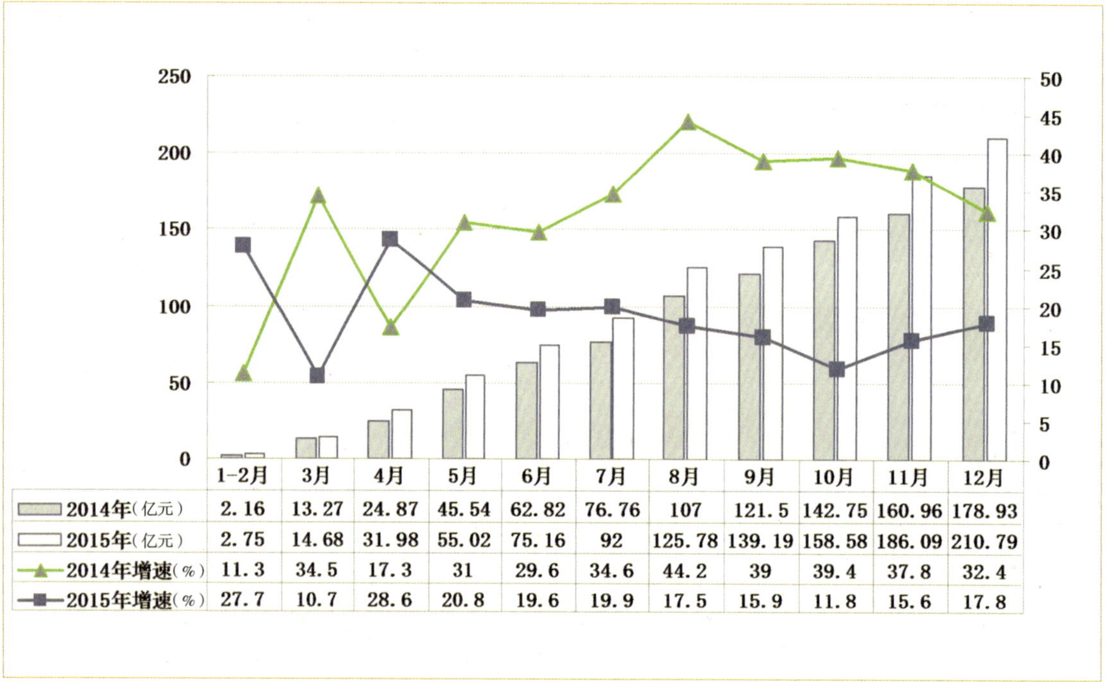

图3　2014—2015年1—12月固定资产投资及增速图　　单位：亿元、%

3．规模以上工业增速放缓。2015年，兴庆区规模以上工业企业累计完成工业总产值37.8亿元，同比增长15.5%，较上年同期回落9.3个百分点。实现规模以上工业增加值8.5亿元，同比增长10.6%，较上年同期回落1.6个百分点，增速分别高于自治区、银川市3.2、1.7个百分点。从轻重工业看，轻工业增长较快。1—12月，轻工业完成工业增加值1.4亿元，同比增长12.2%，重工业完成工业增加值7.1亿元，同比增长10.3%。从经济类型看，股份制企业增长较快。1—12月，股份制企业完成工业增加值8亿元，同比增长12.1%，增速较三季度下降2.5个百分点。

表四 2015年1—12月规模以上工业增加值及增速表

	工业增加值（亿元）	增速（%）
1—2月	1.9	14.5
3月	2.8	13.4
4月	3.3	5.8
5月	3.5	10.5
6月	4.3	12.6
7月	4.9	12.0
8月	5.5	11.9
9月	6.2	12.8
10月	6.8	13.0
11月	7.6	12.5
12月	8.5	10.6

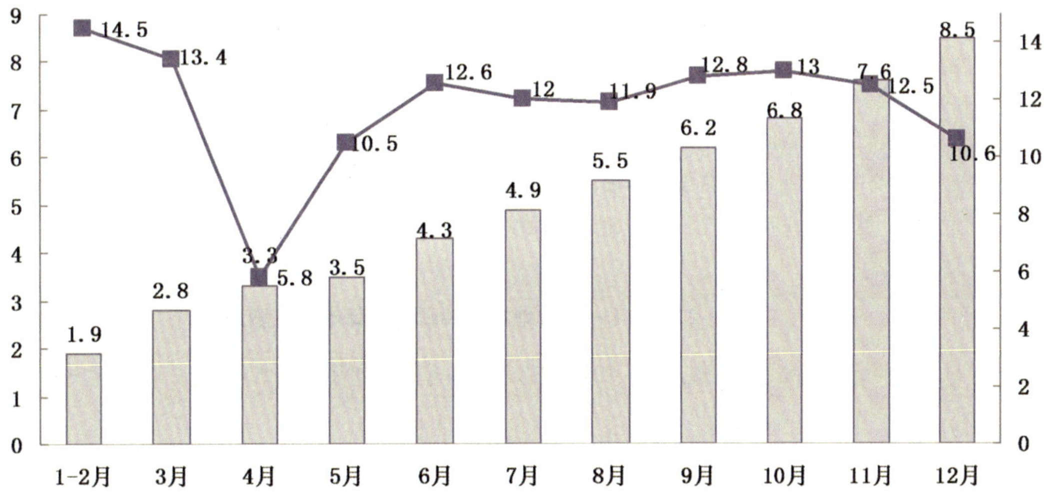

图4 2015年1—12月规模以上工业增加值及增速图 单位：亿元、%

4. 农业生产平稳增长。2015年，兴庆区实现农业增加值6.14亿元，同比增长4.3%，较上年同期增长0.2个百分点。一是种植业增速放缓。粮食总播种面积117450亩，全年粮食总产量为56392吨，同比下降2.02%。二是林业呈现下降的趋势。兴庆区育苗面积达217公顷，同比下降6.07%，成林抚育面积达267公顷，同比下降30.65%。三是畜牧业发展低迷。据抽样调查反馈结果显示，1—4季度，兴庆区生猪存栏1.0万头，较上年同期下降28.58%，羊只存栏4.2万只，较上年同期增长2.94%，奶牛存栏2.3万头，同比下降19.59%。四是渔业生产发展平稳。1—4季度，兴庆区渔业养殖面积达1889公顷，产量达6100吨，同比增长1.16%。

表五　2014—2015年1—4季度农业增加值及增速对比表

	2014年农业增加值（亿元）	2015年农业增加值（亿元）	2014年增速（%）	2015年增速（%）
1季度	1.60	1.52	-0.8	4.0
2季度	2.39	1.62	5.0	3.3
3季度	5.83	5.65	5.7	4.7
4季度	6.50	6.14	4.1	4.3

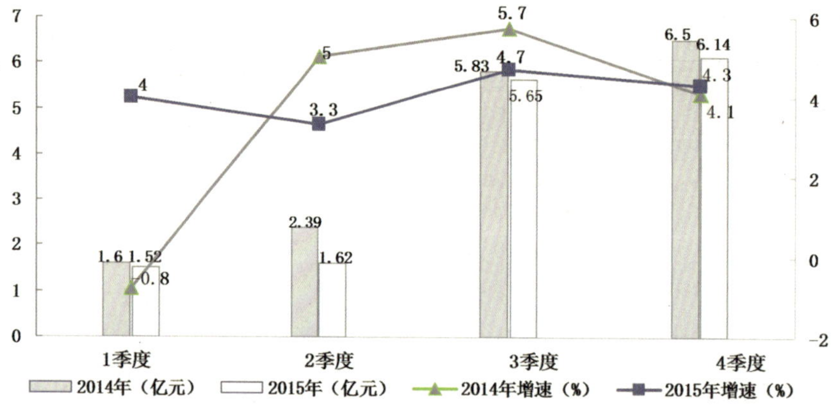

图5　2014—2015年1—4季度农业增加值及增速图　　单位：亿元、%

5. 财政收入增长反弹。2015年，兴庆区完成地方公共财政预算收入12.96亿元，同比增长12.6%，较上年同期下降2.1个百分点。其中完成税收收入8.63亿元，同比增长0.46%；罚没收入、行政性收费、国有资源有偿使用收入等非税收入完成3.13亿元，同比增长81.97%。完成地方公共财政预算支出21.71亿元，同比增长0.1%，较上年同期下降17.9个百分点。

表六　2014—2015年1—12月地方公共财政预算收入及增速表

	2014年地方公共财政预算收入（亿元）	2015年地方公共财政预算收入（亿元）	2014年增速	2015年增速
1—2月	1.99	1.81	21.0	-8.60
3月	2.75	2.93	29.0	6.80
4月	3.78	3.93	23.0	4.00
5月	4.34	4.51	21.1	4.00
6月	5.97	5.82	18.0	-2.50
7月	7.20	7.10	25.9	-1.38
8月	7.71	7.84	24.0	1.68
9月	8.32	8.81	20.0	5.91
10月	9.49	10.09	16.4	6.30
11月	10.10	10.92	11.7	8.10
12月	11.50	12.96	14.7	12.60

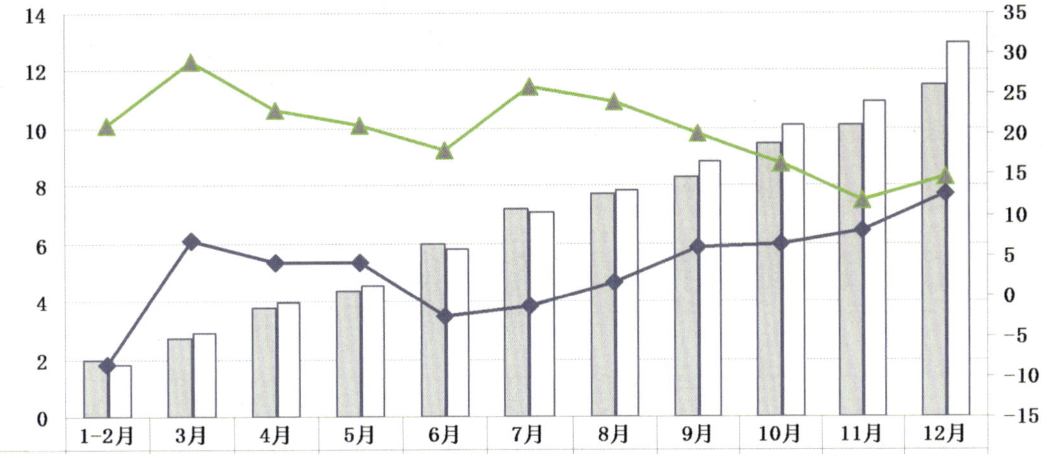

	1-2月	3月	4月	5月	6月	7月	8月	9月	10月	11月	12月
2014年（亿元）	1.99	2.75	3.78	4.34	5.97	7.2	7.71	8.32	9.49	10.1	11.5
2015年（亿元）	1.81	2.93	3.93	4.51	5.82	7.1	7.84	8.81	10.09	10.92	12.96
2014年增速（%）	21	29	23	21.1	18	25.9	24	20	16.4	11.7	14.7
2015年增速（%）	-8.6	6.8	4	4	-2.5	-1.38	1.68	5.91	6.3	8.1	12.6

图6　2014—2015年1—12月地方公共财政预算收入及增速　　单位：亿元、%

6. 城乡居民收入增幅有所回落。2015年，兴庆区城市居民人均可支配收入30514元，同比增长8.0%，较上年同期回落1.3个百分点。农村居民人均可支配收入12625元，同比增长8.1%，较上年同期回落1.4个百分点。

表七　2014—2015年1—4季度城市居民人均可支配收入及增速对比表

	2014 年（元）	2015 年（元）	2014 年增速（%）	2015 年增速（%）
1 季度	7260	7895	9.8	8.7
2 季度	13598	14621.6	9.0	7.5
3 季度	20102	21718	8.4	8.0
4 季度	28246.5	30514	9.3	8.0

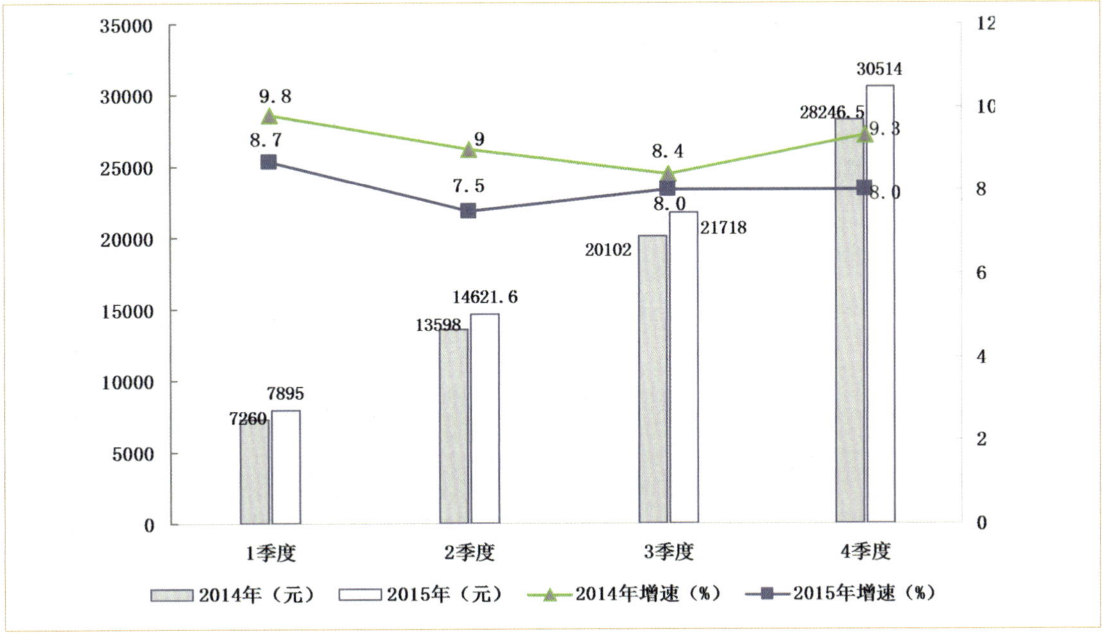

图7　2014—2015年1—4季度城市居民人均可支配收入及增速图　　单位：亿元、%

表八　2014—2015年1—4季度农村居民人均可支配收入及增速对比表

	2014 年农村居民人均可支配收入（元）	2015 年农村居民人均可支配收入（元）	2014 年增速（%）	2015 年增速（%）
1 季度	2707.0	2948.0	7.90	8.9
2 季度	4418.0	4793.2	10.83	8.5
3 季度	7878.4	8500.0	9.30	9.0
4 季度	11676.6	12625.0	9.50	8.1

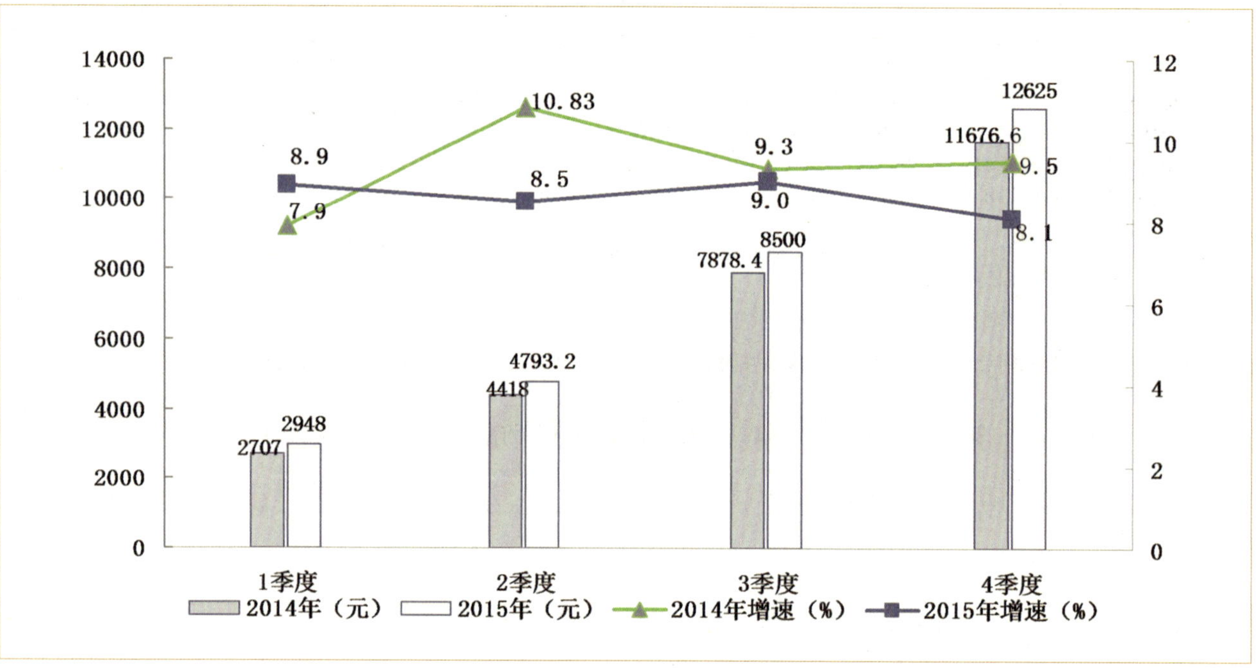

图8　2014—2015年1—4季度农村居民人均可支配收入及增速　　单位：亿元、%

表九　2010—2015年兴庆区经济社会发展主要指标表

项　目	计量单位	2010年	2011年	2012年	2013年	2014年	2015年
一、街道、乡（镇）基本情况							
街道个数	个	11	11	11	11	11	11
其中：社区个数	个	94	94	72	72	72	90
乡(镇)个数	个	4	4	4	4	4	4
其中：建制镇个数	个	2	2	2	2	2	2
村民委员会个数	个	32	32	34	34	34	36
二、人口							
1. 常住人口	人	678009	690023	697365	707151	725168	734353
总户数	户	238188	253685	248242	262881	271599	271983

续表九

其中：女	人	339024	343098	346827	351383	360347	364900
回族	人	109555	114626	127778	136453	142631	146003
其他少数民族	人	12312	13732	13927	14067	19372	19404
出生率	‰	11.6	8.82	9.87	13.12	9.69	9.23
死亡率	‰	4.2	3.48	2.59	4.5	2.63	4.00
自然增长率	‰	7.39	5.34	7.28	8.62	7.06	5.23
出生政策符合率	%	—	—	95.92	96.94	95.45	95.69
2. 户籍人口数	人	—	528191	5406650	552096	557723	557723
年末总户数	户	—	187491	192892	198886	202616	206105
三、综合经济							
(一)地区生产总值	亿元	267.53	318.19	351.92	389.7	425.9	448.04
第一产业增加值	亿元	5.08	5.53	5.91	6.42	6.5	6.14
第二产业增加值	亿元	82.94	106.2	113.7	116.57	124.2	117.36
其中：工业	亿元	60.44	80.92	70.52	90.62	90.2	
第三产业增加值	亿元	179.51	206.46	234.64	266.72	295.2	324.54
(二)财政收支							
其中：地方财政一般预算收入	亿元	4.8	7.02	8.17	10.03	11.51	12.96
各项税收	亿元	4.07	6.46	7.45	8.79	9.79	
地方财政一般预算支出	亿元	9.93	13.64	15.18	18.37	21.69	21.71
四、农业							
农作物总播种面积	公顷	14601	15012	13742	12438	11192	
粮食作物播种面积	公顷	9448	9946	9930	9618	8074	
其中：稻谷	公顷	6367	6653	6712	6421	4656	
小麦	公顷	1387	1511	1282	1184	1274	
玉米	公顷	1632	1684	1934	2013	2163	
油料播种面积	公顷	80	133	136	89	61	
蔬菜播种面积	公顷	4126	3921	2985	1840	2213	
粮食总产量	吨	72722	67178	70837	69928	57550	
其中：稻谷	吨	53925	53160	54439	51862	36713	
小麦	吨	6849	6163	5302	5267	5743	

续表九

玉米	吨	11948	9431	12096	12799	15094	
油料产量	吨	214	565	545	199	194	
肉类总产量	吨	4766	4823	2878	4240	2067	
蔬菜产量	吨	191430	203189	199165	114437	147687	
五、工业及建筑业							
工业							
规模以上工业增加值	亿元	60.44	80.92	70.52	78.9	8.4	8.5
规模以上工业企业数	个	25	17	17	16	16	17
建筑业							
建筑业企业个数	个	155	169	181	179	173	167
期末从业人员数	人	33557	35773	23576	28227	74506	
建筑业总产值	亿元	162.4	162.71	162.8	199.5	194.4	
六、贸易、固定资产投资							
社会消费品零售总额	亿元	119.23	1456027	163.54	176.51	187.34	231.49
固定资产投资额	亿元	91	92	107.46	135.17	178.93	210.8
七、教育							
普通中学数	所	20	20	21	22	24	24
小学数	所	50	49	50	49	46	46
普通中学专任教师数	人	2252	2622	2390	2390	2714	2915
小学专任教师数	人	2201	2308	2491	2491	2433	2513
普通中学在校学生数	人	38456	38382	38484	38484	24561	23674
小学在校学生数	人	49029	48872	49616	496126	45843	53698
学龄儿童入学率	%	100	100	100	100	100	100
其中：女童入学率	%	100	100	100	100	100	100
初中升学率	%	100	100	100	100	100	100
5岁以下儿童死亡率	‰	7.68	8.41	9.1	6.2	4.1	4.33
婴儿死亡率	‰	6.1	6.13	7.66	5.54	3.28	3.06
产妇住院分娩比例	%	99.82	99.93	100	100	100	100
八、人民生活							
城镇居民人均可支配收入	元	18498	21235	23809	25971.4	28246.5	30514

续表九

农村居民人均可支配收入	元	6820	7803.8	8834	9876.34	11676.6	12625
九、社会保障							
居民最低生活保障人数	万人	0.75	0.66	0.58	0.52	0.53	0.5
十、资源与环境							
行政区域土地面积	平方公里	828.26	828.26	828.26	828.26	828.26	828.26
城市建成区绿化覆盖率	%	38.1	38.6	38.9	39	40.4	41.6
城镇生活污水处理率	%	65	65	92	92	92	92
农村集中式供水受益人口比重	%		81.59	73	81	89.92	96.5
农村自来水普及率	%		81.59	90.51	90.51	90.51	90
农村卫生厕所普及率	%	107.4	87.97	95.39	94.05	100	103.07

表十　2010—2015年兴庆区主要经济指标一览表

指标名称	单位	2010年		2011年		2012年		2013年		2014年		2015年	
		总量	增速(%)	总量	增速(%)	总量	增速(%)	总量	增速(%)	总量	增速(%)	总量	增速(%)
地区生产总值	亿元	270.98	13.9	318.37	10.1	356.73	9.8	395.63	8.6	418.43	8.4	448.04	8.5
其中：第一产业	亿元	4.96	6.1	5.64	4.5	5.88	5.4	6.36	0.8	5.75	4.1	6.14	4.3
第二产业	亿元	83.11	22.1	103.16	16.7	110.84	9.8	116.83	8.4	113.7	9.5	117.36	8.9
第三产业	亿元	182.91	10.5	209.57	7.2	240.02	9.9	272.44	8.8	298.98	8	324.54	8.4
规模以上工业增加值	亿元	60.96	24.2	83.11	30.7	88.35	9.1	90.62	6.8	8.4	10.1	8.5	11
社会消费品零售总额	亿元	119.23	3.7	145.6	22.1	163.55	13.5	176.51	7.9	187.34	6.1	231.49	7.5
全社会固定资产投资	亿元	91.07	120	83.17	-8.7	107.46	29.2	135.17	25.8	178.93	32.4	210.79	17.8
地方财政一般预算收入	亿元	5.67	46.5	7.02	23.8	8.17	16.4	10.04	22.9	11.51	14.7	12.96	12.63
城市居民人均可支配收入	元	18498	6.9	21235	14.8	23809	12.1	25971	9.1	28246	9.3	30514	8
农村居民人均纯收入（2014年后为农村居民人均可支配收入）	元	6820	12.9	7804	14.4	8834	13.2	9318	5.5	11677	9.5	12625	8.1

（供稿人：兴庆区统计局步春花）

▷特载

缩略语注释

“四个宁夏”：指建设开放宁夏、富裕宁夏、和谐宁夏、美丽宁夏的战略目标。

“2258”工作思路：指“抓好两个新区、两条旅游带、五个园区、八项工程”的工作思路，将把银川市打造成名副其实的沿黄经济区核心城市、宁夏内陆开放型经济试验区龙头和现代化区域中心城市。“两个新区”是阅海湾中央商务区（CBD）、银川滨河新区；“两条旅游带”是指东线黄河旅游观光带（回乡风情园、水洞沟、黄沙古渡、兵沟大峡谷），西线贺兰山文化旅游观光带（西部影城、西夏王陵、贺兰山岩画、苏峪口）；“五个园区”的建设是指宁东能源化工基地、银川生态纺织园、银川经济技术开发区、高新技术产业开发区（灵武羊绒产业园）、银川科技园；“八项工程”是指工业振兴工程、现代农业示范工程、服务业提升工程、民生改善工程、生态城市建设工程、基础设施建设工程、对外开放工程和塞上英才队伍建设工程。

“8531”工作思路：是指牢牢把握宁夏内陆开放型经济试验区、银川综合保税区和滨河新区建设重要战略机遇，紧紧围绕内陆开放型经济实验区的中心区、银川综合保税区的产业联动区、滨河新区的承载区、“一圈两带”优势特色产业区、城乡一体化示范区、创新社会管理先行区、优质教育文化引领区、综合医疗康体服务区“八区”建设，重点实施旧城改造道路畅通工程、生态移民逐步致富工程、统筹城乡规模推进工程、洁净兴庆工程、人才培训督察考核工程“五大”工程，全面完成招商引资、上争资金、财政收入“三项任务”，实现开放富裕和谐美丽兴庆区，在自治区率先实现全面建成小康社会“一个目标”。

“一带一路”：指“丝绸之路经济带”和“21世纪海上丝绸之路”的简称。

“两区”：指宁夏内陆开放型经济试验区和银川综合保税区。

“一圈两带”：指新华商圈、商贸物流带、黄河特色产业带。

“新三板”：指中关村科技园区非上市股份有限公司进入代办股份系统进行转让试点，因为挂牌企业均为高科技企业而不同于原转让系统内的退市企业及原STAQ、NET系统挂牌公司，故形象地称为“新三板”。

“11125”模式：指兴庆区在开展“和谐社区”建设试点工作中建立的社区治理模式。“一委”即大党委；“一系统”即社会治理网格化信息服务系统；“一队伍”即以网格员为骨干，居委会、物业公司、志愿者、社会组织、企业和个体工商户等广泛参与的服务队伍；“两阵地”即街道市民服务中心、社区服务站；“五项服务”即党组织服务、政务服务、便民服务、物业服务、自治服务。

“三权下放”：指将人权、财权、事权下放基层。

“以克论净”：指一种精细化城市保洁理念，通过机械全程清扫和人工不间断保洁，最终实现道路浮尘每平方米不超过5克、地面垃圾滞留时间不超过5分钟。

“四述四评”：指述学、述职、述廉、述法；自我评价、干部互评、领导点评、群众测评。

“双增双减”：指增加农民收入、增加村集体收入，减少群体性信访事件、减少刑事（治安）案件增幅。

“四问四查”：指“在思想上解放吗？”，查思想认识问题；“在态度上端正吗”，查作风建设问题；“在方法上有效吗？”，查工作方法问题；“在自律上严格吗？”，查廉洁自律问题。

“四项清理”：指清理各类行政性收费和行政审批事项，减轻企业和群众负担；清理各类节庆论坛展会和检查评比达标表彰活动，切实减少、控制数量和规模；清理信访积案，进一步化解各类社会矛盾；清理各类会员卡，加强各级领导干部廉洁自律。

“两个责任”：指落实党风廉政建设责任制，党委负主体责任，纪委负监督责任。

“三政两不为”：指慵政、懒政、怠政，为官不为、为政不为。

“三千精神”：指在招商引资和上争资金工作中，发挥“千辛万苦、千方百计、千山万水”忘我的工作精神和饱满的工作热情。

“四个全面”：指全面建成小康社会、全面深化改革、全面推进依法治国、全面从严治党。

“一基地一社区三中心”：指航空器组装制造与维修基地、航空主题社区、通用航空运营中心、通用航空物流中心、通用航空服务中心。

“退二进三”：指在产业结构调整中，缩小第二产业，发展第三产业。对一些能耗大、效益差的工业企业有重点、分层次、分区域、分时段进行搬迁、改造，大力发展商业、服务业等第三产业。

“一主三副”：“一主”就是一个中心组团，即兴庆区11个街道及大新镇；“三副”就是三个副中心区，即掌政镇、通贵乡和月牙湖乡。

“六个精准”：指扶持对象精准、项目安排精准、资金使用精准、措施到位精准、因村派人（第一书记）精准、脱贫成效精准。

“三通两平台”：指宽带网络校校通、优质资源班班通、网络学习空间人人通，教育资源公共服务平台、教育管理公共服务平台。

“三社联动”：指以社区为平台，以社会组织为载体、以专业社会工作为支撑，推动基层社区治理主体多元化、工作方式专业化、服务供给社会化。

“政务云”：指统一的政务服务门户、行政权力库、数据交换和共享平台等集约化电子政务系统运行，推进政务信息资源大数据共享，全面提升政府信息化建设绩效和水平。

“堡垒工程”：银川市提出党建工作要重心下移，抓支部，打基础。坚持组织部门、党（工）委和党支部密切配合、联动联抓，建立党支部评星晋级长效机制，以“五好”党支部建立工作评星晋级，发挥好基层党组织的战斗堡垒作用，着力提升基层党组织服务能力。

“双强六好”：指非公有制企业和社会组织“双强”（发展强、党建强）；“六好”：指生产经营好、企业文化好、劳动关系好、党组织班子好、党员队伍好、社会反映好。

“一创双争”：指争创先进基层党组织，争当优秀共产党员和优秀党务工作者。

“软腐败”：指相对于“硬腐败”而言，是一种非罪型腐败，其虽尚未逾越法律红线、不能依法论罪，但危害却不容小觑。

“两优”环境：指努力建设在西部最优、比东部更优的投资发展环境。

农业“双增”：指增加农民收入、增加村集体收入。

“救急难”：指由民政部门牵头，多部门联动，针对遇到因突发事件导致生活困难的群众进行及时救助。

“零就业家庭”：指非农业户籍家庭中，在法定劳动年龄内（在校学生、现役军人、内退人员、办理提前退休人员除外）有劳动能力的家庭成员，均进行了失业登记，且无一人就业的家庭。

“三级全覆盖”：“三级”指建立健全兴庆区政府，乡镇、街道和行政村（社区）三级组织安全生产工作机构。“全覆盖”即“党政同责”全覆盖；“一岗双责”全覆盖；“三个必须”全覆盖（管行业必须管安全、管业务必须管安全、管生产经营必须管安全）；政府主要负责人担任安委会主任全覆盖；各级安监部门向同级组织部门通报安全生产情况全覆盖（村、社区向上级组织部门通报）。

“十大”专项整治：指煤矿与非煤矿山安全生产专项整治行动、道路交通安全生产专项整治行动、建筑施工领域安全生产专项整治行动、油气输送管道安全生产专项整治行动、消防领域安全生产专项整治行动、危险化学品与化工企业安全生产专项整治行动、小微型企业安全生产专项整治行动、涉氨制冷企业安全生产专项整治行动、职业病危害专项整治行动、防粉尘爆炸专项整治行动在内的安全生产专项整治行动。

八类主要刑事案件：指故意杀人、故意伤害致人重伤或者死亡、强奸、抢劫、贩卖毒品、放火、爆炸、投毒八类刑事案件。

绿荫工作室：指在社区建立戒毒康复服务中心。

梯级名师培养工程：指分国家、自治区、银川市、兴庆区和学校五级，遴选各级名校长、名教师和名班主任，采取国培、外送培训、师带徒、工作坊等形式对各级名师进行培训。

职业农民：指将农业作为产业进行经营，并充分利用市场机制和规则来获取报酬，以期实现利润最大化的理性经济人。职业农民是一个特定的概念，隐含3个前提条件：一是必须从事农业生产和经营；二是必须以获取经济利润为目的；三是必须作为一种独立的职业。

海绵小镇：指采用海绵城市设计理念，降水时实现吸水、蓄水等功能，需水时将存水释放加以利用，从而有效缓解水资源短缺与内涝矛盾的生态小镇。

“全面二孩”政策：指全面实行一对夫妇可生育两个孩子的政策。

“335”工作法：指筑牢“三道防线”，完善机制筑牢源头防线，完善网络筑牢关键防线，完善组织筑牢重要防线；筑实“三大平台”，构建“全覆盖”的群众工作平台，建立“一站式”的群众服务平台，搭建“面对面”的联合接访平台；落实“五个到位”，诉求合理解决到位，要求过高教育到位，事项终结稳控到位，生活困难扶助到位，违法闹访处理到位。

权力清单：指明晰每个单位、每个职位的权责，给权力划定边界。

责任清单：指明晰每个单位、每个职位的责任，必须做哪些事情，确定职责边界。

双向评议：组织政协委员对承办单位的提案办理工作开展民主评议，并由承办单位对政协委员的提案质量进行评议。

塞上明珠（银川光明广场雕塑）

《准则》：指《中国共产党廉洁自律准则》。

《条例》：指《中国共产党纪律处分条例》。

三严三实：指在县处级领导干部中开展的“严以修身、严以用权、严以律己，谋事要实、创业要实、做人要实”专题教育。

双增双减：指增加农民收入，增加村集体收入；减少群体性信访事件，减少刑事（治安）案件增幅。

两大主题：指团结和民主两大主题。

三大职能：指政治协商、民主监督、参政议政三项基本职能。

四个兴庆：指开放兴庆、富裕兴庆、和谐兴庆、美丽兴庆。

“行贿档案查询”：行贿犯罪档案是指检察机关为预防贿赂犯罪，促进社会信用体系建设，运用计算机对1997年以来由人民检察院立案侦查并经人民法院作出生效裁判的行贿犯罪信息进行分类录入、存储和管理而形成的档案。

“两法衔接”：即行政执法与刑事司法衔接。

“十个必须”：必须严格执行同步录音录像审批手续以及“全面、全程、全部”同步录音录像制度；讯问录音、录像必须实行讯问人员和录制人员相分离的原则，由检察技术人员负责；讯问犯罪嫌疑人和询问证人必须在办案工作区进行；讯问犯罪嫌疑人时必须对每一次讯问的全过程实施不间断的录音、录像，做到每案必录；讯问笔录必须与录音、录像内容一致或者意思相符，讯问结束时，讯问人员必须对讯问笔录进行检查、核对，发现漏记、记错的，应当及时补正，并经犯罪嫌疑人签字确认；传唤犯罪嫌疑人前必须了解其身体状况，必要时可进行体检；传唤犯罪嫌疑人期间，必须保证犯罪嫌疑人的饮食和必要的休息时间；依法应当公开的案件必须公开；必须严格实行居审分离、看审分离制度，并按规定向侦监部门报备，同时通知监所部门监督；必须严格执行涉案财物查封、扣押、冻结、处理与保管相分离的工作要求，严格落实对扣押款项及其孳息应当逐案设立明细账，对物品应当建账设卡，一案一账，一物一卡（码），账实相符的保管制度。

“十个不准”：不准耍特权、逞威风，肆意滥用检察权，造成严重社会影响；不准利用检察权吃拿卡要；不准对当事人及其近亲属态度蛮横，无故推诿拖延；不准对来访群众态度蛮横，无故推诿拖延；不准对待当事人语言粗俗，甚至进行侮辱诋毁；不准受利益驱动，越权办案，违规插手经济活动；不准私下接触当事人及律师，泄露案情或帮助打探案情，人为设置阻碍干扰律师会见、查阅案件材料、申请收集或调取证据；不准受人之托过问、干预办案，利用检察权获取个人好处；不准受当事人及其委托人的请托，瞒案不报、压案不查，或受当事人及其委托人的请托，违法违纪办案；不准接受当事人、案发单位的吃请，或收受当事人、案发单位的贿赂。

“五个过硬”：政治过硬、业务过硬、责任过硬、纪律过硬、作风过硬。

“三基提升工程”：基本规范、基本技能、基本素养提升。

兴庆区2015年为民办实事

一、教育均衡化发展提升工程

投入1.8亿元，完成第十二小学、第七小学新建，翻建第三小学西校区，对第二十中学、掌政中学、月牙湖中学、通贵中学、月牙湖大塘小学、第十七小学、第二小学共7所学校校园进行绿化美化；进一步深化集团化和联合发展共同体办学模式，扩大了优质教育资源；实施乡村教师支持计划，为兴庆区城市中小学、幼儿园教师（包括在编、特岗及政府聘用人员）发放误餐补贴，教育均衡化发展进一步提升。

二、农村水利设施改造工程

投入3602万元，完成通贵乡泵站改造、月牙湖渡槽改造，掌政镇五渡桥边渠、双玫渠、月牙湖斗渠砌护改造，南一支渠二期改造等工程；投入502万元，实施高标准农田水利基本建设，建设高标准农田5.67万亩，砌护各类渠系16公里，农田水利基础设施进一步完善。

三、景观绿化工程

投入4888万元，实施章子湖公园、孔雀公园、京藏高速公路东侧景观绿化项目，完成月牙湖203省道两侧沟道治理护坡和月牙湖幸福村庄绿化工程，栽植各类乔灌木、地被植物175.9万株，绿化面积达1500亩，生态环境面貌得到了有效改善。

四、农村道路改造工程

新建、翻建乡镇道路38.56公里；维修孔司路五渡桥、掌茂路永二干沟桥、大塘北路沟桥3座危桥，翻建通渡路滨河大道沟桥、通陈路滨河大道沟桥、强滨路滨河大道沟桥、永清沟桥和掌政永二干沟桥5座危桥；维修塔白路、孔司路、乡镇路等破损路面5000平方米；新建客运招呼站22个；升级改造交通标识设施，在辖区90余公里乡道设置行车分道线（交通标线），安装波形护栏2634米、警示桩4000余根，群众生活出行条件得到有效改善。

五、老旧小区改造工程

投入5000万元，对辖区14个老旧小区、128幢住宅楼进行改造，改造面积32万平方米，改造内容包括路面硬化，院落绿化，公示牌制作，停车位划定，门窗、路灯、扶手等公共区域修缮，3100户群众居住条件得到改善。

六、社会养老提质工程

投入8387万元，建设通贵老年综合福利服务中心，建成农村幸福院5个，实施了社会福利院、中心敬老院及胜利街日间照料中心改造项目。为700名享受低保、残疾、高龄、三无老人、百岁、烈属等六类特困老人购买助餐服务；为25名困难高龄老年人，每人每月发放800元的护理补贴。探索建立社区全天候“医养结合”模式，引进专业医院，利用社区网络平台优势，对老年人进行医疗保健、精神关怀、营养膳食等多方面的养老服务，满足老年人多样化的养老服务需求。

七、中心村仓储及农机具停放工程

建设完成掌政镇强家庙中心村2.16万平方米农机具停放点，为720户村民每户平均分配30平方米停放区域，用于大型农用机器及小型农机具停放，实行统一看管，农机具停放难、易失窃等问题得到有效解决。

八、精准扶贫攻坚工程

为建档立卡户购买意外伤害和大病补助保险，完成滨河家园5个行政村经果林1.2万株果树补植、160亩枸杞种植，建设红树莓种植基地、西月花卉、周景世荣花卉等园区道路13公里，实现劳务输出3030人，3898户建档立卡户进入脱贫攻坚退出机制。

九、健康兴庆推进工程

新建通贵乡卫生院、国龙医院，实施文化街、中山南街社区卫生服务中心及宁医大骨科医院项目建设，完成银川市第三人民医院对大新镇卫生院和兴庆区妇幼保健计划生育服务中心的托管工作。加强计划生育综合治理，人口出生政策符合率达95.69%。开展家庭医生试点，签约8887户、4.4万人，普惠城乡的医疗卫生体系得到巩固。

十、体育设施提升扩面工程

投入5753万元，在掌政镇新建占地35亩、建筑面积9800平方米的兴庆区体育馆；投入120万元，新建春祥园、国际花园、通贵河滩村3个多功能运动场；投入180万元，在丽景湖公园新建800米健身步道、2个门球场、2个羽毛球场等体育设施，市民健身和休闲运动环境得到极大改善。

▷ 媒体看兴庆

兴庆区：项目发力带动产业升级

尽管开盘时间不长，市场还未开业，但立邦漆、恒洁卫浴、美好陶瓷等一个个家装建材“大户”已入驻立达国际建材五金家具博览中心。日前，记者在兴庆区采访获悉，通过项目带动，兴庆区商贸物流带提档升级正从传统的仓储物流向现代化的信息物流转变，实现区域产业转型升级的目标。

严把入门关打造一站式购物广场

“从2014年6月8日开盘至今，1161套商铺销售完成60%，招商工作完成80%，入驻品牌260多个，其中不乏恒洁、九牧、全友等知名商家。”宁夏华尊立达房地产开发有限公司招商专员陈千红向记者介绍说。这样的发展速度和立达国际建材五金家具博览中心商业模式是分不开的，宁夏华尊立达房地产开发有限公司副总经理蒋勇说：“不是谁想买商铺都可以，只有在装饰建材行业有经营实体，有相关从业经验才能获得入驻资格。”

原本交通不便、规划混乱、档次较低的家居建材市场将逐渐被业态更全、规模更大的综合市场所取代。据蒋勇介绍，成熟商家的入驻不仅保证了市场内商家的品质、经营的连续性，对客户也更具吸引力。“现在的消费者总是希望一站式购物，对于投资型客户，市场还专门设立了投资区，在一定程度上扶持投资型客户的成长。立达国际建材五金家具博览中心仅仅是带动兴庆区商贸物流带转型升级众多项目的其中之一。“在项目建设之初区委、区政府就充分考虑到了商贸产业转型升级的问题，扶持、开工建设的项目都是带动强的批发零售、高端消费、电子商务等新产业、新业态。”兴庆区银川商贸物流服务中心副主任石继生表示。

娱乐功能提升构筑全业态城市休闲综合体

位于兴庆区新华东街与友爱街交汇处的永泰城体现了兴庆区打造市民休闲娱乐中心的决心。永泰房地产集团（银川）有限公司总经理何文学说：“城市综合体经过几代的发展，现在各项功能已经非常完备，在新华商圈主要以购物为主，万达商圈则集合了购物、娱乐、餐饮，而在永泰城最大的特色就是文体旅游，能够实现吃、住、行、游、购、娱这六大功能。”

据了解，永泰商贸城项目配套非常丰富，周边拥有1个广场、3个公园、6个学校、5个家具建材城、多个高端酒店、多个金融网点。同时，原来的阁第湖将计划改造为湿地公园，为周边居民提供休憩场所。何文学信心满满地告诉记者：“银川永泰世界是国内首家独立于商业综合体永泰城的大型室内梦幻主题乐园，这相当于在银川再造了一个旅游景点，势必会吸引大量的消费者，将成为兴庆区新的促进商贸零售业提档升级的发力点。”

电子商务助力构建现代服务业发展平台

现代商贸物流、城市综合体、金融产业的发展离不开互联网电子商务的助力。银川新经济服务产业示范园正是这样一个融合物流、金融、互联网等多个产业的园区。“银川市传统服务业要向现代服务业转型，尤其是在互联网时代的深层演化，银川与其他城市处于同一起跑线，我们完全有机会在这一领域做好自己的事情。”宁港集团总经理王立敏表示。

宁夏经济总量小，但发展经济的目标却是远大的，这种看似矛盾的现状，正好需要互联网思维的渗透。银川新经济服务产业示范园将原有的模式转化为提供现代服务业发展的平台，通过电子商务将产业资源整合、产业链条延伸、产业效能聚集，进一步提升区域产业档次。“正在建立直通中东地区的电子商务平台，争取尽快让宁夏的牛羊肉、枸杞等特产通过电子商务平台进入阿拉伯国家。”银川新经济服务产业示范园负责人告诉记者。

“兴庆区主要存在着主导产业结构不够优化，新产业、新业态发展不足的状况。破解这些瓶颈，就要抓好传统服务业的提档升级，加快发展高端消费、电商等新型服务业。”兴庆区副区长张新民说。据了解，兴庆区商贸物流带项目建设正在有序推进，物流带已落户大项目43个，完成投资350亿元，年交易额218亿元，实现利税11.5亿元，就业人数10.2万人。

（摘自2015年1月8日《银川日报》记者 王一平）

兴庆区法院足不出户可查“老赖”财产

兴庆区法院启用了查询系统，只需轻点鼠标，各大银行将在2—3个工作日内，将被执行人的存款信息反馈给法院。该系统已经和区内的工商银行、农业银行、建设银行、中国银行、宁夏银行、交通银行联网。根据反馈信息，执行法官可以有针对性地到开户银行对失信执行人的账户进行冻结、划扣。据介绍，查询系统将逐步扩大到车辆、房屋、婚姻等方面。

（摘自2015年1月9日《银川晚报》记者 韩仁轩 通讯员 曾承富）

兴庆区向新兴产业转型

通航产业将是新焦点

1月9日，兴庆区委二届七次全体（扩大）会议举行。会议确定2015年兴庆区将大力发展电商、大数据、信息产业等新产业、新业态，形成差异化、个性化的新兴产业发展模式。

2015年，兴庆区将进行经济增长方式的转型。面对万达等新兴商圈的崛起，兴庆区将提升新华商圈的核心竞争力，加大老商业街区和街巷的升级改造步伐，优化购物环境。加快银川永泰城、天都16区等项目建设进度，开工建设名人广场人防商业中心等项目。同时，兴庆区将支持新百连超、北京华联、双宝超市、麦德龙、大兆发配送等骨干流通企业发展连锁经营、电子商务等现代服务业，进一步完善和稳固新华商圈市级商业中心的地位。

商贸物流提档升级也是兴庆区今年经济工作的重点，将推进商贸物流带项目建设，鼓励物流企业拓宽业务范围，开展现代化物流服务，支持集配送、零售和便民服务为一体的物流配送终端建设；加快立达建材博览城、四季青服装城、宁港财富中国等续建项目建设进度，加快众一伟业广场等新建项目建设。

此外，通航产业是兴庆区经济发展的新焦点。今年，兴庆区将与北汽合作，开工建设概算投资200亿元的银川通用机场及通航产业园项目，力争完成机场主干道路、航道和训练场等基础设施建设任务。同时，筹办首届中国西部航空跳伞和西部航空展活动，打造全区首个航空小镇。

■2015年目标

预计地区生产总值增长9%左右，全社会固定资产投资增长22%，社会消费品零售总额增长5%，地方公共财政预算收入增长12%，城市居民人均可支配收入增长10%，农村居民人均可支配收入增长10%，城镇登记失业率控制在4%以内。

■2014年成绩

预计全年完成地区生产总值426.7亿元，同比增长9.5%；全社会固定资产投资171.7亿元，同比增长27%；社会消费品零售总额186.5亿元，同比增长6%；财政公共预算收入11.5亿元，同比增长14.7%；城镇和农村居民人均可支配收入均增长10%。

（摘自2015年1月10日《银川晚报》记者 杨薇）

兴庆区传统物流转型信息物流

3月开园的交通物流园要打造毗邻地区的物流枢纽

109国道穿越而过，加之守着银川东大门，物流业一直是兴庆区的传统优势。然而，兴庆区95%的物流企业都是中小企业，赚取的利润都是来自物流业链条末端的市场份额。传统的物流业转型对于兴庆区已迫在眉睫，位于丽景街商贸物流带的宁夏交通物流园将改变这样的现状。

老板开着大奔来抢商铺

干了十多年物流，赵万里今年准备将自己的物流企业搬到宁夏交通物流园。他开着奔驰车直接到物流园办理商铺的入驻手续。老赵说：“早就考察清楚物流园的情况，虽说这儿租金不便宜。可我看重的是地理优势和未来的发展空间。我的下半辈子就指望这儿赚钱了。”

在交通物流园的招商部，像老赵这样前来办理咨询入驻的物流企业和商户不少。招商部的负责人告诉记者：“虽然我们物流园3月份才正式开园，前期也没有大打广告，可现在已有300家企业和商户入驻。”

就交通物流园的意义，物流园副总经理王晓明表示：“虽然我们的物流业不及东部沿海地区发达，但未来兴庆区的物流业能做长产业链，成为辐射宁夏、陕西、甘肃、内蒙古等周边毗邻地区重要的物流枢纽。”

信息化提速兴庆区物流业

寄托了老赵事业理想的交通物流园的园区规模西北最大，规划总面积1509亩，能同时满足2000辆大型货车停放。它的优势不仅在于大，而是将信息化带入了物流业中。

王晓明认为：“相比传统的物流园，我们会建立物流信息平台。这也意味着，原本物流企业人工填单、入库等物流步骤将全部实现网络化、信息化。物流企业可以对物流的全过程实施电子监控，对货品的运输过程及风险有了可控性。”

物流园信息平台提供的便利还不只这些。如果你想寻找靠谱的物流企业帮你送货，不用专门跑到物流园，像上淘宝网购物一样“淘”到你需要的物流企业进行下单就行。信息平台上有各个物流企业及商户的信用纪录，客户可通过这些信息甄选合适的物流企业。信息化还将给物流企业提速，周边地区的运达时间也将缩短。

物流带产生集聚效应

物流和商贸的兴起更像是同生共长的联合体，传统物流的转型为兴庆区产生了商贸物流集聚效应，一大批新项目在丽景街商贸物流带开建。立达建材五金家居博览城、宁港财富中国、银川四季青国际服装城等一批项目加快推进。物流带落户大型专业市场项目43个，完成投资350亿元，年交易额218亿元，实现利税11.5亿元，就业10.2万人。

2015年，兴庆区将继续推进商贸物流带项目建设，鼓励物流企业拓宽业务范围，开展现代化物流服务，支持集配送、零售和便民服务为一体的物流配送终端建设。通过强大物流配送建设，让物流商贸为兴庆区焕发出新的经济活力。

（摘自2015年1月13日《银川晚报》记者 杨薇）

兴庆区：小康指数背后的民生红利

小康综合指数超过90%，位列全区22个县（市、区）之首，尤其是在文化建设、资源环境两个一级指标中，分别获得了100%和94.48%的高分，兴庆区如此辉煌成绩的获得，让很多人好奇，小康指数的背后是由怎样的经济发展状况作为支撑？近年来的经济发展成果又释放出哪些实实在在的民生红利。

1月10日大清早，已经87岁高龄的回族老人闫自明独自拄着拐杖，来到离家不远的银古路街道丽景市民服务站“为老服务便民餐馆”吃早点。中午，他还可以到市民服务站的日间照料中心免费午休、打牌下棋，这一切都是完全免费的。自2014年老伴去世后，这里就成了他第二个家。他对记者说道：“搁以前真是做梦都不敢想的事，连吃、喝这么小的事政府都管，咱这可不就奔‘小康’了嘛。”

在兴庆区，无论是城市还是农村，新建的老饭桌、幸福大院、老年公寓，为无数个像闫自明大爷这样的高龄、空巢、孤残老人提供安乐之所，让他们享受到了兴庆区加快现代化建设、全面建成小康社会带来的“红利”。在自治区统计局最新公布的《宁夏全面建成小康社会监测评价报告（2014年）》中，兴庆区小康综合指数超过90%，位列全区22个县（市、区）之首。近年来，兴庆区始终把保障和改善民生放在重要位置，把为民生谋福祉作为城市发展的最终目标。

发展新业态经济在　新常态下持续发展

要让市民享受便利的公共交通、放心的医疗环境、优质的教育资源等福利，无不需要经济的持续发展作为后盾。在刚刚过去的2014年，兴庆区以投资结构优化产业结构，提升经济社会发展质量，预计完成地区生产总值426.7亿元，同比增长9.5%；社会消费品零售总额186.5亿元，同比增长6%；财政公共预算收入11.5亿元，同比增长14.7%；城镇和农村居民人均可支配收入均增长10%。

“我们兴庆区作为银川综合保税区的产业联动区、滨河新区的承载区，一直把产业转型升级作为新常态下提升区域经济竞争力的关键来抓。通过发展优势特色产业，引入带动力强的批发零售、高端消费、电子商务等新产业、新业态，确保区域经济健康稳定发展。”兴庆区委书记马爱平告诉记者。

不久前，鹏程万里货运有限公司老板赵万里和宁夏交通物流园达成了合作协议，他的物流公司今后将在这里安家落户。位于兴庆区东郊的宁夏交通物流园是兴庆区产业转型，发展商贸物流服务业的一个标志。“这个物流园投入使用后，将辐射周边500公里，成为宁夏及陕西、甘肃、内蒙古等毗邻地区重要的物流枢纽。更重要的是，园区具备国内先进的信息技术水平，将建成‘交通运输现代示范园区’、‘宁夏第三方物流孵化基地’和‘智慧物流建设示范基地’等三大基地。”宁夏交通物流集团有限公司副总经理王晓明向记者介绍道。据了解，该园区规划总面积1509亩，总投资10亿元，在整个西北地区都是首屈一指的服务型物流园区。

据了解，在兴庆区商贸物流带，像宁夏交通物流园这样能带动区域经济转型升级的大项目共有43个，完成投资350亿元，年交易额218亿元，实现利税11.5亿元，解决就业10.2万人。正是有了这些项目，兴庆区破解了商贸服务业发展存在的问题，加快传统服务业的提档升级，推动兴庆区第三产业健康发展，实现了区域经济的可持续发展。

经济发展成果　实实在在看得见

在兴庆区，经济发展的成果最终转化为保障和改善民生的投入。据了解，兴庆区2014年共发放低保、社会救助等资金5568万元，建成老年活动中心30个，实现了城市居家养老服务站全覆盖；投入9551万元为中小学配置仪器设备，为7426名农村中小学生提供了免费营养早餐；加快乡镇卫生院、村卫生室、社区卫生站的标准化建设，形成了以23家大型医院为核心、4个乡镇卫生院、200余个村卫生室和社区卫生服务站为基础的15分钟卫生服务圈……在养老、教育、医疗等各民生领域都能看到兴庆区政府派发的“红包”。据悉，2014年，兴庆区用于民生方面的支出高达12亿元，占公共财政预算支出的56%。

家住永康南巷43号院的鲁秀琴就是兴庆区大力改善民生的受益者之一。今年66岁的她因患小儿麻痹致肢体二级残疾，近些年又患上了糖尿病、高血压和心脏病，光每月的医药费就在六七百元。从去年11月起，她每个月可以拿到150元的重残津贴。除了自治区残联组织实施的每月100元的重残津贴外，兴庆区额外为她发放了50元的津贴。“虽然钱不多，可是对于我们这个家庭来说，真的能减轻不少负担。”鲁秀琴说。由于没有劳动能力，多年来她只能依靠老伴微薄的工资维持生活。像鲁秀琴这样生活困难的二级以上重度残疾人，兴庆区共有1622人，他们都将获得这样的补贴，这仅仅是兴庆区保障和改善民生的一个缩影。

“我们始终坚持把群众利益作为一切工作的出发点和落脚点，投入巨资实施了康居建设及棚户区改造、生态移民、优质教育资源扩面等工程，把安置房按照商品房的标准进行建设，把工厂建到移民村头，把学校建成最美的地方，让广大群众实实在在享受到了改革发展的成果。”兴庆区委书记马爱平在中共兴庆区委二届七次全体（扩大）会议上说道。据了解，2015年，兴庆区将通过实施“五大工程”，从均衡发展城乡教育，完善城乡养老保险、医疗保险等制度，加强社会保障体系建设等各方面工作，全面提升城乡居民的幸福指数。

打造幸福兴庆　提升幸福指数

在《宁夏全面建成小康社会监测评价报告》中记者看到，兴庆区在文化建设、资源环境两个一级指标中，分别获得了100%和94.48%的得分，而对这两个得分感触最深的要数住在兴庆区徕龙公园旁70岁的丁文全老人。每个夏天的清晨和傍晚，他都会走进公园晨练、散步。

他说："2013年6月，兴庆区政府开始建设公园时，大家都非常期待，不知道要几年时间才能把这个公园建好，可谁知道政府动作这么快，仅仅一年时间，公园就建好了，而且这么大这么漂亮。"除了水系亭台、湿地栈道、景墙花架，公园里还有儿童乐园、篮球场、停车场、弧形广场等相关配套设施，这里已经成为了周边居民的休闲、运动中心。让许多人都想不到的是，就在两年前，这里还是臭气熏天、垃圾随处的垃圾场。

随着生活环境越来越好，家住兴庆区玉皇阁北街新水小区的75岁居民吕秀华老人对生活的追求也越来越高。每天她都要到老年服务中心看书、学习，跟老朋友一起聊天打牌。她说道："去年，政府出钱对我们小区进行了老旧小区改造，下水通了、路灯亮了，社区物业服务中心也有了。你再看看这老饭桌、阅览室、棋牌室，那叫一个敞亮，而且都不要钱，你说住这能不幸福吗？"

（摘自2015年1月20日

《银川日报》记者 王一平）

月牙湖移民"钱景"大好　人均纯收入每年增长20%

兴庆区月牙湖乡小塘村5队村民杨丽娟将收来的香水百合送到加工车间包扎好，心里盘算起这一年的收入。

2014年3月，宁夏西月花卉科技示范园落户月牙湖乡，像杨丽娟一样的老移民有了致富盼头。如今，她承包的8栋温棚一年就收入近8万元，比刚搬到月牙湖时翻了近十倍。而月牙湖乡13000多名移民的生活也正经历着这样的变化。

在月牙湖的花卉种植基地，一株株鲜花娇嫩动人。月牙湖乡乡长孔铮骄傲地说："元旦期间，这里收的11万株香水百合去除成本外，净挣了20多万元。"

去年5月，云南西月贸易有限公司宁夏分公司以每亩700元的价格流转了月牙湖乡小塘村的374亩土地用来发展花卉产业，生产的百合、郁金香、绣球、洋橘梗等花卉品种主要销往广州、深圳、青岛等沿海城市。这些花卉品种已全部试种成功，其中的绣球和洋橘梗更是首次在西北地区引进并采用大棚种植，填补了该花卉西北地区的种植空白。

孔铮告诉记者："今年我们计划再流转118亩土地，建设25个日光温棚，让更多移民的钱袋子鼓起来。而且，我们要提高花卉产业的含金量，让月牙湖的花卉走精品、高端路线。"

随着鲜花种植、肉兔养殖、奶牛托管、劳务输出等一个个特色产业的发展，让这里的新移民年人均纯收入正在以每年20%的速度飞速增长。距离杨丽娟不远的中银绒业月牙湖针织厂，38岁的何国琴在短短三年时间，从农民变身产业工人，她家的年收入一下从千元上升到了几万元。日子越来越红火，何国琴告诉记者："今年要给正在上高二的儿子买一台笔记本电脑。"

兴庆区移民办主任丁万福介绍："除花卉产业外、红树莓项目、清真兔产业、通航产业等各类高端项目将相继在月牙湖地区投产达效，带动地区经济发展移民致富。"孔铮说道，"我们推算，2014年老移民的年人均纯收入大约在7400元，新移民年人均纯收入预计在6500元。"此外，移民群众还享受到国家政策性补贴、低保救助、危房改造、粮食直补等各类补贴。

（摘自2015年1月21日

《银川晚报》记者 杨薇）

兴庆区98个项目明起开工　涉及产业、民生、教育等方面

2015年，兴庆区拟实施各类建设项目98个。2月27日，兴庆区16个部门、项目实施单位对2015年兴庆区各类建设项目进行建设情况汇报。汇报会上，兴庆区梳理了建设项目中目前存在的68个问题，明确了责任人和办结时限，并建立了对账销号办结制度。对未能完成项目前期准备工作，致使项目不能按进度建设的，兴庆区将重点督察，对责任单位将予以通告、问责，保证建设项目顺利实施。

98个拟建项目总投资726亿元，年度计划投资146.3亿元。其中政府投资项目54个，总投资9.1亿元，年度计划投资7.3亿元；康居工程项目18个，总投资115.3亿元，年度计划投资42.2亿元；社会投资项目26个，总投资601.6亿元，年度计划投资96.8亿元。

截至目前，兴庆区各项目前期工作进展顺利，预计3月份开工的项目有61个，占年度开工项目总数的62%；4月份开工的项目有20个，占年度开工项目总数的21%；4月份以

后开工的项目有17个，占年度开工项目总数的17%。其中，月牙湖第二回民中学扩建、满春小学扩建、阁笛湖安置区、大新安置区等21个总投资110.5亿元的民生续建项目将于3月率先开工。

为了保证兴庆区“建设之春”各项建设工作落到实处。兴庆区与往年一样，继续实施县级领导包项目责任制，及时帮助解决项目推进中遇到的各种困难和实际问题。在项目实施过程中，将任务层层分解，级级落实。每一个项目保证具体有责任人、有责任单位、有具体要求、有完成时间，并启动项目问责制。如此一来，确保项目落到实处，各个环节的工作不留空档、不出问题，真正做到干部围着项目转，资金围着项目投，确保各类建设项目能够早开工、早建设、早达效。

3月份开工建设项目　政府投资项目

月牙湖第二回民中学扩建、满春小学扩建、阁笛湖安置区、大新安置区等21个总投资110.5亿元的续建项目，年度计划投资38.6亿元。

银川通航机场、兴庆区体育馆、兴庆区劳动就业和社会保障服务中心等16个总投资3.2亿元的新建项目，年度计划投资2.9亿元。

社会投资项目

银川永泰城、宁港财富中国、银川四季青服装城等21个总投资566亿元的续建项目，年度计划投资89亿元。

通贵乡万亩生态农业观光示范园、生态移民大型沼气等3个总投资0.6亿元的新建项目，年度计划投资0.6亿元。

4月份开工建设项目

月牙湖乡红树莓种植、月牙湖乡塘北路等4个总投资2.2亿元的续建项目，年度计划投资1.5亿元。

兴庆区通贵乡老年福利服务中心、掌政镇大银河渠改造等16个总投资1.7亿元的新建项目，年度计划投资1.6亿元。

4月份以后开工建设项目

政府投资项目：兴庆区第十二小学迁建、兴庆区二十七小学扩建等15个，总投资4.5亿元，年度计划投资3.7亿元。

社会投资项目2个，总投资35亿元，年度计划投资7.2亿元。

（摘自2015年2月28日《银川晚报》记者杨薇）

滨河新区今年打造黄河水上游线

滨河新区全域5A文化旅游产业发展促进会为今年的旅游发展制定了目标，将以打造全域5A景区为总体目标，努力打造黄河水上游线、徒步自行车休闲旅游及西北风情自驾车旅游3张王牌。

滨河新区将加快旅游集散服务中心项目建设。该旅游中心建成后将集多种功能为一体，成为滨河新区黄河外滩景区旅游咨询服务中心、黄河水上航运旅游服务中心、滨河新区徒步自行车休闲旅游服务中心、滨河新区旅游公交枢纽中心、滨河新区全域5A景区旅游咨询服务中心和西北风情自驾车运动休闲旅游服务中心。通过旅游集散服务中心发挥其穿针引线、通达四方的作用，努力打造黄河水上游线、徒步自行车休闲旅游及西北风情自驾车旅游3张王牌。

滨河新区还将全面加快黄河外滩长河栈道景区项目建设进程，以打造黄河旅游第一品牌。根据该目标，将建设“长堤草堂”“芦花苑”“耕园”“观鸟崖”“金阳台”“七彩滩”“鸽子鱼湾”等七大重要节点。同时，将完善游船码头、餐饮烧烤、户外露营、卫生间、停车场等经营性设施配置，通过水路、电瓶车、自行车等交通工具将黄河横城、小龙头、军博园等景区连成一线。

此外，在新的旅游项目建设方面，滨河新区将加快民生华夏河图一期项目，完成当代美术馆、艺术史公园及配套道路等一期项目建设；全面加快天山海世界黄河明珠项目建设，继续做好薰衣草休闲养生度假旅游区、宝丰休闲牧场项目、五虎墩万亩生态园、明长城遗址小龙头项目建设；启动滨河万亩果园生态休闲旅游区、世界马术运动主题公园等项目，启动宁夏滨河新区文化旅游商品及穆斯林用品产业基地项目。

（摘自2015年3月2日《银川晚报》记者杨薇）

兴庆区基层党组织为农民编织致富网

兴庆区大新镇通过实施“村集体经济倍增计划”，2014年，全镇村集体收入100万元以上的有3个，集体经济总量大幅增长。记者了解到，兴庆区各村级党组织延伸党组织服务链条，通过多种服务模式，帮助农民增收致富。兴庆区委组织部副部长姬晓莉告诉记者：“目前已经形成了资源利用型、招商引资型、市场带动型、政策引领型、集体经营型等五种模式，增加农民收入、村集体收入。”

企业带动农民增收

四月的乡间，绿色渐浓。在兴庆区大新镇的温室里记者看到，油菜、生菜、油麦菜等绿叶菜成了菜农的“新宠”。大新镇新渠稍村的村民马培杰种了7栋大棚，“村上一共有1200多栋大棚，大部分村民以种植康乃馨和绿叶菜为主。今年好多人都尝试着种草莓，这和村党支部之前举办的种植培训班有很大关系。”马培杰说。

2014年，兴庆区开展了“万人培训工程”，新渠稍村聘请专家向农户讲解产业发展、立体种植等专业知识，帮助农民转变思想。通过推行“党员示范户+合作社+公司+基地”模式，为村民增收奠定基础。“过去都是村民和企业直接合作，这次党支部介入之后，通过帮助农民培训技术、给企业解决用地等办法，为农民致富找到了新路子。”新渠稍村党支部书记任祥向记者介绍。以新渠稍村花卉基地为依托，以睿发公司为经营主体，以农户为生产主体，以花卉基地党支部为领导，以党员为骨干，新渠稍村成立了兴燕花卉合作社，2014年鲜切花产量110万扎，总收入1462万元，花卉种植户人均纯收入10320元。

新渠稍村仅仅是兴庆区促进农民增收的一个试点，兴庆区掌政镇杨家寨村和镇河村花卉种植基地，100多名党员带头建立种植示范基地，由企业提供产供销一条龙服务，更好地辐射带动身边的群众积极发展特色种植业，农民人均增收同比增长40%以上。

村集体经济发展驶入快车道

与新渠稍村的农民相比，相隔不远的上前城村农民既没有土地也没有种植技术，但是依靠发展村集体经济同样过上了好日子。由于城市的发展及棚户区改造，紧靠丽景街的上前城村村民失去了土地，村委会依靠村集体经济成立了劳务公司和物业公司，解决村民的就业问题。

上前城村党支部书记张华告诉记者，上前城村党支部根据实际，依托银川汽车站，建设了四个仓储物流市场，不但解决了全村近百名失地农民的再就业问题，而且带动周边装卸、运输等产业的发展。每年实现仓储、场地租赁收入700万元，2014年上前城村集体经济收入达到230万元。

“去年，成立了劳务输出公司，仅仅组织村民为辖区的建筑工地做外墙保温就创造了2000万元的收入。”张华告诉记者，上前城村结合辖区实际情况成立了物业管理公司，由上前城村村集体控股，村民集资入股，公司营业收入的50%以福利形式返还给村民。据了解，在上前城村辖区，有三个大型的小区，加上即将建好的小区，按照每平方米平均0.5元物业管理费计算，一年就有600多万元的收入。

兴庆区委组织部农村党建主管万立洪告诉记者，村集体经济发展已成为农村增收致富的助推器，为改变村集体经济薄弱的不利局面，兴庆区在加快发展村集体经济上出实招、下功夫，现已形成了五种模式，即资源利用型、招商引资型、市场带动型、政策引领型、集体经营型。目前，兴庆区空壳村缩减为10个，同比下降7%。大新镇实施了“村集体经济倍增计划”，2014年，全镇村集体收入100万元以上的有3个，集体经济总量大幅增长。

多种模式助力新农村发展

在兴庆区月牙湖乡记者了解到，随着鲜花种植、肉兔养殖、奶牛托管、劳务输出等一个个特色产业的发展，这里的新移民年人均纯收入正在以每年20%的速度飞速增长。通过把党的组织优势与优势特色产业有效“嫁接”，兴庆区移民走上了致富路。

月牙湖乡滨河新村村民马占军说：“当初村党支部动员大家承包温棚，大家犹犹豫豫，心里没底，有些村民不敢来。现在种花挣了钱，许多村民想种大棚还轮不上。”马占军承包4栋日光温室，通过种康乃馨一年收入3万多元。“2014年，老移民的年人均纯收入大约在7400元，新移民年人均纯收入预计在6500元左右。”兴庆区月牙湖乡乡长孔铮告诉记者，通过将党支部建在产业链上，一方面帮助移民转变靠种地吃饭的老思想，另一方面为企业管理移民提供了沟通的平台。

兴庆区委组织部副部长姬晓莉表示，兴庆区通过项目做“加法”的模式助力新农村建设。2014年兴庆区在四个乡镇推行了“共富联合体党建创新项目”，当年协调兴庆区掌政石银村镇银行，为4个乡镇的3个农民专业合作社近100名党员贷款500余万元，解决了融资难问题。

兴庆区通过推行“党员示范户+合作社+公司+基地”“支部+功能党小组+基地+资金”“党员+合作社+专家服务团+基地”三种富民模式，引进昊王米业、兴燕公司等23家企业，成立62家产业合作社；创建天地缘花卉、月牙湖万亩奶牛生态养殖场等12个现代农业示范基地；成立5个“专家服务团”，针对优势特色产业开展指导、技术服务和骨干培训活动，实现了农村基层组织建设与经济发展的良性互动。

截至目前，兴庆区农民可支配收入达11676.6元，增幅9.5%；80%以上无经营性收入的村建立稳定的收入来源，50%的村集体经营性收入达到5万元以上。

（摘自2015年4月9日《银川日报》记者 王一平）

兴庆区打造10分钟家庭服务圈

多项政策鼓励企业发展

以后，养老托幼、家政服务、商品配送等一系列服务，兴庆区的居民在家门口就能享受到。兴庆区鼓励发展家庭服务企业，出台了一系列利好政策，每年划拨专项资金50万元，还配有税费优惠、培训等优惠政策。计划用3到5年时间，使辖区家庭服务企业网络覆盖率达到90%以上，基本建成10分钟服务圈。

主要服务老年人和中小学生

兴庆区是银川市老年人最多的县区。辖区内60岁以上老年人5.9万人，占户籍人口的11%以上，目前还以每年3.4%的速度递增，养老问题日渐突出。同时，由于家长工作忙，没时间接孩子等问题也较为普遍。

而家庭服务企业可以解决这些问题。服务企业以社区老年人，特别是孤寡、空巢、高龄、残疾、困难老年人及中小学生为主要服务对象，开展家政服务、养老服务等业态，满足家庭的基本需求。逐步发展面向农村的家庭服务。也可以发展满足家庭特色需求的家庭教育、社区配送、小饭桌服务等。

多项政策鼓励家庭服务企业

为鼓励家庭服务企业发展，兴庆区出台了一系列优惠政策，财政每年列支发展专项资金50万元，支持与家庭服务业发展相关的宣传培训、家庭服务平台建设和奖励优秀家庭服务企业及从业人员。

在税费方面，进城务工农民（包括返乡农民）、就业困难人员（失地农民、长期失业人员、低保人员、残疾人）、应届大中专（含技校和职业高中）毕业生等各类人员首次从事个体经营创办家庭服务业实体也有优惠政策。经审批后，上述人员在3年内按每户每年8000元为限额，依次扣减其当年实际应缴纳的营业税、城市维护建设税、教育附加费和个人所得税。首次创办家庭服务业实体的各类人员，初步具备开办条件且申请小额担保贷款的，小额贷款担保机构可为其提供5万元的贷款担保，并按照国家政策贴息。

此外，高校毕业生、就业困难人员、军队干部随军家属和城乡退役军人，以灵活就业人员从事家庭服务业并依法参加社会保险的，按灵活就业人员社保补贴相关政策给予3年的社会保险补助。

布设家庭服务网点供需对接

从今年开始，兴庆区将依托现有的便民家庭服务企业网络，推进志愿者服务等纳入其中。通过网点建设，将无序的供方信息通过便民服务信息与需方信息实现无缝对接，达到调节传统市场的作用，为服务对象提供日常咨询和服务需求。

兴庆区相关负责人介绍：“兴庆区将通过3至5年的努力，推进社区家庭服务网点建设，把事关百姓生活的中介便民服务、养老托幼、家政服务、商品配送、修理服务、再生资源绿色回收等纳入服务管理规范的家庭服务业体系，建立10分钟服务圈。”

（摘自2015年4月14日《银川晚报》记者 杨薇）

富宁街街道引进公证服务　可以预约上门　可以降免费用

结婚、继承、赡养、收养……咱百姓的日常生活越来越离不开公证工作提供的服务保障。如果公证服务能进社区，就方便多了。

4月21日上午，国信公证处与富宁街街道辖区各市民服务站签下协议，居民们不出社区就能进行公证服务和法律咨询。

富宁街司法所所长向莉说，近几年，老人过世后儿女们因为房产发生纠纷的事屡见不鲜，如果老人当时立了遗嘱并公证的话，就可以避免纠纷。所以有了把公证引进社区的想法。

国信公证处负责人王惠荣介绍，该处每一位公证员负责一个社区，不仅义务解答法律咨询、承担民事调解并代写调解书，还可以为行动不便的居民提供预约上门服务，给社区困难户、低保户和外来务工人员降低和减免公证费。

■相关链接：

民事类公证

遗嘱、继承、赠与、收养；房屋买卖公证、婚前财产公证、夫妻财产公证、离婚协议公证；委托书、声明书、承诺书；财产分割、合伙协议、赔偿协议等；土地使用权出让、转让等相关法律服务；出国所需办理的出生、学历、经历、无犯罪记录、结婚、结婚证、离婚、离婚证、离婚判决书（调解书）、亲属、国籍、收入证明、驾驶证等涉外类公证。

经济类公证

民间借贷合同公证、贷款合同公证、担保合同公证、劳务合同公证、还款协议公证、提存公证、农林牧副渔业承包公证、乡镇企业承包公证、财产租赁合同（房屋租赁合同）公证等。

（摘自2015年4月24日《银川晚报》记者 申雷）

滨河新区月光之城即将华美出水

作为宁夏内陆开放型经济试验区的重要平台和发展引擎，银川滨河新区秉承向西开放的战略使命，建设之初就以“城旅一体化”的模式，力争建成一个西北风情与穆斯林特色交织的全域休闲国际旅游目的地，力争为世人奉上一座“众星拱月、两带交织”的月光之城。

未来，这片孤独多年的黄沙，将以横城国际旅游小镇为核心，以长城文化体验带、黄河风情休闲带为文脉，中国自驾车旅游发展组团、西北风情主题游憩组团、景城科教康疗旅游组团等7个组团为一体的规划布局，为八方来客呈上一座依水揽沙的月光之旅。依靠世界穆斯林风情、宁东能源商务旅游、大漠生态休闲度假、湿地生态休闲度假的景观支撑，一幅涵盖着黄河文化、长城文化、西夏文化、回族文化的国际级旅游版图正徐徐向世人展开。

编制历时两年的《银川市滨河新区旅游发展总体规划（2014—2025）》近日由银川市政府及相关部门联合审议原则获批通过。记者从银川市规划管理局了解到，未来滨河新区将以黄河银川段以东约275平方公里（不含黄河水域面积13平方公里）的区域为中心，以西北风情与穆斯林特色交织的全域休闲国际旅游目的地为纲，打造出集“一个核心、两条文脉、七大组团、四大支撑组团”于一体的月光之城。

一个核心—横城国际旅游小镇雕琢“月光”主题

横城国际旅游小镇是滨河新区“众星拱月、两带交织”空间布局中，月光之城主题的中央活动区。银月湖中央公园、宁夏旅游集散中心、特色商贸街区、月光主题酒店、黄河大剧院、黄河横城旅游区、光阴走廊、文化旅游综合体等重点项目，将围绕月光之城主题，向游客展示西北风情与穆斯林特色交织的现代化新兴都市风采。

银月湖中央公园的银月湖和月光广场，新月度假酒店和月上广寒酒店两个月光主题酒店……这些满载新月主题的建设项目，将穆斯林文化表现得淋漓尽致，穆斯林游客在这里可以找到文化共鸣。新月度假酒店里的私家沙滩、康体中心、湖畔垂钓服务，将让游客们流连忘返；月上广寒酒店用现代激光成像技术演绎广寒宫内嫦娥的动人故事，将引发您无限的感慨和遐想；以回乡民俗一条街、西北风情休闲街、中阿商贸街区、文化艺术创意街区、特色风情美食街、阿拉伯领事馆街为主题的特色商贸街区里，穆斯林游客可以找到钟爱的美食服装和文化艺术作品，最大限度地满足游客多层次的旅行需求。

除了穆斯林特色服务，在横城国际旅游小镇还能享受到全方位的人性化服务。在银月湖中央公园游玩可以搭乘自行车、电动车、公共汽车游园，在宁夏旅游集散中心为游客专门设置了母婴休息室、特殊人群休息室和大型停车场，人性化的服务让游客在旅游途中全程无忧，舒心畅快。

依水而建的黄河大剧院，知名演出剧目必将为游客带来全方位的视听盛宴。游客可从水下通道进入演艺中心，如穿过时空隧道进入宇宙飞船一般，在歌剧院、音乐厅、小剧场等场所中体验音响带来的心灵放松。在游完黄河大剧院后，游客可在文化旅游综合体内领略到室内滑雪、室内戏水、儿童主题乐园、名人蜡像馆、5D剧场、互动剧场等世界高端娱乐项目带来的畅快感受。

在黄河横城旅游区，西夏文化为游客打造了另一番粗犷豁达的旅行体验。西夏不夜城将带游客穿越到西夏古国，一览古国政治、经济、社会生活的景象。黄河戏水游乐公园则通过水上运动区、滨水游乐区、黄河水族馆让游客尽享水上运动的畅快。西夏艺术馆、西夏丽子城、韩美林工作室、西夏风情商业街、西夏文化主题酒店等建设项目，将西夏文化淋漓尽致呈现于游客眼前，令人目不暇接。

两条文脉—蜿蜒交织的文化景观生态带

黄河风情休闲带

按照“一带三段十六景”的规划布局，黄河风情休闲带被分割成生态原美、人文丰美、和谐质美三段，设置兵沟浑怀障、农耕体验公园、薰衣草休闲度假旅游区、黄河地质公园、荒漠观景公园、来仪生态公园、湿地露营公园、黄河军事文化博览园等16个景观节点，以“天下黄河美宁夏”的思想，为游客呈上黄河文化的沧桑雄浑。

在黄河风情休闲带，游客可以享受到不同类型的露营体验。绿色田园露营公园，可以组织露营、开展篝火晚会、射箭娱乐，还能体验到田园式的垂钓、单车骑行、采摘、烧烤服务。滨河湿地露营公园，除了可以体验湿地露营区服务外，还能在黄河观景塔远眺日落，在慢活养生中心、生态骑游慢道、滨河康体疗养中心等地享受休闲服务。荒漠休闲运动公园带来的则是别具一格的荒漠露营体验，露天影院、跑马场、沙漠运动基地将为游客带来刺激的沙漠旅行服务。

要说野外露营为游客带来心旷神怡的舒畅，海世界·黄河明珠的室内水上娱乐项目则将带来另一番酷爽体验。戏水大厅、人工造浪、漂流河、温泉SPA等高端休闲娱乐项目将在场馆建成后一一为游客奉上。

现代农耕体验公园里，游客可以打造自己专属的开心农场和开心牧场。繁杂喧嚣的都市生活之余，在这里种菜养花，养鸡养羊，体验农耕生活。待到收获季节，游客就可以把自己地里的种养殖产品拿到“生态食堂”加工，品尝地道的田间风味。

借力黄河水，黄河风情休闲带建设竣工后，船上美食、船上表演、船上休闲、羊皮筏子、画舫、游艇等水上项目也一一亮相，成为游客一览黄河风情必不可少的旅游项目。

长城文化体验带

长城文化体验带将按照“一带双廊四节点”的布局，规划建设长城文化展示线、地域文化展示线，以小龙头宁河台、新长城文化中心、长城博物馆、五虎墩塞上烽烟四个节点为珠，串联成有别于黄河风情休闲带的长城文化娱乐展示区。

在未来建成的小龙头宁河台、长城博物馆、长城文化展示线，游客可以穿梭于不同时代、不同国家，领略到长城文化的沧桑烟火。根据小龙头宁河台的古建筑现状进行建设，宁河台、宁河楼、宁河台博物馆、广场文化雕塑群等建筑将逐一与游客见面。而中国魏、秦、汉、明等六个朝代的长城，古希腊、英国、朝鲜、印度、澳大利亚、德国六个国家的长城，将以12钟不同姿态亮相长城博物馆，游客既可以饱览多国长城文化的风采，还能通过长城露天博物馆长城文化展示线了解到成吉思汗攻城、阿拉伯商队、明长城修建、康熙巡边的历史故事。

旅行之际汲取长城文化知识，如果还能体验到露营、漫步、饮酒带来的欢乐着实不易。在五虎墩塞上烽烟节点，长城露营区、滨河慢游道、湖滨酒吧均能满足游客驻足小憩的各种要求。

如果这些眼见耳闻还不能尽兴，在新长城文化中心一定能满足游客手痒技痒的癖好。城砖刻印烧造处、黄土艺术坊、长城下的艺术公社里，游客可以自行参与搭建长城，在砖上刻下“某某某到此一游”留念，留下自己专属的搭建记忆，绝不会有人责难。

四大支撑组团锦上添花点缀月光之城为了补充空间格局上的不足，《银川市滨河新区旅游发展总体规划（2014—2025）》特别设置了世界穆斯林风情体验组团、宁东能源商务旅游示范组团、大漠生态休闲度假组团、湿地生态休闲度假组团四大支撑组团。

世界穆斯林城、回乡文化园、纳家户回乡小镇这些特色建筑将成为滨河新区阿拉伯风情的核心景观区。游客在这里将一饱穆斯林特色建筑风格。饱览了穆斯林特色风情，以黄沙古渡和宝丰生态牧场为主要景观的大漠生态休闲度假组团将带游客体验大漠豪情，沙漠游乐场、沙漠康体中心、骆驼驿站等娱乐项目可以为游客们提供最原生态的大漠之旅。

七大组团

主题化、旅游化城市功能区 散落一地星池

■组团一 中国自驾旅游发展组团

自驾车服务中心、“自由驰骋”主题广场、小沙湖、沙漠越野障碍赛道，这些重点项目将成为滨河新区打造中国自驾旅游发展组团的羽翼。未来，中国自驾旅游发展组团将成为辐射西北的大型自驾车旅游基地。适宜的自驾旅游环境将吸引更多的游客，同时也会为汽车服务的相关产业注入活力。

■组团二 西北风情主题游憩组团

不去法国的普罗旺斯，就可以徜徉在薰衣草花海肆意奔跑；不去英国看专业马术，就可以体验策马扬鞭的奔放。未来，在西北风情主题休憩组团，游客的这些愿望都可以实现。薰衣草庄园里，蜜月主题酒店、塞上芳香花廊、薰衣草露营区、野奢度假别墅，将成为情侣游客蜜月的天堂。世界名马博览苑、黄河国际休闲运动基地、黄河金岸赛马场、国际丝绸之路度假区建成后，将为世界马术主题公园打造国际标杆。

除此之外，未来即将建成的枸杞酒庄花园、枸杞花卉基地、西北风情观景平台、林沙科技生态博览园等景观都将成为游客体验西北风情的绝佳选择。

■组团三 景城科教康疗旅游组团

景城科教康疗旅游组团建设结束，游客在这里将彻底悟到“活”字的真谛。塞上江南生态城、黄河太阳城、国际医疗城、国际科教城、2.5产业园、新区生态公园等重点项目建成后，游客在这里将分别体验到以“悦活、智活、绿活、快活、乐活、康活、慢活”等为主题的七大休闲生活方式。

苗木基地、绿色魔方休闲基地、水木童话科普乐园可以欣赏到令人耳目一新的景观植被，美容整形产业园、国际医疗科研中心、健康管理中心可以享受到现代化的国际医疗服务，看病治疗+旅游观光，针对不同国家、民族、地区人群生活差异和需求，景城科教康疗旅游组团将为游客们提供最为舒适的生活体验。

黄沙古渡

■组团四 头道湾生态游憩组团

在头道湾生态游憩组团，塞上万亩果园、一千零一夜主题公园、五虎墩生态公园建成后将为游客提供生态休闲、田园度假、主题娱乐的生态游憩旅游空间。黄河休闲陶吧可以玩陶艺，四十大盗的密室里可以地下探险、寻宝探秘，阿拉伯风情市集里可以看到阿拉伯商业文化、古代工艺成就和街头艺术，各种神奇体验可以为游客提供远离城市繁杂的激情顺畅。

■组团五 水洞沟历史文化旅游组团

水洞沟历史文化旅游组团以遗址遗迹为资源依托，以遗址文化为主题，未来将打造成一个集遗址文化体验、遗址遗迹观光、遗址休闲娱乐、遗址科普教育等功能于一体的遗址遗迹文化主题公园。水洞沟遗址博物馆、水洞沟村、鸳鸯湖、芦花谷、山堡长城立体防御工事、藏兵洞都将成为水洞沟历史文化旅游组团的重要景点。

■组团六 国际文化艺术休闲组团

国际文化艺术休闲组团中，计划与英国CASS基金会合作，打造以展示当代雕塑、装置、大地景观艺术作品为主，同时能够开展大型室外节庆演艺活动的雕塑公园及节庆广场。艺术家村、穆斯林文化艺术博览中心等项目将引导游客在国际文化艺术交流中心体验到真正的国家文化艺术展示。小憩之时，游客还可以在时尚餐饮购物娱乐综合体寻找合口的美食。旅行疲惫了，在生态度假村体验一把水疗Spa，一身疲劳尽退，可继续享受旅途的欢乐。

■组团七 空港商贸物流制造组团

空港商贸物流制造组团，游客可以在个人飞行体验中心体验到临空飞行服务，空港文化展览馆里还能饱览空港文化宝典。依托银川综合保税区，这里将开发出体验型空港文化旅游，满足游客空港探险的需求。

（摘自2015年7月1日《银川日报》记者 陈玲）

兴庆区500万元助“空壳村”脱壳 一村一品、一村一业壮大村集体经济

村干部操心村民的事儿、村集体经济有钱为大家办事，这是一个村良性发展的路子。但由于种种原因，兴庆区的不少村级组织成了“无钱运转、无钱办事”的“空壳村”。目前，兴庆区有19个行政村是“空壳村”，这些村的集体经济收入基本为零。

为此，今年兴庆区出台相关优惠政策，投入500万元扶持资金，鼓励发展羸弱的行政村。

“空壳村”无钱运转无钱办事

通北村是兴庆区通贵乡最北部的一个村落，东靠黄河紧挨月牙湖乡，西与贺兰县金贵镇为邻。由于地处偏远，这些年村集体经济发展缓慢。通北村副书记马新国告诉记者：“我们通北村是远郊村，村里单一从事种植水稻，由于耕地盐碱程度比较高，村民的收成不好。所以，村集体经济在2015年之前都为零。”通北村共有13个自然村，总人口3496人。有耕地15000亩，其中10000亩土地全部流转。

记者走访了几户人家，几乎都锁着门。村干部告诉我们，大部分村民都外出打工，早出晚归，家中只有留守的老人。

由于村集体经济入不敷出，通北村正常运转困难，村民的福利也是奢谈。

通北村发展面临的窘境并非个例。同样的难题在兴庆区大新镇新渠稍村也较为凸显。村里再没钱，一年里有的开支却无论如何也少不了。新渠稍村村民吴万录特别羡慕村集体经济富裕的村子：“有钱的村子，每逢过年过节都会给老年人、残疾人发福利，像我们这个村子，福利不如人家。”村干部金文成也很无奈：“年年春节，老党员、困难户、孤寡老人、残疾人，我们都要去慰问。没办法，有钱的村子，人家给100，我们只能给50。手头没钱，有些工作难以开展。”

穷家难当，无钱心慌。像通北村和新渠稍村，普遍感到没钱的村庄，面对开支各有各的无奈。村里有心再想发展，给村民多办点实事，也是心有余而力不足。深究“空壳村”的成因，既有缺资源、缺市场、缺人才等条件限制，也有基层存在的等、靠、要思想在作祟。这些因素导致许多村子资源匮乏、交通不便、信息不灵，失去发展的基础和机遇，最终沦为“空壳村”。

6个“空壳村”走在脱壳路上

兴庆区有19个行政村是“空壳村”，集体经济收入基本为零的原因是村里没有产业。为此，兴庆区出台相关优惠政策，投入500万元扶持资金，鼓励发展羸弱的行政村。

通北村的特禽养殖观光园区6月上旬开始动工，目前正在进行基础设施的建设。特禽养殖园区利用滨河大道边的荒地、荒沟建了圈舍、观光带等，将养殖珍珠鸡、七彩山鸡等，还建有垂钓鱼池。马新国对于特禽养殖观光园的未来充满信心，他说：“根据市场前期的调查和论证，我们生态养殖园区建成以后，当年可以集体增收5万元，按这个标准，2015年年底就能‘破壳’。”

在“空壳村”的“脱壳”路上，兴庆区采取“党员示范户+合作社+公司+基地”等多种“加法”模式，激发各村资源、人才、资金活力，增强经济合作组织闯市场能力，通过土地流转、条田整治、园区引领，形成“一村一品”“一村一业”的产业布局。塔桥村是兴庆区“空壳村”“脱壳”发展的样板，2014年，该村农民人均纯收入达到了12577元，预计今年该村村集体经济收入将突破100万元。

目前19个“空壳村”中，6个村已有村集体经济的项目落地，其他的“空壳村”也在积极争取项目落地。

（摘自2015年7月1日《银川晚报》记者 杨薇）

兴庆区9个老旧小区绿化提档

自今春兴庆区林业局对辖区内公园广场、林带绿化改造提档升级以来，辖区绿化现已呈现出“多树种、多层次、多色彩”的景观效果，达到了预期目标。

两大“门口”展新貌

银川市“东大门”入口大团结广场和“北大门”入口109国道作为展现城市绿化风貌的窗口，兴庆区林业局对其进行布局调整，顺着行车方向打开视觉通道，合理有序划分单元条块，间隔配置金叶榆、紫叶矮樱、四季玫瑰、龙柏等植被，形成多层次、多色彩的景观色带，林带面貌焕然一新。

丽景湖公园亮化升级

在对丽景湖公园湖心岛美化亮化提升中，主要栽植了月季、金叶榆、紫叶矮樱、四季玫瑰、龙柏等地被植物。同时配种了玉兰、樱花、山楂等一些观赏树种，移植了130余株常青树，使得丽景湖公园绿化景观呈现出一片全新的景象。湖底覆膜治理荅草的方法也取得了一定成效，公园的管养水平得到了周边市民的一致好评。

9个老旧小区全新绿化

随着盛夏的到来，公安小区、水务小区等9个老旧小区的居民们能在全新的绿化中乘凉避暑。兴庆区林业局对老旧小区进行绿化改造提升工作，绿化改造面积共计7632平方米，新增各类乔木、花灌木、地被等长势良好，节灌设施也得到相应改善。此外，书苑巷、彰武巷等10余条新增街巷道路的配套绿化也已完成，共栽植行道树1500余株。

（摘自2015年7月2日《银川晚报》记者 屈晓飞 通讯员 马静）

兴庆区一枝花撑起产业链

“西部花都”年交易额近5亿元

没有四季如春的湿润气候，更没有长年积累的种植技术……在种种先天不利条件下，兴庆区用12年时间硬是趟出了一条“西北花都”的逆袭产业之路。目前，兴庆区的花卉远销新疆、天津、北京，及日本、韩国等地，年交易额近5亿元。无论是其种植面积及产值都占全区花卉年产值一半以上。

12年只打造一个品牌

兴庆区花卉种植起步于2003年。当时，兴庆区辖区内只有塔桥村3队几户农户自发种植，品种有康乃馨、非洲菊、马蹄莲等。他们种植的品种多，但种植面积仅十几亩。由于缺乏技术指导和规模化种植，农户们曾遭遇因花卉品质差难寻市场的境地。

与其贪图种植花卉的品种多，不如专注种好一个品种。在花卉品牌的打造上，兴庆区做起了“减法”。“小清新”的康乃馨适合银川的盐碱土质，适应性强，它在花卉市场上的价格不高，适用于很多场合。因此，康乃馨成为兴庆区“破题”花卉产业发展的入口。

2007年，兴庆区开始大规模种植康乃馨。现在，兴庆区康乃馨种植面积已有2700亩，成为主打品种。宁夏睿发农业开发有限公司销售人员说：“咱们兴庆区的康乃馨由于品质好，该定啥价格我们说了算，有不少远销到韩国。”

兴庆区园林局局长王利明告诉记者：“目前，兴庆区的鲜切花和景观花木种植总面积近8000亩，康乃馨占鲜切花总面积的85%，百合、玫瑰、非洲菊等鲜切花占到了15%。康乃馨80%外销到内蒙古、青海、甘肃、陕西以及北京、天津、石家庄、上海、新疆等地，百合主要销售到东南沿海等城市，各类花卉总产值达到1.5亿元。”

真金白银引来大型花企

然而，光靠扩大种植规模并不是兴庆花卉在市场站稳脚跟的“法宝”。兴庆区花卉产业发展中心主任杨平说：“兴庆区花卉之所以飘香全国甚至到国外，其安身立命的‘法宝’就是它的品质。”

兴庆区花卉的品质保证不单单是靠花农，而是靠政策吸引来有丰富种植管理经验且抗风险能力强的大型花企，推广“公司+基地+合作社”的发展模式。由花企负责花卉基地的建设，提供技术指导和质量把控，承担销售的任务。而花农只需要种好花即可。

为此，兴庆区拿出“真金白银”，从花卉基地建设、物流体系建设再到技术支撑等环节，每个环节都有配套的资金扶持。仅2015年，兴庆区就拿出了1200万元配套资金扶持花卉企业。无论是兴庆区本土的花卉企业还是外来企业都会获得相应的奖励资金。同时，兴庆区还在昆明、上海等地召开推介会，吸引大型花企来银。

利好政策形成花企在兴庆区发展的“集聚效应”。截至2014年年底，兴庆区已建成新渠稍、塔桥等花卉示范园区6个、花卉示范村8个、花卉育苗试验示范中心2个、花卉苗木市场7家，大小20家花卉企业（合作社、公司）落户兴庆区参与花卉产业，带动农户2000多户。

西月花卉科技有限公司就是兴庆区引进的大型花企之一。该企业负责人介绍：“兴庆区的花卉产业有很大的潜在市场。随着银川综保区的建立和中阿经贸合作日益密切，我们希望借助月牙湖的区位优势将花卉远销中东。”

拉长花卉产业链

尽管历经12年打造，兴庆区有了“塞上花都”的美誉，无论是兴庆区的花企还是产业链条上的每一位花卉工人，都希望这条鲜花铺就的产业之路能走得更宽广。于是，从去年开始，互联网、旅游体验与兴庆区的花卉产业开始跨界。

银川天地缘锦绣园林花卉有限公司总经理施栋就是花卉产业跨界的实践者。20年前，从开第一家天地缘花店开始，施栋就注定了此生与鲜花的不解之缘。20年间，他在兴庆区建立了天地缘的花卉基地，建立了自己的“鲜花王国”。从去年开始，施栋的公司开始在网上卖花，搞起了“网上花店”。

顾客从天地缘鲜花商城、宁夏鲜花网，或者是天地缘的微店，都可以直接下单。新鲜的花卉就从天地缘的花卉基地直接送到顾客手里。施栋告诉记者：“去年一年，天地缘鲜花的网络销售额已经超过百万元，占到天地缘总销售额近20%。”

做电商还只是施栋的花企跨界转型的第一步。天地缘在兴庆区大新镇塔桥村的花卉基地已成为了集旅游观光、鲜花采摘于一身的鲜花体验馆。每到周末，不少银川市民开车来这里采摘康乃馨、玫瑰、非洲菊等鲜花，在花艺师的指导下DIY花艺作品。玩累了，还可以在这里吃饭、休闲度假。从3月到现在，该花卉基地已经接待了1000人次。

（摘自2015年7月4日《银川晚报》记者 杨薇）

兴庆区取缔4家无证幼儿园

针对第十三期《电视问政》曝光的无证幼儿园办学条件差，游乐设施、卫生消毒等存在安全隐患问题，昨日，兴庆区召开多部门联合协调会，对不合格幼儿园及时整改，关停了辖区内位于民乐瓷砖市场内的民乐幼儿园、盼盼幼儿园、金太阳幼儿园以及位于利民街陶瓷小区内的新锐幼儿园4家无证幼儿园。

6月26日，《电视问政》节目组调查发现，许多违规幼儿园设立在城乡接合部、农村等偏远地区，办学条件极差，有的幼儿园仅有几百平米面积，卫生脏乱差，没有消防设施。位于兴庆区陶瓷市场内的民乐幼儿园，仅300平方米建筑面积，其有两层还是在民房上私自加盖的，孩子们在裸露着钢筋的院墙内奔跑玩耍，安全隐患显而易见。

7月10日，兴庆区政府联合教育、城管、公安、消防等部门，对无证办学的幼儿园予以取缔，执法部门拆除了4家幼儿园的门牌及招生广告栏，将无证幼儿园关停，现场给院方和家长发放了劝告通知书及关停通知书。

据了解，我市登记在册的幼儿园有241家，其中公办园45家，民办园191家，其他机构办学5家。然而上述幼儿园仅能满足我市少部分适龄儿童入园的需求，根据相关部门提供的信息，还有8000多名儿童在违规幼儿园就学。

无证幼儿园究竟为何难以取缔？兴庆区教育局工作人员表示，无证幼儿园的存在主要是公办幼儿园“入园难”，由于辖区公立幼儿园少，而民办正规幼儿园收费高，无证幼儿园收费低，迎合了不少市民的心理，有较大的市场。由于教育局没有执法权，所以对无证幼儿园监管弱，只能制止、责令其停办，没有查封、处罚的权限。此次取缔无证幼儿园，政府协调教育、行政执法、工商、公安多个部门联合执法，有效打击了违规开办幼儿园的发展势头。下一步，兴庆区将做好幼儿园的日常管理工作，安排辖区教育专干仔细摸排，随时监控无证幼儿园的动态。

（摘自2015年7月11日《银川晚报》记者 李鲲鹏）

兴庆区34家建筑企业开设工资银行代发账户
2891名农民工持卡按月领工资

在工地辛苦流汗不怕，就怕拿不上薪水。这是许多在建筑领域工作的农民工的担忧。为此，兴庆区在银川市率先实行农民工工资银行直接支付制度。

从今年6月开始，兴庆区辖区内建筑工地2891名农民工通过银行直接支付工资形式，领到了自己的辛苦所得。

农民工工资问题涉及务工人员的切身利益。结合辖区实际情况，4月8日兴庆区政府下发了《关于实行建筑业企业农民工工资银行直接支付制度的通知》。按照“分级负责、属地管理、行业主管、部门联动”的原则，由兴庆区劳动保障监察大队负责监督实施农民工工资银行直接支付制度。

兴庆区劳动保障监察大队相关负责人介绍，实行农民工工资银行直接支付制度，是从根源上有效杜绝包工头携款逃匿，以及农民工工资被冒领、挪用、克扣、拖欠等侵害农民工权益的现象发生。该大队先后两次组织兴庆区辖区内建筑企业负责人就农民工工资银行直接支付制度召开专题工作会议，并对辖区内建筑工地进行了3次专项检查。对于未实行该制度的工地下发了《关于限期办理农民工工资银行卡直接支付相关事宜的通知》。截至6月底，兴庆区辖区内共有34家建筑施工企业开设了农民工工资银行代发专用账户，办理农民工工资卡2891张，代发金额为3055.44万元。

（摘自2015年7月15日《银川晚报》记者 杨薇）

滨河新区崛起的产业新城

集高端产业、科技教育、旅游休闲为一体

今年夏天，银川恒天如意科技产业城、神华宁夏煤业集团科技发展中心、中兴智慧银川大数据中心二期项目三个大项目一天之内在滨河新区开工。由此，滨河新区开始从基础建设向产业新城的过渡，其发展思路也日趋明晰。未来以高端产业、科技教育、旅游观光、休闲养生为一体的现代化、国际化滨河新城将成为银川经济发展的新引擎。

两大纺织业“航母”在此牵手

山东如意科技集团是世界知名的创新型技术纺织企业，是代表中国纺织走向世界的领军企业。中国恒天集团作为全球规模最大、品种最全的纺织企业，对中国纺织工业增强国际竞争力起着重要的支撑作用。在滨河新区，两大国内纺织行业的“航母”在此结下“姻缘”，共建银川恒天如意科技产业城。与以往的纺织园区不同的是，恒天如意科技产业城科技感十足。园区定位建设产学研、科工贸、“互联网+”、产城一体的现代化新型科技产业城。

滨河新区管委会副主任杨宏伟介绍：“科技产业城既为煤化工、生态纺织精深加工、产业延伸提供科技、研发、检测等高端服务，促进产业集群发展，又为新区创造创新、吸纳人才、聚集人气、带活商气注入动力，开辟新的经济增长极。预计科技产业城项目达产后年实现销售收入319亿元，可解决3.3万人就业。”

借助大数据聚集高端产业

虽处在内陆西北，银川的智慧城市建设却在全国都成为典范。而银川智慧城市的“核心大脑”就在滨河新区的中兴智慧银川大数据中心。“滨河新区超前地将新一代信息技术产业作为主导产业来发展，加上适合建设大数据基地的良好条件，成为双方携手的有力契合点。”中兴通讯股份有限公司副总裁徐明认为，“得大数据者得天下。”

“滨河新区未来会掌握大数据的‘金矿’。”徐明说，“面向未来，数据是最核心最重要的资产。大数据可以保障银川智慧城市的实施和运营，对政府企业市民提供大数据信息服务。同时，积累城市大数据资产，可以催生产业链创新与产业聚集，推进银川大数据产业、物联网产业的前进步伐。”

人才战略为产业提供支撑

在谋划滨河新区未来的蓝图上，人才战略缺一不可。北方国际大学联盟将“时尚学院”建在了恒天如意科技产业城内。北方国际大学联盟理事长杨炜长认为，“一带一路”建设，

让宁夏的经济迎来了黄金发展期，也给滨河新区带来了新的发展机遇。

杨炜长介绍："北方国际大学联盟在全国15个省区有17所学校，在欧洲、北美都有分支机构。时尚学院着眼于滨河新区的产业布局，可为银川新兴产业发展聚集和传统产业转型升级以及经济结构调整提供强大持久的人才支撑。"

2014年起，滨河新区启动了重点项目国际科教城基础设施及相关配套设施建设。科教城计划入驻中专、大专和本科学校8所至10所，科研院所3所至5所，入城人数3万人，投资约20亿元。

建休闲养生康体之城

因为整容业，韩国成为全球爱美人士美容整形、医疗康体旅游的热点目的地。在滨河新区建设的国际医疗城也瞅准了美容、医疗康体旅游的庞大市场。按照规划，这里未来将辐射方圆500公里约2000万人口及国内外高端客户。

滨河新区国际医疗城总建筑面积109939平方米，一期规划建设整形美容抗衰中心、健康管理中心、干细胞治疗中心、高端妇婴医院及眼科中心5个专科医疗单元，配套建设两个功能检查中心和一个接待中心，并预留一定生物医疗产业链发展空间，各医疗单体可独立运营。

截至目前，国际医疗城项目的接待及医技中心、干细胞治疗中心、妇幼中心、健康管理中心、美容整形中心、眼科中心、康体中心等7个功能中心主体工程均已完工，正在进行室内外装修，明年6月投入使用。

全域5A做足休闲度假文章

几年前，导游接待外地游客，大多会走沿贺兰山西线景区，现在，旅行社开始安排的地接线路都增加了东线景区。

3年前，滨河新区提出"全域5A"发展理念，整合东线景区旅游资源。全域5A吸引的不仅是滨河新区的已有景区，更吸引了投资者。河北天山集团总投资30亿元，要在滨河新区建西北最大的室内水上乐园；民生地产在国家湿地公园鸣翠湖南侧投资300亿元建设华夏河图地产项目；宁夏艾伊薰衣草生态庄园有限公司总投资约5亿元，计划3年至5年建成，未来将打造"中国黄河薰衣草文化园"旅游品牌。目前，近2000亩紫色的薰衣草花田已盛放迎客。

主打黄河休闲度假旅游牌的滨河新区成为人们周末的度假、户外徒步、自驾游的新热点。据滨河新区社会事务和文化旅游局统计，今年上半年，滨河新区各景区累计接待游客136万人次，同比增长7.44%；实现国内旅游收入2.2亿元，同比增长8.91%。

（摘自2015年9月15日
《银川晚报》记者 杨薇）

兴庆区年内给"空壳村"摘帽　因地制宜帮着致富

看着邻居忙着搭温棚扩大种植规模，掌政镇五渡桥村的李俊飞蹲在自家的田里，思谋着今年也扩大蔬菜种植规模，他用树枝在地上算着这些年自己手头的账，手里有不到10万元，建棚还差不少，村子又是"空壳村"，没有收入，也指望不上。恰逢此时，李俊飞听说上面给村里投放资金帮助扩大村集体经济，他扩大规模的想法又有了希望。

原来，银川市委组织部和兴庆区组织部联合帮扶村集体扩大，为兴庆区36个村提供资金建设农业设施，扶持壮大村集体经济，为农民增收提供便利。计划在五渡桥村蔬菜育苗中心投资80万元，建设5个双拱中空温棚和5个二代温棚，把这些温棚以公开竞标的方式租给农户。李俊飞算了一笔账：建一个双拱中空温棚的造价在10万元左右，可租一个一年的租金才1.5万元。最终，李俊飞通过公开竞标，得到5个双拱中空温棚的租赁权，和村里签了3年的合同。

与五渡桥村一样，兴庆区大新镇大新村在城乡一体化进程中，失去了原本能为村里带来收入的项目，变成了"空壳村"。大新村村委副书记代建明告诉记者，他们村有一片400亩的老旧庄点在2013年拆除以后一直空闲，成了村里的垃圾场。今年，银川市、兴庆区组织部门投资83万元建设了18栋大棚，土地利用起来了，环境也变好了，最重要的是这18栋大棚成了村集体财产，每年可以收租金16万元，有了经济收入，大新村也摘掉了"空壳村"的帽子。

兴庆区组织部副部长姬晓莉说，银川市、兴庆区组织部门开展双增专项行动，为兴庆区36个行政村提供资金帮助。目前已有6个项目开工，4个产生收益，兴庆区19个"空壳村"在年底前将全部消除。

（摘自2015年9月21日
《银川晚报》记者 李鲲鹏）

通用机场开航　银川航展盛大启幕

9月27日，银川通用机场正式开航，银川航展同时盛大启幕。银川国际低空经济论坛、银川航展动态静态展示展演也在这一天同时进行，而银川市也在这秋高气爽的季节里正式迎来了自己的通航时代。

自治区党委常委、银川市委书记徐广国，自治区副主席马力，自治区政协副主席张乐琴；国家体育总局航管中心主任李正梅；斯洛文尼亚驻华商务参赞米洛斯·普利斯兰；市领导孙荣山、白尚成、杜银杰、马凯、周云峰、杨有贤、钱秀梅等，以及自治区有关厅局相关负责人，兰州军区、北汽集团、斯洛文尼亚蝙蝠飞机制造有限公司、美国泊鹭飞机公司、美国席勒（中国）飞机公司、天空联盟（上海）航空俱乐部等相关负责人出席开航仪式暨航展。

通用航空是民用航空的重要组成部分，是本世纪的朝阳产业之一，今年3月1日，作为市委、市政府重大战略决策的银川通航产业园暨银川通用机场破土建设，其发展重点为飞机制造组装、航空物流、飞行培训、应急救援、航空会展、空中游览、通航作业、飞机展销、航空金融保险等。

在开航仪式现场，中国航空运动协会的专业飞行员现场竞技“银川蓝”，动力伞、三角翼、热气球、各类通航飞机等飞行表演轮番上演。动力悬挂滑翔机、双击对冲追逐、通场机动、施放礼花等特技飞行先后亮相。飞虎雄鹰公司的两架飞机、宁夏翼扬通航公司的4架飞机、黑龙江北大荒通航公司的3架飞机表演的特技飞行让大家大开眼界。

市民赵忠民是一个飞行器爱好者，他一边看表演，一边向同行的朋友介绍各种飞机的性能和特点。他说：“银川通航产业园刚刚起步，还有很大的发展空间，银川作为一个非常适合低空飞行的城市，应当在通航产业上有所作为。”

国家体育总局航管中心综合部主任宋茂森对银川发展通航产业予以了较高评价。宋茂森称，银川雨水少，气候条件非常好，为发展低空飞行产业提供了一定基础。宋茂森介绍，国家体育总局正在做全国航空营地的规划，待条件成熟可进行申请，一旦获批，可发展很多飞行项目，有些项目成熟了还可成立俱乐部，成立公司，做执照培训，让老百姓体验飞行。

（摘自2015年9月28日
《银川晚报》记者 皇甫世俊）

兴庆区县域经济发展逆势前行

抢抓新机遇实现新跨越

新的商贸物流带在崛起，新产业成经济发展的新引擎，城乡居民享受到更好的居住、教育、医疗条件……今年兴庆区在区市党委、政府的坚强领导下，克服经济下行压力，主动适应新常态，抢抓新机遇，实现新跨越，一个银川市开放内涵式发展的示范区正在形成。

今年以来，兴庆区实现了经济社会持续健康发展。兴庆区委书记马爱平告诉记者：“在经济下行的压力下，上半年兴庆区下大力气抓项目，经济运行呈现‘平稳发展、转型加快、缓中趋好’的基本态势。”

兴庆区通过重点项目建设助推商贸服务业转型升级和固定资产投资稳步增长。2015年共实施各类建设项目98个，总投资726亿元，年度计划投资146.3亿元。银川永泰城、立达国际建材家居博览城、宁港财富中国、世和天玺国际中心、康居工程等续建项目加快建设，夯实了项目建设基础；大兆发生活超市塞上凝聚力店、宁医大骨科专科医院、爱尔眼科医院等新建项目开工建设，增加了经济社会发展活力；立达深航国际大酒店开业运营，填补了兴庆区没有五星级酒店的空白；京东商城银川馆、苏宁易购银川馆等电商成功上线运营，促进了“互联网+”、跨境电子商务等新产业发展；浙江国际轻纺城、恒大御景二期、国龙医院等项目即将完成土地挂牌，增强了经济发展后劲；中国光大银行银川分行、中国人寿财险宁夏分公司、中国长城资产管理公司宁夏分公司等金融企业落户兴庆区，俊华牧业、上陵牧业等投资企业“新三板”上市，拓宽了企业融资平台；总投资535亿元的宝丰健康城、银川颐和盛世广场城市综合体、联想科技城等储备项目积极推进，保障了兴庆区商贸物流核心区的可持续发展。截至目前，招商引资到位资金65亿元，完成70亿元年度目标任务的92.9%。

谈及今年的工作目标，兴庆区主管招商引资工作的副区长张新民说：

"我们要抢抓国家加大中西部地区扶持力度、丝绸之路经济带战略支点、产业梯度转移、新型业态崛起等诸多发展机遇，力争突破70亿元招商引资工作目标任务。"

新兴产业启航腾飞

俯瞰银川通航产业园，贯通机场的7条主干道路都已初具雏形。产业园内有1441米长的机场跑道、站坪占地7.5万平方米可停放32架运15型飞机的停机坪、20米高的塔台以及占地4500平方米的中心广场。而通航产业作为一项新兴产业将成为兴庆区经济增长新引擎。

今年2月28日，银川通航产业园暨西北地区通航飞机交付与维修中心项目正式签约。3月1日，银川通航产业园和通用机场在兴庆区月牙湖乡正式开工建设，由此拉开了银川通航产业试梦蓝天的序幕，并成为加快宁夏航空发展战略转型、推动银川产业结构优化升级的新引擎。产业园初期主要建设内容包括通航机场、航空科普、飞行体验、旅游及航空器材维修等。

根据规划，银川通航产业园占地面积11500亩，总投资200亿元，其中机场建设用地1576亩，概算投资2.5亿元。在建设过程中，银川通用机场仅用8个月时间完成了规划报批、建成运营，实现了"兴庆速度"的突破。

借助银川通航产业园开航仪式暨银川航展的举办，北京泛太平洋航空技术有限公司等国内外重点企业即将落户，实现当年建设、当年建成、当年运营的工作目标。

未来，银川通航产业园将利用银川作为西北地区重要区域中心城市的地缘优势，构建陆空一体的立体交通、运输方式，解决银川方圆500公里范围内大航线覆盖不到且未通高铁地区人们的出行与物流运输问题。为配合中阿博览会及商贸需求，园区机场还可起降公务机及中型运输机。园区内的航空物流中心可与河东国际机场大航线运输以及综保区相结合，建立保税仓储，打造"丝绸之路经济带"上的交通、物流枢纽点，助力宁夏"丝绸之路经济带"战略支点的实现。预计到2030年，银川通航产业园将形成经济规模达1000亿元。通航产业的顺利发展将有助于中阿经贸合作的开展，以及西部"丝绸之路经济带"战略实施。

改善居住环境提升幸福指数

经济发展的最终目标还是保障和改善民生。2015年，兴庆区对辖区内13个老旧小区进行改造。改造涉及83栋住宅楼、住户3281户，改造总面积约25万平方米，总概算投资4074.82万元。改造内容包括下水管网、屋顶漏雨、小区照明系统、小区安防系统、路面硬化、更换垃圾箱等。

兴庆区老旧小区改造完成后，对于条件成熟的小区引进物业入驻老旧小区，通过政府补贴、居民缴费、部门共建、划分车位收取费用等渠道筹集资金，引进专业化的物业公司，由物业公司进行市场化服务管理。对于不适合引进物业公司的老旧小区，兴庆区将采取业主自管和市民服务中心代管两种模式。

在老旧小区改造过程中，兴庆区还将定期召开老旧小区专项改造专题会议，街道办事处与监理单位、施工单位将及时收集和吸纳群众的意见和建议，对居民群众提出的意见和建议进行落实，确保老旧小区改造工程顺利推进，切实改变居民的生活环境。

与此同时，备受关注的康居安置、老旧小区改造和生态移民等重点民生工程也将完工。全区规模最大、建筑面积362万平方米的16个康居工程建设历时28个月即将分批完工，年内4万余人将一次性乔迁新居。率先在全区启动了农村公路"阳光亮化"工程，共安装路灯2400余盏，让农村交通不再有漆黑的夜晚。

城乡居民享受优质教育医疗资源

兴庆区始终将"教育优先发展"作为重中之重，全力打造优质教育文化引领区。在教育投入上做"加法"，在缩小城乡差距上做"减法"，将优质教育资源从城市"高地"注入农村"洼地"。兴庆区先后投入5.1亿元，完成了50所中小学标准化改造建设和智慧信息设备配置，顺利通过自治区教育均衡化验收。

在不断提升硬件水平的同时，教师队伍的培养和教学模式的转变也是兴庆区发展教育信息化建设的重中之重。"为了在基础教育领域快速推广信息资源的有效应用，我们在兴庆区设立51个试点学校，带动信息化教育的有效应用。"兴庆区教育局副局长马晨晓说道。

在自治区范围内，兴庆区是唯一一个以县整体推进信息技术资源有效应用的县区。在兴庆区集团化办学全覆盖、"名师、名班主任、名校园长"培养工程、公办幼儿园入学摇号制、外来务工人员随迁子女入学绿色通道、"书香校园"等方面让"办人民满意的教育"落到实处。

在医疗资源建设上，兴庆区投入4300万元建设村卫生室、社区卫生服务站等基层医疗机构，努力构建15分钟医疗服务圈。统筹推进城乡医疗卫生体制改革，完善医疗卫生服务体系建设，打造综合医疗康体服务区。完成社区卫生服务中心和村级卫生室项目建设，实施好社区卫生服务站新建项目，促进基本公共卫生服务均等化。

移民日子过红火

今年4月29日起，兴庆区最后一批移民中的523户、2300名生态移民陆续搬迁至月牙湖乡滨河五村，开始了新生活。据悉，“十二五”期间，兴庆区按照“黄河小镇”的建设思路，高起点、高标准实施了生态移民工程，投入8.57亿元，提前一年完成安置3979户1.68万人的任务。

早在2011年，兴庆区政府就将移民工作作为系统工程，对移民及安置区长远规划、高标准建设和科学管理。在整个工程建设中，兴庆区更加重视移民安置区基础设施建设、更加重视移民增收致富产业培育，积极为新移民搭建各类平台。

移民安置过程中，兴庆区摒弃传统农业发展思路，变粗放式经营为精细化发展。结合移民群众文化层次、年龄结构和技能水平的实际情况进行招商选资，不断扩大移民的就业增收和致富渠道。滨河家园移民新村新开的13000亩土地由于配套齐全、上规模，吸引了大量农业发展企业开展特色种植。兴庆区根据发展实际，将9869亩渠系灌区流转给企业用于饲草种植，给万亩奶牛养殖园区提供饲草供给；将2500亩节水灌区土地流转给龙头企业用于发展红树莓这一劳动密集型产业用以促进移民就业。另一方面，兴庆区结合移民劳动力情况在安置区兴建工厂“引凤筑巢”。通过政企合作的方式，政府投资建设了11000平方米的羊绒针织厂及其配套基础设施，引进宁夏中银绒业有限公司投入生产设备开展运营管理，以此解决移民妇女的就业问题。通过招商引资引进宁夏爱飞翔清真兔产业园区，在村头建厂兴业带动广大移民养殖致富。

截至2014年，兴庆区移民安置区社会生产总值达到1亿元，人均纯收入达到6400元，较2013年增长21%。新移民区——滨河家园呈现出了产业多元发展、经济结构合理、社会和谐稳定的良好局面。

在区市党委、政府的坚强领导下，兴庆区正在向人与自然和谐、经济文化社会全面发展进步、人民生活水平显著改善提高的目标迈进。

（摘自2015年9月28日《银川晚报》记者 杨薇）

市民讲述他们眼中的变化 兴庆区义务教育均衡发展这几年效果咋样

自2012年兴庆区推进义务教育均衡发展以来，在各级党委政府和教育行政部门的关心和大力支持下，兴庆区义务教育阶段教育教学发生了巨大的变化，取得了斐然的成绩。为了从各层面反映兴庆区义务教育均衡发展这几年的变化，兴庆区委宣传部、兴庆区教育局联合开展了“兴庆区义务教育均衡发展这几年”主题征文活动。

本次征文活动吸引了兴庆区政府机关工作人员、各企事业单位人员、社会各界人士、在校教师、中小学生及学生家长的参与，他们从不同角度讲述了各自眼中兴庆区义务教育均衡发展的种种可喜变化。征文活动本着“公平、公正、公开”的原则，由兴庆区委宣传部、兴庆区教育局组织相关专业老师进行评定，评出一等奖5名、二等奖20名、三等奖50名。以下为征文选登。

教育曙光正闪烁

孟母三迁的故事，至今仍在民间传说。在人生的道路上，做父母的都把孩子成才视为天大的事，不肯输在起跑线上，求名师，择名校，盼子成龙成风，已成当今父母的心态和愿望。党和国家顺民意、得民心，始终把教育事业放在首位，在资金、人力、物力方面都倾斜于教育，不仅是为民排忧解难，更重要的是为国家民族的兴旺发达。有道是“教育兴，民族兴”。

我是一位古稀者，两个孙子在银川市兴庆区第五小学上学，家就在学校跟前，接送孙子，在校外转悠，升国旗时跟着立正向国旗致敬，跟着唱国歌，以示对祖国的热爱。对学校较熟悉，看到它日新月异的变化，内心常有触动。经过和校长交谈、参观，对兴庆区五小有了进一步的了解。五小始建于1985年，2000年迁到进宁北街北苑社区。教学设备、设施，从无到有，从少到全，从小到大。逐步新建了科学实验室、体育器材室、保健室、图书阅览室、综合实验实践操作室、仪器微机室、美术音乐室、儿童阅览室、手工乐园室、心理咨询室等等。不断地更新淘汰设备，跟上信息化的脚步，教学设备全部具备现代化水平。校长感概地对我说：“兴庆区政府、教育局对我们小学义务教育十分重视，把教育放在了重中之重，仅我们五小，几年来投入达263万元，极大地保障和满足了教学需求。”

是啊！兴庆区辖区80多万人，有多少事需要办，需要花钱！学校领导、教师，任重道远，别具匠心，在我心目中他们都很优秀。他们在近900名学生面前，以德育人，为人师表，以身作则。打铁尚需本身硬，除有过硬的基本功外，还在不断进修提高。功夫不负有心人，五小有13名教师被评为区里的标兵，参加电视台录像示范教学，占到教师队伍的30%。

小学生像一张洁白的纸，能不能画出美丽的画，教师起着至关重要的作用。以点观面，从我身边的学校，看到兴庆区义务教育的发展；从一个政府的侧面，看到国家对教育的投入，教师队伍的精神面貌，教师尽职尽责的精神。我很幸运，看到国家这样强大富有，如此重视教育，如此关心下一代的成长。国之大幸，民之大幸。

解放西街北苑社区退休干部
马朝森

我当家长这几年

不知不觉，孩子到了入学的年龄。把孩子送到什么样的学校上学，着实让我头痛了一阵子。

私立学校，以我的能力是不可能进去的；公办学校中的名校虽然有希望进，但也是要费尽周折的；就近入学虽然方便，但学校办学条件一般，让人没有信心，害怕孩子“输在起跑线上”。在咨询了好多“过来人”后，几经权衡，我们最终还是让孩子就近到回民一小上学。带着孩子第一天到回民一小，让我感到非常失落。校园虽然是水泥地，可到处是坑，看着孩子在操场上，让人有种“穿越火线”的感觉；教学楼满是斑驳，有些地方的墙皮好像随时都会掉下来；教室里的桌椅很多都是只要一动就会不停“唱歌”的那种，还动不动把孩子的屁股给夹痛了……唯一让人欣慰的是这里的老师非常敬业，她们很快地就把孩子安顿了下来，把教室收拾得整洁干净。在随后的日子里，孩子逐步适应着新的学习环境，也经常会带回来关于学校的新消息。

今天，学校的楼道和教室里都有书架了，可以随时去看好多书了；今天，学校安饮水机了，里面的温开水接上就能喝，再也不用从家里带水了；今天，学校铺草坪了，我在上面滚了好远，身上都是干净的；今天，学校里的走廊里又有新变化了，好多同学的照片和剪纸作品都在上面，还有我同桌的呢；今天，我参加学校的合唱团的训练，准备参加自治区的合唱比赛呢……其实不用孩子说，我们每每去学校开家长会，抑或是参加学校各种亲子活动，也都能切身感觉到学校发生的各种变化。虽然楼还是那楼，院还是那院，可是从里到外都有了全新的样子，更有文化的味道了。从门口到走廊，从围墙到操场，处处都彰显着浓厚的人文气息。孩子在这样的环境里学习，作为家长，我还是相当满意的。

我当家长这几年，学校的变化真的太大了！很多以前我们想都不敢想的东西，现在孩子都能在课堂上用到了，这个学校与名校之间的办学水平越来越接近了。现在随着普通高中指标到校政策的进一步完善，学生在各个初中之间的择校现象也会得到有效遏制。换言之，我当学生家长的后几年，也就少了很多的顾虑和烦恼。

兴庆区回民一小四年级三班
学生家长　高飞

一个家长的一封信

尊敬的校领导：

我是一个只有小学文化水平的粗人，平时这双手动不得笔杆子，只能干粗活，今天我就用娃娃的笔和娃娃的纸说些我想说的话。

举家搬迁到月牙湖滨河家园已三年有余。这三年多来，变化着的不仅仅是家里的光景，还有娃娃们的学习成绩，比在老家的时候好了。在老家的时候，山沟沟里就一所小学，老师也不多，文化程度也不高，娃娃们与其说是在学校念书，倒不如说是在识字，学校满打满算就三门课：语文，数学，体育。眼看着娃娃们一天天长大了，我想着这不是个事，长久下去就把娃娃们耽误了。于是我心一横，举家来到了月牙湖这个人生地不熟的地方，我就是一个平常人，但我觉得我做这个决定无比伟大。

我们把孩子送到了兴庆区月牙湖回民二中，这是个小学初中九年一贯制学校，娃娃底子薄，各方面跟不上，回来说学校里有很多娃娃以前没有学过的课，说完了就哭。我实在没办法，就跑到学校给反映情况。学校的领导和老师都很热情，说这样的现象很正常，这种情况搬迁来的其他孩子都有，说是叫教育断层，学校会针对这些底子薄的娃娃开设一个强化班。老师下班后无偿在学校给娃娃们补补课，让娃娃能尽快融入到当前的学习中。就这样我的顾虑打消了。学校的教务主任还带着我参观了整个学校，耐心地给我解疑答惑。月牙湖回民二中是个建立不久的新学校，不光外面盖得漂亮，各种教学设备也都很先进，每个教室都有新媒体教学设备。有些课都有专用的上课教室，里面的设备我都没有见过，很先进很高级，娃娃的操场又大又干净，还是塑胶跑道，比老家的土场子强了不止一百倍呀。听教务主任说这个学校的所有设备都跟城里的标准是一样的，我们农村娃娃也享受着跟城里娃娃们一样的学习条件，国家教育均衡发展的要求就是让教育资源合理公平分配，听到这些我心里真的很感动，这不就是我一直希望实现的心愿吗！主任又把我带到学校的展厅，我看到这里的老师基本都是大学毕业生，还有研究生，学历都很高，教学水平肯定比老家好多了，把娃娃交给他们我一百个放心！

最后我要感谢国家这么好的教育均衡政策让娃娃有这么好的条件念书，感谢月牙湖回民二中所有的领导和老师对娃娃们付出的心血，作为一个平凡的家长，我从心底里感激你们！愿月牙湖回民二中的明天更加美好，给国家培育一批又一批的栋梁之材！

学长家长：姬凤鹏

卜算子·兴庆教育

教育百年计，栋梁事无小。
兴庆昨日沐春风，遍地结桃李。
回望九年时，枝头渐繁茂。
不忘兴庆教育人，汗马功与劳。

兴庆区编办　李盛然

灵魂的“米粮仓”

莎士比亚曾说：“书籍是全世界的营养品，生活里没有书籍，就像大地没有阳光；智慧里没有书籍，就好像鸟儿没有翅膀。”所以说，书籍是每个人成长中必需的“精神食粮”。

五年前，我随父母打工来到银川，在兴庆区友爱小学读一年级，刚学会了拼音，我痴迷书籍，开始大量阅读，读书成了我生活中重要的组成部分。可正赶上学校拆迁，我和同学一起来到兴庆区二十三小读书。没有图书馆，就和班里同学交换图书看。那时阅读的图书内容有限，数量有限。三年前，兴庆区义务教育均衡发展使我结束了“漂泊动荡”的生活，回到了自己的新建学校。学校为爱读书的孩子设置了一个开放式图书长廊，一个灵魂的“米粮仓”诞生了，使我的灵魂有了家。

这座“米粮仓”正好设置在教学楼二楼，那是我们班所管理的环境区。近水楼台先得月，我们一边做着环境区的卫生，一边读着书。开放式图书长廊是块风水宝地哇。在图书长廊的西面摆放着11个造型各异的图书架，摆放了1000多本图书。同学们特别喜欢来这里读书，每天课余时间，很多同学跑到这里，急切地寻找自己喜欢的图书，津津有味地读起来。你快看吧：有的同学读着读着笑了，猜想一定是看到了什么开心的笑话啦！讲给我们听好啦！有的同学读着读着哭了，那是低年级的小妹妹，在为凡卡的悲惨命运而哭泣；有的同学读着读着争吵起来，那是在读福尔摩斯探案集，为推断谁是凶手而发生争执。而我，时常因为担心书中主人公的命运，上课不能安心听讲，坐立不安，度秒如年。下课铃一响，没等老师说下课就冲向了图书架，唯恐没看完的书被别人拿走；时常因为读书忘记吃早点；也时常因为读书忘记去厕所，上课铃响了，才急匆匆赶往卫生间……

快乐读书，快乐成长。我爱学校的图书长廊，它是我灵魂的“米粮仓”。感谢义务教育均衡发展政策，给我们农民工子女带来的恩惠。

兴庆区第十七小学六年级一班
刘子轩
（摘自2015年10月20日
《银川晚报》记者 杨薇）

“移”出来的幸福生活
——兴庆区月牙湖乡生态移民村见闻

11月20日，当清晨的第一缕阳光照进黄河东岸兴庆区月牙湖乡滨河家园时，移民高生玉精心整好穿在身上的工作服，特意挺了挺腰板，前往离家不远的中银绒业月牙湖针织厂上班。就在几年前，高生玉一家还守着山大沟深的老家过着穷日子，而如今，已过而立之年的他做梦也没有想到，走出大山不但“移”出幸福来，自己还成为了一家上市企业的基层管理者。

兴庆区月牙湖乡生态移民安置区，是银川市最大的生态移民安置区。在“十二五”期间，共承担3979户1.68万人的安置任务。四年多时间，自治区、银川市、兴庆区共向滨河家园投入8.57亿元，将移民搬迁与产业发展同步，结合新农村建设，形成了“家门口就业、村里头创业、多元化增收”移民安置的“银川模式”。

搬迁与产业开发同步——新生活带来新希望

在中银绒业月牙湖针织厂管着30多名员工的高生玉，工资一个月拿三四千元钱不成问题。记者见到高生玉时，他一边指导女工操作先进的电脑横机，一边检查机器是否运转正常。谈起当今的生活，高生玉满脸的激动和自豪：“以前在老家彭阳，吃饭靠天。而现在不但能在家门口就业，而且还成为了一名基层管理者，一个人的工资比以前全家的收入都高，工资有保证还给交‘五险一金’，等再宽裕些，就买个小车开开咧。”

短短几年时间，38岁的何国琴一家年收入一下从数千元蹿到了数万元。“起初不愿意来，搬来后让我们最开心的是既能在家门口打工，又方便照顾家里，还能接受很多技能培训。”现已是一名产业工人的何国琴告诉记者，眼下最大的心愿就是攒钱送儿子上大学。

高生玉、何国琴这样的事例在月牙湖乡生态移民安置区只是一个缩影。在月牙湖乡宁夏西月花卉科技示范园，温暖如春，花卉鲜艳夺目。从海原县搬迁至此的罗克友、杨丽娟夫妻一边将香水百合细心熟练地捆扎好，一边高兴地谈论着今年的收入：“承包了8栋温棚，一年收入近8万元，比刚搬来时翻了近十倍，这在当初想都不敢想啊！”夫妻二人满脸溢着喜悦。

为了解决移民的生产生活问题，兴庆区将移民搬迁与产业开发同步，结合实际引进多项劳动密集型产业。目前，羊绒针织厂已解决370名移民就业问题，人均月工资在1600元以上；花卉种植进军国际化高端市场，400栋温棚作为企业花卉生产基地，由移民免费承包生产，每户花农全年平均收入可达到2.5万元以上；社区三产经济不断繁荣，建成并投运2万平方米商业网点和占地12亩的社区农贸市场，400多户移民实现了自主创业；“母亲工程”带动移民妇女创业就业，从昔日院子里围着锅台转，到今日家门口围着产业“赚”，增收顾家两不误；一排排移民新居错落有致，繁华的商业街店铺林立，现代化的校园里书声琅琅……

新家、新生活、新希望。在滨河家园，移民搬迁的变化说不完也讲不尽，每个移民都有自己的故事，心中都有美好的期盼，移民的脸上洋溢着“移”出来的幸福感，移民新村处处彰显着生机与活力。

多元化发展的精准扶贫——经济呈现百花齐放

“年轻人可以外出务工挣钱，老年人、残疾人这些没有劳动能力的人怎么办？”这对兴庆区移民办主任丁万福来说曾经是个大难题。而如今随着清真兔产业园的正式运行和红树莓种植基地的初步投产，这个难题迎刃而解。

在投资1.2亿元的中国清真兔业产业园，一条全自动化兔业屠宰生产线，10个步骤形成一条完整产业链，旁边新建的速冻库有利于成品储存。全线投产后，将为月牙湖乡移民提供200多个就业岗位。“移民养殖户购买1只基础母兔仅需投资180元至200元，而一只基础母兔一年可出栏商品兔60只左右，年可获毛利2000元左右。”宁夏爱飞翔清真兔业股份有限公司总经理余萍介绍说，移民的母兔由企业统一进行饲养和加工，每年企业按照市场价收购肉兔，按年屠宰300万只肉兔计算，可实现年产4500吨兔肉生产量，产值约达2.1亿元，预计实现利润7000万元。

移民安置区举办腰鼓表演

在一片广阔的红树莓种植基地里，50岁的马自英一双灵活的大手采摘着果子，不一会儿就摘了满满一大托盘。“年岁大了，重活干不了，采摘红树莓一天能挣个五六十元。”家住滨河家园二村的她在红树莓采摘期，每天都要到基地打工。月牙湖乡通过引进宁夏青禾农牧科技有限公司开发土地，采用节水灌溉技术，目前已种植2500亩红树莓，已形成西北地区最大的红树莓生产基地，通过“农户+合作社+企业”的方式，企业与各村签订种植合作协议，每逢红树莓采摘收获期，都需要45000人次的劳动力，今年红树莓产品的价格已经达到了2万多元一吨。

“精准扶贫就是让每个移民都有钱挣。”丁万福介绍，在兴庆区月牙湖乡滨河家园，已经形成了“户均一人外出务工”“户均一头奶牛”“人均一亩地”“户均一亩经果林”“户均一个庭院”的“五个一保基础，多产业促增收”的生态移民致富产业模式。随着鲜花种植、肉兔养殖、奶牛托管、劳务输出等一个个特色产业的发展，这里的新移民年均纯收入正在以每年20%的速度飞速增长。截至2014年，兴庆区移民安置区社会生产总值达到1亿元，人均纯收入达到5700元，较2013年增长21%。

扶贫扶智未来值得期待——移民创新创业精神足

今年25岁的移民李德祥大学毕业后，随父亲来到月牙湖乡滨河家园，凭借自己的一技之长，在神华宁煤集团宁东煤化工基地从事电气维修工作。月薪4000多元对许多人来说已是一份不错的收入，但对李德祥来说还“不够”。

“生态移民对于我们这一代人来说，不仅仅是生活环境、生活条件的改善，我们更希望的是后代能和城里的孩子一样，站在同一条起跑线上。”在李德祥的眼里，生活环境的改变惠及一代人，人人受教育才能拔掉“穷根”。在月牙湖回民中学，50多名孩子正在通过远程课堂学习，和城里的孩子享受着同样的教育资源。通过投影屏幕，兴庆区回民中学的优秀教师向城乡两地的孩子讲授同一堂课，课后孩子们还能通过微信群、QQ群、公共邮箱等方式和城里的老师沟通。

“移民也好，扶贫也好，授人以鱼不如授人以渔，给他们一份工作或是分上一亩田地都比不上改变移民的认识观念。”丁万福说，为此教育培训部门积极落实培训政策，累计开展移民职业技能培训1860余人次，开展各类阳光技能培训4000多人次，移民的就业技能水平和劳动素质不断提高，思想认识也在不断改变。

丁万福告诉记者，“坚持扶贫扶智相结合，激发新移民勤劳致富、自主创业的精神，除了提供就业岗位外，还鼓励移民通过从事刺绣、特色养殖、餐饮等途径自主创业，一批批小老板随之涌现。”37岁的移民安希宗就是其中一位，如今他已打拼出属于自己的一片天地。“开了一家广告公司，生意好的时候一年能挣十几万元，现在带着亲戚一起干，还想再拓展些新的业务。”安希宗信心十足地说。

推行社区化管理模式——移民享受城镇气息

“政策好得很，哪想到还会有这一天。路是水泥路，晚上有路灯，这辈子还能用上太阳能热水器，看上大电视。”今年63岁的马维保老人两年前跟着儿子从彭阳老家搬到滨河家园，住进了卧室、客厅、厨房、洗漱间一应俱全的新居。

对于马维保而言，改变不仅如此。滨河家园的每个村部都有卫生室、棋牌室、健身广场、老年活动中心。走两步就上了商业街，理发、吃饭、买衣服、买菜以及所有生活日用品应有尽有。“住在这里，过去的农村行路难、上学难、看病难，一并都解决了，移民安居又乐业，生活有了盼头，盖小楼的、买小车的，机场都修到我们月牙湖了，日子是越来越美滋儿了。”马维保一边比划一边感慨地说。

移民不仅要搬得出、稳得住、能致富，还要管得好。兴庆区在重点谋划移民增收产业的同时，以社会主义新农村的建设标准同步推进安置区的社会事务管理工作，通过政府购买服务方式，由物业公司对社区进行统一管理，公司用工优先选用当地移民群众，不但解决了一部分中老年人就业问题，而且还达到了移民自我管理、自我服务、自我教育的目地。目前，月牙湖乡移民村已形成了“村容整洁、乡风文明、宗教和顺、经济繁荣”的新型农村社区。

采访结束了。中午时分，滨河家园家家户户的饭熟了，忙碌的移民一家老小围坐在一起，聊着、吃着、笑着，一幅幅和谐生动的画面，徐徐铺开。

（摘自2015年12月3日《银川日报》记者 马德海 关桦 王伟 王一平）

▷ 大事记

1月

1日 兴庆区城市管理综合执法局印章正式启用。

是日 零时，兴庆区残联正式启动残疾人基本服务状况和需求专项调查入户调查登记工作。

4日 兴庆区统计局召开辖区“四上”企业、非私营法人单位年报培训会议，辖区单位1000多名统计人员参加。

是日 兴庆区残疾人基本服务状况和需求专项入户调查工作正式启动。自治区残联理事长楼晓萍、兴庆区政府副区长马少红带领相关工作人员到残疾人家中指导调查员入户调查，并慰问残疾人。

5日 兴庆区召开服务型党组织建设现场观摩会，现场观摩了4个基层服务型党组织建设示范点。兴庆区党的建设工作领导小组全体成员以及各乡镇、街道党（工）委书记参加。

是日 审计组进驻兴庆区掌政镇人民政府，进行预算执行审计。

是日 银川商贸物流服务中心、兴庆区党委宣传部邀请银川电视台、《宁夏日报》《银川日报》等媒体单位进行以“准备之冬”兴庆区商贸物流带项目建设及发展为内容的企业专访。

5日 银古路街道为25名清扫人员购买意外伤害和意外医疗人身保险，每人每年缴纳保费240元，共缴费6000元。

6日 兴庆区委书记马爱平到掌政镇调研，在强家庙中心村寿星老年公寓看望了入住老人，并实地查看了老年公寓的食堂、活动室、医疗保健室等配套设施。

7日 大新镇在新水桥村举办养老保险知识培训，大新镇社保专干向村民们详细讲解了城乡居民参保的流程、标准及参保人养老金额的计算方法。90余名村干部、村民参加。

是日 宁夏曹操购物网入驻中国穆斯林国际商贸城。

8日 月牙湖乡在生态移民新村召开滨河家园四村党支部成立暨支部委员选举大会，选举产生了新一届党支部、支部委员和党支部书记。

是日 银川市人民政府办公厅下发《关于印发银川市市场监督管理局（工商行政管理局质量技术监督局食品药品监督管理局食品安全委员会综合办公室）主要职责内设机构和人员编制规定的通知》，设立银川市市场监督管理局，为银川市人民政府工作部门，兴庆区一分局、兴庆区二分局、金凤区分局、西夏区分局是银川市市场监督管理局的派出机构。

是日 宁夏花儿生物科技工程有限公司从澳大利亚以每匹20万元的价格引进4匹种马，在月牙湖乡月牙湖村进行饲养繁殖。

是日 胜利街街道成立胜利街绿荫办公室，建立吸毒人员档案，开展帮扶帮教、管控等社区康复戒毒人性化服务。

9日 兴庆区委二届七次全体（扩大）会议召开，区委书记马爱平代表兴庆区二届党委常委会向全委会作工作报告。会议确定2015年兴庆区经济社会发展目标：地区生产总值增长9%左右；全社会固定资产投资增长22%；社会消费品零售总额增长5%；地方公共财政预算收入增长12%；城市居民人均可支配收入增长10%，农村居民人均可支配收入增长10%；城镇登记失业率控制在4%以内。

是日 兴庆区委书记、政法委书记孔令杰率工作组与温州商城参与上访的50余名商户代表召开座谈会，解决商户因房租涨价结群上访的问题。

10日 兴庆区文明办、工会筹措4万余元资金，为兴庆区二十九小的700余名农民工子女购买了防寒衣物和新年礼物。

10—30日 兴庆区人社局、组织部、编办、财政局、审计局等部门组成联合调查组，对兴庆区机关事业单位“吃空饷”问题进行集中清查。

12日 银川市政府专题会议原则通过《兴庆区旧城更新改造系列规划》。

13日 兴庆区第三届人大常委会第十二次会议在兴庆区综合办公楼新四楼会议室召开。会议听取和审议了兴庆区人民政府关于兴庆区第三届人民代表大会第二次会议代表议案和建议办理情况的报告、关于调用兴庆区预算稳定调节基金的报告、兴庆区人大常委会工作报告（审议稿）以及兴庆区人大常委会2015年工作要点（草案），审议了兴庆区三届人大三次会议议程、日程、主席团和秘书长名单、选举办法（草案）等。会议补选孙波、周荣为兴庆区出席银川市第十四届人民代表大会代表。免去王英民事审判第一庭副庭长、审判员职务，王连锋兴庆区人民法院审判员职务，马浩兴庆区人民检察院检察员职务。

是日 工业和信息化部副部长杨学山率国务院督查组到银川市督导检查安全生产工作。督查组深入兴庆区辖区企业银川市公交公司、建发东方红商业广场和宁夏品胜石油物资有限公司，认真听取三家企业关于落实企业安全生产主体责任、春节期间安全防范措施的制定、安全隐患排查整治情况的汇报。

是日 银川市委副书记杜银杰在兴庆区委书记马爱平等陪同下，到月牙湖乡视察小塘村花卉园区建设情况。

是日 银川市检查兴庆区清理在编不在岗整治活动“回头看”工作。

是日 兴庆区回民一小师生为患急性非淋巴性Ma2型白血病的小硕同学捐款。

是日 兴庆区工商联被自治区工商联评为全区“五好”县级工商联。

是日 燕翔园社区“益民小书屋”正式成立。

20日 “邢氏一品”火锅店老板闭门谢客宴请城管环卫综合执法北局80名优秀环卫工人，以感谢环卫工人们为洁净城市所付出的辛劳。

25日 大新镇图书馆正式成立。

28日 兴庆区2015年文化、科技、卫生“三下乡”活动在月牙湖乡滨河家园启动。兴庆区委常委、宣传部部长周东海，兴庆区人大常委会副主任丁万福参加。

是日 银川市迎来2015年的第一场降雪，兴庆交警二大队启动雨雪等恶劣天气道路交通管控预案，在辖区事故多发路段、农村危险路段进行巡逻管控。

是月 银川市兴庆区城管环卫综合执法北局更名为银川市兴庆区市容环境卫生服务中心。

2月

2日 掌政镇召开第三届人民代表大会第三次会议。

3日 银川市兴庆区第三届人民代表大会第三次会议预备会议在太阳神大酒店举行。

是日 兴庆区林业局被评为2014年自治区林业建设先进集体。

4日 兴庆区婚姻登记处婚姻家庭辅导室成立。

是日 银川市兴庆区第三届人民代表大会第三次会议在太阳神大酒店开幕。

5日 政协兴庆区第三届委员会第三次会议闭幕。

5—6日 自治区林业厅林业总站种子种苗检验中心、银川市林业技术推广中心和兴庆区林业技术推广中心三级林业部门联合对兴庆区范围内8家林木种子经营企业进行检查。

6日 银川市兴庆区第三届人民代表大会第三次会议闭幕。

是日 自治区党委组织部部委委员、干部二处处长景瑜率自治区督导组到前进街街道督导检查社区戒毒康复工作。

7日 月牙湖乡首届物资交流大会在滨河家园商业网点开幕。

10日 自治区政协副主席李淑芬、市政协副主席于晓兵到兴庆区中心敬老院为33位“五保”老人送去慰问金和慰问品。兴庆区委书记马爱平、政协主席曹生林陪同。

12日 通贵乡召开第十三届人民代表大会第三次会议。

25日 兴庆区工会职工服务中心被中华全国总工会授予“全国五一巾帼标兵岗”称号。

27日 兴庆区委书记马爱平带领相关部门负责人先后到月牙湖乡通航产业园区、小唐村特色花卉园区调研。

27日 新华街鼓楼社区服务站邀请言成律师事务所的李月华律师为辖

区的未成年人举办“关爱明天，普法先行”的法律知识讲座。

28日 银川与北京通用航空有限公司签订银川通航产业园暨西北地区通航飞机交付与维修中心项目投资合作协议。

是日 银川市委常委、常务副市长马凯带领相关部门负责人就兴庆区拆迁、康居工程有关事宜进行专题研究。

3月

1日 银川通航产业园建设暨通用机场开工奠基仪式启动。徐广国、徐和谊、张作理、孙荣山、马力、贺满明等自治区、银川市领导参加。

是日 残疾人专项调查工作结束。

2日 兴庆区体育馆建设项目开工。

是日 乡镇民生服务中心和街道市民服务中心印章启用

3日 兴庆区春季重大动物疫病集中免疫工作全面启动。

是日 区委书记马爱平到月牙湖乡、通贵乡实地调研春耕备耕情况。曹生林、肖建东、孔令杰、王涛、丁万福、冯德旺及兴庆区涉农部门负责人陪同。

3日 兴庆区政府召开三届三次政府全体（扩大）会议暨廉政工作会议。区长朱韶峰、各副区长出席会议，常务副区长马少红主持会议。

4日 银川市委常委、常务副市长马凯、人大常委会副主任陈军一行在兴庆区调研“建设之春”工作。兴庆区委书记马爱平、区长朱韶峰陪同。

5日 兴庆区召开第二次全国地名普查工作暨培训会。自治区民政厅区划和地名管理处副处长李波对参会人员进行培训。

10日 兴庆区劳动就业和社会保障服务中心建设项目正式启动。

是日 银川通用机场空域协调会在银川召开。

是日 自治区人大常委会副主任王儒贵、自治区林业厅副厅长平学智调研兴庆区徕龙公园项目建设情况。兴庆区委书记马爱平、区长朱韶峰等陪同。

12日 兴庆区春播工作全面结束，2015年兴庆区春播面积2.2万亩。

是日 自治区副主席屈冬玉带领自治区农牧厅等相关部门负责人调研兴庆区特色农业工作。银川市委常务、副市长马凯及兴庆区委书记马爱平等陪同。

13日 银川市人大调研组到兴庆区通贵乡、掌政镇调研农村土地流转工作开展情况。

14日 兴庆区区长朱韶峰带领建设交通局、工程设计方到解放西街宁光电工厂家属院确定老旧小区改造方案。

是日 兴庆警方成功破获一个“碰瓷”抢劫犯罪团伙，抓获犯罪嫌疑人3名。

19日 自治区党委常委、银川市委书记徐广国，副书记杜银杰带领市直相关部门负责人对兴庆区棚户区改造项目之一的光华门安置区建设情况进行调研。兴庆区委书记马爱平、区长朱韶峰等陪同。

是日 兴庆区启动政府购买学前教育服务，15所试点幼儿园的近3000名幼儿每人每年可享受到1000元的补助，近100名参加社保的教师每人每月享受500元的社保金补助。

20日 兴庆区文联成立暨第一次代表大会召开，来自辖区各文艺家协会代表近100人参加。大会选举产生第一届文联委员会和主席团。

23日 兴庆区区长朱韶峰召开专题会议，就征地拆迁和项目建设工作进行研究。副区长张新民、张艳芬、吴小平，商服中心副主任石继生和区财政局、区拆迁办、区康居办、大新镇、月牙湖乡、银古路街道办事处、丽景街道办事处、区法制办、银川永泰房地产公司负责人参加。

24日 “2015年宁夏（银川）残疾人就业援助专场招聘会”在银川市湖滨体育馆举行。文化街、新华街、富宁街、解放西街、凤凰北街、燕鸽湖等街道（管委会）有就业需求的残疾人参加。

是日 解放西街街道物业服务中心成立。

是日 自治区党委常委、政法委书记、公安厅厅长王雁飞到兴庆区调研禁毒工作。银川市及兴庆区领导杜银杰、陈栋桥、李守银、马爱平、朱韶峰等陪同。

26日 兴庆区第三届人大常委会召开第十三次会议。兴庆区委书记、人大常委会主任马爱平，副主任肖建东、保少宁、丁万福、何维君及常委会委员出席，各乡镇、街道代表列席会议。

是日 自治区土地确权办公室督查兴庆区农村土地承包经营权确权登记工作。

是日 水利部督察组一行四人深入兴庆区对农村饮水安全工程进行检查，自治区水利厅副厅长毕挺陪同。

是日 燕鸽湖举行网格化管理启动仪式。

30日 第20个全国中小学生安全教育日，兴庆区教育局联合兴庆区公安分局在兴庆区第六小学举行兴庆区学校安全工作暨“校园义警”推进会，兴庆区委常委、兴庆区公安分局局长魏宁喜及兴庆区教育局、兴庆区辖区各派出所和直属各中小学、幼儿园负责人，学校保安代表，校园义警代表等200余人参加。

31日 通贵乡集镇安置区一期开工建设。该安置区占地41亩，建筑面积2.2万平方米，建设住宅152户，计划总投资6000多万元，配套道路、广场、公用设施等，用于安置贺兰山路、兵沟黄河大桥征地拆迁农户。

4月

1日 兴庆区城市管理综合执法局完成城市管理街道综合执法改革，成立12个街道（乡镇）执法中队，190名城管执法人员全部派驻街道。

2日 银川市委常委、常务副市长马凯带领市扶贫办、市农牧局、市财政局等单位负责人到月牙湖乡调研生态移民安置区项目建设情况。

是日 新西兰泛太平洋航空技术有限公司董事长克里斯、北京泛太平洋航空技术有限公司总经理钱敢增一行10人，应邀到银川考察银川通航产业园暨通用机场规划和建设情况。

3日 兴庆区区长朱韶峰到月牙湖乡调研银川通航机场暨通航产业园项目建设情况。兴庆区国土局、审计局、通航产业筹备处、月牙湖乡治沙林场及自治区绿化公司主要负责人陪同。

7日 自治区发改委通过《关于银川通用产业园产业发展规划的批复》。

8日 兴庆区代表银川市执行农业部2015年一季度国家农产品质量安全例行监测，合格率为97.6%。

10日 银川市委常委、常务副市长马凯到月牙湖乡调研产业发展、精准扶贫工作。

是日 自治区发改委督察兴庆区劳动就业和社会保障服务设施项目。

是日 民航西北地区管理局副局长李学军一行到兴庆区月牙湖银川通航产业园暨通用机场进行场址踏勘。银川市及兴庆区领导杨有贤、马爱平等陪同。

是日 银川通用机场建设项目选址评审会在银川召开。自治区政府、银川市政府、民航西北局、兴庆区政府、空六师、宁夏空管局、监管局等部门领导和专家在银川参加。

13日 兴庆区区长朱韶峰带领相关部门负责人就老旧小区改造情况进行调研。

15日 自治区党委第四巡视组组长李灵巧到月牙湖乡就2015年重大项目建设推进情况进行调研。兴庆区党委书记马爱平、区长朱韶峰等陪同。

16日 银川市政府副市长杨有贤、民航宁夏空管分局副局长韩坤、兴庆区区长朱韶峰前往西安，与民航西北地区管理局、民航西北地区空管局、西安西北民航项目管理有限公司协调银川通用机场空域管制使用、机场建设选址和飞行程序设计报批、机场项目管理等事宜。

17日 兴庆区禁毒志愿者服务大队成立。自治区、银川市和兴庆区领导周立梅、刘斌、魏宁喜、周东海、郑宏梅、李晓红出席成立仪式并为禁毒志愿服务大队及各中队授旗。

是日 兴庆区开展专项打击传销行动，在在水一方、幸福世家、春祥苑等小区捣毁非法传销窝点35处，查获非法传销人员342人，刑事拘留11人，遣散331人，涉案金额达81200元。

是日 中国西部花店业第三届高峰论坛暨中国·银川康乃馨主题花艺大赛新闻发布会在兴庆区召开。

是日 崔景岳、马文良、孟长有三烈士纪念馆开馆仪式在兴庆区景岳小学举行，以此纪念三位烈士牺牲74周年。

18日 自治区党委巡视组到滨河家园移民安置区进行视察。

20日 宁夏首家街道“两新”组织（新经济组织、新社会组织）党总支在中山南街街道成立。

23日 自治区党委书记李建华在银川市市长马力、兴庆区委书记马爱平陪同下到新华街富华社区调研人大工作。

是日 自治区宣传部组织全区文明办主任观摩兴庆区唐徕建筑围挡、丽景湖社会主义核心价值观主题公园。

28日 银川四季青国际服装城9号楼开业。

29日 彭阳县186户生态移民入住月牙湖乡滨河家园。

5月

7日 兴庆区召开农业农村工作会议。区委书记马爱平、政协主席曹生林等领导出席。

8日 新疆哈密市观摩团到丽景社区观摩学习为老服务及老饭桌运行模式。

13日 兴庆区委书记、人大常委会主任马爱平带领人大代表到兴庆区第十八小学观摩“少年模拟法庭”。

是日 兴庆区第九届中小学生田径运动会在自治区体育场举行，来自辖区中小学的44支代表队2500余名运动员进行18个单项、15个集体项目的角逐。自治区教育厅、自治区体育局、银川市教育局、银川市体育局和兴庆区四套班子领导以及兴庆区文体旅游局、教育局负责人，中小学校长、学生代表和学生家长一万余人参加开幕式。

14日 杭州市委政法委人员到解放西街华新社区观摩社会化综合管理

工作。

15日 自治区党委常委、银川市委书记徐广国带领相关部门负责人对银川通航机场暨通航产业园建设工作进行调研。

是日 银川市代市长白尚成在兴庆区委书记马爱平的陪同下，参观月牙湖乡“爱飞翔肉兔养殖园区、红树莓种植基地、万亩奶牛园区”等特色产业。

15日 兴庆区委政法委组织丽景街办事处、公安、城管等部门，对丽景街观湖社区东湖苑小区内的两家租住型非法传销窝点进行查处，共抓获非法传销分子29人，查获一系列非法传销资料。

19日 自治区党委常委、银川市委书记徐广国带领市直相关部门负责人，对兴庆区棚户区改造项目之一的光华门安置区建设情况进行调研。

是日 西宁市残疾人考察团到银古路丽景社区观摩。自治区、银川市残联领导及兴庆区残联理事长陪同。

19日 银川市人大常委会副主任关琪、何维军到塔桥村检查指导人大工作。观摩团一行采取看现场、听汇报、查资料等方式，对代表工作室的活动场地、办公设备等逐项进行了检查。

20日 兴庆区集体经济组织产权制度改革试点工作在大新镇新水桥村启动。其运作方式为：将集体经济组织的各类资产包括土地、房产等进行全面清理核实，在清产核资、清人分类的基础上，按照一定条件进行量化折股，分配给全体村民，完成村民向股民的身份转换。

是日 银川市代市长白尚成主持召开旧城棚户区改造项目专题会，对兴庆区湖滨西街道路畅通及唐徕小区棚户区项目等工程进展情况进行专题研究，协调解决项目建设中存在的突出问题。

是日 兴庆区工会在八里桥安置区工地启动“夏送清凉”活动，向辖区8个重点项目建设工地“工会工作站”的农民工现场发放价值7万元“健康大礼包”。

23日 第二届黄沙古渡沙枣花香节在黄沙古渡景区举行。

24日 自治区委政法委书记、公安厅厅长王雁飞在有关部门负责人的陪同下，到前进街街道绿荫工作室调研吸毒人员社区戒毒（康复）和就业帮扶工作。

26日 兴庆区工会全面启动工资集体协商工作，在基层力推“集中协商月”工作新机制。

是日 新华街富华社区夕阳红日间照料中心正式启动。自治区人大联络与选举任免工作委员会副主任杨振义，银川市民政局副局长丁薇，兴庆区委书记、人大常委会主任马爱平参加启动仪式。

是日 兴庆区派出4名农机监理人员和4名农机驾驶员参加银川市农机大比武，荣获二等奖。

27日 新疆五家渠市市长张帮顺一行到解放西街华新社区观摩学习社会化网格管理服务工作。

29日 兴庆区区长朱韶峰主持召开信访工作专题会议。

是日 兴庆区委宣传部、区教育局、区文明办、区团委和区文体旅游局联合举办的“少年心教育梦”兴庆区庆“六一”表彰大会暨少年宫活动成果展在兴庆区第二十九小学举行。自治区党委宣传部、银川市委宣传部、市教育局等相关部门负责人和兴庆区领导马爱平、曹生林、肖建东、孔令杰、王涛、张新民、丁万福、李晓红及兴庆区教育局、区团委、区文明办、区文体旅游局等部门负责人，以及辖区各中小学幼儿园校园长、书记、各校团委书记2000余人参加。

30日 在兵沟景区举办了“兵沟路虎车友会周年庆”活动。

31日 通贵乡集镇安置区一期建设项目开工。

6月

1日 兴庆北区国税局在信义办税服务大厅进行银川市推行“金税三期工程”试点单位试点测试。

3日 广西壮族自治区政府发展研究中心调研员周汉民一行到月牙湖滨河家园生态移民安置区调研。自治区政府研究室农村处副处长王慧春，兴庆区人大常委会副主任、移民办主任丁万福陪同。

是日 自治区禁毒总队观摩燕鸽湖管委会“绿荫工作室”禁毒工作。

是日 第六届“兴庆恒大杯”中小学校园足球联赛在银川回民中学举行。

3日 四川省泸州市江阳区政协副主席符晓琦一行9人，到兴庆区考察新时期信访工作和乡镇污水处理及管理工作。

4日 安全生产“三级全覆盖”现场观摩会在兴庆区召开。自治区安监局巡视员钮钢、自治区安监局调研员王宗学、银川市政府副秘书长王军、银川市安监局局长任旭升出席，市辖三区两县街道、乡镇分管安全生产的负责人等近百人参加。

5日 自治区人大常委会副主任王儒贵率执法组到兴庆区检查《宁夏回族自治区清真食品管理条例》贯彻执行情况。银川市及兴庆区领导马凯、马爱平和相关单位负责人陪同。

9日 银川市委组织部下派4名

第一书记到掌政镇后进村挂职，刘振坤、景学宏、曹国顺、赵明社分别到杨家寨村、茂盛村、春林村、五渡桥村挂职一年。

10日 兴庆区政府与宁夏银行业批发贷款担保股份有限公司签约。兴庆区拿出500万元作为担保基金，以此撬动该公司1亿元的贷款担保额度，帮助辖区中小微企业拓展融资渠道，破解发展难题。

是日 自治区水利厅副厅长白耀华调研兴庆区水利工程建设工作。

11日 通贵乡通北村生态养殖基地建设项目全面施工。

是日 河南大地通用航空有限公司董事长王洪杰一行6人考察银川通用机场和通航产业园。

12日 兴庆区委宣传部在政府三楼会堂举行“美丽兴庆”党政客户端启动仪式。新华社宁夏分社副社长孙波、兴庆区委书记马爱平、区长朱韶峰及相关领导出席。

13日 全国社区商业经验交流会在燕鸽湖召开。

15日 重庆盈贝商业管理有限公司董事长钟淡君一行6人到银川国际穆斯林商贸城、永泰城等进行投资考察。

16日 银川市委书记徐广国调研银川通航产业园暨银川通用机场建设工作。

18日 乌海市委常委、海勃湾区委书记刘春一行到兴庆区交流学习兴庆区城市建设、社会管理等方面的经验、做法。兴庆区委书记、人大常委会主任马爱平及相关部门负责人陪同。

19日 第六届鸣翠湖端午休闲运动会在鸣翠湖景区举行。

24日 兴庆区全面完成企业薪酬调查工作任务。

26日 兴庆区上半年事业单位公开招聘资格复审确定考生114名。

是日 银川市人社局调研兴庆区农村土地流转农民参加养老保险情况。

29日 2015年上半年各部门上争资金统计工作结束。2015年度承担上争资金任务的部门33个，安排总任务14亿元。完成上争资金批复资金6.78亿元，占总任务比例48.5%，实际到位资金6.42亿元，占总任务比例45.9%。

30日 北京华安通用航空有限公司董事长、北京泛太平洋航空技术有限公司总经理钱敢增一行到通航产业园考察。

7月

2日 自治区司法厅组织派驻警察观摩兴庆区社区矫正工作。

3日 银川市兴庆区公办幼儿园招生公开抽号在银川市回民中学举行，银川二幼、三幼、四幼、五幼4所公立幼儿园参与抽号。

6日 法国多党青年议员考察团一行在自治区外事办负责人陪同下到月牙湖乡滨河家园生态移民安置区考察新农村建设情况。

7日 银川市人大常委会主任孙荣山到富宁街大庙社区调研社区工作。

是日 银川市委副书记杜银杰带领银川市农村经济观摩团到掌政镇镇河村观摩南美白对虾大棚高效健康养殖示范基地观摩。

是日 由兴庆区教育局、北京中教市培教育研究院、全国中小学名师工作室发展实践研究专家委员会共同发起的全国中小学特色课堂与特色教学实施策略论坛暨银川市兴庆区特色课堂教学展示现场会在银川市回民中学拉开序幕。

8日 胜利街街道新成立紫金社区、清苑社区、上前社区。

是日 银川市人大常委会副主任关琪一行8人到前进街三林巷银华小区调研老旧小区改造工作。

9日 湖南省扶贫办副主任张杰带领湖南省乡镇领导调研月牙湖乡扶贫产业发展情况，自治区扶贫办副主任赵满礼陪同。

9日 全国人大内务司法委员会委员及宁夏全国人大代表一行到兴庆区人民法院调研行政审判及修订法院组织法工作。

10日 兴庆区取缔民乐瓷砖市场里的4家无证幼儿园。

是日 兴庆区建筑领域全面实行农民工工资银行直接支付。

13日 广发证券银川民族南街营业部开业。

是日 南昌市东湖区区长到华新社区考察。

15日 江西九江浔阳区委率有关部门、乡镇街道负责人40余人到解放西街华新社区观摩党建工作。

是日 银川市政协主席贺满明率部分政协委员到宁港城视察项目建设情况。

是日 中宁县政府四套班子领导率乡镇代表考察团一行30余人到月牙湖乡考察学习特色农业种植项目。兴庆区人大常委会副主任丁万福、政协副主席杨九红陪同。

18日 2015第十四届环青海湖国际公路自行车赛（银川）赛段的比赛在水洞沟景区开赛。

25日 兴庆区司家桥村一村民在清理酱菜池时，发生硫化氢气体中毒，其他5人在施救过程中也相继发生中毒，造成3人死亡、3人受伤。

28日 自治区副主席马力先后到银川海宝塔寺、宁夏张氏回医正骨医院、东港餐饮集团调研兴庆区民族宗教工作，银川市及兴庆区相关领导陪同。

29日 兴庆区工会看望银川通用机场和通航产业园一线职工，送去价值4万余元的防暑降温物资。

30日 中华全国总工会副主席焦开河一行调研兴庆区重点项目建设工地“工会工作站”农民工入会工作。

31日 区长朱韶峰主持召开的康居安置区项目推进会在西府井饭店三楼多功能厅举行。

是日 自治区扶贫办主任董玲、副主任邹玉忠一行到月牙湖乡调研兴庆区扶贫开发工作。

8月

3日 月牙湖滨河家园中国清真兔产业园举行开园仪式。自治区政研室、自治区移民局、银川市扶贫办及兴庆区四套班子领导出席。

5日 银川市对兴庆区“六五”普法工作组织验收。

是日 兴庆区2015年1%人口抽样调查绘制村级单位边界图绘图开始，共抽中51个居委会。

6日 吉林省辽源市观摩团到华新社区观摩学习社区建设工作。

是日 西吉县禁毒办观摩燕鸽湖“绿荫工作室”。

7日 兴庆区月牙湖生态移民二期、三期工程通过自治区水利厅质量监督站验收。

是日 全国政协民族和宗教委员会主任朱维群一行12人到银古路丽景市民服务站调研和谐社区创业工作。

是日 兴庆区公安分局缉毒大队侦破一起网络走私、贩卖毒品案，抓获犯罪嫌疑人两名，缴获毒品（大麻）500.27克。

11日 四川、陕西、内蒙古三省区禁毒成员单位组成120余人的观摩团，到兴庆区观摩戒毒康复人员的动态管控与帮扶就业工作。

是日 兴庆区利用国家下达的1087万元支持养老服务体系建设专项资金，开工建设丽景街道满春四期日间照料中心、大新镇大新社区日间照料中心等8个养老服务项目。

12日 上海中志经华城市规划设计有限公司董事吕志勇带领兴庆区“十三五”规划编制组一行7人，采取与领导座谈、实地勘察重点产业带和走访各部门的方式，对兴庆区进行第一次调研。

是日 台湾高雄市基层代表30多人观摩燕乐园社区与燕庆园社区。

是日 兴庆区政府召开全面建成小康社会统计监测工作会议。区教育局、区人社局、区人民法院、区人民检察院、区园林局、区环保局等17个部门统计人员参加。

17日 银川市警备区司令员到银川市妇幼保健院检查人武部新兵体检情况。

是日 由自治区农牧厅牵头的2015年“宁夏阳光沐浴工程”在月牙湖乡海陶北村正式启动。

18日 斯达克·世界从此欢声笑语——中国（宁夏）助听项目现场捐赠验配活动在银川市人民广场启动，兴庆区99名听力障碍者获得捐助。

18日 自治区民政厅区划地名处处长吴朝、银川市地名办主任文华雷对月牙湖乡的撤乡建镇前期准备工作进行调研。

19日 兴庆区委书记马爱平主持召开康居工程建设和老旧小区改造专题会议。

是日 兴庆区区长朱韶峰主持召开政府第30次常务会议。

20日 银川市委副书记杜银杰调研兴庆区月牙湖乡生态移民工作。

是日 立达深航国际酒店举行落成典礼。

是日 掌政镇完成镇河村、洼路村人畜饮水工程并投入使用。

21日 胜利街街道社会组织孵化中心正式成立。

22日 鸣翠湖景区举办“鸣翠湖七夕赏荷节”活动。

是日 黄沙古渡景区举办“黄沙古渡第十届七夕花棒情人节”活动。

24日 兴庆区区长朱韶峰召开信访专题会议。

25日 228户867名生态移民从彭阳县古城镇、白阳镇、冯庄乡、罗洼乡等多个乡镇搬迁到月牙湖乡，兴庆区委书记、人大常委会主任马爱平入户看望。

是日 银川市委组织部副部长陈学忠及市政研室、财政局等部门负责人一行到月牙湖乡调研薄弱村集体经济扶持发展工作进展情况。

30日 自治区党委常委、银川市委书记徐广国到银川通航产业园了解各项工作开展情况。

31日 2015年兴庆区市民运动会广场健身舞大赛在丽景湖公园举行，来自各乡镇、街道、民间文艺团队25支艺术团近700名舞蹈爱好者参加。

是月 兴庆区启动2016年建设项目编制工作，规划2016年拟实施各类建设项目66个，总投资484.6亿元，年度计划投资109.6亿元。

9月

2日 兴庆区委书记、人大常委会主任马爱平组织部分人大代表听取兴庆区政府关于通贵乡特色小城镇建设及经济发展情况的报告。

8日 自治区党委常委、政法

委书记李文章到兴庆区人民法院调研。自治区、银川市及兴庆区领导田云鹏、李帆、陈栋桥、田文艺、陆维东、马爱平、孔令杰等陪同。

是日 兴庆区区长朱韶峰主持召开高台寺村历史遗留账目审计工作、掌政小城镇建设审计工作专题会议。

9日 公安部部长郭声琨到燕鸽湖考察平安建设工作。

是日 民航西北空管局张勇一行到银川通航产业园暨通航机场考察。

11日 科威特亲王、工商部部长等外国政界、商界人士和媒体记者到兴庆区观湖壹号小区考察兴庆区"智慧社区"新型社区模式下的各项惠民成果。兴庆区区长朱韶峰陪同。

15日 中央新闻媒体报道组到月牙湖采访扶贫工作。

是日 自治区政协副主席张学武等到兴庆区调研社区戒毒（康复）工作。

是日 兴庆区首个"社区禁毒图书角"在燕鸽湖社区揭牌。

16日 自治区体育局在中山公园举行解放西街朝阳健身活动站挂牌仪式。

17日 自治区、银川市、兴庆区三级人大代表在解放西街街道北苑社区金菊园进行观摩、调研。

18日 国家统计局宁夏调查总队农村住户调查处处长哈金才及银川市调查队副队长刘玉忠一行就兴庆区农村居民收入情况进行调查。

20日 自治区扶贫办等十部门检查兴庆区2014年扶贫资金使用管理情况。

21日 中宁县委政法委到华新社区观摩学习大党委工作。

22日 第五届农民文化艺术节启动仪式暨首届"美丽乡村"农民文化大院文艺会演在月牙湖乡滨河家园开幕，银川市文广局副局长郭林出席。

25日 自治区扶贫办互助资金管理中心主任任媛一行检查月牙湖互助资金工作。

26日 兴庆区欣慰家园安置区竣工，中卫巷300户居民将迁新居。

27日 举办2015中国•银川西部航展暨银川通用机场开航仪式，标志着银川通航产业迈入新的发展阶段，进入"通航时代"。

28日 自治区县域经济观摩组到月牙湖乡滨河家园生态移民安置区红树莓种植基地观摩。自治区党委书记、人大常委会主任李建华，自治区主席刘慧参加。

30日 通贵老年综合福利服务中心项目开工建设。

10月

1日 兴庆区全面启动城乡居民基本医疗保险收缴，同时启动城乡居民医保费手工退费工作。

7日 兴庆区区长朱韶峰带领相关部门负责人到兴庆区劳动就业和社会保障服务中心建设工地视察项目建设情况。

9日 兴庆区社会福利院老年人助餐点正式开张，免费解决天成社区56名孤寡老人吃饭问题。

12日 兴庆区土地承包经营权确权登记调查（测绘）通过自治区土地确权办公室专家验收。

14日 银川市扶贫办主任买锐华一行到月牙湖乡调研扶贫开发工作。

19日 大武口区民政局组织街道、社区工作人员一行40人到崇安社区观摩和谐社区建设工作。

20日 石嘴山市大武口区民政局组织社区书记到华新社区观摩学习。

21日 工人日报社党组成员、副总编宋澎率甘肃、宁夏、新疆驻站记者到丽景街街道八里桥工会工作站调研兴庆区农民工入会和服务工作。

23日 月牙湖乡最后一批54户生态移民搬迁至滨河家园，标志着月牙湖乡已提前一年完成兴庆区"十二五"生态移民安置工作。

是日 银川市兴庆区达到国家规定的义务教育发展基本均衡县（市、区）评估认定标准，顺利通过国务院教育督导检查组评估认定。

是日 2015年宁夏·银川第十二届婚庆博览会在穆斯林商贸城开幕。

是日 第三批66户288人生态移民从彭阳县搬迁到月牙湖乡。

25日 燕鸽湖全天候智能居家养老服务中心开业，开启"医养结合"探索之路。

26日 自治区人大常委会副主任孙贵宝带领自治区人大常委会环资工委主要负责人及部分人大代表，对兴庆区通贵乡小城镇建设进行调研。

27日 银川市兴庆区通贵乡通北村等22个村、镇被自治区文明委授予"自治区美丽乡村文明创建工程示范村镇"。

是日 国家安监总局副局长李兆前，自治区安委会副主任、安监局局长曹志斌，银川市安监局局长任旭升到丽景街街道观摩指导安全生产工作。

28日 贺兰县民政局组织各街道书记到华新社区观摩社区建设。

11月

1日 根据民政部、教育部、公安部、司法部、住房城乡建设部、银监会联合下发的《关于进一步规范（无）婚姻登记记录证明相关工作的通知》，民政局不再出具（无）婚姻登记记录证明。

2日 兴庆区51名调查员统一佩戴证件，手持PDA入户进行1%人口抽样调查登记工作。

3日 银川市审计局对兴庆区“十二五”生态移民安置工程进行审计。

6日 全国第二届结婚登记颁证技能比赛在上海圆满结束，兴庆区民政局婚姻登记处代表宁夏参加并荣获结婚登记颁证技能比赛三等奖，兴庆区民政局婚姻登记处主任李英荣获民政部第二届结婚登记技能比赛银牌颁证员，刘欣艳、王艺石分别获得优秀颁证员。

是日 自治区国家免费孕前优生健康检查项目组到兴庆区卫计局检查指导工作。

是日 吴忠市利通区金星镇镇长带领各社区书记到华新社区观摩社区建设工作。

10日 兴庆区委书记、人大常委会主任马爱平主持召开兴庆区棚户区建设专题会。拆迁办、康居办、财政局、商务及相关乡镇街道负责人参加。

是日 自治区统计局人口处处长张雪艳到兴庆区督导1%人口抽样调查入户登记工作。

是日 青岛城市管理局到兴庆区观摩城市智慧化管理工作。

18日 银川市人大常委会主任张晓东到月牙湖乡塘南村调研。

19日 光大银行银川分行正式入驻兴庆区。

22日 宁夏交通物流园开园营业。该园占地面积1509亩，建筑面积63万平方米，总投资30亿元。

25日 银川市政协主席贺满明到兴庆区通航产业园进行调研。

27日 宁夏兴瑞达农业科技有限公司、银川兰宇农资有限公司通过考核验收，成为自治区农资经营示范企业。

12月

2日 自治区司法厅到胜利街街道验收五星级司法所创建工作。

3日 自治区残联残疾人康复辅具暨创业就业扶持资金发放仪式在兴庆区残疾人康复中心举行。自治区机关工委、教育厅、民政厅、财政厅、人社厅、卫计委、扶贫办等部门领导应邀出席。部分残疾人代表，各县市区残联理事长、自治区残联机关、直属单位全体干部职工近300名残疾人参加。

4日 银川市市长白尚成主持召开兴庆区拆迁、西夏区土地增减挂钩以及旧城（棚户区）改造专题会议。市委常委、常务副市长马凯，副市长徐庆、秘书长张光华参加。

是日 银川市委组织部联合多部门到月牙湖乡小塘村现代农业设施园区验收发展壮大村集体经济项目。

是日 新疆喀什市副市长孔德忠到兴庆区观摩“绿荫工作室”工作。

9日 宁夏军区政治部主任丁学仁带军地有关人员到兴庆区人武部检查调研。

10日 兴庆区设施农业“效益倍增”工作顺利完成。新建日光温室137栋，改造日光温室56栋，建设钢架拱棚264栋，总面积987亩。

16日 自治区扶贫办在月牙湖乡举办村级发展互助资金培训班。

是日 国家禁毒委督导检查燕鸽湖“绿荫工作室”建设情况。

22日 自治区扶贫开发领导小组考核兴庆区2015年扶贫开发工作。

24日 自治区人力资源和社会保障厅副厅长张宏伟带领自治区农民工工资清欠工作领导小组对兴庆区农民工工资支付情况进行专项督查。

26日 掌政镇完成华夏河图一期项目征地任务597.83亩。

30日 兴庆区在银川海宝公园举行第六届中学生迎新年环湖长跑运动会。

移民新村平田整地

▷ 兴庆区综览

气候概况

【气候特征】 兴庆区属中温带干旱气候区，气候基本特征是：干旱少雨， 蒸发强烈；日照时间长，太阳辐射强，昼夜温差大；冬寒无奇冷，夏热无酷暑，春季多风沙，秋季雨集中，春迟、夏短、秋早、冬长，无霜期短而多变。2015年，年平均气温为10.2℃，与常年相比偏高0.7℃，为1997年以来连续第19个气温偏高年，其中1月气温最低，平均气温为-7.3℃；7月气温最高，平均气温为25.2℃。全年累计降水量为227.1毫米，较常年偏多24%。多年平均降水日数为44.6天。年平均蒸发量1313.0毫米，是年平均降水量的7.8倍 。兴庆区地处贺兰山东侧，是宁夏风速最小的地区之一，2015年平均风速为1.7米/秒。大风日数多年平均为13.2天，极大风速为17.6米/秒。无霜期较短，霜冻初日在10月15日左右，终日在3月22日左右，平均无霜期224天。2015年内出现了不同程度异常天气气候事件及气象灾害：3月31日至4月1日出现首场透雨，结束了63天来未出现有效降水的状况。7月26—28日出现持续高温天气，最高气温达38.1℃，是继2000年38.7℃的历史第二高值。10月30日，白天到夜间出现了中到大雪，初雪日期较常年偏早21天，为1981年以来仅晚于2010年的第2个偏早年。11月上中旬，出现历史罕见的持续时间长、能见度低、影响范围大的大雾天气，雾天日数16天，对交通运输、环境空气质量及人体健康和设施农业生产等都造成不利影响。

【空气监测】 银川市空气质量优良天数259天，较2014年同比下降15天。天数比例为73.9%；轻度、中度、重度和严重污染天数比例分别为19.3%、4.0%、2.1%、0.6%。超标天数中以PM10（可吸入颗粒物）为首要污染物的天数最多，占44.4%；其次是PM2.5（细颗粒物），占38.1%。其中，首府银川市环境空气质量达标天数（优良天数）比例下降4.1个百分点，优良天数较少15天；轻度和重度污染天数均增加9天，中度和严重污染天数分别减少1天和2天。辐射环境质量方面，空气、水体、土壤监测结果与全国同期平均水平相比未超正常范围；在生态环境质量方面，自治区生态环境状况指数为46.19，生态环境质量无明显变化，整体生态环境质量状况稳定；在农村环境质量方面，自治区农村环境质量试点监测村庄30个，各试点村庄周边地表水体水质均能满足农田灌溉水质需求，各试点村庄土壤污染等级为1级，属清洁（安全）水平。

区划人口

【行政区划】 兴庆区行政区域划分为月牙湖乡、通贵乡2个乡，大新镇、掌政镇2个镇和凤凰北街、前进街、胜利街、玉皇阁北街、富宁街、文化街、解放西街、丽景街、新华街、中山南街、银古路11个街道以及燕鸽湖管委会，2015年对部分街道的社区进行了调整，调整后有11个街道、1个管委会，36个行政村、309个村民小组和90个社区。2015年6月成立清苑社区，2015年7月成立上前社区，2015

年8月成立西塔社区、民运社区、北塔社区、裕民社区、长信社区、春城社区、兰溪市社区和泰和社区。

【人口】 2015年，兴庆区有常住人口734353人，总户数271983户。其中女性364900人，回族146003人，其他少数民族19404人。出生率9.23‰，死亡率4‰，自然增长率5.23‰，计划生育率95.69%。

国民经济

【经济指标】 2015年，兴庆区全年完成地区生产总值448.04亿元，其中第一产业增加值6.14亿元，第二产业增加值117.36亿元，第三产业增加值324.54亿元；财政公共预算收入12.96亿元，地方财政一般性支出21.71亿元；社会消费品零售总额231.49亿元；全社会固定资产投资210.8亿元；城镇居民人均可支配收入30514元，农村居民可支配收入12625元。

【农业】 2015年，实现农业总产值13.71亿元，较上年增长4.3%，实现农业增加值6.1亿元，较上年增长5%，农村居民可支配收入达到12625元，同比增长8.1%。特色优势产业产值10.6亿元，较上年增长3.5%，特色优势产业产值占农业总产值79%。设施园艺产业化升级，计划新建设日光温室380亩，完成615亩，超计划任务162%。新建中拱棚240亩，创建永久性蔬菜基地3870亩，设施园艺生产重点推广12项新技术，引进14个新品种，新建兴庆区蔬菜种苗繁育中心，完成3家国家级蔬菜标准园项目申报工作；计划瓜菜种植面积5.5万亩，实际种植面积6.17万亩，瓜菜总产量达到32万吨，实现总产值4.42亿元；全面落实优势稻生产任务，计划优质稻种植面积5.5万亩，有机稻种植1万亩，实际优质稻种植面积6万亩，超计划任务9%，有机稻种植1.5万亩，超计划任务50%，创建水稻万亩高产示范片2.4万亩，实施测土配方、水稻精量穴播等6项新技术，落实水稻工厂化大棚育秧115栋，在通贵乡、掌政镇实行稻旱轮作1.36万亩，水稻优良品种种植覆盖率达到100%；粮食生产面积保持稳定，产业结构有所调整，因实行稻旱轮作，部分土地改种树木、菟丝子、油葵等，粮食播种面积16.21万亩，较上年减少0.34万亩，其中春小麦2.23万亩，水稻9.92万亩，玉米3.96万亩，粮食总产量达8.69万吨；培育和发展农业产业化龙头企业累计达到21个。其中自治区级农业龙头企业 8个，市级农业龙头企业 13 个。固定资产5亿元，资产总额达4亿元，销售收入1.6亿元，带动农户1.7万户。农民专业合作社累计达74家，自治区示范合作社15个，银川市级示范合作社23个，社员总数4600户，带动农户数11250户，社员户比非社员户年均增收1400多元。

【畜牧业】 2015年，落实奶牛标准化养殖场建设项目5个，万亩奶牛养殖场存栏奶牛达到1.9万头，完成奶牛存栏3.1万头，同比增加1.6%。其中成母牛15984头，育成牛8627头，犊牛6435头。牛奶产量57542吨，同比增加35.9%，肉牛饲养量7261头，较上年同期下降0.4%。其中存栏4615头，出栏2646头。羊只饲养量76793只，较上年同期下降0.4%。其中存栏45357只，出栏31375只。生猪饲养量25629头，较上年同期下降3.7%。其中存栏12835头，出栏12613头。禽类饲养量40.77万只，较上年同期下降12.5%。其中存栏23.82万只，出栏16.72万只。肉类总产量3500吨，禽蛋总产量1500吨，饲养肉牛9500头。畜牧业总产值达到1.64亿元。

【水产业】 适水产业有新突破，落实水产养殖面积2.83万亩，完成池塘改造1550亩，落实名特优新养殖示范5000亩，实施490亩标准化健康养殖项目，引进先进养殖技术和现代经营模式，在掌政镇镇河村规划建设了220亩南美白对虾大棚健康养殖高效示范基地，一期3.25万平方米养殖大棚。兴庆区现有水面28337亩。其中精养水面10703亩，粗养2247亩，湖泊14900亩，人工水系487亩。成鱼养殖面积8250亩，鱼种养殖面积2453亩。水产品总产量达6100吨，比上年增加70吨，增长1%，渔业总产值达7850万元,比上年增加60万元，增长0.8%。

【林业】 2015年，完成人工造林总面积3206.7亩，栽植各类苗木177.9万株，成活率85%以上，合格面积2694.0亩，成活株数152.2万株。其中庄点114.1亩，经济林1393亩，绿色通道143亩，农田林网69.9亩，治沙造林1301.4亩。指导完成月牙湖红树莓基地建设工程1500亩，栽植150万株；做好京藏高速公路两侧湿地公园及廊道绿化工程全部补植工作，补植各类乔木35000余株。完成《兴庆区保护黄河绿化美化行动实施方案（2015—2017年）》的编制工作。换发林木种苗生产、经营许可证13家，办理苗木检验证26份。续建三北防护林五期工程建设（2011—2015年）、天然林资源保护二期工程（2011—2020年）、退耕还林二期工程（2010—2017年）、森林生态效益补偿基金等项目。兴庆区林业局第五次森林资源连续清查工作内、外业已全部完成，并通过了自治区林业厅、国家林业局西北院等多部门验收。

【水利】 抓好农田水利基本建设工作，完成高标准农田5.67万亩的建设任务。完成月牙湖治沙林场渠道砌护项目、月牙湖红树莓高效节水改造项目、百万亩盐碱地改良银北排碱2014年项目、通贵乡渠道砌护项目、掌政镇农田渠道砌护项目、掌政镇镇河村安全饮水改造项目和月牙湖乡1.07万亩高效节水灌溉项目，投资额达到3957.44万元。

【工业】 2015年，规模以上工业企业累计完成工业总产值37.8亿元，同比增长15.5%，较三季度下降4.1个百分点，较上半年下降5.9个百分点；实现增加值8.5亿元，同比增长10.6%，增速较三季度下降2.2个百分点，较上半年下降2个百分点，分别高于自治区、银川市增速3.2个百分点、1.7个百分点，增速在银川市三区两县一市中居第三。规模以上工业综合能源消费量52036吨标准煤，同比增长22.1%，较三季度增长50.7个百分点，较上半年增长34.4个百分点。

【商贸物流】 实施招商引资项目24个，实际到位资金69.91亿元（不含房地产项目到位资金），完成自治区、银川市下达的60亿元任务的116.5%。当年引进的各类股权基金、短期融资券、企业债券等金融项目到位资金58.6亿元。当年引进世界500强企业1家(上海浦发银行，排名383位)；新开工建设项目有银川永泰城购物中心及主题乐园、四季青国际服装城、世和天玺国际中心 、恒大御景、月牙湖乡爱飞翔清真兔养殖加工基地、月牙湖乡小塘村现代农业科技示范园、通贵乡现代都市农业生态观光园等9个，总投资约163亿元；新开业运营项目有上海浦发银行银川分行、宁夏观歌泛利中小企业助贷投资管理中心、北京物美大卖场、檀溪谷欢乐水世界、美德亨大厦、居然之家建材商场和银川家居馆、大兆发超市蓝泰店，总投资35亿元；新签约项目有银川通航产业园、颐和盛世广场城市综合体、东城湖商业广场、广安城市综合体，总投资约233亿元。2014年度内合同项目开工率100%，资金到位率达97.1%，协议项目转合同项目达50%，储备项目成功对接且实施率达30%。商贸物流带引入商贸物流市场项目42个，总投资约350亿元。其中机电市场3个，民生保障类6个，生活消费类1个，商业综合体10个，办公、酒店类2个，家居、建材类市场11个，物流市场4个，汽车、汽配市场4个，农资、农具市场1个。实现交易额218.4亿元，同比增长5.3%，利税11.5亿元，同比增长11%，就业人数10.2万人，提供就业岗位9.4万个，同比增长8.5%。

檀溪谷湿地公园

社会发展

【老旧小区及危房改造】 2015年投资3400多万元，改造9个街道的12个老旧小区，72幢楼，总面积22万平方米，住户2789户。改造内容为下水管网、屋顶漏雨、小区照明系统、小区安防系统、路面硬化、维修自行车棚、更换单元防盗门和垃圾箱等。完成危房改造任务1009户。其中月牙湖乡生态移民899户，月牙湖乡散建危房57户，极度贫困户3户，低保户12户，其他贫困户42户，三类贫困户危房改造补助资金55.8万元。掌政镇散建危房5户，全部为极度贫困户。确定建筑节能示范户110户。其中月牙湖乡105户，掌政镇5户。

【美丽小城镇及村庄建设】 2015年，启动通贵乡集镇安置区一期建设项目，该项目占地面积27134平方米，总投资6400万元，建筑面积2.2万平方米，住宅152户。实施掌政经四路市政道路建设，总投资970万元，道路全长0.8公里，配套建设路灯、给排水工程。对掌政镇、通贵乡、月牙湖乡13个村队进行综合整治，实施巷道硬化3.17万平方米、人行道硬化2.34万平方米、路灯亮化663盏，外立面改造、广场硬化等。总投资1234万元（其中太阳能路灯投资278万元）。

【康居项目】 2015年，兴庆区续建康居项目16个（列入棚户区改造项目14个）。其中政府主导建设八里小区、满春三期A区、满春三期B区、满春四期、新水小区、满春小康村、大新小区、燕阁小区、友爱五队、塔桥7队、上前小区、塔桥北区12个；企业主导建设光华小区、民乐安置区、掌镇三期、阁笛湖小区4个。规划占地面积2332.35亩，规划建筑面积362.15万平方米。其中住宅28884套，286.23万平方米；公寓1351套，8.25万平方米；商业建筑20.1万平方米，公益用房5.72万平方米；地下建筑41.85万平方米。计划总投资116.4亿元。新建康居工程项目有友爱大新失地农民公寓，大新失地农民公寓，春和苑公建，友爱安置区一期8#、9#楼项目4个，规划占地面积127亩，规划建筑面积19.95万平方米，主要用于解决银古路办事处友爱村、大新镇大新村失地农民就业增收及2012年以来拆迁项目群众安置遗留问题，计划总投资6.04亿元。

【乡村公路建设】 兴庆区有乡村公路沥青混凝土路面121条，350余公里。其中列入自治区公路管理局下达的养护指标中乡道16条，89.895公里；村道45条，155.229公里；专用公路1条，0.84公里。辖区公路中有桥梁21座，涵洞554道。2015年，自治区交通厅下达兴庆区的通村公路2条6.165公里，分别是位于月牙湖境内的红堤路，长4.065公里，乡村公路四级标准，投资概算为325万元，路基6.5米，路面6.0米；大新镇境内的银佐路，长2.1公里，乡村公路四级标准，投资概算为259.1万元，路基6.5米，路面6.0米。

【疫苗接种】 辖区内4—8岁常住儿童麻腮风疫苗实种27771人，接种率为98.20%，流动儿童实种8499人，接种率为99.16%。累计完成VCT服务2706人次。其中初筛13例阳性，1例为既往感染者；实施免费抗病毒治疗，新纳入抗病毒治疗范围30例，累计接受免费抗病毒药物治疗61例（新转入病例7例）。累计参与美沙酮治疗2666人次，服药1216563毫升，总损耗量393毫升。接种乙肝疫苗10484剂次、23价肺炎疫苗3130剂次、7价肺炎疫苗554剂次、狂犬病疫苗17232剂次、狂犬病球蛋白疫苗1249剂次、流脑A+C+Y+W135疫苗1988剂次、甲肝灭活疫苗1276剂次、甲乙肝疫苗179剂次、Hib疫苗5260剂次、水痘疫苗5985剂次、流感疫苗6431剂次、气管炎疫苗347剂次、灭活脊灰疫苗2245剂次。麻疹疫苗补种114人，补种率为96.61%。脊髓灰质炎疫苗查漏补种人数795人，补种率为98.76%；常规免疫儿童种数为727人。对辖区54所小学和94所幼儿园开展春季预防接种查验，查验儿童5245人，查验率100%，补证人数35人，补证率77.77%。对辖区52所小学和95所幼儿园开展秋季预防接种查验，查验儿童14384人，查验率100%。

【卫生监测】 督促社区及乡镇卫生院每季度对辖区学校学生常见病防治工作进行督导；配合银川市疾控中心对月牙湖回民中学、通贵回民中学、银川市第十八小学、银川市高级中学开展学校卫生监测工作。完成辖区18家医疗机构放射个人剂量监测器的发放工作，并收取放射个人剂量监测器上交至银川市疾控中心进行检测。各医疗机构完成食源性疾病主动监测网报共318例，银川市第一人民医院64例，银川市第三人民医院82例，银川市妇幼保健院88例，附属医院73例，解放军第五医院10例，武警医院1例。对766家公共场所，169家医疗机构，50家托幼机构消毒效果进行采样，分别采集4305份、564份和150份样品。完成枯水期水质监测采样，分别为农村安全饮水工程出厂水

3份，末梢水9份，城市市政供水末梢水20份，二次供水15份。完成丰水期水质监测采样，分别为农村安全饮水工程出厂水3份，末梢水6份，农村自备供水2份，城市市政供水末梢水6份，二次供水5份。接报农药中毒事件145起，中毒145人，调查9起疑似食物中毒，中毒52人。将调查处理情况上报至市疾控中心及兴庆区卫生局，并将信息及时进行网络直报。

【慢性病防治】 创建国家级慢性病示范区，印制“宁夏银川市兴庆区常见慢性病报告卡片”10000张，辖区各医疗机构将确诊的高血压、糖尿病、重性精神疾病、恶性肿瘤、冠心病、脑卒中等以卡片形式上报疾病防控中心，疾病防控中心根据患者居住地址分配到各社区卫生服务站进行管理。2014年，慢性病综合防治干预工作统计兴庆区总人口为707576人，建立家庭健康档案459729份，建立电子家庭健康档案381291份，18岁以上人口为499031人。发现高血压病人38818人，18岁以上高血压发病率为7.78%，管理高血压病人38570人，规范管理病人37193，规范管理率为96.43%；发现糖尿病病人11897人，18岁以上糖尿病发病率为2.38%，管理糖尿病病人11572人，规范管理病人10923，规范管理率为94.76%；65岁以上人口90487人，管理老年人48641人，管理率为53.82%。

【公共卫生服务】 组织辖区基层医疗卫生单位开展入户健康体检、建立档案、追踪随访等11类50项公共卫生服务工作。完成农村居民健康体检65840人，建立电子档案5.1万人，电子规范化建档率为77.5%；0—6岁以下儿童系统管理人数为1219人，系统管理率达94.13%；孕产妇保健系统管理人数为176人，系统管理率达100%；高血压规范管理人数为4981人，管理率达86%；糖尿病规范化管理人数为716人，管理率达77%；65岁老年人5067人，接受管理人数为4831人，规范化管理率达到95.3%；重性精神病规范化管理人数为286人，规范化管理率达到94.3%。

【农村妇婴优惠医疗服务】 农村孕产妇住院分娩补助912人，免费住院分娩补助率达100%；免费筛查农村妇女乳腺癌，B超筛查800人，钼靶8人，需进一步进行病理筛查1人，发生1例乳腺纤维腺瘤已进行手术治疗；免费宫颈癌筛查2502人，结案2460人，结案率98.3%。登记结婚8948人，免费婚前医学检查8812人，免费婚前医学检查率98.48%；新生儿人数13866人（其中包含流动人口2590人），新生儿两病筛查人数12624人（其中免费筛查10034人），新生儿两病筛查率91.0%；新生儿听力筛查12659人（其中免费筛查10069人），新生儿听力筛查率91.2%。

【劳动就业】 2015年，兴庆区城镇新增就业人数10062人，城镇就业困难人员就业768人，“零就业家庭”实现动态消零；高校毕业生登记就业率95%。农村劳动力转移就业10294人，工资性收入0.9亿元。职业技能培训904人，生态移民职业技能培训511人，累计组织开展政策、法规等综合类培训7805人。兴庆区城镇登记失业率3.16%，低于自治区4.3%控制目标1.14个百分点。340名公益性岗位人员全部上岗。截至11月底，兴庆区工商注册登记企业5533家，工商注册登记个体工商户11449户；培育小企业244个，完成目标任务220个的106%；培养“小老板”441人，完成目标任务350人的126%；创造新岗位2794个，完成目标任务2500个的118%。创业培训完成145人，其中“SYB”培训120人，完成目标任务120人的100%；“IYB”培训25人，完成目标任务25人的100%。申报2014年符合享受社保条件的灵活就业人员6716人，当年新增1795人，争取自治区、银川市灵活就业社保补贴资金1800多万元。累计办理就业失业登记证4769人（本）。其中办理失业登记 2941人，办理就业登记 1828人。

【社保参保缴费】 统筹城乡居民养老保险参保34659人，被征地农民养老保险参保1456人，累计办理享受养老保险待遇8058人，转移生态移民城乡居民养老保险关系2163人；统筹城乡居民医疗保险参保缴费206754人。累计发社会保障“一卡通”193689张，新增发卡人数1.4万人。

【移民搬迁安置】 2015年4月、8月、10月，兴庆区分三批次完成了824户3290人移民搬迁安置任务，移民顺利从彭阳县孟塬乡、冯庄乡、古城镇、新集乡、罗洼乡等11个乡镇39个行政村搬迁入住。按照自治区党委、政府的总体安排部署，兴庆区全面完成2015年安置移民824户的计划任务。三期庄点绿化面积192.1亩。其中庄点绿化工程87.7亩；环庄林带绿化工程71.5亩；生态移民安置区高压走廊经济林带的完善工程32.9亩。续建商网二期工程8660平方米，并交付国控公司投入使用。扩建完成月牙湖回民二中教学楼2000平方米；扩建红树莓二期工程1500亩；新建清真兔产业园80亩，并投产运营。

【扶贫开发】2015年，兴庆区政府投入扶贫项目资金600万元，扶贫办会同月牙湖乡党委、政府，经过调查研究、考察论证，筛选了9个扶贫开发项目上报自治区、银川市扶贫办及财政厅、发改委等部门争取项目资金，批复到位项目资金1130万元。精准识别贫困对象1855户7642人，并完成信息动态调整录入，完成281人的脱贫标注，955人的预脱贫标注，为5个重点贫困村编制了《十三五整村推进扶贫规划》。扶持滨河家园一村、三村800户建档立卡贫困户实施红树莓种植项目。

【社会保障】 2015年，积极争取项目资金5179.9万元(目标为2300万元)。截至12月底，为3435户4927人发放城乡低保资金1539.67万元；为790名高龄困难老人发放高龄津贴381.7万元；为1323名享受低保的重度残疾人发放残疾人津贴335.75万元；为69名五保供养对象发放供养金52.1万元；为47名孤儿发放孤儿养育津贴31.6万元；累计发放医疗救助金252万元，直接救助困难群众6667人；为93名城乡低保户子女发放高等教育助学金32.7万元；办理住房保障申请2272份；为4806名60岁以上老年人办理老年优待证；“两节”期间，走访、慰问、补助各类困难群众3988户（人），发放慰问品（金）247.42万元；为213名优抚对象发放优抚金147.9万元；为615名伤残军人发放伤残金843万元；为727名优抚对象发放医疗补助金69.53万元；为317名退役士兵发放优待金332万元；依法办理结婚登记5334对、离婚登记2070对，补办结婚证1306对，婚姻登记合格率为100%，婚检率达到100%；为47人发放殡葬救助金4.7万元，处理无名尸体29具，除少数民族，城市火化率达到96%；办理民办非企业11家，社会团体39个，对登记在册的269个社会组织和531个社区社会组织进行年检；办理收养登记3例；下拨95万元救灾救济资金，确保冬令春荒期间灾民的基本生活不受影响。

【民族宗教事务】 依照《宗教事务条例》做好各项民族宗教事务。做好斋月及“两节”系列慰问活动，累计安排专项资金10万元，慰问清真寺12个、宗教界人士12户。做好朝觐组织和服务工作，坚持网上报名排队和统送统接制度，坚决制止零散朝觐，制作一套《穆斯林朝觐之路》专题片（全区首创），并刻成光碟免费送给朝觐人员作为学习资料，推动朝觐事务管理工作规范化、机制化、常态化。2015年，参加朝觐人员115人，已全部完成功课，安全返回国内。打击非法宗教活动，先后组织银川市宗教局、银川市国保大队、丽景街派出所、通贵乡派出所对庆丰苑基督教非法活动依法取缔；对伊斯兰教非法传教人接待巴基斯坦籍人员进行遣返。按照《自治区宗教教职人员发放生活补贴考核办法》，对符合发放条件的教职人员67人每人每月发放生活补贴400元，已经发放生活补贴30万元。做好伊斯兰教经学院大专班招生工作。根据银川市民委、宗教局的要求，按照招生简章，在兴庆区范围内经过广泛宣传，13名在职开学阿訇符合招生条件，其中大专班8人、本科班5人。

【教育】 2015年，兴庆区辖区内有义务教育学校63所，在校生68158人，在职教师3967人。其中，兴庆区直属中小学46所（初中13所，小学33所、44个校区，在校生57317人，在职教师3380人）。外来务工人员随迁子女23618人，占在校生总数的34.65%；留守儿童45人，关爱体系覆盖率100%；三类残疾儿童96人，入学率90.06%。各级各类幼儿园63所。其中公办幼儿园5所，机关办园2所，经审批的民办幼儿园56所（市属11所，兴庆区属45所），在园幼儿19892名。学前三年毛入园率达到85%，创建自治区级示范园6所、市级示范园4所、自治区级一类园14所、自治区二类园20所。自2013年第二轮学前教育三年行动计划开展以来，兴庆区政府将发展学前教育纳入到兴庆区经济社会发展的总体目标中，政府财政投入8112万元，新建10所幼儿园，建立公办、民办、公有民办多种体制并举的学前教育发展格局，公开招考68名在编教师，政府招聘80名合同制教师，补充到公办幼儿园。每年投入30万元左右，实施学前一年贫困幼儿资助工程。义务教育学校补充、新增教师办公用一体机3033台、学生用机7430台、多媒体设备1155套、同步录播教室12间，实现单机、学校和教育局光纤接入“十、百、千”的宽带接入目标，实现了教学手段的信息化。城乡学校学生全部告别土操场，实现所有学校操场“塑胶化”。

【文化体育】 2015年，通过全国第四次文化馆评估定级考核验收，兴庆区文化馆达到部颁二级标准，图书馆馆藏图书8万余册，年度办理借阅证1246个，借阅图书55623册次。完善4个乡镇、11个街道综合文化站和

36个行政村、67个社区文化活动中心的设施配置，完成15个乡镇、街道文化站的评估定级。其中一级标准的4个、二级标准9个、三级标准的2个。建立社区（村）综合性文化服务中心示范点75个，试点建设率达74％。大新镇和丽景街创建为银川市公共文化服务体系示范乡镇（街道）。打造热爱文化事业、具备场地条件的6户文化大院为示范性农民文化大院。兴庆区辖区拥有体育馆4个、体育场8个、游泳馆9个，30人以上规模的晨晚练点 150个，有国家三级以上社会体育指导员1554名、体育专营店（运动器械、服装、户外用品、渔具等）200余家、娱乐性经营休闲健身场地（如沙滩、水上、运动拓展等场地）18余处、休闲垂钓中心12家、河湖野钓场地10余处，有山西奥瑞特、好家庭等体育器材、甘肃力源体育场地铺设等大型企业在兴庆区设常驻机构。兴庆区体育产业经营年营业额近亿元。2015年，兴庆区政府投资5400万元，在掌政镇新建兴庆区体育馆。体育馆占地35亩，总建筑面积9759平方米。体育馆可同时容纳3000人开展活动，是集运动、休闲、健身、文化于一体的中型综合性体育馆。

【旅游】 结合美丽乡村建设，推进乡村旅游的发展。五度桥农庄投资500万元，种植蔬菜3亩，栽植果树4亩，新建儿童沙滩乐园2600平方米，接待大厅改造1200平方米，后厨改造300平方米，垂钓池改造2000平方米，新建停车场4000平方米，新建厕所50平方米，改建厕所20平方米；风雅山庄投资150万元，种植蔬菜10亩，栽植果树5亩，新建厕所40平方米，改造停车场1500平方米，新建自助烧烤区350平方米，改造接待场所1800平方米；段家大院投资200万元，种植蔬菜4亩，栽植果树2亩，栽植各类花卉100平方米，新建停车场1300平方米，米面油加工厂200平方米，玉器加工厂150平方米，改造后厨120平方米，改造厕所50平方米，更换了新颖的门头；花海盛地投资300万元，改建回餐厅500平方米，新建汉餐厅400平方米，新建厕所30平方米，栽植各类树木30亩；广勤生态园、李家大院等农家乐加大了庭院绿化，种植了观赏性较高的乔木和花灌木，硬化了人行道，修建了标准水冲厕所，修建了廊桥，修建了停车场，改造了后厨，设置广告指引牌等。黄沙古渡景区投资150万元，在景区各道路边和重点区域栽植各类树木5000多株，完成湿地公园水道清淤，设置了秦砖房门牌，营造了民俗院、古渡人家等处的文化氛围（悬挂各类布旗），布置昭君出塞纪念馆、康熙渡河纪念馆；兵沟景区投资200万元，栽植果树200亩，铺设灌溉管道8000米，修建码头3座，搭建烧烤台20个；黄河横城景区的游客集散中心投资600万元，栽植各种树木1万株，修建星级厕所200平方米、停车场1.5万平方米，铺设道路4000平方米；鸣翠湖景区投资2262万元，改造景区内道路19000平方米，景区内种草种树15万平方米。2015年，接待游客78.1万人次，同比增长8%，旅游收入7265万元，同比增长2.2%。其中，农家乐接待33.2万人次，同比增长3.8%，收入2815万元，同比增长4.3%。

组织机构及负责人（截至2015年12月31日在职）

中共银川市兴庆区第二届委员会

书　　记　马爱平
副 书 记　朱韶峰　孔令杰
常　　委　马爱平　朱韶峰　孔令杰　魏宁喜
杜曼九　马少红　周东海　曾祥娟
江定勇　王　涛　张新民　古　剑
（2015年5月19日止）
委　　员　（按姓氏笔画为序）
丁万福　马力兵　马少红　马爱平
王　涛　王永虎（2015年5月15日止）
王全存　王建宁　古　剑　孔令杰
冯德旺　刘春玲　江定勇　牟　玲
朱韶峰　杜　胜　杜曼九　李晓红
陈建国　周东海（2015年11月止）
张新民　周会荣　赵景宝　曾祥娟
魏宁喜（2015年10月9日止）
王　恪（2015年6月25日起）
徐　刚（2015年6月25日起）
王茗田（2015年4月3日起）
陈　梓（2015年10月9日起）
徐辉艳（2015年5月起）
候补委员　杨学文　马建军　马保林　冯　泽
杨国军　杨　玲　刘　平　彭丽宏

银川市兴庆区第三届人民代表大会常务委员会

主　　任　马爱平
副 主 任　肖建东　保少宁　丁万福
何维君（2015年2月6日起）
彭丽宏
委　　员　（以姓氏笔画为序）
王正义　丹丽红　冯建敏
牟　玲　闫　利　刘春玲　杜　胜
杨万军　杨卫红　张晓娟　陈学明
杭金弟　赵惠芳　袁　泉
韩巨林　黎　谱　高艳华　牛金才
沈爱红　陆建平

人大常委会办公室
主　　任　杭金弟
人大常委会财政经济工作委员会
主　　任　冯建敏
人大常委会教科文卫工作委员会
主　　任　杨卫红
人大常委会法制工作委员会
主　　任　牟　玲（2015年3月26日起）
人大常委会代表联络工作委员会
主　　任　高艳华

银川市兴庆区人民政府

区　　长　朱韶峰
副 区 长　马少红　张新民
王永虎（2015年5月15日止）
吴小平　冯德旺　张艳芬
王　恪（2015年6月2日起）
徐　刚（2015年6月2日起）
郑宏梅（2015年5月22日起）
辉　艳（2015年2月15日起12月15日止）

中国人民政治协商会议
银川市兴庆区第三届委员会

主　　席　曹生林
副 主 席　杨久红　李晓红　柴丽云
秘 书 长　鲍铁力
常务委员　边志武　马　丽（2015年1月23日止）
王伟忠（2015年1月23日止）
马佐民（2015年1月23日止）
杨迎珍（2015年1月23日止）
胡绪山　周德倩　董瑞宁　沈炳南
樊莉萍　温迎春　张　奕　王洪丽

虎　峰（2015年1月23日止）
陈娅银　章万有　夏永贵　刘　军
孙慧鹏　马建国　段文海　俞明建
王　勇（2015年2月5日起）
曹长林（2015年2月5日起）
陈贤长（2015年2月5日起）
马晓农（2015年2月5日起）

政协办公室

主　　任　鲍铁力

提案委员会

主　　任　边志武

经济和法制委员会

主　　任　（空缺）
副 主 任　高群红

教科文卫体委员会

主　　任　康　莉

中共银川市兴庆区纪律检查委员会

书　　记　曾祥娟
副 书 记　马力兵　杨学文
常　　委　曾祥娟　马力兵　杨学文
王永林（2015年12月24日止）
庞文兵（2015年12月24日止）
马凤霞　李　刚
金永芳（2015年12月24日起）
刘学功（2015年12月24日起）
委　　员　曾祥娟　马力兵　杨学文　王永林
庞文兵　马凤霞　李　刚　金永芳
屠国建　闫念国　杜毓英　耿红宁
樊莉萍　武俊华　姬晓莉　张　敏
邢　波　王彦忠　苏　黎
刘学功（2015年12月24日起）
案件审理室主任　王永林（2015年12月24日止）
金永芳（2015年12月24日起）
监察室主任　马凤霞
办公室主任　庞文兵（2015年12月24日止）
刘学功（2015年12月24日起）
执法监察室主任　李　刚

银川市兴庆区监察局（政府部门，与纪委合署）

局　　长　马力兵
副 局 长　金永芳

效能办

主　　任　马力兵
副 主 任　白怀川

中共银川市兴庆区委员会工作部门

中共银川市兴庆区委员会办公室

主　　任　杜　胜（2015年1月25日止）
杨　剑（2015年1月25日起）
副 主 任　刘永忠（2015年1月25日止）
王富军　邱春英

中共银川市兴庆区委员会组织部

部　　长　杜曼九
副 部 长　姬晓莉　刘春玲（2015年1月25日止）
张佩叶（2015年11月27日起）
机关党工委书记　刘春玲（2015年1月25日止）
姬晓莉（2015年12月8日起）
非公有制经济组织和社会组织党工委书记　马建平
人才办主任　张佩叶
电教中心主任　宋学华

中共银川市兴庆区委员会宣传部

部　　长　周东海（2015年11月4日止）
副 部 长　李国银　陈　洁　杨晓玲
精神文明办公室主任　杨晓玲
外宣办主任　李国银

中共银川市兴庆区政法委员会

书　　记　孔令杰
副 书 记　任福东
副秘书长　杨婷婷
610办公室主任　钦丽红

中共银川市兴庆区委员会统战部

部　　长　王　涛
副 部 长　李志刚　王　莹

银川市兴庆区民族宗教事务局（政府部门，与统战部合署）

局　　长　李志刚
副 局 长　王　莹
清真食品管理办公室主任　吴世君

中共银川市兴庆区委员会政策研究督查室

主　　任　刘永忠（2015年1月25日止）
副 主 任　房　静

中共银川市兴庆区机构编制委员会办公室

主　　任　赵惠芳
副 主 任　王　理

事业登记管理局

局　　长　曹卫红

中共银川市兴庆区委员会老干部局

局　　长　张铁岭
副 局 长　李　英

关心下一代工作委员会办公室（与老干部局合）

主　　任　王克伟

银川市兴庆区信访督办局

局　　长　范　伏（2015月1月1日起）

银川市兴庆区档案局

局　　长　张　敏
副 局 长　郝　峰

银川市兴庆区人民法院

院　　长　姜　戈
副 院 长　刘安民　柴　明　毛晓红
纪委组长　尹淑华

银川市兴庆区人民检察院

党组书记　检察长　刘定远
副检察长　张志春　沈子君　王大江
纪检组组长　苏　黎
政工科科长　马　迪
反贪局局长　向大杰
办公室主任　刘　银

银川市公安局兴庆区分局（市属）

局　　长　魏宁喜（2015年7月10日止）
　　　　　陈　梓（2015年7月10日起）
政　　委　王逢安（2015年12月29日止）
　　　　　姚勇进（2015年12月29日起）
纪委书记　张保国（2015年12月21日止）
　　　　　朴　杨（2015年12月21日起）
副 局 长　李晓磊（2015年9月25日止)
　　　　　杨建华（2015年9月18日止）
　　　　　曾晓隆（2015年12月20日止）
　　　　　杨冬生　吴永忠（2015年9月20日起）

银川市兴庆区人民武装部

部　　长　江定勇（2015年2月15日止）
　　　　　孔凡平（2015年2月15日起）
政　　委　许亚林（2015年2月15日止）
　　　　　王茗田（2015年2月15日起）
副 部 长　霍军明

兴庆区群众团体

银川市兴庆区工会工作委员会

主　　席　杜　胜
副 主 席　樊莉萍
经费审查委员会主任　周晶英
机关工会主席　黄明才（2015年11月27日止）

共青团银川市兴庆区委员会

书　　记　王燕菊
副 书 记　马利华（2015年10月28日起　挂职）

银川兴庆区妇女联合会

主　　席　牟　玲（2015年1月28日止）
　　　　　杨　玲（2015年1月28日起)
副 主 席　郝莉敏

银川市兴庆区科学技术协会

主　　席　杨　伟

银川市兴庆区工商业联合会

党组书记　杨万军
主　　席　王　勇

银川市兴庆区残疾人联合会

名义主席　曹生林
主　　席　马少红
副 主 席　尉　岚　武俊华
理 事 长　尉　岚
副理事长　张　奕
康复中心主任　林汝兰

银川市兴庆区人民政府工作部门及所属事业单位

银川市兴庆区政府办公室

主　　任　赵景宝（2015年1月25日止)
　　　　　倪晓军（2015年2月2日起）
副 主 任　倪晓军（2015年2月2日止）
　　　　　魏　鹏　袁　辉
法制办主任　倪晓军（2015年2月2日止）
　　　　　武　丽（2015年1月25日起）

银川市兴庆区人民政府招标投标办公室（临时机构、与财政局合）

主　　任　闫念国

政务服务中心

主　　任　官　宁

银川市兴庆区经济发展局

局　　长　杨　剑（2015年2月11日止）
　　　　　刘春玲（2015年2月11日起）
副 局 长　卢　洁　宋　辉
物价监督检查所所长　乔惠林

安全生产监督管理局

局　　长　沈炳南（2015年1月31日止）
　　　　　刘　平（2015年2月1日起）

商务局（2015年设立）

局　　长　张　玲（2015年2月2日起）
副 局 长　文　菁（2015年1月25日起）

银川市兴庆区教育局

工委书记、局长　孙自文
教育纪工委书记　哈　兵
副 局 长　马晨晓　哈　兵　高　义

银川市兴庆区科技局

局　　长　王杰民

银川市兴庆区民政局

局　　长　武俊华
双拥办主任、副局长　曹　青
副 局 长　蔡　颙　于　刚
老龄办副主任　祁学峰
办公室主任　李学刚

银川市兴庆区社会福利院

书　　记　冯永胜
院　　长　杜新艳（2015年1月1日止）
　　　　　黄莉婷（2015年1月1日起）
副 院 长　马　静
　　　　　黄莉婷（2015年1月1日止）

银川市兴庆区司法局

局　　长　梁景虎
副 局 长　马保强　金爱琴

银川市兴庆区财政局

局　　长　冯德旺（2015年1月25日止）
　　　　　屠国建（2015年1月25日起）
党总支书记　杜毓英
副 局 长　艾敬炜
会计核算中心主任　郝晓晴
农业项目开发办公室主任　刘建民

银川市兴庆区人力资源和社会保障局

局　　长　王建宁
副 局 长　张永生　陈　林　金朝霞　江洪涛
劳动人事争议仲裁院院长　王应龙
劳动监察大队队长　陆　涛
社会保险经办服务中心主任　杨晓红

银川市兴庆区劳动就业服务局

局　　长　马建宏
副 局 长　赵红梅　梁晓丹

银川市兴庆区建设交通局

局　　长　马　伟
支部书记　郑　耿
副 局 长　哈占祥　高　平

银川市兴庆区水务局

局　　长　咸　波
副局长、防汛抗旱指挥部办公室主任　朱占才
副 局 长　陈　青
水政监察大队队长　门淑霞

银川市兴庆区农牧局

局　　长　汪洪波
副 局 长　印　联　黄利虎
纪检组长　贾丽媛（2015年12月8日止）
纪检副书记　白怀川（2015年12月8日起）

备注：农牧局从2015年12月份起取消了纪检组组长职位，更换为纪检副书记，取消了党支部书记职位。

扶贫办

主　　任　李兴俊

副 主 任　邵军高

移民办

主　　任　丁万福

副 主 任　马保林　李兴俊

银川市兴庆区文化体育旅游局

局　　长　陈　洁

副 局 长　路　程　惠　平

文化馆馆长　刘　娟

文联主席　赵菊芬

银川市兴庆区卫生食品药品监督管理局

局　　长　马建军（2015年1月止）

副局长、党工委书记　田孝峰（2015年1月止）

副 局 长　魏　联（2015年1月止）

吴丁友（2015年1月止）

银川市兴庆区人口和计划生育局

局　　长　杨　玲（2015年1月止）

副 局 长　文　菁（2015年1月止）

张红声（2015年1月止）

兴庆区卫生和计划生育局（2015年新成立，过去两单位合并）

党工委书记　田孝峰（2015年1月25日起）

党工委副书记　马建军（2015年1月25日起）

局　　长　马建军（2015年2月11日起）

副 局 长　张红声（2015年2月11日起）

魏　联（2015年2月11日起）

吴丁友（2015年2月11日起）

银川市兴庆区审计局

局　　长　冯　泽

副 局 长　张占兵　张晓岚

银川市兴庆区统计局

局　　长　邢　波

副 局 长　保雪岚

银川市兴庆区林业局（挂兴庆区园林管理局、兴庆区绿化委员会办公室、兴庆区森林防火指挥部办公室牌子）

局　　长　张建刚（2015年2月11日止）

王利明（2015年2月11日起）

副 局 长　马　康　张学进

绿化养护中心主任　王　平

绿化委员会主任　张建刚（2015年2月11日止）

王利明（2015年2月11日起）

银川市兴庆区城市管理综合执法局（南局）

局　　长　王利明

党总支书记　耿红宁

副 局 长　李　明

执法大队副队长　王淑娟

银川市兴庆区城市管理综合执法局（北局）

局　　长　李　虎

党总支书记　王爱华

副 局 长　刘世杰

党总支副书记、工会主席　任桂霞

执法大队副队长　于兴旺

银川市兴庆区城市管理综合执法局

局　　长　李　虎（2015年6月1日起）

副 局 长　耿红宁（2015年6月1日起）

副 局 长　吕学军（2015年6月1日起）

副 局 长　李　明（2015年6月1日止）

纪检副书记（派驻）　安凤梅（2015年12月24日起）

备注：2015年1月1日启用兴庆区市容环境卫生服务中心和兴庆区城市管理综合执法局印章，2015年3月人员、职责正式分离。2015年4月进行城管街道体制改革，成立11个街道中队、一个乡镇中队。

银川市兴庆区市容环境卫生服务中心

兴庆区市容环境卫生服务中心（2015年3月正式成立）

主　　任　杜新艳（2015年1月1日起）

副 主 任　刘立刚（2015年1月1日起）

任桂霞（2015年1月1日起）

王淑娟（2015年1月1日起）

于兴旺（2015年1月1日起）

书　　记　杜新艳（2015年1月1日起）

工会主席　任桂霞（2015年1月1日起）

银川市兴庆区经济技术合作局

局　　长　黄　涛

副 局 长　王海鹏

银川市兴庆区国有控股有限公司

董事长兼总经理　周彩霞

副 经 理　蒋文才　马文梅

银川市兴庆区月牙湖治沙林场

场长、支部书记　喇建雄

副 场 长　李树军

银川市兴庆区征地拆迁办公室（临时机构）

主　　任　陈建全
副 主 任　丁小军

银川市兴庆区康居工程建设领导小组办公室（临时机构）

主　　任　杨银生
副 主 任　张永丽

银川市兴庆区地方志编审委员会办公室（待编制单位）

主　　任　郝　峰

银川市兴庆区民主党派

民革兴庆区总支

主　　委　周德倩
副 主 委　聂　新　王　辉

民盟兴庆区总支

主　　委　胡绪山
副 主 委　张艳芬　徐建方

民建兴庆区总支

主　　委　温迎春
副 主 委　马建宝　黄　瑛

民进兴庆区总支

主　　委　张　奕
副 主 委　朱　灵　杨　英

农工党兴庆区总支

主　　委　马春晟
副 主 委　王洪丽　张　涛

九三学社兴庆区委员会

主　　委　董瑞宁
副 主 委　黄朝克　贾孟辉

银川市直属部门

银川市商贸物流服务中心

主　　任　王永虎（2015年6月19日止）
副 主 任　石继生　周振勇　赵景宝

银川市国土资源局兴庆区分局

局　　长　沙向明
副 局 长　金　然

银川市环境保护局兴庆区分局

局　　长　王　辉（2015年3月16日止）
　　　　　王慧娟（2015年3月19日起、2015年10月19日止）
　　　　　嵇宏伟（2015年10月20日起）
副 局 长　苟元珠

银川市市场监督管理局兴庆区一分局

党总支书记、局长　马宗卫（2015年1月4日止）
　　　　　　　　　陆　川（2015年1月4日起）
副 局 长　刘丽凤　章　健
　　　　　蔡　炜（2015年1月15日止）
　　　　　刘　军（2015年1月15日起）

备注：银川市工商行政管理局兴庆一分局在2015年2月15日正式挂牌，重新命名为银川市市场监督管理局兴庆一分局、银川市市场监督管理局兴庆区二分局。

局　　长　陆　川（2015年2月9日止）
　　　　　张　辉（2015年2月10日起）
副 局 长　郎随永（2015年2月9日止）
　　　　　苏　军（2015年2月9日止）
　　　　　雷　勇（2015年2月9日止）
　　　　　苏　军（2015年2月10日起）
　　　　　白　涛（2015年2月10日起）
　　　　　王玉贤（2015年2月10日起）

备注：银川市工商行政管理局兴庆二分局在2015年重新命名为银川市市场监督管理局兴庆二分局，领导班子重组，重新任命，故苏军任期自9日止10日起。

银川市兴庆区南区国税局

党组书记、局长　王　言
副 局 长　丁福生　吴永强　胡建军　李　渤
纪检组组长　兰　芳

银川市兴庆区北区国税局

党组书记、局长　张允良
副 局 长　李建华　孙伟军　李　蓉　张　炜
纪检组组长　李崇平（2015年1月19日起、12月28日止）

银川市兴庆区南区地税局

党组书记、局长　谭学亮
党组副书记　罗宁生
副 局 长　徐文霞　徐　琳（2015年4月28日止）
　　　　　马　勇（2015年11月13日起）
纪检组组长　邹　健

银川市兴庆区北区地税局

局　　长　徐　辉（2014年2月起）
副 书 记　王银生
副 局 长　陈轶洋（2014年4月起）　张玉晓

纪检组组长　吴晓明（2014年4月起）

银川市兴庆区交警一大队

大　队　长　薛晶胜

教　导　员　王大伟

银川市兴庆区交警二大队

大　队　长　段光天（2015年10月11日止）

梁建红（2015年12月21日起）

教　导　员　梁建红（2015年12月20日止）

孙鹏翔（2015年12月21日起）

月牙湖乡

中共银川市兴庆区月牙湖乡委员会

书　　　记　马保林

副　书　记　孔　铮（2015年12月24日止）

闫念国（2015年12月24日起）

苏月芳

纪委书记、武装部部长　王　斌

工会主席　苏月芳

银川市兴庆区月牙湖乡人大主席团

主　　　席　马保林

副　主　席　苏月芳

银川市兴庆区月牙湖乡人民政府

乡　　　长　孔　铮（2015年12月24日止）

闫念国（2015年12月24日起）

副　乡　长　罗海霞　范伯瑞

唐　锋（2015年12月24日止）

郝　凯（2015年12月24日起）

挂职党委委员　周兴亮（2015年10月28日起）

通贵乡

中共银川市兴庆区通贵乡委员会

书　　　记　王　琰

副　书　记　杨国军　闫永胜

纪委书记　武装部部长　刘立刚（2015年1月25日止）

纪委书记　白　辉（2015年12月24日起）

工会主席　陈学明

银川市兴庆区通贵乡人大主席团

主　　　席　王　琰

副　主　席　陈学明

银川市兴庆区通贵乡人民政府

乡　　　长　杨国军

副　乡　长　白　辉　王富福

唐　锋（2015年12月24日起）

政府乡长助理（挂职）　马耀江（2015年10月9日起）

大新镇

中共银川市兴庆区大新镇委员会

书　　　记　王全存

副　书　记　王文生（2015年4月21日止）

陈建全（2015年12月11日起）

马万永

纪委书记、工会主席　张　军

武装部部长　马万永

银川市兴庆区大新镇人大主席团

主　　　席　王全存

副　主　席　马建军（2015年12月7日止）

杭金第（2015年12月14日起）

银川市兴庆区大新镇人民政府

镇　　　长　王文生（2015年4月21日止）

陈建全（2015年12月11日起）

副　镇　长　张学平　刘世杰（2015年1月29日起）

赵艳华　刘文博（2015年3月16日起　挂职）

吕学军（2015年1月20日止）

掌政镇

中共银川市兴庆区掌政镇委员会

书　　　记　王　丽

副　书　记　梁云霞　马兴俊

纪委书记　梁云霞（2015年12月24日止）

马建军（2015年12月24日起）

工会主席　梁云霞

武装部部长　杜　方

银川市兴庆区掌政镇人大主席团

主　　　席　王　丽

副　主　席　杜　方

银川市兴庆区掌政镇人民政府

镇　　长　马兴俊
副 镇 长　杜　方　马洪梅　兀海浩
　　　　　马占山（2015年3月19日起　挂职）
　　　　　王竹韵（2015年6月25日起　挂职）

兴庆区燕鸽湖管委会

主　　任　张晓丽
副 主 任　杨桂香

前进街街道

中共银川市兴庆区前进街街道工作委员会
书　　记　王　超
副 书 记　马　坚
　　　　　李　明（2015年1月26日起）　石　干
纪工委书记、工会主席　李　明（2015年1月26日起）
武装部部长　王　军（2015年2月10日止）
银川市兴庆区前进街街道办事处
主　　任　马　坚
副 主 任　王　军（2015年2月10日止）
　　　　　马　婷（2015年1月29日止）
　　　　　刘　娜（2015年5月27日起）
　　　　　杨璞玉（2015年12月9日起）

解放西街街道

中共银川市兴庆区解放西街街道工作委员会
书　　记　锁成龙
副 书 记　杨晨华
副书记、纪工委书记、工会主席　谢春丽
副书记、武装部部长　陆正学
人大常委会联络办公室主任　锁成龙
副 主 任　唐秀斌（2015年1月22日止）
　　　　　杨跃明（2015年1月22日起）
银川市兴庆区解放西街街道办事处
主　　任　杨晨华
副 主 任　杨跃明（2015年1月22日起）　李新斌

胜利街街道

中共银川市兴庆区胜利街街道工作委员会
书　　记　周泽云
副 书 记　马　巍
　　　　　马克军
纪工委书记　马克军
副书记、武装部部长、工会主席　刘　军
人大常委会联络办公室
主　任　周泽云
副主任　李俊明（2015年2月15日止）
银川市兴庆区胜利街街道办事处
主　　任　马　巍
副 主 任　李俊明（2015年2月15日止）
　　　　　张　倩　张德凤

凤凰北街街道

中共银川市兴庆区凤凰北街街道工作委员会
书　　记　周会荣
副 书 记　魏小宝　姜超东　曹永全
武装部部长　姜超东
人大常委会联络办公室主任　周会荣
银川市兴庆区凤凰北街街道办事处
主　　任　魏小宝
副 主 任　马伟兵
　　　　　赵　欣
　　　　　（2015年3月16日起至2015年6月30日止）
银川市兴庆区凤凰北街街道工会主席　曹永全

中山南街街道

中共银川市兴庆区中山北街街道工作委员会
书　　记　司雁啸
副 书 记　陈德卫　丁　岩
纪工委书记、工会主席（空缺）
武装部部长　丁　岩
银川市兴庆区中山南街街道办事处
主　　任　陈德卫
副 主 任　李国梅　朱成业

富宁街街道

中共银川市兴庆区富宁街街道工作委员会

书　　记　王　莉（2015年9月24日止）
　　　　　王建宁（2015年11月14日起）
副 书 记　许汝先
副书记、纪委书记、工会主席　姜　召
武装部部长　马文成
人大常委会联络办公室主任
　　　　　王　莉（2015年9月24日止）
　　　　　王建宁（2015年11月14日起）
副 主 任　杨跃明（2015年1月20日止）

银川市兴庆区富宁街道办事处

主　　任　王建宁（2015年11月14日止）
副 主 任　赵　听　马文成

玉皇阁北街街道

中共银川市兴庆区玉皇阁北街街道工作委员会

书　　记　马咏晖
副 书 记　马建平　李小芹
副书记、纪工委书记、武装部长、工会主席　吕成良
人大常委会联络办公室主任　马咏晖

银川市兴庆区玉皇阁北街街道办事处

主　　任　马建平
副 主 任　姚淑芳
　　　　　沈　杰（2015年11月25日止）

新华街街道

中共银川市兴庆区新华街街道工作委员会

书　　记　魏建新
副 书 记　马　丽　安凤梅（2015年12月24日止）
副书记、武装部长　陈继文
纪工委书记、工会主席　安凤梅（2015年12月24日止）

银川市兴庆区新华街街道办事处

主　　任　马　丽
副 主 任　王春华　秀　斌（2015年1月14日起）

文化街街道

中共银川市兴庆区文化街街道工作委员会

书　　记　屠国建（2015年1月27日止）
　　　　　仇永清（2015年1月27日起）
副 书 记　张文静
武装部部长　张文静
纪工委书纪　张文静
工会主席　孙　静
人大常委会联络办公室主任
　　　　　屠国建（2015年1月27日止）
　　　　　仇永清（2015年1月28日起）
副 主 任　马桂林（2015年1月27日止）

银川市兴庆区文化街街道办事处

主　　任　仇永清（2015年1月27日止）
　　　　　于爱华（2015年1月27日起）
副 主 任　孙　静　白晓东

丽景街街道

中共银川市兴庆区丽景街街道工作委员会

书　　记　刘　平（2015年2月16日止）
　　　　　刘永忠（2015年2月16日起）
副 书 记　马海峻

银川市兴庆区丽景街街道办事处

主　　任　王彦忠
副 主 任　冯彦虎
　　　　　武　丽（2015年2月16日止）
　　　　　李俊明（2015年2月16日起）

银古路街道

中共银川市兴庆区银古路街道工作委员会

书　　记　陈建国
副 书 记　杨子阳　官力彬
副书记、武装部部长　陈瑞丰
纪工委书记、工会主席（空缺）

银川市兴庆区银古路街道办事处

主　　任　杨子阳
副 主 任　刑吉才　米　丽

▷政党·政务

中共银川市兴庆区委员会

综述

【概况】 2015年，是兴庆区经济下行压力最大的一年，面对前所未有的压力和挑战，区委紧紧围绕“四个宁夏”建设和银川市“2258”工作思路，适应新常态，抢抓新机遇，坚定不移地实施“8531”工作思路，经济保持平稳较快发展。全年完成地区生产总值440亿元，同比增长8%；全社会固定资产投资205亿元，同比增长15%；社会消费品零售总额198亿元，同比增长6%；公共财政预算收入12.96亿元，同比增长12.63%；城镇居民人均可支配收入和农村居民人均可支配收入分别达30514元和12625元，均增长9%；规模以上工业增加值8.5亿元，同比增长13%，基本完成了“十二五”的主要目标任务。

【提高办文办会效率】 按照中央办公厅、区市党委办公厅的要求，落实文件办理制度，指导各乡镇、街道和直属各部门规范区委办文件收发和传阅，提高公文流转效率。2015年，收到区级文件424份，市级文件583份，办理发文181份，处理各级、部门文件、传真、请示、领导批示件150份。做好重大活动和会务组织工作，筹备及配合完成了兴庆区委二届七次、八次全委会，党委工作会，重点项目重大工程推进等会议；安排全区产业发展和重点工作现场观摩会兴庆区月牙湖生态移民点的筹备、区市主要领导到兴庆区调研视察以及其他兄弟县区学习观摩。全年承办各级大小会议106场次。

【提高文字信息质量】 规范文件起草、审核和签发流程，严把公文质量关。在起草工作文稿上贴近区委思路，把握好“五关”，既政治关、政策关、法律关、文字关和格式关，提高以文辅政能力。先后起草、修改、审核各类文字材料198篇，其中领导讲话稿、致辞、主持词等121篇，各类总结汇报材料77篇。制定《兴庆区委办公室推行一线调研法开展下基层走访调研活动实施方案》和《兴庆区委办公室信息调研工作考核奖罚暂行办法》，围绕区市党委、政府和兴庆区重要工作，尤其是经济、项目、民生等工作搜集信息，围绕领导和群众关注的热点、难点问题深入农村、社区、企业调研，形成有深度、有分量的调研成果，为领导提供决策参考。全年编发《兴庆信息》《信息参考》59期，完成调研报告26篇，报送工作信息1200余条，其中紧急信息353条，被区市党委办公厅采用信息215条，其中调研报告7篇。建立健全党政三级微博矩阵，及时有效回应办理群众诉求2071件，办结率95.6%，办结量和办结率均位于全区各县（市、区）的首位。

【“八区”建设】 用8个月完成银川通用机场规划报批、建设运营，成功举办2015中国·银川通用航展暨银川通用机场落成典礼，园区将成为宁夏通航产业布局的枢纽中心，助力银川市“丝绸之路经济带”战略支点的实施；围绕综合保税区主导发展穆斯林用品、商品展销和电子交易等产业，开展联合招商活动，对接洽谈项目十余个。“京东商城银川馆”“苏宁易购银川馆”项目投入运营；推动老城区与滨河新区的联动发展，实施东部水系开发保护等项目，推进通贵乡和掌政镇城镇建设、教育医疗、生态保护等基础设施建设。以项目投资调结构、促转型，立达深航国际酒店开业运营，填补了兴庆区无五星级标准酒店的空白，光大银行银川分行等金融企业落户，骏华牧业、国龙医疗等投资企业在“新三板”上市，新华商圈核心竞争力提升，银川永泰城、宁港财富中国等重点项目顺利推进，交通物流园、四季青国际服装城、迪卡侬银川店开业运营，成功举办第十二届婚博会、宁夏（首届）中阿国际茶博会。新建蔬菜种苗繁育和花卉育苗中心，成功承办中国西部花店业第三届高峰论坛。黄河横城旅游集散中心投入运营，完善鸣翠湖公园、丽景湖公园、徕龙公园、檀溪谷水上乐园、黄沙古渡等景区基础设施，全年接待游客78.1万人次，旅游收入7265万元。全面完成农村土地承包经营权确权登记。创新农村信贷模式，掌政资金公司成为自治区进入“新三板”挂牌程序的两家新型农村金融机构之一。完成政府机构改革、华和街道、社区划界调整，“六五”普法顺利通过区市验收。投入1.59亿元，完成16所学校的扩建、迁建和维修项目，兴庆区文化馆顺利通过国家二级馆评估定级验收。完成大新镇、掌政镇卫生院等7个医疗机构建设，全面落实乡镇卫生院、村卫生室“先住院、后付费”模式，城乡居民“15分钟就医圈”形成并得到完善。

【实施“五大”工程】 加快棚户区改造步伐，争取国家、区市、银行各类资金和贷款26.88亿元，推进满春三期等16个棚户区建设，216万平方米棚户区已分批交付使用，1.3万户4万余名群众得到妥善安置。新华西街道路畅通及棚户区改造工程全面完工，湖滨西街道路畅通及唐徕小区棚户区改造工程顺利推进。投入3400万元，对12个老旧小区进行综合改造，近万名群众受益。完成“十二五”期间3979户1.68万人的生态移民安置任务，移民人均年收入由搬迁前的3500元增长到现在的6500元，增长86%。通贵小城镇建设全面启动，赵家湖综合整治生态旅游度假项目建成并投入使用。掌政特色小城镇被评为全国第三批特色旅游名镇。率先在全区启动乡村道路亮化工程，改造危房1009户，建设高标准农田6.3万亩，新建乡村公路12公里，整修农路686条，清淤沟渠1319条。实施城管体制改革，开展“三权下放”“四位一体”的网格化、精细化管理，数字化城市管理体系进一步完善。配齐配强环卫设施，提高环卫工人待遇。实行主次干道“以克论净”工作标准，北京路、凤凰街等重点路段机械化作业覆盖率达100%。深入开展门头牌匾、渣土撒漏、乱搭乱建等专项整治。重点开展老旧小区、红花渠两侧和二排沟等区域治理，城乡环境面貌显著改善。顺利通过国家卫生城市复检。大力开展绿化造林，完成造林3207亩，新增绿地38万平方米。注重干部梯次培养，实施“双百工程”和科级干部轮训，强化优秀、年轻、党外干部储备培养，选派54名干部到乡镇、信访部门、重点项目一线挂职锻炼。开展领导班子干部“四述四评”（述学、述职、述廉、述法，自我评价、员工互评、领导点评、群众测评）活动，凭实绩选拔任用干部，全年共交流提拔干部66人。

【完成“三项”任务】 引进实施招商引资项目32个，总投资517.9亿元，到位资金72.57亿元，完成区市下达任务的103.6%。引进各类股权基金、短期融资券等金融项目13个，到位资金60.7亿元。全年实施政府投资项目72个，上争各类资金14.7亿元，完成目标任务的105.3%。加大财源培植和税收征管力度，公共财政预算收入12.96亿元，同比增长12.63%。

【基层党组织建设】 以“双增双减”为抓手，推进“基层服务型党组织建设年”活动，投入1300万元专项资金用于“双增”项目实施，实现空壳村“脱壳”12个。实施党建创新项目21个、为民服务和发展专项资金项目125个。加强基层党组织带头人队伍建设，选派36名“第一书记”到村居任职，夯实执政基础。顺利完成社区两委换届工作。

【思想道德宣传】 加大对外宣传力度，开通“今日兴庆”微信公众平台和“美丽兴庆”手机客户端，在中央、区市各类主流媒体刊播新闻4800余次，提高兴庆区知名度和影响力。2015年，区委中心组组织学习17次，印发学习活页12期，开展各类理论宣讲80余场。培育践行社会主义核心价值观，开展“节俭养德”全民行动、“道德讲堂”等活动，95人获得“感动宁夏人物”、“最美银川人”和“兴庆区道德模范”等荣誉称号。

【党风廉政建设】 学习贯彻《中国共产党廉洁自律准则》《中国共产党纪律处分条例》，开展“守纪律、讲规矩”主题教育活动，筑牢拒腐防变思想防线。通过述纪述廉述作风、集体约谈和责任追究等强有力措施，推动党风廉政建设主体责任和监督责任的落实，建立上下互动的责任体系。向41个单位派驻8名纪检专职副书记，实现纪检机构全覆盖。制定整改方案，建立整改台账，针对问题逐一落实整改措施，明确牵头包抓领导、责任部门、整改时限及要求，实行挂账销号制度。抓好中央“八项规定”精神的贯彻落实，严肃查处违纪违规案件32件、32人。开展“三政两不为”专项治理，通报单位22个，约谈干部112人，问责干部133人。“三公”经费同比下降18.26%。

常委会议

【第二届党委第72次常委会议】 1月7日，兴庆区委书记马爱平主持召开。会议研究并原则通过《纪委向有关部门派驻联合纪检组工作实施方案》，政府党组提交的2015年建设项目计划、关于兴庆区体育馆建设项目的请示、关于购买学前教育服务试点工作的请示、关于成立信息化建设领导小组的请示、《兴庆区2015年“送温暖”慰问活动实施方案》；研究了召开区委二届七次全体（扩大）会议事宜；会议决定，2015年1月9日上午召开区委二届七次全体（扩大）会议，会期半天。会议研究并原则同意递补兴庆区委委员。

【第二届党委第73次常委会议】 1月25日，兴庆区委书记马爱平主持召开。会议传达学习了中纪委十八届五次全体会议精神、全区组织部部长会议精神和全区宣传部部长会议精神；研究并原则同意命名国电电力宁夏新能源开发公司和宁夏水务投资集团有限公司为2014年兴庆区级文明单位，政府党组提交的研究归还交通物流园项目借款事宜的请示、拨付上前城村7、8队安置房建设资金的请示，原则同意召开兴庆区人大三届三次会议和政协兴庆区三届三次会议，讨论并原则同意兴庆区“两会”上人大、政协和“一府两院”、计划、财政工作报告，研究并原则同意统战部提交的增补政协兴庆区三届三次会议委员、常委的请示，组织部提交的《兴庆区人大三届三次会议和政协兴庆区三届三次会议选举办法》，原则同意成立中共银川市兴庆区卫生和计划生育工作委员会、城管综合执法局总支部委员会、市容环境卫生服务中心总支部委员会。研究了干部任免事宜。

【第二届党委第74次常委会议】 2月15日，兴庆区委书记马爱平主持召开。会议传达学习了中央、自治区政法工作会议，全区平安创建暨信访工作会议精神，自治区农村工作暨扶贫开发工作会议精神，自治区、银川市纪委全会精神，全国和区、市统战部部长会议精神；听取“准备之冬”项目建设和招商引资推进情况汇报；研究召开兴庆区党委工作会议和纪委全会事宜；原则通过兴庆区纪委二届五次全会工作报告；研究并原则同意成立兴庆区文联并于3月中旬召开第一次会员代表大会；同意命名掌政镇政府等3个单位为2014年度兴庆区民族团结进步模范单位，月牙湖乡滨河三村等4个村为2014年度兴庆区民族团结进步模范村，文艺社区等8个社区为2014年度兴庆区民族团结进步模范社区，新水桥回民小学为2014年度兴庆区民族团结进步模范学校；补议并同意推荐秦志萍等4人为自治区级劳模候选人；决定兴庆区党委工作会议和纪委二届五次全会定于2月25日召开，会期半天。

【第二届党委第75次常委（扩大）会议】 4月29日，兴庆区委书记马爱平主持召开。会议传达学习李建华、刘慧、齐同生在区直机关领导干部大会上的讲话精神，全区查办案件工作和全区纪检监察机关强化监督执纪问责、深入纠正“四风”工作会议精神，全区民族工作会议精神，传达落实了银川市一季度经济形势分析会精神；研究并原则同意政府党组提交的《兴庆区上争资金考核办法》《进一步加强爱国卫生工作、巩固提升国家卫生城市创建成果方案》《兴庆区全面推进城市管理街道综合执法工作改革实施方案》《市容环卫中心机构设置及人员配置工作方案》、支付项目建设资金的请示，确定大新镇新水桥村为村集体经济组织产权制度改革试点村，研究了《市容环卫中心机构设置及人员配置工作方案》，政法委提交的《兴庆区2015年深化“平安兴庆”建设实施方案》，调整兴庆区禁毒委员会、防范和处理邪教问题领导小组，林业局提交的调整兴庆区绿化委员会组成人员的请示，推荐赵佳为第六届银川市“青年五四奖章”人选，推荐富宁街街道团工委、银川市第二十一中学团委为银川市级2014年度“五四红旗团委”，推荐马微、马涛为“优秀团干部”，推荐王伯磊、撒微、贺怡为优秀团员；补议并同意推荐兴庆区福利院为银川市“三八”红旗集体，推荐王晓燕为银川市“三八”红旗手，推荐郝莉敏为银川市实施妇女儿童发展规划先进个人。

【第二届党委第76次常委会议】 5

月19日，兴庆区委书记马爱平主持召开。会议传达学习了全国全区加强基层宣传思想文化工作和全国道德模范表彰电视电话会议精神，全区超职数配备干部整治推进工作会议精神；研究并原则同意区委政策研究督查室提交的《兴庆区关于开展“双增双减”工作实施方案》，区委组织部提交的《兴庆区关于在县处级以上领导干部中开展“三严三实”专题教育实施方案》《兴庆区城市社区“两委”换届选举工作方案》《兴庆区基层党组织建设年实施方案》《兴庆区关于深化拓展服务型党组织创建工作实施方案》，纪委提交的关于对大新镇党委书记王全存给予党内严重警告处分的请示；研究了干部任免事宜。

【第二届党委第77次常委（扩大）会议】 6月25日，兴庆区委书记马爱平主持召开。会议传达学习全国禁毒工作会议精神，自治区党委书记李建华、副书记崔波对信访工作重要批示精神，自治区党委常委、纪委书记陈绪国调研银川党风廉政和反腐败工作讲话精神；听取了银川通用机场和通航产业园筹建工作进展情况的汇报，1—5月份经济指标完成情况和重点项目建设情况的汇报；研究了近期几项重点工作；研究并原则同意政府党组提交的《关于2015年5月重点项目建设资金支出事宜的请示》《关于姬晓莉等33名公务员2012—2014年连续三年考核优秀记三等功事宜的请示》《关于第三次全国经济普查先进集体和先进个人表彰事宜的请示》《关于2013、2014年度人口和计划生育目标责任书兑现事宜的请示》《关于2015年地方政府置换债券资金使用事宜的请示》《关于2014年度项目建设和上争资金工作先进集体和先进个人奖励事宜的请示》，组织部提交的《关于追授孟宪来同志为兴庆区优秀共产党员的请示》，纪委提交的《关于对大新镇党委副书记王文生同志停止其执行党内职务的请示》；研究了干部议题。

【第二届党委第78次常委会议】 7月6日，兴庆区委书记马爱平主持召开。会议听取了《兴庆区纪委监察局查办案件情况工作报告》；研究并原则同意《兴庆区关于落实自治区党委第四巡视组反馈意见整改方案》，工会提交的《关于撤销潘金林、姜文劳动模范荣誉称号并取消其相关待遇》的请示。

【第二届党委第79次常委会议】 8月7日，兴庆区委书记马爱平主持召开。会议传达学习自治区党委十一届六次全体会议精神、自治区纪委十一届六次全会精神、全区精神文明建设工作表彰大会精神，自治区、银川市上半年经济分析会精神；通报了在延安干部学院学习的体会和收获；听取了落实自治区党委第四巡视组反馈意见整改情况汇报，通贵乡宋庆辉酱菜公司“7·25”事故情况汇报；研究并原则同意政府党组提交的《兴庆区安全生产行政责任规定》《关于调整兴庆区2015年基本建设项目的请示》《关于银川通用机场和通航产业园工程项目借款的请示》。

【第二届党委第81次常委（扩大）会议】 10月9日，兴庆区委书记马爱平主持召开。会议传达学习了贯彻落实自治区党委十一届六次全会精神市县（区）北片区座谈会精神、全区产业发展和重点工作现场交流会精神、自治区《领导干部干预司法活动插手具体案件处理记录、通报和责任追究实施办法（试行）》《银川市从严从实抓落实大干实干100天实施方案》，自治区党委书记李建华关于“两个责任”重要批示及相关会议精神、中央关于四川南充贿选案查处情况及教训警示的通报、全区“三严三实”专题教育工作和干部选拔任用工作座谈会精神、自治区党的群团工作会议精神；听取了干部违纪违法情况通报；研究并原则同意纪委提交的《关于对马永锋违纪违法问题处理的请示》；研究了干部议题。

【第二届党委第83次常委（扩大）会议】 11月10日，兴庆区委书记马爱平主持召开。会议传达学习了中纪委副书记张军调研宁夏党风廉政建设工作汇报会、自治区党委《准则》《条例》学习培训大会精神，自治区党委《关于用中央精神进一步统一思想切实做好社会稳定等各项工作的通知》和自治区党委2015年第22次常委会精神。

【第二届党委第84次常委（扩大）会议】 11月18日，兴庆区委书记马爱平主持召开。会议传达学习了《中国共产党巡视工作条例》《银川市关于进一步落实机关事业单位干部职工带薪年休假制度意见》、全区统战工作会议精神；研究并原则同意《关于认真学习宣传贯彻党的十八届五中全会精神实施意见》《关于认真学习贯彻〈准则〉〈条例〉实施方案》、政府党组提交的《兴庆区2015年秋季农田水利基本建设实施方案》、组织部提交的《深化“堡垒工程”开展星级基层服务型党组织创建活动实施方案》，补议并原则同意政府党组提交的兴庆区2014年度优秀人员健康休养事宜。

【第二届党委第85次常委（扩大）会议】 11月27日，兴庆区委书记马爱平主持召开。会议传达学习了中办关于加强意识形态工作相关文件精神，李建华、刘慧在全区《准则》《条例》学习培训动员大会上的讲话精神；听取并原则同意政府党组提交的“准备之冬”政府投资项目筹备及2016年一季度开工项目的请示、关于国控公司注册资本金划转事宜、银川通用机场和通航产业园航展活动及工程项目借款事宜、2015年6—9月兴庆区重点建设项目资金支出情况的请示、重点项目借款事宜、兴庆区国家第三批专项建设基金项目投资事宜、《银川市第三人民医院托管新水桥安置区社区卫生服务中心实施方案》，团委提交的《关于进一步加强少先队工作的实施意见》，统战部提交的关于成立兴庆区党外知识分子联谊会的请示；研究并同意成立康居安置房分配工作领导小组心；研究干部议题。

【第二届党委第85次常委会议】 12月22日，兴庆区委书记马爱平主持召开。会议传达学习了自治区《关于加强政党协商的实施意见》精神、全区农村基层党建工作会议和相关文件精神、《银川市安全生产“党政同责、一岗双责”规定》精神；听取了近期主要工作及会议筹备情况的汇报，党风廉政建设、平安建设、信访、维稳、计划生育、安全生产工作情况汇报，近期经济形势及指标完成情况汇报；研究并原则同意政府党组《兴庆区2016年“送温暖”慰问活动实施方案》《关于兴庆区公车制度改革相关事宜的请示《关于2015年10—12月份兴庆区重点项目资金支出事宜的请示》《关于动用兴庆区2015年预备费事宜的请示》《区委班子“三严三实”专题民主生活会方案》。

（供稿人：马瑾）

组织工作

【概况】 2015年，兴庆区委组织部围绕基层服务型党组织建设基础强化年的目标要求，坚持重心下移、资源下沉，进一步强化基层党组织服务改革、服务发展、服务民生、服务群众、服务党员的功能，抓基层，打基础，强服务，为建设开放富裕和谐美丽兴庆区提供了坚强的组织保证和人才支撑。

【领导班子思想政治建设】 坚持开展理想信念教育，各级中心组、各单位将学习中共十八届三中、四中全会精神和习近平总书记系列重要讲话精神作为一项重要的政治任务，制定学习计划，采取有效措施，通过传达学习、宣传阐释、专题讲座等形式开展学习培训，对重点篇目反复学、深入学，对新发表的讲话及时学、跟进学，促进领导班子成员坚定理想信念。各级领导班子始终坚持并完善中心组学习制度，围绕大局和中心工作开展学习，把解放思想、提升能力作为学习的目标要求，把解决工作中存在的实际问题作为学习的立足点和着眼点，不断提升领导班子的理论水平和领导能力。开辟“兴庆优才讲坛”，开展十八届三中和四中全会精神、依法治区、丝绸之路经济带建设、美丽乡村建设、通航产业与区域经济发展和安全生产等6期精品专题培训，邀请区内外专家学者，对各级领导班子成员开展综合培训。

【领导班子制度建设】 健全完善领导班子民主议事和决策制度。修订完善《兴庆区常委会议事规则》《兴庆区全委会议事规则》《关于领导班子集体研究决定重大事项的实施办法（试行）》等制度，领导班子“三重一大”事项严格执行“集体领导、民主集中、个别酝酿、会议决定”的规定。落实党内民主生活制度，健全完善民主生活会、领导班子成员谈心谈话、沟通思想、党内情况通报、党内外相互监督等制度。领导班子定期分析制度，常委会每年对领导班子、领导干部思想政治和作风建设等情况进行一至两次专题分析研究，提出进一步加强领导班子和干部队伍建设的阶段性意见，优化班子结构，形成梯次配备、专业配套、气质互补、分工合理的良好格局。坚持党政领导干部重大事项报告和季度汇报工作制度，县处级领导干部每年初报告上一年度个人重大事项，科级干部每半年汇报一次个人收入情况，重大事项、请销假均能及时报告；建立领导干部任期、任中、任后责任审计制度，实行了重点单位年审、特殊单位参审、离任干部即审、重要岗位待审待任的“四审”制度。

【干部队伍建设】 从严选人用人，提升公信力，坚持好干部标准，执行《党政领导干部选拔任用工作条例》《兴庆区选拔任用科级领导干部推荐提名办法》，对新提拔或交流到重要岗位上的领导干部实地进行民主测评和谈话考察，全面了解干部德能勤绩廉等情况，把好考察考核关。区委对干部任免事项严格执行民主集中原则，对新提拔或交流到重要岗位的干部进行任前公示，对乡镇、街道、政府职能部门党政正职拟任人选均书面征求全委会任用意见，把好程序步骤关。对拟提拔、任用、交流的干部，通过核查其人事档案，对档案涂改、造假、身份存疑的人员一律暂缓考察任用。联合纪检、政法、计生和安监部门对拟提拔或交流到重要岗位的干部的廉政、综治、计划生育和安全生产情况进行核查，执行一票否决制度，从严选拔遵纪守法的好干部。落实四项监督制度，对乡镇长任职未满3年调整等需要报市委组织部批准的及时上报。及时上报公务员调任历史遗留情况，积极配合市委组织部解决有关遗留问题。执行在编制、职数、职级规定范围内配备干部等要求，积极消化超职数配备干部遗留问题，杜绝超配高配干部，规范干部配备。

【干部教育培训】 制定《2015年兴庆区干部教育培训工作安排》，对干部教育培训工作进行全面安排部署，区委组织部牵头抓总，各单位协助配合，认真落实各项制度。从严审核外出培训项目，对外出培训安排、行程、人数和请销假情况从严掌握，杜绝未经审批外出培训。落实学分审核制度，按照具体学分计算办法，逐人逐项审核登记学分。落实《关于在干部教育培训中进一步加强学员管理的规定》，不允许学员在参加脱产学习期间请假超过总学时的1/7。认真开展干部网络培训，兴庆区组织所有处级、科级及科级以下领导干部共计415名领导干部参加网络学习，确保干部网络学习全覆盖。定期通报学习情况，强化网络学习日常监督管理，参学率达到100%。

【干部日常监督管理】 开展超职数配备干部专项清理整治工作，结合机构改革，通过转任非领导职务、免职、同级交流等方式逐步消化解决因区划调整、机构改革等历史遗留问题导致的超职数配备领导干部7正10副。严格落实领导干部个人事项报告制度，组织34名处级干部规范如实上报2014年个人重要事项。执行领导干部经济责任审计和离任经济事项交接制度，委托兴庆区审计局对5家单位进行任中经济责任审计，涉及科级干部7名。联合区监察局、区财政局和区审计局对13家单位党政负责人进行了离任经济事项交接。认真开展干部人事档案专项审核，根据区市对干部人事档案专项审核的工作要求，制定审核方案，明确干部出生年月、参加工作时间、入党时间、学历学位和干部身份等重点审核内容，严查档案涂改和造假，对667份干部人事档案进行专项审核。建立领导干部出入境审批制度，对259名科级干部持有的304本因私出国（境）证件集中统一管理，从严管理审批领导干部出入境行为；开展在编不在岗人员专项清理和“吃空饷”问题集中整治。由组织、纪检、编办、财政、人社、审计等部门联合对“吃空饷”和在编不在岗人员进行集中清理。没有发现“吃空饷”的问题，清理出在编不在岗人员32人。

【党管人才工作】 完善党管人才工作领导体系，依据区委、政府领导分工及部门人员岗位变动情况，及时调整人才工作领导机构，制定《兴庆区2015年人才工作要点》《兴庆区2015年人才培训督查考核工程实施方案》。落实完善人才工作制度，坚持把人才工作纳入区委、政府工作的重要议事日程，召开2次人才工作专题会议，实施“人才强区”战略目标的宏观指导。加大人才资金投入，2015年，人才发展专项基金由100万元调整到300万元。完善人才工作领导小组联络员会议、县级领导联系高层次人才、决策专家咨询评审等制度，强化人才工作宏观指导，完善人才工作目标责任考核机制，将人才工作各项任务细化落实到各相关责任部门，规定完成任务的具体时间和进度。探索党管人才运行方法，全面推行人才工作项目化管理的有效做法，推动重点人才队伍建设。全年人才工作划分为重点项目和创新项目，根据项目推进情况给予资金支持。年度实施现代服务业人才引进培养、教育人才队伍“5348”青蓝工作坊建设计划、设施农业领军人才引进、社会工作人才孵化培养项目及培训和花卉产业人才引进等8个人才重点项目，其中，争取银川市重点扶持项目2个；完善人才评价体系，开展兴庆区拔尖人才推荐评选活动，评选社会各界优秀拔尖人才50名；审核上报35名专业技术人员职称评审资格和申报材料，为50余名符合条件的工勤人员申报了岗位等级晋升，1人获得高级技师资格。开展“塞上经济名人”、2015年国家“百千万”人才工程、享受自治区政府特殊津贴和“313人才工程”人员选拔工作，先后选拔推荐兴庆区农牧、教育等部门符合条件的4人参与区市部门审核。

【基层党组织晋位升级】 建立基层党组织晋位升级长效机制，实施先进党组织“标兵工程”、一般党组织“提升工程”、软弱涣散党组织“转化工程”，推进各级党组织晋位升级。分领域制定农村、社区、机关、教育等十大类服务型党组织评星定级标准和办法，发挥评先选优的导向作用和评星定级考核“指挥棒”作用。建立后进党组织常态化整顿机制，坚持标准，严格把关，以一步到位解决班子建设紧要问题、打好基础解决组织运转的长远问题、建立机制解决服务群众“最后一公里”的问题为整改方向，对116个村（居）党组织进行摸底排队，确定33个相对后进党组织，建立“1+N”整改提升、联动帮建工作机制，即安排县级领导“一对一”驻点联系、城乡党组织结对共建、同系统先进党组织和涣散党组织联姻、各部门对口帮扶，通过“撤、换、育、派”等方式，选拔13名新人进入社区党组织书记队伍。街道社区有20个后进党组织，主要是阵地面积不达标，通过“清退转”和政府购买、拨付办公用房等方式，现已全部达标。农村16个后进党组织中，通过“双增”项目的实施，实现“脱壳”目标的达到13个，其余3个通过出租营业房，在年底前即可实现脱壳。

【党员先锋工程】　一是开展党员评星定格活动。各类型党组织按照不同领域、不同行业、不同群体的特点设定标准，涵盖对党员的基本素质要求，体现时代性和针对性，不搞“一刀切”。如农村设立带头致富星，社区设立邻里互助星，机关设立岗位争先星等。兴庆区36个村、80个社区、34个机关、10个直属党组织、110个非公企业党组织均按要求和程序召开了专题组织生活会，并按照“党员先锋指数考评办法”对党员进行了民主评议。对评为优秀的进行表彰奖励，对评为不合格党员的进行教育帮扶、限期整改。二是落实在职党员到社区报到制度。兴庆区在职党员以“下基层”所在村（居）或居住地为主，主动参加村（居）活动。采取“双向一卡管理制”，即党员所在单位党组织、居住社区党组织共同管理在职党员，“下基层”活动联系卡由组织部发放到各村（居），在职党员到村（居）参加活动并进行登记，兴庆区组织部每季度就在职党员到村（居）报到情况进行抽查并计入各单位季度考核。兴庆区3143名在职党员均到“下基层”所在地和居住地报到并服务。三是积极开展亮牌评星争先锋活动。继续开展窗口单位和服务行业“三亮三创”活动，窗口单位和服务行业通过党员佩戴党徽、挂牌上岗，制作党员形象台，设立“党员先锋岗”“党员示范窗口”“红黄蓝榜”等形式，把党员身份、党员承诺、党员形象亮出来，引导党组织和党员创优质服务标兵、创群众满意窗口、创优质服务品牌。

【开展“下基层”活动】　结合干部“下基层”和“三下三进”活动，建立县处级领导联系、“下基层”单位共建、机关干部帮扶的“三位一体”工作机制。兴庆区67家机关事业单位与126个村（居）挂钩帮扶，820多名党员干部与近1300名困难群众结成帮扶对子。建立定期联系走访群众机制，统一印制《机关干部“下基层”连心记录卡》，百名机关干部深入到36个村，将5000册《兴庆区惠民政策一本通》读本送到群众手中。县级领导带头深入基层搞调研，助生产，与群众同吃同住同劳动均不少于6天。建立三级联动销号制，确保群众意见条条有着落、件件有回音。机关、村（居）党员干部“一竿子插到底”，通过“民主议政日”“社区议事园”等，面对面听取群众的建议和意见，服务群众“最后一公里”。前三季度，“下基层”干部走访困难群众2089人次，送去慰问金100多万元；帮助群众解决下水管道淤堵、小区安保设施、治安防范等民生难题2400多件。结合“三严三实”专题教育，兴庆区县处级领导深入一线做调研，写讲稿，上讲台，教育引导基层党员干部转作风、谋发展、保清廉。兴庆区县处级领导深入基层讲党课33场，受教育党员干部650人次。兴庆区机关干部也在“下基层”活动中开展政策法规宣传、实用技术推广、村情民意收集等活动，参与群众4.5万余人次。

【发展新党员】　对村（居）、非公和社会党组织负责人进行6场次专题培训，严格落实总量调控计划，优化党员队伍结构。根据银川市总体安排，兴庆区2015年发展党员总数不得超过205人。根据这一要求，兴庆区确定各基层党组织发展党员总量调控计划。2015年，举办入党积极分子培训班，培训积极分子205人，发展党员203人。在准确把握总量调控要求的同时，注意向农村一线和非公企业倾斜，重点在结构上进行调控，使党员队伍结构不断优化。认真落实发展党员推荐推优、预审、培训、票决、公示和责任追究等制度，在农村建立发展党员“实验区”，推广大新镇预备党员转正答辩、掌政镇党员奉献积分等好做法，提高入党人员的综合素质。对银川市发展党员工作督察中出现的问题及时整改，全年没有发生违规违纪发展党员情况。

【党费收缴及党内统计】　对基层党组织党费收缴管理工作进行一次全面检查、指导、规范，及时足额缴纳党费，按照规定对党费收缴管理使用情况进行公示，执行会计出纳分设制度，党费使用坚持部务会议审议制度。全额返还非公和社会组织党费，105家单独成立党组织的非公企业分别给予2000元的党建经费。2015年，组织部收缴党费352316元，上缴市委组织部149200元。做好党员信息库的更新和上报，完成2014年党员年报工作，每季度对自治区反馈的问题进行更新和完善，并及时上报，在自治区党内统计通报中属优秀等次。

【领导干部联系服务基层党组织】 把下基层“蹲点实践活动”作为领导干部践行“三严三实”的实践课堂，建立健全区委领导班子成员每人分管1个乡镇（街道）、四套班子成员每人联系一村一居和两名困难群众、每年深入联系点不少于12次的联系服务机制。四套班子成员深入基层联系点和困难群众家中，协调解决征地拆迁补偿款拖欠等一批历史遗留问题，推进诚信政府建设，密切党群、干群关系。县级领导包项目；业务部门成立工作组，全覆盖驻点联系98个建设项目。围绕如何做到“三个摆进去”（三个摆进去就是把思想政治上的警觉摆进去，把自身存在的问题摆进去，把应该承担的责任摆进去），兴庆区四套班子主要领导带头讲党课，以此带动党组织书记讲党课全覆盖。全年各级党组织书记讲党课110场，帮助解决农业生产问题、调处矛盾纠纷340件。村组干部走访值班、群众诉求“月月清”等24项联系服务群众制度落实到位。

【村干部职务补贴和社区工作者工作报酬】 落实基层党组织工作经费和基层干部报酬，建立村（居）党组织星级评定与村（居）干部工资待遇相挂钩制度，制定《离职村干部补贴发放办法》，健全干部报酬待遇稳定增长机制。社区工作者调资后月平均工资2300元以上，平均涨幅300余元，并交纳了“三险一金”。农村、城市街道社区党组织工作经费、活动场所和服务群众专项经费全年累计投入近600万元，村、居工作经费分别提高到5万元和7万元。

【基层党组织公开议事】 各基层党组织坚持重大事项民主决策，落实村级组织议事决策会议制度、农村民主议政日和社区议事园，保障党员“四权”，推动党员受教育经常化、民主治村常态化、矛盾纠纷化解及时化。制定《兴庆区村集体三资管理制度》，农村普遍推行“五牙子章”民主理财模式，强化村监会和纪检员的作用，规范村级财务管理。党务、村（居）公开低保救助、涉农资金的发放和为民发展服务资金“四议两公开”（村党支部会提议、村“两委”会商议、党员大会审议、村民代表会议或村民会议决议，决议公开、实施结果公开）的程序，利用手机短信平台公开党务、村务，全年39个乡镇和村发送短信信息3200余条。

【三级联述联评联考】 落实基层党组织书记抓党建工作述职评议考核制度，开展党组织书记抓党建工作双向述职、基层党组织向党员大会（党员代表会议）报告工作和党员评议基层党组织领导班子成员的“双述双评”活动，以解决存量问题为导向，由党组织书记说进展、算细账、讲收益。组织参会党员群众对党组织工作报告进行评议和讨论，并进行民主测评。通过“双述双评”，形成了述职亮短板、评议抓要害、考核拿数据的良好氛围，党员群众对党组织、党员发挥作用的满意率达到90%。

【社区党组织换届】 结合街道社区行政区划调整，将参加换届选举的80个社区划分为微调型、重组型、新建型三类，采取“县级领导挂点”“下基层工作组包点”等措施，做到对微调型社区一般对待、对重组型社区重点关注、对新建型社区提前介入。推行换届工作告知制度，制定针对性、操作性强的工作预案，掌握换届工作的主动权。分层面推行“先考后选”，社区工作者的公开选拔均由第三方出题进行笔试、计算机测试和面试，确保选拔工作公开、公正。对在岗社区工作者采取“一述四评”，即“现场述职+居民代表满意度测评+街道站办所测评+街道考核领导小组测评+业务素质测评”，让优者上、劣者下。80个社区党组织全部按照“公推直选”的方式完成换届选举。共选举产生社区党组织委员340人，其中女委员261人，少数民族66人，大专以上文化235人（占总数的69%，比上届提高19个百分点）。选举产生的80名社区党组织书记中35岁以下11人，全部实现社区书记与居委会主任“一肩挑”。择优从大学生村干部、“三支一扶”和西部计划志愿者中选举19人进入社区党组织班子，其中1人当选为社区党组织书记，13人当选为副书记，社区工作者队伍结构更加优化。换届社区于7月进行了工作交接，并建立换届选举档案。

【街道社区区域化党建格局】 探索构建以社区“大党委”为核心，驻区单位党组织和全体党员共同参与的区域性大党建工作格局，兴庆区80个社区已全部成立了社区“大党委”，涵盖三级行政事业单位和本级非公经济组织、社会组织等各个领域。2015年，已召开协商议事会议121场，协调解决问题400余件。建立“大党委”互助菜单，社区力所能及地向辖区单位提供“四点半课堂”、家政介绍、文艺宣传、蔬菜配送等服务，帮助辖区单位解决问题，一改往日社区依靠辖区单位“化缘”的局面，得到辖区单位的好评。建立“大党委”共建成果群众评议制度，并将评议结果以函告形式报送至辖区单位党组织上级主管部门，促进“大党委”工作共融共通。全面推行村（居）网格化管理，为群众建立个性化服务需求档案，对网格内基本信息做到及时跟踪、补充、完善、更新，实现网格信息分级动态管理。根据党员实际需求，开展报刊阅览、生日祝贺、大病慰问、困难救助、外出观摩等多项小微服务，实现由村（居）党组织宏观管理党员向网格党支部、党小组“点对点”定向服务的转变，使党员与党组织的联系更加紧密，党员管理更加清晰、到位。建立“市民学校”。在58个200平方米以上社区建立市民学校，探索建立市民学校“五化模式”，加强市民学校软硬件设施建设，通过多方协调，为北安市民学校增加了150平方米教室，将前进街银华社区670平方米阵地打造成市民学校。区委组织部为各市民学校配备了49套电教设备，并拨付13.5万元资金支持市民学校开展各项活动。召开党委、政府专题会议落实《银川市社区服务事项准入清单》制度，将进入社区137项事项减少至20项，开具证明由18项减少至5项。实行“三减”，即减会议、减盒子、减牌子，切实减轻社区非服务性工作负担。制定星级服务型党组织实施意见和星级和谐社区实施意见，将各项创评合并入这两项工作中。制订《2015年兴庆区网格服务中心建设工作方案》，规范各类平台建设，减少信息重复录入。制订《兴庆区政府全面深化“和谐社区”建设推进购买服务实施方案》，截至年底，兴庆区共有26家单位上报了178个服务项目，项目预算资金约5032.4万元。

【机关企事业单位党组织“三会一课”制度】 以《机关党建工作条例》为依据，以“五个好”规范化机关党支部创建活动为载体，在各机关党组织中开展评星晋级活动，确立软弱涣散机关党组织3个，通过派驻党建指导员，定点互助帮建，加强支部自身整改等措施。实施党建品牌项目建设，确立机关党建创新项目16个，打造一批机关特色鲜明的党组织示范点。落实机关党组织“三会一课”、党性定期分析、民主评议党员等制度，所属机关党组织均召开了领导班子和领导干部专题民主生活会，组织督导各机关党组织对1114名机关党员进行民主评议和考评。开展党员星级志愿服务活动，集中利用每年6月份“党员志愿服务活动月”开展为民服务。严格执行党务公开制度，落实党政一把手不分管人事、财务制度规定，所属机关党组织均建立了党务公开公示栏，及时公开公示党务工作内容，促进机关党的建设健康发展。

【合理规范设置学校党组织】 在兴庆区所属13所中学、33所小学、4所公办幼儿园建立党总支6个、党支部46个，党组织覆盖率达100%。按教研内容设置功能党小组255个，各学校党组织在落实党内各项制度的基础上，围绕服务学生、服务家长、服务社会目标，组织党员教师开展各种教学教研活动和志愿服务，促进学校教研教学水平的提升。教育工委开展的“擦亮窗口树形象，立足岗位争先锋”活动被确定为市级党建创新项目。同时，教育工委以“校园先锋”主题实践活动和“四比三优两满意活动”为抓手，开展星级基层服务型党组织创建活动和党员教师先锋指数考评工作。经各学校党组织评选推荐，教育工委集体表彰优秀党员161人、优秀党务工作者15人，各校园党组织表彰优秀党员200余人。

【非公有制企业“双强六好”党组织创建】 制定“双强六好”非公企业创建计划，对自治区已命名的2个“双强六好”企业进行巩固提升，对已筛选出的9个非公企业党组织进行重点培育指导，对3个党员活动阵地进行改扩建。为解决非公企业阵地面积和经费不足的实际困难，对辖区非公企业党组织上缴三年的54608元党费全额返还，为105家单独组建的非公企业党组织集中拨付党建经费21.9万元。制定《非公组织工委成员单位职责和工委成员议事规则》，先后开展“党群+”沙龙、“六进六建”、“五送五帮”、党建与企业文化建设互促共融等活动。结合星级非公企业服务型党组织的创建考评，建立非公企业党组织书记岗位津贴制度和非公党建工作专项经费。对2011年以来组建非公企业和社会组织党组织进行“回头看”，印发《选派非公有制企业和社会组织党建工作指导员的方案》，共向辖区非公企业选派了221名党建指导员，全覆盖辖区3038家非公企业。对197家社会组织，由各所属主管单位部门选派了40名干部兼任指导员，实现了全覆盖。从西部志愿者、“三支一扶”大学生中选派11名优秀人员充实到各街道，专职从事非公党务联系指导工作。

【拓宽信息化服务渠道】 通过信息化服务手段，全面实现党员教育“上互联网、上电视、上手机”。通过每月25日的民主议政日和15日的社区议事园，利用120个终端站点组织基层党员干部收看《筑梦中国》“三严三实系列教育片”等，定期开展党员教育，做好各项记录，并进行督察。对农村40名管理员进行远程教育设备使用及管理、三农呼叫中心登录、发展壮大村集体经济、农村信息综合服务平台开发与应用等培训。对兴庆党建网进行改版、更新维护，及时更新网站内容。全年发布各类信息200余条，通过手机信息系统发布各类信息120余条，累计发送3000余人次。开通兴庆微博，并与党建网连接，及时回复网友提出的问题，累计发布信息和回复30余次。及时完成电教片的制作任务，制作的电教片《破壳·发展·壮大》在《银川党建风采》栏目播出。完成共产党员微信、易信及共产党员栏目的订阅工作，订阅人数6000余人，占党员总数的40%以上。

【党代表任期制】 发挥党代表团队参政的优势，和群众面对面交流谈心，查民情，听民需，为区委、政府后续决策提供参考。建立党代表工作室117个，党代表工作室建设规范，运行良好，296名四级党代表开展驻室接待群众工作，为群众解决难题200多件，参与视察、调研2次，列席区委常委会64人次。近50名党代表先后两次到文化街幸福社区和月牙湖乡移民新村调研，并以提议的形式向有关部门反映老旧小区改造和移民增收亟待解决的突出问题。一些党代表工作室根据党员、群众所需，随时约访党代表，及时解决群众民生急迫问题。银川市政协副主席于小兵为通贵乡通贵村协调解决了二干渠改造维修工程。

【第九个“党建月”活动】 六月为“党建月”，为了切实取得活动实效，以梳理解决服务型基层党组织建设难题为方向，广泛开展后进党组织“百日攻坚整改提升”行动，向列入集中整顿的相对后进村和社区党组织选派第一书记33人，列入集中整顿的机关企事业单位、非公经济组织和社会组织的后进党组织，选派党建工作指导员，帮助开展工作。按照“办公最小化、服务最大化”的原则，集中开展村（社区）办公用房（清查、退让，调转为服务用房）活动，腾退多占办公用房38间、857平米，办公用房转化2317平方米，所有村（居）服务群众用房面积达到活动场所总面积的80%以上。各乡镇（街道）党（工）委根据农村基层服务党组织16项服务内容和社区10项服务内容，科学设置村（社区）活动场所功能室，最大限度满足群众日益增长的精神文化需求。开展基层党组织书记“双转一提”活动，实施党组织书记“素质提升工程”，依托兴庆优才讲坛、区市党校等平台，采取集中培训与专题培训相结合、“请进来”讲授与“送出去”培训相结合、经验交流与实地观摩相结合等形式，举办基层党组织书记培训班，对300名村、社区、非公企业和社会组织党务干部进行培训测试。举办了为期两天的社区工作者培训班，内容涉及基层民主政权建设、基层党务知识等。先后组织5批140人次村、社区书记、大学生村干部外出考察学习，全方位提高党组织书记工作能力。在社区开展“党建月微心愿”认领活动，通过征集、对接、安排等程序，使群众的微心愿得到满足，进一步激发党员的荣誉感。以“重温英雄情怀、铭记英雄功业”为主题，组织各基层党组织党务工作者学党史，通过宣讲英雄感人故事，教育引导广大党员自觉成为正能量的守护神。向累计任职15年以上，且获得地市级以上（含地市级）表彰奖励的村（居）在职和离职书记发放生活补助。开展丰富多彩的实践活动。在各村、社区广泛开展各类文化体育活动，向群众宣传党的各项惠民政策。凤凰北街党工委组织开展“城乡结对送戏下乡”活动，为移民村送去了秦腔等精彩节目。600余名党员参加了以“用爱的血液浇灌生命绿洲”为主题的党员志愿献血活动。

【“双增双减”专项行动】 坚持“先易后难，分步实施，集体带动，农民跟进”总发展思路，采取“立足乡情、因村施策，整合资源、聚力发展，上下协调，破解难题”三项措施，实施以月牙湖乡、通贵乡为重点的“脱壳发育型”项目，以大新镇、掌政镇为重点的“壮大提升型”项目。制定出台《兴庆区增加村集体经济收入实施方案》和《兴庆区2015年“双增”工作扶持政策意见》，做到一乡一策、指标明确。兴庆区政府拿出1000万元资金用于发展壮大村集体经济项目。已征集村集体经济项目25个，五渡桥村蔬菜育苗中心等11个项目已被列为银川市扶持发展壮大村集体经济项目计划，项目总投资1076.37万元，银川市财政补助资金728万元，兴庆区配套资金272万元。3个项目已完工并获得收益37.28万元；3个项目已完工，正在进行招租；5个项目正在实施中，要求2016年6月全部完成。农村16个后进党组织中，通过“双增”项目，实现脱壳的达到12个，其余4个在年底前通过出租营业房即可实现脱壳。盘活月牙湖乡集贸市场、通贵乡河滩中心村18套闲置营业房，由18个村出租经营，收入达27万元。

【信访】 坚持县级领导接访和包案制度，通过定点接访等形式接待群众来访56件，办结42件，14件正在积极办理；分两批对23件信访积案进行包案化解，有效化解了一批群众反映强烈的群体性上访问题和重点疑难信访问题。建立约束性指标月通报制度和“红黄牌”警示制度，加大责任追究力度。组建兴庆区联合人民调解委员会，设立3个人民调解服务中心。1—9月，矛盾纠纷“三调联动”调处案件2181起，较上年同期减少818起下降27.3%。减少刑事（治安）案件增幅，命案破案率保持在100%，侵财类案件破案绝对数不低于2014年，就业安置人数占安置基地规模的40%以上，城乡社区（村队）建立戒毒康复工作站的比例达到80%，规范化物业管理住宅小区技防设施改造数量达到同类住宅小区数的60%。

【维稳】 严厉打击各类严重刑事犯罪和“两抢一盗”等影响人民群众安全感的犯罪活动。1—9月，兴庆区立刑事案件7079起，较上年同期减少557起，下降4.6%。加强社会治安防控体系建设。减少群体性信访事件增幅，初信初访办结率达到100%，50人以上群体性集体上访量下降20%，进京访和进京非正常上访量下降30%。

【为民服务和发展专项资金使用和管理】 2015年，本着“群众受益面大、生产生活急需、实施顺畅可行”的原则，坚持“按程序推进、分步骤实施、有记录备案、可责任倒查”的工作要求，由各村、社区按照“四议两公开”的要求，筛选紧贴民生的项目，区委组织部组织相关部门对所筛选的项目实施项目初评筛选、实地踏勘、分批验收、监督审计，确保资金使用与管理科学规范，资金拨付到位。兴庆区有为民服务和发展专项资金项目125个，资金总额1424万元。其中银川市配套569.6万元；兴庆区配套854.4万元。按照完工时间段分批验工，已验收两批共53个工程类项目，其余项目正在抓紧实施。

【人才队伍引凤工程】 以实施“2111”急需紧缺高层次人才引进培养工程为突破口，组织实施“现代服务业人才引进培养项目”等8项人才重点项目和“开放引才与人才强区战略研究”1个重点课题。其中，申报银川市级人才重点项目2个，争取扶持资金25万元；兴庆区级人才项目通过人才工作领导小组会议审议，拨付重点项目扶持资金92万元。同时，继续申报中青年文化艺术人才引进培养、“3S”高新技术应用人才引进培养、通航产业急需紧缺高层次专业人才管理人才引进、新兴设施农业领导人才引进培养、国内外知名教育专家人才引进和“互联网+”高层次人才创业创新平台等6个项目参与银川市第二批人才工作项目评审，引进重点产业急需紧缺的高层次人才。围绕花卉、设施农业等优势特色产业，建设适水农业健高效康养殖示范基地1个，引进创业团队2支，柔性引进苏州大学水产养殖专家2名，培养本土专业人才16名；建设月牙湖生态移民农业科技示范基地和红树莓种植示范基地，引进云南西月花卉公司和宁夏青禾农牧科技开发有限公司2支创新团队，柔性引进中国林科院树莓课题组及区外专家3名、技术指导6名，培训农户500余人、技术骨干50余人，培养农民经纪人10人；开展“百名专家基层服务兴庆行”活动，柔性引进区内外农业专家50余人，组建专家技术团队5个，引进中航油、西部机场建设集团公司等5支专业技术团队，柔性引进西部民航空管技术装备工程公司、河东机场高级工程师2名，为重点实施的银川通用机场和通航产业园提供专家论证和技术指导。围绕教育强区目标，通过引进外市县教师、招聘特岗教师和免费师范生，继续补充年轻教师199人。面向社会招录95名卫生、教育、园林农牧、商贸物流专业技术人才进入党政人才队伍。

【人才育英工程】 开设“兴庆优才讲坛”、开展活页文选、区委书记推荐理论文章等活动，先后举办了法治思维与法制建设、安全生产法律法规、健康教育等干部能力提升和专业知识更新培训6期，培训各级党政领导干部1800人次。选派30余名县处级、科级公务员参加清华大学、北京行政学院、区、市党校调训与轮训；对规模以上宁夏水力、电力设计院等企业举办高新企业培训班，参加能源监测等系列培训。依托宁夏职业技术学院举办现代物流与电子商务专题培训班两期，60名党政领导干部和商贸物流企业经营管理人员参训，进一步提高了党政领导干部和商贸物流企业经营管理人员经济工作水平和业务素质。组织规模以下企业参加银河、星光培训，提升中小企业经营管理人才整体素质；投入300万元加大对教师的培训力度，通过实施“青蓝计划”，建立名师各校长工作室21个，引进区内外名师6名，选拔兴庆区名师15名、名班主任4名、名校园长5名。评选“塞上名师”“凤城名师”20余人，培育四级年轻骨干教师600余人，搭建名优教师培养梯队。继续实施“城乡互动人才培养计划”和“优质教育资源共享行动计划”。抓紧抓好卫生系统人才队伍建设，选派9名优秀医师参加自治区、银川市组织的各类培训。选拔业务骨干对4个乡镇卫生院的42个村卫生所（室）的乡村医生，开展“基本公共卫生服务项目相关政策”专项培训，培训村医80余人。举办职业病防治、医疗机构依法执业等培训班，培训卫生计生监督人员120人次，增强基层卫生计生监督执法水平。开展农村实用人才培训。依托各类种养殖基地，培育对口农村实用人才。建设蔬菜、粮食、水产、花卉四大产业的16个产业示范基地和4个花卉实用人才实训基地，培训高级农村实用人才1400余名。组织兴庆区教育、卫生、农林、水利等部门3500余名专业技术人员参加专技人员团队建设与创新培训。实施“三社联动”工程，培育建设4个社会工作人才孵化基地，开展社会工作人才职业化培训管理，培训社会工作人才900余人次。

【实施聚才工程】 从人才发展专项资金中列出部分资金，鼓励企业引进培养高层次人才和领军人才。依托银川国际人才洽谈会、宁蒙陕甘校企合作人才对接洽谈等平台，帮助企业引进人才。与宁夏职业技术学院开展院地校企联合办学，培养商贸物流企业急需紧缺人才。鼓励辖区上陵集团等民营企业与宁夏交通技师学校开展“订单式”培养人才工作，众一物流、银古物流等企业吸纳高校毕业生到企业实习锻炼，为高校和企业打通人才培养和实用的通道。实施青年创业国际计划（YBC）项目，开展中小企业管理人员创业能力培训，加大优秀青年科技人才的发现、培养、使用和扶持力度，采取培训与项目开发、小额担保贷款、开业指导等多种形式鼓励和支持优秀青年科技人才创新创业。加大对辖区企业引进和培养高层次人才工作扶持力度，给予卧龙变压器有限公司、天地源花卉、智骏酒店等企业人才发展扶持资金20万元。

【专业技术人才培养与培育】 兴庆区鼓励重点企业与高等院校、科研院所建立产学研联盟合作关系，围绕产业发展聚集、培养人才。培育以天地缘、周景世荣花卉企业技术力量为龙头的兴庆区花卉产业创新团队，与中科院花卉研究所、宁大农学院以及上海、昆明种苗繁育企业合作，建立兴庆区种苗繁育培育技术创新中心，开展康乃馨等种苗繁育、培育、疾病预防技术研究，打造“兴庆康乃馨”品牌，增强市场竞争力；注重强化院地校企合作交流，出台《兴庆区籍初中毕业进入职业技术学校（学院）参加中职教育给予奖学金资助实施意见》，鼓励辖区重点企业与职业技术院校、高等院校开展校企联合办学。上陵集团等民营企业与宁夏交通技师学校开展“订单式”培养人才工作，众一物流、银古物流等企业吸纳260名高校毕业生到企业实习锻炼，为高校和企业打通人才培养和实用的通道。打造现代服务业创新创业人才孵化基地，助力中小微企业成长并形成规模，提升兴庆区现代服务业产业竞争力。着力建设花卉和现代服务业2个优势产业人才小高地，在卧龙、上陵等龙头企业建立国家级和地方级联合工作实验室1个、国家技术中心分中心1个、院士工作站2个。联合宁港集团、IBM共同创立“一院三中心”，打造新经济产学研合作平台，吸引入驻创新创业团队7个，引进现代服务业高层次人才27名。柔性引进区内外专家50余人，培训实用人才1200余名；掌政镇洼路现代农业园区与宁夏大学建立设施蔬菜教学科研基地，组建了农业科技专家大院和星火培训学校，推广蔬菜生产新技术60余项，推广蔬菜生产新技术30余项，引进蔬菜新品种40余种，培训农民6500人次。兴庆区农技推广中心与中国农科院蔬菜花卉研究所联合开展技术攻关，解决了受土壤盐渍化影响、生产效益低的实际问题。兴燕花卉种植合作社柔性引进宁夏大学农学院、云南英茂种业集团技术力量，引进鲜切花新品种62个，推广花期调控、病虫害防治等新技术15项。培育3个科技创新服务团队，全面开展为民服务工作。组建科技服务团队，8名农业专家与区内科研院所联合开展产、学、研活动，重点以科技培训、技术推广、技术咨询、病虫害防治等形式，为农民提供服务。组建农业产业化服务团队，重点开展项目争取、农民专业合作组织项目申报指导、农村能源服务、重点项目实施工作；组建法律法规服务团队，重点开展农业生产资料监管、法律法规宣传、农业生产安全监管、农产品质量安全监管和农民权益维护工作。3个服务团队举办各类技术培训班28个，培训农户3200人次，帮助解决生产技术问题52个，指导20家农民专业合作社、家庭农场申报区、市产业项目；卧龙公司与清华大学、上海交大、铁道部设计院等单位建立了长期合作关系，长期聘请包括中国工程院院士陈亚珠在内的各方面专家组成专家委员会，成立了博士后科研工作站，对公司研发和技术发展从战略上进行指导，形成了较强的技术研发能力，获得授权专利103项。

【营造人才创业发展环境】 支持企业开展技术创新项目，对入驻银川商贸物流中心，从事软件、动漫及服务外包产业和进驻园区实施创业的企业，给予租赁厂房、办公用房和职工公寓方面的优惠。对科技人才携带高新科技成果、专利技术或获得国家保护的植物新品种，在兴庆区独资创办企业或实施转化给与税收方面的优惠，并对新认定的国家级高新技术企业给予一次性奖励10万元，对新认定的自治区级工程研究中心（工程实验室）、企业技术中心奖励5万元，升级为国家级的再奖励10万元；每年安排50万元资金扶持发明专利，对经认定的国家、自治区级研发平台，分别给予10万元、5万元的一次性奖励；制定出台家庭服务业、现代服务业、花卉产业等重点领域的优惠政策，从房屋租赁、税收、融资扶持等方面予以优惠。设立500万元的扶持基金，用于辖区实施农业、商贸、工业等项目中小微企业融资担保的专项补贴，化解企业融资难、融资贵的问题。对卧龙变压器有限公司、天地源花卉、智骏酒店等企业给予人才发展扶持资金20万元。对评选出的兴庆区拔尖人才，兴庆区级有突出贡献的优秀、骨干教师给予一定奖励。对2名获得自治区政府津贴等奖励的专业技术人才进行了高等级岗位破格聘用。为兴庆区200余名骨干人才赠阅各类报纸，在春节或教师节前夕，走访慰问部分骨干教师、专业技术拔尖人才70余人，投入慰问经费近6万元。

【组织工作信息报道】 发挥《兴庆区委组织部信息宣传考核办法》和《兴庆区委组织部信息刊发一览表》的监督激励作用，规定每个组工干部年刊发信息量不得低于10篇，并将每个组工干部信息报道情况按季度进行公示，提高组工干部撰写信息报道的积极性。截至年底，在《中国组织人事报》刊发新闻信息2篇，“人民网”刊发网评文章61篇，《宁夏日报》刊发新闻信息18篇，宁夏组织工作刊发3篇，《宁夏党建研究》刊发4篇，《共产党人》刊发4篇，《银川组织工作》刊发10篇，《银川日报》刊发7篇，《银川晚报》刊发3篇。

（供稿人：迪娜）

宣传工作

【概况】 2015年，兴庆区委宣传部围绕学习贯彻中共十八大及十八届三中、四中、五中全会精神和习近平总书记系列重要讲话精神，结合自治区、银川市和兴庆区“两会”精神和工作目标要求，围绕区委、政府“8531”工作思路，着力抓好宣传思想工作，不断增强理论学习成效，提高舆论引导能力，提升文明创建水平，为建设开放富裕和谐美丽兴庆区营造浓厚舆论氛围，提供有力思想保证、精神动力、舆论支持。

【干部理论学习】 印发《2015年兴庆区干部理论学习计划》《关于做好2015年兴庆区各级党委（党组）中心组学习的安排》，明确干部理论学习的重点和要求，指导和帮助各单位开展干部理论学习。全年组织中共十八届五中全会精神宣讲活动16场次，编印区委中心组（扩大）学习资料《学习活页文选》12期7400册，组织区委中心组（扩大）学习18次，专题讲座5次，通过集中学习、专题辅导、集中研讨、调研等形式，促进工作学习化、学习工作化和学习经常化。

【“三严三实”专题教育】 在兴庆区县处级领导干部中开展“三严三实”专题教育。组织专题研讨会3次、集体自学7次、专题讲座2次，观看专题教育片4部，印发学习资料7期近300份，发放学习读本6册近200本。参学领导干部先后到联系单位或基层单位讲党课30场，每人撰写学习心得体会1篇、交流材料1篇。通过专题研讨、主题宣讲、集体自学、交流体会、观看教育片等多种方式，促进专题教育有载体、有实效。

【社会主义核心价值观宣传】 社会主义核心价值观宣传围绕社会主义核心价值观这一主题，编印“一册一签”（社会核心价值观宣传册和书签）、打造“一园”（社会主义核心价值观主题公园）、建立“一街一巷”（每个街道设置一条社会主义核心价值观主题街巷）、提升“一堂”（道德讲堂）、制作“一牌”（文明创建宣传牌）、开展“一传播”（网络文明传播）活动。承办全区“图说我们的价值观”现场观摩会，打造西桥巷主题围挡，制作张贴讲文明、树新风、中国梦公益广告14000多平方米，使社会主义价值观内化于心、外化于行。

【文明创建活动】 文明创建活动。开展文明镇、文明村、文明集市、星级文明户、幸福家庭、好媳妇、好婆婆等评选活动，促进乡风文明建设和群众性文明创建工作。组织开展各级文明单位培育、检查、验收工作，为复验通过的6家全国文明单位、34家自治区级文明单位领取、发放牌匾；

培育和验收兴庆区文明单位3家，配合自治区、银川市复验文明单位42家。将文明城市巩固创建工作责任制、细致化、日常化，全面巩固创建文明城市成果。

【思想道德建设】 开展“四德”教育，推荐“宁夏好人”10名，“最美银川人”41人，评选第二届兴庆区道德模范86名；推送评选全区“学雷锋”先进集体3个，先进个人3名，“优秀志愿者”集体2个，优秀志愿者7名；北关社区和丰收社区“大妈志愿服务队”分别被中央文明办推荐为“最美志愿服务社区”和“最佳志愿服务组织”在全国候选投票。打造“优秀传统文化传播基地”，开展“好家风、好家训”分享会，举办“德耀宁夏·道德模范在身边”专场巡讲报告会2场，传递身边正能量。深入推进“道德讲堂”建设，开设了“环卫工人”道德讲堂、“建筑工人”道德讲堂、“蔬菜、花卉基地”道德讲堂，打造一批精品示范讲堂。组织开展“感恩与孝行”主题征文活动，征集作品1012篇，评选出30篇优秀征文，并在银川晚报刊登公示。编印《兴庆区“感恩与孝行”征文作品选集》5000本。

【未成年人思想道德建设】 在中、小学推行“日行一善”、中华经典诵读和“中国梦”等主题教育实践活动。组织未成年人开展“网上祭英烈”“向国旗敬礼、做有道德的人”等“我们的节日”系列活动。加强城乡村少年宫建设和管理，争取中央彩票公益金支持建设“乡村少年宫”1所，争取区、市少年宫运行专项经费71万元。协调宁夏医科大学与月牙湖回中开展“走进宁医大寻梦之旅”主题活动，受到师生欢迎。

【志愿者服务活动】 开通“兴庆区志愿者”网站，印发《银川市兴庆区志愿者管理办法（试行）》，印制《兴庆区志愿者服务登记证》13500册，制作志愿服务马甲1800件，在90个社区全部建立志愿服务嘉许、回馈机制。截至年底，网络注册志愿者70166人，奉献爱心93458小时，有效推进了志愿服务制度化建设。开展“校地共建美丽兴庆”志愿服务活动，90个城市社区与宁夏医科大学的在校学生以“1+1”或“2+1”的形式结成志愿服务队子，以志愿项目点单、定期对接的形式开展义教、义诊、助残、清除非法张贴物等系列志愿服务活动。推行“1+N”公益日活动模式，先后组织6次“全民公益日”活动，1.2万人参与志愿活动。

【新闻媒体报道】 围绕区委、政府中心和重点工作，制定年度报道方案，精心策划新闻专题，全面宣传、展示兴庆区经济社会发展的新思路、新举措、新成效，提高兴庆区的知名度和影响力。全年在各级、各类媒体刊播新闻4800条次，其中在《宁夏日报》、宁夏电视台、《银川日报》、银川电视台以及新华网、人民网等区级以上重要媒体刊播新闻1900多条次，在《宁夏日报》《银川日报》及银川电视台头版头条报道新闻14条，制作新闻专题宣传片11个，为《银川新闻联播》《县区新闻》栏目采编新闻280余条。

【主流媒体重点报道】 按照兴庆区“8531”工作思路确定的重点工作，制定年度报道方案。除明确对外宣传重点外，规划银川日报每月《聚焦兴庆区》专版报道的重点，先后编辑《兴庆区全力推进开放内涵式发展》《坚持开放内涵式道路兴庆区实现跨越式发展》《兴庆区加速助推商贸大区产业升级转型》《兴庆花卉别样红》《兴庆区全力创建生态移民安置示范区》《“双增双减”为兴庆区基层党组织服务增添新动力》等20个专版，对兴庆区的亮点工作进行重点宣传。

【手机信息发布】 在提高“新华·兴庆政务通手机报”质量的基础上，积极利用互联网免费宣传资源，扩大新闻宣传影响。开通“美丽兴庆”党政客户端和“兴庆宣传”网站，进一步加强平台建设，创新宣传载体，拓宽宣传渠道，扩大宣传效果。2015年，手机报共接收编辑信息10000余条，累计编发5000余条。

【网络舆情监测】 加强突发事件新闻宣传管理、规范单位微博管理，重视做好舆情监测人员队伍建设，注重网络舆论引导，进一步强化重点舆情的监测，先后监测发现重要舆情22起，编发舆情信息18条、舆情专版22期，协助有关单位处置舆情18期。和自治区、银川市相关单位协调沟通处置重大舆情2期。培训新闻信息员、微博管理员300多人。

【党风廉政建设】 加强党的建设和党风廉政建设，严格落实“一岗双责”，领导班子和党员分别签订了承诺书和党风廉政责任书，引导干部职工勤政廉政。深入开展“守纪律讲规矩”主题教育活动，通过邀请专家作专题辅导、参观学习、进行党性分析等形式，教育引导党员干部牢固树立纪律和规矩意识，争做守纪律、讲规矩的表率。

【“三下乡”活动】 组织2015年文化科技卫生“三下乡”活动，通过多种方式服务基层，服务群众。与结对社区、村的联系，为帮扶社区捐赠电脑1台，走访慰问计划生育帮扶户2户、残疾人2名，并送慰问金1000元；组织党员到社区报到，参加社区管理，帮助社区和群众解决困难和问题，走访慰问结对帮扶困难群众、残疾人12户，支持帮扶资金3000元。

【纪念抗战胜利70周年】 组织庆祝国庆系列活动，配合区市做好纪念中国人民抗日战争胜利70周年，向老战士、老同志颁发纪念章有关工作，为辖区108位老战士、老同志颁发了纪念章。在各社区发放、张贴抗战胜利70周年宣传画100套。组织1次“铭记血与火的历史，担起从大到强的重任”国防形势报告会。

（供稿人：卢晋升）

统战工作

【概况】 认真学习贯彻落实中共十八届三中、四中、五中全会，全国及自治区银川市统战部长会议和习近平总书记系列重要讲话等精神，围绕兴庆区委“8531”工作思路，以“五大工程”推进统一战线工作。

【凝聚统一战线成员思想共识】 逐级召开专题会议，学习传达全国、全区统战、民族工作会议精神，并提出具体要求，认真落实。开展党的群众路线教育实践活动“回头看”和三严三实专题教育活动，进一步改进工作作风，密切与统战成员的联系，维护统战部门的良好形象。在非公企业中开展守法诚信理想信念教育实践活动。通过召开动员大会、专题讲座、法律知识竞赛等形式，推动兴庆区守法诚信教育实践活动的深入开展。

【党外人士参政议政】 支持民主党派、工商联和无党派人士积极参政议政，引导党外各界人士进行经常性参政议政。召开党外人士协商会、情况通报会、座谈会，分别就《兴庆区政府工作报告》《兴庆区“十三五”规划建设》等重大事项听取意见建议。支持民主党派围绕兴庆区经济建设、社会发展和民生需求等方面深入开展调查研究，建言献策，征集调研课题11个，其中，被银川市委统战部确定的重点项目1个，兴庆区委统战部确定的重点项目6个。

【“三支队伍”理论学习与教育培训】 加强党政干部统战理论政策教育，定期召开区委中心组统战理论政策学习会议；对统一战线代表人士进行教育培训，开展思想政治教育活动，先后举办专题培训班2次，召开座谈会4次；对宗教干部和教职人员进行教育培训，选派8名教职人员参加经文学校函授本科班、大专班的学习，举办教职人员培训班8次；加强非公经济队伍建设，切实抓好会员发展工作。2015年，发展新会员76个，其中企业会员64个，有力的提升了统战经济领域的活力。

【完善统战工作机制】 树立“全区抓统战”工作理念，着力推进兴庆区、乡镇（街道）、村（社区）三级统战网络建设，成立村（社区）统战工作指导组，推动基层统战工作深入开展。加强统战系统各单位工作协调力度，强化“大统战”工作格局。完善理论调研和信息工作考评激励机制，多措施加强统战信息化建设。通过兴庆区政务通、美丽兴庆、微信、微博等平台不断宣传统战系统的相关政策、工作动态、优秀成员等。

【坚持“两个健康”的发展】 搭建政企对话平台，配合两新组织党工委，抓好企业党建工作。创新开展非公企业“党群+”沙龙活动，建立政府与非公企业定期联系和信息互通机制，进一步畅通政府与非公企业之间的沟通渠道；搭建培训学习平台，举办专题讲座、培训班、观摩考察等形式，加大培训服务的力度。先后举办“适应新常态培育新优势化解企业融资难题”“互联网思维对传统企业的重要性”等专题讲座4次。组织非公经济人士代表赴深圳培训学习，促进非公经济人士综合素质和经营管理水平的提升；搭建贷款融资平台，与相关部门联合开展为中小企业解决融资难问题的一系列工作，政府注入500万元担保基金，解决贷款难问题。由宁夏银行业批发贷款担保公司为企业进行贷款担保，已有50家非公企业签订贷款协议。

【兴庆区党外知识分子联谊会】 在区委统战部、组织部等相关部门的积极筹备下，12月底，成立了兴庆区第一届党外知识分子联谊会（简称知联会）。知联会会员71人，具有覆盖面广、年龄结构轻、学历高等特点，是兴庆区委、政府的又一“锦囊团”。

【实施“机制创新”工程】 完善牵头协调机制。落实领导干部和有关政府部门与民主党派、工商联对口联系工作制度，定期开展调研、协商、座谈和情况通报等会议；强化督察落实机制。把民族宗教、民主党派、工商联等统战领域重要会议、文件精神的落实情况纳入重点督察范围，联系有关部门开展督察工作。健全考核评估机制。将统战工作列入区委绩效考核的共性内容，制定乡镇、街道的季度考核细则，落实《兴庆区各民主党派工作考核细则》，从自身建设、参政议政、民主监督、社会服务四个方面进行量化考核。

【实施“和谐促进”工程】 推进“民族工作‘七进’”步伐，把创建活动延伸到乡村、社区、学校、企业、机关、军营、宗教场所等各个层面，实现创建活动全社会广覆盖。2015年，精心打造4个“民族团结进步示范窗口”示范单位，在全市起到了示范引领作用。4个单位被自治区、银川市评为民族团结进步模范单位，1人被评为自治区民族团结创建先进个人，创建自治区级“和谐寺观教堂”4个，先进个人2名。依法对新建和改建的场所加强指导和监督，并开展“健康教育咨询点”“健康促进示范清真寺院”等活动。在换发新版宗教场所登记证的基础上，统一为各场所办理了组织机构代码证。

【少数民族服务】 在11个街道办事处建立少数民族流动人口服务管理平台，在街道市民服务大厅设立窗口，在各社区设立服务点；做好自治区、银川市少数民族发展资金项目的申报和管理，先后争取项目14个，资金200余万元；为266人次宗教教职人员发放生活补贴326400元；规范宗教场所安全管理，落实安全防护机制，及时消除安全隐患；依法处置宗教领域不稳定因素，强化宗教事务管理监督机制落实，推进宗教事务管理法治化；认真做好报名、体检、培训和统送统接等朝觐服务工作，实现有序朝觐、文明朝觐和平安朝觐的目标。

【“念好两本经，再做新贡献”主题实践活动】 以“少数民族政策法规宣传月”为契机，进一步引导教职人员研读原著，吃透和领会各宗教的基本内涵、实质。继续开展以“端正教风”为主题的和谐寺观教堂创建活动，并在宗教场所制作宣传栏，发放宣传品等。并举办了“践行社会主义核心价值观暨念好两本经再做新贡献”演讲比赛等活动。

【“民族团结月”活动】 各乡镇街道积极行动，开展宣传、咨询、讲座、文艺演出、“卧尔兹”演讲等形式的活动30余次，制作并发放雨伞、购物袋、指甲剪、油壶等宣传品20000余件，对民族宗教政策进行广泛宣传。

【清真食品监管】 在银川市民委的支持下，新增13名清真食品协管员，充实清真食品监管队伍。先后开展牛羊肉专项整治、火锅、商场、市场、中餐、中小学幼儿园等专项检查，清理了一批假清真的企业和个体户，有效地净化了清真食品市场，确保了辖区穆斯林群众“舌尖上”的安全。

（供稿人：郭译之）

政策研究

【概况】 2015年，围绕“8531”各项工作任务，按照“工作项目化，项目责任化，责任具体化”的要求，印发《兴庆区2015年重点工程重大项目督查方案》《关于采取“挂图作战”方式推进项目工作的通知》《2015年兴庆区县级领导包项目责任分工》《关于调整领导联系重点工业企业和项目的通知》《关于开展“四个清理”专项行动的通知》《关于完成2015年各项经济指标及重点工作目标任务的通知》《兴庆区开展从严从实抓落实大干实干100天活动实施方案》等，加大巡视督察工作力度，力促各项工作按时限推进。协调相关部门实施了教育系统人事管理改革、农村产权制度改革和“三权下放”改革工作，向自治区、银川市改革办上报工作信息40余篇，被采用十余篇。

【重点工作专项督察】 建立重点项目“一周一督察一通报”制度，对区委、政府重点项目建设整体推进情况进行督察。不定期组织督察组对通航机场等区委、政府的重点项目，银川市、兴庆区委常委会和专题会议定事项落实情况，农业农村工作意见落实情况，干部下农村情况，双增项目情况，“大干100天”活动情况等进行专项督察，编发通报、专报30余期。在督察工作过程中，认真履行职责，对企业、部门分别进行督办，全面掌握工作进展情况，深入查找影响项目进度的各种问题，及时提出整改意见和建议，并协调市重大项目巡视督察组帮助解决存在的问题，已协调解决世和·天玺项目绿化用地置换问题、第十二小学建设工地堆积土方问题、大新村农民公寓项目的土地划拨问题。

【配合上级巡视督察】 2015年，迎接自治区党委办公厅、督察室对和谐社区建设及社区减负工作的督察，全区县域经济观摩会踩点、观摩，自治区党委政研室对外来务工人员基本状况的调研，自治区党委督察室对土地经营权流转情况调研等7次；迎接市委办公厅、督察室经济运行分析会观摩、重大项目巡视督察、踩点等6次，市委农办、政研室对涉农资金使用情况、经济运行情况的督察、调研4次。对于区市的督察事项、时限、项目，及时报告区委、政府相关领导，并积极与区委办公室、政府办公室沟通对接，做好准备工作，完成迎检任务。对于督察督办工作中能解决的问题，第一时间予以回复报告；对于暂时无法解决的，说明原因并积极予以催办。对市委督察室转办的黄河银川段航运工程挡工问题，政研督察室积极协调市交通运输局会同政府办、掌政镇召开专门会议，协商解决。

【电子化绩效考评】 围绕区委中心工作，结合自治区、银川市考评工作的要求，对绩效考评方案进行修改完善，制订《兴庆区2015年绩效考评工作方案》，调整考评对象及考评指标，完善加减分因素。在绩效考评软件系统合约到期，软件公司不再提供系统维护服务，而新开发软件系统费用较高的情况下，政研督察室干部主动摸索，加班加点，对考评软件进行完善，自主建立了网上考评系统，既节约了经费开支，又为顺利启动2015年绩效考评工作提供了保障。在做好自治区、银川市考评工作方面，按照自治区、银川市2015年绩效考评工作相关要求，起草下发了《关于做好2015年度自治区效能目标管理考核有关工作的通知》《关于做好银川市上半年绩效考评有关工作的通知》《关于做好区市考核对接工作的通知》，对自治区、银川市考核指标进行细化分解，明确责任主体，要求各责任单位加强与上级对口部门的对接，做好考核指标的落实工作。认真收集汇总，按时按要求完成了银川市上半年绩效考评指标的填报和创新工作预报等工作，力促兴庆区在银川市绩效考评中取得较好成绩。

【督办领导批示件】 规范领导批示件的办理工作，对自治区、银川市和兴庆区领导作出的批示意见，明确办理程序及责任部门，确保批示意见快速、高效、及时落到实处。积极协调催办督办，在领导批示件办理过程中，及时收件、快速督办，根据领导批示精神，及时将文件转交承办单位和具体承办人，并经常同承办单位对接，掌握批示件的办理进度和进展情况，督促承办单位按期办理，避免出现批示件回复贻误的情况。2015年上半年，受理区、市领导批示件30件，已答复29件，正在办理1件。

【农业农村工作】 以银川市开展的“双增双减”工作为契机，以农业增效、农民增收为工作核心，出谋划策，发挥农办作用。起草印发了《兴庆区关于贯彻落实中央一号文件精神做好2015年农业农村工作的意见》《兴庆区开展“双增双减”专项行动实施方案》《关于开展2015年机关干部下农村送政策促发展活动的通知》等，促进农业农村工作的开展。联合区组织部、农牧局对各单位下农村活动开展情况，农业农村工作意见落实情况，双增项目进展情况进行督察，针对存在的问题提出建议措施。积极加强与自治区、银川市农办的沟通和联系，完成自治区、银川市党委政研室关于“双增双减”行动督察、财政支农政策改革调研和银川市上半年农村工作观摩会等工作的组织配合工作。

（供稿人：张相）

机构编制

【概况】 2015年，兴庆区编办贯彻自治区、银川市机构编制工作政策精神，严格执行自治区、银川市有关机构编制工作的政策、规定，围绕区委、政府2015年及“十二五”工作思路确定的目标任务，做好兴庆区机构编制管理工作，为兴庆区经济建设和社会发展服务。

【编制补充调整程序】 继续加强与组织、人事、财政部门的联系和沟通，齐抓共管，协同工作，共同维护机构编制纪律的严肃性。行政机关、事业单位调整补充占编人员，用人单位要首先向编办申报“银川市兴庆区行政机关事业单位使用编制申报表”，经编办审定，编委会研究决定。补充占行政编制的人员，由兴庆区编办报银川市编办审核同意，出具“党政群机关事业单位编制使用控编单”；内部调整事业编制的人员，由用人单位申报“银川市兴庆区行政机关事业单位使用编制申报表”，编办审核空编情况后办理相关手续。人力资源和社会保障局依据编办出具的“控编单”办理调动手续和工资套改手续，财政局核拨工资及其他相关经费。各部门协调配合强化了“控编单”管理制度，切实做到不经过编制部门、人事部门、财政部门审核，人员调不进来，工资发不到手，使机构编制管理、人事管理与财政管理的相互配合、相互约束机制进一步增强。

【机关、事业单位编制实名制系统动态管理】 完善以实名制系统为基础的机构编制网络管理平台，切实做好兴庆区编制实名制工作的动态管理，兴庆区严格按照自治区、银川市要求，做好人员录用、调入、调整等审核工作，确保人员审核无误后录入管理系统。每月认真审核、调整人员编制实名制信息，确保编制实名制管理工作动态化、经常化，做到机构编制实名制的科学、合理、有序管理和信息的及时更新。按照自治区编委要求，全面核查兴庆区委、人大、政府、政协、法院、检察院和群众团体机关及直属和所属事业单位，街道、乡镇党政机关和事业单位的机构设置，人员信息和领导职数配备，推进和完善实名制管理。编制实名制系统里录入的编制总数与自治区编委下达的行政、政法、事业编制数一致。继续修改、规范、完善机构信息和人员基本信息。只有在机构编制部门审核同意设置的机构和核定的编制、领导职数范围内，组织、人事部门方可配备人员和核定工资，财政部门方可核拨经费。

【部门“三定”规定】 严格执行兴庆区委、政府2015年批准的机构改革方案和“三定”规定，对规定的主要职责认真履行，不能失责或越权；对批准的机构限额、人员编制数额和领导职数不得突破。未经批准，任何部门和单位不得自行调整“三定”规定中关于主要职责、机构设置、人员编制和领导职数的规定。凡擅自增设机构、增加人员编制、超编配备人员和超职数配备领导干部的，立即纠正。

【政府部门职责评估检查】 根据政府部门职责履行评估检查实施方案，兴庆区采取部门自评和评估工作组综合评估相结合的方式，按照确定评估部门、开展部门自评、组织实地评估、形成评估报告、反馈评估结果、督促整改落实等步骤，对区林业局、区商务局、区安监局和区市容环境卫生服务中心4个部门在职责落实、职能转变、简政放权、依法行政、机构编制执行、事业单位运行等方面的情况进行职责履行评估检查。

【政府部门权力清单制度】 根据《自治区人民政府关于建立政府部门权力清单制度的实施意见》、《银川市建立政府部门权力清单制度工作方案》和全面深化改革、推进依法治区的总体部署和要求，结合兴庆区实际，制定《兴庆区建立政府部门权力清单制度实施方案》（银兴政办发［2015］92号），全面公开区政府部门权力清单和权力运行流程图，让权力在阳光下运行，强化对行政职权的监督制约。本着坚持职权法定、坚持简政放权、坚持便民高效、坚持全面真实、坚持公开透明的基本原则，对兴庆区政府各工作部门、承担行政职能的直属事业单位和各乡镇人民政府履行的行政审批、行政处罚、行政强制、行政征收、行政给付、行政裁决、行政确认、行政奖励、行政监督及其他行政职权共10类行政职权进行监督。

【事业单位年度检验】 2015年3月开始对兴庆区65个法人事业单位进行网上年度检验，根据网上登记的要求和特点，对各工作环节提出具体要求，利用网上登记管理平台，对事业单位法人年度报告工作流程进行认真分析和梳理，并坚持逐日督促，当日受理、当日办结。根据兴庆区委《兴庆区关于进一步推进“简政放权”、“三减少两提高”工作的实施意见》，登记管理局有效贯彻落实，将原来的受理后审核20个工作日缩短至15个工作日，精简审批环节，压缩审批时限，提高审批效率，更快更好地完成年度检验工作。2015年，经网上年检，64家法人事业单位全部合格，对3家法人事业单位进行变更登记。

【事业单位改革分类】 遵循事业单位政事分开、事企分开、管办分开和精减高效的原则，根据自治区、银川市事业单位改革分类要求，对兴庆区120个事业单位进行分类。其中行政类1个，公益一类113个，公益二类6个。按照行政级别分为县级89个，乡级31个，其中正处级单位1个、正科级单位2个、副科级单位12个。

（供稿人：王理）

档案

【概况】 2015年，兴庆区档案局加强对全局干部职工的教育和管理，不断夯实档案工作各项基础业务，加强档案法制化、规范化、信息化建设，全面提升档案管理与利用服务水平，为全面建设开放、富裕、和谐、美丽兴庆和维护社会和谐稳定提供基础性的档案资料保障。

【档案安全体系建设】 加强档案基础设施建设，构筑人防、物防、技防相结合的“三位一体”综合防范体系，不断强化职工安全意识，加强库房安全管理，加强安全制度建设，进一步提高档案安全保障能力。为防止档案生虫霉变，每天进行温度湿度测量登记，定期开启除湿机、空调，及时调整库房温湿度。建立全宗名册，全宗设置合理，全宗名册统一，档案编制规范，案卷排列科学，全宗卷内容齐全，档案目录与实体相符，整理编制档案馆检索体系。完善突发事件应急预案，确保全年无安全事故发生。

【档案资源体系建设】 贯彻执行《中华人民共和国档案法》，把档案对外服务利用工作当作头等大事来抓，在加强档案业务基础建设、档案管理信息化建设和档案资源开发利用上做大量的工作，开展数字化处理工作，完成文书档案扫描1002047万张，接收进馆文书档案单位44个，接收档案15310件、876盒、702卷。

【档案利用体系建设】 为使办事群众少跑路、提高办事效率，在兴庆区民政局婚姻登记处设立对外服务窗口，实现政府资源共享和婚姻档案“一站式”服务。全年提供婚姻档案利用10735次，提供资料利用25人次，档案的查准率在99%以上，其中利用率较高的主要是婚姻档案。

【完善档案法治建设】 组织职工学习《中华人民共和国档案法》《中华人民共和国保守国家秘密法》《国家档案局8号令》等法律、法规，除了公职人员每年参加兴庆区级的普法考试之外，档案局内部每年都会组织全体干部职工参加法律、法规知识的考试，提高干部职工熟练运用法律手段解决问题的能力。修改完善了《兴庆区档案局（馆）制度汇编》，对工作管理、档案收集、档案查阅、库房管理、印章档案管理、保密工作、消防安全、档案保管以及档案利用工作等做出规范要求。

【档案信息化建设】 编制《兴庆区档案局档案信息化建设实施方案》，建成兴庆区档案管理综合应用系统，完成馆藏纸质档案全部数字化并实现与目录挂接。改变档案管理人员构成，建设高素质复合型管理人才队伍。提高档案管理专业理论水平，使档案工作科学化、正规化、信息化。建立涉及民生、照片、声像等专题数据库。推进档案信息化建设，全面提升档案馆现代化管理水平。

【档案管理业务队伍建设】 发挥主要领导带头学习示范引领作用，带动学习型机关组织建设，不断加强局班子思想、组织、作风、制度建设，为档案事业健康发展提供坚强组织保障。2015年，共组织专门集中研学5次、实践课堂教育3次、局内职工业务培训3次。尤其注重对年轻干部职工的教育培养，先后4次派出干部职工参加自治区、银川市组织的业务培训，充分调动全局档案干部职工的积极性、主动性和创造性。进一步完善相关制度，定岗定人、明确职责，实行责任追究。取消事业性收费，公开服务事项，科学规范调阅流程，实现延伸服务，体现便捷、为民，依法保护个人信息，实行有错必追、有错必备案制度。

【农村土地承包经营权确权档案整理】 按照农业部、国家档案局《关于加强农村土地承包档案管理的意见》文件精神，规范农村土地承包经营权确权登记档案。联合兴庆区农牧局五次下乡到新水桥村、大新村、塔桥村等地指导农村土地确权档案收集整理，对农户档案的收集中的农户本人签字、按手印、身份户口信息等做重要的阐述说明，确保农村土地承包经营权确权登记工作顺利进行。

【档案管理法制宣传】 主动与司法局、保密局等单位配合，利用国家档案日、全国普法宣传日、雷锋日等宣传日，广泛宣传《中华人民共和国档案法》《宁夏档案条例》等档案法律法规，使社会各界和公民了解、熟悉档案法律法规，提高全社会的档案意识和法制意识。

（供稿人：方婷）

老干部工作

【概况】 2015年，兴庆区委老干部局围绕区委“8531”工作思路，进一步改进作风、真抓实干，全面落实离退休干部“两项待遇”，引导离退休干部在“四个兴庆”建设中发挥作用。在自治区和银川市离退休干部“双先”表彰大会上，退休干部第二党支部被评为自治区离退休干部先进集体，退休干部傅冬梅和焦淑华被评为全区离退休干部先进个人。退休干部第一党支部荣获“银川市离退休干部先进集体”称号，离休干部刘油清、退休干部高万金被评为全市离退休干部先进个人，退休干部李进成、焦淑华、孙刚分别荣获全市建言献策奖。

【完善党组织设置】 按照自治区和银川市关于“完善离退休干部党组织设置，保证组织活动覆盖面”文件要求，健全离退休干部党支部组织，完善制度，规范管理，认真按照《党章》的各项规定，加强对离退休干部党员的管理和教育。根据兴庆区具体情况，成立1个离休干部党支部、11个退休干部党支部、1个退休干部党小组。

【开展丰富多彩党员学习活动】 结合习近平总书记系列重要讲话、“守纪律讲规矩”专题活动和“三严三实”等活动，每月以理论学习会、专题党课、知识答题、座谈讨论、支部组织生活等形式，组织老同志认真学习领会中共十八大、十八届四中全会和习近平总书记系列重要讲话精神以及《中国共产党章程》和党的路线方针政策。组织离退休干部党员到兴庆区月牙湖乡滨河家园移民村开展“爱党、敬党、感恩党——听他（她）是咋讲的”下基层实践活动，深入12户移民家中进行走访，了解贫困党员的家庭生活情况，并筹集100余件寒衣送到走访的贫困党员家中。安排局机关党支部书记为在职和离退休干部党员作以“‘严’字筑底，多‘实’处发力，始终把‘三严三实’作为立身、为官、从政之本”为题的党课。开展“唱响主旋律弘扬正能量传播中国好声音”红歌演唱活动。开展“经典家训传承”征集活动。开展“庆‘七一’给党说句心里话及图片展”活动。开展“迎‘七一’重温入党誓词，珍惜光荣历史，永葆政治本色”主题活动，50余名党员重温入党誓词。开展走访慰问老党员活动，对直管的离退休干部党员进行慰问，送学上门并赠送纪念品。围绕中国近代史、抗战历史、中国现代史等内容，邀请关工委主任高万金为老党员作题为“中华民族伟大的复兴之梦“的党史专题讲座。组织政治素质好、关心党的事业、心态积极、是非观念鲜明、身体状况良好、熟悉电脑操作的老同志进行培训，鼓励他们积极在网络上发声，传播正能量。引导老同志开通微博、微信、易信等移动网络平台，通过发文、评论、晒幸福生活等方式引导网民和周围群众对中国特色社会主义制度的认同，自觉抵制政治谣言以及丑化国家形象的议论，并为自治区、市、兴庆区深受老百姓欢迎的大事情、好决策点赞。组织老同志在人民网、新华网、凤凰网、宁夏新闻网等国内主要媒体网站和老干部之家网站等网络互动平台上发帖、跟帖，宁夏新闻网—漫草社区共发表网评文章25篇，订阅共产党员微信15人。

【老干部信访工作】 建立离退休干部来信来电来访工作台账，详细记录离退休干部来信来访，并按规定程序认真办理，使老同志得到满意的答复。全年接待来电来访80余人次，办结率100%。

【老干部艺术团】 组织艺术团每周三、周六进行排练，参加各类文艺活动。参加中央电视台“出彩中国人”节目，获得银川赛区八强；参加宁夏《春晚我来了》节目，获得优秀表演奖；参加全区“欢乐宁夏”文艺会演，获得兴庆区声乐类二等奖和优秀奖。7月，参加银川市离退休干部纪念抗日战争胜利暨世界反法西斯战争胜利70周年歌咏大赛，小合唱《这里是红军走过的地方》获得大赛一等奖。全年参加各类文艺演出31场次。

【落实离退休干部政治待遇】 2月9日，召开兴庆区老干部情况通报会，通报2014年兴庆区经济社会发展情况、组织工作情况、党风廉政和反腐败工作情况，离退休干部100余人参加。9月17日，召开兴庆区离退休干部情况通报会，通报2015年上半年经济社会发展和组织工作情况，离退休干部80余人参加。组织离退休干部多批次到第三届银川滨河冰雪彩灯艺术节、青铜峡黄鹤楼、黄沙古渡、三沙源国际生态文化旅游区、市民大厅、阅海湾中央商务区、森淼全国科普教育基地、张裕葡萄酒酿造生产基地和东北哈尔滨抗日战争和世界反法西斯海拉尔—爱国主义教育基地等参观学习。组织部分离退休干部代表参加兴庆区人代会、政协会、政府工作报告座谈会、领导班子和领导干部年度考核会议等。

【落实离退休干部生活待遇】 春节前夕，兴庆区委主要领导对4名离退休干部进行上门入户慰问；老干部局为75名离退休干部、遗孀进行慰问，发放慰问金7.5万元，为190名直管离退休干部发放慰问品28500元；督促兴庆区有关单位对老干部局直管和各单位自行管理的373名科级以下退休干部进行慰问，发放慰问金（含慰问品）343800元。“三八”节、“端午”节、“七一”前夕，慰问离退休妇女干部、离退休干部遗孀、离退休干部党员276人，发放慰问品5万余元。重阳节前夕，慰问离退休干部200余人，发放慰问品6万余元，举办迎重阳老人节趣味游艺比赛活动。看望慰问生病住院的离退休干部63人，送去慰问品1.3万余元。财政统筹离休干部医药费100万元，每月按比例按时缴纳退休干部医药费，先后组织190名离退休干部进行身体检查。为异地居住老同志及时寄送工资、慰问金等，为离退休干部按不同标准及时准确调整生活补贴。对现有的28名离休干部护理费全部按最高标准1200元和1000元发放。为189名离退休干部增加离退休费，为80岁和75岁以上离退休干部分别增加高龄费100元和60元。

【老干部亲情化服务】 针对老同志的特殊情况，坚持开展“八必访”亲情化服务活动（即老干部生病必访、生活发生困难必访、家庭发生意外必访、家庭发生矛盾必访、80岁以上生日必访、各项待遇落实发生困难必访、思想有顾虑必访、单位有重大活动必访）。将每月10—15日定为“特殊问候日”，对异地安置和长期患病的老同志进行上门慰问或电话慰问，为28名离休干部每人发放降温费200元，为47名80岁以上离退休干部订送生日蛋糕，为3名病故退休干部办理丧葬善后事宜，为2名退休干部办理了退休移交手续。坚持开展“五抓五心”服务活动，一抓“两项”待遇落实，让老干部“放心”；二抓服务质量提升，让老干部“暖心”；三抓思想交流沟通，让老干部“顺心”；四抓余热作用发挥，让老干部“开心”；五抓活动促特长发挥，让老干部“舒心”。对家庭生活困难的16名离退休干部及遗孀发放2000—4000元帮扶资金共计4.5万元。

【关心下一代工作】 凸显“三个到位”，整体推进关工委工作。及时传达自治区、银川市关工委会议精神，结合实际，制定下发《兴庆区关工委2015年工作安排》，确保全年关工委工作按步骤、有计划、有目标、有重点地开展工作；乡镇、街道及教育局关工委根据人员变动及时调整关工委组成人员，确保“六有”内容落实；扎实开展培育和践行社会主义核心价值观暨“爱学习、爱劳动、爱祖国”主题教育活动，为“五老”宣讲员和基层关工委征订8668元学习资料，开展主题活动30场次，受教育青少年达4.3万人次，开展青少年普法教育10场次，受教育青少年达1万人次。结合德育教育，在中小学开展依法治校，创建“平安校园”“零犯罪学校”，净化教书育人环境，银川十中、兴庆区第十八小学分别被评为2015年度自治区、银川市“关爱明天、普法先行”先进集体。联合银川市关工委在军博园—银川舰挂牌成立青少年爱国主义、国防教育基地，并组织辖区550名青少年代表接受教育。在农村进一步开展“讲理想、育新人，学科技、奔小康”活动，新增掌政镇五渡桥、茂盛、官湖和兴庆区蔬菜育苗中心等园区59650间，扩大掌政镇洼路村、大新镇新渠稍村蔬菜、花卉园区面积20000间，新聘请农民技术指导员3名。

【老干部工作宣传】 制定《兴庆区老干部局宣传报道奖励办法》，通过《新华—兴庆政务通》《兴庆信息》以及区、市老干部工作媒体，全方位报道兴庆区老干部工作动态，提升老干部工作影响力。全年报送工作信息68篇，其中，在《新华—兴庆政务通》刊登27篇，《兴庆信息》刊登3篇，《兴庆工作动态》刊登1篇，《宁夏老年报》刊登5篇，《宁夏老干部工作信息》刊登5篇，宁夏老干部局网刊登3篇，银川市老干部局网刊登6篇，塞上关爱网刊登4篇，《银川晚报》刊登1篇。

（供稿人：马绘素）

信访

【概况】 2015年，按照自治区和银川市信访工作的总体部署，坚持以“事要解决”为核心，以开展“阳光信访”活动为抓手，完善三级信访工作网络，规范信访事项受理办理程序、引导信访人依法逐级走访，努力营造“公正、透明、规范、高效”的信访工作氛围。全年受理各类信访件741件次。其中区市直转31件，交办函26件，接待来访624批4664人次，来信61件，来电2433件。辖区50人以上到自治区集体上访2批160人次，低于区、市指标（指标数9批）；辖区群众进京非正常上访20人次，低于区、市指标（指标数75人次）；辖区初信初访办结率达到了100%，高于区、市指标（指标数办结率大于90%）。2015年，兴庆区信访工作在银川市获一等奖，排第二名（2014年获三等奖，第五名），在自治区22个县区中排第六名（2014年排第16名）。

【“三跨三分离信访事项”】 兴庆区分管信访工作的县级领导提出的“三跨三分离信访事项”处理建议，得到了自治区、银川市相关领导的重视。自治区信访局在吴忠市召开全区“三跨三分离信访事项”专题研讨会，修改了自治区信访局2015年“三跨三分离信访事项”考核办法；银川市信联办从2015年开始，把滨河新区的进京非正常上访，从兴庆区剥离出去，单独考核（2015年从兴庆区剥离出进京非访人员18人次）。

【完善三级信访工作网络】 健全兴庆区、乡镇（街道）、村（社区）三级信访工作网络，辖区16个乡镇（街道）管委会全部在各自的办公区域设立信访工作办公室，挂“来访接待办公室”门牌，配齐配强信访办工作人员，工作日开门接访；辖区95%以上的村（社区）设立了司法信访接待（调解）室，配备信访工作人员，工作日开门接访（调解）。制定《兴庆区信访督办局来访接待工作规范制度》。印制《兴庆区信访咨询服务卡》1万份，发放4000余份。规范来访接待工作流程、来访登记、工作人员文明用语等内容，用窗口单位的标准来规范接访人员的言行。登记前做到“一张笑脸主动接待、问候声中让进座位、端杯热水暖暖人心”；登记过程中“问清事情来龙去脉、记清来访人诉求、摸清来访人的真实想法、讲清信访件的办理程序”；登记完成后“您的事我们会认真对待、您的事我们会抓紧办理、您可以随时电话咨询”。按照《国家信访局关于进一步规范信访事项受理办理程序引导来访人依法逐级走访的办法》的规定，规范信访件办理流程和文本格式。召开4期信访业务培训会，分别对信联办成员单位主要领导、信访工作分管领导、乡（街）信访专干、部分社区（村）信访干部进行培训。由专人对各责任单位办理的信访事项进行审核，对文本格式不规范、答复不完整、问题不解决的信访件，一律退回要求重新办理，累计退回重办信访答复21件次。落实信访工作“首接责任制”，要求辖区各级领导、干部接待群众到上访时，能够解决的，要讲明解决的过程.限时就地解决；不能解决的，要及时报请有权解决问题的单位（部门），并安排专人代替群众联络、督促，争取问题尽快解决。成立兴庆区信访事项复查委员会，由兴庆区法制办牵头，依法受理群众的信访复查诉求。聘请银川市中院一名退休法官，配备一名兴庆区人民法院挂职法官、一名大学生书记员，采取现场查看、走访入户、座谈交流、召开听证会等形式，对重大、疑难信访事项进行研究、协调，作出复查决定。累计受理信访复查33件，办理完毕32件，正在办理1件。

【领导干部下访接访】 规范县级领导信访接待日制度。每个工作日安排一名县级领导到信访接待大厅值班接访。县级领导接访名单每月发到信联办各成员单位并向社会公示，信访督办局每月底将县级领导当月到岗值班接访情况汇总后报区委主要领导审阅；实行信访接待首问负责制，信访接待日值班县级领导负责接待处理兴庆区当日所有集体上访及群体性事件。全年县级领导到信访接待大厅值班接访165人次，在兴庆区政府办公楼接访132人次，到自治区、银川市接访28人次。明确分管乡镇街道县级领导信访负责制。信联办每月把《近期信访隐患和信访突出问题化解安排表》报送县级领导。由县级领导结合督促分管的责任单位，能化解的就地化解，对于疑难复杂信访事项，由县级领导提交区委常委会、政府常务会研究。印制兴庆区领导干部接访（包案）受理告知书“四联单”（一联给信访群众，一联领导干部留存，一联转责任单位，一联信访部门存档）。全国“两会”、中阿博览会期间，分管乡镇、街道的县级领导集中下基层开展“矛盾纠纷大调处、大化解”活动，累计约见辖区信访人186人次，化解矛盾纠纷570余件。完善党政领导干部包案化解制度，兴庆区信联办确定疑难信访事项后报区委、政府，兴庆区党办、政办或兴庆区信联办定期发文，由党政领导干部包案化解。自治区、银川市、兴庆区领导包案化解的30件信访积案全部办结。

【“12345”市长热线的办理】 2015年，受理各类投诉2286件。其中接市督办来电1787件，领导批示18件，政民互动平台255件，自接来电183件，现场督办43件。办结率100%。工作过程中，督办中心工作人员对各单位的回复件逐一进行回访，回访结果与答复内容不一致的，退回原单位重新办理；对重复件、不满意件，由信联办给责任单位发限期督办函，逾期仍不能想方设法予以化解的，提请效能办对责任人问责，累计发限期督办函16件。

【信访督办工作量化考核】 落实“红黄牌”警示制，每月对纳入考评范围的责任单位进行量化赋分，定期检查《信访工作目标管理责任书》的落实情况，加大“三项约束性指标”的控制力度。全年发通报11期，黄牌警示8个单位，红牌警告2个单位，通报批评1个单位。

（供稿人：刘宝华）

银川市兴庆区人大常委会

综述

【概况】 2015年是全面完成“十二五”规划的收官之年。兴庆区人大常委会深入贯彻中共十八大和十八届三中、四中、五中全会精神，围绕区委“8531”工作思路，坚持监督与支持并重，协调与服务结合，依法履行宪法和法律赋予的职责。召开常委会会议7次，组织视察和调研19次，听取和审议“一府两院”工作报告14项，作出审议意见13项，依法任免国家机关工作人员41人，任命人民陪审员90人，圆满完成兴庆区三届人大三次会议确定的各项工作任务。

【助力政府经济工作平稳运行】 常委会坚持把促进发展作为第一要务，改进监督形式，延伸调研内容，充分发挥监督与支持作用。听取和审议兴庆区2015年上半年国民经济和社会发展情况的报告，针对存在的经济下行压力大，政府投资项目开工率低，部分经济指标靠后等问题，建议政府主动适应经济新常态，结合年初确定的经济目标任务认真分析，积极应对，切实落实“经济工作项目化”工作思路，紧盯重点项目建设，增强发展动力。先后两次组织各界人大代表召开座谈会，建议政府在“十三五”规划编制中，进一步紧扣经济社会发展方向、目标、举措和重点，立足长远，把握关键，全力推进国民经济持续健康发展，力争率先在全自治区实现全面建成小康社会的奋斗目标。

【特色小城镇建设监督】 实施小城镇建设是统筹城乡发展、为百姓谋福祉的重要举措。常委会围绕建设民族特色小城镇目标，组织代表对通贵乡特色小城镇建设及经济发展情况进行了视察。从城镇规划、产业扶持、农业结构调整、基础设施建设等角度，多个层面客观分析，提出对策建议。自治区十一届人大四次会议将加强通贵乡特色小城镇建设的支持和协调列为重点督办建议，并开展专题调研，就建设过程中的规划、土地、资金筹措等方面的问题，提出建议并协调解决，有力推动了兴庆区多举措加快小城镇建设的步伐。

【公共财政预决算监督】 认真贯彻落实新《中华人民共和国预算法》，充分发挥预决算审查咨询专家作用，进一步加强对政府财政资金全口径预决算的审查监督，督促政府细化预算编制。严格预算执行，结合审计报告，选取重点领域、重点单位，延伸审查部分预算单位预算执行情况。听取和审议政府关于2014年度财政决算及2015年上半年财政预算执行情况的报告，2014年度财政预算执行及其他财政收支情况的审计工作报告，审查批准2014年度财政决算。针对存在问题，督促预算单位整改落实，切实提高财政资金使用效益。在审查监督内容上，将公共财政预算、政府性基金预算以及政府性债务全部纳入，逐步实现全口径预算；程序上，强化预算编制、预算执行审查监督和推进预决算公开，逐步实现全过程监督；主体上，通过组织代表深度参与、借助预决算审查咨询专家审查等方式，逐步形成了全方位参与、全口径预决算审查监督体系。

8月28日，人大代表视察议案工程建设情况

【土地流转规范运行监督】 农业农村工作关乎兴庆区全面建成小康社会目标的顺利完成。常委会将农村土地经营流转列入年度监督议题，听取和审议了政府关于土地经营流转工作情况的报告。针对土地经营流转管理不规范、社会化服务体系不健全等问题，建议政府加强土地流转服务与监管，支持和培育新型农业经营主体，完善流转土地配套基础设施建设，建立健全农业社会化服务体系，进一步优化农业产业结构。

【义务教育均衡发展工作监督】 组织人大代表对兴庆区义务教育均衡发展工作进行测评，支持政府进一步完善硬件设施，配齐配强师资力量，加大控辍保学和经费投入力度，均衡配置教育资源，确保兴庆区义务教育均衡发展工作高标准通过国家验收。

【推进卫生事业统筹发展】 将促进基层卫生医疗服务体系建设作为民生工作监督的重点，组织代表深入月牙湖乡卫生院、大新镇新水桥安置区及家园社区卫生服务中心等地，了解基层卫生医疗服务体系建设情况。听取和审议政府关于基层卫生医疗服务体系建设的工作报告。在充分肯定成绩的同时，建议政府加强乡镇、社区卫生服务建设的领导与管理，制定优惠政策，稳定人才队伍，进一步完善服务网络，科学规划服务职能，转变基层卫生医疗服务模式，促进基层卫生医疗服务均衡发展。

【涉农项目审查监督】 在专题调研

的基础上，听取和审议政府关于水利基础设施及秋季农田水利建设工作情况的报告。要求政府把农田水利基础设施建设作为农业增效、农民增收、推动农业现代化、助力新农村建设的重要任务来抓，从科学编制农田水利建设总体规划，争取国家和区、市涉农涉水项目资金，提高土地产出效益，加强农田水利基础设施管护等方面，出实招，求实效，夯实农业提质增效的基础。

【推进生态移民扎根致富】 组织代表赴彭阳县考察移民搬迁工作，多次深入月牙湖移民安置区开展调研，从搬迁对接、完善安置区基础设施建设、发展产业支撑带动移民致富等多个方面，积极建言献策，督促政府认真落实生态移民搬迁致富各项举措，开展全方位、多层次的精准扶贫，多渠道增加移民收入，全面实现“搬得出、稳得住、能致富”的工作目标。

【司法监督】 听取和审议法院关于行政审判工作情况的报告，要求法院忠实履行审判职责，完善行政审判工作机制，创新工作方法，提高行政审判工作效率。听取和审议检察院关于刑事诉讼监督工作情况的报告，要求检察院进一步强化诉讼监督意识，始终把解决人民群众反映强烈的问题作为诉讼监督的着力点，坚持查办执法不严、司法不公背后的职务犯罪。在事前预防性监督、事中即时性监督、事后追责性监督上求突破，进一步规范司法行为，提高司法公信力，维护社会公平正义。

【规范社区矫正工作】 组织代表深入丽景街街道等单位，对社区矫正工作情况进行视察。听取和审议政府关于社区矫正工作情况的报告，要求政府高度重视、规范管理，进一步完善体制机制，切实加强保障工作，加大宣传力度，积极动员更多社会力量共同参与，不断提升社区矫正工作的社会知晓度和认同感。

【关注禁毒工作】 随着城市化进程的加快，人口聚集速度急剧上升，禁毒工作面临诸多压力和挑战。组织代表对兴庆区公安分局禁毒工作情况进行调研，要求兴庆区公安分局及各禁毒成员单位进一步增强做好禁毒工作的责任意识，从经费和人员保障等方面进一步完善“绿荫工作室”建设，实现乡镇、街道全覆盖。

【群众信访办理】 切实做好信访件的登记、转办、交办和督办工作，引导群众合理表达诉求。协调解决拆迁、涉法涉诉等方面群众反映强烈的信访问题，促进信访矛盾的化解。先后接待来访群众33人（次），受理群众来信20件，办理上级人大常委会交办的信访案件2件，办结率100%。

【依法进行人事任免】 坚持党管干部和人大依法任免相统一，完善人事任免程序，加强对有关机关任免案的初审，充分保障组成人员在干部任用上的知情权、表达权，为“一府两院”开展工作提供组织保障。

【人大代表学习培训】 全面落实代表培训计划，采取“走出去”“引进来”等方式，由人大常委会各副主任带队，先后组织6批61名人大代表到厦门国家会计学院、上海国家会计学院等培训基地，学习新《中华人民共和国预算法》《中华人民共和国立法》等法律法规及相关业务知识，开阔了代表视野，有力提升了代表履职能力。

【督办代表议案建议】 对兴庆区三届人大三次会议表决通过的“关于解决月牙湖乡塘南村幸福村庄人饮工程”等4件议案，多次组织代表深入承办单位，开展专题调研和视察检查，3件议案已落实，1件正在办理中。人代会会议期间代表提出的47件建议，常委会认真转办交办。对其中“将农村五保老人全部纳入兴庆区养老院集中供养”等3件建议由常委会领导及相关委室进行重点督办，就重点建议办理情况，专题听取政府汇报。经过各方共同努力，1件重点建议已办理完毕，2件正在办理中，其他代表建议都已全部办结或答复。在新华街富华社区人大代表“双联”活动中，自治区党委书记、人大常委会主任李建华提出了完善社区养老服务体系建设的建议，政府及时办理落实，建成120平米的夕阳红日间照料中心，逐步完善了“居家养老为基础、社区照料为依托、机构养老为补充”的养老服务体系，得到了群众的好评。

【提高代表履职意识】 组织代表围绕通航产业园建设、“双增双减”、老旧小区改造等重点工作，深入基层开展视察调研，针对存在的问题提出建议意见36条，协调开展对兴庆区民乐瓷砖市场秩序混乱、交通拥堵等问题的整治，为重点工作深入推进发挥了积极作用。在玉皇阁北街试点开展代表“积分制”管理，通过“智能卡”对代表联系基层活动、参与志愿服务活动、提出建议意见、为民办事等履职情况进行积分核定，有力提高代表履职活动实效。针对代表联系基层活动在乡镇开展较薄弱的情况，指导大新镇在各村设立人大代表工作室。结合兴庆区康居工程建设，在安置区规划设立“人大代表工作站”，进一步拓宽代表联系基层群众的渠道。围绕知情知政，组织28名代表列席政府常务会议。落实代表向选民述职制度，组织125名代表向选区选民述职。通过人代会和新闻媒体公布代表全年履职情况，增强代表的履职意识和服务意识。

【依法补选人大代表】 三届人大三次会议以来，2名代表辞职，8名代表调离兴庆区，代表资格自行终止。常委会适时补选兴庆区三届人大代表7人，并指导相关选区依法开展补选工作。通过严格候选人公示、严格投票环节、严格审查程序等，确保了补选工作依法有序进行。

【党风廉政建设】 落实“一岗双责”，严明政治纪律和政治规矩；执行中央八项规定和自治区、银川市、兴庆区关于作风建设的有关规定，纠治“四风”；开展“守纪律讲规矩”“四问四查”等活动，加强纪律建设。全年组织集中学习讨论26次；开展“三严三实”教育，按照自治区、银川市和兴庆区党委部署要求，组织机关干部职工，认真学习有关文件和领导讲话精神，广泛征求意见，深入查找常委会班子及党员领导干部“不严不实”方面存在的突出问题，认真撰写剖析材料，组织召开专题民主生活会，深入开展批评与自我批评，并积极抓好整改落实，“三严三实”专题教育活动取得明显成效。

常委会议

【兴庆区第三届人大常委会第十二次会议】 2015年1月13日，兴庆区三届人大常委会第十二次会议在兴庆区综合办公楼新四楼会议室召开。会议听取和审议了《银川市兴庆区人民政府关于兴庆区三届人民代表大会第二次会议代表议案、建议、意见办理情况的报告》《银川市兴庆区人民政府关于调用兴庆区预算稳定调节基金的报告》《银川市兴庆区人大常委会2014年工作报告（审议稿）》《2015年工作要点（草案）》和《银川市兴庆区三届人民代表大会常务委员会代表资格审查委员会关于个别代表的资格报告（草案）》《银川市兴庆区三届人民代表大会第三次会议议程（草案）日程（草案）、主席团和秘书长、列席人员等名单（草案）》《银川市兴庆区三届人民代表大会第三次会议关于议案及代表建议批评和意见的规定（草案）》《提交议案截止日期的决定（草案）》、质询案的规定等；表决通过了《银川市兴庆区人大常委会关于召开兴庆区三届人民代表大会第三次会议的决定（草案）》《银川市兴庆区人大常委会关于调用兴庆区预算稳定调节基金的决议》；补选孙波、周荣为兴庆区出席银川市十四届人民代表大会代表；依法免去王英民事审判第一庭副庭长、审判员职务，王连锋兴庆区人民法院审判员职务，马浩兴庆区人民检察院检察员职务。

【兴庆区第三届人大常委会第十三次会议】 2015年3月26日，兴庆区三届人大常委会第十三次会议在兴庆区综合办公楼新四楼会议室召开。会议听取和审议了《兴庆区人民法院关于行政审判工作情况的报告》；印发了全国、自治区、银川市三级人代会精神传达提纲；依法任命牟玲为兴庆区人大常委会法制工作委员会主任，仇永清为兴庆区人大常委会文化街街道联络办公室主任，刘春玲为兴庆区经济发展局局长，屠国建为兴庆区财政局局长，马建军为兴庆区卫生和计划生育局局长，李虎为兴庆区城市管理综合执法局局长，王利明为兴庆区林业局局长，张玲为兴庆区商务局局长，刘平任命为兴庆区安全生产监督管理局局长。被任命的干部向宪法进行了宣誓。

【兴庆区第三届人大常委会第十四次会议】 2015年5月25日，兴庆区三届人大常委会第十四次会议在兴庆区综合办公楼新四楼会议室召开。会议听取和审议兴庆区人民政府关于基层卫生医疗服务体系建设、社区矫正工作开展情况的报告；根据政府、法院提议案，依法任命徐辉艳、郑宏梅为兴庆区人民政府副区长，段文海、许元泉、韩忠平、杨宝林、王海清、马文明、马永年、李瑞萍、马俊军、李汉儒、白彩霞、李韶义、张秀爱、张玉凤、李春丽、李玉林、申祖援、杨万海、汪少勇、孙秀丽、梁坚、马亚林、刘必武、王亚非、赵毅、俞跃太、宋小美、李杨、杨俊英、许凤英、关保国、曲建华、陈少珍、边慧娟、王华、王秋灵、陈玉波、牛建琴、冯玉芳、陶国琴、杨慧峰、丁生岐、白莉、赵霞、祁玉兰、常江、王小红、陈磊、周宁月、谢银娟、田君、艾英、周淑珍、李河川、徐永芬、胡洪春、袁武卫、纳晓燕、李翠凤、王谦、高军、李淑清、李素霞、李春艳、张晓明、王静芳、段亭羽、王彦梅、赵双岭、马丽、王欣、杜娟、朱红芳、唐秀华、张颜芳、骆丽娜、王宁、贾蓉、孙一文、刘畅、古甜甜、任菲菲、马翼臻、吴丽莎、卢晋升为兴庆区人民法院人民陪审员；补选白尚成为兴庆区出席银川市十四届人民代表大会代表；依法罢免贾奋强银川市十四届人民代表大会代表职务，暂停胡满华执行兴庆区三届人民代表大会代表职务；接受古剑、马凌霞辞去银川市兴庆区人民政府副区长职务；免去马丽娜兴庆区人民法院审判员职务、郑洋兴庆区人民检察院检察员职务。

【兴庆区第三届人大常委会第十五次会议】 2015年8月10日，兴庆区三届人大常委会第十五次会议在兴庆区综合办公楼新四楼会议室召开。会议听取和审议了“一府两院”重点工作报告；任命王恪、徐刚为兴庆区人民政府副区长（挂职）；审议通过暂停王文生执行兴庆区三届人民代表大会代表职务的决定。

【兴庆区第三届人大常委会第十六次会议】 2015年9月22日，兴庆区三届人大常委会第十六次会议在兴庆区综合办公楼新四楼会议室召开。会议听取和审议兴庆区人民政府关于农村土地经营权流转、通贵乡特色小城镇建设及经济发展工作情况的报告，兴庆区人民检察院关于刑事诉讼监督工作开展情况的报告；根据法院、检察院提议案，任命张北红、郗晓琴、康燕、邹文萍、张勇为兴庆区人民法院人民陪审员；免去黄吉林兴庆区人民检察院检察员职务。

【兴庆区第三届人大常委会第十七次会议】 2015年11月17日，兴庆区三届人大常委会第十七次会议在兴庆区综合办公楼新四楼会议室召开。会议听取和审议了兴庆区人民政府关于水利基础设施及秋季农田建设工作情况，2014年本级预算执行和其他财政收支审计结果落实情况的报告；根据政府提议案，恢复苟胜利执行兴庆区三届人民代表大会代表职务；接受王永虎辞去银川市兴庆区人民政府副区长职务，马永峰、王文生辞去兴庆区三届人民代表大会代表职务；暂停王海执行代表职务。

（供稿人：王志兵）

银川市兴庆区人民政府

综述

【概况】 2015年，兴庆区政府围绕“四个宁夏”建设、银川市“2258”工作方略和区委“8531”工作思路，团结依靠辖区各族干部群众，坚定信心，迎难而上，以求真务实的作风干工作，以勇于担当的精神抓落实，经济社会保持持续健康发展的良好态势。实现地区生产总值448.04亿元，同比增长8.5%。其中第一产业6.14亿元，增长4.3%；第二产业117.36亿元，增长8.9%；第三产业324.54亿元，增长8.4%。三次产业比重为1.4：26.2：72.4。全社会固定资产投资210.8亿元，同比增长17.8%；地方一般公共预算收入12.96亿元，同比增长12.6%；社会消费品零售总额231.49亿元，同比增长7.5%；城镇和农村常住居民人均可支配收入分别达30514元和12625元，增长8%和8.1%。在经济发展新常态下，地区生产总值、社会消费品零售总额、城乡居民人均收入总量位居自治区各县（区）第一。

【服务业规模壮大】 以项目投资调结构、促转型，立达深航国际酒店投入运营，填补了兴庆区没有五星级酒店的空白；交通物流园、四季青国际服装城、迪卡侬银川店开业运营，商贸物流带活力增强。地王广场、世和天玺等项目加快建设，光大银行、浦发银行银川分行等金融企业成功落户，新华商圈竞争力显著提升。引进金融融资项目13个，到位资金60.7亿元，骏华农牧、国龙医疗等4家企业“新三板”挂牌，金融业增加值占服务业增加值比重达30%。全年接待游客78万人次，旅游收入7265万元，旅游业稳步发展。

【现代都市农业步伐加快】 设立花卉产业发展基金，新建花卉育苗中心，落实花卉种植5653亩，80%以上鲜切花外销到北京、上海、天津等城市，成功举办中国西部花店业第三届高峰论坛，“兴庆塞上花卉”知名度不断提高。新建蔬菜种苗繁育中心，落实瓜菜种植6.17万亩、优质稻种植6万亩。水产养殖2.83万亩，南美白对虾养殖初具规模。万亩奶牛园区存栏1.9万头，辖区鲜奶产值4.2亿元。新培育农民专业合作社7个、家庭农场18个。投入1300万元，实施农业“双增”项目13个，16个空壳村实现“脱壳”。开展农村土地承包经营权确权工作，流转土地5.2万亩。

【工业经济稳步增长】 投入500万元，与宁夏银行业批发贷款担保公司合作设立中小微企业发展基金，为46家企业办理担保贷款近9000万元。积极推进卧龙电器等企业开展技术创新，建立国家地方联合工作实验室、技术中心和工作站。申报产业振兴和技术改造项目3个、新型工业化项目3个，新增柏盛环保、神州数码等“专、精、特、新”企业4家，企业核心竞争力进一步增强。完成规模以上工业增加值8.5亿元，同比增长10.6%。万元GDP能耗下降7.84%。

【通航产业起航】 投资9.5亿元，建设银川通用机场和通航产业园，仅用8个月时间完成了机场规划报批、初步设计、工程建设，建成了机场跑道、站坪、综合业务楼等配套工程，完成了通航产业园7条主干道路建设和2010亩绿化工程。同飞虎雄鹰、河南大地等国内外通航企业达成投资意向性协议，成功举办银川通用机场开航仪式和银川航展活动，实现了当年建成、当年运营的工作目标，创造了银川建设的新速度和新效率。

【投资项目建设】 千方百计争资金，攻坚克难上项目。全年实施政府投资项目72个，上争资金14.7亿元，完成目标任务的105%。实施招商引资项目32个，实际到位资金72.6亿元，完成下达任务的104%。全社会固定资产投资的稳步增长，有效拉动了区域经济的快速发展。

【第一产业发展】 粮食播种面积16.6万亩，瓜菜种植5.6万亩；引进百合、绣球、郁金香等花卉新品种，花卉种植7400亩，总产值达1.47亿元；完成万亩奶牛养殖园区污水处理厂建设，辖区奶牛存栏总量3.1万头，奶产业实现产值4.2亿元；农村产权制度改革有序开展，农村集体土地确权登记工作全面推进，流转土地3.5万亩，培育发展农民专业合作社69家、家庭农场29个、龙头企业19家，申报农业产业化项目28个；投入2000余万元，实施科技助农项目72个。第一产业增加值6.5亿元，增长4.1%。

【第三产业发展规划】 启动以现代服务业为主的第三产业发展规划的编制工作，银川永泰城、立达国际建材五金家居博览城等续建项目进度加快，恒大御景、四季青国际服装城等一批大项目顺利实施，宁港财富银川新经济服务产业示范园引领服务业转型升级；新华商圈提档升级，银祥高端商业购物中心、世和天玺国际中心等项目建设加快，居然之家建材家居商场、北京物美大卖场、大兆发超市蓝泰店等项目开业运营。商贸物流带交易额218亿元，实现利税11.5亿元，就业人数10.2万人。沿黄旅游业带发展平稳，赵家湖生态旅游景区建设加快，檀溪谷欢乐水世界项目开业运营，鸣翠湖、黄沙古渡等景区基础设施完善，年内接待国内外游客72万人次，旅游收入6800万元。第三产业增加值295.2亿元，增长8%。

10月28日，兴庆区政府与中国长城资产投资管理公司达成战略合作协议

【棚户区改造工程】 实施城中村、城边村棚户区改造和主干道路两侧大整治大绿化等工程，征收土地9000余亩，拆除各类建筑物100万平方米；新建、续建18个康居工程，总面积444万平方米，累计完成投资86亿元；新华西街安置区完工，湖滨西街安置区进展顺利；投入5535万元，对17个老旧小区进行改造，改造面积34万平方米，增加技防、人防设施，4817户1.5万名居民受益。

【生态移民致富工程】 投入1.18亿元，完成829套安置房及道路、商网、给排水等配套设施建设，搬迁安置生态移民1248户。引进劳动密集型企业6家，发展花卉、红树莓等特色产业，外出务工6500余人，移民地区人均可支配收入8208元。

【统筹城乡规模推进工程】 启动兴庆区村镇体系五年规划编制工作和通贵乡民族特色小城镇安置区一期工程；完成通贵乡总体规划编制和掌政镇、大新镇规划修编，通贵乡农村饮水安全改造、掌政镇节水改造等工程；掌政小城镇安置区三期工程主体完工，安置区二期、创业园、商业街工程交付使用，道路建设和亮化工程全部完工；幸福村庄、阳光暖房、农村危房改造1440户；建设高标准农田4.65万亩；掌政镇丰收路、月牙湖乡防洪堤路等4条乡村道路投入使用，月牙湖乡月牧路、塘北路加速建设；完成11条农村主干道路7.6万平方米路面维修和银通路、通西路两侧人行道硬化。

【洁净兴庆工程】 投入1.5亿元，实施城市精细化管理。提高环卫工人待遇，设立环卫工人爱心救助基金，为一线环卫职工增资，发放工作年限补贴，建设休息室30处，配发马扎2000个，主干道路机械化清扫作业率达100%；开展“两违”整治工作，拆除整治“两违”建筑92万平方米；成立城市管理综合执法大队和城管巡回法庭，开展门头牌匾、渣土撒漏等8类专项整治；强化“美丽乡村”建设，全面推进农村生活垃圾“户集、村收、镇运、区处理”的工作模式；二排沟、永二干沟环境综合治理，建成徕龙公园向市民开放，实施京藏高速公路两侧水系连通和绿化工程，新增水面3935亩，造林绿化1488亩；完成农村造林5029亩，对12条城市新增街巷配套绿化，建成小微公园11个，新增城市绿地6公顷。

【社会综合治理】 围绕打造创新社会治理先行区，建立以城市网格化管理为基础的“11125”和谐社区建设模式。投入1000万元，对街道市民服务站用房进行维修改造，建立市民服务站72个、居民代办点101个、新建社区老年活动中心30个、居家养老服务站72个，实现城市居家养老服务站全覆盖。搭建数据库和视频监控、社会治理网格及掌上移动三大平台，成立兴庆区信访事项复查委员会，建立领导干部定期接访、带案下访工作机制，化解信访积案45件，调解各类矛盾纠纷6246件。加强治安力量，增加公安协勤30名，组建104支“兴庆义警”队伍，为504名协勤人员增加工资；安排专项经费200万元，开展戒毒康复试点工作。发案数同比下降28.1%，破案数上升8.3%。打击非法传销行为，捣毁传销窝点131个，遣散传销人员987人。

【教育均衡化发展】 投入8000万元，迁扩建4所学校，23所学校内墙粉刷，2所学校建标准化操场，17所学校弱电改造。投入9550万元，采购标准化和信息化教学仪器设备。投入680万元，实施学生“幸福成长工程”，为7426名农村在校生提供免费营养早餐，为58所学校安装直饮水机，近6万名师生喝上干净的饮用水。实现城乡校际联合发展共同体全覆盖，推行九年一贯制学校“对口直升”和“学区化”招生，开辟外来务工子女入学“绿色通道”，实行幼儿园入园公开摇号制度，启动政府购买学前教育试点工作，“大班额”和“择校热”等问题得到缓解。招聘和选调中小学、幼儿园教师171人，提高中小学生均公用经费，分别提高到150元和130元。鼓励初中毕业生参加中职教育，对兴庆区籍2014年升入职业技术学院初中毕业生，给予每年1500元的补贴。

【文化体育卫生建设】 建成文化馆、图书馆并免费对外开放，新建街道图书馆10个、农民文化大院16个。成立文联及书法、美术、摄影等8个协会，对73支民间文艺团队进行评星定级，鼓励创编文艺作品，举办“书香兴庆”等群体文化活动285场次。体育成绩突出，在自治区第十四届运动会上获得金牌、奖牌、团体总分三个第一的好成绩。打造综合医疗康体服务区，新建掌政镇中心卫生院、大新镇社区卫生服务中心、5个社区卫生服务站和34所标准化村卫生室，引进马氏济慈堂回医中医医院。建设健康主题公园2个，为6.5万农村居民建立健康档案，形成以23家大中型医疗机构为核心，32个乡镇卫生院（社区卫生站）、302个村卫生室和个体医疗机构为基础的“15分钟健康服务圈”。

【民生社会保障】 政府财政支出的76%用于改善民生，10项民生实事全部完成。投入1900余万元，新建蔬菜直销店32个；投入400万元，建成农村养老幸福大院10个。开展城乡困难群众医疗救助和城乡居民医疗保障，发放各类救济救助优抚资金5568万元、医疗救助金237万元，城乡居民医疗保险报销959万元，“救急难”试点救助328人。筹措社会资金500万元，对6000名困难群众为“送温暖”。实施人才培养计划，培训农村实用人才、干部职工、失地农民2.55万人次。

【政府自身建设】 严格执行中央“八项规定”和区市若干规定，政府班子整改“四风”问题18项，解决各类民生问题165件。转变“文山会海”，政府发文同比下降15%，会议减少20%，清退办公用房4103平方米，“三公”经费下降26.12%。办理人大代表议案、建议和政协委员提案160件，基本满意和满意率100%。

常务会议（第三届）

【第二十三次常务会议】 2014年12月29日，兴庆区区长朱韶峰主持召开。会议听取经济技术合作局关于“准备之冬”相关工作推进情况的汇报，政府办公室关于人大议案、建议意见及政协提案办理情况的汇报，公安分局禁毒工作开展情况的汇报。研究了兴庆区2015年建设项目、农村土地承包经营权登记工作共性问题处理、生态移民工程、成立月牙湖乡滨河家园四村、解聘国土城管直属执法监察大队临时协管员、核拨掌政镇安置区三期项目未批先建占用土地行政处罚款、征地拆迁、核拨环卫工人爱心救助基金和拨付上前城村7队、8队安置房建设资金、《兴庆区街道办事处行政区域调整工作方案》、《兴庆区2015年“送温暖”慰问活动实施方案》、唐徕市场补偿、干部违纪问题等相关事宜。会议决定：原则同意区经济发展局提交会议研究的兴庆区2015年建设项目计划，由区经济发展局负责，进一步明确各项目建设单位责任领导、具体负责人；原则同意区农牧局提交会议研究的农村土地承包经营权登记工作共性问题处理建议；由副区长张艳芬牵头，区财政局、区审计局、区监察局、区建设交通局配合，对生态移民住房及羊绒针织厂变更工程量进行审计决算；由国控公司负责，尽快完善移民安置区二期商业用房土地证办理等相关手续，委托有资质的中介机构对房屋价格进行评估，报政府会议研究后，按程序对移民安置区二期商业房进行处置；同意向银川新锦农林科技有限公司退还被征用821.7亩土地剩余45年的土地承包费167159.04元，由法制办负责，对原签订土地承包协议审核把关后核拨退款；由民族宗教事务局负责，就生态移民安置区新建东大清真寺事宜，报请自治区民委批复，待自治区民委批复同意建设东大清真寺后，由财政部门参照滨河家园南、北两座清真寺建设资金配套标准，核拨东大清真寺配套资金；之后所有项目，由建设主体单位负责办理项目规划、环评、土地等相关手续，对手续不完善的项目，一律不予核拨建设资金，未经政府研究同意，乡镇、部门不得擅自向企业借款，用于开展征地拆迁等工作，由区经济技术合作局负责，对未确定建设主体的4宗约600亩建设用地，按程序对外公开招拍挂，由各项目建设单位负责，尽快完善批而未供建设用地相关手续，由石继生副主任负责，协调解决自治区农业开发银行质押贷款土地解冻事宜；原则同意成立月牙湖乡滨河家园四村村民委员会，由月牙湖乡负责，按照相关规定办理；原则同意解聘国土城管直属执法监察大队17名临时协管员并给予一次性补偿，由丽景街街道办事处负责，依法依规予以办理解聘手续，由财政局负责，按程序核拨17名临聘人员一次性经济补偿247414.38元（以劳动仲裁部门核定金额为准），国土分局、物业办如需增加临聘人员，须报请政府研究同意后方可聘用；由国控公司、国土分局、宁夏檀溪房地产公司提出掌政镇安置区三期项目未批先建占用土地行政处罚款书面意见，经法制办把关后，报请政府相关会议研究；原则同意归还交通厅暂借兴庆区用于开展交通物流园项目征地拆迁工作的4000万元借款，提请区委常委会议研究；由拆迁办负责，对近年来兴庆区实施的征地拆迁项目进行梳理，核清各项目银川市财政、本级财政应承担资金及资金拨付、使用情况，一周内报政府，由副区长张艳芬牵头，区财政局、区审计局、区监察局配合，对上述征地拆迁项目进行进一步审核；原则同意拨付10万元，作为环卫工人爱心救助基金，由城管环卫综合执法南局负责，按程序办理基金设立手续，完善基金管理办法、章程等；原则同意拨付市住房保障局上前城村7、8队安置房建设资金8878.004万元，由财政按程序核拨，提请区委常委会议研究；由区公安分局负责，就建立吸毒人员服药延伸点事宜，与区卫生和食品药品监督管理局商定意见，提出2015年兴庆区禁毒工作实施方案报政府相关会议研究；原则同意区民政局提交会议研究的《兴庆区街道办事处行政区域调整工作方案》，由区民政局负责，做好与公安派出所管辖区域划分、网格化管理等工作的衔接，对各街道办事处债权债务、调整过程中存在的问题等进行梳理并提出处理意见，报政府相关会议研究；原则同意民政局提交会议研究的《兴庆区2015年“送温暖”慰问活动实施方案》，由区民政局负责，按照会议意见修改完善后组织实施，方案中需明确慰问品规格及价格；原则同意一次性补偿350万元，用于解决唐徕市场补偿的所有问题，其中567117.53元拨付兴庆区人民法院，用于支付原唐徕市场承租户租金执行款；100000元拨付兴庆区人民法院，用于支付杜艳与海宝公司欠款执行款；剩余2832882.47元，由财政按程序核拨海宝公司，对此次补偿后未尽事宜引发的相关纠纷、问题等，均由海宝公司自行解决；同意给予强殿伟行政降级处分（正科级降为副科级），由区监察局负责，按相关程序办理。会议研究了干部问题（另行文）。

【第二十四次常务会议】 2015年1月24日，兴庆区区长朱韶峰主持召开。会议听取了《2014年为民办十件实事》办理情况的汇报。研究讨论了《政府工作报告(讨论稿)》《银川市兴庆区2014年国民经济和社会发展计划执行情况及2015年国民经济和社会发展计划草案的报告(讨论稿)》《银川市兴庆区人民政府关于兴庆区2014年财政预算执行情况和2015年财政预算草案的报告(讨论稿)》《兴庆区2015年财政预算编制草案》。对《2015年为民办十件实事》进行修改完善,原则通过《政府工作报告(讨论稿)》《银川市兴庆区2014年国民经济和社会发展计划执行情况及2015年国民经济和社会发展计划草案的报告(讨论稿)》《银川市兴庆区人民政府关于兴庆区2014年财政预算执行情况和2015年财政预算草案的报告(讨论稿)》。原则同意区财政局提交会议研究的《兴庆区2015年财政预算编制草案》,由区财政局负责,根据会议意见进行修改完善。

【第二十五次常务会议】 2015年2月11日,兴庆区区长朱韶峰主持召开。会议研究了《第二次全国地名普查兴庆区工作实施方案》、老旧市民服务站活动场所维修改造项目变更增量,拨付兴庆南区国税局、北区国税局税务相关业务经费,拨付月牙湖乡生态移民土地流转缺口资金,月牙湖乡滨河家园商网二期核定出让价格和杜娟等人辞职提前退休相关事宜。原则同意《第二次全国地名普查兴庆区工作实施方案》;原则同意老旧市民服务站活动场所维修改造项目变更增量。原则同意为兴庆南、北区国税局分别拨付100万元工作经费,由区财政局负责严格按程序办理。原则同意按照人均一亩水浇地的标准,核拨月牙湖乡移民2012年至2013年的土地流转缺口资金1450062元。原则同意国控公司按照3200元/平方米的价格销售月牙湖乡滨河家园二期商业房。同意杜娟、宋娜、王伟林、房勇的辞职申请和路明的提前退休申请。会议还研究了干部问题(另行文)。

【第二十六次常务会议】 2015年3月18日,兴庆区区长朱韶峰主持召开。会议传达学习了《关于加强和改进节约集约用地管理的若干意见的通知》(宁党办〔2015〕2号)和新《中华人民共和国安全生产法》及国家、自治区安全生产工作会议精神。会议研究了《进一步加强爱国卫生工作巩固提升国家卫生城市创建成果工作方案》《兴庆区上争资金考核办法》《兴庆区政府投资项目竣工验收管理暂行办法》《兴庆区2015年花卉扶持资金细则及使用管理办法》、清理盘活沉淀资金使用事宜、2014年老旧小区改造工程变更决算、兴庆区社会救助工作领导小组及各部门社会救助工作任务分工、变更兴庆区禁毒委员会领导小组成员、配备兴庆区税务局助征员、银川通航产业园春季绿化项目、化解高新平信访事项、购置城市绿化养护生产设备、银川市花卉种苗繁育中心项目、2015年2月重点项目建设资金支出相关事宜。会议决定:由区安监局牵头,兴庆区各行业主管部门尽快在各自行业领域内,组织开展新《中华人民共和国安全生产法》的学习培训工作,尤其是针对生产经营企业和个体经营户的培训,要采取集中轮训、企业(个体户)自训等各种形式进行,做到人人学法、懂法,依法从业,切实强化政府领导、部门监管和企业主体“三大责任”,把健全安全生产责任体系建设落到实处;原则同意成立加强爱国卫生工作巩固提升国家卫生城市创建成果领导小组;原则同意清理收回兴庆区各预算单位结余结转资金3903.4万元;原则同意增加兴庆区2014年老旧小区改造工程变更签证概算资金13897305.45元,由区审计局负责按相关程序对兴庆区2014年老旧小区改造工程进行决算提请区委常委会议研究;同意成立兴庆区社会救助工作领导小组及各部门社会救助工作任务分工,由冯德旺副区长任兴庆区社会救助工作领导小组组长;同意变更兴庆区禁毒委员会领导小组成员,将兴庆区各乡镇、街道办事处和卫计局、教育局、文体旅游局、司法局等相关部门行政负责人列入领导小组成员,提请区委常委会议研究;原则同意《兴庆区上争资金考核办法》;原则同意《兴庆区政府投资项目竣工验收管理暂行办法》;同意为银川市地税局直属管理局契税征收大厅增加工作人员4人;原则同意在掌政镇建设居福园老年公寓暨社区居家养老地产项目;原则同意在掌政镇建设宁夏百货副食品生活港项目;由银川通航机场和通航产业园筹建处负责,尽快完成通航产业园春季绿化工程方案、施工图纸,报银川市通用机场和通航产业园筹建委员会研究;由冯德旺副区长牵头,法院、信访督办局、法制办、解放西街办事处配合,按照会议意见,进一步完善相关手续,化解高新平信访事项;同意为林业局绿化养护中心购置浇水车1辆、专用小型修剪车1辆,车辆购置资金约56万元;原则同意由政府分两年出资500万元,扶持天地缘锦绣园林花卉有限公司开展花卉种苗繁育中心项目建设;原则同意《兴庆区2015年花卉扶持资金细则及使用管理办法》;原则同意安排2015年2月重点项目建设资金支出29158.1万元。会议还研究了干部问题(另行文)。

【第二十七次常务会议】 2015年3月31日，兴庆区区长朱韶峰主持召开。会议研究了《关于加快发展家庭服务业促进创业就业工作实施意见》《兴庆区“救急难”救助暂行办法》《兴庆区全面推进城市管理街道综合执法工作改革实施方案》《市容环卫中心机构设置及人员配置工作方案》《对兴庆区籍初中毕业生进入职业技术学院（学校）参加中职教育给予奖学金资助意见》，研究了康居安置区工程建设、友爱聚丰苑小区住宅楼建设、银古路办事处天都十六区项目拆迁户拆迁过渡费、大新镇上前城村征地拆迁遗留问题、大新镇上前城村杨家湾子清真寺征地拆迁遗留问题，大新镇塔桥村8、9队营业房过渡费，大新镇新水桥村村集体经济组织产权制度改革试点工作、通贵乡集镇道路建设项目土地流转费用、通贵乡通北村2014年土地流转补贴资金、通贵乡河滩中心村二期绿化建设项目、通贵乡老年综合福利中心征地及复沟复渠费用、配备税务系统助征员、月牙湖乡红树莓生态产业园冷库项目建设、取消和整改部分绿化达标单位、丽景街办事处雅苑社区购买社区办公用房、丽景街办事处办公楼进驻物业公司、玉皇阁北街办事处东方社区购买办公用房、政府采购信息化电教网络设备社会化运维、现役军人吴银平抚恤金、购置城管综合执法局执法车辆、国有房产到期续租和市容环卫中心部分职工交通事故赔偿经费等事宜。会议决定：原则同意对康居安置区项目中的民用天然气、广播电视网络工程建设，由财政局负责，按照单一来源采购程序，做好工程设备的采购工作；原则同意将友爱聚丰苑小区住宅楼建设项目列入2015年政府投资项目计划；原则同意暂借给银古路办事处天都十六区项目拆迁户2015年2月至3月拆迁过渡费5318647.2元；上前城村2013年南物流港项目征地过程中，确有67.44亩土地未予补偿，原则同意拨付该项目土地补偿款252.9万元；原则同意拨付大新镇上前城村杨家湾子清真寺征地拆迁补偿款320万元；原则同意暂借大新镇塔桥八、九队营业房过渡费346.02万元；原则同意确定大新镇新水桥村为兴庆区村集体经济组织产权制度改革试点村；原则同意拨付2014年通贵乡集镇道路建设项目土地流转费用91.93万元；原则同意对通贵乡2014年引进的宁夏市外淘园农业开发有限公司、宁夏塞上陇旺农业开发有限公司所流转的5007.57亩土地，给予67.23万元资金补贴；原则同意实施通贵乡河滩中心村二期绿化项目建设；原则同意拆迁办提出的通贵乡老年综合福利中心征地方案；原则同意为银川市兴庆区北区地方税务局核拨“金税三期”上线外聘6名工作人员经费18万元（每人每年包干经费3万元），人员由银川市兴庆区北区地方税务局自聘，为银川市地税交通运输征收管理局配备政府聘用人员3名（聘期三年），为银川市兴庆南区国家税务局配备政府聘用人员6名；原则同意实施月牙湖乡红树莓生态产业园冷库项目建设；原则同意将月牙湖乡滨河家园三期开发的2500亩土地，流转给宁夏荣德百瑞农业科技发展有限公司进行红树莓种植；原则同意劳动就业局提交的《对兴庆区籍初中毕业生进入职业技术学院（学校）参加中职教育给予奖学金资助意见》；原则同意《关于加快发展家庭服务业促进创业就业工作实施意见》；原则同意取消银川九中、区群艺馆、区博物馆、银川市建委、百姓购物城、油漆厂、西城房管所、育智学校、区邮电幼儿园、三林社区、游乐小区11家因机构撤销或合并、企业破产或兼并而造成绿地率不达标、绿地景观较差的原绿化达标单位（居住区）荣誉称号；原则同意购买书香雅苑118号楼一层商业房、二层住宅楼，作为丽景街办事处雅苑社区办公用房；原则同意购买兴庆区红商坊1号、2号楼1号商业房101室，作为玉皇阁北街办事处东方社区办公用房；原则同意由政府购买服务，对政府采购信息化电教网络设备进行社会化的运营维护；同意按照烈属和因公牺牲标准，发放现役军人吴银平遗属一次性抚恤金617700元；原则同意《兴庆区“救急难”救助暂行办法》；原则同意《兴庆区全面推进城市管理街道综合执法工作改革实施方案》；同意为城管综合执法局购置执法车11辆，其中皮卡车6辆，客货车5辆；原则同意《市容环卫中心机构设置及人员配置工作方案》；原则同意核拨市容环卫中心清扫工温占彪工伤赔偿金81854.1元、张金凤工伤赔偿金86722.54元、乔建国工伤赔偿金145400元；同意将新华街办事处旧址、兴庆区第三幼儿园旧址、兴庆区第三小学旧址续租一年。

【第二十八次常务会议】 2015年6月8日，兴庆区区长朱韶峰主持召开。会议听取了赴天津市河西区学习考察城管环卫及社区工作的汇报、国控公司关于国有资产运营情况的汇报。研究了《兴庆区安全生产行政责任规定》《兴庆区花卉产业担保基金管理办法》《兴庆区政府投资项目管理办法》《农村集体资产股份权能改革试点工作实施方案》《兴庆区扶持中小微企业发展担保基金管理办法（暂行）》《兴庆区促进工业经济平稳运行加大财政扶持力度的实施意见》《兴庆区进一步加强优质教育资源扩面工程实施方案》，还研究了调整兴庆区城镇社区居委会、兴庆区集中专户各单位存量资金上缴国库事宜、月牙湖移民安置区庄点及203省道等绿化管护工作移交、农产品质量安全检验检测室建设、南美白对虾大棚高效健康养殖示范基地建设、万亩奶牛养殖园区污水处理厂项目、万亩奶牛生态养殖园区第四批生态移民奶牛托管、月牙湖乡滨河移民2014年度土地流转、通航产业园纬七路建设占用村民宅基地安置、塔桥村老年幸福大院建设、将安置区商业用房用于社区蔬菜直销店、安置区商业公寓地下车位评估，推荐马明德、晋忠宁、马明祥同志为兴庆区“见义勇为积极分子”，核拨2015年第一季度禁毒工作经费、化解苗秀芳拆迁补偿事项、征地拆迁工作、购置环卫作业用电动三轮车及二轮摩巡车、补充环卫职工、城中村和民乐瓷砖市场卫生综合整治及长效管理、关于姬晓莉等33名公务员2012—2014年连续三年考核优秀记三等功、兴庆区第三次全国经济普查先进集体和先进个人表彰、通贵乡河滩中心村二期房屋分配、通贵乡计生服务中心办公楼拆除、引进卫生专业技术人员，兑现2013、2014年度人口和计划生育目标责任考核奖励，配备兴庆区税务系统助征员、2015年地方财政置换债券资金使用、2015年5月重点项目建设资金支出、与宁夏银行批发贷款担保有限公司合作出资建设中小微企业发展基金、2014年度项目建设和上争资金工作先进集体和先进个人奖励、教育信息化教学软件建设与应用经费、兴庆区第七小学、第二十六小学教学楼加固及节能改造事、为兴庆区第七小学等学校采购教学仪器设备、原宁夏粮食学校校舍鉴定及使用、兴庆区进一步推进校园足球工作经费、兴庆区塔桥小学等12所学校土地证办理相关事宜。会议决定：原则同意《兴庆区安全生产行政责任规定》；原则同意《兴庆区城镇社区居委会调整方案》；原则同意将集中专户各单位存量结余资金658.21万元上缴国库统筹使用；原则同意将月牙湖高压走廊经果林280亩，移民安置区庄点一、二期绿化68亩，移民安置区农田林网绿化165亩，203省道150亩绿化项目交由月牙湖乡政府进行管护；由区林业局负责，区法制办配合，对《兴庆区花卉产业担保基金管理办法》予以修改后报政府另行研究；原则同意《兴庆区政府投资项目管理办法》；由农牧局牵头，相关部门配合，在保证国有资产安全完整的基础上，将农村集体资产股份权能改革与农业“双增”工作有机结合，继续做好《农村集体资产股份权能改革试点工作实施方案》的修改和调查论证工作；原则同意建设农产品质量安全检验检测室；由农牧局负责，将《南美白对虾大棚高效健康养殖示范基地项目规划建设方案》报兴庆区规划建设领导小组审批；由副区长冯德旺负责，副区长吴小平配合，针对万亩奶牛养殖园区污水处理厂项目建设、运行过程中存在的问题，协调宁夏建筑设计院进行实地勘测，组织环保部门及专家进行论证，提出合理、经济的解决方案，彻底解决该污水处理厂存在的各类问题；原则同意将第四批生态移民845头奶牛，由宁夏骏华月牙湖农牧科技养殖有限公司托管545头，宁夏好乐美牧业有限公司托管300头；原则同意拨付月牙湖乡滨河移民2014年度土地流转费用4891800元；原则同意在大塘南村原乡政府旧址院内西侧空地（面积2.1亩），对通航产业园纬七路建设所占用2户村民的宅基地进行安置；原则同意将聚丰苑南区24号公寓楼3、4层改建成塔桥村老年幸福大院；原则同意将兴庆区新建安置区内的13处、1701.28平方米商业用房用于社区蔬菜直销店建设；由副主任赵景宝牵头，康居办负责，查找市政府关于安置区商业、公寓、地下车位销售工作的相关会议文件，兴庆区安置区商业、公寓、地下车位销售工作，要严格按照银川市相关会议精神执行；原则同意授予马明德、晋忠宁、马明祥兴庆区“见义勇为积极分子”荣誉称号，每人给予5000元资金奖励；原则同意拨付2015年第一季度禁毒工作经费100万元；由副主任赵景宝负责，协调宁夏富地房地产公司，化解苗秀芳拆迁补偿信访遗留问题；由副区长张艳芬牵头，副主任石继生配合，区财政局、区审计局、区监察局、拆迁办、大新镇负责，对大新镇大新村3队庄点房屋及养殖区拆迁过渡费进行审核，提出具体意见报政府研究，由大新镇、康居办负责，提出大新村3队庄点房屋及养殖区拆迁安置方案，报政府研究；原则同意拆迁办提出的大新供电所征收补偿方案；由拆迁办、丽景街街道办事处负责，理清恒大御景住宅项目征地拆迁遗留问题中，涉及集体土地、国有土地的面积、补偿等情况，将测算报告上报市政府，争取相关拆迁补偿资金；由副区长张艳芬、副主任石继生牵头，区财政局、区审计局、区监察局负责，对恒大御景建设项目涉及双庄村用地的相关遗留问题进行审核，将审核结果报政府研究；原则同意购置环卫作业用电动三轮车264辆、二轮摩巡车67辆；原则同意补充环卫职工，由区市容环境卫生服务中心、区人力资源和社会保障局负责，根据辖区清扫保洁面积，进一步核实需要补充的环卫职工数量，对所有环卫职工实行实名制管理；由区财政局负责，拨付城市管理综合执法局工作经费100万元，用于玉皇阁北街办事处高台寺5、8、12队，凤凰北街办事处北塔4、6队，中山南街办事处民乐瓷砖市场，丽景街办事处满春小康村的卫生综合整治及长效管理工作；原则同意为姬晓莉等33名2012—2014年连续三年考核优秀的公务员记三等功，每人给予奖励1500元；原则同意对在第三次全国经济普查中，表现突出的凤凰北街办事处崇安社区等16个先进集体，李云霞等90名先进个人予以表彰，每个先进集体奖励10000元，先进个人每人奖励1000元；原则同意将通贵乡河滩中心村二期房屋分配价格沿用河滩中心村一期的分配价格，确保河滩中心村一、二期房屋分配政策的延续性，通贵乡河滩中心村三期工程不再规划建设；原则同意为兴庆北区国税局配备4名政府聘用人员，为兴庆南区地税局配备4名政府聘用人员，为自治区地税直属征收管理局配备5名政府聘用人员；原则同意将自治区财政厅下达兴庆区2015年第一批和第二批共8921.5万元的地方政府置换债券资金指标，用于偿还国控公司满春三期康居安置区贷款8750万元，偿还国控公司掌政中学校舍建设贷款100万元，偿还回民第三小学债务4.96万元，偿还月牙湖乡政府债务66.54万元；原则同意安排2015年5月重点项目建设资金支出9819.45万元；原则同意由兴庆区出资500万元，与宁夏银行业批发贷款担保有限公司合作建设中小微企业发展基金；原则同意《兴庆区扶持中小微企业发展担保基金管理办法（暂行）》；原则同意《兴庆区促进工业经济平稳运行加大财政扶持力度的实施意见》；原则同意对2014年度项目建设6个先进集体、10名先进个人予以表彰奖励；由教育局对《兴庆区进一步加强优质教育资源扩面工程实施方案》；原则同意对兴庆区第七小学、第二十六小学教学楼进行加固和节能改造，资金来源为自治区薄弱学校改造项目资金；原则同意为兴庆区第七小学采购多媒体设备、学科教学仪器设备、多功能室器材，为第二十二小学补充采购教学仪器设备，为银川五中、第三回民小学、第十九小学采购80套多媒体设备，为银川市第二幼儿园等公办幼儿园采购96台教师办公一体机、60套多媒体教学一体机，为新补充教师采购124台教师用计算机；原则同意按照宁夏建筑工程质量监督检验站对原宁夏粮食学校校舍楼的检验结果，对该学校教学实验楼，四层宿舍楼，男一号、二号宿舍楼，女二号宿舍楼，餐厅等建筑物予以拆除；对培训楼、综合楼进行综合改造后，继续使用；原则同意为兴庆区塔桥小学、碱富桥小学、镇河小学、满春小学、第九小学、官湖小学、司家桥小学、通南小学、第三小学春林小区、上前城小学、回民二小新水桥校区、第二十七小学办理国有土地证，土地权属办理在兴庆区教育局名下。

9月28日，李建华（左前三）、刘慧（右前三）调研通航机场

【第二十九次常务会议】 2015年7月7日，兴庆区区长朱韶峰主持召开。会议研究了调整兴庆区2015年基本建设项目事宜、《兴庆区建立政府部门权利清单制度工作方案》、2014年兴庆区招商引资工作先进集体表彰、银川通用机场和通航产业园部分工程项目招标、银川通用机场和通航产业园工程项目借款、2014年度城乡环境综合管理长效考核以奖代补奖励、将兴庆区部分旱厕进行水冲式改造、市容环境卫生服务中心驾驶员、汽车维修工公开招聘、将满春康居B区三期营业房作为环卫工人休息室、联合企业开发建设双庄失地农民就业市场及公寓项目、唐徕小区安置区工程委托代建、工具车辆购置、兴庆区第二十二小学旧址树木移栽项目招标、原宁夏粮食学校综合楼拆除、兴庆区人民法院2014年诉讼费和罚金返还、不予确认石治国“见义勇为”行为、月牙湖乡撤乡建镇、农村劳动力

职业技能培训经费拨付、旅游产业发展资金相关事宜。会议决定：原则同意将兴庆区辖区背街小巷改造工程、银川市月牙湖乡203省道环境整治道路铺砖工程等5个项目调出2015年基本建设项目库；将银川十二中绿化、弱电改造工程、兴庆区人民检察院办案区改造装修工程等19个政府投资项目，宁医大总院骨科医院、京东商城银川馆、立达深航国际大酒店3个社会投资项目调入2015年基本建设项目库；原则同意《兴庆区建立政府部门权利清单制度工作方案》；原则同意对经济技术合作局等19个2014年兴庆区招商引资工作先进集体予以表彰；原则同意对银川通用机场正式用电工程项目、银川通航产业园外接供水管线安装施工项目及监理单位、通航产业园围栏工程、银川通用机场清运土方项目、通航机场航站楼强弱电、外部装饰工程采用邀请招标方式，确定施工单位；对通用机场可研阶段飞行程序设计和飞机性能分析、初步设计阶段飞行程序、正式设计阶段飞行程序（含机场使用细则编写）、导航通信台址选址报告、银川通用机场跑道和站坪施工检测、通用机场跑道延长300米地质勘测、建设机场控制网（含平面和高程）、测量机场全向信标台场环境图、全向信标台地形地物遮蔽角测量项目采用单一来源招标方式，确定设计单位；原则同意借款兴庆区财政局国库和保证金专户资金6100万元，用于银川通用机场和通航产业园建设，待银川通用机场和通航产业园工程项目市财政建设资金到位后，予以冲账处理；原则同意城市综合管理委员会办公室提出的2014年度城乡环境综合管理长效考核以奖代补奖励方案；原则同意由市容环境卫生服务中心负责，将城区内的3座旱厕拆除，原地放置3座移动水冲式公厕；将城乡结合部及乡镇的12座旱厕拆除，选址新建5座水冲式公厕；原则同意公开招聘市容环境卫生服务中心驾驶员32名、汽车维修工5名，所聘用人员包干经费由过去定的每人每年3万元提高至每人每年4万元；原则同意将满春康居B区三期营业房2套作为兴庆区环卫工人休息室，房屋过户至国控公司名下，由国控公司与市容环境卫生服务中心签订房屋使用协议；原则同意由双庄村委会联合宁夏通和房地产开发有限公司，开发建设双庄失地农民就业市场及公寓项目；原则同意由宁夏富地房地产开发有限公司代建唐徕小区安置区项目；原则同意为建设交通局购置两驱皮卡车1辆，为月牙湖乡购置四驱皮卡车2辆，作为该单位的工具车辆；原则同意采取邀请招标的方式，确定兴庆区第二十二小学旧址树木移栽项目的施工单位；原则同意对原宁夏粮食学校综合楼予以拆除，对培训楼予以维修改造；由区财政局负责，分期安排专项工作经费758.59万元，用于兴庆区人民法院补缴土地价款、基建债务及停车场基础建设；原则同意不予确认石治国“见义勇为”行为；原则同意撤销月牙湖乡，设立月牙湖镇，保持原有行政区划不变，实行镇辖区体制；原则同意按照2015年财政预算安排，核拨区劳动就业局农村劳动力职业技能培训工作经费60万元；原则同意拨付旅游产业发展资金87万元，其中兵沟文化旅游区基础设施补助72.2万元，黄沙古渡旅游区基础设施建设补助14.8万元。会议还研究了干部违纪处理问题（另行文）。

【第三十次常务会议】 2015年8月19日，兴庆区区长朱韶峰主持召开。会议听取了1—7月份安全生产工作汇报，传达学习了全国安全生产电视电话会议精神。研究了银川市第一职业技术学校职工餐厅租赁合同解除，银川通用机场及场外道路项目国有建设用地办理，银川通用机场和通航产业园工程项目借款，将城管综合执法局临聘人员转为政府包干经费人员，市容环卫中心原清扫员周天秀工亡补助，兴庆区公务员及参公人员职务与职级并行，教师节表彰，居安置区内新建幼儿园办学方式，禁毒委办公室车辆购置，兴庆区人民法院车辆购置，兴庆区人民检察院司法救助拨款，兴庆区老年活动中心物业合同续签，提高政府应急值班补助标准，兴庆区政府办公楼物业费调整，税务系统助征员聘用、税务系统征管经费拨付，重点项目借款，区域性火灾隐患整改治理工作，治沙林场溜山头土地划拨，《兴庆区离退休村干部生活补贴发放管理办法》，征收双庄二队停车场经营损失核拨，大新三队庄点及养殖区拆迁过渡费拨付，大新失地农民公寓项目建设合作，通贵乡政府办公楼维修改造及安置区一期锅炉房、职工食堂、大门围墙建设项目工程量变更，通贵乡通北村、通贵村土地流转平田整地经费拨付，兴庆区农产品质量安全检验检测站项目建设，兴庆区蔬菜育苗中心建设，盛夏尚品蔬菜科技示范园建设，掌政镇洼路振全特色水产渔业养殖场建设，薰衣草生态休闲旅游度假项目区南大门和生态停车场草原承包证办理，《兴庆区花卉产业发展基金使用管理办法》，增加老旧小区环境综合整治工作经费和《兴庆区支路、小街巷市政基础设施管理实施方案》相关事宜。会议决定：原则同意解除兴庆区国控公司与银川市第一职业技术学校职工餐厅签订的租赁合同，补偿该餐厅营业损失和装修经费140万元；原则同意将兴庆区黄河以东94.470406公顷国有建设用地手续办理在兴庆区国控公司名下，用于银川通用机场及场外道路项目建设；原则同意暂借兴庆区财政局国库和保证金专户资金5000万元，用于支付银川通用机场和通航产业园工程款项，待银川市建设资金到位后予以冲账处理；原则同意将18名城管综合执法局临聘协管人员转为政府包干制聘用协管人员，年人均经费3万元；原则同意支付市容环卫中心原清扫员周天秀一次性工亡补助金及丧葬费563580元；原则同意按照《关于印发〈宁夏回族自治区县级以下机关建立公务员职务与职级并行制度的实施意见〉的通知》精神，对截至2015年12月底，符合条件的140名公务员及参公人员（其中拟晋升副处级52人，晋升正科级21人，晋升副科级67人）予以职级晋升；原则同意拨付资金16万元，用于110名"优秀教师"、15名"优秀教育工作者"、20名"师德标兵先进个人"、10名"尊师重教先进个人"、5名"优秀支教教师"的表彰奖励；原则同意将2015年康居安置区内配套新建的6所幼儿园，以公有民办幼儿园方式进行办学；原则同意为兴庆区购置办公商务用车1辆，用于禁毒委办公室日常禁毒宣传、吸毒人员的管控及各辖区"绿茵工作室"督导检查工作；原则同意拨付兴庆区人民检察院刑事被害人救助金10万元；原则同意与宁夏宏泽鸿盛物业管理有限公司续签兴庆区老年活动中心综合办公楼2015年8月1日至2016年7月31日的物业管理合同；原则同意将政府应急值班补助标准提高至每人每月300元，所提高的补助标准，自2015年1月起执行；原则同意增加兴庆区政府办公楼物业服务费用每年50400元，由区财政局负责，按程序核拨相关经费；原则同意为兴庆南区国税局配备6名政府聘用人员，为兴庆北区国税局配备5名政府聘用人员；原则同意拨付兴庆北区国税局办税服务厅改造经费100万元，其中2015年拨付资金50万元，2016年拨付资金50万元；原则同意暂借兴庆区财政局国库资金1亿元，用于支付兴庆区重点项目工程款项，待自治区、银川市相关建设资金到位后予以冲账处理；原则同意安监局提出的兴庆区区域性火灾隐患整改治理工作方案；原则同意对征用治沙林场溜山头（枣园）用于银川通用机场建设的1320亩土地所涉及的征地费、土地开发整理费及地面附着物予以补偿；原则同意《兴庆区离退休村干部生活补贴发放管理办法》；原则同意拨付丽景街街道办事处双庄2队临时停车场土建、围墙、经营损失等1042110元；原则同意按兴庆区财政、审计、监察部门审核结果，拨付大新3队庄点108人自2015年1月1日至2015年6月30日的过渡期租房费11.664万元；拨付大新3队养殖区74栋房屋、65户群众自2014年4月1日至2015年3月31日的过渡期租房费29.6万元；由副区长王恪牵头，康居办负责，尽快协调办理大新失地农民公寓项目规划审批手续，由副区长徐刚负责，多方筛选大新失地农民公寓项目建设合作企业，通过邀请招标等方式，确定该项目合作建设企业，大新失地农民公寓项目必须用于一次性解决兴庆区失地农民享受5平方米营业房、20平方米公寓及近年来征地拆迁过程中的遗留问题；原则同意对通贵乡政府办公楼维修改造及安置区一期锅炉房、职工食堂、大门围墙建设项目工程量予以变更，由通贵乡负责，严格按照《兴庆区建设工程变更签证管理暂行办法》的相关规定进行办理；原则同意按照每亩350元的土地整理补贴标准，拨付通贵乡通北村、通贵村8788.75亩土地流转平田整地费用307.6万元；原则同意将兴庆区新水桥康居安置区东区（B区）S13商网第三层中的455.4平方米房屋，用于农产品质量安全检验检测站项目建设；原则同意建设兴庆区蔬菜育苗中心，并享受区、市相关补贴政策；原则同意对盛夏尚品蔬菜科技示范园建设项目予以立项；原则同意对掌政镇洼路振全特色水产渔业养殖场建设项目予以立项；原则同意为薰衣草生态休闲旅游度假项目区南大门和生态停车场共753亩草原办理土地承包证；原则同意《兴庆区花卉产业发展基金使用管理办法》；原则同意增加老旧小区环境综合整治工作经费，其中大新镇50万元，燕鸽湖管委会20万元，各街道办事处各50万元；原则同意《兴庆区支路、小街巷市政基础设施管理实施方案》。会议还研究了干部问题（另行文）。

【第三十一次常务会议】 2015年9月30日，兴庆区区长朱韶峰主持召开。会议研究了《兴庆区2015年自治区、银川市公益性岗位分配方案》《兴庆区2015年秋季农田水利基本建设实施方案》《兴庆区创建2016—2020年"全国科普示范县（区）"实施方案》及全民科学素质领导小组调整，新增政府投资类项目建设，兴庆区城镇新增社区工作者生活补贴、卸任社区工作者补偿经费拨付，兴庆区网格员招聘，2014年度优秀人员健康休养，银川通用机场和通航产业园航展活动及工程项目借款，对兴庆南区国税局、兴庆北区国税局进行嘉奖，2015年6—9月兴庆区重点建设项目资金支出、银通路等项目拆迁补偿资金暂借，推荐李学斌、马建林、马义华、马生林4人为兴庆区“见义勇为积极分子”，解决友爱失地农民公寓项目前期费用、康居安置区商业及地下车位处置、新华街办事处旧址房屋资产处置、国控公司注册资本金划转，兴庆公安分局胜利街派出所、玉皇阁北街派出所办公场地新建、置换及兴庆区人民法院租用和改造停车场相关事宜。会议决定：原则同意新增9个2015年政府投资类项目；原则同意核拨兴庆区新增社区工作者2015年9—12月生活补贴资金58.884万元，兴庆区卸任社区工作者补偿资金218.2万元；原则同意招聘兴庆区社区网格员180人；原则同意《兴庆区2015年自治区、银川市公益性岗位分配方案》；原则同意安排2014年度优秀人员进行健康休养；原则同意《兴庆区2015年秋季农田水利基本建设实施方案》；原则同意由兴庆区财政局国库和保证金专户借款资金2000万元，用于银川通用机场和通航产业园航展活动及工程项目建设，待银川通用机场和通航产业园工程项目市财政建设资金到位后，予以冲账处理；原则同意对兴庆南区国税局、兴庆北区国税局予以通令嘉奖；原则同意安排资金83256.99万元，用于2015年6—9月重点项目建设；原则同意借款兴庆区财政局国库资金1200万元，用于银通路、宝湖路、银佐路拓宽改造项目的征地拆迁工作，待银川市项目拆迁补偿资金到位后，予以冲账处理；原则同意授予李学斌、马建林、马义华、马生林四人获兴庆区“见义勇为积极分子”荣誉称号，每人给予资金奖励5000元；原则同意拨付资金40万元，用于解决友爱失地农民公寓项目建设的前期费用；原则同意将满春安置区三期总建筑面积4224.24平方米的40套商业营业房，按照每平方米13000元的底价进行拍卖处置；原则同意将位于兴庆区玉皇阁南街82号，总建筑面积1210.12平方米的新华街街道办事处旧址房屋，按照每平方米2万元的底价进行拍卖处置；原则同意划转兴庆区国库资金3000万元，用于兴庆区国控公司注册资本金；原则同意将胜利街派出所现址办公场所调整由中山南街派出所使用，将玉皇阁北街派出所现址办公场所调整由文化街派出所使用；原则同意租用兴庆区人民法院现址区域北侧、银川众一集团所属的2800平方米闲置空地，用于法院罚没车辆的停放和保管，租期10年；原则同意《兴庆区创建2016—2020年“全国科普示范县（区）”实施方案》。

【第三十二次常务会议】 2015年10月30日，兴庆区区长朱韶峰主持召开。会议研究了《关于进一步规范基层司法所管理体制有关问题的意见》《兴庆区村级公益事业建设一事一议财政奖补项目管理及资金管理暂行办法》《兴庆区康居安置房分配实施方案》《银川市第三人民医院托管大新卫生院实施方案》《兴庆区中阿博览会暨第十个环卫工人节庆祝活动方案》；研究了兴庆区“准备之冬”政府投资项目筹备及2016年第一季度开工项目，2015年兴庆区科技项目资金拨付，兴庆区2015年度绿化达标居住区命名，碱富桥小学旧址办理土地转让手续，大新镇黄兴信访，返还兴庆区人民检察院涉案款、成立兴庆区康居安置房分配工作领导小组、采用“PPP”模式合作建设康居安置房项目，将“大新失地农民公寓”项目名称变更为“大新康居安置区三期”项目、阁底湖安置区供配电项目招标，解决掌政镇华夏河图项目征地拆迁遗留问题，大新镇纳金宝、纳金山征地拆迁，兴庆区规划四号路项目满春冷库和满春供电所征地拆迁补偿，通贵乡司家桥村路军奶牛场拆除，燕鸽湖B、C段托管，月牙湖乡滨河农贸市场彩钢房建设款及土地流转费用拨付，月牙湖乡干部职工交通费和误餐费拨付，空军基地房屋修缮，追授杨鸿儒为烈士，兴庆区网格员手机配发，兴庆区电子政务外网建设。调整兴庆区2015年国民经济指标预期目标任务相关事宜。会议决定：原则同意《关于进一步规范基层司法所管理体制有关问题的意见》；原则同意《兴庆区村级公益事业建设一事一议财政奖补项目管理及资金管理暂行办法》；原则同意经济发展局报送的兴庆区2015年第四季度及2016年第一季度政府投资开工项目；原则同意拨付2015年兴庆区科技项目资金，用于扶持农业、工业、社发项目，及科技特派员创业扶持和技术推广工作；原则同意命名清苑丰景小区、清苑小区、春和苑小区为兴庆区2015年度绿化达标居住区；由法制办负责，掌政镇、银川市国土资源局兴庆分局配合，严格按照国土部门的相关规定，积极与宁夏林诺贸易实业有限责任公司协商，办理完善碱富桥小学旧址土地转让相关手续；原则同意按照相关规定，将位于兴庆区春鸣苑二楼82平方米的安置房返还黄兴本人；原则同意返还兴庆区人民检察院涉案款280.5万元，用于人民检察院基建项目工程款和行政经费支出；原则同意成立兴庆区康居安置房分配工作领导小组；原则同意《兴庆区康居安置房分配实施方案》；原则同意采用“PPP”模式合作建设大新安置区二期、大新安置区三期、掌政安置区四期3个安置区；原则同意将“大新失地农民公寓”项目名称变更为“大新康居安置区三期”项目；原则同意将“友爱失地农民公寓”项目名称变更为“友爱康居安置区三期”项目；原则同意由永泰房地产集团（银川）有限公司与供配电项目施工单位签订阁底湖安置区高低压供配电项目施工合同，不再进行招标控制价评审，工程费用以最终工程决算价格为准；原则同意拆迁办提出的解决掌政镇华夏河图项目征地拆迁遗留问题的相关意见、建议；原则同意根据最高人民法院《关于审理涉及农村集体土地行政案件若干问题的规定》，参照国有土地安置补偿标准，对大新镇纳金宝、纳金山的需要拆迁的营业房，在满春四期东区和永泰城安置区所建设的营业房予以安置；原则同意一次性货币补偿571.68万元，对兴庆区规划四号路（四季青服装城南侧规划路，丽景街至清河街段）建设项目所涉及的满春冷库和满春供电所予以拆迁；由银川商贸物流服务中心副主任石继生牵头，通贵乡负责，银川市国土资源局兴庆分局、区农牧局、区监察局配合，进一步核实通贵乡司家桥村路军奶牛场建设占用基本农田的相关情况，报政府研究；原则同意《银川市第三人民医院托管大新卫生院实施方案》；原则同意将燕鸽湖B、C段交由长庆燕鸽湖物业处进行托管，由该单位对燕鸽湖B、C段进行投资、管理；原则同意拨付月牙湖乡农贸市场彩钢房建设款及土地流转费用3122302元，用于月牙湖乡已经垫付的相关款项；原则同意将月牙湖乡干部职工误餐费和交通费以现金的形式予以发放；原则同意拨付空军指挥所（空六师）办公用房修缮费用约25万元；原则同意《兴庆区中阿博览会暨第十个环卫工人节庆祝活动方案》；原则同意追授杨鸿儒为烈士，由区民政局负责，按程序将相关申请文件报送上级业务部门进行审批；原则同意为各街道办事处主要领导、社区网格化工作和综治工作分管领导、民政网格员专干岗位、综治专干岗位、社区服务站所有网格员各配发手机一部；原则同意拨付工作经费20.9万元，用于新配发的252部网格员手机话费；原则同意按照自治区相关工作要求，将兴庆区各乡镇、街道办事处及各部门接入电子政务外网；由区经济发展局负责，区财政局、区统计局配合，按照会议意见，进一步修改兴庆区2015年国民经济指标预期目标，提请区委常委会议、人大常委会议研究。会议还研究了干部违纪问题和干部问题（另行文）。

【第三十三次常务会议】 2015年11月23日，兴庆区区长朱韶峰主持召开。会议听取了安监局关于2015年1—10月份安全生产工作情况的汇报。研究了兴庆区国家第三批专项建设基金项目投资、向银川建发集团支付通贵乡小城镇建设项目相关费用、掌政镇鸣翠小城镇特色街区营业房回购款拨付、康居安置区PPP模式建设方案、满春安置区三期营业房拍卖、新华街街道办事处旧址办公楼拍卖，兴庆区国有资产投资控股公司董事会、监事会成员变更、变更银川市第二十中学法人、进一步深化集团化办学相关事宜。会议决定：安全生产各责任单位要认真做好第四季度及“两会”“两会”“两节”期间安全生产检查工作；由兴庆区政府委托国控公司，对兴庆区国家专项建设基金项目进行融资管理；原则同意向银川建发集团支付通贵乡小城镇建设项目中，建发集团前期所垫付的小城镇总体规划与概念设计编制、通贵乡东片区控制性详细规划编制等相关前期费用288.33万元；由区审计局负责，进一步核实掌政镇商业街特色街区征地拆迁项目拆迁协议签订情况；原则同意按照审计局对掌政镇鸣翠小城镇特色街区营业房回购款的审核意见，拨付掌政镇鸣翠小城镇特色街区营业房回购款7095515元；原则同意康居办委托宁夏黄河远东国际招标有限公司制定的《兴庆区康居安置区（PPP）项目（大新安置区二期、大新安置区三期、掌政安置区四期、通贵小城镇安置区二期）资格预审文件》；原则同意满春安置区三期面南的营业房中，将安置区南门以东的营业房在13000元/平方米的原公开拍卖价格基础上，降幅10%，以11700元/平方米的底价进行公开拍卖，安置区南门以西的营业房以13000元/平方米的底价进行公开拍卖。将满春安置区三期面西的营业房，在13000元/平方米的原公开拍卖价格基础上，降幅15%，以11050元/平方米的底价进行公开拍卖；原则同意将新华街街道办事处旧址办公楼，在20000元/平方米的原公开拍卖价格基础上，降幅15%，以17000元/平方米的底价进行公开拍卖；原则同意对兴庆区国有资产投资控股有限公司董事会、监事会成员予以变更；原则同意将银川市第二十中学法人变更为银川二中现任校长高小军，聘期自2015年10月1日至2018年9月30日；原则同意将银川市第二十一中学与兴庆区第二十六小学实质性合并为九年一贯制学校，引入银川市第二中学，成立银川市二中第二十一分校九年一贯制学校，对原学校进行全面管理；原则同意由宁港公司出资设立教育基金会，在兴庆区第二十一中学、第二十六小学固定资产仍属兴庆区政府所有的前提下，由兴庆区教育局、银川市二中集团、宁港公司三方，实行教育董事会领导下的校长负责制，开展兴庆区第二十一中学、第二十六小学的联合办学。

【第三十四次常务会议】 2015年12月11日，兴庆区区长朱韶峰主持召开。会议研究了《兴庆区2016年“送温暖”慰问活动实施方案》。会议听取了区法制办关于兴庆区2015年规范性文件清理审查工作的报告、区财政局关于市审计局对兴庆区政府2014年度财政审计决算情况的汇报。会议研究了社区网格员统一着装、兴庆区食品安全委员会设立，兴庆区部分乡镇、街道办事处商业房产处置，兴庆区武装部旧址办公用房处置、《兴庆区人民政府建立政府及其他工作部门权力运行责任清单实施方案》、康居安置区物业储备金收取、燕鸽村五队棚户区项目贷款、大新镇新水桥一队王玉海房屋拆迁安置事宜、兴庆区公车制度改革、2015年10—12月兴庆区重点项目资金支出、动用兴庆区2015年预备费相关事宜。会议决定：原则同意《兴庆区2016年“送温暖”慰问活动实施方案》；原则同意为兴庆区830名社区网格员统一配备工作服装；同意设立银川市兴庆区食品安全委员会，负责兴庆区食品安全工作的总体协调和指导工作；原则同意对兴庆区部分乡镇、街道办事处的商业房产进行公开拍卖处置；原则同意对兴庆区武装部旧址办公用房进行公开拍卖；原则同意法制办对2003年1月1日至2015年9月30日期间，兴庆区政府及政府办公室规范性文件提出的清理审查意见，保留该时期的各类规范性文件57件，废止14件，宣布失效2件，修改重新发布2件；原则同意《兴庆区人民政府建立政府及其他工作部门权力运行责任清单实施方案》；原则同意参照相关法律法规，按照无电梯住宅建筑面积40元/平方米，非住宅、有电梯住宅建筑面积50元/平方米的标准，收取兴庆区康居安置区物业储备金；由区财政局负责，暂借康居办资金1293万元，用于退还国家开发银行宁夏分行超规模发放的贷款；原则同意按照银川市征地拆迁相关政策，对大新镇新水桥一队村民王玉海所有的房屋予以拆迁安置补偿（其中对其砖混房屋按照2003年的影像图60%的返房系数、对彩钢房屋按照2007年影像图18%的系数予以测算补偿并以房返房，对其活动场所的场地、附着物、文体设施参照相关价格表和成新率予以货币补偿），返还王玉海安置房面积441.78平方米，货币补偿30.009万元；原则同意《银川市兴庆区全面推进公务用车制度改革实施方案》和《关于公车改革中司勤人员分流安置的实施方案》；原则同意安排资金11506.44万元，用于2015年10—12月重点项目建设；原则同意动用兴庆区2015年预备费4500万元，用于公共安全财政支出、医疗卫生财政支出、城乡社区事务财政支出。

【第三十五次常务会议】 2015年12月29日，兴庆区区长朱韶峰主持召开。会议听取了国控公司关于兴庆区国有资产处置情况的汇报、区财政局关于兴庆区财政收入完成情况的汇报。研究了《兴庆区2016年基本建设项目投资计划事宜》、《中国农发重点项目基金管理方案》,兴庆区社区综合服务中心暨丽景街老年人活动中心项目建设,宁夏众一物流园区三、四期项目中国农发重点基金投放，天地缘公司花卉专项借款资金化解，国控公司与宁夏银帝房地产开发公司项目投资合作，兴庆区国有经营性资产整合转让，乡村公路养护人员交通事故和意外死亡赔偿金拨付，提高社会福利院、中心敬老院职工工资待遇，宋夏等人辞职及提前退休，对周华等17人见义勇为行为予以嘉奖，银川通用机场和通航产业园项目占用林地资金缴纳，银川通用机场和通航产业园项目占用林地缴纳森林植被费用拨付相关事宜。会议决定：原则同意区经济发展局报送的《兴庆区2016年基本建设项目投资计划》；对兴庆区综合服务中心暨丽景街老年人活动中心项目责任单位丽景街街道办事处予以通报批评；原则同意《中国农发重点项目基金管理方案》；原则同意将3600万元中国农发重点建设基金用于投放宁夏众一物流园区三、四期项目建设；原则同意以2011年7月5日作为天地缘公司农发行花卉专项借款最终还款日，并对天地缘公司借款合同利息与政府还款之日已结算利息之差162731.52元予以免除；原则同意由国控公司与宁夏银帝房地产开发公司合作，投资购买政府公有商业房产项目；原则同意国控公司关于兴庆区国有资产处置情况的报告；原则同意将总建筑面积35803.03平方米、价值24557.9085万元的121套营业用房的国有经营性资产，整合转让至国控公司，进行市场化运作；对区财政局，国控公司，宁夏回族自治区地方税务局直属征收分局，银川市兴庆区南、北区国家税务局，银川市兴庆区南、北区地方税务局，银川市地方税务局交通运输征收管理局，银川市地方税务局直属征收管理局，银川市经济技术开发区地方税务局，宁夏宁东能源化工基地地方税务局、银川市地方税务局综合保税区征收管理分局给予通令嘉奖；原则同意对詹树琴交通事故和意外死亡给予20万元补助赔偿；原则同意安排资金100万元，用于兴庆区社会福利院和中心敬老院2015年职工工资待遇资金补贴；同意批准宋夏、李海燕、汪智宏、杨婷、虎云倩5人辞职，批准范秀云退休；同意对周华见义勇为行为予以嘉奖，给予物质奖励5000元；同意对许富城见义勇为行为予以嘉奖，给予物质奖励5000元；同意对李国强见义勇为行为予以嘉奖，给予物质奖励5000元；同意对范玉林、尹耀亮见义勇为行为予以嘉奖，给予范玉林、尹耀亮每人物质奖励5000元；同意授予王彪、王大卫、冉建根、司红伟兴庆区“见义勇为先进个人”荣誉称号，给予王彪一次性物质奖励698550元，给予王大卫物质奖励30000元，给予冉建根、司红伟每人物质奖励20000元；同意对杨素华、沈万山、沈万义、冉德良、杨保林、司仲德、司建萍、赵玉英见义勇为行为予以嘉奖，给予杨素华、沈万山、沈万义、冉德良、杨保林、司仲德每人物质奖励5000元，给予司建萍、赵玉英每人物质奖励3000元；原则同意缴纳银川通用机场和通航产业园项目建设占用林地罚金1039.81298万元；原则同意拨付银川通用机场和通航产业园项目森林植被恢复费300.1473万元。

（供稿人：魏鹏）

中国人民政治协商会议银川市兴庆区委员会

综述

【概况】　2015年，紧紧依靠和团结带领全体政协委员、各民主党派、工商联和各族各界，深入贯彻落实中共十八大和十八届三中、四中、五中全会精神，牢牢把握团结、民主两大主题，围绕“8531”工作思路，认真履行政治协商、民主监督、参政议政职能，本着“高度重视常委会、着力推进主席会、重点突出专题协商会”的原则，开展协商议政。召开协商会议13次，提出可行性意见、建议49条；撰写并呈报区委视察报告和调研报告9篇，提出意见、建议48条；收到提案166件，其中委员个人提案150件、民主党派集体提案16件，立案51件，已办结43件，办结率为84%，另有8件列入下年度办理计划，逐步解决。

【政协提案督办】　对于确定的6件重点提案，分别由区委书记、政府区长、区政协主席和副主席亲自领衔督办。特别是“关于做好老旧小区改造后物业管理建议”的提案，马爱平书记多次进行现场办公，呈现出“解放西街社区居委会代管、中山南街办事处成立物业服务中心管理”等较为突出的服务模式。区长朱韶峰对于“政府购买服务解决兴庆区中小学急需的服务项目”提案，确定将中小学后勤社会化管理列入预算，于2016年全面铺开，受到学校、教师及社会各界的好评。8月27日，区政协主席组织委员重点对在乡村公路主干道安装太阳能路灯的建议办理情况进行视察督办，该建议被兴庆区政府列为2015年为民办实事之一，投资1000余万元，在孔司路、银通路等全长79公里的路段安装太阳能路灯2454盏，既保障了群众夜间出行安全，又强化了社会治安管理。

【提案办理双向评议】　10月20日，召开提案办理“双向评议”会议，听取区民政局、区劳动就业服务局等9个承办单位的汇报，各提案委员对承办单位的汇报做出相应评价。“提”“办”双方进行互评互议，委员对提案办理单位的满意率在80%以上，承办单位对委员提案质量评议满意率达98.75%。

【拓宽提案收集渠道】　根据委员提案，区政协在兴庆区乡镇、街道、村、社区和小区楼院内安装300多个社情民意收集箱，拓宽信息收集渠道。收到提案166件，其中委员个人提案150件，民主党派集体提案16件。

【视察和调研】　全年组织委员对城乡市容环境卫生管理、民办教育规范管理、平安兴庆建设、农村文化阵地建设、银川通航产业园区项目进展情况、农田水利基本建设等工作进行视察6次。精选调研课题，对加强老旧小区物业管理、为中小学配备专职心理健康教师及法院执行工作等情况进行专题调研3次，撰写并呈报区委视察报告和调研报告9篇，提出意见、建议48条，其中《关于兴庆区民办教育规范管理工作的视察报告》，得到区委书记马爱平的高度重视，即刻签批政府要认真研究办理。对农村文化阵地建设和老旧小区物业管理情况的报告，区长朱韶峰亲自安排落实。委员王伟忠执笔的《基层动物防疫工作亟待加强》的调研报告，在《人民政协报》上刊登，其所提“把动物防疫的网络延伸到基层，意识强化到基层，技术传授到基层”的建议备受各界关注。

【政协主要领导带头深入基层联系点】　在双增双减专项行动中，政协主要领导带头深入基层联系点掌政镇春林村，多方协调，引进台商有机蔬菜种植技术，建设32亩蔬菜大棚，增加农民和村集体收入。帮助该村建设集用餐、健身、娱乐为一体的老饭桌，解决60岁以上老人生活困难问题。

【政协委员下基层活动】 继续开展政协委员下基层活动，通过在社区设立委员公示牌、公布委员联系电话和电子邮箱等形式，建立反映社情民意直通车。对涉及百姓民生的城市环境卫生、教育资源均衡发展、冬季供暖等问题，与居民进行面对面交流访谈，收集社情，反映民意。一年来，委员们下基层开展视察调研、了解民情、交流联谊等活动13次。

【政协委员爱心理事会助学帮困活动】 继续开展政协委员爱心理事会助学帮困活动，对富宁街辖区孤儿研究生王汶、兴庆区七小患病学生蒋鹏程分别给予2万元和1万元的爱心资助，对教育界20名患重大疾病教师予以6万元慰问捐助。

【政协委员爱心助困活动】 严景琨、陈建瓯、郭兴斌委员活动小组开展"斋月慰问和夕阳红慰问"活动，捐助慰问品价值3万余元；委员马建国以其自办公司"胜利体育"名义，为全自治区体育事业捐资179万元；委员彭德才为一名大学生捐助学费和生活费7000余元。

常务委员会议

【政协三届第十一次会议】 2015年1月23日，在兴庆区政府六楼会议室召开，区政协主席曹生林主持。应到26人，实到24人。会议讨论了"一府两院"2014年工作报告（草案）、政府关于三届二次会议提案办理情况通报（草案）、2015年国民经济和社会发展计划报告、2014年财政预算执行情况和2015年财政预算报告。讨论通过政协三届三次会议工作报告，研究委员及常委人员变动情况。

【政协三届第十二次会议】 2015年2月5日，在兴庆区政府三楼常务会议室召开，区政协主席曹生林主持。应到22人，实到22人。会议听取全委会各讨论小组关于分组讨论情况的汇报，审议副主席、常委候选人建议名单和选举办法（草案）、监计票人名单，通过《政协兴庆区第三届委员会第二次会议提案审查情况的报告（草案）》、《政协兴庆区第三届委员会第二次会议政治决议（草案）》。

【政协三届第十三次会议】 2015年3月20日，在兴庆区政府六楼会议室举行，区政协主席曹生林主持会议。应到26人，实到20人。会议传达学习全国"两会"精神，研究通过了《兴庆区政协2015年工作要点》。

【政协三届第十四次会议】 2015年5月28日，在兴庆区政府四楼视频会议室举行，区政协主席曹生林主持。应到26人，实到20人。会议听取了兴庆区人民政府关于推进社会创新治理、和谐社区建设、购买学前教育服务等工作的通报，并进行评议。副区长冯德旺出席会议。

【政协三届第十五次会议】 2015年10月10日，在兴庆区政府四楼视频会议室举行，区政协主席曹生林主持。应到26人，实到19人。会议听取了兴庆区人民政府关于都市农业建设、棚户区改造情况的通报，并进行评议。区委副书记孔令杰、人大常委会副主任何维君、副区长冯德旺出席会议。

专门委员会

【提案委员会】 2015年，提案委精心组织安排，做好政协三届三次会议提案征集工作，印发《政协三届三次会议提案目录》及时送交区委、政府及有关承办单位和政协委员，让承办单位及早了解所承办提案的基本情况。征集提案166件，其中委员个人提案150件，各民主党派集体提案16件，经审查，属兴庆区职权范围的共120件，将内容相同的合并为103件，立案51件，立案率50%。52件作为意见、建议，转有关部门予以参考，46件超出兴庆区职权范围的，提交上级政协组织予以办理，所涉及问题得到解决的44件，占86%，已列入计划解决的7件，占14%；按照政协工作安排，先后组织开展对兴庆区老旧小区物业管理、农田水利基本建设、社会养老服务、平安建设及环境卫生情况进行调研视察，撰写提交了一篇调研报告、两篇视察报告。其中《"平安建设"工作视察报告》和《环境卫生工作视察报告》得到区委领导高度重视。提案委组织三个民主监督小组对市第三医院等6家服务窗口单位开展民主监督，通过采取走访、座谈、调研、明察暗访、发放测评表等形式开展监督活动，发出测评表80余份。

【经济法制委员会】 2015年，经法委组织政协委员到兴庆区人民法院，就法院执行工作中存在的问题进行调研，形成《兴庆区法院执行情况调研报告》；4月，召开兴庆区残疾人康复、就业暨权益保障工作专题协商会；11月，组织召开加快和促进兴庆区现代服务业发展座谈会，自治区金融办、市发改委、市商务局等部门就促进服务业发展的相关政策进行介绍。宁夏交通物流园、淘宁夏生活网、世纪大饭店、大自然国旅、小任果业等与会企业代表就各自发展情况与遇到的问题进行交流；6月17日，政协主席曹生林带领政协领导及部分政协委员，对银川通用机场和银川通航产业园筹建工作进展情况进行视察，实地查看工程道路、绿化、上下水管线的铺设工程及工程规划设计，听取指挥部关于银川通用机场和银川通航产业园筹建工作进展情况的汇报以及座谈交流，提出建设性建议4条；5月7日，区政协主席曹生林带领部分政协委员对兴庆区“平安建设”工作情况进行视察。在听取公安分局的工作汇报后，先后对玉皇阁北街的义务巡警、中山南街的老旧小区改造技防监控、南桥东巷治安防范重点地区整治等工作现场察看。

【教科文卫体委员会】 2015年，教科文卫体专委会围绕党员干部“守纪律、讲规矩”主题教育活动积极参加区委举办的“优才讲坛·严以修身”专题学习讲座，召开“三严三实”专题教育民主生活会。完成对兴庆区民办教育规范管理工作、农村文化阵地建设情况专题视察，提出5条建议。组织召开兴庆区“打造综合医疗康体服务区”“提高村医待遇、解决养老保险”专题协商会。6月上旬，区政协副主席李晓红带领教科文卫体调研组成员深入兴庆区部分中小学，就落实《自治区教育厅关于进一步加强中小学心理健康教育的通知》和《自治区教育厅关于开展中小学心理健康特色学校建设活动的通知》精神，为中小学配备专职心理健康教师进行专题调研，了解兴庆区中小学心理健康教育的开展情况，将银川回中确定为兴庆区心理健康基地学校。教科文卫体三个小组委员对宁夏银行北京路支行、人保财险兴庆分公司、银川市环境保护局兴庆分局、兴庆区劳动就业局、教育局及民政局6个单位开展了民主监督。第一民主监督小组通过工作现场视察、走访了解、召开座谈会等形式对区民政局强化各项救助制度、提高城乡低保标准等进行监督，对610个低保户889人进行核检，清出不符合低保救助条件171户271人。第二民主监督小组分别到兴庆区教育局和劳动就业局，督察兴庆区教育均衡发展和就业、创业基地服务情况。在服务大厅，委员们询问工作人员就业证、失业证及小额贷款办理情况，向前来办事的居民询问窗口工作人员的态度和服务质量；又到兴庆区就业基地——“大兆发”超市、创业基地——宁夏结婚文化创意产业创业孵化示范区进行实地调研；10月29日，在教育局负责中小学生免费营养早餐工作相关人员的陪同下，委员们又到兴庆区春林小学实地查看餐厅，发放120份学生免费营养早餐落实情况及学生满意度调查问卷，了解2015年兴庆区农村中小学生免费营养早餐实施情况。第三民主监督小组到宁夏银行北京路支行和人保财险公司听取两个被监督单位工作情况通报。

专题协商会议

【打造综合医疗康体服务区座谈会】 2015年4月10日，兴庆区政协主席曹生林主持召开打造综合医疗康体服务区座谈会，兴庆区政府副区长吴小平对此项工作推进情况进行通报。银川市和兴庆区卫生部门、辖区各医院、社区服务站、部分居民代表参加，参会委员共同交流意见，提出意见、建议。

【生态移民致富工程座谈会】 2015年10月27日，兴庆区政协主席曹生林在月牙湖乡主持召开生态移民致富工程座谈会，兴庆区政府副区长冯德旺对此项工作开展情况进行通报。兴庆区农发办、移民办、水务局、扶贫办、经发局、农牧局、财政局、林业局、劳动就业服务局、月牙湖乡等单位进行补充汇报，参会委员与各单位进行交流，并提出意见、建议。

【加快和促进现代服务业发展座谈会】 2015年11月25日，兴庆区政协主席曹生林在兴庆区政府四楼视频会议室主持召开加快和促进现代服务业发展座谈会，商务局和经济发展局对此项工作开展情况进行汇报。兴庆区委常委、常务副区长马少红参加会议，参会企业代表进行交流发言。委员们提出要学习理解现代服务业知识，注重信息与电子商务的结合，学会运用“互联网+”的经营方式，并希望政府要运用市场经济的理念来处理新常态经济形势，定期向社会提供与发布相关信息，加大人才培养、技能培训力度，为科学谋划“十三五”规划发展目标提供参考。

【残疾人康复、就业暨权益保障工作专题协商会议】 4月23日，兴庆区政协主席曹生林主持召开残疾人康复、就业暨权益保障工作专题协商会，党委常委、政府副区长徐辉艳就此项工作开展情况进行通报。政协各副主席，部分政协委员，残联、人社局、民政局、劳动就业服务局、文体旅游局及残疾人代表等参加，提出了要用好用足国家政策、加大残疾人就业投资和培训力度的建议。

【加强农村村（队）干部选拔培养工作专题协商会】 6月11日，兴庆区政协主席曹生林主持召开加强农村村（队）干部选拔培养工作专题协商会，区委常委、组织部部长杜曼九就此项工作做专题通报。政协各副主席、部分政协委员、组织部、宣传部、民政局、各乡镇分管领导，部分村支部书记代表、组（队）长代表、党员代表等参加，提出了要创新干部选拔培养机制，做到选派与选举相结合的建议。

【提高村医待遇、解决养老保险专题协商会】 8月21日，兴庆区政协主席曹生林主持召开提高村医待遇、解决养老保险专题协商会议，政府副区长吴小平就此项工作进行专题通报。政协各副主席、部分政协委员、卫生局、人社局、财政局、乡镇卫生院、村医代表等单位和人员参加。乡村医生基本养老与收入问题的建议被政府采纳，正在依据自治区出台的有关政策，制定兴庆区的实施方案，有望在2016年施行。

重要活动

【银川市政协主席贺满明到兴庆区通航产业园进行调研】 11月26日，银川市政协主席贺满明到兴庆区通航产业园实地查看项目工程进展情况，对兴庆区充分利用区位优势和资源，有效带动经济转型升级，促进产业融合发展的做法给予充分肯定。兴庆区政协主席曹生林，区委常委、政府副区长张新民陪同调研。

【反腐倡廉教育学习】 8月6日，政协主席曹生林带领政协机关党员干部及部分政协委员130人，到自治区廉政警示教育中心进行反腐倡廉教育学习。

【大连市中山区政协副主席郝晓蓓到兴庆区考察】 5月22日，大连市中山区政协副主席郝晓蓓一行8人到兴庆区考察依法治区、法治政府建设、民族宗教工作。兴庆区政协副主席杨久红详细介绍兴庆区依法治区、法治政府建设、民族宗教工作经验和做法。

【四川省泸州市江阳区政协副主席符晓琦到兴庆区考察】 6月3日，四川省泸州市江阳区政协副主席符晓琦一行9人到兴庆区考察新时期信访、乡镇污水处理与管理等工作。兴庆区政协副主席柴丽云介绍兴庆区近年来在新时期信访、乡镇污水处理与管理工作方面的经验和做法。

（供稿人：陈华）

银川市兴庆区纪律检查委员会

【概况】 2015年，兴庆区纪委监察局及基层纪检组织聚焦主责主业，强化执纪监督，狠纠“四风”，层层加压，夯实“两个责任”，制定印发《兴庆区关于落实党风廉政建设党委主体责任和纪委监督责任的实施意见》，组织19个乡镇、街道、部门党组织负责人和纪检组织负责人分两次进行“三述”评议；印发《兴庆区2015年党风廉政建设和反腐败工作任务》《2015年兴庆区党风廉政建设和反腐败工作暨落实〈工作规划〉主要任务分工》。区委书记、纪委书记分别与27个党组织、纪检组织负责人签订责任书，采取半年巡查、年终考核等方式，对党风廉政建设责任制落实情况进行督察考核；对发生重大腐败案件、严重违纪行为的单位实行“一案双查”，兴庆区委听取和研究反腐倡廉工作18次。紧扣“四种形态”强化执纪监督问责，全年不定期开展明察暗访22次，印发通报13期，通报22个单位，问责干部133人（部门“一把手”4人），共约谈各级干部112人；受理信访件117件（次），完成初核58件，立案32件，比2014年上升6.67%，收缴违纪资金5.65万元，下发纪律监察建议书8份。其中，要案12件，比2014年同期上升33.3%，给予党政纪处分35人，其中轻处分25人，占受处分总数的71.4%，轻处分成为大多数。对康居安置等群众关心的热点工作及时介入监督，通过多种形式的监督预防，早发现，早提醒，早处置，有效阻断违纪进程，净化兴庆区政治生态。

【领导干部作风建设】 认真贯彻落实中央八项规定精神，重大节假日通过发文件、发短信等方式，提出廉洁自律要求，严格落实领导干部婚丧嫁娶等事宜向纪委报告制度，加大暗访力度。2015年查处违反中央八项规定精神的案件2件、2人；加强公务用车管理的监督检查，“三公”经费比2014年减少232.97万元，同比下降16.29%。

【“三政两不为”专项整治】 纠治“庸政、懒政、怠政”和“为官不为、为政不为”问题。活动期间，讲廉政主题党课37场次，4960人次接受廉政教育，查找梳理问题12类、38个，制定整改措施29项，整改突出问题27个，健全完善各项制度9项、27条，查处严重侵害群众利益的各类案件32件、32人。

【干部廉政警示教育】 把廉政教育作为各级党员干部培训学习的必修课，通过召开干部廉政警示教育大会、举办村“两委”班子培训班、开通党风廉政宣传彩漫平台及廉政“小贴士”等，用身边人、身边事教育警示提醒干部；组织学习习近平总书记系列重要讲话，以及《党章》等必读篇目，观看《焦裕禄》《没有共产党就没有新中国》等教育片，组织300多名副科级以上领导干部及村队干部走进自治区廉政教育基地进行警示教育；党委带头学，制定学习贯彻实施方案，发放《准则》《条例》及相关读本6000多册。区委两次召开扩大会议集中学习，通过电视电话会议聆听中纪委副书记张军对《准则》《条例》的解读。基层广泛学，组织学习讨论，撰写学习心得，邀请银川市纪委常委做“学法规、守底线”的专题辅导，将《准则》《条例》纳入党员轮训必讲内容。纪委深入学，组织3次专题学习研讨会，全文抄录，闭卷考试，观看中纪委政策法规室副主任姜文鹏对《准则》《条例》解读讲座视频。

【纪检监察队伍建设】 继续坚持“三转”，不牵头和参与新增议事机构，收缩战线，突出执纪监督职能，围绕重点工作开展监督检查，切实提高履职能力；建立纪律审查责任制，将纪律审查任务分解到各乡镇纪委、街道纪工委和联合派驻纪检组。2015年，基层纪检组织高质量立案4件。实行按系统派驻纪检机构，成立9个联合派驻纪检机构，覆盖兴庆区47个党群政府工作部门及直属事业单位。在纪检监察干部中深入开展“五查五解决五树立”活动，开展为期2个月的“准确把握‘四种形态’，履职尽责，全方位提升纪律审查工作水平”教育实践活动。党风廉政建设和反腐败斗争成效显著，在全区案件质量评查中位列银川市6个县市区首位，名列自治区前茅，创新工作“聚焦主责主业挺纪律”获自治区二等奖。

【建立“三述”工作机制】 将兴庆区所属各乡镇、街道和区直各部门划分为“重点单位、问题单位、一般单位”三类单位。把建设交通、财政、卫生计生、农牧园林、教育、民政以及部分乡镇等社会关注度高和容易滋生腐败的系统和部门列为“重点单位”，每半年组织单位“一把手”向区委集中述纪述廉述作风。要求党政领导干部对有关情况有针对性地予以说明，现场接受“三委员两代表”（即区委委员、纪委委员、政协委员，人大代表、群众代表）的质询测评；将班子矛盾多、群众信访举报多、明察暗访发现“四风”问题突出的单位划分为“问题单位”，由纪委组织纪委委员、党风政风监督员、部分群众代表或管理服务对象等，在广泛调查研究、征求意见、充分听取群众意见和找准查实问题的基础上，组织这些单位党政“一把手”开展述纪述廉述作风活动，并要求就有关问题和情况进行说明；将未列入“重点单位”和“问题单位”的单位划分为一般单位，单位“一把手”年底向兴庆区委、纪委上报书面述纪述廉述作风报告，并结合年度党风廉政建设责任制考核，在单位干部职工大会上述纪述廉述作风，接受质询和测评。8月和12月，纪委针对兴庆区农村、涉农街道违纪案件易发多发和一些单位行风不正等问题，分别选择了月牙湖乡、丽景街党（工）委和区林业局、区卫生与计划生育局、区教育局等19个单位作为“重点单位”和“问题单位”，组织这些单位的党政“一把手”、纪委书记、纪检组组长向区委述纪述廉述作风，“三述”采取大会集中述，“三委员两代表”、现场质询测评，领导点评的方法进行。

12月21日，兴庆区纪检监察召开党风廉政建设工作述职评议大会

【健全“三联机制”】 兴庆区纪委建立健全联动、联评、联考“三联机制”，确保“三述”活动落到实处，取得实效。健全兴庆区上下“联动”

机制，建立区委主导、纪委主抓、乡镇街道（部门）主体、“三委员两代表”主评的“三述”领导机制和工作机制，制定并印发《兴庆区各单位党政主要负责人向区委述纪述廉述作风实施方案》《兴庆区乡镇街道部门纪检监察组织负责人向乡纪委全委会述职述廉述作风实施办法》，从对象、内容、程序、评价、要求等环节作出明确规定，形成完整的制度链条，确保“三述”工作的有序推进。建立会场内外“联评”机制，坚持“会上述”与“会下考”相结合，“会内询”与“会外核”相结合，积极构建会场内外联评机制，对各乡镇、街道和区直部门党政“一把手”履行主体责任情况进行全方位考核和评议，确保“述”出压力、“询”出动力、“评”出活力，提升述纪述廉述作风工作的公信力。建立一票否决“联考”机制，坚持把“三述”评议结果与党风廉政建设考核、领导班子实绩考核、干部年度绩效考核等多项考核挂钩，注重结果运用，增强“三述”活动的刚性约束。

【“四种形态”引领纪律审查】 贯彻落实中央和区、市纪委部署要求，在纪律审查工作中紧扣中纪委书记王岐山提出的“四种形态”，强化纪律审查，切实把纪律挺在前面，立起来、严起来，执行到位。按照中纪委“转职能、转作风、转方式”的要求，精简兴庆区纪委监察局牵头或参与的各类议事协调机构，清理议事协调机构32个，保留牵头议事机构3个，继续参与议事机构8个，退出议事协调机构21个。将党务公开、重大项目资金检查等9项工作移交主责部门，把主要工作精力和中心放到监督、执纪、问责上来，突出执纪监督主责，强化纪律审查主业。重点审查影响经济社会发展，损害群众利益，行政执法中失职渎职、滥用职权、公款吃喝、公款旅游，以及利用婚丧嫁娶大操大办、借机敛财等案件。以规范整治农村基层干部损害群众利益的违纪违法行为、切实维护群众合法权益为目的，立足热点、焦点和重点问题，广辟案源，甄选线索，坚决查办发生在群众身边的职务不高但影响较大、金额不多但性质恶劣、事情不大但反应强烈的案件。厘清“两个责任”落实“，一案双查”，严肃查处违反党风廉政建设责任制规定的行为，既要查清当事人的违纪违法行为，又要查清当事人所在单位党政组织及其领导干部在履行党风廉政建设主体责任方面，纪检监察组织及其领导干部在履新党风廉政建设监督责任方面的失职渎职问题。以持续强化整风肃纪、坚决反对“四风”为目的，找准突破口，快查快结，严肃查处公款吃喝、公款旅游和以各种名义滥发津补贴、奖金以及利用婚丧嫁娶、乔迁履新之机大操大办、借机敛财等行为。

（供稿人：袁辉）

▷ 民主党派·社会团体

民主党派

民盟兴庆区总支

【概况】 2015年，民盟兴庆区总支积极引领盟员参加各项社会活动，坚持支部活动和总支活动相互交叉结合的原则，调动广大盟员的积极性，在政治上增强民主党派接受中国共产党领导的自觉性，坚定、坚持走中国特色社会主义政治发展道路的信心，履行民主党派职责，敢讲话、讲真话；形式上按照自身的特点开展活动，把盟员紧密地团结在总支的周围，创造和谐、宽松的组织生活环境。

【履行职责、建言献策】 以总支为核心，各支部为主体开展各项活动。各盟员在自己的工作岗位上积极努力，积极参加支部组织开展的各类活动。总支进行督促、检查，促使各支部活动的开展，配合民盟市委会和区委会的工作。征求盟员对总支工作的意见、建议。鉴于盟员所在单位的面广，环境各异，统一行动有一定的困难的具体实际，提早准备，将提案、调研报告布置到各支部，要求每一位盟员观察社会，提出合理化意见、建议，对优秀的给予表彰奖励。全年总支给民盟市委会提交提案6个；向兴庆区政协提交集体提案、意见建议5个；盟员个人提交的提案、意见建议15个；总支及盟员个人向民盟区委会报送信息5篇；总支向民盟市委会报送信息5篇、调研报告 2 篇。

【盟员社会活动】 总支和支部先后组织盟员参加由民盟银川市委会在灵武举办的“同心大讲堂”活动；组织盟员到银川绿博园参观进行健步走活动；调查兴庆区经济发展中旅游资源的外延发展及辐射带动作用；社会支部组织部分盟员到企业进行走访调研及室外健身运动；教育支部组织盟员进行社会公益义捐活动；总支组织盟员参加兴庆区政协组织的兴庆区政府半年经济情况通报会；总支向兴庆区统战部报送关于“城市规划发展中的相关问题”及“目前中小学基础教育应全面发展”两个课题得到了统战部的认可并立项。

【“我们所处的时代与文化发展”讲座】 民盟区委会邀请中国文联副主席边发吉做“我们所处的时代与文化发展”讲座。对当前社会和中国共产党的领导，未来如何促进和繁荣文化发展、构建和谐社会等进行阐述。盟员认识到通过学习提高自身修养、提高技能、提高素质以适应社会，学会沟通、改变惯性思维、保持社会和谐等，受益匪浅。

【盟员骨干培训】 选派骨干盟员和新盟员参加民盟区委会组织的新盟员、骨干盟员培训班。选派两名基层组织负责人参加市委统战部组织的井冈山走红军路革命传统教育培训班，使盟员和基层组织负责人有一次加强联系、学习升华的机会。

【发展新盟员】 2015年，总支共发展新盟员4名，预备考察2名。发展的4名盟员经过一年的摸底考察，参加组织活动、建言献策、参政议政的能力符合民盟盟员的发展要求。上级组织批准吸纳。

民建兴庆区总支

【概况】 2015年，民建兴庆区总支按照市委会的总体部署，开展自身建设年活动，制定了《关于学习借鉴中共党建经验进一步加强自身建设的实施方案》，并根据《基层组织评星定级评选办法》，督促各支部在机构设置、自身建设、参政议政和社会服务四个方面实行工作量化管理，取得明显实效。民建兴庆区总支有会员81人，会员中经济界所占49.4%，会员平均年龄43.5岁，40岁以下会员占38.6%，大专及以上学历占85.2%，中级以上职称占42.5%。

【自身建设年活动】 3月28日，召开自身建设年活动动员部署会议，各支部都成立了领导小组。总支委员会要求认真做到学习教育活动与加强领导班子思想建设、提高会员思想认识、促进履行参政党职能、建立学习型组织相结合。活动中，各支部对照实施方案认真查找自身建设中存在的问题，按照星级目标考核要求整理会务资料，做到支部活动有记录、资料档案齐全并分类管理。按照民建银发7号《民建银川市委会关于学习借鉴中共党建经验进一步加强自身建设活动实施方案》，开展基层组织“评星定级”活动。“评星定级”采用百分制形式，将基层组织在组织设置、领导班子、队伍素质、组织制度、作用发挥等方面的表现情况量化评分。评星定级划分三个星级，90分以上为三星级，70—89分为二星级，60—70分为一星级。评星定级按照自评、测评、定级、公示等四个阶段进行，市委会到各支部实地考核，完成评星定级工作。

【民建成立70周年纪念】 2015年是民建成立70周年，为了弘扬民建与中国共产党风雨同舟、团结奋斗的优良传统，引导广大会员进一步坚定中国特色社会主义共识，增强中国特色社会主义道路自信、制度自信、理论自信，切实承担起中国特色社会主义事业亲历者、实践者、维护者、捍卫者的政治责任，民建兴庆区总支按照《民建银川市委会纪念中国民主建国会成立70周年活动方案》安排，遵照团结、民主、隆重、节俭的原则，开展一系列纪念活动。8月中旬，在宁夏森淼科技培训中心开展民建会章、会史知识竞答及会员团队拓展培训。新老会员们在一起回顾民建的会章、会史，积极参与知识竞答。2015年，兴庆区总支及总支三支部被民建宁夏区委会评为先进支部。

【民建会员理论学习】 坚持学习制度，定期通过支委扩大会议和骨干会员培训班等形式，组织和引导总支会员系统学习中国特色社会主义理论体系和社会主义核心价值体系的内涵，学习习近平总书记中央统战工作会议重要讲话精神和《中国共产党统一战线工作条例(试行)》。贯彻《民建中央关于认真学习中央统战工作会议精神的通知》，多渠道、多角度、有深度地进行学习。总支委员会将理论学习与解决思想认识问题结合起来，努力在工作中树立明确的指导思想，全面加强民建自身建设，努力适应新形势发展的要求，引导各级组织和广大会员全面科学分析判断形势，把握形势。

【基层组织制度建设】 贯彻落实民建全国基层组织研讨会和基层组织经验交流会精神，学习借鉴全国先进基层组织的经验，努力实现基层组织规范化管理，推动总支及各支部建设整体水平提升。在自身建设年活动中，民建市委会为各支部配发了文件盒和《基层组织规章制度》《中国民主建国会简史》《中国民主建国会概述》《努力弘扬民建优良传统，共同致力于中国特色社会主义事业》《民建十大材料汇编》《民建基层组织会议材料汇编》等学习资料，丰富完善了基层组织学习和开展自身建设年活动的学习内容。

【完善领导班子议事规则】 执行民主集中制，健全决策程序，建立起分工明确、团结合作的工作机制，形成班子成员间相互理解支持、密切协作配合的工作格局。全年召开主委会议4次、支委（扩大）会议4次。建立健全民主生活会制度、民主评议制度、领导干部联系基层制度，改进领导班子工作作风，加强总支与支部和广大会员的联系，总支建立了领导干部联系基层制度。制度规定领导干部每人联系一个支部，帮助各支部做好各项工作。

【发挥参政议政和民主监督作用】 总支始终把参政议政作为工作的重中之重来抓，组织会员围绕银川市、兴庆区经济社会发展中的重点、难点和热点问题，在深入调研的基础上提出了许多有针对性的意见和建议。总支10名政协委员在政协会议上发表意见。会员黄瑛、王瑞新、马粼源结合自己工作分别撰写关于幼儿教育、土地流转、商贸物流等方面的调研文章6篇；会员温迎春、黄瑛、张志军、蒲志伟根据政协民主监督工作安排，分别带领政协教科文卫体委员会和经济法制委员会的4个民主监督小组的政协委员，对兴庆区教育局、兴庆区劳动就业局、兴庆区民政局、兴庆区环保局、兴庆区人民法院、兴庆区人民检察院、宁夏银行北京路支行、人寿保险公司等单位开展民主监督评议工作。通过走访座谈、调研、暗访、民主测评等形式，深入了解被监督单位工作作风、现状及工作效率等情况，并就存在的问题经政协教科文卫体委员会和经济法制委反馈被监督单位，及时督导整改，提高其服务能力和水平。会员温迎春、黄瑛、张志军、蒲志伟被兴庆区政协评为优秀民主监督员。

【扶贫济困、爱心助学】 2015年，总支积极倡导会员开展社会捐助活动。8月7日，民建兴庆区总支三支部在主委温迎春的带领下到茂盛村社区开展社会服务活动。茂盛村社区有54名残疾人，荒地13亩，社区书记张福荣虽是一名退休的老干部，但他热心为民，帮助生活困难的弱势群体，想方设法积极开发荒地促进茂盛村的经济发展，增加农民收入。由于资金紧张，无法对村中残疾人开展更好的救助。会员们来到社区一户困难家庭看望了残疾人，送去价值2500元的垃圾车。会员蒲志伟通过宁夏社科联向贫困大学生捐赠助学基金1万元。

【敬老爱老献爱心】 2015年的活动主题是“送医、送药送温暖”。10月20日，在“九九重阳佳节”来临之际，民建宁夏妇委会、银川市委会与兴庆区总支部的部分骨干会员在民建银川市委会主委达英、兴庆区总支主委温迎春的带领下，走进银川市兴庆区颐享园中心敬老院开展爱老、敬老活动。特邀请宁夏医科大学附属医院及兴庆区五宝社区卫生服务中心医务工作者们为敬老院五保老人及部分托养代养的老人们免费测血压，开展健康义诊咨询，送总价值6000余元的常用药品、食品及日用品；民建会员书法家张文国还在现场书写了“福寿延年”，赠予敬老院。

【法律知识、疾病预防知识进工地】 8月7日，民建兴庆区总支主委温迎春带领骨干会员到兴庆区满春棚户区改造项目工地开展法律咨询、卫生服务暨送清凉慰问活动。为工友们送上50箱矿泉水和500千克西瓜。参加活动的医护人员向工友们讲解卫生健康知识，并提醒他们一定要合理安排工作和休息时间，减少高温中暑造成的职业危害，保护生命健康安全；律师会员用所掌握的法律专业知识耐心为工友们解答法律问题，发放农民工维权法律知识宣传资料。

【民建组织结构优化】 总支委会根据经济社会发展的特点，积极主动地吸收经济界和相关社会阶层的代表性人士入会，注重在成员结构上凸显民建特色，会员队伍的总体结构和整体素质进一步改善。定期对会员从业状况进行汇总分类，分别对金融、法律、企业会员情况进行归类整理，使参政议政、社会服务等工作有更多专业人才的支撑。2015年，总支委员及各支部主委、副主委、委员、骨干会员30多人次参加中共市委统战部主办的学习报告会；会员参加民建区委会的学习班5人次，推荐1名会员参加市委统战部在井冈山革命根据地举办的党外干部培训学习。

民进兴庆区总支

【概况】 2015年，民进兴庆区总支按照民进中央的总体部署和民进区委会、市委会的工作思路，围绕兴庆区的中心工作，立足双岗建功，积极开展坚持和发展中国特色社会主义学习实践活动，以组织建设年为主题，以区委会关于基层组织达标考核工作标准为抓手。以每季度总支支委及支部主任例会、上级组织及兴庆区统战部有关学习活动等为载体，开展坚持和发展中国特色社会主义学习实践活动，不断深化对中国特色社会主义参政党的认识，巩固会员“三个自信”“三个认同”。全年开展思想建设活动6次。

【领导班子和基层组织建设】 领导班子以身作则，改进工作作风，密切联系群众，坚持每季度1次的总支会议，学习、谈心、交流，团结协作，互相补台，坚持民主集中制原则，民主公正、扎实进取、创新思路，做好协调、鼓劲、排忧解难、化解矛盾的工作，最大限度地激发会员创造活力。2015年完成包括年初计划、年终总结、《基层组织工作手册》填写上报、会费收缴、收支账目、会务动态以及区委会、市委会学习、培训、参观、座谈等各层面的工作任务。贯彻实施《民进宁夏区委2015—2019 年人才队伍建设规划》，做好人才推荐、人才培养培训、组织发展等工作。特别是组织发展工作，坚持程序、坚持稳步发展原则，坚持总支“四坚持”做法，即坚持发展对象政治素质好、知识层次高、参政议政意识能力强、积极要求入会；坚持发展对象对中国民主促进会性质和章程清晰了解；坚持发展对象半年以上考察期；坚持发展对象一对一重点考察培养，成熟一个发展一个。全年发展会员2人。

【社会活动】 以活动为载体，从会员工作和生活实际出发，从他们真正感兴趣和关注的事情入手，紧扣支部工作的重点、难点，开展内容生动、形式多样的活动。安排新老会员参加法律政策培训、宁夏贺兰园艺产业园开展一日游活动、年终会员茶话会等，增强总支的活力和凝聚力。发挥优势，做好社会服务、扶贫、助学等工作，开展慰问星语家园孤独症儿童“手牵手”健步助成长5公里公益健步走挑战，与实验小学的孩子开展走进自创梦幻手工坊公益活动。

九三学社

【概况】 2015年，九三学社银川市兴庆区委会按照建立学习型组织，建设符合新时期要求的参政党的总体要求，围绕中共兴庆区委和政府的中心工作，不断加强自身建设，切实履行参政议政、民主监督职责，积极建言献策，深入开展调查研究和形式多样的社会实践活动。不断加强自身建设，有条不紊开展社的各项工作。

【理论学习活动】 2—3月举办学习班，学习中共中央十八届四中全会精神，传达自治区、银川市、兴庆区“两会”精神；4月，组织新社员参加社区委会第二十三期新社员培训班；3—7月，组织社员参加社市委会主办第5期同心大讲堂；9月，参加井冈山骨干社员培训班；10月，组织新社员参加社区委会宣传思想和社史工作培训班；11月，参加社区委中心组扩大学习会，传达学习中共十八届五中全会精神、自治区党委统战工作会议精神、学社中央学习实践活动经验交流会暨第二届专题论坛精神。通过以上一系列学习活动的开展，使社员更能准确把握正确的政治方向，增强作为民主党派的整体素质，认识到凝聚思想共识、传承政治薪火、继承优良传统、巩固多党合作和树立践行社会主义核心价值体系的重要性认识，对开展社会主义核心价值体系建设，积极培育和践行社会主义核心价值观又有了新的理解：同心同向同行，筑牢共同思想、增强中华民族凝聚力，是实现中国伟大复兴的“中国梦”的思想基础。

【组织建设】 坚持“集体领导、民主集中、个别酝酿、会议决定”的工作程序，注重领导班子成员之间合作共事和后备干部队伍的培养。严格按照组织程序发展新社员，坚持把政治素质放在首位。2015年，通过组织考察，发展了王昱洁和张澎2名新社员。截至2015年12月，有社员56人，平均年龄55.1岁。其中在职37人，离退休19人；大学学历49人，中专学历7人；高级以上职称34人，中级职称22人；女性33人，男性23人。由3个支社组成。其中一支社21人，二支社21人，三支社14人。2015年，分别被社宁夏回族自治区区委会、社中央评为优秀基层组织， 被社市委会评为三星级优秀基层组织，董瑞宁、周华、贾孟辉、石恩坡被社区委会评为优秀社员，贾孟辉被评为银川市优秀政协委员。

【积极调研、参政议政】 九三学社银川市兴庆区委会有兴庆区第三届政协委员7人、银川市第十二届政协委员3人、自治区政协委员3人。他们以“两会”为平台，以参加各种形式的视察、座谈、调研、通报会为知情渠道，充分发挥人大代表、政协委员的作用，开展多层次、多方位的参政议政活动，积极献计献策。社组织分别于4月和11月召开专门会议，学习提案征集月文件，讲解提案格式，讲解提案范例等，安排部署提案工作。人大代表和政协委员共提交自治区、银川市、兴庆区三级提案、建议40件。其中自治区4件，银川市18件，兴庆区18件。参与并完成社区委会立项课题“宁夏家政服务业存在问题及对策调研”“推进宁夏天然林保护工程的调研”“从畅通支付的角度加快中阿金融示范区建设”“我区回医药国家级重点专科发展现状”4个；完成银川市统战系统立项课题“浅析当前兴庆区园林绿化苗木生产现状及发展方向”“加强中高校学生社会主义核心价值观教育研究”2个；由董瑞宁完成的《坚持科学态度，严格建章立制，全力推进基层组织工作上新台阶》和冯中鹏完成的《让诚实守信成为我们的生活态度》入选社中央坚持和发展中国特色社会主义第二届专题论文集，董瑞宁在社中央召开的全国会议上作大会交流发言。

【社会服务活动】 在第66个“六一”国际儿童节到来之际，九三学社区委在兴庆区月牙湖回民第二中学开展优秀少先队员慰问活动。该校是一所新建的移民学校，也是备受九三学社兴庆区委会关爱的一所学校。为了使孩子们能像城里的孩子一样得到更多的关爱，九三学社兴庆区委会已是第三次到此开展捐资活动，送去的礼物有书包、文具、本子、跳绳、篮球、足球等各30套，价值3000余元； 6月，为了开展横向纵向联合调研，九三学社兴庆区委组织社员并邀请了社区、市有关领导及市直属支社、西夏区、金凤区、永宁支社的社员联合调研兴庆区通航产业园及河东旅游业。社员们一致认为，银川东线旅游业发展形势向好，艾依薰衣草庄园和通航产业园的建设为河东旅游业的发展锦上添花，使银川丝绸之路经济带旅游资源更加丰富。特别是位于月牙湖治沙林场溜山头的通航产业园与滨河新区、综合保税区形成“三位一体”的发展格局，对促进通用航空全产业链的发展意义重大；鼓励社员立足岗位，开展各类培训工作，开展英语、书法、中医、法律、心脑血管疾病的预防、回医药、林木管护等培训21场次，1000余人次。

社会团体

工会

【概况】 2015年，兴庆区工会在兴庆区委和区、市总工会的领导下，紧紧围绕兴庆区“8531”工作思路，认真贯彻中共十八大，十八届三中、四中、五中全会精神，中国工会十六大会议精神，中央和自治区党的群团工作会议精神，以习近平总书记系列重要讲话精神为指导，把学习习近平总书记在2015年庆祝“五一”国际劳动节暨表彰全国劳模和先进工作者大会上的重要讲话，贯彻中央关于加强群团工作的意见和中央、国务院关于加强构建和谐劳动关系的意见作为统一思想指引行动的指南，严格按照“整体推进、重点突破、特色打造、创先争优”的工作方针，实施“建功立业、素质提升、和谐创建、维权帮扶、组织建设”五大工程。截至年底，建立基层工会组织788个，其中区域性工会联合会69个，行业性工会联合会5个，独立建会非公有制企业工会635个，机关行政事业单位工会79个，涵盖单位5924个、职工78115人、会员77873人、农民工22058人，职工入会率99%。

【开展劳动竞赛】 以“当好主力军、建功十二五、兴庆大发展”主题劳动竞赛为载体，以“创双优”活动为抓手，广泛开展各类劳动竞赛活动。联合兴庆区教育局，共同开展中小学、幼儿园教育教学技能竞赛；举办首届职工“美甲”“贺兰砚创意雕刻”“医疗护理操作”等技能大赛；开展“中国梦·劳动美”餐饮服务业和“居然之家”家具销售业技能比赛，助推服务业健康发展，激发服务从业人员增强核心竞争力热情；以“抓班组、提高管理水平，重教育、确保安全生产”为主题，开展“安康杯”竞赛活动。

【安全知识培训】 围绕企业提高生产效益，举办各类班组长培训班8期，开展争创“标杆班组”活动，已向银川市总工会上报“标杆班组”8个；举办兴庆区“安全生产与职业病防治”知识竞赛，开展“安全标志进企业”和地震、消防、电梯故障应急演练，全面做好安全事故隐患和职业危害查找工作。

【弘扬劳模精神】 严格按照劳模评审要求和推荐标准，推荐秦志萍等4人参加自治区劳动模范评选，推荐陈万义参加全国劳动模范评选，最终均成功入选；邀请市级劳模宣讲团为兴庆区广大干部职工进行劳动最光荣主题宣讲；做好劳模档案管理、劳模慰问、劳模疗休养、劳模资金发放自查等工作，不断提升劳模服务和引导水平，弘扬劳模精神。

【工资集体协商】 围绕中央《关于构建和谐劳动关系的意见》《自治区企业民主管理条例》《自治区企业工资集体协商办法》，多措并举强力推进工资集体协商工作。开展“春季要约”行动，全面营造和谐、友好、法治的要约氛围；创新开展“回头看”活动，通过在基层发放《非公企业工

10月26日，银川市第十个环卫工人节，兴庆区工会为环卫工人送10万元慰问金

资集体合同履约情况调查问卷》，对企业工资集体协商专项合同履约及职工知晓率、满意度展开全面调查；构建“要谈、真谈、实谈、恳谈”协商氛围，推进“集中协商月”活动深入开展；以“区域定底线，行业定标准”为基准，在家电、美容美发等15个领域开展行业性工资集体协商；组建工资集体协商专（兼）职指导员队伍，出台《兴庆区专（兼）职集体协商指导员队伍管理办法》，破解不会谈、不敢谈、不愿谈等问题。发挥协调劳动关系三方统领作用，以兴庆区人社局、区工会、区工商联三部门为核心，建立健全三方联系机制，签订《共促企业工资集体协商工作任务书》，全面建立基层工会与基层劳动监察协管员联合工作机制。加大协调配合力度，劳动关系三方先后对辖区非公企业劳动用工、工会工作开展及落实民主管理制度等情况展开执法检查。

【厂务公开民主管理】　继续建立健全职代会申、审、报、评“四位一体”工作机制，依法保障职工知情权、参与权、表达权、监督权；按照《关于进一步深化和谐企业创建工作的实施方案》要求，加强与人社、工商、税务等部门沟通联系，推动和谐企业创建工作深入开展。遵守工会财经纪律，规范工会财务管理，保障工会资产安全。认真执行《工会预算管理办法》《工会会计制度》，推动财务管理规范化建设；着力提升工会经费审查审计工作水平，举办工会经审培训班2期，培训基层干部200余人。兴庆区工会经审规范化建设工作连续3年被自治区总工会经审会考核评定为A级。2015年，对已命名市级劳动关系和谐模范企业宁夏工业设计院履约情况进行复查。

【心系职工帮扶救助】　以“依法维权、扶贫帮困、心系职工、亲情服务”为宗旨，切实为职工群众做好事、办事实、解难事。坚持“围绕中心、以人为本、关注民生”的工作思路，先后组织开展“两节送温暖”“金秋助学”“暖冬行动”等系列帮扶救助活动；积极筹资为辖区“寒门学子”集中发放工会助学金；推选符合救助条件的困难职工子女就读银川九中“工会班”；倾心打造“每周一讲·流动课堂”小企业职工教育培训基地，全年开展小企业职工培训105期；联合多部门开展“春风行动”“我和春风行动的故事”主题征文等活动；举办各类技能培训班，培训失业人员、失地农民、往应届高校毕业生等就业困难人员；依托工会搭建QQ群、微博、微信、“12351”等平台，充分发挥律师团及法律志愿者服务作用，深入开展法律宣传和工会劳动争议调处工作；做好职工诉求研判、职工信访等工作，着力解决职工反应集中、强烈的各类问题；纵深开展职工医疗互助工作，全面完成第二期医疗互助保障工作任务。

【开展职工文化体育活动】　围绕“践行社会主义核心价值观、中国梦·劳动美”等主题主线，加强职工书屋建设，开展图书漂流、图书赠予、好书推荐、演讲征文、书屋“进工地”等读书活动；以庆春节、“五一”、中秋节、国庆等节点为抓手，广泛开展职工趣味运动会、文艺演出、健步行、歌唱比赛等活动，丰富职工业余文化生活；将每周五定为卫生整治日，积极开展各类职工志愿服务活动。

【工会组织建设】　全力夯实工会工作基础，推动“服务型、发展型、创新型”工会建设。坚持“党建带动工建、工建服务党建”，开展“广普查、深组建、全覆盖”集中建会行动，确保全面完成组建工作任务；以紧抓“建会建家建制”协同发展为基础，举办兴庆区“党群+”活动暨非公企业工会观摩交流会，密切党群部门关系，开展“最美企业工会主席”评选活动，最大限度调动企业工会主席做好工会工作的积极性、主动性和创造性；制定《工会干部联系点机制暨分区划片负责管理办法》，开展“基层工会建设落实年”“大干实干100天，工会组织做贡献”“下基层、访职工、办实事”“双争”（即争创合格职工之家、争做职工信赖娘家人）等活动，用新理念、新思路、新方式完善工会建设，推动工会发展。

【关爱女职工】　以发展和谐劳动关系、维护女职工合法权益为主线，以推进《女职工权益保护专项集体合同》签订工作、实施女职工“三项工程”为重点，关爱女职工生活。抓好女职工组建工作，加大《女职工特别规定》检查力度，各基层工会新建女职工组织33家；以庆“三八”活动为契机，组织开展丰富多彩关爱女职工活动；开展“女职工关爱行动”，组织辖区困难女职工参加“两癌”筛查体检；打造龙盘家私、大地物业、麦德龙三个银川市级“爱心妈咪小屋”。

（供稿人：王文娟）

共青团

【概况】　2015年，共青团兴庆区委认真学习贯彻中共十八届四中全会精神，紧抓全团工作重点，充分发挥“组织青年、引导青年、服务青年和维护青少年合法权益”的工作职责，重点围绕青少年思想引导、创业就业、志愿服务等内容，求真务实，开拓创新，全面开展共青团工作。先后被宁夏大学生志愿服务西部计划项目管理办公室、全国大学生志愿服务西部计划项目管理办公室授予“2014—2015年度大学生志愿服务西部计划优秀项目办”和“2014—2015年度大学生志愿服务西部计划绩效考核优秀等次项目办”称号；在共青团宁夏回族自治区委员会公布的2014年度县区考核的最终结果中，荣获县区第一名。

【共青团兴庆区委员会第三届第五次全体（扩大）会议】 3月19日，召开共青团兴庆区委员会第三届第五次全体（扩大）会议。会议传达学习了自治区团委十一届三次全体（扩大）会议、银川市团委十七届三次全体（扩大）会议和兴庆区二届七次全委会会议精神和《中共中央关于加强和改进党的群团工作意见》《自治区党委常委会关于工青妇科协工作的重要指示》等文件，就做好2015年团的各项工作提出具体要求。兴庆区团委书记王燕菊代表共青团兴庆区第三届委员会常务委员会向大会作了题为“适应新常态，迈步新征程，奋力开创团的事业发展新局面”的工作报告。号召广大团干部高举团旗，用实打实的作风干工作，用钉钉子的精神抓落实，同心同德，锐意进取，团结带领兴庆区广大团员青年为构建开放、富裕、和谐、美丽兴庆区贡献青春力量。

【基层服务型团组织建设】 提高团的基层覆盖面和共青团工作影响力，加强非公有制经济和社会组织团建工作。6月，以银川市第九个团建月活动为契机，推进非公有制经济和社会组织团建工作，新建非公有制经济团组织15家。按照“青年在哪里，团组织就建在哪里；青年有什么需求，团组织就开展有针对性的工作”的要求，建立与青年流动、分布特点相适应、覆盖广泛、运行有效、充满活力的组织和工作体系。持续加强城市街道区域化团建工作，建立团组织和团干部到街道社区“双报到”制度。在巩固乡镇街道团组织格局创新和乡镇实体化“大团委”建设的基础上，发挥街道团工委的枢纽作用，推动区域内实现组织共建、资源共享、工作共抓、阵地共用。加强对青年社会组织的联系服务，及时掌握青年社会组织发展状况。加强阵地建设，新建“七彩小屋”1个，极大方便了团与青年的联系和社会资源的整合。加强志愿者管理。2015年，共吸收接纳28名大学生志愿服务西部计划志愿者到基层从事志愿服务活动，缓解了部分单位缺乏专业技术人才的现状。严格落实西部计划志愿者管理制度，落实考勤、请假销假制度，组织志愿者参与共青团工作，提高志愿者的大局意识、责任意识和服务意识。加强团员发展和推优工作，重点做好各个学校团员发展工作，加大农村、社区、非公经济组织等领域团员发展力度，进一步做好推优入党工作。加强团属网站、微信、微博等平台建设，紧扣青年成长的需求，围绕社会热点和青年关注焦点，积极与专业团队、媒体合作，编辑高质量、有内涵的微信、微博信息，使团属官方微博粉丝突破8000人。

5月31日，兴庆区团委、区教育局、区委宣传部、区文体旅游局联合举办“少年心 教育梦”“六一”表彰大会暨少年宫活动成果展

【青少年理想信念教育】 通过理论宣讲、培训、学习等途径，开展中国特色社会主义理论体系宣传教育，坚持用邓小平理论、“三个代表”重要思想、科学发展观等马列主义科学理论武装青年头脑，指导青年实践。3月5日，举办“我是雷锋”暨“鲜花

朵朵送雷锋”活动，号召青年继承和弘扬雷锋精神。5—6月，结合纪念五四运动96周年和“六一”儿童节等节日，组织团员青少年开展“升国旗、唱国歌”“同声祝福、共话使命”的升国旗活动和“心系百姓奉献青春”兴庆区青年依法行政案例分享会、“我的中国梦”小学生情景剧大赛、“我的中国梦——奋斗的青春最美丽”分享会活动等，加强对青少年的爱国主义教育，引导和鼓励青少年关心国家命运，把自己的梦想融入国家的梦想之中。

【青少年思想道德实践教育】 会同兴庆区委宣传部、区教育局、区文体旅游局及各乡镇、街道扎实开展青少年思想道德教育，学习贯彻中共十八大、十八届三中、四中全会精神，通过专题辅导、主题报告、一线宣讲、研讨交流、微活动等形式，开展“我的中国梦”“红领巾相约中国梦”等主题教育活动。全年开展团队日活动300余次、“我的中国梦”座谈交流会9次、学习讨论会4次、青春大讲堂29场，覆盖兴庆区青少年5万余人。

【青年创业就业】 按照团中央、团区委和团市委要求，牢牢把握“服务企业、促进就业”活动的整体部署，配合兴庆区劳动就业局、区人社局等相关部门开展“春风行动”，协助自治区团委、金融办举办兴庆区资本市场专题培训班，建立“青年就业创业见习基地”3家，做好大中专毕业生、农村返乡青年的就业服务工作；争取自治区、银川市青年创业就业专项资金，为7名创业青年提供115万元的青年创业贷款，解决创业青年资金难问题；利用“青春兴庆”官方微信、微博、网站等媒介发布青年创业就业政策、信息及创业典型信息200余条；结合送文化、送技术、送法律、送温暖等活动，开展就业创业技能培训、政策宣讲活动20余场（次），先后举办青年就业创业大赛、青年创业就业培训和农村电商人才培训，邀请专业人员担任导师。

【团内创先争优】 配合团宁夏区委、团银川市委开展青工技能大赛、岗位练兵、创新创效、青年岗位能手、寻找最美青工等工作，推动青年立足岗位争创一流，组织青年充分发挥突击队作用。5月4日，举行“五四”表彰大会，表彰兴庆区第四届“青年五四奖章”10名、“五四红旗团委”3个、“五四红旗团支部”15个、“优秀共青团员”20名、“优秀团干部15名”、“优秀西部计划志愿者”8名。获银川市“青年五四奖章”1名、“五四红旗团委”1个、“五四红旗团支部”2个、“优秀共青团员”1名、“优秀团干部”3名、“优秀西部计划志愿者”2名。

【预防青少年违法犯罪】 开展“青春护航”活动，出台《兴庆区预防青少年违法犯罪工作责任分工意见》《关于进一步加强兴庆区少先队工作的实施意见》，完善未成年人保护机制；以“两法一条例”为着力点，围绕“6·26”国际禁毒日、“12·1”世界艾滋病日、“12·4”全国法制宣传日等节点，集中开展青少年法制宣传教育活动150多次；在中小学开展了“依法禁毒，构建和谐”和“不让毒品进校园”主题教育活动，联合法院、检察院在小学开展法制进校园活动，为中小学生带去真实、鲜活的案例讲解；创建“青少年维权岗”“平安校园”“共青团与人大代表、政协委员面对面”等活动，推动青少年权益保护立法、提案工作。

【团干部培训】 加强团干部队伍作风建设，锤炼团干新风貌。学习习近平总书记关于好干部标准的重要阐述，巩固党的群众路线教育实践活动成果，深入开展“三严三实”专题教育实践活动，召开专题民主生活会，广泛征求意见，深剖查找“四风”问题，开展批评与自我批评，按照“三严三实”要求，严格依法办事，从严治团，不断加强团干部队伍建设、作风建设和业务水平的提升。开展“团干部如何健康成长大讨论”活动，举办非公企业“党群+”沙龙第三期活动暨非公企业团建工作交流会，拓宽团组织在非公经济组织和社会组织中的广度和深度，发挥凝聚青年的作用。组织团干部讲座培训8次。在大连市团校举办成功举办2015团队干部培训班，组织兴庆区各中小学的团委书记和大队辅导员共50余人参加培训。

【青少年助学行动】 2015年，开展“希望工程”困难家庭学生资助工作，兴庆区团委先后实施“黄河银行助学金”“国酒茅台助学金”“广发慈善基金”及银川市团委自筹助学金、兴庆区团委自筹助学金等7项助学金项目的申请和发放工作，资助188人，总金额达68.9万元，实现凡是符合申报条件的学生全部予以3000—5000元不等的现金资助的目标。

【特殊青少年的帮扶】 按照自治区团委《关于进一步深化“青春护航”——帮扶社会闲散青少年工作的通知》要求，先后制定下发《关于做好2015年闲散青少年关爱帮扶工作的通知》《关于开展专兼职团干部结对帮扶社会闲散青少年工作的通知》，对辖区闲散青少年进行细致摸排，组织乡镇、街道、社区、村专兼职团干部各结对帮扶1名闲散青少年。围绕情感交流、心理排解、工作安置等内容，兴庆区团委为辖区94名社会闲散青少年建立帮扶台账，组织街道、社区、村专兼职团干部结对帮扶。其中12名社会闲散人员，在团委的帮扶下顺利找到了工作，实现就业。针对流浪未成年人、服刑人员未成年子女和农村留守儿童，分别加强和区民政局、司法局、区妇联的沟通，广泛动员社会力量开展关爱帮扶，努力保障他们的合法权益不受侵害。

【搭建青年交流平台】 通过交流访谈、调查问卷、网络互动等平台、载体和机制，经常走进青年，及时了解青年的意愿和困难。把握当代青年需求变化和学习生活工作等方面的特殊困难，满足青年成长成才、身心健康、就业创业、社会融入、婚恋交友等各方面需求。2月14日，举办2015年兴庆区“何以遇见你”情人节主题运动会，为辖区72名单身男女青年搭建一个展示自我、交流感情、缔结友谊的平台。制定下发《关于在春节前后集中开展“2015年共青团联系服务农村青年月”活动的通知》，全面安排部署以“守望家乡，青春建功”为主题的农村青年工作，组织各乡镇团委分别开展系列活动。1月28日，走进月牙湖乡滨河家园移民新村，为农村青年送书、送知识，积极倡导文明过年、健康过年。2月7日，配合兴庆区文体旅游局在南门广场成功举办“美丽中国梦·文艺进万家”送春联送年画送祝福活动。2月5日和11日，分别在掌政镇、月牙湖乡举办农村青年联谊会和“守望家乡·青春建功”卡拉OK比赛，为返乡大学生、返乡务工青年、乡村创富与道德红榜好青年等农村团员搭建交流平台。

【建立志愿者服务机制】 与兴庆区文明办、兴庆区志愿者协会联合制定并下发《银川市兴庆区志愿者管理办法（试行）》，对志愿者招募注册、组织、管理、星级评定、嘉许表彰以及志愿者的权利义务、志愿服务活动开展、评估与激励等方面作出规定，为兴庆区志愿服务工作提供政策保障，使志愿服务工作制度化。创建兴庆区志愿者注册及信息管理数字化平台，开通“兴庆区志愿者”网站，完善兴庆区志愿服务网络体系，建立集志愿者实名注册、需求对接、活动开展、服务记录、信息展示等功能于一体的志愿者信息管理系统。对130多名兴庆区志愿者网站管理员开展三次集中培训，使志愿服务工作趋于规范化。“以奖代补”实行志愿服务工作评级考核制。联合文明办对兴庆区88个社区的志愿服务工作情况，由高向低按照A、B、C、D进行评级，发放志愿服务工作活动经费18万元，促使志愿服务工作常态化、长效化。兴庆区拥有志愿者团队155个，注册志愿者44577名，发布并开展各类志愿服务活动1629次，直接参与志愿服务15055人次，服务时长共计40875.47小时。涌现出一批自治区、银川市及兴庆区级优秀志愿者和优秀志愿服务团队。

【关爱生态移民志愿行动】 开展“关爱生态移民”“关爱农民工子女”“阳光助残”等志愿服活动，打响兴庆区志愿服务品牌。4月29日至5月5日，由固原市彭阳县迁往兴庆区月牙湖乡的三批生态移民进行搬迁，兴庆区团委积极组织月牙湖第二回民中学学生、大学生西部计划志愿者到集中搬迁地开展志愿服务活动，帮助移民群众指引道路、领取物资、搬运家具等。关爱生态移民是兴庆区共青团的品牌志愿服务活动，已连续为兴庆区生态移民工程服务4年，累计组织200余人（次）到月牙湖乡滨河新村为3979户共1.68万移民群众开展志愿服务。围绕学业辅导、亲情陪伴、感受城市、自护教育、爱心捐赠等，对兴庆区第28小学等农民工子女聚集的中小学校学生开展了多次关爱志愿服务活动。

（供稿人：李庚华）

妇联

【概况】 2015年，兴庆区妇联根据中共中央关于加强和改进党的群团工作的意见，按照自治区妇联十届六次执委会的工作部署，围绕兴庆区“8531”工作目标，以服务大局和妇女群众为抓手，认真履职，主动适应经济发展新常态，全面开创妇联工作新局面。

【农村妇女小额贷款】 按照自治区4号文件的要求，详细分析近年来兴庆区农村妇女小额贷款工作经验和工作中存在的问题，按照实际情况和创业妇女的需求，加强与自治区、银川市妇联及银行的对接和联系，上争贷款额度。截至9月底，发放贷款2182万元，签订贷款协议387户，为387名妇女创业提供资金支持。同时，为帮助创业妇女利用好项目资金，解决经济发展缓慢的问题，区妇联经过调查了解，及时启动“扶上马、送一程”的优惠政策，帮助妇女拓展思路，发展经济，增收增效。继续抓好农村妇女创业就业和巾帼创业园，结合小贷工作，巩固已经挂牌的巾帼建功基地，积极争取自治区、银川市村级妇代会创业项目支持，共有巾帼建功基地3个。

【妇女就业培训】 2015年，区妇联将促进家政服务作为工作的重要内容之一，先后与丽人医院联合举办妇幼知识、孕产妇保健等学习班，提高育龄妇女科学育儿知识；与辖区企业联合举办陪护人员学习班，为辖区流动妇女增加就业机会等。2015年，联合区劳动就业局举办各类家政服务培训班14期，234名妇女参加，介绍工作140个。兴庆区有家政服务队140个。

【妇女维权教育】 围绕“万家联动，送法到家”为主题开展多种形式宣传教育活动，利用“三八”妇女节、“5·15”国际家庭日、“6·26”禁毒日等节日开展普法教育活动。配合综治、公安、司法、卫计等部门做好反家庭暴力、禁毒、防艾、特殊妇女群体帮教等工作，向妇女群众发放法律法规宣传资料1万份，帮助妇女解决在维权、婚姻家庭和家庭暴力禁毒等方面遇到的法律问题70条。不断加大普及保障女性婚姻家庭权益的宣传力度，进一步提高妇女的法律意识，促进家庭和睦平安。

【妇女儿童维权投诉】 积极为妇女儿童维权工作提供资源、搭建平台，完善多部门合作的妇女维权工作制度，设立妇女儿童维权电话，指定专人负责，建立重点维权案件的预警、干预和处理机制，完善妇联信访工作规范流程，做到有投诉，有处理，有来访，有接待，妥善解决各种家庭矛盾，力保矛盾处理在基层；建立少年法庭1个，加强对“十二五”妇女儿童发展规划项目的落实，做好“两规划”评估的各项准备，加强与各成员单位的沟通联系、资源共享、团结协作。

【和谐家庭创建】 充分利用“三八”国际劳动妇女节、“5·15”国际家庭日、“六一”国际儿童节”等重要节庆活动，广泛开展形式多样、丰富多彩、喜闻乐见的群众文化活动；以家长学校、市民学校、妇女之家为主要阵地，开展“国学进校园”“好家训、好家风”“母亲素质讲堂”等活动，推广健康向上的婚姻家庭理念和伦理道德观。把家庭文明建设作为培育和践行社会主义核心价值观的重要载体，坚持“抓两头，带中间”的工作思路，使家庭文明建设工作不断深入。

【寻找最美家庭】 把上下联动集中寻找与阶段性推进结合起来，使寻找最美家庭和开展好家风好家训活动贯穿于常规性工作之中。把爱岗敬业和爱家相结合，助推寻找最美家庭向机关、企业、学校、军队等地拓展，使家庭文明道德引向更深层。把评、议、晒与巩固和深化全国文明城市创建成果、“道德红黄蓝榜”评选以及“道德讲堂”结合。截至9月底，经过广泛宣传，深入挖掘，层层推荐，推荐上报最美家庭110户，建立家风家训展示台30个、光荣榜96个，召开最美家庭故事会11场、好家风好家训评议会11场次。

【关爱帮扶贫困家庭妇女】 与创建和谐家庭活动相结合，继续联手社会组织、爱心企业积极开展贫困妇女、贫困家庭的救助，为困难妇女群众排忧解难。与卫生部门的合作，扎实推进妇女“两癌”检查项目，以推进“两癌”免费检查为重点，提高妇女儿童健康水平。开展单亲母亲安康保险工作，一年开展各种妇女慰问活动20次，送去慰问金29万元。“六一”到来之际，为宁夏红太阳爱心园为20多名智残儿童送去了价值3000多元的营养品，向月牙湖乡月牙湖回民第二中学孩子们赠送了价值8000多元精美图书。为6名“两癌”贫困妇女发放了1.2万元的救助金，为患鼻癌的单亲母亲朱某募集爱心款3100元用作治疗款和购置新年衣物。母亲节期间，举办贫困母亲、单亲母亲插花培训，60名单亲母亲参加了技能培训，为11

5月10日，兴庆区妇联在鸣翠湖湿地公园举办“康乃馨”亲子游活动

名贫困母亲发放慰问金5500元。在鸣翠湖湿地公园举办“康乃馨”亲子游活动，24名单亲妈妈和孩子参加了活动。母亲节期间还为70名单身母亲和贫困母亲进行免费血压测量、乳房透视检查、盆腔B超和妇科检查等项目的健康体检，并给每人赠送了一份装有妇科洗液、生殖保健宣传单和各类药具的大礼包。20名单亲母亲领取自治区妇联和宁夏女企业家协会每人500元慰问金。共为40名单亲母亲进行健康保健和创业指导培训和康体检查。

【动员妇女参与社会管理】 实施妇女参政项目，建立健全基层妇代会网络，做好社区妇代会的换届工作，举办基层妇女能力建设培训班，加强女领导干部、妇联干部教育培训，提高妇女参政议政水平。截至2015年年底，兴庆区有处级领导干部31人，其中处级女领导干部8人，占25.8%；有科级干部471人，其中科级女领导干部168人，占35.7%；党政“一把手”80人中女领导干部23人，占28.8%。在65个科级单位中，有59个单位配有女领导干部，占90.7%。兴庆区有公务员671人，其中女性公务员325人，占48%；人大代表、政协委员中女性比例逐步提高，达32.13%和37.14%。村民委员会和社区居民委员会工作人员中，女性占总数的28%和91.7%。

【妇联基层组织与干部队伍建设】 注重扩大妇联组织覆盖面，加强与各类女性社会组织的联系。通过服务型基层党组织建设带动服务型基层妇联组织建设，通过服务型基层妇联组织建设更好地服务于基层党组织建设，结合开展的“三严三实”活动，发挥“妇女模范户和妇代小组”的作用，加大政府购买公益岗位工作，促使妇干比例逐步提高，2015年，有280名妇女参加到公益性岗位工作中，其中从事妇女工作的114人。多渠道推动解决基层妇联工作经费，帮助解决基层工作经费6万元。

【“妇女之家”建设】 推进各领域“妇女之家”建设，促进“妇女之家”服务向实事化、常态化、规范化发展，努力把“妇女之家”建设成为妇联组织参与社会管理和公共服务、创新开展工作的重要平台。兴庆区107个村（社区）均建立了基层妇女儿童之家，有12个自治区级妇女儿童之家示范点。学校、社区（村）家长学校组建率达100%。

【巾帼志愿者服务】 从抓制度、抓培训、抓示范入手，以创新实践为着力点，积极探索贴近妇女群众和广大家庭需求的多元化的巾帼志愿者服务，通过提升心理健康服务队、信访协理代理员、婚姻家庭咨询师等专家服务团，打造有特色、有影响力的巾帼志愿者服务品牌。兴庆区有社区服务中心72个、城乡养老服务机构9个，其中农村5个。

（供稿人：苏小芳）

残联

【概况】 2015年，兴庆区残联以自治区、银川市残联下达的目标任务和兴庆区委、政府确定的工作思路，实施民生计划和残联重点项目为抓手，务实创新，经过全体残疾人工作者的共同努力，残疾人事业得到持续、快速、稳定发展。2015年，兴庆区残联被评为全国残疾人体育先进单位。

【残联基层党建】 制定《兴庆区残联2015年党建工作计划》《兴庆区残联2015党风廉政工作计划》《兴庆区残联下基层干部结对帮扶工作制度》等文件，开展“三严三实”和“守纪律讲规矩”主题教育活动，丰富党组织活动的内容，提高党支部凝聚力、战斗力和党员整体素质，发挥残疾人党员先锋模范作用。

【残疾人康复医疗服务】 对肢体残疾人实行有效的医疗康复，装配假肢及矫形器。开展“重塑未来”中国行活动，筛查肢体残疾19人，配合国龙医院对11名有关节置换需求的残疾人进行筛选；发放贫困肢体残疾儿童矫治手术经费8731元；对精神残疾人实行医疗救助，残联集中采购各类精神药物4.8万元，为485名贫困精神病患者免费发放药品；为8名重症精神病患者提供住院补助，发放补助金1.6万元；对听力障碍残疾人实行斯达克“世界从此欢声笑语”中国（宁夏）项目，为99名听力残疾人安装助听器。

【无障碍设施进家庭】 按照无障碍设施进家庭改造工作方案，根据兴庆区实际情况和改造任务数，对辖区内50户持有残疾人证的贫困残疾人家庭进行无障碍改造安装。

【残疾人辅具配发】 为解决贫困残疾人的生活和工作困难，配合市残联为辖区内的残疾人配发辅具530件，国际残疾人日兴庆区残联向16个乡镇、街道办发放辅助器具508件、轮椅160辆。

【残疾人托养】 依托掌政镇强家庙村的幸福大院建立残疾人托养机构，面积2000平方米，房间60间，床位

100张，以集中托养和日间照料为主，托养13名残疾人。

【社区残疾人康复】 推进“康复进社区，服务到家庭”的工作模式，扩大残疾人康复受益面，在社区康复站开展康复训练与服务工作，使300名不同类型的残疾人在社区得到医疗康复、训练指导、用品用具等服务。在凤凰北街街道举办“残疾人康复知识专题讲座”，在前进街银华社区新建一个残疾人康复服务站。

【残疾人就业】 贯彻落实《残疾人就业条例》，根据自治区、银川市残联扶持残疾人自主创业有关政策，提高就业比例。开展帮扶残疾人“自强自立、创业致富”主题活动，采取“集中安置、分散按比例安置、鼓励扶持个体就业和自谋职业”相结合的方式，协调城管局开展摊位集中安置，组织新、老摊位户按程序进行申报，安置19名残疾人就业。7月，通过公开报名、考试，争取25个公益性岗位安置残疾人就业；录用81名残疾人专职委员在基层服务，按照就近就业的原则，分别安排到（乡镇）街道、（村）社区，工资由财政统一统筹，按本市最低工资标准规定发放，并依法缴纳养老、医疗、失业等保险。

【残疾人职业技能培训】 选拔有计算机基础的肢体残疾人参加“云客服”工作岗位培训班，第一期培训18人，第二期培训21人。委托宁夏富康物业服务有限公司就业培训基地，对20名残疾人进行小区保洁、保安、管道维修、绿化养护、电工操作培训。在通贵乡、掌政镇举办两期农村残疾人种植、养殖实用技术培训班，培训残疾人280人。

【盲人按摩行业补助】 对兴庆区范围内的盲人按摩店进行摸底调查，全面掌握盲人按摩业现状。兴庆区按摩机构获得一级补贴27个、二级补贴6个、三级补贴3个，分别给予1万元、2万元、3万元补助。

【贫困残疾人扶贫】 依托宁夏天地缘锦绣园林花卉有限公司在兴庆区掌政镇洼路村建立兴庆区残疾人扶贫基地，扶持贫困残疾人家庭进行花卉种植，通过温室建设、技术培训、农资供给、花卉销售等，有效解决当地贫困残疾人家庭经济拮据、生活水平低等问题，并优先为他们提供分级、包装、库管员等他们力所能及的工作岗位。洼路村有残疾人59人，人均收入不到5000元。基地采用“公司+合作社+基地+农户”的产业化运行模式，使龙头企业、基地和农户之间实现机制联结，利益共享，实现企业增效、残疾人增收，残疾人种植户年户均收入在28000元以上。

【扶残助残】 以元旦、春节慰问为契机，发动社会各界开展贫困残疾人走访慰问和结对帮扶活动。春节期间，银川市、兴庆区两级残联投入83.16万元对兴庆区1412户残疾人家庭进行走访慰问，动员72个机关部门帮扶142户贫困残疾人家庭。慰问兴庆区7个康复机构，发放慰问金7万元。爱耳日开展宣传活动，组织工作人员在街道、广场以横幅形式向市民和残疾人朋友进行宣传和咨询，大力宣传听力残疾预防、发现、治疗及康复的相关知识，并向其发放预防耳病、爱耳护耳的相关知识手册。在兴庆区第六个“助残月”及第二十五次全国“助残日”期间投入资金9.7万元，走访慰问330户贫困残疾人家庭和星语家园、银川爱心园孤独症儿童康复训练中心。

【残疾人社会保障】 继续完善享受救助政策人员进退机制，进一步规范审批各项资金补助，确保在执行层面应保尽保、应助尽助、应补尽补。为切实做好自治区重度残疾人生活补贴工作，兴庆区残联通过银行一卡通方式给辖区16个乡镇、街道1667名重度残疾人发放2015年重度残疾人生活津贴，一级每人每月200元、二级每人每月150元，共计322.8万元。

【扶残助学】 2015年，对12名学前教育阶段残疾儿童，4名高中教育阶段残疾学生进行资助，自治区投入7600元，兴庆区匹配7600元；自治区残联为10名考入大中专院校的贫困残疾人大学生提供3.9万元的助学金，为其中9名应届残疾人大学生争取到银川市助学金3.8万元；兴庆区出资8000元对20名义务教育阶段残疾学生进行资助。兴庆区教育局、残联、银川二中共同承担完成兴庆区第一例盲人高考工作，兴庆区残联派专人引导考生进出考场，宁夏特殊教育学校抽调优秀盲文老师负责考试盲文指导。

【残疾人维权】 2015年，受理群众来访20余人次，并解答来电来访咨询70余件次，办结率达到100%，没有发生一起重复访、集体访、越级访和非正常上访等残疾人涉法问题。

【残疾人基层组织建设】 兴庆区残联始终将基层残疾人组织建设和基层残疾人工作作为重中之重来抓，乡镇、街道成立残联，配备理事长，村、社区成立残协，配备专兼职委员。2015年，兴庆区16个乡镇、街道配备在职残疾人专职委员75人，110个村、社区配置残疾人联络员106名。残疾人专职委员和联络员在基层充分发挥着“宣传员、信息员、联络员、调解员、示范员”的作用。兴庆区于2009年3月起对管辖范围内的残疾人证进行第二代统一换发，已为12483人办理二代残疾人证，2015年为1212人办证。

【残疾人文化体育活动】 举办残疾人畅游美丽银川暨征文诗歌朗诵会、助残公益晚会“让爱重生让梦飞翔”、兴庆区第四届残疾人运动会、残疾人艺术节、花卉义卖资助孤独症儿童等一系列文体活动。各街道开展残疾人手工编织、魔术气球培训、“爱心手拉手，关爱残疾人”包饺子、残疾人运动会等，丰富残疾人的精神生活；9月，在银川市残疾人乒乓球比赛中，荣获乒乓球比赛团体总分第一；打造银华、北安、崇安、鼓楼、燕翔园5个社区残疾人享有基本的均等的公共文化服务；荣获“中国梦·我的梦”残疾人书画摄影展优秀组织奖。全年向各乡镇（街道）残联赠阅《中国残疾人》《三月风》刊物。

【残疾人事业宣传】 以新闻媒介为载体，加大残疾人事业宣传力度。全年上报各类信息75期，自治区、银川市级报刊刊登残疾人工作信息40期。在《晴彩宁夏》《都市阳光》等栏目开设残疾人专栏，提高社会对残疾人工作的认识和了解。

（供稿人：李静）

工商联

【概况】 2015年，兴庆区工商联在自治区、银川市统战部门和工商联的帮助指导下，贯彻落实中央、自治区、银川市有关会议精神，围绕兴庆区委、政府中心工作，牢牢把握“两个健康”工作主题，认真履行职能，充分发挥作用，引导非公经济人士守法诚信，促进非公经济健康发展。向区委、政府提交的《新常态下加快兴庆区商贸服务业转型升级的调研报告》《关于加快乡镇街道基层商会组织建设的对策与建议》两篇调研报告，得到区委、政府的重视。组织企业家政协委员撰写提案，参政议政，累计向兴庆区政协提交提案52件，立案35件。

【非公经济人士思想教育】 按照中央统战部、全国工商联的统一部署，根据自治区、银川市统战部和工商联的安排，组织开展以守法诚信为重点的理想信念教育实践活动。先后举办以守法经营、诚信经营、廉洁经营为内容的专题讲座，有120名会员参加；开展以守法诚信、和谐共赢、共谋发展为主题的法律知识竞赛，13支企业代表队参加。与此同时，还利用执委会议、主席会议、培训学习等时机，借助微信平台，印发资料，在会员中广泛开展法制宣传教育，引导企业守法诚信经营。

【非公企业党组织建设】 联合两新组织党工委，整合资源力量，建立同抓共促齐推企业党建工作的新机制，开展下企业抓党建促发展活动，深入20多家非公企业进行指导，引导企业重视党建，组织企业进行经验交流，做好党组织组建和党员发展工作，扩大党组织建设覆盖面。截至年底，在非公企业中已组建党组织321个，党员2612人。

【非公企业文化建设】 深入会员企业调研了解企业文化建设情况，和企业家共同探讨如何搞好企业文化建设，指导企业用先进的文化引领发展，用优秀的文化激发员工的工作热情，树立先进典型，发挥示范引领，推动企业不断发展。

【非公企业光彩行动】 组织会员企业开展捐资助学和爱老敬老活动，为通贵乡10名考上大学的贫困学生每人捐助3000元，为兴庆区福利院孤寡老人送去8000元的慰问品。组织爱心企业对月牙湖贫困移民实施结对帮扶，为残疾人家庭无偿提供种兔、养殖设备、技术指导，变输血为造血，从根本上帮助贫困户早日脱贫。组织会员企业慰问兴庆区重点项目通航产业园工程建设者，送去米、面、油、羊肉、饮料等慰问品，表达工商联对政府工作的支持。2015年，兴庆区会员企业通过各种途径累计捐款捐物50多万元，以实际行动践行光彩精神。

【搭建政企对话平台】 发挥工商联桥梁和纽带作用，积极搭建政府与非公企业人士对话平台。开展“走百企、纳百言、解百题”活动，每季度开展一次走访企业活动，面对面和企业家们沟通交流，了解企业发展情况，听取意见、建议，向党委、政府反映企业的诉求，帮助企业解决实际困难。在组织召开执委会、培训会等大型会议时，邀请政府以及有关部门负责人参加，并就兴庆区招商政策、产业导向、投资平台、合作项目等情况予以通报，建立政府与非公企业定期联系和信息互通机制，畅通政府与非公企业之间的沟通渠道。开展“党群+”沙龙活动，借鉴“互联网+”思维，不断拓展服务非公企业的功能、方式和载体，搭建政府与企业之间的信息交流平台，整合各方资源，广泛开展学习交流、培训讲座、主题研讨、观摩实践、宣传推广等活动，党群部门之间形成合力推动“两个健康”发展。

【非公经济人士培训】 以专题讲座、培训班、观摩考察等形式，提升非公经济人士综合素质和经营能力。先后举办“适应新常态培育新优势化解企业融资难题”“互联网思维对传统企业的重要性”“新常态下开创兴庆区商贸物流带新格局”等专题知识讲座，有300多名中小微企业负责人和管理人员参加。6月，组织50名非公经济人士赴深圳进行学习考察。

【微小企业融资】 与区经发局及时对接，密切协作，解决中小企业融资难问题。政府注入500万元担保金，指定宁夏银行业批发贷款担保有限公司为企业进行贷款担保。2015年，为21家非公企业担保贷款6820万元，有效地缓解了企业贷款难问题。

【劳动合同签订督察】 履行协调劳动关系三方会议成员单位职责，密切配合人社、工会部门抓好集体合同的签订，通过会议培训、发放资料等形式，加大对《工资集体协商办法》的宣传力度，构建和谐劳动关系。

【丰富非公企业文化生活】 举办第二届非公企业职工运动会，推动各乡镇、街道商会、各会员企业组织开展形式多样的文体活动，丰富企业职工的精神文化生活；开展会员联谊活动，通过参观考察、座谈交流、文化娱乐等形式，把会员组织起来相互沟通交流学习，增进会员之间的感情友谊，为会员之间进行商贸合作搭建平台；组织优秀民营企业家进乡村、进社区开展创业宣讲活动。

【基层商会建设】 按照“五有五好”的标准制定基层商会发展规划，兴庆区15个乡镇、街道全部建立商会组织，实现基层商会全覆盖。按照标准化、规范化商会建设的要求，切实加强管理与指导，推动基层商会完善社团登记手续，健全组织机构，完善各项制度，夯实基层商会工作基础，发挥好基层商会“宣传政策、提供服务、反映诉求、维护权益、加强自律”的作用；把会员队伍建设列入重要议事日程，切实抓好会员发展工作。制定切实可行的会员发展规划，将思想品质优、社会贡献大、公众形象好、参政议政能力强的非公有制经济代表人士吸收到会员队伍中来。先后发展新会员46个，其中企业会员38个。按上级工商联要求，准确填报工商联执委和会员信息，建立完整的会员信息数据库。

（供稿人：任小会）

科协

【概况】 2015年，按照自治区、银川市科协和兴庆区委、政府的安排，针对农民群众，特别是移民村群众对科普的需求，开展文化、科技、卫生“三下乡”，此为服务“三农”、服务农民群众的惠民活动。将“科普大篷车”开往居住集中的村户，与农民现场互动交流，准备各类科普知识资料，组织农技人员和科普工作者向农民群众咨询急需的科普知识，现场解答农民提出的科普技术问题，解决农民所需的实用技术，帮助农民科技致富。吸纳社会力量办科普，利用社区科协、反邪教协会阵地，加强反邪教宣传教育工作，维护社会政治和谐稳定。

【申报创建2016—2020年全国科普示范县（区）】 兴庆区是2002年首批被中国科协命名的“全国科普示范城区”，2008年通过复查验收；2011年，被中国科协命名为2011—2015年度“全国科普示范县（区）”；2013年，通过中国科协中期评估考核验收；2015年，申请创建2016—2020年“全国科普示范县（市、区）”，成为连续三轮成功创建“全国科普示范县（市、区）”的城市。

【科技“三下乡”】 1月28日，由兴庆区委宣传部、区文明办牵头，先后在兴庆区月牙湖乡滨河家园文化广场、南门广场、光明广场、宁园等重点场所和社区、学校，举行文化科技卫生“三下乡”集中服务活动。兴庆区政法委、区文体旅游局、区科协、区科学技术局、月牙湖乡政府等十余个部门的干部职工和月牙湖乡干部群众等2000余人参加。给月牙湖乡配备“科普服务直通车”，在宝丰集团投资办科普场馆。现场安排科普科技、文化、卫生、司法等咨询点，工作人员耐心向群众解答疑问，并发放《优质肉牛、高产奶牛生产技术》《鸡病快速诊治指南》《牛羊常见病诊治实用技术》《花卉栽培实用技术》《科普知识手册》《中华人民共和国科学技术普及法》及《全民科学素质纲要》等10余类科普资料5000余册（份），反邪教宣传教育光盘1000余张，科普宣传手提袋和围裙2000余个。同时，针对移民村农民科普知识缺乏，群众对鉴别“邪教”知识薄弱的情况，兴庆区科协出动“科普大篷车”，克服下雪、天气寒冷、交通不便的困难，赴当地开展科普及反邪教宣传。利用车载电教设备向群众播放《识破邪教“全能神”》《毒瘤邪教透视》等反邪教科普宣传光盘。

【反邪教宣传教育】 兴庆区反邪教协会坚持“一票否决”的原则，坚持“六个有”（有机构、有牌子、有场所、有人员、有经费、有成效）要求，做到三个到位（即活动场地、人员、经费到位），建立科普和反邪教培训室，将反邪教工作经费列入科普专项经费中，配备投影、电脑、电视、桌椅等电教培训设备，播放《邪教透视》《识破邪教全能神》等反邪教宣传视频。科协组织基层农技协、科普示范基地、社区、学校等开展科普反邪教宣传十余场次，发放光盘1万余张，资料4.5万份（册）；邀请自治区反邪教协会专家作题为“警惕邪教常抓不懈”的反邪教培训讲座，对兴庆区各乡镇、街道分管科协科普及反邪教工作分管领导、科普专干及获得“自治区级科普示范社区”称号的社区的党支部书记、主任、社区科普基干进行培训班。

【科技活动周】 5月中旬，启动“宁夏科技活动周”，按照《兴庆区科协2015年全国科技周暨宁夏科普宣传周重点活动安排》，在南门广场、光明广场、宁园等人口密集场所和街道、社区、学校、农村、农技协开展各类科普及反邪教宣传，发放各类宣传资料1万余册（份），开展咨询、培训十余场次，受益群众2万人次。

【青少年科普活动】 区科协与教育部门配合，组织兴庆区中小学校师生参加银川市第十二届青少年科技创新大赛暨机器人竞赛和第三十届宁夏青少年科技创新大赛暨全国青少年机器人（宁夏赛区）大赛。在银川市第十二届青少年科技创新大赛中，兴庆区获得银川市、自治区一等奖、二等奖、三等奖167个，565人次。其中，获得一等奖作品21个，76人次；二等奖作品22个，66人次；三等奖作品38个，126人次。15人被评为银川市级优秀辅导员，兴庆区科协获得优秀组织奖。在自治区第三十届宁夏青少年科技创新大赛暨全国青少年机器人（宁夏赛区）大赛中，兴庆区获得一等奖作品23个，73人次；二等奖作品28个，99人次；三等奖作品35个，110人次。获得一等奖的作品择优推荐。

【科普惠农兴村计划】 科协组织申报“全国科普惠农兴村计划”项目，银川绿之川园艺专业合作社科普示范基地获得中国科协、财政部以奖代补资金20万元，并被评为“全国科普惠民先进单位”；申报银川市“科普惠民计划”项目，提升科普服务能力。2015年，兴庆区科协获得银川市科协“科普惠民计划项目”7个，其中，科普示范社区1个，农技协1个，科普示范基地1个，科普创新学校2个，科普教育基地1个，科普带头人1个。获得奖补资金18万元。自治区表彰优秀农技协1个、科普示范基地1个。向自治区科协申报在月牙湖生态移民村滨河新村一村建设科普服务站，争取专项资金7万元建设科普文化大型电子屏，丰富移民村群众科普文化生活。

【“科普日”科普活动】 9月19日，由宁夏科协、宁夏教育厅、宁夏科技厅主办的2015年全国“科普日”宁夏主场活动启动仪式在IBI育成中心举行。兴庆区科协组织干部职工及基层各类科普示范单位（科普示范基地、农技协、科普示范社区、科普示范学校）200余人参加。兴庆区“银川绿之川园艺专业合作社科普示范基地”获得中国科协、财政部“全国科普惠农先进单位”表彰奖励，获得以奖代补资金20万元。现场安排科普科技、卫生、司法、食品安全、地震常识等展示咨询点，在各类科技产品、食品等实物展示的同时，向群众提供咨询所需的科普知识，发放各种科普知识资料。

【基层科普基础设施建设】 以兴庆区创建2016—2020年“全国科普示范县（市、区）”为契机，按照区委、政府“8531”工作目标任务，加大基层“站、栏、员”建设。2015年，成立社区科协10个，成立农村专业技术协会28个，投入7万元，为月牙湖乡移民新村滨河一村建立“科普服务站”大型电子屏。科协与陕西咸阳寰宇传媒有限责任公司合作，吸纳社会资金，建科普宣传栏260个。科协为各乡镇、街道科协及获得“自治区级科普示范社区”称号的社区配发科普宣传照相机，提高基层科普服务宣传能力。宁夏趣立方职业科技体验馆、银古路丽景社区、鱼丰农民水产养殖科普教育协会3个科普示范单位被列为兴庆区创建观摩点，在创建考核中得到了自治区、银川市科协充分肯定和好评。

【科普示范单位（基地）认定命名】 上报银川市科普示范单位和个人认定命名9个，申报银川市科协命名科普示范社区2个、科普示范学校2个、科普示范基地2个。

（供稿人：汪强）

▷法治

公安

【概况】 2015年，兴庆公安在市局党委和区委、政府的领导下，围绕市局和兴庆区的工作思路，扎实推进基础信息化建设、警务实战化建设、执法规范化建设、队伍正规化建设，强化打击犯罪、基础防范、重点整治、安全监管和提升群众满意率为重点，忠实履行维稳首责，全面落实打防管控各项措施，着力提升打防管控工作效能，有效维护社会和谐稳定为主业，主动服务经济发展，完成了各项工作任务。

【便衣侦查大队】 针对公开着装巡逻有威慑力但打击现行不足的实际，抽调9名业务骨干民警和50名协勤，组建便衣侦查大队，按照“情报导侦、巡守结合、精确打击”的思路，对“两抢一盗”案件高发区域、高发时段进行便衣设防布控、巡逻蹲守，以“快、准、狠”的作风，有效震慑违法犯罪分子，遏制现行犯罪案件的发生。抓获现行违法犯罪嫌疑人269人，破获各类刑事案件500余起。

【网络安全保卫大队】 成功举办全自治区网安数据资源应用培训班，得到了自治区、银川市领导的充分肯定。全年网安大队通过网综平台查询数据资源14000余条，联合破获刑事案件952起，抓获犯罪嫌疑人162人，其中破获部、厅督办案件2起；利用足迹、指纹、DNA串并案件131串600余起，指纹、DNA等痕迹物证比中嫌疑人97人次，带破各类刑事案件400余起，抓获犯罪嫌疑人40人。全年采集入库标准地址22万余条，完成市公安局PGIS平台基础地图数据更新，实现辖区全域覆盖，并通过公安部验收。

【提升执法公信力】 牢固树立法治思维和服务理念，狠抓教育培训，严格办案程序。建立“三级”执法监督工作责任制。印发《2015年度推进执法公开工作实施方案》等工作意见，全力推行“两统一”暨派驻法制员工作机制。全年分局执行逮捕率、移送起诉率同比提高13%和10%，举办法制专题培训会12场，800余人次受训，70余人次参加庭审旁听。区分局被评为自治区公安机关执法质量考评优秀单位，并在全区执法规范化建设现场会上做交流发言。

【矛盾纠纷排查化解】 不断完善情报信息搜集和研判会商机制，推进矛盾纠纷排查化解工作，强化重点人员排查管控，积极应对突发事件，快办快结信访案件。先后摸排重点关注人员1698人次，接待群众来信来访、市局转办件1016人（件）次，办结率96.94%。排查化解各类矛盾纠纷223起，成功处置群体性事件284起，圆满完成中阿博览会等20次重大活动安保任务。

【重特大案件攻坚】 坚持以“百姓之心为心”，聚焦群众反映强烈的侵财类案件和治安突出问题，持续发力推进“大收戒”、“大干实干100天”、“寒战”、“猎鼠”、“打传销”、瓷砖市场治安乱点整治等专项行动，重拳惩治各类违法犯罪。2015年，立命案19起，破19起，八类主要刑事案件发案数同比下降10.8%；破获毒品案件109人，抓获犯罪嫌疑人119名，查获吸毒人员1096人，强制隔离戒毒491人，缴获各类毒品6.25千克；刑事拘留、逮捕、抓获犯罪嫌疑人的人数同比提高16.9个百分点、9.4个百分点和2.0个百分点，追缴赃款数同比增加77%（372.2万元）；捣毁传销窝点243处，查获参与传销人员4247人。同时，16个乡镇、街道全部完成"绿荫工作室"建设工作，配备禁毒专职工作人员134人，并完成业务技能培训。

【警务队伍警示教育】 坚持从严治警、从严管理，狠抓学习促转变，揪住问题抓整改，依托党的群众路线教育实践活动"回头看"、"守纪律、讲规矩"、"三严三实"、"秉公执法人民公安为人民"等主题教育活动，不断加强党风廉政建设，加大执纪问责力度，全面贯彻领导干部"一岗双责"制度。先后组织民警观看警示教育片4次，学习有关警示资料19次。开办一线民警业务培训班31期。全年，分局有21个单位、160人次受到各级表彰，其中荣立二等功1人、三等功10人，1人被评为自治区优秀人民警察。

（供稿人：韩健）

道路交通管理

【概况】 兴庆区交警大队在银川市交警分局党委领导下，以"保畅通、促安全、压事故"为总目标，落实《分局提高处警速度工作方案》，结合银川市创建文明城市总体要求，为中阿博览会等大型活动做好安保工作，围绕预防道路交通事故中心工作，全面落实各项交通安全管理措施，有效维护道路的安全与畅通。2015年，交警一大队接警道路交通事故4741起，死亡4人，受伤301人，直接经济损失90.581万元，与2014年同期相比，四项指数分别下降10.4%、42.8%、22%、52.2%，没有发生一次死亡3人以上的较大交通事故。交警二大队接警16684起，与上年同期相比，下降6%，办理一般程序244起，与上年同期相比下降4%；办理伤人事故206起，与上年同期相比下降5%；死亡事故35起，死亡43人，与上年同期相比下降10%；简易事故2196起，与上年同期相比上升18%；逃逸案件共计24起；办理危险驾驶案86起、交通肇事案17起，移送起诉40起。

【规范交警执法行为】 交警一大队以公安交警队伍的作风建设为主线，学习贯彻中共十八大精神和"三严三实"、"讲规矩、守纪律"等，严格落实《公安机关窗口单位建设服务规定》，落实廉政风险防控工作，通过治理"庸、懒、散、奢、浮"不良作风和行风评议活动，突出重点整顿、规范窗口服务和路面执勤执法工作，提高服务质量和群众满意度。大队成立考核办，对各部门贯彻上级规定、落实工作部署、民警遵章守纪、履行职责等情况开展督查。同时，通过落实建设和谐警队的工作措施，从工作上、生活上关爱民警和协警，增强了队伍的凝聚力和战斗力。交警一大队于2015年7月荣立集体三等功一次；2015年6月，被中共银川市委政法委评为银川市政法机关服务型窗口建设达标单位；2015年6月，被中共银川市公安局交警支队评为2015年度先进党支部；2015年5月，大队团支部被共青团银川市委员会评为银川市五四红旗团支部；2015年5月，荣获全市公安机关专业警钟实战基本功比武（交管业务）团体第一名，一人立三等功，四人荣获市局嘉奖。交警二大队提出"管理、规范、提升"工作理念，从各个工作环节、细节入手，提高民警思想意识、服务意识，规范民警执勤执法行为，强化纪律作风。成立党风廉政建设工作领导小组，落实"一岗双责"工作责任制。组织党员民警、协勤学习中央八项规定、《公安机关人民警察纪律条令》、《人民警察职业道德规范》及上级机关文件精神，建立民警谈心制度、协警家访制度，与民警、协勤签订《廉洁自律保证书》《八小时外管理制度》等。

【交通安全法规宣传】 交警一大队组织警力深入辖区建筑工地、客运企业、中小学校等单位，与单位负责人签订《交通安全管理责任书》300余份，召开交通安全宣传教育会196次，播放交通安全宣传片122次，发放光盘130盘、各类宣传品6000余份，讲授交通安全法规课32余节，发放宣传资料3万多份，悬挂大小横幅标语46条；发布资讯532篇、简报94篇，在各种媒体报道295次，其中报纸167篇，电视广播128次；发布交通安全宣传信息6000余条，转发交通安全宣传信息8000余条，回复网友各类微博600余条。针对客运驾驶人、危化品运输车驾驶人及校车驾驶人开展交通安全宣传教育活动，按照车辆属地管理原则，对属于自己辖区的重点车辆进行户籍化管理，列出清单，建立档案，以车查找责任人，确定企业车辆管理责任人，及时下发交通安全隐患督办函，对存在重大交通安全隐患的企业进行督察，限期进行整改。

【交通管理社会化】 2015年，交警一大队在做好日常交管工作的同时，将30名公益性岗位人员安排在大队北京路中山街等各主要路口参加执勤，要求各驾校初考驾驶证学员参加交通执勤教学体验。与区党委、部分自治区、银川市行政事业单位、街道办、社区、企业、学校、宁夏义工联合会加强沟通，组织社会力量在部分主要路口和交警共同参加交通执勤，开展“关爱生命、文明出行”交通安全宣传活动，形成群防群治的全新理念，构建全民参与交通的新模式。

【交通事故一站式处理法律超市】 为实施轻微交通事故快撤快赔，交警一大队主动和财险公司联系，在大队设点办公，对于有人伤的交通事故，经民警认定责任后，当事人直接在大队保险公司办理点完成“从发生交通事故—民警出警—事故认定—赔偿调解—法律咨询—司法调解—起诉”业务办理；保险公司入驻中队，由保险公司定损员跟随辖区中队民警现场处理交通事故。2015年，交通事故巡回法庭、司法调解在大队常住办公，交通事故法律咨询、法律援助、人民调解、保险理赔、案件审理等功能更为完善。

【城市停车场设施配置】 为切实解决好城市机动车辆问题，配合分局机动车辆管理所完成辖区停车场硬件设施配置。2015年，增设全时段免费停车泊位208个、（公共）限时免费停车泊位1066个、停车场隔离护栏386个、隔离防撞柱1142个，更换停车场标示牌53个（其中新式标示牌11个），完成北京路与解放街经营性停车场设施示范工程建设。完成辖区10家立体停车场建设选址、22家政府单位泊位（错时）向社会免费开放，主干道路83处停车亭（房）和26家停车场挪作他用的排摸汇总工作；一次性办结占用停车泊位案件19起，恢复停车泊位122个；处置停车场卫生差产权单位68家，治理私搭乱建行为65家，拆除停车场违建房屋8个，清拖停车场报废车辆30余次。与顺泊公司交流合作，率先在新华西街顺泊浦发银行门前停车场配置“电子诱导系统”试点，利用传感器技术，实时掌握并发布空闲泊位信息，为推广“智慧停车”理念迈出新的一步。

【酒后驾车违法行为专项整治】 交警大队安排每日值班领导带领当日值班人员进行酒驾查处活动，并将此项工作列为常态化工作，通过媒体、微博、微信广泛宣传酒后驾车的危害性以及依法处罚的相关规定，从严从重惩处酒后驾车这一严重危及交通安全的违法行为，查处饮酒后驾驶42起，醉酒86起。其中，交警一大队查处酒后驾驶84起，醉酒驾驶117起，行政拘留861人。

【摩托车和“五类车”安全专项整治】 组织民警、协勤在城乡道路中对摩托车无证无牌驾驶和“五类车”（客车、校车、货车、危险品运输车、农村面包车）安全行驶进行专项整治，严厉惩治酒驾、超员、无牌无证等严重交通违法行为，对客运车辆运营线路、驾驶员安全教育进行重点督导，督促运输企业落实安全生产主体责任制，把好安全生产关；对摩托车无牌无证行为从严处罚，全年行政拘留498人。交警一大队查处各类交通违法行为10564起（纠正教育违法行为9743起）。

【重大节日及活动道路安全与畅通】 坚持以预防道路交通事故和“疏堵保畅”为重点，改善道路交通环境，保障春节、清明节、“五一”劳动节、国庆劳动节等节日车流、人流高峰道路畅通，完成中阿博览会、环青海湖国际自行车赛、通航机场开航仪式、县域经济工作观摩等各类活动的警卫任务。全年执行各类警卫任务72起，派出警力1800多人次。

7月29日，交警大队党支部为奋战在一线的交警送去绿豆汤

【道路交通违法行为处罚】 交警二大队全体民警严格执勤执法，加大对各类违法行为的处罚力度。全年处罚各种道路交通违法行为28192起。简易处罚24106起，一般程序录入4086起。违法行为中，无证616起，套牌30起，被行政拘留498人，罚款3833934元。违法停车录入14297条，接警16684起，平均每天接警50.4起。交警一大队在辖区分批安装87处自动抓拍系统，对违法停车行为进行自动抓拍，安排专人进行录入，共录入违法行为111990条，及时对乱停乱放违法停车行为进行处罚。

【农村道路交通安全宣传】 农村道路交通安全宣传民警和各执勤中队民警深入辖区学校，尤其到农村中小学中，通过宣讲交通安全知识，深刻剖析交通事故案例，以案说法。先后进学校37次，进企业54次，进社区28次，进农村33次，进清真寺24次。在报刊上投稿件126篇，被自治区、银川市两级交通音乐台采用稿件近80余篇，与交通音乐台电话连线40余次，宁夏电视台和银川市电视台等多个栏目报道新闻30余条，专题片2个，工作简报169期，分局新闻资讯221条，举办各类道路交通安全讲座20场次。

（供稿人：苑克明　王芳）

检察

【概况】 2015年，检察工作贯彻落实中共十八大和十八届四中、五中全会精神以及中央、区、市政法工作会议、检察长工作会议精神，按照上级检察机关的总体部署和要求，认真履行法律监督职责，扎实推进基层检察院规范化建设，努力实践与基层大院“工作相适应、业绩相对称、争当排头兵”的工作目标。

【预防职务犯罪】 认真落实人大常委会对查办和预防职务犯罪工作的审议意见，进一步强化措施，集中查办一批涉及征地拆迁、医疗设备采购、工程建设等领域的职务犯罪大要案。全年立案侦查贪污贿赂犯罪案件28件30人，渎职侵权案件2件6人，立案人数同比分别上升30%、200%。立案侦查永宁县原胜利乡党委书记、乡长王某某涉嫌受贿一案，深挖细查，立案14件15人，占贪污贿赂犯罪立案总人数的50%，涉案金额260余万元。注重提高大要案率、侦查终结率、起诉率和有罪判决率，查处大要案27件29人，占立案人数的96.7%，同比上升了22.8%；移送审查起诉26件28人，同比上升55.6%；法院判决17件24人。经自治区人民检察院进行评查，兴庆区人民检察院办理的自侦案件全部为优质案件。开展“综治宣传月”集中宣传活动，深入到中铁十一局建筑安装工程公司等国有企业，开展职务犯罪预防警示宣传教育19次，接受教育人数5065人，组织国有企业管理人员到银川监狱接受警示教育。开展生态移民项目、征地拆迁等领域专项预防活动。对2个发案单位的领导班子进行集体约谈，督促其健全完善预防职务犯罪措施。进行行贿犯罪档案查询7079次，处置违法单位10件（次）。

【办理审查逮捕、审查起诉案件】 加大对涉恶、涉毒、涉暴、涉众等严重破坏社会稳定犯罪，侵犯人民群众人身、财产安全犯罪的惩治力度，参与社会治安综合治理和平安创建。受理公安机关提请批准逮捕案件868件1209人，同比分别上升4.8%和5.8%；受理移送审查起诉案件965件1254人，同比分别上升13.9%和11.5%；对不构成犯罪的48人，事实不清、证据不足的216人依法不批准逮捕，对9人存疑不起诉，对245件414人退回补充侦查，对84件155人二次退回补充侦查，决不“带病”批捕起诉，充分尊重和保障人权，确保了案件质量。依法批捕、起诉21件33人涉嫌非法集资、非法吸收公众存款、集资诈骗等涉众型犯罪案件，涉案金额达2.86亿元，涉案受害人1500余人。贯彻宽严相济刑事政策，依法对具有法定从轻、减轻情节的110人以无逮捕必要不批准逮捕，对18人相对不起诉。加强与公安、法院的沟通协调，积极推行轻刑快办工作机制，对161件162人启动轻刑快办程序，及时化解矛盾。加强对未成年人犯罪嫌疑人的心理矫正和教育挽救，办理未成年人刑事犯罪提请批准逮捕、审查起诉案件288件468人。

【立案侦查监督】 紧盯人民群众反映强烈的执法不严、司法不公等突出问题，进一步强化措施，依法监督。对公安机关应当立案而不立案的案件，要求公安机关说明不立案理由，监督公安机关立案28件38人，同比分别上升40%和96%；对公安机关不应当立案而立案的案件，要求公安机关说明立案理由，监督公安机关撤销案件41件72人，同比分别上升27%和52%；针对公安机关遗漏犯罪嫌疑人、遗漏犯罪事实等情形，追捕35人，追诉14人，追加犯罪事实19起，追加漏罪7项；针对公安机关侦查活动违法行为提出纠正意见19件（次）。

【审判活动监督】 通过量刑建议、

列席法院审判委员会、出庭支持公诉，加强对同级法院刑事审判活动的监督。认真审查人民法院的刑事判决书，依法提请抗诉6件14人，法院改判3件3人，维持3件11人。加强对人民法院生效民事判决裁定、审判程序和执行活动的监督力度，开展执行工作和行政执法专项检查。受理不服民事行政判决、裁定的申诉，申请执行活动监督等各类案件60件。经审查发出再审检察建议2件，提请抗诉2件，市人民检察院支持并提出抗诉2件。发出检察建议28件，法院回复并采纳24件。

【行政执法活动监督】 深化“两法衔接”工作机制，与兴庆区有行政处罚权的行政执法部门实现全部联网，审查行政执法案件711件，监督行政执法部门移送刑事犯罪案件线索3件3人，公安机关全部立案。向行政执法部门发检察建议5件，全部回复采纳。向公安机关移交犯罪线索2件。切实加强对社区矫正工作的法律监督，对8人提出撤销缓刑的监督建议，已有2人被法院裁定撤销缓刑收监执行。

【规范司法行为专项整治】 开展规范司法行为专项整治工作，做到“问题找不准不放过、整改不到位不放过、责任不追究不放过、成效不明显不放过”，集中对司法办案中不规范行为和突出问题进行整治。组织干警转变司法理念，增强规范司法的责任意识，系统学习办理案件必须应知应会的法律法规、司法解释和办案规则，组织规范司法能力考试，开展“规范司法，从我做起”主题演讲比赛等活动，培养干警规范司法的好习惯。按照上级院确定的查摆问题重点，多措并举，查找出10个方面不规范司法行为74项。自侦部门实行讯问犯罪嫌疑人全程全部同步录音录像，制定“十个必须”“十个不准”，切实保障律师和犯罪嫌疑人的合法权利；刑检部门针对诉讼权利义务告知和保障、听取律师意见等方面的不规范问题，制定了“一个告知、两个必须、三种方式”规范，及时整改，防止在案件事实认定、法律适用方面出现错误。统一审查报告、起诉书等法律文书的标准，规范公诉干警出庭行为，建立完善“十项制度和长效机制”。干警规范司法的意识不断增强，在案件总量上升的情况下，办案质量、办案效率有了新的提升，无捕后不诉和无罪案件。

【提供便捷窗口服务】 按照上级院对服务型窗口建设工作的部署和要求，完善“多种业务职能、一个窗口对外、一站式办理”的便民服务模式，为来访群众、律师提供更加快捷、便利、周到的服务。高标准、高起点建成新的检务大厅，完善各项便民设施。开展“温暖来访心、满意在检察”文明接待活动，编印办事指导手册，通过互联网、微信等方式开展预约接访，为来访群众、当事人和律师办理业务提供更加便捷的服务。主要业务科室全部在控告申诉大厅接待接访，杜绝控申接待与业务科室工作衔接脱节的现象。坚持检察长定期接访等制度，加强对服务质量的测评、考核和督察问责，促进窗口建设工作“常态化”。全年接待处理来信来访、律师阅卷、法律咨询494件次，受理控告申诉42件、刑事申诉4件、上级交办案件3件，全部及时办结并答复，妥善化解9起非法吸收公众存款等涉众型犯罪案件引发的20人以上群体访事件，没有发生闹访和越级上访。救助刑事被害人6人，救助金额19万元，区人民检察院被推荐为银川市窗口建设第二批“先进窗口单位”。

【接受社会各界监督】 树立“监督者更应接受监督”的意识，落实“公开常态化”的要求，打造“阳光”检察。一年来，在“人民检察院案件信息公开网”公开案件法律文书、程序性信息1511件，重要案件信息30件。借助检察微博等新媒体发布检察工作信息907条。邀请人大代表、政协委员、社会各界群众定期举办“检察开放日”活动，切实让人民群众走近检察、了解检察、热爱检察、信赖检察。开展“检察宣传进万家”送法上门活动。投入60余万元，精心编印《携您走进兴庆检察》《让法律为青春护航》《挽救折翼的雏鹰》系列丛书20万册，送到辖区内家庭、学校、机关，宣传检察工作，保障人民群众对检察工作的知情权、参与权和监督权。高度重视人大、政协对区人民检察院检察工作审议和视察调研，诚恳听取意见建议。主动征求公安机关、人民法院、律师对检察工作的意见建议，依法保障律师会见、阅卷等权利，充分尊重律师对具体案件提出的正确意见建议，不断加强和改进检察工作，确保检察权正确行使。

【检察队伍建设】 以“建设一流机关，打造一流队伍，培育一流作风，创建一流业绩”为目标，按照“五个过硬”要求，切实加强对干警的教育、监督和管理，推进检察队伍专业化、职业化建设。深化“三基提升工程”，开展庭审观摩、公诉人辩论赛、法律文书评比等岗位练兵、业务竞赛活动，23名干警在上级检察院组织的各种业务竞赛中获奖，1名干警被评为全区青年检察人才。加大教育培训力度，干警外出参加各类培训220人次；鼓励干警参加在职学历教育和司法考试，干警中本科以上学历比例达到97%，其中硕士研究生和在读研究生30人。加强干警的政治理论学习，扎实开展职业道德教育、“守纪律讲规矩”等教育活动，教育和引导干警牢固树立正确的司法理念和执法观，牢固树立纪律意识和规矩意识。开展创先争优活动、加大检务督察力度，坚决整治松散疲沓、反应迟缓、执行力不强等问题，保障检令畅通、检纪严明、执法高效。

【检察队伍党风廉政建设】 按照“教育有说服力，监督有约束力，查处有威慑力”的思路，履行好“两个主体责任”，层层签订党风廉政建设责任书和八小时以外双向监督承诺书，经常性开展正面教育和警示教育，开展述职述廉、廉政承诺等廉政建设活动，筑牢拒腐防变、廉洁执法的思想防线，以铁的决心维护纪律的严肃性。定期召开队伍思想状况分析会，经常性开展“谈心教育”，在不违规的前提下，救助因重大疾病生活困难的干警，及时解决干警工作生活中的困难和问题，充分调动了干警的工作积极性。

【提高检务公开自动化】 加强信息化硬件建设，高标准改造内外部局域网、检务公开自动查询和发布系统，完成高清晰视频会议系统、远程视频接访系统、电子卷宗扫描、大楼内外安全监控等信息化建设，提升干警利用信息化办公、办案的能力和水平，使科技强检再上新的台阶。

（供稿人：赵明）

法院

【概况】 2015年，在兴庆区委的正确领导下，在人大、政府、政协和上级法院的监督、支持和指导下，紧紧围绕自治区高院“113327”、银川市“2258”、区委“8531”工作思路，以“改革发展年”为主题，深化和巩固“全区综合性示范法院”品牌。全年受理各类案件22028件，同比上升43.06%，审结18424件，同比多结5684件。其中，受理审判案件15080件，同比上升30.80%，审结13180件，审限内结案率99.54%；受理执行案件6948件，同比上升79.67%，执结5244件，执结率75.48%，执结标的为21.01亿元。

【刑事案件受理】 受理刑事案件997件1309人，审结946件1220人，审限内结案率为99.16%。依法严惩抢劫、强奸、故意伤害等暴力侵害群众人身财产安全犯罪案件260件381人。审结贪污贿赂、渎职犯罪案件28件43人。惩治危险驾驶犯罪，审结153件153人。参与“大收戒”行动，审结涉毒品犯罪96件99人，其中被告人咸某某贩卖甲基苯丙胺159.26克，持有海洛因141.82克，依法从重判处其有期徒刑15年。坚持“宽严相济”原则，依法判处缓刑、免刑、无罪等231人，未出现超期羁押和超审限案件。

【民商事纠纷调处】 受理民商事案件13616件，审结11797件，审限内结案率96.20%，调撤率53.44%。及时高效化解矛盾纠纷，构建“711”矛盾纠纷多元化解模式，7个专业化合议庭结案1690件，调撤率达到41.48%，7个行业部门参与诉调对接，调解案件322件。5名人民调解员受理诉前委托调解纠纷2274件，调解1478件，调解成功率达65.00%。36名司法联络员参与诉前、诉中调解112件次，判后答疑41件次。11月，在全区法院构建多元化矛盾纠纷化解机制现场会上，区人民法院被评为示范法院，并做了经验交流。

【提高执行工作透明度】 不断加大执行力度，突显司法权威性。积极开展“反消极执行、反规避执行”专项执行活动，利用“点对点”“总对总”查控系统查询被执行人财产线索8796人次，办理诉前及诉讼财产保全案件919件。借助最高法院失信被执行人曝光平台，在网络和媒体曝光被执行人信息15次，共计335个单位、1778个自然人。向公安机关移送涉嫌拒不履行法院生效裁判案件17件17人，形成对拒执罪报送的常态机制。坚持阳光执行，公开听证执行异议案件112件、代表委员监督执行案件4件、当事人见证执行案件2915件。

【行政类案件调处】 贯彻落实自治区政府制定的《行政机关负责人出庭应诉工作规定》，积极开展行政案件相对集中管辖试点工作，强化与行政执法机关的沟通协调。全年受理行政案件220件，审结201件，收案同比上升131.58%，审限内结案率100%；行政机关负责人出庭率达99%，“告官不见官”现象得到有效改善；行政案件和解率达25.87%；举办讲座15场次，发出司法建议6份，促进行政机关依法行政。

【涉诉信访案件受理】 畅通申诉信访渠道，展现司法人性化。受理申诉和申请再审案件28件，依法再审22

件，结案21件，其中改判5件，维持1件，撤诉2件，驳回起诉2件，其他11件。开通远程视频信访接待系统，坚持实行周一院领导接待、平时专职法官接待制度，接待群众来信来访3216人（件）次，受理信访案件74件，已化解56件。加大司法救助力度，依法为经济确有困难的当事人减、缓、免诉讼费12.36万元，为22名特困当事人发放司法救助金56.09万元。

【未成年人审判】 不断完善“三审合一”、“合适成年人”参与诉讼、民事审判“社会观护员”等机制，拓展保护未成年人合法权益工作的广度和深度，受理未成年人刑事案件148件272人，结案145件267人，判处缓刑103人，重新犯罪率为0.59%；受理未成年人民事案件41件，结案40件。

【刑事“轻刑快办”】 作为银川市政法委确定的“轻刑快办”试点法院，兴庆区人民法院在“轻刑快办”开展创新性工作，建立办案机制，审结“轻刑快办”案件158件163人，占同期受理刑事案件总数的34.21%，平均审理天数仅为7天。

【城市管理巡回法庭】 城市管理巡回法庭利用现场办案、巡回审判、快速执结等方式，规范商户不文明行为，为行政机关提供法律指导。办结案件4件，配合城管开展专项治理25次，起到了治理一个、教育一片的作用。

【专业化合议庭】 专业化合议庭的建立和运行有力推进了专业化、职业化、精细化审判，为司法改革打下了良好的基础。7个专业化合议庭受理案件3977件，审结3402件，调撤2913件。

【完善审务管理体系】 制定《审判流程管理办法》《电脑随机分案管理办法》《裁判文书上网制度》《院领导办案制度》等21项制度，随机分案、扎口结案、审限审批统一管理，在中国裁判网录入生效裁判文书5533份。实行动态管理，上下班实行人像打卡，车辆全部安装GPS定位系统，将监察室按职责分为审务政务、民事执行案件、对外委托鉴定及评估拍卖3个督察小组，每周至少开展3次督察工作。全年领导班子成员带头办案39件，开展审务、政务督察210次，发出审务、政务督察通报55期，处罚240人次，其中当场处罚6次，发出建议书、告知书共计18份，结案均衡度达到0.71%。

【庭审监督】 认真办理人大转办、督办的案件，落实政协委员提案，制定《关于主动接受政协民主监督员监督办法》，庭审过程邀请人大代表、政协委员旁听庭审、评查案件、调研法院工作97人次，聘请3名民主监督员担任廉洁司法监督员；新增选人民陪审员80人，将所有人民陪审员聘为人民调解员、廉洁司法监督员，落实人民陪审员“倍增计划”，人民陪审员参与审理案件2363件，陪审率为91.24%。

【建立信息化平台，提供为民司法服务】 自主设计无线自助服务系统，群众在法院审判区域可以随意查询诉讼指南、开庭信息等22项内容；开通网上预约立案，缩短立案时间；开通远程开庭视频为困难当事人节约诉讼成本，提升了审判效率；LED大屏每日直播一个庭审，满足群众旁听庭审需求。

【落实依法治区工作】 开展送法进校园活动，以模拟法庭、讲法制课的方式营造学法、守法、用法氛围。结合“12·4”国家宪法日、民族团结月等载体，邀请各界人士1000余人走进法院，深入社区、村镇、工地开展“进社区”“法院开放日”活动，举办座谈会、法律讲座、法律咨询31场次，巡回办案128件，诉前化解各类纠纷64件。

（供稿人：马晶）

3月30日，未成年庭法官走进校园开展模拟法庭活动

司法行政

【概况】 2015年，结合兴庆区具体实际，司法局制定并印发了《兴庆区2015年依法治区工作要点》，划定各单位工作职责，提出工作重点和具体要求，对兴庆区51个依法治区成员单位全面开展依法治区工作指导监督；开展“守法好公民”推荐宣传活动，经过各乡镇、街道和各单位的层层推荐和严格把关，上报推荐8名兴庆区“守法好公民”人选。印发《关于普遍建立法律顾问制度的通知》，35个乡镇（街道）和政府部门聘请了法律顾问，法律顾问深度参与各单位的合同审查、规范性文件审查、法制宣传、各类涉法事件处理及行政应诉，促进各单位依法行政。截至2015年7月，法律顾问累计代表政府出庭应诉案件26件，起草、审核、修改各类协议231份，审查规范性文件10余份，参与协助政府处理各类突发事件20余起。执行《兴庆区贯彻落实〈宁夏回族自治区法治政府建设指标体系（试行）〉实施方案》，进一步提高行政效能，以务实作风狠抓落实，把区委、政府的各项决策部署转化为实际行动。深入推进行政审批制度改革，推进行政审批规范化建设。扎实做好职能转移，积极培育社会组织，发挥社会组织在社会治理中的积极作用。2015年6月，兴庆区法律援助中心、丽景街司法所、文化街司法所被命名为政法机关服务型窗口单位建设优秀窗口；2015年11月，兴庆区司法局被中华全国人民调解员协会评为2014年度人民调解宣传工作先进集体；2015年12月，胜利街司法所被银川市委政法委评为2015年度银川市政法机关优秀窗口。

【普法宣传】 2015年，继续巩固原有的“法律十进”阵地，广泛开展法制宣传教育，营造良好的法治环境。在加强重点人群普法宣传的同时，结合宣传部“三下乡”活动、妇联“三八”妇女权益保护日、工商“3·15”消费者权益保护日、4月税法宣传月、6月环境保护日等纪念日、宣传月重要节点，广泛开展形式多样的法制宣传、法律咨询活动。在兴庆区第十八小学建立青少年模拟法庭，开展有益的探索，得到了广大师生的广泛好评，拟将“模拟法庭进校园”工作覆盖兴庆区53所中小学，最终形成兴庆区普法教育特色；不断探索法制宣传方式，强化新闻媒体、电视、网络等法制宣传手段。在政府办公楼内LED屏幕开设“六五”普法专栏，一个季度宣传一部法规，一周宣传一个案例，先后宣传自治区三部规章和30余个典型案例；在《新华·兴庆政务通》手机报开设“六五”普法专栏，每周发布一期法律常识；利用“兴庆法律援助微博”以案释法，并针对微博网友提出的问题，由专业律师进行答复，为群众答疑解惑；开通“兴庆司法之光”微信平台，群众通过添加微信，及时了解最新的法律动态和法律常识。微信开通一年来，共发布信息84期。截至年底，累计开展各类法制宣传活动167场，举办法制讲座、报告、培训等6场次；编写法制简报119期；接待群众咨询527人次；发放宣传资料5万余份。

【“六五”普法总结验收】 2015年是“六五”普法总结验收年，按照自治区、银川市统一安排，制定兴庆区“六五”普法总结验收考核细则，对63家依法治区成员单位“六五”普法工作进行验收。自开展“六五”普法工作以来，累计划拨普法专项经费265余万元，整理、编辑和印刷普法读本、宣传资料30种、70余万册，宣传品24种、100万个，征订干部学法笔记7000册，圆满完成“六五”普法工作目标任务，并顺利通过自治区、银川市考核验收。

【法律援助】 为改善法律援助中心服务窗口的对外形象，更好为群众提供法律服务，争取上级项目资金30万元，改建120平方米的法律援助中心。内设法律援助问询处、业务受理区、温馨谈话室、“148”法律咨询专线、图书阅览等设施，并设置残疾人专用通道、应急雨伞、应急药等物品，充分满足来访群众的多种需求，打造规范化法律援助便民服务窗口。开展“法律服务进信访”工作，组织兴庆区法律援助中心值班律师和3家法律服务所23名法律服务工作者，每周到信访法律服务中心轮流值班，向信访人宣传国家有关法律法规，提高依法信访的意识，依法答复信访案件，积极引导信访人依法处理问题，促进信访问题的解决，减轻信访部门的工作压力，弥补过去信访工作政策与法律结合方面的空白。积极开展军人军属、农民工等群体的法律援助工作，为加强军人军属、农民工法律援助工作，切实维护军人军属、农民工合法权益，兴庆区法律援助中心在解放军第五医院、兴庆区消防大队、武装部、雷达部队成立了军人军属法律援助工作站。开展农民工的法律援助宣传工作，扩大军人军属、农民工法律援助覆盖面，凡涉及现役军人军属申请法律援助的，一律免予审查经济状况，简化农民工申请法律援助程序，开辟军人军属、农民工等群体的法律维权“绿色通道”。2015年，兴庆区法律援助中心办理各类援助案件440件，其中民事援助案件182件，刑事援助案件255件，行政援助案件3件，挽回当事人经济损失587.9万元。办结各类案件275件，符合为民办实事要求的226件，超额完成为困难群众办理200件法律援助诉讼案件的目标任务。

【人民调解】 组织基层司法所、业务科室、人民调解员通过专题培训、经验交流等方式，进一步提高化解矛盾纠纷的能力。落实和提高“两排查一分析”预警机制，从源头减少涉法涉诉案件。尤其在重要会议、活动召开期间深入开展矛盾纠纷专项治理活动，对可能发生的重大矛盾纠纷和隐患及时研判，及时介入参与调处。进一步发挥社会组织的作用，建立婚姻家庭、交通事故损害赔偿调处机制。严格落实人民调解案卷审查制度，采取“一看、二改、三讲”的方式对调解文书种类、内容、语言进行查改，对不合格的案卷，及时指出存在的问题，提出整改意见，最终达到所有案卷文书种类正确、内容完整、语言表述规范的要求。不断扩大案件回访范围，通过回访及时掌握纠纷调处的效果和协议履行情况，对部分履行或不履行协议的，说服教育当事人，督促其履行协议。通过回访了解当事人对调解工作存在的疑虑及意见，并及时反馈给基层人民调解员，进一步提高人民调解员对纠纷的解决能力。2015年，兴庆区各级人民调解组织共开展矛盾纠纷排查960余次，受理各类矛盾纠纷1789件，调处成功1787件，疑难复杂、重特大纠纷人民调解案卷261件，调解率和调解成功率均达到99.8%，超额完成银川市司法局分配给我局民生工程任务。

【矛盾纠纷化解】 落实以案定补制度，认真开展每季度一次的人民调解案卷评查工作，对存在的问题和不足及时予以指导和纠正，强化依法调解意识和案卷制作规范化意识。及时拨付发放以案定补资金，确保财政资金发挥最大的激励作用，使矛盾纠纷得到及时有效化解。兴庆区各级人民调解组织开展矛盾纠纷排查1700余次，受理各类矛盾纠纷2990件，调处成功2900件，调解率和调解成功率达100%和97%。其中，化解疑难复杂、重特大矛盾纠纷414件，协议涉及金额3780余万元；化解邻里纠纷916件；赔偿纠纷365件；婚姻家庭纠纷363件；征地拆迁纠纷91件；房屋宅基地纠纷52件；土地承包纠纷114件；合同纠纷90件；劳动纠纷70件；其他纠纷515件。防止群体性上访272件，涉及1200余人。参与专项治理活动102次，防止民间纠纷转化为刑事案件2件。

【社区矫正】 积极探索司法所专职助理员、派驻警察、社区片警、社区网格员、社区矫正志愿者、监督保证人“六位一体”专群结合的社区矫正工作新方式，充分发挥派驻警察的作用，实行包所指导，明确派驻警察的任务分工、工作重心，突出对重点社区矫正人员的日常监管，最大限度控制再犯罪现象发生；管控教育与帮扶救济同步推进，多方联动，积极为帮教人员寻找过渡性就业岗位，并对其开展思想教育和帮教管理。为认真贯彻落实近期中央关于特赦部分服刑罪犯的决定精神，根据自治区、银川市统一安排，扎实做好社区矫正人员特赦工作，确保“不错放一人，不漏赦一个”。对符合条件的33名社区矫正人员提请特赦，并经银川市中级人民法院裁定，全部宣告特赦。开展“5·15”感恩日活动，引起了较大的社会反响，对社区矫正人员的管理起到积极的作用，由于持续性的开展教育矫正，社区矫正人员的法治意识明显提高，遵纪守法的行为逐步形成，思想道德水平有了很大提高，通过实际行动回报社会，部分社区矫正人员自愿向灾区、福利院、贫困地区捐款十余万元。积极落实考核奖惩制度，通过考核奖惩激发社区矫正人员的荣誉感，起到了良好的激励和警示作用，先后有24人获得社区矫正表扬奖励，4人被评为社区矫正积极分子，3人被提请获得减刑。2015年，兴庆区累计接收社区矫正人员1418人，解除社区矫正935人，在册483人，其中未成年人9人。累计撤销缓刑14人，裁定减刑3人，警告26人次，各司法所均无脱管、漏管、虚管现象发生。

【司法所规范化建设】 实现司法所垂直管理，根据自治区司法厅的要求，各乡镇政府、街道只给司法所提供正常的办公场所，对司法所的人、财、物不再进行管理，司法所的人、财、物统一由司法局垂直管理。按照《自治区司法厅关于开展星级司法所创建活动的实施意见》，积极开展“星级司法所”创建活动，由自治区司法厅考核胜利街街道司法所为五星级司法所，玉皇阁北街街道、丽景街街道为四星级司法所，前进街街道司法所、文化街街道司法所、通贵乡司法所、掌政镇司法所为三星级司法所。健全完善公示公开制度，实现管理事务和工作过程依法公开、透明高效，公开司法所工作职能、工作流程、工作规则，公开司法所工作人员职责、照片、职务、联系方式和每日工作去向。司法局安排专人不定期下基层检查指导工作，及时发现并纠正为民服务中存在的环境脏乱、接待不文明、服务不周到等问题；为司法所配备办公装备，结合星级司法所创建活动，规范制作窗口单位标识标牌，更新硬件设施，提高信息化水平，强化基层服务形象。

（供稿人：王舒培）

政法及综合治理

【概况】 2015年，政法综治工作在区委、政府的正确领导下，认真贯彻落实中央、自治区、市政法综治工作会议和区委二届七次全会精神，及时传达学习相关会议和文件精神，走访、召开座谈会，开展社情民意调查研究，印发《关于2015年深化平安兴庆建设的实施方案》《2015年政法综治信访工作要点》《关于开展社会治安突出问题专项整治行动实施方案》等文件，紧紧围绕“平安兴庆”“法治兴庆”建设目标，以改革创新为动力，以“双增双减”专项行动为载体，力求在深化平安建设、加强矛盾纠纷化解、创新社会服务管理、完善社会治安防控体系、加大社会治安重点地区整治、提升惩治防范违法犯罪能力等方面有新突破，确保兴庆区社会大局持续和谐稳定。

【平安建设工作】 印发《关于2015年深化平安兴庆建设的实施方案》，对2015年10项重点工作和11项深化工作进行了周密部署和安排，明确了目标、任务、责任和完成时限，进行了细化、量化和具体化。及时督促各乡镇、街道和综治成员单位对照实施方案的要求检查平安建设工作。修改完善平安兴庆建设推进会例会制度，每月听取各牵头单位和乡镇（街道）综治委平安建设工作汇报和工作计划，研究解决在推进平安建设中存在的问题，督促落实平安建设各项工作任务，开展平安建设工作经验交流。

【治安重点地区和突出治安问题整治】 4月，结合实际下发了《兴庆区综治委关于进一步开展社会治安重点地区和突出治安问题挂牌整治的通知》，建立整治工作长效机制，完善排查整治工作领导小组，明确牵头协调单位、任务分工和责任人，形成党委领导、政府负责、整治协调、相关部门参与、整体联动、齐抓共管的工作格局。9月，又制定下发了《关于进一步做好社会治安重点地区和突出治安问题排查整治的通知》，就做好全年考评验收等工作提出具体要求，加强排查整治工作的针对性。通过开展持续不断的整治工作，重点地区刑事案件同比下降25%，各类治安案件下降30%，治安突出问题得到有效整治，治安环境明显改善；组织教育、公安、交警、城管、卫生等部门，对辖区校园的安全工作进行检查，对民办教育办学机构办学条件及校园周边环境等问题进行集中整治。对自治区、银川市挂牌的重点学校银川实验中学和实验小学周边地区交通混乱、流动商贩的问题进行整治，保障校园正常教学秩序和校园安全；针对瓷砖市场存在的黄赌问题，抽调警力对瓷砖市场采取摸排调查、部署分工、蹲点守候的专项整治行动，整治效果取得突出的成效，抓获违法人员70余人，收缴赌资4000余元。同时充分调动人民群众的积极性，加强群防群治力度，让人民群众自觉地参与到“黄赌毒”专项整治行动中，结成社会群众和公安部门一张网，让违法犯罪分子无处遁形；深入开展打击传销“凌晨”等行动，破获传销案件12起，捣毁非法传销居住窝点243处，查获参与传销人员4247人，教育驱散传销人员4230人，遏制了非法传销活动的蔓延。

12月3日，自治区禁毒委检查考核兴庆区禁毒工作

【治安防控体系建设】 构建立体化治安防控体系，建立专业化巡防队伍，将巡防、处突、维稳作为主要职责，严格落实屯警街面、动中备勤、武装处突要求，不断强化应急处突措施，确保发生重大案（事）件，第一

时间快速、有效处置。建立专职化巡处队伍，调整警力部署，实现网格化巡逻与动态化处警、常态化走访与联动式调解一体化，不断提高见警率和管事率。健全动态勤务机制，针对不同的部位、路段和区域，各有侧重运用积极防御、重点控制、主动进攻等战术开展工作，确保快速有效处置突发警情；建成新一代警用地址数据管理与服务系统。完成PGIS平台基础地图数据更新，实现辖区全域覆盖。已采集入库标准地址22万余条，采集率达96%，示范建设任务已完成并向公安部提交验收申请；加快居民住宅小区技防建设进程，推行住宅小区分类管理，加强技防建设，积极会同房管局物业办等单位开展居民小区安全防范工作考核和“等级”平安小区创建活动。制定《居民小区安防工作考核方案》《兴庆区居民小区安防工作考核细则》《兴庆区居民小区安全管理奖惩工作办法》，2014年底，对13个派出所24个一类小区、26个二类小区、24个三类小区进行抽检考核，2015年初，按照“评星定级”标准，对10个优秀居民小区、10个先进集体、110个优秀个人进行表彰奖励，奖励资金20余万元。

【开展严打整治行动】 2015年，紧紧围绕群众反映强烈的突出问题，坚持打击侵财不动摇、打击黄毒赌不断线和命案必破信念，开展“百城禁毒会战”、打击多发性侵财犯罪等一系列严打整治斗争。1—12月，公安分局破各类刑事案件3177起，破案率31.5%；破八类主要刑事案件284起，破案率75.1%；命案发18起，破18起，实现“命案全破”工作目标，极大地维护了人民群众的生命财产安全；法院受理各类案件22028件，结案18484件，收案数同比上升43.06%，结案数同比上升44.62%，法定审限内结案率为99.54%，案件质量和效率处于全自治区法院前列。检察院受理公安机关提请批准逮捕案件868件1209人，同比分别上升4.8%和5.8%。受理移送审查起诉案件965件1254人，同比分别上升13.9%和11.5%。充分发挥了审查批捕、起诉等检察职能，被评为2015年度自治区先进基层检察院。

【禁毒工作】 在16个乡镇、街道均已完成社区戒毒（康复）工作站建设。同时，燕鸽湖和解放西街已打造成兴庆区亮点工作站，并完成全国、全区社区戒毒康复工作站示范单位申报工作，先后接待了来自公安部，自治区政协、自治区公安厅，银川市人大、农工党，以及外县市和自治区其他市县（区）等10批近1000人次观摩和学习。燕鸽湖绿荫工作室于2015年9月被评为全国社区戒毒（康复）示范点。完成100个社区（村队）戒毒康复工作站的筹建工作，通过实施重点乡镇（街道）社区戒毒康复工作站建设，为深入持久的开展禁毒工作提供有效保障；以“大收戒”做为开展禁毒工作的有力抓手，统筹社会各方面力量共同打击毒品违法犯罪活动。截至年底，破获毒品刑事案件109起（其中部级目标案件1起、省级目标案件1起），抓获涉案嫌疑人119人，缴获各类毒品6245.16克，查获吸毒人员1096人（其中强制隔离戒毒491人，责令社区戒毒161人）。

【戒毒（康复）人员就业安置】 与辖区12家大中型企业签订戒毒（康复）人员就业安置合作协议，建立“阳光工程”就业安置基地12个。已有8名阿片类吸毒人员报名参加，其中两名已与安置企业签订协议。同时，积极拓宽就业安置渠道，充分运用分散就业安置、提供公益岗位等多种方式，为社区戒毒康复人员提供就业机会。已在前进街街道、玉皇阁北街街道、解放西街街道及社区建立就业安置点，安置就业社区戒毒（康复）人员4人。政府通过购买服务提供公岗安置就业20个。兴庆区符合就业安置条件的阿片类吸毒人员701人，其中554人实现就业，安置率为79%。

【综治宣传月】 3月，组织开展综治宣传月活动，各街道、乡镇和综治成员单位、辖区企事业单位集中进行宣传，发放宣传材料2万余份，接受咨询群众5000余人。同时加大在新闻媒体的宣传力度，政法委在《长安》杂志、《宁夏日报》、《法治新报》、银川电视台文体频道等新闻媒体刊发播放新闻、专版、专题片9条（篇）。组织参加大型法制宣传活动3场、发放宣传资料16900份、展出展板191块、接待群众咨询43次、刊发普法信息45篇。大力宣传和弘扬见义勇为精神，表彰奖励见义勇为先进个人4人。

【矛盾纠纷排查调处】 建立乡镇、街道和部门联动，落实矛盾纠纷排查调处和信访工作制度，坚持矛盾纠纷排查化解上报制度，落实定期排查、滚动排查、专项排查工作机制。切实发挥兴庆区司法信访调解中心和各乡镇（街道）综治信访维稳中心作用，进一步健全完善人民调解、行政调解、司法调解有效衔接的工作机制，努力化解老矛盾，有效预防新矛盾，使一大批矛盾纠纷排查化解在基层、化解在萌芽状态。加大涉法涉诉信访人员的排查摸底和化解稳控工作，对排查出的15个涉法涉诉信访重点人员实行领导包案责任制，引导其通过合法途径解决诉求。1—12月，矛盾纠纷“三调联动”调处案件4308件，其中人民调解2427件，司法调解840件，行政调解1041件。对生活有困难和确实不能执行的案件受害人给予司法救助，发放司法救助金。妥善处置多起群体性事件，确保了“两节”“两会”期间的社会稳定。

【维稳与安全防控】 开展街面“两警联勤”武装巡逻。完善社会矛盾预警、监测、研判制度，健全信息交流、通报和会商机制，以群众认可、公开透明、专业有效的工作方式方法，着力化解劳资、欠薪、医患等易发多发的矛盾纠纷。对“兴麟”系列和“非法吸存”涉及的受害群体扬言集访事件，及时预警、提前介入，防止了大规模群体性事件的发生；完善处置预案，细化处置流程，实行分级响应，提升快速反应能力。成功处置“7·22”月牙湖兵沟大峡谷突发山洪救援事件、“7·30”、“8·14”、“8·18”、“9·02”分别在自治区政府、财政厅、水利厅闹访、闹丧事件发生的突发事件。坚持领导接访制度，建立部门联动化解机制，多渠道化解疑难信访。累计受理各类信访件545件次（其中自治区、银川市直转30件，交办函26件，接待来访428批3682人次、来信61件），办结率100%。制定各类安保方案17个，实地勘察警卫线路累计150公里，开展街面武装巡逻，严密落实驻点、警卫措施，完成了黄河外滩徒步大会、中阿博览会等20次重大活动安保任务，确保了警卫对象“万无一失”。

【政法机关服务型窗口单位建设】 根据自治区、银川市政法委的安排部署，成立服务型窗口专项组织领导机构，并出台《兴庆区政法机关服务型窗口单位建设实施方案》，细化“四化”标准、强化组织保障、自查自纠及对外宣传工作。根据政法机关所承担的工作职能分类建立窗口创建细则，明确地规定了窗口单位建设标准和要求，同时抽调政法委、公、检、法、司、效能办工作人员及人大代表、政协委员、群众代表等成立督察组，对兴庆区政法机关58个窗口单位进行明察暗访，并将明察暗访中问题突出的窗口单位作为兴庆区级挂牌最差窗口，建立“红黄蓝”榜定期通报并重点管理，对分管领导及窗口负责人进行问责。

（供稿人：崔雪扬）

行政执法

【概况】 2015年，对照《自治区2015年度法治政府建设考评细则》，明确重大行政决策范围、程序，建立专家咨询库，推行政府法律顾问制度，遵守规范性文件合法性审查、审议、公布、评估、定期清理的制度，建立权力清单、责任清单、市场准入负面清单制度，推进政府事权规范化、法律化，开展以行政执法“三权下放”融入“和谐社区”建设为主体的街道综合执法改革，建立以“两法衔接”信息化为平台的行政执法和刑事司法衔接机制，完善和创新矛盾纠纷大调解工作机制、人民调解机制、重大突发性事件的预警应急机制，深入推进“双增双减”工作，有效防范和化解社会矛盾纠纷，提高行政监督效能。

【规范重大行政决策程序】 修改完善《兴庆区人民政府政务公开制度》《兴庆区人民政府工作规程》《兴庆区人民政府常务会议会务工作制度》《兴庆区重大决策社会稳定风险评估办法》等制度，将关系民生的重大决策、举措，及安排重大财政资金、决定政府重大投资项目立项和重大国有资产处置等事项均纳入重大行政决策范围。正在讨论修改并准备出台《兴庆区重大行政决策程序规则》，进一步明确重大行政决策的范围、制度、程序、过程、责任，要求重大行政决策必须按照公众参与、专家论证、风险评估、合法性审查和集体讨论决定的法定程序作出。

【完善政府聘请法律顾问制度】 2015年，政府法律顾问累计代表政府出庭应诉案件26件，起草、审核、修改各类协议320余份，审查规范性文件11份，参与协助政府处理各类突发事件20余起。兴庆区政府向各乡镇、街道及各部门下发《关于普遍建立法律顾问制度的通知》，要求兴庆区政府各乡镇、街道，及所有部门全部聘请法律顾问，参与各单位的重大行政决策合法性审查、规范性文件合法性审查、合同审查、法制宣传、各类涉法事件处理及行政应诉，促进各单位依法行政。应诉行政案件23件，胜诉2件，驳回起诉8件，原告撤诉3件，执行2014年生效判决2件。

【政府投资项目专家论证】 完善兴庆区建设项目规划设计技术工作领导小组专家名录，充实专家队伍。截至2015年，列入专家名录有50人，涵盖了规划设计、建筑设计、结构设计、工程造价、园林、水利、装修、工程造价等各个领域。在政府投资项目批复中，首先经政府分管领导审阅，对项目方案设计表示无异议后，兴庆区经济发展局从专家库中抽取相关行业专家召开专家评审会，对项目的科学性、可行性，投资的合理性、有效性进行论证。同时评审会邀请财政、审计、监察部门的领导参加，从不同领域对项目的可行性提出合理意见、建议。根据专家论证结果出具专家评审意见，由责任单位报送分管领导审定，设计单位根据专家评审意见对项目设计方案进行修改完善，同时将修改完善后的方案报评审专家审核，经专家签字后报兴庆区经济发展局审查。兴庆区经济发展局会同项目责任单位对修改完善后的方案组织会议进行最终审查，经审查无误后才下达项目批复。2015年，对兴庆区劳动就业和社会保障服务中心地下车库建设等46个重点项目组织专家评审。完善《兴庆区人民政府督查工作制度》《关于实行兴庆区重点项目信息月报告制度的通知》，跟踪重大行政决策实施的进展情况及社会效果，对决策实施情况进行研究、评价，以便根据评价情况适时调整完善有关决策。

【兴庆区高层次人才库】 建立兴庆区高层次人才库，在事业单位工作人员招聘中，采取随机抽取方式抽调专家参与各类面试考试，为人事招聘工作提供决策的专业依据，保证事业单位招聘工作公开、公平、公正。

【规范性文件制定】 兴庆区政府依照已制定并印发的《兴庆区行政规范性文件制定和备案规定》，围绕“明确规范性文件范围、明确规范性文件审查内容、明确规范性文件审查主体、明确规范性文件备案审查期限要求”做好规范性文件的制定、审查、备案工作。按照“凡是以政府和政府办公室名义下发的规范性文件及提交政府常务会议研究讨论的规范性文件，必须经政府法制办公室审查，未经政府法制办审核把关的规范性文件，政府常务会议不予研究讨论”的规定引入政府法律顾问参与规范性文件审查。正式确定的发布文本需报法制办确认，加盖“规范性文件审核专用章”后方可对外正式颁布。2015年1—11月，兴庆区法制办共收到规范性文件送审稿11件，审查11件，正式发布5件。对发布的规范性文件，严格按照《政府信息公开条例》的要求，在发布后及时进行主动公开，电子文本在政府网站政府信息公开专栏进行公开，纸质文本在档案馆、图书馆的政府信息公开场所进行公开。同时在档案馆、图书馆配备触摸屏，供群众查询，主动接受群众监督。受理政府信息公开2件，已按规定进行了答复。在兴庆区人民政府公众微信平台上公开政府信息10条，在兴庆区政府门户网站公开各类政府信息、文件65件，其中各部门三定方案20个，党委、政府各类信息文件40条。

【规范性文件定期清理】 建立《兴庆区规范性文件定期清理制度》，坚持定期清理，及时解决规范性文件运行中存在的矛盾和冲突。对2003年至2015年9月30日期间兴庆区人民政府、兴庆区人民政府办公室、兴庆区职能部门、乡镇人民政府制定的规范性文件进行全方位清理审核，先后清理兴庆区人民政府及各部门规范性文件75件，其中兴庆区人民政府规范性文件31件，兴庆区人民政府办公室规范性文件42件，职能部门规范性文件2件；对清理出来的拟定需要保留的规范性文件有57件，拟定废止的有14件，宣布失效的有2件，需要修改重新发布规范性文件2件，已分别提出处理意见，上报兴庆区人民政府及办公室，转交有关乡镇和部门按程序进行处理。

【政府部门权力清单】 坚持职权法定、简政放权、便民高效、全面真实、公开透明的基本原则，制定下发《兴庆区政府部门权力清单制度工作方案》，要求各乡镇人民政府、政府各部门、事业单位共23个部门对本单位现有行政职权逐条逐项进行梳理，在摸清底数的基础上，提出对拟取消、转移、合并或保留的行政职权事项的意见、建议。按照市、县两级通盘联动的工作要求，会同市直部门和县（市）区机构编制部门抽调人员，对兴庆区政府部门、直属机构报送的10类行政职权全面梳理并进行分组审核，已对兴庆区22个部门10类职权审核确认。

【三级政务服务体系】 2015年年底，兴庆区政务服务中心改扩建工程竣工并投入使用，中心建设面积3804平方米，大厅基础设施和办公条件进一步改善，能够满足各部门和事项进驻后的服务需求。进驻大厅的部门有19个，进驻事项87项。其中行政审批事项59项；公共服务事项28项。设置窗口32个，管理人员和窗口人员50人。根据兴庆区创建和谐社区“11125”工作模式要求，对乡镇（街道）民生（市民）服务中心的窗口设置和办理事项进行整合精简。将原来的8个窗口合并成劳动就业、民政救助、计生卫生、综合受理4个窗口，在减少窗口、减少人员的同时，减少办理程序、办结时限。将原来的51项事项通过取消、合并、调整，减为38项，其中政府相关部门下放的事项有19项，从社区上收的事项有4项。各村（社区）市民服务站、为民办事全程代办点，不再受理、办理行政事项，只负责配合中心窗口做一些入户调查等工作，以及面向年老体弱、行动不便的特殊群体提供一些全程代办工作。各乡镇、街道严格按照“十个一”（一个场所、一块牌子、一部电话、一支代办队伍、一台电脑、一本台账、一套制度、一个公示栏、一套办事须知、一张便民服务卡）的建设标准，在16个乡镇、街道（管委会）先后建设106个村（社区）为民办事全程代办点，为市民群众全程免费提供老年证、独生子女父母光荣证等24项事项和咨询、帮扶、调解等代办服务。2015年5月，兴庆区对街道区划进行调整，村（社区）增加到130个，其中村40个、社区90个。

【政府部门职责履行评估检查】 根据政府部门职责履行评估检查实施方案，兴庆区采取部门自评和评估工作组综合评估相结合的方式，对林业局、商务局、安监局和市容环境卫生服务中心4个部门的职责落实、职能转变、简政放权、依法行政、机构编制执行、事业单位运行和其他需要评估的内容进行了评估检查。

【街道综合执法改革】 制订《银川市兴庆区全面推进街道综合执法工作实施方案》，将行政执法的指挥权、监督权、考核权下放到各街道，实现职能部门的资源与社区、网格工作力量有效整合。将原兴庆区城管环卫综合执法南局、兴庆区城管环卫综合执法北局两个部门按照《兴庆区机构设置和人员编制规定的通知》重新调整为兴庆区城市管理综合执法局、兴庆区市容环境服务中心两个部门，区爱卫办与兴庆区城市管理综合执法局合署办公，承担爱国卫生及数字化城市管理工作。第一批城管局综合执法权的“三权下放”于3月底完成。城管局在兴庆区11个街道设立街道办综合执法队，负责相应街道辖区的城管综合执法工作。实行“以块为主、条块结合”的管理体制。人员的日常工作由街道指挥、调度、监督和考核，城市管理综合执法权及相关行政机关执法权的指挥权、监督权和考核权按比例下放街道。城管局负责对街道执法队的相关业务进行指导，保留执法权中一定比例的指挥权、监督权和考核权。城管局内设一个执法监察大队，负责对各街道执法队的执法情况进行监督、检查，并承担兴庆区突击性的执法任务。完成9个执法部门与4个乡镇、6个街道《行政执法委托协议书》签订工作，印发执法人员办案手册下放到执法人员手中，规范行政执法调查取证、告知、听证、回避、送达等。

【推行行政执法责任制】 2015年，依据《行政执法岗位责任制》《行政执法责任追究制》对政府所属行政执法单位的行政许可、行政处罚等八大类行政执法行为及其依据进行梳理。4月，兴庆区编办、区监察局、区政务服务中心对“三减两提高”工作进行了一次专项清理和督察。兴庆区14个行政部门执行的审批事项共有65项。其中行政许可事项45项，部门管理事项20项。45项行政许可事项办理时间由原来的1398个工作日减至794个工作日，共减少604个工作日。

【兴庆区信访复查委员会】 启用信访复查专用印章。由兴庆区法制办牵头，依法受理群众的信访复查的诉求。聘请银川市中院一名退休法官，配备一名兴庆区人民法院挂职法官，一名大学生书记员，专门从事信访复查工作。采取现场查看、走访入户、座谈交流、召开听证会等形式，对重大、疑难信访事项进行研究、协调，严格按照《宁夏回族自治区信访事项复查复核三级终结实施办法》的要求，尊重事实作出复查决定。全年受理信访复查33件，办理完毕32件，正在办理1件。

【行政复议】 在政务服务中心、信访接待大厅设立行政复议受理窗口，畅通行政复议渠道，引导当事人通过合法对应的途径解决矛盾纠纷。为健全行政复议机构，法制办从乡镇选调一名法律专业干部，保证行政复议案件依法由2名以上人员办理，行政复议专项经费由法制办解决。2015年，收到行政复议案件1件，经审查不符合立案条件，不予受理。

▷ 军事

人民武装

【概况】 2015年，兴庆区人武部贯彻新形势下军事战备方针，学习落实中共十八届四中全会、全军政工会议精神和两级军区、银川警备区党委扩大会议精神，围绕听党指挥、能打胜仗、作风优良这一强军目标，狠抓年度各项工作有效落实。

【基层正规化建设】 2015年，区人武部积极协调组织3名专武干部参加宁夏军区组织的为期两周的基层专武干部培训，提高专武干部组织指挥水平。在参加警备区贺兰民兵整组现场会基础上，结合民兵整组实际，组织全体专武干部在大新镇召开资料规范现场会，并专门抽出时间对15个街道、乡镇基层武装部的资料进行一次全面检查，进一步规范基层民兵组织整顿软件资料。按照基层正规化信息化建设三年规划，深入基层武装部检查调研，结合胜利街、丽景街、掌政镇、通贵乡等街道、乡镇办公场所搬迁和调整，及时与单位领导协调阵地建设，组织部分专武干部到兄弟单位参观见学，对照信息化正规化建设标准要求，进一步统一设施，规范资料，完善方案，有力促进基层正规化建设。

【安全管理工作】 以安全稳定发展为保证，落实从严治军要求。开展“学条令、训队列、整秩序”和“百日五无”等活动，组织干部职工加强条令条例和安全管理规定等相关法规的学习，强化条令意识，严格落实制度。组织驾驶员、保密员等关键岗位人员进行政治考核，加强车辆装备的使用管理。组织开展涉密载体“清零”行动和安全隐患排查等活动，先后3次开展了安全保密隐患排查，对办公电脑进行清理。对涉密文电核对，对涉密介质的使用，坚持按照早领取晚存放，严格落实责任制。重审干部职工签定的不涉足娱乐会所等责任书，严格八小时以外的人员管理和制度规定，及时对驻地民社情等重点摸底排查，集中开展问题隐患整治，确保人武部及周边环境安全稳定。

【国防动员能力建设】 贯彻军民结合、寓军与民方针，调整国防动员委员会（简称国动委）成员单位人员。学习《关于规范完善国防动员机制的意见》，指导各专业办公室着力抓正规化建设，探索军地应急救援力量建设。5月12日，成立宁夏丽景应急救援总队，配备应急救援大型工程设备38台（辆），有效推进应急救援体系建设。注重做好报考军队院校和国防生工作，完成辖区6所中学考生的政治审查工作。在各街道、乡镇、社区开设兵役登记站，依托兴庆区网格中心，采取自下而上、集中登记与个别登记相结合的办法，登记适龄青年。

【战备工作】 区人武部认真组织机关干部学习兰州军区《战备工作规定》，提高人员的战备意识。加大对值班落实情况的检查力度，先后制作值班人员上岗证、规范值班干部着装和应答程序，集中整治作战值班系统，配备值班室枪械柜和防暴器材，坚持每周安排好各级各类值班，定期对值班交接、在位履职、动态监管等情况进行检查，确保上传下达通畅、战备制度落实规范。

【机关训练】 人武部机关紧紧围绕新《大纲》，突出抓军事理论、技能、体能课目等训练内容。针对作战标图内容调整变化实际，邀请外单位教员授课，组织干部反复进行练习。坚持每天一小时体能训练，部领导带头落实，所有干部积极参训。

【后勤保障】 集中军地财力、人力，分别投入经费8.5万元、4万元建成了军地联合网络指挥中心和兵心驿站并投入使用。协调政府，投入45万元，按照图文并茂、音频视频配套的要求，完成荣誉室室内布展设计和施工设计等工作。

【民兵应急分队整组点验大会】 3月27日，兴庆区组织民兵应急分队和抗震救援分队在人武部集中召开整组点验大会。

【冬季野营拉练】 12月下旬，兴庆区人武部机关全体现役干部参加了银川警备区组织的冬季严寒条件下野营拉练训练。围绕提高部队严寒条件下遂行任务能力，着眼强化战斗作风，以“联得上、走得动、吃得热、睡得暖、管理好”为目标，“计划导调与随机导调相结合、文书导调与情况诱导”相结合的方式，走一路、演一路、考一路、评一路。主要演练10个内容，组织4个课目评比竞赛，通过练指挥、练机动、练协同、练作风、练保障，强化官兵战斗养成、锻炼部队，全面提升了官兵严寒条件下遂行任务能力。

【民兵训练】 兴庆区民兵训练在编实配齐建强的基础上，注重从实战出发，从难从严抓民兵应急和救援分队训练。根据年度军事训练工作指示安排，机关保障人员带应急连、应急救援分队骨干及基层武装部专干，分两个批次于6月8日至6月19日，在银川市预备役高炮团训练基地进行了为期10天的集中训练。训练采取统一组织，分练与合练相结合，分批分类同步推进，最后统一集中验收考核的方法。严格按照军事训练大纲要求，坚持科学筹划、严密组织、以人为本、严格管理、跟随保障，高起点、高标准完成了训练，有效提高民兵应急分队遂行使命任务的能力。

【征兵工作】 兴庆区征兵工作从3月下旬开始到9月上旬结束，大学生征集宣传活动持续了三个多月，以宁夏医科大学为主，外地回城大学生上门宣传，部分街道集中在市内南门、光明、新月广场和步行街宣传，其他乡镇在本单位定点宣传，在社区村组张贴公告300多张，发放宣传彩页5000余份。认真开展征兵工作培训，重点抓基层专武干部的登记报名操作系统培训，解决不懂操作的问题；政治考核人员的培训，熟悉考核标准、方法。体检医生培训，掌握新增内容，检查要求。严密组织走访考核，根据征兵工作机制和责任变化，区征兵办公室提前与区公安、教育、监察等部门沟通，成立组织机构，明确任务分工，督导各组织及时展开政治考核工作，按照谁政审、谁签字、谁负责的要求，深入街道、社区，逐人逐户进行走访，认真对体检合格人员进行政治考核，完成年度征集任务。

【宁夏军区政治部主任丁学仁检查调研】 12月9日，宁夏军区政治部主任丁学仁带军地有关人员到区人武部检查调研，对年度工作完成情况、官兵对军队改革思想反映、国防动员工作、部队安全稳定工作等四个方面进行检查。

【双拥共建】 积极发挥桥梁纽带作用，以银川市争创全国双拥模范城“八连冠”为契机，广泛开展军民共建活动。春节前，协调兴庆区四套班子领导对辖区驻军单位进行走访，对服役义务兵家庭进行慰问、发放优抚金。在上海东路建设双拥文化一条街，制作宣传灯箱48块。挖掘红色资源，4月17日举行景岳小学三烈士纪念馆开馆仪式，开展大手拉小手，传承红色基因活动。做好军人军属服务工作，成立军人军属法律援助站。推进部寺共建活动创新发展，4月28日，组织第五医院医疗巡诊分队十多人到通贵清真寺开展义诊活动，免费发放价值6000元的药品。同时，组织开展了国防知识宣传、兵役登记宣传和征兵宣传，受到了信教群众的一致好评。围绕“选好新入伍的、服务好在伍的、引导好退伍的”宗旨，筹资10万元完成“兵心驿站”门诊室建设，9月10日，军区、警备区领导参加揭牌仪式。开展扶贫帮困活动，持续与月牙湖乡海陶南村开展结对帮扶活动，与月牙湖回民二中开展“1＋1助学活动”，资助5名小学生助学金5000元。

消防

【概况】 2015年，全体官兵坚持以中共十八大和十八届三中、四中全会及中纪委五次会议精神为统领，学习贯彻落实全军和公安现役部队政治工作会议精神，狠抓大中队一体化和社会火灾防控责任体系创新改革，夯实“火灾防控、攻坚打赢、管理教育”安全工作基础，实现“班子坚强有力、队伍风清气正、能力素质过硬、火灾形势平稳、部队创先争优、任务全面完成”总体目标。

【大中队正规化建设】 投资80万元开展大中队正规化建设达标活动，全面落实大中队一体化管理模式，整合人力资源改革一体化运转机构，推行党委抓主管层级管理负责制，强化官兵问责执纪力，实行干部、士官、党员、义务兵四个队伍每月量化考评机制和奖惩激励机制及定期督察制度；用好、用活、用实“两个经常性”工作，开展“五好党支部”“十星优秀共产党员”“十佳标兵暨优秀士官”“五好优秀基层干部”等创先争优评比活动；开展“五无”创建活动，落实安全文化年规定动作，严格事故案件责任追究。

【消防安全训练】 紧扣执勤岗位练兵方案，开展冬训、春训、夏训三个阶段的训练，突出春节“六熟悉”专项行动和整建制中队实战化训练，与223家重点单位签订演练预案，完成夏季消防检查中执勤训练、全市公安机关警务实战技能汇报表演、2015中阿博览安保誓师大会训练参演等任务。大中队组织开展55项技能、23项战术、15项体能项目科目训练，完成585个训练日，1560课时，参训率97%。

【落实特战节点等级战备】 完成夏季消防检查、中阿博览会、纪念抗战胜利70周年，“三大战役”的活动任务，在重大法定节点及中国少数民族春节联欢晚会，自治区、银川市“两会”、民运会等重大活动期间，搞好执勤安保工作。全年接警422起（火灾251起，救援171起，派出车辆569台次，派出警力4277人次，抢救被困人员62人，疏散被困人员160人，抢救财产价值29.1万元。确保全年执勤战备和灭火救援行动无重大失误。

【消防安全管理】 制定《兴庆区火灾事故防控预案》，提请政府召开了火灾事故防控预案专题会议，举办专职消防队员培训演练4次。开展“涉消舆情事件”专项教育和“治三松”精细化整治工作，签订网络安全承诺书。落实接处警系统、营区监控系统、VOIP语音电话、电视电话会议系统、日常办公协作平台系统的规范运行和通信联络运行保障演练工作，坚决防止失泄密、涉消舆情事件的发生，确保网络和信息安全、准确、不间断。

【政府专职消防队伍建设】 完成了政府专职消防队员30人配备保障，四个政府专职消防队按照“四到位一保障”工作要求运行，完成1：1消防文员配备。政府划拨30万元解决11名消防协警工资和福利待遇。要求大队消防文员全部参加消防执法岗位资格考试，已有4人取得三级消防监督执法岗位资格，5人取得注册消防工程师初级资格，1人取得国家级建（构）筑物消防员资格。

【火灾防控】 专题向区长、区委书记汇报消防工作4次，政府召开常务专题会议4次、消防专项工作会议5次，召开辖区消防网格化管理现场会、考核各1次，总支队冬春火灾防控“微型消防站”现场会1次，联合安委会成员单位适时开展火灾隐患排查整治工作15次。

【社会单位安全管理】 依托《中华人民共和国安全生产法》实施三级全覆盖安全创建活动，推动行业主管部门落实消防安全监管职责，召开文化街、新华街街道消防网格化管理经验推进会，开展网格化管理过程中存在问题答疑、现场观摩学习、集中培训及挂钩帮扶检查社会单位等活动，规范推进2个乡、2个镇、11个街道消防安全网格化管理工作。实现223家消防安全重点单位和50%属于人员密集场所的非重点单位户籍化、网格化建筑消防设施维保，采取“四个能力建设达标”“户籍化适时监控管理”“火灾高危单位维保督办”“重大隐患单位查处曝光”“双微平台拓展宣传”“重点单位档案规范建立”“三未工程手续办理追踪”等方法，推进社会单位消防安全主体责任落实，夯实城乡火灾防控基础。

【消防安全检查】 按照上级要求和指令，结合今冬明春和夏季消防安全检查专项行动，开展各类各行业专项行动20余次。全年大队检查单位3171家，发现火灾隐患或违法行为2225处，督促整改火灾隐患或者消防违法行为2260处，临时查封19家，责令“三停”21家；火灾调查201起，出具火灾事故认定书11份，出具火灾事故简易认定书190份，受理举报投诉132次。派出所检查社会单位5526家，发现火灾隐患或违法行为2337处，督促整改2337处，罚款单位5家，处罚个人57人。未发生较大以上火灾事故。

驻军

63726部队

【概况】 发挥自身优势，结合地方

所需、群众所盼与部队所能，在完成部队内部事务的基础上，积极参与宁夏经济社会建设，深入开展“家门口”军民共建活动，组织“三下乡”服务队、航天科普服务队，开展“点号帮一村、一班帮一户”“送科技入户、学科技致富”等活动，参加宁夏的生态建设和“保护母亲河行动”。承担原总装在宁夏泾源县六盘山镇援建的“八一爱民小学”共建任务，开展“航天·春蕾”捐资助学活动，先后资助70余名特困生重返校园并帮助她们如期完成学业。部队先后被评为拥政爱民先进单位、参加和支援西部大开发先进单位、民族团结进步模范单位\全国拥政爱民模范单位。

【扶贫帮困】 把扶贫帮困作为践行人民军队性质宗旨、密切军政军民关系的重要举措。重要节日到驻地观湖社区、东湖苑社区、景墨家园等社区贫困家庭进行走访慰问，送去价值1万余元的米、面、油等生活物资；不定期派出学雷锋服务小分队，在周边社区进行义务巡诊、理发、劳动等活动，累计组织50余次。先后为共建村老红军、老党员、老退伍军人和军烈属等30户特困家庭送米送面1000余千克、慰问金1万余元。扶贫日当天深入宁夏盐池县青山乡旺四滩村等2个贫困村，赠送致富书籍1000余册，捐助价值10000余元的生产资料，让人民群众真实地感受到人民子弟兵的真心、真情、真爱，在维护民族团结、社会稳定等方面做出积极努力。

【军民共建】 先后与宁报集团、银川市文广局、兴庆区地税局、贺兰县文联、中国银行金凤支行、凤凰北街、银川二中、唐徕中学、区老年大学等单位举办文艺晚会，过“军事日”，开展走访慰问。派出官兵300余人次到驻地海宝公园、海宝塔寺、北塔清真寺进行义务清扫。每逢开斋节、古尔邦节等回族传统节日，走访慰问驻地北塔清真寺，为驻地回族群众送去米、面、油等价值7000余元的生活物资，增进民族间团结，密切驻地军民关系。

【教育援助】 部队以援助“希望小学”为重点，不断把援助“希望工程”活动引向深入，使援助“希望小学”变成广大官兵的自觉行动。采取改扩建校舍、捐赠教学设施等办法，大力支持希望工程，为宁夏泾源县六盘山镇八一爱民小学捐赠电脑、图书，添置教学器材，购买冬季用煤，座谈交流学校建设情况和师生工作、学习、生活等情况，有效推动当地教育事业的发展。

【军训任务】 为增强青少年学生的国防意识，提高企事业单位人员素质水平，先后选派综合素质好的官兵800余人次，担任银川体校、银川二中、唐徕中学、银川高级中学、银川市城市管理局、兴庆区地税局、中行金凤支行等单位约3000人的军训任务，受到参训单位的广泛好评。

【弘扬新风】 在积极参加地方经济建设的同时，部队还带头践行社会主义核心价值体系，以“共唤社会真情、共献社会爱心、共张社会正义、共培社会净土”为载体，广泛宣传党的创新理论，努力传播文明风尚。先后组织“三下乡”服务队、“3·5”便民助民服务队、航天科普服务队，义诊300多人，维修电视机等家用电器数百台，擦拭街道围栏3000多米，发放国防科技和航天科普宣传材料上千份，参加驻地观湖社区、雅安社区文艺演出数十场，有力地促进驻地社会主义精神文明建设，为银川市创建“全国文明卫生城市”和争创“双拥模范城”做出积极贡献。

警备司令区

【概况】 2015年，银川警备区全面贯彻中共十八大和十八届四中、五中全会精神，紧紧围绕党在新形势下的强军目标，坚持抓中心谋打赢、抓班子强队伍、抓作风促落实、抓创新谋发展，确保部队听党指挥、能打胜仗、作风优良，在新的起点上推动部队民兵预备役建设科学发展。

【贯彻全军政治工作会议精神】 先后组织16名团以上干部分批参加了两级军区理论轮训班，组织62名基层干部进行了理论集训，认真学习习主席在全军政治工作会议上的重要讲话和《新形势下军队政治工作若干问题的决定》，对照习主席指出的10个方面问题，深刻分析政治工作积弊陋习、存在问题，围绕铸牢军魂、树立战斗力标准、加强作风建设、推动政治工作创新等进行调研，引导官兵把思想和行动统一到习主席重要讲话上来，凝聚“重整行装再出发”的思想共识。

【干部工作大检查】 认真贯彻整风整改精神，常委会专题研究成立专项清理整治领导小组，传达学习军委、总部首长讲话精神，研究制定实施方案，组织团以上党员领导干部签订领导承诺书，填报《军队干部配偶子女移居国（境）外情况报告表》《干部任职回避情况统计表》，专题召开政工会进行安排部署，对照《干部工作大检查细则》，围绕8个方面34个项目内容121个问题认真进行清查核查，按照军区要求对2名干部进行任职回避调整，对2名提前晋职干部进行纠治整改。

【贯彻《军队基层建设纲要》】 3月份，集中3天时间组织官兵学习《军队基层建设纲要》（简称《纲要》），采取观看辅导专题片、专题讲座等形式，对《纲要》进行宣讲辅导，组织对《纲要》基本知识进行考核，以总政编发的《基层建设工作手册》为基本教材，分层分批抓基层干部骨干培训。

【“读书思廉、知责思为”活动】 2015年，银川警备区持续开展“读书思廉、知责思为”活动，坚持每月为干部推荐一本廉政书籍，每季度为干部送一页廉政勤政赠言，发一条廉政勤政短信，营造廉政勤政的浓厚氛围。

【双拥共建】 以争创全国双拥模范城“八连冠”为契机，广泛开展军民共建活动。开展“联村结对”、“1+1”助学活动，持续推进“四进四助”活动。警备区及所属部团先后与8个移民村、8所中小学建立共建关系，开展“1+1”助学活动，捐资捐物累计20余万元；持续开展“三学一交”“信教群众进军营、部队官兵进寺院”活动，稳妥推开清真寺升国旗活动，为34座共建清真寺修建国旗杆。4月，协调驻银部队、组织民兵预备役“百连万人”参加银川市绿博园植树造林、生态治理大会战。指导贺兰县人武部历时22天，行程3800公里，完成《强军路上贺兰兵》专题片拍摄。协调银川市委、政府妥善安置

9名随军家属就业。打造国防文化建设，协调银川市委、政府持续抓好黄河军事文化博览园建设，使退役潜艇落户滨河新区、空军歼教-5飞机落户军博园，宣传银川舰原政委索德胜、西夏区战斗英雄“李二晓”先进事迹，指导兴庆区人武部举办“兵心驿站”门诊室揭牌仪式。

【战备工作】 坚持以提高战斗力为标准，狠抓日常战备落实，加大战备演练力度，部队保持良好的战备状态，有效提升警备区部队战备工作水平。完成警备区《团以上单位战斗力标准体系》的集中会审和《营、连战斗力标准体系》研究制定任务，形成由连至师4级3类24种战斗力标准体系。依托贺兰县人武部、预备役高炮团搞好战备工作达标验收先期试点，规范战备库室摆放标准、战备拉动方法程序，指导各部团补充战备物资。5月，采取院校化教学、条令化管理、连队化生活的方式，组织警备区指挥能力轮训，邀请著名军队院校专家教授专题辅导授课，解决国防动员组织指挥、战备演练组织实施等重难点内容研究不深不细的问题。6月，按照战区通知要求，抓好战区赋予的《省军区军分区人武部战备工作检查考核实施细则》制定任务，进一步细化战备检查组织实施程序和方法。7月，完成银川市全国第一次地理国情信息普查任务，上报地理坐标、重要目标、宗教场所等8类作战数据。8月，指导预备役高炮团进行作战问题“八难”研究，顺利通过军区集中会审。10月，完成宁夏军区“十三五”规划落实情况检查。

【莫桑比克、马里国防部部长访问】 10月21日，迎接莫桑比克、马里国防部部长访问银川市的保障工作，参观闽宁镇军民融合式发展，组织与当地人民群众座谈。

【首长机关训练】 2015年，坚持每月三天军事训练，每日最后一小时体能训练，每周二、四晚业务学习，认真抓军事理论、专业技能和体能训练，4月，参加兰州军区六级参谋长集训，组织警备区指挥能力集训和正团职干部集训；11月，参加宁夏军区某指挥所演习。警备区机关迎接宁夏军区军事斗争准备和年终军事训练考核，军事理论、识图用图、航片判读、手枪射击名列前茅，取得军事斗

争准备第二名的成绩。12月，组织人武部军事训练考核，军事技能平均合格率达到95.7%。

【军队建设发展“十二五”规划检验评估】 4月7~14日，根据军区通知要求，警备区组织对“十二五”期间部队和民兵预备役建设情况进行系统检验评估，这次评估坚决贯彻习主席“能打仗、打胜仗”的要求，以兰州军区《贯彻落实军委〈军队建设发展“十二五”规划的计划〉》和宁夏军区《贯彻落实〈军队建设发展“十二五”规划〉的具体措施》为依据，采取听取汇报、检查调研、统计分析、专题论证、绩效审计和实兵检验等方法，组织警备区首长机关及所属部（分）队5个项目、16项内容进行检验评估，采集数据380多条。

【民兵预备役训练】 按照“打牢基础、明确标准、突出重点、整体推进”的思路，认真贯彻落实基础训练组织法集训精神，有力提升部队军事训练实战化水平和遂行多样化任务能力。全年落实50天业务基础训练。5月，参加宁夏军区教练员及基层四会武装部部长集训。7月，预备役高炮团迎接兰州军区单个人员训练阶段检查考核和野外驻训检查考核，金凤区人武部迎接宁夏军区民兵应急分队考比拉检查考核，预备役高炮团在兰州军区考核中取得总评第二的成绩，金凤区民兵应急营机炮连在宁夏军区考核中取得总评第一的成绩。

【预备役高炮团野外驻训】 8月10日至10月15日，预备役高炮团现役官兵和首长机关带整建制连完成野外驻训。

【冬季野营拉练】 12月中旬，警备区组织各县(市、区)人武部和预备役高炮团现役干部、战士、职工及民兵预备役官兵、车辆、各类装备器材，采取“机关带人武部、预备役团带分队”的形式，分两线开展冬季严寒条件下野营拉练训练，拉练紧紧围绕提高部队严寒条件下遂行任务能力，着眼复杂情况，强化战斗作风，坚持在实战背景下破解训练难题，从实战需要从严训练部队，提高部队冬季严寒条件下“走、打、吃、住、防、通、救、管”能力，昼夜结合实施，通过练指挥、练机动、练协同、练作风、练保障，强化了官兵战斗养成、摔打锻炼了部队，全面提升了官兵严寒条件下遂行任务能力。

【民兵组织整顿】 2015年，银川市民兵预备役组织整顿工作，紧紧围绕践行强军目标，坚持战斗力标准，着眼“平时服务、急时应急、战时应战”，进一步优化布局结构，实施分类建设，改进编组方法，提高兵员素质，不断提高基于打赢战争和服务大局的组织动员力、快速反应力、支援保障力，努力建设一支“精干、高效、管用”的后备力量。从1月下旬至4月初，针对预备役部队和基干民兵组织实际，早计划、早部署，扎实做好现役干部、基层专武干部和民兵预备役骨干整组培训，充分调动民兵预备役基层单位的积极性，深入调研、科学编组，规范整组点验的程序和方法，突出抓好应急队伍、支援队伍和储备队伍和战区关注的“四支”队伍建设，优化组织，着力解决有编无兵、编组重叠、人员交叉等问题。根据宁夏军区通知要求，对全市民兵组织结构进行了调整。通过组织调整，达到了组织健全、布局合理、干部齐备、队伍纯洁、资料完善、可靠管用的要求。

【兵员征集】 2015年，警备区把张贴标语、悬挂横幅、办板报、宣传车等传统宣传方法与广播、电视、网络、新闻、短信群发等现代传媒手段相结合，在《银川晚报》、银川电视台和灵武市、永宁县、贺兰县地方电视台等媒体连续刊播征兵宣传公益广告、政策规定、条件标准、工作程序和纪律要求，扩大宣传教育的覆盖面，成功营造出全社会关心支持军队建设的浓厚氛围。按照自治区人民政府、宁夏军区2014年征兵命令和自治区征兵办公室要求，圆满完成征集任务。所征新兵中，党团员占征集任务的58.5%；大专以上文化程度人数占征集任务的37.2%；高中以上文化程度人数(不含大专以上)，占征集任务的59.4%。3月下旬，警备区专题召开会议，安排部署兵役登记工作，各县（市、区）人武部采取干部包乡镇，专武干部包村包片、民兵干部包人包户的方法开展了兵役登记，在各类院校、街道和乡镇开设兵役登记站；7月8—9日，组织市、县、乡（镇、街道）三级征兵工作人员158人参加自治区征兵办组织的以政策法规、体检标准、政治考核和“全国征兵网”操作使用为主要内容的业务培训。8月11日，市征兵办公室组织各县（市、区）征兵办公室主任和征兵体检医院主检医生进行业务培训，明确体检工作人员培训、组织实施、体检纪律、主检医生交叉互检等办法；市征兵办公室、市卫生局、各县（市、区）征兵办公室、体检医院主检医生四方签定责任书。征兵体检继续实行“双主检医生制”，由市征兵办随机派出一名主检医生，与体检医院主检医生共同负责，总检结论由两名主检医生签字；自治区征兵督导组和银川市体检专家组全程进行监督检查。

【军交卫生】 严格落实车辆审批制度、驾驶员安全教育制度和每周五车场日制度；严格车辆、驾驶员年度审验工作，编印下发《交通法规常识应知应会手册》，先后2次组织驾驶员集中教育整顿，组织交通法规学习、驾驶技能考核验收，实行驾驶员记分制度；严格车辆检查保养、定点维修。全年，警备区机关累计出车800余台次，总行程12万公里，消耗油料17吨，安全无事故。先后完成了2名申请评残人员材料的审核上报，1名大病医疗统筹人员医疗数据审核等工作。根据上级《关于开展全军水源水质卫生普查和战略水资源调查通知》要求，对所属各部团、警备区本级保障和管辖范围内的水质进行了抽样调查检测。积极协调解放军第五医院，为46名团以上干部和78名营以下干部、战士、职工进行健康检查，圆满完成了年度体检任务。根据军区《关于做好军人保障卡“十二五”规划落实情况检查评估》的要求，及时完善相关资料，制作了保障卡业务流程、规章制度等标识牌，规范了保障卡办理程序，完成了数据维护、信息审核、调入调出、工薪发放和实力比对等工作。全年共办理调出19人，调入38人，变更信息460余次，注销17人。

（供稿人：王飞　张永勃）

▷农牧·绿化·水利

综述

【概况】 2015年，区农牧局认真落实兴庆区委农村工作领导小组办公室《关于印发〈兴庆区关于贯彻落实中央一号文件精神做好2015年农业农村工作的意见〉的通知》中确定的各项任务分工，主动适应新常态下农业工作，以农业增效、农民增收为核心，大力发展“三精农业”（银川市委提出：精挑细选，突出主打产品；精耕细作，突出生态高效；打造精品，突出品牌带动），做精做强设施园艺、优质稻、奶畜产业三大优势特色产业，以强农惠农项目建设为抓手，加强农村基础设施建设和综合能力建设，以深化农村改革为突破，转变农业发展方式，积极培育农村新型经营主体，引导农民开展土地流转，全面完成农村土地承包经营权确权登记工作；以农业公共安全监管为重点，加强农产品质量安全、动物防疫、农机安全工作；以推广先进农业技术、设备为引领，增强农业科技创新能力，以开展“守纪律、讲规矩”主题教育活动为契机，不断提升农业干部综合素质，通过努力，促进了兴庆区农业提质增效、农村和谐稳定、农民富裕文明，全年农业各项工作稳步推进，现代都市农业发展取得新的成绩。

【主要经济指标完成情况】 2015年，实现农业总产值13.71亿元，较上年增长4.3%，实现农业增加值6.1亿元，较上年增长5%，农村居民可支配收入达到12625元，同比增长8.1%。特色优势产业产值10.6亿元，较上年增长3.5%，特色优势产业产值占农业总产值79%。设施园艺产业化升级，计划新建设日光温室380亩，完成615亩，超计划任务162%。新建中拱棚240亩，创建永久性蔬菜基地3870亩，设施园艺生产重点推广12项新技术，引进14个新品种，新建兴庆区蔬菜种苗繁育中心，完成3家国家级蔬菜标准园项目申报工作；计划瓜菜种植面积5.5万亩，实际种植面积6.17万亩，瓜菜总产量达到32万吨，实现总产值4.42亿元；全面落实优势稻生产任务，计划优质稻种植面积5.5万亩，有机稻种植1万亩，实际优质稻种植面积6万亩，超计划任务9%，有机稻种植1.5万亩，超计划任务50%，创建水稻万亩高产示范片2.4万亩，实施测土配方、水稻精量穴播等6项新技术，落实水稻工厂化大棚育秧115栋，在通贵乡、掌政镇实行稻旱轮作1.36万亩，水稻优良品种种植覆盖率达到100%；不断提高奶产业规模化、产业化程度，完成奶牛存栏量3.14万头，同比增长2%，鲜奶产量12.4万吨，万亩奶牛养殖场存栏奶牛达到1.9万头，落实奶牛标准化养殖场建设项目5个；粮食生产面积保持稳定，产业结构有所调整，因实行稻旱轮作，部分土地改种树木、菟丝子、油葵等，粮食播种面积16.21万亩，较上年减少0.34万亩，其中春小麦2.23万亩，水稻9.92万亩，玉米3.96万亩，粮食总产量达8.69万吨；畜牧业平稳发展，饲养肉牛9500头、饲养羊11万只、饲养生猪2.6万头、饲养禽类46.77万羽，肉类总产量3500吨，禽蛋总产量1500吨，畜牧业总产值达到1.64亿元；适水产业有新突破，落实水产养殖面积2.83万亩，完成池塘改造1550亩，落实名特优新养殖示范5000亩，实施490亩标准化健康养殖项目，引进先进养殖技术和现代经营模式，在掌政镇镇河村规划建设了220亩南美白对虾大棚健康养殖高效示范基地，一期3.25万平方米养殖大棚，实现了当年建成、当年投产、当年见效的目标。

“三农”建设

【概况】 2015年，在上级业务主管部门的指导和大力支持下，紧紧围绕兴庆区农业和农村工作大局，认真贯彻落实国家及地方各级政府农业农村工作会议精神，引导农民专业合作组织规范发展，依法开展农村土地承包经营权确权登记管理，开展农村经济运行态势监测，开展产权制度改革，不断巩固农村税费改革成果，认真落实中央各项减负政策；规范农村集体资产和财务管理，做好村级财务指导和审计、民主理财、财务公开；坚持“公正执法树形象，强化管理促发展”，以法规宣传抓特色、农资打假抓专项、农资监管抓源头、规范执法抓制度为原则，扎实推进兴庆区农业综合执法工作，先后制订《2015年兴庆区农业综合执法工作方案》《兴庆区2015年农资打假专项整治工作方案》《兴庆区2015年打击侵犯品种权和制售假劣种子专项行动实施方案》等系列措施，依法护农，确保辖区农民利益，使农业生产、农村工作顺利进行。兴庆区有农资经营单位152家（经营种子72家、农药51家、兽药29家），生鲜乳收购站48家，生鲜乳运输车辆42辆，均全部纳入监管范围。

【涉农法律法规普及教育】 通过“放心农资下乡”，组织执法人员深入重点乡镇农资市场，开展咨询，并通过制作宣传板、散发宣传单和悬挂横幅等方式进行《中华人民共和国种子法》《兽药管理条例》《农药管理条例》《肥料登记管理办法》等法律法规宣传；利用“农业科技下乡”进村服务，面对面地向农民讲解真假伪劣种子、化肥、农（兽）药、饲料（添加剂）及其他农业生产相关农资的识别、选购和使用常识；结合“3·15”农资打假活动，编写《放心农资采购知识》1500册，《禁限用农（兽）药清单》5000册，举办农业投入品经营人员培训班，分别组织了一期种子经营人员培训班、一期农（兽）药、饲料（添加剂）经营人员培训班。发放、张贴法律法规宣传材料5000余份，悬挂条幅16个，发放技术资料2900份，举办专题讲座5场（次），培训人员1000人（次）。出动执法人员460人（次），执法车辆120人（次），整顿市场12次，抽查农业投入样品126个（兽药样品80个，农药样品29个、肥料2个、种子样品15个），抽查生鲜乳样品255个。协调农资纠纷11起，挽回经济损失85万元，收缴伪劣农药4.25千克，查处违法行为18起，罚没款2.52万元。

【种子市场监管】 严厉查处生产营假劣种子、套牌侵权、无证生产经营、未审先推、包装标签不规范等违法行为。严格实行“及时受理、网上审批、限时办结”，在办理农作物种子生产经营许可证过程中，明确告知其受理意见、注意事项、办结时限；督促种子经营企业建立健全种子入库、出库经营档案，明确种子来源、种子销售渠道等；严格实行种子标签制度和加工包装规定，督促种子经营企业对经销的种子全部附上标签，并标注具体内容，如期保质完成种业基础信息数据填报与统计分析工作。2015年是“全国种业管理与经济运行信息调度系统”投入使用第一年，兴庆区是自治区种子企业的汇聚地，是种业基础数据和信息调查填报任务的重点地区，为确保所有数据准确性和时效性，在辖区内县级发证种子企

3月16日，区农牧局开展农资打假专项治理行动

业信息采集填报后，执法人员又严格逐级监督审查，并组织召开数据审核会。2015年，依法受理审核草种经营许可事项4件，主要农作物杂交种子经营许可事项2件，受理审核并核发主要农作物常规种子及非主要农作物种子经营许可事项10件，主要农作物常规种子生产许可事项4件。配合自治区种子检测站开展两次种子抽检，共抽检15个品种（批次）的农作物种子，其中玉米种子6个、瓜菜种子9个。对两家种子经营企业所经营的两批次种子被检出种子质量指标有问题，依法责令其停止经营、没收相关违法所得，上缴罚没款11698元。

【兽药饲料（添加剂）监管】 从2012年开始实施兽药GSP，按照“清理一批、转化一批、鼓励一批”的要求，开展“清理规范行动”，积极推进兽药GSP监管，建立兽药经营守法、诚信、规范的新秩序。在“互联网+”销售模式下，加快GSP认证步伐及其后续管理。帮促兽药企业建立本辖区基层零售规范性连锁兽药店，督促兽药经营单位按照要求建立健全兽药保管制度和设施，严厉查处无证经营和超范围经营，规范兽药经营单位药品进货渠道；根据自治区农牧厅《宁夏深化兽药产品标签和说明书规范行动实施方案》，对兴庆区兽药经营企业使用的兽药产品标签和说明书内容是否存在扩大功能或适应症等违规问题进行查处，对涉及的兽药产品进行没收；加强兽药质量抽检，完成兽药质量抽检80批次，兽药产品质量抽检合格率比上年度提高2个百分点。查处兽药违法案件9起，处罚5家兽药经营企业，罚款0.48万元。

【农药化肥监管】 严厉查处生产经营违法添加高毒农药，未登记成分、有效成分不足等假劣农药肥料产品，以及标称具有农药功能的肥料产品。坚决取缔一证多用、套用或冒用证件等生产、经营农药化肥的违法行为；清理整顿农药化肥经营主体，对辖区所有农药化肥经营单位实行归档管理，清查其经营情况、分布地点、有无证照，以及近年来违法违规经营被处理和投诉等情况；督促各经营单位健全和规范购销台账；在春秋季农药化肥购销旺季和各节假日，开展市场检查，主要检查在水果、蔬菜、粮食作物等上限制使用的农药，假冒、伪劣、过期农药化肥，确保无一例农药安全事故发生。开展农药化肥市场的专项整治，清理无证照经营、走村串户流动商贩。严查超范围经营、一照多点经营，严厉查处国家明令禁止使用的甲胺磷等5种高毒有机磷农药的经营行为。经检查整治，至2015年辖区内无生产、销售和使用甲磷胺等五种高毒有机磷农药的行为，无假冒伪劣农药案件发生；以农药监督抽检公布名单中有关假劣农药、质量不合格农药、标签不合格农药的产品名称为重点，进行定性清除收缴。查封收缴假劣农药4.25千克，发现涉嫌违法行为和线索6起；积配合国家对兴庆区农药化肥经营市场抽检，抽检农药二批次29个，化肥一批次2个，均未发现不合格产品销售。

【生鲜乳收购站监管】 通过对辖区内生鲜乳收购站、生鲜乳运输车辆检查，严厉打击违规行为，杜绝奶贩子收散奶、非法收购和倒卖不合格生鲜乳及违法违规添加、恶意争抢奶源等行为；不定期督察和抽查生鲜乳收购站硬件建设、分类存档软件档案资料、各项制度有效落实，对个别收购站卫生状况差、销售及运输信息不明了的，及时提出警告并责令限期整改，增强生鲜乳质量安全的可追溯性；配合自治区药检所进行生鲜乳质量检测，共抽取了81批次255个样品，均未发现不合格生鲜乳产品。

【农资示范门店】 按照银川市《开展“放心农资店”评选活动实施方案》要求，坚持“以农为本、为农服务”的服务宗旨，打假与扶优相结合，农资经营与农产品质量安全整治相结合，在重点区域分别培育建立2家自治区“农资示范经营店”、5家银川市“放心农资店”，以点带面，推进农资市场诚信制度建设，营造诚信守法、公平竞争的良好经营环境和放心消费环境。

【调处农资纠纷】 “群众利益无小事”，本着公平、公正、公开的原则，联合公安、市场监管组成农资打假联合执法检查组，通过“打假治劣端窝点”“绿剑护农保春耕”等专项执法，集中开展农资打假联合检查。及时受理每一起农资质量投诉，严格督促农资经销商依法诚信经营，并落实售后服务责任，提高售后服务质量，做到“谁销售、谁负责”。对群众举报投诉和专项行动检查发现的违法行为，做到有案必查，问题不查清不放过、处罚不履行不放过、违法行为不纠正不放过、农民群众不满意不放过。把农业事故纠纷化解在基层，减少刑事、治安案件和群体性上访事件，做到为民排忧解难，维护农民群众的合法权益。共接待来访群众84人（次），协调农资纠纷11起，挽回经济损失85万元，查处违法行为为18起，罚没款2.52万元。

【禁牧封育】 下发《关于开展兴庆区2015年禁牧封育工作集中整治行动的通知》，提出加强禁牧封育工作的五项要求，明确各乡镇禁牧封育工作的职责。抽调专门力量，执法巡查兴庆区主干道两侧、农田林网、易放牧等区域，并及时反馈情况，督促整改。加大宣传，让群众充分了解禁牧封育工作的必要性，引导广大养殖户自觉遵守自治区禁牧封育工作条例，共同维护禁牧封育成果。畜牧专业技术人员深入各乡镇，开展“牛羊畜禽科学饲养技术”培训，学习饲草贮备、作物秸秆综合利用等技术，教育广大养殖户开展科学圈养。

【无公害农产品认证】 根据自治区农牧厅的要求，兴庆区对辖区内种植业生产基地进行了整体认定。2015年新认证4个无公害蔬菜产品，完成3个企业的12个品种的复查换证，8家企业的8个基地小产地的认证，无公害产地认证面积达到1900公顷。

【农产品质量安全检测】 实施农产品质量安全网格化监管，制定兴庆区农产品质量安全网格化监管实施方案和农产品质量安全岗位责任网格图。获兴庆区政府批准，在兴庆区新水桥康居安置区东区（B区）S13商网第三层（该楼为商用独栋楼），设立农产品质量安全检验检测站，占用面积455.4平方米。建立宁夏银川市新世纪市场管理有限公司、宁夏春百合瓜果蔬菜农民专业合作社等辖区内10个农残检测点，发放农药残留快速检测试剂共220盒。各检测点全年共完成检测19000批次，总体合格率保持在98%以上；接受农业部（委托自治区农产品质量安全检测中心）及银川市农产品质量安全检测中心对兴庆区的例行抽样检测，开展蔬菜、兽药、饲料等农业生产投入品检测13次，检测结果均为合格；举办农产品残留农药快速检测技术培训班，兴庆区有关农业技术服务人员、各龙头企业和农民专业合作社技术骨干共21人参加培训；参加自治区、银川市举办的无公害检查员培训1次，无公害内检员培训班2次。

【农村土地承包经营权确权登记】 依法开展对各乡镇、涉农街道土地纠纷、经营权流转、土地确权。土地确权工作完成了宣传动员、农户入户摸底调查，对27个村1.7万户农户进行入户调查，填写《户籍信息登记表》《入户调查表》《发包户调查表》，全部完成农户的纸质档案和电子档案录入。完成27个村地块面积、位置的确认和标注，印制地籍图375张，标注地块图斑99144块，涉及农户1.64万户，面积近15.53万亩，占计划确权面积的97%；完成4个乡镇27个行政村的地籍图签字、鱼鳞图绘制；兴庆区确权办组织了二次自验，并提请自治区确权办对兴庆区农村土地承包经营权确权成果（测绘）验收，并于10月12日通过验收。

【农村土地流转】 兴庆区农户家庭承包土地流转总面积51707.72亩，涉及农户8280户。其中大新镇流转面积1503.53亩，涉及农户675户；掌政镇流转面积12395.79亩，涉及农户2640户；通贵乡流转面积25554亩，涉及农户2676户；月牙湖乡流转面积12254.4亩，涉及农户2289亩。农村土地流转主要有转让、转包、出租三种形式。其中转让9519.88亩，占总流转面积的18.4%，涉及农户1904户；转包10623亩，占总流转面积的20.5%，涉及农户1972户；出租31564.84亩，占总流转面积的61.1%，涉及农户4404户。土地流转后，用于粮食生产的28789.94亩，占总流转土地的55.7%，主要集中在通贵乡和掌政镇；用于经济作物种植的9925亩，占总流转土地面积的19.2%，主要集中在月牙湖乡；用于蔬菜花卉种植（包括设施农业）的6053.91亩，占总流转土地的11.7%，主要集中在大新镇和掌政镇；养殖及休闲观光等土地流转面积6938.87亩，占总流转土地的13.4%，主要集中在大新镇和掌政镇。兴庆区农村土地流转的总面积中，流转给经营大户及家庭农场的面积17598.78亩，占总流转面积的34%，分布在各乡镇；流转给企业的面积34108.94亩，占总流转面积的66%，主要集中在通贵乡、掌政镇。

【村级集体经济产权制度改革试点】 为明确责任，扎实、有效推进产权制度改革，在大新镇新水桥村成立以村党支部书记为组长，两委班子成员和村集体经济组织成员代表为组员的新水桥村集体经济组织产权制度改革试点工作领导小组，领导小组下设宣传信息组、资产清查组、监督检查组、驻村工作组。兴庆区政府印发了《关于成立大新镇新水桥村集体经济组织产权制度改革试点工作指导小组的通知》，讨论通过并印发了《兴庆区农村集体资产股份权能改革试点工作实施方案》。新水桥村通过召开村民代表大会、股改业务专题培训，制定了《银川市兴庆区大新镇新水桥村农村集体经济组织产权制度改革的实施方案》，方案获得村民代表98%的支持率。农牧局、新水桥村委相关人员赴浙江，对农村改革先进经验进行了考察，形成了翔实的考察报告。5月21日，印刷《村股改知识问答》5000份并广为散发，做到村民人手一份；编纂8期《村改动态简报》；印刷了《新水桥村集体经济产权制度改革股东资格界定工作通知》100份，在各队宣传墙、清真寺等处张贴；利用村讯通、村部电子大屏、移动展板等形式，对村股改的相关内容进行广泛宣传；召开了新水桥村集体经济组织产权制度改革培训会，30多人参加；开展村级宣传培训2次。集体经济组织成员身份确认人员界定采取依据户口簿并现场核对人口的方式进行，登记无误后经户主核对签字按手印，已登记2920人，占应登记总数的80%，并对登记信息进行了二次公示；对固定资产、资源性资产的清核、登记、公示，与华衡信会计事务所签订委托评估审计合同，对新水桥村资产进行全面核资、评估、审计。9月1日，新水村召开全体村民代表大会，实名制投票表决通过《持股代表选举办法》《村改后未进行人员界定信息登记人员待遇的处理办法》及持股代表自动进入股东代表大会等决议。9月7日至8日，选举股东代表30人，村委会讨论选派11名人员直接进入股东代表大会。

【培育和发展新型经营主体】 兴庆区培育和发展农业产业化龙头企业累计达到21家。其中自治区级农业龙头企业8家；市级农业龙头企业13家。固定资产5亿元，资产总额达4亿元，销售收入1.6亿元，带动农户1.7万户。兴庆区农民专业合作社累计达74家，自治区示范合作社15个，银川市级示范合作社23个，社员总数4600户，带动农户数11250户，社员比非社员户年均增收1400多元。经兴庆区农牧局审核，在工商局注册成立的家庭农场共计44个，主要涉及种植、养殖。成立的家庭农场经营面积达14067亩，其中耕地11588亩，水面2184亩，其他295亩。土地流转10176亩，家庭承包经营1412亩。家庭农场经营人员共计211人，家庭成员为109人，长期雇工102人，短期雇工278人。养殖奶牛1070头，固定资产总额4956万元，主要设备有房屋、渔池、养殖场、配套设施等。家庭农场中，连片流转土地达1000亩以上的有3个，连片流转土地500—1000亩家庭农场2个，自治区二星级家庭农场3个，银川市三星级家庭农场4个。

【农村经济运行调研】 按照上级业务部门的安排，做好全国固定观察点收入预测及农村经济运行态势的六项监测、分析调研。完成杨家寨村60户固定监测户家庭收支情况监测统计；完成蔬菜园区和温棚蔬菜成本效益监测；每月派专人到农资市场和银川市北环蔬菜批发市场，以向菜农、经营商贩询问调查为主、向农民技术员、种植户和兴庆区执法大队咨询等为辅，采集农资、粮油、蔬菜、养殖畜禽等农产品价格，完成农产品价格、市场流通及农用生产资料价格监测；完成农户生产意向、劳动力就业等农村热点、难点问题监测；对兴庆区农民纯收入记账户的记账情况进行督察指导。通过逐户走访，了解农户的生产及收支情况，查看记账情况，现场进行指导和纠正，确保农户记账准确、及时、全面、真实；对月牙湖乡移民家庭收支进行监测。

【农业产业化工作发展情况调查】 根据自治区产业办《关于做好2014年度全区农业产业化发展情况调查工作的通知》《关于开展2014年度全区一村一品发展情况调查工作的通知》精神，从发展历程、取得成就、经验启示、对策建议四个方面就兴庆区成立以来，农业产业化发展情况进行了深入调查，并撰写调查分析报告上报农牧厅产业办和银川市农牧局。2014年至2015年，兴庆区农业产业化组织为90个。按组织类型划分：龙头企业带动型21个，中介组织带动型69个；按利益联结方式划分：合同关系的9个；合作方式（按利润返还）的4个；股份合作方式（按股分红）的5个；其它类型的72个。茂盛村的番茄、五渡桥的番茄符合全国“一村一品”专业村申报条件，形成调查报告上报农业部。掌政镇镇河村参加全国一村一品示范村认证。2015年，组织辖区各业务部门、涉农企业、专业合作社、种养大户积极申报农业产业化项目，向农牧厅上报产业化项目8个。落实切块资金产业化项目26个。

【基层农技推广体系改革与建设补助项目】 根据自治区农牧厅科教处《关于做好2015年基层农技推广体系改革与建设补助项目实施工作的通知》，组织农牧局各业务站办、技术人员，对兴庆区基层农技推广体系改革与建设补助项目进行安排部署，在调查研究的基础上完了实施方案的撰写和上报，落实示范户744户，技术人员84人，示范基地2个，农民田间学校2个。

【生态移民区能源项目】 月牙湖生态移民区二期第二批农村能源项目计划实施安装太阳能热水器881台，太阳灶881台，太阳能光伏路灯64盏。年底完成安装太阳能热水器881台、太阳灶600台及太阳能路灯64盏。

【阳光沐浴工程项目】 阳光沐浴工程是2015年自治区民生计划和重点建设项目，主要解决全区农民使用热水问题，旨在改善农村基础设施和农民生活条件，提高农民生活质量和清洁能源利用，实现太阳能热水器户户通。2015年兴庆区完成安装任务7501台。

【大中型沼气建设项目】 2013年申报宁夏豪奔种植养殖专业合作社大型沼气项目、银川市生态移民区2处大型沼气项目大型沼气项目，2015年已完成可研、初步设计编制的评审，以及招投标工作，10月底开工建设。

【月牙湖万亩奶牛养殖园区污水处理厂项目】 该项目投资1278.7万元，于2013年6月完成立项，10月底环保厅项目批复260万元。2014年3月底开工建设。经过设备调试，可正常运行，每天进水600立方米左右，但因牛场排污不达标，正在完善预处理设施，并进行托管运营相关工作。

【新型职业农民培训】 2015年，兴庆区新型职业农民培训任务280人，其中生产经营型150人，专业技术能型130人。培育对象年龄不超过58周岁，现有农民、返乡农民工、退伍军人、大学生农村创业者。其中生产经营性主要包括专业大户、家庭农场主、农民合作社骨干等；培训时间累计约15天。专业技能型包括长期、稳定在农业企业、农民合作社、家庭农场等新型农业经营主体中从事劳动作业的农业劳动力；培训时间累计约7天。培育模式由培训向培育转变，实行全过程培养；实行“分段式、重实训、参与式”培育模式。

【项目资金完成情况】 2015年，兴庆区农牧局下达上争资金任务8000万元，为确保项目资金落到实处，农牧局将资金任务层层分解，下达到各业务部门，并与各业务部门签订了责任书，年底考核时完成任务的予以奖励，没完成任务的将给予相应的处罚，充分调动各方面争取资金的积极性。年内已到位项目资金4000万元。

粮食生产

【概况】 2015年兴庆区农牧局把粮食生产作为“三农”工作的首要任务，以科技创新为手段，以惠民增收为目的，加大政策扶持，整合项目资金，强化责任落实。粮食总播种面积基本保持稳定，产业机构有所调整。因实行稻旱轮作，粮食总播种面积16.11万亩，比上年16.55万亩，减少0.44万亩（改种树木、菟丝子、油葵、土豆等）。其中小麦2.23万亩，增0.07万亩；水稻9.92万亩，减0.4万亩；玉米3.96万亩（包括青贮0.5万亩），减0.11万亩。粮食总产量达到8.63万吨。其中，水稻5.7万吨，小麦0.73万吨，玉米2.2万吨。

【特色优势产业】 创建水稻万亩高产示范片2.4万亩。其中掌政镇1.2万亩，通贵乡1.2万亩；创建有机水稻种植面积1.5万亩。其中月牙湖草原管理站0.4万亩，通贵乡1.1万亩。

【大棚育秧新技术】 推广大棚育秧新技术，落实工厂化大棚育秧点3个，搭建育秧大棚72栋（折标准棚43.24栋），提供秧苗3000亩。其中通贵乡2个点：通南村—宁夏昊御现代农业产业化专业合作社实施11.96栋棚；通北村—银川大地农收种植实施20.02栋；掌政镇1个点：五渡桥村—银川春耘种植养殖专业合作社实施11.26栋棚。全部采用移动棚钢架搭建，跨度6.5—6.7米，间距1.5米，高度2.2米—2.5米。并且通过了自治区、银川市的检查验收。

【稻旱轮作】 落实稻旱轮作面积13595亩，其中通贵乡10875亩，掌政镇1613亩，月牙湖乡1107亩。

【农作物良种补贴】 2015年，财政厅下达兴庆区各乡（镇）及治沙林场、草原管理站种植水稻、小麦、玉米，良种补贴资金142.5万元，补贴面积10.75万亩，而2015年度三大粮食作物实际播种面积16.11万亩，需补贴资金211.11万元，下差资金68.61万元。经与兴庆区财政局、自治区农牧厅种植业处协调，将以前年度结余补贴资金117619.24元全部列入2015年度补贴资金中支付，补贴资金154.26万元（142.5万元+11.76万元），按照实有补贴资金与需要补贴资金计算补贴资金系数，核实各单位补贴金额。落实农作物良种补贴面积116363.1亩，补贴资金1542619元。其中小麦补贴面积16809.4亩，每亩补贴10元，补贴资金168094元；水稻补贴面积75797.6亩，每亩补贴15元，补贴资金1136964元；玉米补贴面积23756.1亩，每亩补贴10元，补贴资金237561元。

【粮食政策性保险投保】 按照“政府引导，平稳运作，自立自愿，协同推进”的原则，积极开展粮食政策性保险工作，将农户自筹资金部分全部列为政府承担，粮食作物共16.1万亩全部参加了投保。有效地帮助广大农户规避和化解自然灾害的风险，增强了农业抗风险能力，逐步建立了有利促进农业发展的长效机制。

【粮食优新品种的推广】 小麦主推品种宁春4号、宁春39号、宁春50号；玉米主推品种先玉335、正大12号；水稻主推品种宁粳43号、宁粳45号、富源4号、吉粳105等。

【新品种展示】 新品种展示区以水稻为主。掌政镇永固村、强家庙村、碱富桥村、永南村、五渡桥村5个点展示品种：宁粳43号、宁粳45号、吉粳105、富源4号；通贵乡通北村、通贵村、通南村3个点展示品种：宁粳43号、宁粳44号、宁粳45号、富源4号。草原管理站黄河峰源合作社种植基地展示品种：宁粳43号、宁粳45号、富源4号。

【粮油高产综合示范片（园区）】 在掌政镇和通贵乡落实粮油高产万亩示范片2.4万亩。在万亩示范片醒目处设立了高产创建标志牌，并与基地所在的乡（镇）和技术人员签定高产创建目标考核责任书，责任到乡。同时建立规范的田间档案，责任到人，及时做好基层指导工作记录，以及作物各个生育期档案，为项目的实施奠定良好基础。2015年，在掌政镇、通贵乡共遴选了8个具有代表性的水稻核心区，总面积1810亩，开展试验示范，并且对核心区给予每亩40千克水稻配方肥物化补贴。

【有机稻综合示范】 创建有机稻综合示范点2个，总面积1.5万亩。其中通贵乡通南村有机稻综合示范点面积1.1万亩，全部取得了有机稻转换认证证书，该基地核心区示范面积300亩，主要展示优良品种、大棚工厂化育秧、旱育稀植、有机大米生产、有机肥施用、病虫害绿色综合防控技术，关键技术到位率达到了100%；并在基地周遍开挖鱼塘、蟹沟、搭建鸡鸭养殖棚舍等辅助设施，在田间养殖鱼、扣蟹、欧洲雁、绿头鸭、稻田鸡等，使基地极具特色，形成集工厂化大棚育秧、有机水稻种植、田间动植物套养等为一体，经济效益、社会效益、生态效益相统一的现代化农业综合示范园区。月牙湖草原管理站有机稻综合示范点占地面积4000亩，取得转换认证证书面积1850亩，取得有机认证证书面积1480亩，该基地示范推广新品种宁粳43号、宁粳45号、秋优88、富源4号、吉粳105等，推广宽窄行播种技术、稻田养蟹技术，该基地的有机大米取得了“顶农牌”品牌。

【新品种、技术试验】 水稻新品种展示试验，供试品种：14KF-1、14KF-2、14KJ-23、14KJ-38、14KJ-46、14KJ-53、619，地点在通北村3队；水稻新品种：小香米、G-19，插秧稻示范种植，地点在通北村3队；直播稻精量穴播试验，在通北村5队开展水稻精量穴播播量梯度试验，水稻亩播量分15kg和20kg，总面积130亩；保墒旱直播水稻示范种植，地点在通北村5队130亩，通南村6队200亩。

【测土配方施肥及病虫害专业化统防统治】 经过多年的推广，测土配方施肥技术已经得到了广大农户的认可，开始自发的购肥、用肥，配方肥使用量已经超过1000吨。坚持“预防为主、综合防治”的植保方针，积极开展植保系列化服务。先后对小麦、玉米、水稻田间杂草、病害虫进行了普防，在病虫害发生高峰期，召开现场会，分别对水稻稻瘟病、玉米黏虫、小麦蚜虫统防统治，面积59.2万亩次，防治率达到100%，使病虫害造成的损失降到了最低。

【技术培训与指导】 2015年完成技术培训30场次，其中粮食培训班18次，培训人员1100名，召开现场会5次，印发资料1200份；植保技术培训4次，培训人员280名，召开现场会3次，印发资料600份。培训内容主要有：水稻旱直播大面积高产栽培技术要点；水稻保墒旱直播、大棚育秧及旱育稀植技术；水稻品质提升关键技术；水稻病虫草害综合防治技术；水稻主栽品种特征特性。在技术指导方面，结合科技承包工作的开展，每个科技人员上与单位、下与科技示范户分别签定了科技承包服务协议书。根据农时以及示范户的种植习惯、特点，定期对每个示范户开展技术指导和咨询工作。除了定期入户面对面指导之外，还通过电话与示范户保持经常性的联系，及时提供技术咨询服务。多次下乡开展技术指导、培训、现场观摩，为230户科技示范户发放物化补贴（八福仙有机无机复混肥）9.2吨。

【农技推广方式方法创新】 在重大技术推广项目的实施过程中，推行种粮加工企业、合作组织+农技人员+基地的运作模式，与现代农业优质粮食基地、水稻高产创建示范基地建设高度紧密结合，以龙头企业或合作社为平台，通过土地流转方式，开展集中商品化育秧，向农民提供育插秧服务，引进先进的技术，进行试验、示范，建立水稻生产标准模式，加快水稻全程机械化进程，扩大插秧和优质稻种植面积，努力做到优质品种、工厂化育秧、全程机插机收、早育早插、测土配方施肥、病虫害绿色防控“六统一”。

蔬菜产业

【概况】 2015年兴庆区瓜菜产业以全区蔬菜产业项目实施方案为指导，以永久性蔬菜基地建设和农业部园艺作物标准园创建为抓手，打造蔬菜生产优势区。全年瓜菜种植面积为5.11万亩，其中设施蔬菜（冬春蔬菜、夏提前、秋冬生产蔬菜）4.32万亩，露地（早春露地蔬菜、夏季、秋季露地蔬菜）0.79万亩蔬菜，年总产量达26万吨，总产值3亿元。

【设施农业效益倍增计划】 计划新建二代节能日光温室380亩，实际完成614.9亩。在掌政镇洼路示范园区以南扩建综合蔬菜种苗繁育中心，新建高标准节能日光温室。引进宁夏益利特种苗有限公司、宁夏天润恒丰农业科技有限公司等蔬菜种苗繁育大户筹资建设新建温室，为保证其蔬菜种苗繁育、操作、展示、示范多功能需要，结构参照自治区农业推广总站设计印发的NXW-5型、NXW-4-1型第二代高效节能日光温室结构图建设，均为高跨比高效节能日光温室。落实新建高标准节能日光温室122栋，494.9亩，11月正式投入生产运营。茂盛村示范园区8栋，28亩，全部投入新特优蔬菜生产。月牙湖乡小塘村5队温棚园区扩建，新建温室24栋，92亩，全部投入生产；计划新建新建中拱棚480亩，实际完成新建拱棚240.5亩，其中通贵乡通北村60亩，掌政镇新建综合蔬菜种苗繁育中心100.5亩，大新镇80亩。

【永久性蔬菜基地建设】 落实巩固创建3870亩，其中掌政镇茂盛园区2000亩，洼路村1600亩，掌政村150亩，孔雀村120亩。巩固创建主要内容继续以设施装备提升、改善设施环境为主，提升装备主要为卷帘机、棉被、遮阳网，滴灌等，设施装备卷帘机、棉被、滴灌等相关补贴物资招标工作于9月全部完成，补贴物资分期陆续发放安装，11月相关补贴物资装备可全部安装完成并使用。

【优质番茄品种更新】 针对近年番茄流行病害特点，选择适销对路蔬菜品种，兴庆区农技中心开展主产蔬菜番茄的新品种更新换代工作，安排专人跟踪调查记载，进行粉范、改良欧贝、粉彩等近40个番茄品种的品比试验，品比筛选出无限生长型番茄雷诺8号和有限生长型Lx-1番茄，前者综合性状优良，生长势旺，产量高，抗病；后者较早熟，产量较高，果实硬度相对大，适合长途运输外销，具有推广前景。

【秸秆生物反应堆技术应用与推广】 该项目为2014—2015年跨年

建设中的兴庆区工厂化蔬菜育苗车间

度项目，在原五渡桥村蔬菜示范园区、茂盛蔬菜示范园区集中示范并推广秸杆生物反应堆技术，同时集成配套温室综合调控技术。兴庆区农技术中心专门成立项目小组，组织相关培训4期，培训农户1200人次；同时免费向应用该技术的农户发放菌种，跟踪服务指导。自2014年11月至2015年，该项目实施涉及了通贵乡通南村、五渡桥村、洼路村11个生产队设施蔬菜基地的农户，100余栋温棚，推广面积300余亩。该项技术大多集中在大番茄、黄瓜、辣椒、甜瓜生产上应用，2015年也集中应用于樱桃番茄、西瓜、茭瓜、梅豆等的蔬菜生产上，项目推广涉及生产品种更加丰富，并且应用面积有逐年增加趋势。农民对该项技术的认识提高，技术掌握日臻成熟，尝试在不同蔬菜生产上应用，并且喜获丰收，如早春茬樱桃番茄亩平均毛收入达2.7万元，其他品种平均也在2.5万元以上。据农技中心分析调查，该项目技术年创收200万元以上，同时对辖区主要蔬菜基地的土壤改良、克服重茬障碍起到了积极作用。

【蔬菜标准园创建项目】 2015年，兴庆区成立标准园创建创建小组经常督导。年内开展自治区、银川市申报创建单位有银川市香石竹园蔬菜花卉合作社（区）、宁夏海绿丰农业科技开发有限公司（区）、银川市益农设施园艺专业合作社（兴庆区益农设施蔬菜标准园创建项目——昆仑公司、银川市丽园水乡农产品专业合作社（五渡桥冯敬孝）、银川康源之家果蔬服务专业合作社（蔬菜标准园创建——镇河谢玉梅）、银川春顺盈种苗营销专业合作社（兴庆区茂盛设施蔬菜标准园创建项目）、银川盈锐森蔬菜产销专业合作社（银川新渠蔬菜标准园创建），项目实施地点分别集中在兴庆区掌政镇官湖园区（茂盛村1、9队）、春林村昆仑农业科技示范园区，掌政拱棚蔬菜示范基地、茂盛蔬菜示范园区、镇河村永久性蔬菜基地、大新镇新渠稍蔬菜示范基地。开展创建设施蔬菜标准园3420亩，严格按照项目创建规范“五化”“六统一”要求进行创建。创建基地水、电、路设施配套齐全，基地主产蔬菜有番茄、辣椒、黄瓜、西芹、生菜等，引进辣丰3号、早熟佳粉、比亚特、美粉番茄，抗病毒黄金959、952、粉贝番茄（番茄共计100亩）、航椒5、7号（25亩）、美国大速生生菜、紫叶生菜（115亩）等优新品种13个。蔬菜优良品种覆盖率100%。引进高跨比大中拱棚，应用机械卷帘、卡簧、卡槽（新型固膜材料）、水肥一体化、熊蜂授粉、粘虫板、防雾滴棚膜、温水灌溉、膜下滴灌、高温闷棚、风口开合器、避雨栽培等设施配套生产新技术十余项。基地生产蔬菜统一按照无公害生产技术规程指导，统一标准化生产，统一购用农资、农药、化肥，全程建立田间档案，专人统一管理记载。创建基地生产蔬菜菜均通过无公害农产品检测合格，统一销售；同时创建基地也开展了新一轮的无公害蔬菜产地认定。

农机管理

【概况】 2015年，坚持以农机安全生产为中心，落实农机监理和农机推广工作，把安全教育、安全管理工作送入基层，规范开展农机安全检查、农机行政许可，实现农机安全生产零事故，保障兴庆区农机安全生产。

【农机免费管理工作】 农机免费管理工作是农机站的重点工作。年初在乡镇村进行了宣传、培训，并制定了检审验实施方案。从4月开始进村入户，在33个行政村、3个农机专业合作社，利用150天时间，对所有拖拉机、联合收割机和驾驶员进行了审验。检验大中型拖拉机2116台，联合收割机272台，审验有效驾驶员900

农机监理人员深入到乡村道路对农机具进行全面检查

人，审验率合格均达到80%以上。2014年度分别在4个乡镇、33个行政自然村、2个农机合作组织组建了39个农机安全联组。2015年3月份农机站对39个联组长进行了培训，使其在农机安全检查、农机购置补贴、农机推广工作中发挥桥梁作用，并配合乡镇及兴庆区农机站完成年度农机检审验工作。

【农机安全监理】 2015年元旦、春节、两会及春耕备耕期间，分别在乡镇集贸市场设置宣传点，向广大农民发放各类农机安全宣传材料2万多份。制定农机安全检查实施方案，深入乡村道路，厂（场）房院落、田间地头、农机作业公司、农机专业合作社进行全方位检查。检查作业运营拖拉机、联合收割机2338台，“六小”农机1632台（套），纠正违法违章运营拖拉机26台、无证驾驶员17人，均进行了登记备案，并当场给予批评指正，限期整改，保障了兴庆区2015年农机安全生产平稳发展。

【农机推广示范园区】 在掌政镇强家庙村依托“浩强农机专业合作社”建设3000亩水稻种植全程机械化示范园区，开展机械化、标准化、规模化生产试验示范，烘干等技术推广。引进的贺兰洪栋农机公司生产研制的2BX-16型水稻精量穴播机和河南豪丰机械制造有限公司生产的2BXS-12型水稻精量穴播机，均已试验完毕。通过专家测量，亩产量达到1000斤左右，达到了预期目标。

【农机购置补贴】 2015年自治区农机购置补贴实施方案下达后，兴庆区农牧局、财政局联合制定下发了兴庆区2015年农机购置补贴实施方案，并层层签订责任书。农机站印制10000份农机购置补贴政策材料发放到广大农民手中。自治区下达兴庆区农机购置补贴资金565万元，补贴各类农业机械140台（套），补贴资金323.9480万元，受益农户达100户。

【农机监理人员业务技能比武】 为加强农机监理人员整体素质，提高农机检审验率，更好地服务“三农”，银川市农牧局农机监理所下发《关于开展银川市农机监理人员及农机驾驶操作人员岗位练兵及业务技能比武活动的通知》通知后，兴庆区农牧局专门制定下发实施方案，农机站早计划、早安排、早练兵。在通贵乡农机作业公司租赁场地，拖拉机及驾驶操作人员，利用20天时间进行全天练习。5月22日，银川市举办了移动式检测线实操技能、拖拉机科目二、科目三3个项目业务技能比武活动，共有9个代表队参加比拼，兴庆区农技站获得团体第二名的好成绩。

水产业

【概况】 2015年兴庆区水产工作围绕渔业“提质、扩量、增效”为发展目标，加强和改善基础建设，增强渔业发展能力，保障水产品安全供给。充分利用宜渔资源，进一步推进适水产业建设，加快转变渔业发展方式，优化产业结构，努力促进渔业增效、渔农增收、渔业持续健康发展。2015年，兴庆区有水面28337亩。其中精养水面10703亩，粗养2247亩，湖泊14900亩，人工水系487亩。成鱼养殖面积8250亩，鱼种养殖面积2453亩。水产品总产量达6100吨，比2014年增加70吨，增长1%，渔业总产值达7850万元，比2014年增加60万元，增长0.8%。

【旧池塘改造】 根据自治区农牧厅、银川市农牧局关于大力发展适水产业的有关精神，兴庆区农牧局把旧池塘改造作为2015年的中心工作来抓。通过摸底调查宣传动员，高标准制定项目建设方案，现场进行检查指导，旧池塘清淤改造质量明显高于往年。2015年兴庆区实际完成老化池塘清淤改造道标面积1550亩，有力地促进了渔业发展后劲。

【南美白对虾大棚高效健康养殖示范基地建项目】 2015年为进一步加大渔业产业结构调整力度，丰富城乡居民“菜蓝子”，把南美白对虾大棚高效健康养殖作为农业提质增效的发展方向，并通过招商引资和土地流转的方式，在掌政镇镇河村规划建设南美白对虾大棚健康养殖高效示范基地。新建南美白对虾养殖大棚45栋、4万平方米，南美白对虾苗种淡化车间2000平方米，蓄水池15000平方米，并配套完善相应的水、电、路等基础设施。实现年淡化虾苗5000万尾，生产南美白对虾2茬，平均亩产达到500公斤左右，亩利润15000元以上。并带动附近村民50多户从事南美白对虾养殖，实现南美白对虾的本地供应，带动广大农户增收致富。

【标准化健康养殖项目建设】 2015年兴庆区积极申报准化健康养殖项目，分别在掌政镇、通贵乡建设标准化健康养殖示范基地2处，面积490亩，通过项目实施，使项目区基础设施进一步完善。推广无公害健康养殖技术，实现了生产操作规范化、生产管理制度化，水产品质量安全水平得到显著提升，养殖结构得到科学调整，水产优良品种、优新技术应用实现亩均产量达到750千克，亩均效益2500元，高产、高效精细化管理技术辐射带动养殖户150户，辐射区渔机装备使用率达到100%，水产优良品种、优新技术覆盖率达到90%以上，项目区渔业水质和水产品质量均达到无公害标准，平均每亩水面降本增效10%以上，促进渔业持续健康发展。

【名特优新养殖示范推广项目】 为解决兴庆区水产养殖品种结构单一和养殖品种混杂、退化严重的问题，2015年分别在掌政镇赵府滩渔场和通贵乡通西渔场引进“黄河鲤”“福瑞鲤”“异育银鲫”“南美白对虾”“斑点叉尾鮰”“丁桂”等名优水产养殖品种进行试验示范、推广，示范推广面积5000亩。

【渔业环境、水产品质量安全检测】 大面积推广无公害水产健康养殖技术是促进渔业增效、渔农增收、提高水产品质量安全的一项重大举措，为扎实有效地做好此项工作，在自治区渔业环境及水产品检测中心的配合下，兴庆区农牧局把渔业水域环境监测和水产品质量安全检测工作作为全年的中心工作来抓，设立渔业环境水源监测点1个、水环境监测点2个。全年检测养殖池塘水体3次、水样8个；抽样检测鱼用饲料1次，3个品牌、5个样；抽样检测水产品2次，其中鲤鱼6个样、草鱼3个样，检测结果都达到了无公害要求标准。另外，为避免养殖水体污染，我们选用了微生态制剂药物，如光合细菌、EM菌、肥水王等生物制剂对水质进行了调控，杜绝孔雀石绿、呋喃唑酮、氯霉素等国家禁用药物的使用，减少这些药物残留对鱼体和水质的污染，确保整个养殖周期水质条件符合淡水养殖用水标准。同时科技人员进行了科技承包，落实科技示范点13个，科技入户130户。科技人员通过科技承包工作的开展，监督、指导养鱼户按照科学饲料管理措施进行生产，认真规范填写水产养殖生产记录册，对饲料、肥料、渔药等生产投入品的使用进行了检查指导，规范了养殖生产环境的各类行为，确保了水产品的质量安全。

【渔业科技培训】 兴庆区渔业科技培训以提升水产品质量安全为宗旨，结合兴庆区基层农技推广体系改革与建设示范县项目的实施，开展了形式多样的科技培训工作。主要是通过水产技术专家现场指导和举办科技培训班的形式，加大对养殖户的科技培训力度，培训内容以无公害水质调控管理技术、安全使用鱼药、科学合理投饲等方面为主，大力推广微生态制剂进行水质调控，减少尿素、二铵等化工肥料在养殖池塘中的使用，降低水体中氨氮、亚硝酸盐的含量。宣传、引导广大养殖户采用科学的饲养管理措施开展养殖生产，降低养殖成本，增加养殖效益。2015年举办技术培训班8场次，参加人数达820人（次），发放技术资料1000余份。

【水产养殖病害防治】 为促使兴庆区渔业持续健康发展，兴庆区农牧局按照区、市水产工作进行部署，贯彻“预防为主，防重于治”的疫情防治方针，重点加强了暴发性鱼病的防治和监测工作，同时结合技术人员科技承包技术的开展，严格按照“四消”的管理措施，深入到各养殖场点指导养殖户做好季节性鱼病的防治工作，先后编制了《北方常规鱼病防治措施》《细菌性烂鳃病防治要点》等技术资料，借入户指导的同时进行了发放。全年共诊治鱼病350例，兴庆区设立了鱼病测报点4处，对3000亩的养殖水面、5个主要养殖品种进行了定点监测，及时掌握病害发生情况和流行动态，并迅速反馈到生产第一线，指导养鱼户做好预防工作，对保障养殖业安全生产起到了指导作用。

保护渔业资源 共建和谐家园

【渔政执法】 为了保护和增殖水生野生动物资源，进一步提高渔业监管水平，保障兴庆区水域滩涂资源合理开发利用，规范水产苗种繁育和养殖生产秩序，强化养殖用药管理，提高水产品质量安全，兴庆区制定了《2015年兴庆区水产品专项整治行动实施方案》《兴庆区渔业安全生产整治实施方案》。组织开展黄河兴庆区段休渔工作。在禁渔期间，通过张贴标语、发放宣传单等形式进行宣传，发放张贴休渔期禁渔通告100余份、悬挂宣传条幅3幅，严格休渔期执法监管，对电、炸、毒鱼等违法行为严肃处理，查处渔业安全隐患9起，处罚违法捕鱼事件3起，没收非法捕鱼用电瓶2台、网具5张，放生野生鱼类30余千克，实现休渔期间“水上无船只，水下无渔网”的目标；开展了水产品药残专项整治工作，对辖区内从事鱼药销售网点及水产品销售市场进行全面检查并发放养殖禁用药物宣传目录，从源头上杜绝违禁药物流入生产环节。

【苗种质量管理】 做好苗种供应工作，保证全年鱼种养殖生产，做好苗种调运的检疫工作，确保外调苗种的质量和数量。全年调运鱼苗5800万尾，其中自繁鱼苗1000万尾。检疫各类苗种3批次。加强苗种生产许可制度建设，对苗种生产场点进行专项检查。

畜牧业

【概况】 2015年，兴庆区农牧局认真贯彻落实自治区、银川市和兴庆区党委、政府各项支持畜牧业发展政策，以项目建设为抓手，继续实施畜牧业科技推广和技术服务工作，坚持不懈地抓好兴庆区万亩奶牛养殖园区项目基础设施建设和奶牛存栏进度，狠抓畜产品质量安全和畜禽健康养殖，重质量、重效益，重规范化养殖、产业化经营，夯实畜牧业基础，畜牧业生产总体保持平稳健康态势。完成奶牛存栏3.1万头，同比增长1.6%。其中成母牛15984头；育成牛8627头；犊牛6435头。牛奶产量57542吨，同比增长35.9%；肉牛饲养量7261头，较上年同期下降0.4%。其中存栏4615头，出栏2646头。羊饲养量76793只，较上年同期下降0.4%。其中存栏45357只，出栏31375只。生猪饲养量25629头，较上年同期下降3.7%。其中存栏12835头，出栏12613头。禽类饲养量40.77万羽，较上年同期下降12.5%。其中存栏23.82万羽；出栏16.72万羽。肉类产量2163.8吨，同比下降8.4%；禽蛋总产849.3吨，同比增长16.9%。

【奶牛、肉牛、肉羊标准化规模场建设】 2015年，兴庆区农牧局根据自治区和银川市的相关支农惠农政策，积极争取项目草畜产业转型升级项目，大力推进草畜产业转型升级项目建设，实施草畜产业转型升级项目9个。其中奶牛标准化养殖场建设项目5个，肉牛标准化养殖场建设项目2个，肉羊标准化养殖场建设项目2个。奶牛标准化养殖场建设项目已完成新建牛舍1.70万平方米，饲料库房4800平方米，挤奶厅9050平方米，消毒室121.6平方米，排污管道1080米，粪污处理场1740平方米。购置奶牛信息管理系统2套，防疫消毒设备4套。肉牛标准化养殖场建设项目已完成肉牛养殖棚圈建设1600平方米，肉羊标准化养殖场建设项目已完成肉羊养殖棚圈建设720平方米。

【奶牛改良和性控繁育】 争取国家奶牛良种补贴项目资金37.5万元，引进项目冻精2.5万支，开展奶牛的改良，提升奶牛品质。在国家奶牛良种补贴项目的基本保障下，按照自治区奶牛性控繁育技术推广方案，组织实施兴庆区奶牛性控冻精繁育技术推广，组织并引导各相关养殖场积极引进国外进口奶牛冻精以及性控冻精，截至2015年已引进进口性控冻精3550支，已配830头，冷配奶牛5830头。

【草畜产业节本增效】 为了进一步提升兴庆区草畜产业市场竞争力，引导养殖户科学选用先进适用技术，推进畜牧科技快速入户、到场，加快推进草畜产业节本增效科技示范工作进程，根据农牧厅《关于加强草畜产业节本增效科技示范工作的意见》，制定《兴庆区2015年草畜产业节本增效技术示范工作实施方案》。在辖区牛羊养殖场中选择了12个草畜产业规模养殖场建立节本增效示范点，统一在各养殖场醒目位置设立“对标管理技术指标和节本增效目标”标识牌，明确标识，建立台账，开展对标管理，提高精细化管理水平。并安排农牧局及各乡镇畜牧技术人员为草畜产业技术指导员负责联系12个草畜产业节本增效科技示范点入户指导工作。

【养殖户畜牧生产管理】 制定科技承包服务方案，实行技术人员承包到户，明确入户指导内容，认真总结经验，进一步提高服务养殖户的工作质量。继续指导养殖户完善和建立奶牛系谱档案工作，指导农户认真填写奶牛系谱档案，使之能够较为清晰准确地反映奶牛的血缘、初生重、配种记录和生产情况；继续指导养殖户合理配制混合精料，指导养殖户重视全株玉米青贮的饲喂质量，在混合精料的配制上，重点指导养殖户合理运用蛋白质饲料，对高产奶牛注意平衡能量饲料，重点以补充过瘤胃脂肪为主，同时注意对奶牛瘤胃功能的调节。指导养殖户对产奶牛依据奶牛体况评分调配饲料，对犊牛和青年牛依据不同阶段体重标准把握其营养状况。逐步引导养殖户重视用各阶段相关标准来衡量饲养管理水平，做到明确改进方向；继续实施程序化奶牛疫病防治。指导养殖户按期注射口蹄疫疫苗，建立牛场消毒制度，严格按照使用说明合理准确的使用消毒药品，克服滥用药和过量用药的弊病，不使用违禁药品，做到记录健全，制度上墙；坚持指导养殖户抓好奶牛乳房炎控制工作。指导养殖户采用一次性纸巾擦拭“乳房—乳头消毒—挤乳后乳头消毒”的乳房消毒程序，控制和降低隐型乳房炎的发病率，并使制度上墙，克服在挤乳过程中使用一条毛巾擦洗多头奶牛的做法。

【畜牧业科技培训】 结合百万农民培训工程、农村党员轮训班、科技下乡等活动，对农民进行多期奶牛养殖、奶牛改良、肉羊养殖技术，以及滩鸡养殖的培训，广泛宣传各级政府的各项惠农政策，使广大养殖户在学习技术的同时，掌握扶持政策，明确发展方向。举办培训班5期，培训养殖户、农民技术员及专业技术人员1200人（次），组织各乡镇及畜牧水产中心专业技术人员参加自治区、银川市各类专业技术培训班42人（次）。

【动物免疫】 兴庆区2015年存栏奶牛3.105万头，肉牛存栏0.46万头，生猪存栏1.28万头，羊存栏4.54万只，禽类存栏25.13万羽。免疫口蹄疫疫苗：牛7.13万头，羊10.85万只，猪5.53万头；羊免疫小反刍兽疫8.79万只，免疫布病疫苗4.23万只；禽类免疫重组禽流感病毒H5亚型二价灭活疫苗74.26万羽；鸡免疫新城疫疫苗83.04万羽，猪免疫高致病性猪蓝耳病疫苗5.54万头，免疫猪瘟5.54万头；发放消毒药2760公斤，消毒面积达到2628.5万平方米。

【动物免疫抗体监（检）测】 集中监测牛口蹄疫558份、羊口蹄疫335份、猪口蹄疫340份、猪瘟340份、禽流感520份、新城疫520份。免疫抗体水平监测结果为：牛、羊、猪口蹄疫合格率分别为96.7%、81.2%、83.3%；猪瘟合格率为86.7%；禽流感（Re-4）、（Re-6）合格率均为89.4%；鸡新城疫合格率为91.3%，均达到农业部规定的合格率标准。

【动物卫生监督】 2015年，在辖区2个乡2个镇设立了4个动物产地检疫申报点，共检疫生猪1147头，禽19850羽，羊50只；开具动物检疫合格证明（动物A）犬、猫及野生动物356只、禽16873羽；无害化处理病死猪930头，涉及规模养殖户13户；监督其他养殖户处理病死动物780头（只）。兴庆区动物卫生监督所及各乡镇监督分所无害化处理沟、渠、路旁丢弃病死动物728头（只）。审核办理《动物防疫条件合格证》12个；重新对辖区57个规模养殖场（户）进行了备案登记、风险分级和量化监管。其中奶牛养殖场（户）42个；肉牛养殖场（户）2个；生猪养殖场（户）8个；羊规模场（户）2个；禽类养殖场（户）3个。经过审核分级，A级为17个，占总规模场（户）的29.8%；B级为24个，占总规模场（户）的42.1%；C级为10个，占总规模场（户）的17.5%；D级为6个，占总规模场（户）的10.5%。辖区内共有动物诊疗机构14家，办理动物诊疗许可证4家，均属合法经营。开展“建立病死畜禽无害化处理机制宣传月”及相关法律法规宣传活动，印发病死畜禽无害化处理宣传标语42条，病死动物无害化处理明白纸1000份，相关法律法规宣传册500份，举办官方兽医、执业兽医、村级防疫员及规模养殖场技术人员培训班4期，培训人员351人。

【重大动物疫病防控】 及时召开会议，安排部署防疫工作。在春、秋两季集中免疫工作开始之前，兴庆区农牧局召开由畜牧水产技术推广中心全体干部、乡镇畜牧兽医工作站负责人、村级防疫员及部分养殖规模场兽医参加的动物防疫工作动员会，全面落实重大动物疫病的集中免疫、周期性补免、消毒灭源、免疫效果监测、监督等各项防控重大动物疫病的综合措施，完成辖区口蹄疫、羊布鲁氏病、高致病性禽流感、高致病性猪蓝耳病、猪瘟、小反刍兽疫等动物疫病的集中免疫和狂犬病、炭疽、羊痘等常发病免疫工作。秋防新增加羊布鲁氏病免疫和生猪A型口蹄疫的免疫。因布鲁氏病是一种人畜共患病，为确保秋防集中免疫质量，同时还要确保村级防疫人员的人身安全，兴庆区举办培训班，聘请自治区动物疾控中心的专家就布鲁氏病和口蹄疫等动物疫病防控、提高免疫质量应采取的措施、注意事项和做好个人防护等进行重点讲解，并在通贵乡通南村养殖户家中进行实地操作练习。

【消毒灭源】 在开展免疫工作的同时，兴庆区畜牧水产技术推广中心要求各乡镇对辖区内养殖圈舍、规模养殖场、活畜禽交易市场等重点环节进行拉网式的消毒，配发消毒药2760公斤，累计消毒养殖场（区）57个、畜禽交易市场2个、散养户约1600多户，消毒面积达2628万平方米，有效地消灭了动物疫源，净化了养殖环境。

【落实防疫经费、物资及村级防疫员工资】 为确保动物防疫工作顺利开展，兴庆区列入财政预算的动物防疫工作经费100万元。春防时，动物防疫资金就已全部到位（包括防疫员工资），给各乡镇拨付动物防以奖代补资金15万元，并及时购置相关储备物资。储备消毒药品1000公斤、防护服500套、高压消毒喷雾器2台、电动消毒喷雾器4个、普通喷雾器20个、动物扑杀器3套、动物尸体袋2000个。并由专人负责管理，确保发生疫情时及时扑灭疫情。兴庆区防治重大动物疫病指挥部与各乡镇签订了《2015年动物防疫目标管理责任书》，各乡镇畜牧兽医工作站与28个村级动物防疫员签订了目标责任书，严防死守，确保辖区内不发生重大动物疫情。村级防疫员年工资平均7200元，连续多年为防疫员购买了意外保险。对免疫过程中出现的应激死亡动物，各乡镇及时统计、上报，由畜牧水产技术推广中心的技术人员进行现场检查、拍照，属实的按照《兴庆区重大动物疫病强制免疫应激死亡补偿暂行办法》的规定按动物时价的80%予以补偿。

【动物饲养环节卫生监管】 加强饲养环节及活畜禽交易市场等环节动物卫生监管。对辖区动物规模养场（户）实行了登记备案、分级管理、量化监督管理。继续对辖区存栏生猪100头以上、牛50头以上、羊300只以上和家禽、兔等小畜禽3000只（羽）以上的养殖场（户）进行了摸底、备案登记，登记率达到了100%。结合春防、秋防工作多次对辖区规模养殖场（户）的免疫、动物标识的佩戴、消毒、兽药、饲料及饲料添加剂使用情况等重点进行督察，确保免疫密度和免疫质量达到农业部要求。

【养殖场动物防疫条件专项整治】 规模养殖场分级管理、量化监督工作和动物防疫条件合格证年审，开展辖区规模养殖场动物防疫条件专项整治工作，对达不到动物防疫条件的规模养殖场要求限期进行整改，使规模养殖场逐步达到动物防疫条件。活畜禽交易市场的监管，继续派驻人员对通贵乡、掌政镇的畜禽交易市场进行监管，检查上市交易畜禽的免疫、标识佩带及有无动物检疫合格证明情况，建立消毒灭源登记制度，坚持每集消毒，严防疫情发生。分别在大新镇、掌政镇、通贵乡和月牙湖乡设置了4个检疫申报点，要求检疫人员必须到场、到户检疫，从源头上杜绝病害动物流入市场，继续探索电子出证模式，已出证的乡镇全部实现电子出证。

【辖区动物诊疗专项整治】 按照农牧厅兽医局的统一要求，制定辖区动物诊疗专项整治行动工作方案，要求辖区动物诊疗机构及时上报动物诊疗活动年度报告，并与银川荣洁生活固体废物处理处置有限公司签订医疗废物收集专业合同书，按照规定收集、处理医疗废物等。新注册执业兽医4人，助理兽医师2人。开展动物诊疗示范点创建工作，根据综合考评，2015年又选拔了2个动物诊疗所上报自治区农牧厅，已获自治区动物诊疗示范点称号。

（供稿人：张钦　康安民）

城乡绿化

【概况】 2015年，兴庆区林业局着力抓好重点林业项目建设，推进城市绿化提档升级，促进花卉产业发展，加强森林资源管护。重点围绕通航产业园、月牙湖生态移民安置区庄点、月牙湖防洪堤、贺兰山路以北虹桥109段等重点绿化工程，完成人工造林总面积3206.7亩，栽植各类苗木177.9万株。经验收，成活率达85%以上，合格面积2694.0亩，成活株数152.2万株。其中庄点114.1亩，经济林1393亩，绿色通道143亩，农田林网69.9亩，治沙造林1301.4亩。指导完成月牙湖红树莓基地建设工程1500亩，栽植150万株；做好京藏高速公路两侧湿地公园及廊道绿化工程全部补植工作，补植各类乔木35000余株。完成《兴庆区保护黄河绿化美化行动实施方案（2015年—2017年）》的编制工作。换发林木种苗生产、经营许可证13家，办理苗木检验证26份。续建三北防护林五期工程建设（2011—2015年）、天然林资源保护二期工程（2011—2020年）、退耕还林二期工程（2010—2017年）、森林生态效益补偿基金等项目。兴庆区林业局第五次森林资源连续清查工作内、外业已全部完成，并通过了自治区林业厅、国家林业局西北院等多部门验收。

【森林保护与防火】 兴庆区政府印发了《兴庆区森林防火应急处理预

案》《兴庆区森林防火区和森林防火期通告》，组织编写了《兴庆区森林火灾应急处理预案》。在森林防火紧要期，兴庆区森林防火办严格实行野外用火审批制度，严查违反禁火令的行为。防火办工作人员每天都进行野外巡查，严禁社员群众擅自进行烧荒、烧秸秆等民事用火。利用各种宣传手段，向辖区群众宣传安全用火常识，提高群众森林防火意识。在重要交通要道悬挂大型横幅，在林区主要路口、路边及重点防火区域修建刷新永久性宣传牌，设置护栏警示牌，同时充分发挥护林员的管护责任，举办培训班进行重点宣传、重点教育，面对面宣传法律法规。为了确保兴庆区森林防火工作顺利展开，兴庆区政府投入专项资金20万元。

【林业执法】 认真落实《中华人民共和国森林法》等法律法规，从重、从快、从严打击乱砍滥伐、破坏生态环境的行为。完成《兴庆区退化防护林改造规划（2016—2025年）》的编制工作，兴庆区林业执法大队办理林政审批事项2起，办理林木采伐证7张，执法大队处理政府信访督办单3起，接到上级部门和群众林政案件举报电话78起，处理案件83起，办案率100%，做到了有案必查、查必果。

【绿化达标单位复查】 及时调整兴庆区绿化委员会领导小组组成人员名单，加强绿委办工作力度，对历届绿化达标单位（居住区）及园林式单位（居住区）进行了严格复查，申请取消了11家单位（居住区）因机构撤销或合并、企业破产或兼并而使绿地率不达标、绿地景观较差的原绿化达标单位（居住区）荣誉称号，要求3家绿地质量滑坡的绿化达标单位（居住区）限期整改；协调动员各乡镇、街道办事处积极开展老旧小区树木修剪整形。2015年完成新增绿地绿化面积385572平方米，其中庭院单位新增绿化面积14939平方米，居住小区新增绿化面积370633平方米；新增拆墙透绿238米；建立全民义务植树基地2处；第二届中阿博览会及“十一”节庆期间共展摆鲜花60万盆。

【市区街巷树木修剪整形】 2015年共完成明德巷、前进街、业兴巷、双福街、立新巷、朝阳街6条街巷2000余株行道树修剪任务。

【公园林地景观效果提升】 对兴庆区东大门入口大团结广场林带、北大门入口109国道兴庆科技园段林带进行布局调整。对丽景湖公园、109国道两侧、大团结广场等公共绿地进行了绿化补植和改造提升，完成各类乔灌木及地被新植补植20万余株。按照“宜疏则疏、宜景则景”的目标，顺着行车方向打开视觉通道，合理有序划分单元条块，间隔配植金叶榆、紫叶矮樱、四季玫瑰、龙柏、萱草等植被，使其形成景观色带有效提升园林档次和品位。按照《银川市公园管理办法》重点提升丽景湖公园管养水平。对湖心岛进行绿化美化，栽植四季景观树种和攀援爬藤植物，营造安全舒适惬意的幽美环境；对公园南侧进行绿化改造提升，移除原有长势颓废、枯死树木，移植长青树130余株，使其成为公园内沿街一景；对湖底进行部分覆膜处理，尝试莕草处理方法。

【城市道路配套和老旧小区绿化改造】 完成书苑巷、彰武巷、康居新区、昆仑市场巷、治平路等10余条新增街巷道路配套绿化，栽植行道树1500余株。完成10余条街巷行道树红砂岩石子铺装。对春润园等8个老旧小区进行绿化改造提升，因地制宜栽植各类乔木、花灌木、地被等，完善节灌设施，加强养护管理。

【病虫害防治】 从5月8日起在街巷内针对蚜虫、介壳虫、槐尺蠖、斑衣蜡蝉等基础性病虫害逐巷开展防治工作。在重点预防期对各街巷行道树全面喷施药剂7次，对宗睦巷、自强巷等虫害严重的街巷进行8次以上药剂喷施。

【天然林保护】 全年共完成引进繁育名优景观苗木52亩，完成16000亩天然林保护工作，并做好森林防火及天然林病虫害防治工作。杜绝了乱砍滥伐、破坏树木、森林火灾事故的发生。结合秋季环境卫生整治工作，修剪道路两侧大树5000株，涂白5000株；病虫害防治4000亩。

【胡杨林保护】 配合东野农林有限公司做好胡杨林保护区内树木栽植、浇水及相关工作，共计新栽胡杨、长青树等各类乔木15700余株，花灌木1200株。

花卉产业

【概况】 2015年，兴庆区林业局按照兴庆区区委、政府花卉产业发展的安排，重点促进兴庆区花卉产业发展，进一步推动花卉特色产业提档升级，强力打造“塞上花卉”品牌，促使兴庆区花卉产业跨上新台阶。兴庆区已建成花卉示范园区6个，花卉示范村9个，花卉苗木市场8个，花卉合作社、协会13个。有20家花卉企业和公司落户兴庆区参与基地建设和花卉生产，带动农户1000户左右。花卉种植总面积5652.8亩，总产值12806.8万元。其中鲜切花面积2739.4亩（新增中拱棚面积1077.9亩，新增日光温室面积1151.6亩，温室二茬花面积509.9亩），产量4439.2万枝，产值2759.7万元；盆栽类面积945.6亩，产量1906.6万盆，产值1311.1万元；观赏苗木类面积1967.8亩，产量10533.8万株，产值8736万元。主打品种仍然是康乃馨，鲜切花80%外销到北京、天津、石家庄、上海、新疆等地，另一部分走出了国门。

【花卉生产规模】 兴庆区种植花卉有三大类：鲜切花类、观赏苗木类、盆栽类，近60个品种。鲜切花类主要有康乃馨、百合、切花菊、玫瑰、绣球、非洲菊、马蹄莲7大品种；盆栽植物类生产上以花坛植物及蝴蝶兰种植为主；观赏苗木类以水蜡、金叶女贞、红柳、紫叶矮樱、黄杨为主。主要分布在大新镇、掌政镇、月牙湖乡3个乡（镇）。

【花卉产业资金扶持】 在对各企业种植计划调查摸底的基础上，认真征集各方面意见和建议，出台了《兴庆区2015年花卉产业扶持资金使用实施细则》。文件出台后，及时将细则印发送到各乡（镇）、各花卉企业、合作社和各花卉种植大户手中并进行认真解读，增强了大家发展花卉产业的信心和决心。下半年建立“银川市兴庆区林业局微信公众平台”，将花卉产业发展政策、花卉知识、花事活动动态及时更新发布。与《宁夏日报》合作，在微信、微博平台发布花卉物语，通过网络开展花卉摄影大赛活动，发挥公众参与花卉产业发展的互动沟通窗口和桥梁作用，助力兴庆区花卉特色产业健康有序发展。2015年兴庆区本级安排资金1200万元用于发展花卉产业，其中460万元用于企业带动农户种植补贴补贴；30万元用于品牌建设补贴；50万元用于科技支撑体系建设；300万元用于花卉种苗繁育中心建设补贴；10万元用于银川市兴庆区花卉协会开展活动；100万元用于举办花卉展览展示和论坛活动经费；50万元用于招商引资奖励；200万元用于支持设立花卉产业发展基金。

【引进花卉新品种】 引进、示范、推广适合宁夏生产的优质、多抗、增产增收潜力大的鲜切花品种20—30个，良种覆盖率达到95%以上。重点在月牙湖乡小塘村引进百合、绣球、洋桔梗。引进百合的具体品种有西伯利亚、蔓尼沙、木门、索尔邦、白色表达、提拔、大连、罗宾那；重点在大新镇新渠稍村、掌政镇茂盛村、镇河村引进康乃馨、切花菊、玫瑰。引进康乃馨的具体品种有玛斯特、达利、拜特、祥云、百家乐、蓝精灵、白雪公主、海贝、理想、王冠；引进的切花菊品种有首扇（白色）、优香（白色）、旭（紫色）、绿钻（绿色）；引进的玫瑰品种有卡罗拉（红色）、黑魔术（黑色）、艳粉（粉色）、大桃红（桃红色）、冷美人（紫色）。

【花卉栽培新技术】 引进示范成功的配套技术有基质、半基质栽培技术、日光温室装备新技术（包括：应用与花卉栽培模式相配套的卷帘机、风口开合器机械、旋耕机等）、滴灌水肥一体化技术、推广优质棚膜、遮阳网、防虫网等新型覆盖物技术、地膜覆盖除草技术。

【聘用花卉农民技术员】 为了保证兴庆区花卉技术服务工作的有效开展，大力推广新品种、新技术，经过多方争取努力，聘用了4名掌握花卉生产管理技术的花卉农民技术员，并签订了《兴庆区林业局聘用花卉农民技术员目标管理责任书》，明确责任范围和工作目标，为花卉栽培提供技术服务。

【花卉产业科技培训】 为进一步提升花农的花卉种植管理水平，兴庆区林业局联合银川市劳动就业局、兴庆区劳动就业局，举办了康乃馨栽培管理技术、百合栽培管理技术培训班，培训花农200人（次）。通过多种形式的培训班，提高农民的种花技术，真正成为合格的花农，推进花卉种植业的发展，促进农民增收致富。

【花卉产业发展基金】 为企业、农户解决贷款、融资难问题。按照兴庆区政府的工作安排，花卉中心起草了《兴庆区花卉产业发展基金使用管理办法》并通过了兴庆区政府常务工作审议，注入200万元资金设立花卉产业发展基金，为兴庆区花卉产业的健康、持续发展提供资金支持保障。

水利

【概况】 2015年，围绕“8531”工作思路，开展和实施2015年水利重点工作和重点项目，完成农村饮水安全工程建设与管理工作，顺利迎接了水利部对兴庆区人饮工程的检查。防汛抗旱针对兴庆区各乡镇不同程度出现的旱情，水务局积极协调水利厅加大黄河来水量，给掌政镇和通贵乡紧急调配4台水泵，对永二干沟局部阻水区域进行机械清淤，加快沟道输水速度，缓解旱情；抓好农田灌溉管理和湖系补水工作；不定时地进行巡查，发现并查处违法案件3起；开展涉农资金专项检查；抓好农田水利基本建设工作，完成高标准农田5.67万亩的建设任务；抓好水土保持管理工作。

【月牙湖治沙林场渠道砌护项目】 建设完成了月牙湖治沙林场渠道砌护项目，总投资290万元，砌护斗渠6.7公里，配套建筑物121座，改善当地渠道灌溉能力。

【月牙湖红树莓高效节水改造项目】 建设完成了月牙湖红树莓高效节水改造项目，总投资140万元，对月牙湖1000亩红树莓滴灌工程进行改造，对2000亩红树莓滴灌项目配套自动化控制设备，提高了树莓的种植技术和品质。

【百万亩盐碱地改良银北排碱2014年项目】 建设完成了百万亩盐碱地改良银北排碱2014年项目，投资400万元，治理黄洋沟2.7公里、西丰沟2.4公里，达到了增强农田排碱能力、提高地力效果。

【兴庆区人大议案通贵乡渠道砌护项目】 建设完成了兴庆区人大议案通贵乡渠道砌护项目，投资166.44万元。项目主要对通贵乡常渠、民生渠、通北五队斜叉渠、通北十队斜渠、通北十队斜渠1斗渠共5条斗渠进行砌护改造。

【掌政镇农田渠道砌护项目】 建设后完成了掌政镇农田渠道砌护项目，投资190万元，对掌政镇碱富桥村和永南村、镇河村部分渠道进行砌护。

【掌政镇镇河村安全饮水改造项目】 完成了掌政镇镇河村安全饮水改造项目，投资423万元，对镇河水厂进行扩建更新改造，解决周边群众的饮水安全问题。工程于6月18日正式开工建设，年底全部完工。

【掌政镇大银河渠改造项目】 建设完成了掌政镇大银河渠改造项目，投资近300万元，砌护渠道4.6公里，配套改造建筑物124座，可惠及掌政镇镇河村和贺兰县银河村11个生产队，改善灌溉面积约8000亩。

秋季高标准农田基本建设

【兴庆区月牙湖扬水泵站、压力管道续建项目】 投资5100万元，可改善灌溉面积4万亩，10月底泵站土建工作完工，机建设备进入安装阶段。压力管道于9月30日开标，施工单位和监理单位已进入施工现场开始施工，征地拆迁也在进行中。

【月牙湖南一支渠砌护项目】 投资200余万元，砌护月牙湖南一支渠5.7公里，进一步增强渠道输水能力，达到节水效果。正在实施阶段。

【银北排碱2015年项目】 投资626.66余万元，对四三二分沟、石门坎沟、大唐北村泄洪沟共计长9.1公里沟道进行治理，投资全部来自国土厅。工程于10月9日开标，正在实施阶段。

【月牙湖高效节水灌溉项目】 投资2348万元，在月牙湖乡实施高效节水灌溉1.07万亩。其中，中央资金850万元，自治区资金850万元，兴庆区配套648万元。工程正在实施阶段。

【黄河二期防洪项目】 投资3000万元对黄河兴庆区通贵段进行砌护加固。工程已开工，由水利厅负责实施，兴庆区水务局负责做好施工组织管理工作。

▷驻地工业·房地产业

驻地企业

【概况】 2015年，兴庆区规模以上工业企业累计完成工业总产值37.8亿元，同比增长15.5%，较三季度下降4.1个百分点，较上半年下降5.9个百分点；实现增加值8.5亿元，同比增长10.6%，增速较三季度下降2.2个百分点，较上半年下降2个百分点，分别高于自治区、银川市增速3.2、1.7个百分点，增速在银川市三区两县一市中居第三。

【重工业与轻工业】 2015年，以燃气生产和供应业、电气机械和器材制造业等行业为支柱的重工业完成工业总产值34.3亿元，占兴庆区工业总产值的90.7%，同比增长15.7%，较三季度下降4个百分点，较上半年下降5.8个百分点；完成销售产值32.4亿元，占兴庆区工业销售产值的90%，同比增长11.5%，较三季度下降5.6个百分点，较上半年下降11.9个百分点，实现累计产销率94.5%，较三季度下降2.2个百分点，较上半年下降4.4个百分点；完成工业增加值7.1亿元，同比增长10.3%，增速较三季度下降2.3个百分点，较上半年下降3.3个百分点；以纺织服装、服饰业、水的生产和供应业为主的轻工业完成工业总产值3.6亿元，占兴庆区工业总产值的9.5%，同比增长14%，较三季度下降3.9个百分点，较上半年增长1.9个百分点；完成销售产值3.6亿元，占兴庆区工业销售产值的9.9%，同比增长14.6%，较三季度下降9.2个百分点，较上半年下降2.5个百分点，实现累计产销率99.6%，较三季度下降0.2个百分点，较上半年下降1.4个百分点；完成工业增加值1.4亿元，同比增长12.2%，增速较三季度下降1.7个百分点，较上半年增长5个百分点。

【股份制企业与国有企业】 2015年度，股份制企业完成工业总产值34.5亿元，同比增长18.52%，较三季度增长4.9个百分点，较上半年增长7.3个百分点；完成工业增加值8亿元，同比增长12.1%，增速较三季度下降2.5个百分点，较上半年下降2.4个百分点。

【工业产值保持增长】 2015年度，兴庆区10个大类行业中有6个行业增加值保持增长，3个行业同比下降。其中专用设备制造业完成增加值0.07亿元，同比增长198.9%，较三季度下降2.8个百分点，较上半年下降284.4个百分点；水的生产和供应业完成增加值1.2亿元，同比增长14%，较三季度下降0.8个百分点，较上半年增长6.9个百分点；电器机械和器材制造业完成产值1.3亿元，同比增长7.3%，较三季度下降5.3个百分点，较上半年下降13.4个百分点；造纸和纸制品业完成增加值0.2亿元，同比增长4.4%，较三季度下降3.1个百分点，较上半年下降2.5个百分点；纺织服装、服饰业完成增加值0.07亿元，同比增长3.8%，较三季度下降10.2个百分点，较上半年下降9.5个百分点；燃气生产和供应业完成增加值3.3亿元，同比增长1.9%，较三季度下降2.3个百分点，较上半年下降6.7个百分点。

【工业产销率平稳增长】 2015年

度，兴庆区规模以上工业呈现销售略低于生产的发展态势，实现销售产值36亿元，同比增长11.8%，较三季度5.7个百分点，较上半年下降10.8个百分点；实现累计产销率95.2%，较三季度下降1.7个百分点，较上半年下降3.9个百分点；其中大中型工业企业完成销售产值21.5亿元，占兴庆区工业销售产值的59.7%，同比增长3.2%，较三季度下降9个百分点，较上半年下降18.8个百分点；小型工业企业完成销售产值14.5亿元，占兴庆区工业销售产值的40.3%，同比增长27.5%，较三季度增长1.5个百分点，较上半年增长4.2个百分点。

【出口交货值大幅回落】 2015年度，兴庆区实现规模以上工业出口交货值1.2亿元，同比下降40.7%，较三季度回升2.8个百分点，较上半年回升8.4个百分点。

【工业运行中存在的问题】 重点行业增速回落制约兴庆区工业发展。总量居首位的燃气生产和供应业完成的增加值占兴庆区规模以上工业增加值的38.5%，累计完成工业增加值3.3亿元，同比增长1.9%，较三季度下降2.3个百分点，较上半年下降6.7个百分点。总量居第二位的电气机械和器材制造业完成的增加值占兴庆区规模以上工业增加值的15.9%，累计完成工业增加值1.3亿元，同比增长7.3%，较三季度下降5.3个百分点，较上半年下降13.4个百分点。到年末时产值大幅缩减是订单式生产企业的显著特点，而这一类企业占到兴庆区规模以上工业企业的47.1%，订单式生产企业过多不利于兴庆区工业经济发展；持续负增长行业本期降幅收窄。通用设备制造业完成增加值0.01亿元，同比下降30.3%，较三季度下降19.7个百分点，较上半年下降10.4个百分点；非金属矿物制品业完成增加值0.3亿元，同比下降27.2%，较三季度回升0.9个百分点，较上半年回升2个百分点；电力、热力生产和供应业完成增加值1.3亿元，同比下降8.2%，较三季度下降2.2个百分点，较上半年回升0.6个百分点；非金属矿物制品业和通用设备制造业受市场需求不足影响，产值整体低于上年同期，到三季度有所好转。电力生产和供应业本年度销售量较上年同期持续偏低。

工业生产

【工业生产产值】 2015年，兴庆区8个大类行业中有5个行业增加值保持增长，2个行业同比下降。其中电器机械和器材制造业完成产值5亿元，同比增长61%，较三季度下降5.4个百分点，较上半年下降27.3个百分点；非金属矿物制品业完成产值2.6亿元，同比增长29.4%，较三季度下降27个百分点，较上半年下降115.4个百分点；电力、热力生产和供应业完成产值5.3亿元，同比增长32.3%，较三季度下降8.7个百分点，较上半年增长27.2个百分点；水的生产和供应业完成产值1.7亿元，同比增长5.8%，较三季度下降1.1个百分点，较上半年增长2.7个百分点；燃气生产和供应业完成产值16亿元，同比增长17.3%，较三季度增长11.6个百分点，较上半年增长12.8个百分点；纺织服装、服饰业完成产值0.3亿元，同比下降4.5%，较三季度回升17.6个百分点，较上半年回升57.4个百分点；通用设备制造业完成产值0.2亿元，同比下降31.1%，较三季度回升1.2个百分点，较上半年下降41.6个百分点。

【工业销售产值】 2015年，兴庆区规模以上工业呈现生产与销售同步增长态势，完成销售产值30.6亿元，同比增长29%，实现累计产销率98.4%，较三季度下降0.4个百分点，较上半年增长0.2个百分点，其中大中型工业企业完成销售产值19.2亿元，占兴庆区工业销售产值的62.6%，同比增长28.6%，较三季度增长6.4个百分点，较上半年增长13.9个百分点；小型工业企业完成销售产值11.4亿元，占兴庆区工业销售产值的37.4%，同比增长29.7%，较三季度下降11.7个百分点，较上半年增长6.8个百分点。

【出口交货值有所回落】 兴庆区的工业出口交货值全部集中由银川市滨河磨料磨具有限责任公司完成。实现出口交货值2.1亿元，同比增长60.8%，较三季度下降33.7个百分点，较上半年下降128.4个百分点，完成工业出口交货值0.1亿元，同比下降52.5%。

工业生产能耗

【概况】 2015年，兴庆区规模以上工业企业累计实现增加值8.5亿元，同比增长10.6%，增速较三季度下降2.2个百分点，较上半年下降2个百分点；规模以上工业综合能源消费量52036吨标准煤，同比增长22.1%。较三季度增长50.7个百分点，较上半年增长34.4个百分点。

【轻、重工业企业能耗】 2015年度，轻工业企业能源消费量7640吨标准煤，同比下降5.3%，较三季度回落18.3个百分点，较上半年回落9.5个百分点；重工业企业能源消费44396吨标准煤，同比增长28.5%，较三季度增长59.4个百分点，较上半年增长41.7个百分点。

【各行业能源消费】 2015年，兴庆区的17家规模以上工业企业共涉及9个行业，除水的生产和供应业外，其他8个行业均处于下降趋势。水的生产和供应业综合能源消费量为6304吨标准煤，同比增长3.9%，较三季度下降10.1个百分点，较上半年增长1.4个百分点；降幅居前两位的行业为：非金属矿物制品业综合能源消费量855吨标准煤，同比下降49.9%；造纸和纸制品业综合能源消费量973吨标准煤，同比下降40.4%。

【各部门能源消耗】 2015年，兴庆区的17家规模以上工业企业共涉及7个部门，其中建材类企业综合能源消费量855吨标准煤，同比下降49.9%；化工类企业综合能源消费量15368吨标准煤；轻工企业类综合能源消费量973吨标准煤，同比下降40.4%；纺织类企业综合能源消费量363吨标准煤，同比下降1.7%；机械类企业综合能源消费量2423吨标准煤，同比下降24.5%；电力类企业综合能源消费量2380吨标准煤，同比增长9.6%；其他类企业综合能源消费量29673吨标准煤，同比下降11.5%。

【综合能源消费】 2015年度，兴庆区规模以上工业企业中综合能源消费量在5000吨标准煤以下的企业共13家，综合能源消费量12391吨标准煤，同比下降40.78%，较三季度增长4.1个百分点，较上半年回落2.1个百分点；综合能源消费量在5000吨标准煤以上的企业4家，综合能源消费总量39645吨标准煤，同比增长82.6%，较三季度增长81.6个百分点，较上半年回落30.1个百分点。

【不同类型企业能源消费】 兴庆区的规模以上工业企业中，共有国有企业2家，综合能源消费量8375吨标准煤，同比增长0.6%，较三季度增长0.1个百分点，较上半年回落102.6个百分点；股份制企业13家，综合能源消费量43661吨标准煤，同比增长27.3%，较三季度增长64.6个百分点，较上半年回落71.3个百分点。高耗能行业单耗的下降是兴庆区规模以上工业能耗总量下降的一个重要因素。

【节能降耗存在的问题】 工业发展对能源资源的依赖性过大。能耗高、发展快的重工业近年来一直保持快速增长的势头，偏重型的工业结构是兴庆区工业能源消费总量持续增加的主要原因，也是节能工作的难点之一。而耗能低、污染小的轻工业却发展缓慢，这种工业结构性的制约因素始终是兴庆区节能降耗工作面临的一大难题；高耗能行业在节能降耗方面仍存在不少问题。虽然高耗能行业采取了很多节能措施，但由于其本身能耗非常高，加上一季度部分企业处在不饱和生产的状态下，能耗压缩空间十分有限，部分企业设备老化、节能降耗管理手段落后，在生产的各环节难以做到有效监控；工业生产能源消费结构不合理。兴庆区能源消费形式以煤炭、电力为主，煤炭消费比重远远高于其他能源品种，随着今后经济总量不断扩大，对煤炭资源需求将不断加大，资源约束瓶颈日益突出。同时，由于煤炭的热值和利用率远低于油、电、气等清洁能源，其排放物对空气的污染程度又远高于其他能源。

【一级房地产开发公司】

表11 一级房地产公司一览表

企业名称	企业类型	法人代表	企业地址
银川众一集团房地产开发有限公司	有限责任	雷光新	银川市兴庆区进宁北街118号
宁夏耀吉兴房地产开发有限公司	有限责任	姚建国	银川市兴庆区湖滨东街45号
银川建发集团股份有限公司	有限责任	杨 伟	银川市兴庆区新华东街166号
宁夏正丰房地产开发有限公司	有限责任	郑国祥	银川市兴庆区北京东路219号
宁夏中房实业集团股份有限公司	有限责任	王爱全	宁夏银川市兴庆区文化东街68号
宁夏住宅建设发展（集团）有限公司	有限责任	王新生	银川市兴庆区北京东路379号

【二级房地产开发公司】

表12

二级房地产公司一览表

企业名称	企业类型	法人代表	企业地址
宁夏隆湖房地产开发集团有限公司	有限责任	徐毅	宁夏银川市兴庆区湖滨东街135号
宁夏房地产开发集团有限公司	有限责任公司（国有独资）	王惠宁	银川市兴庆区解放西街361号
宁夏荣恒房地产集团有限责任公司	有限责任公司（自然人投资或控股）	梁志东	宁夏银川市兴庆区北京东路476号荣恒大厦
银川隆光置业有限公司	有限责任公司（自然人投资或控股）	王继光	银川市兴庆区进宁北街68号
银川大地房地产开发有限责任公司	有限责任公司（自然人投资或控股）	齐宁	银川市兴庆区清和北街255号
宁夏英力特房地产开发有限公司	一人有限责任公司	宗维海	银川市兴庆区民族南街150号
宁夏吉泰房地产开发有限公司	有限责任公司（自然人投资或控股）	侯智斌	银川市兴庆区北京东路752号
银川联创住宅建设开发有限公司	有限责任	李厚生	银川市兴庆区中心巷148号
宁夏华尊立达房地产开发集团有限公司	有限责任公司（自然人投资或控股）	张达	银川市兴庆区解放东街450号银川市日用百货副食品批发市场2号楼
宁夏房地产综合开发有限公司	有限责任公司（自然人投资或控股）	刘胜冬	银川市兴庆区长城东路439号
宁夏吉运开发建设集团有限公司	有限责任公司（自然人投资或控股）	尤天彪	银川市兴庆区北京中路800号
宁夏建元房地产开发有限公司	有限责任公司（自然人投资或控股）	施建文	银川市兴庆区上海东路满春家园一组团18号综合楼八层
宁夏中恒房地产开发有限公司	有限责任公司	王志乾	银川市兴庆区玉皇阁北街37号
宁夏地德人和房地产开发有限公司	有限责任公司（自然人投资或控股）	李志海	宁夏银川市兴庆区长城东路120号五层
宁夏海利达房地产开发有限公司	有限责任公司（自然人投资或控股）	王海	银川市兴庆区清和北街景墨家园141号楼2号办公楼
宁夏兴泰隆房地产开发有限公司	其他有限责任公司	冯军君	银川市兴庆区上海东路828号新水综合楼2号楼4层
宁夏富龙房地产开发有限公司	有限责任公司（自然人投资或控股）	马学明	银川市兴庆区北门金三角富龙大厦
宁夏上陵房地产开发有限公司	一人有限责任公司（私营法人独资）	史信	银川市兴庆区丽景北街726号2号办公楼
宁夏众一发展集团有限公司有限责任公司	（自然人投资或控股）	袁责钧	银川市兴庆区进宁北街118号六层
银川市通城置业集团房地产有限公司	有限责任公司（自然人投资或控股）	席华	银川市兴庆区湖滨西街体育巷8号
宁夏绿地房地产有限责任公司	有限责任公司（自然人投资或控股）	王义新	银川市兴庆区进宁北街68号
宁夏隆盛房地产开发有限公司	有限责任公司（自然人投资或控股）	魏海鹰	银川市兴庆区宝湖东路283号
宁夏光耀房地产开发有限公司	有限责任公司(自然人投资或控股)	马耀庭	银川市兴庆区民族南街光耀美居五层营业房
宁夏北方温和房地产开发集团有限公司	有限责任公司（自然人投资或控股）	温炳成	宁夏回族自治区银川市兴庆区民族北街
宁夏宝丰地产开发有限公司	其他有限责任公司	党彦平	银川市兴庆区丽景北街中国穆斯林国际商贸城东培楼

续表12

企业名称	企业类型	法人代表	企业地址
宁夏檀溪房地产开发有限公司	一人有限责任公司（私营法人独资）	周荣军	银川市兴庆区掌政镇鸣翠天地1#商业楼
银川三建房地产开发有限公司	有限责任公司（自然人投资或控股）	刘惠敏	银川市兴庆区解放东街173号
宁夏富地房地产开发有限公司	有限责任公司（自然人投资或控股）	顾一波	银川市兴庆区民族北街中房·高尔夫商务楼A座9层01号房
宁夏鸿丰投资置业有限公司	有限责任公司	蒋波	银川市兴庆区解放西街31号建发现代城16层
宁夏凯尔星房地产开发有限公司	有限责任公司（自然人投资或控股）	祁国亮	银川市兴庆区解放东街222号医疗器械综合楼三层
银川颐安建设集团有限公司	股份有限公司	孙万国	银川市兴庆区丽景南街东侧颐园小区38号楼1-3号房

【三级房地产开发公司】

表13

三级房地产公司一览表

企业名称	企业类型	法人代表	企业地址
宁夏天鑫房地产开发有限公司	有限责任	王强	银川市兴庆区北京东路365号
宁夏浩华房地产综合开发有限公司	有限责任公司（自然人投资或控股）	胡满华	银川市兴庆区凤凰南街51号
宁夏天豹房地产开发有限公司	一人有限责任公司（法人独资）	丁凯	银川市兴庆区上海东路822号
宁夏利鑫置业有限公司	有限责任公司（自然人投资或控股）	康全保	银川市兴庆区中山北街黄河龙大厦6楼
宁夏神五房地产开发有限公司	有限责任公司（自然人投资或控股）	康占林	宁夏银川市兴庆区银通路丽景雅居26号楼
宁夏辰隆房地产开发有限公司	其他有限责任公司	邓世川	银川市兴庆区上海东路775号
宁夏嘉屋房地产有限公司	其他有限责任公司	蒋雨晨	银川市兴庆区长城东路86号城建集团综合办公楼六楼
宁夏宁房房地产开发有限公司	有限责任公司（自然人投资或控股）	方昕	银川兴庆区凤凰南街79号办公楼
宁夏长庆房地产开发有限责任公司	有限责任	田西宁	银川市大新镇友爱村五队石油管道基地
银川第一市政房地产开发有限公司	有限责任公司（自然人投资或控股)	高源	银川市兴庆区利群东街8号
宁夏祥顺房地产开发有限公司	有限责任公司	刘文丽	银川市兴庆区永康北巷111号
银川市一建房地产开发有限公司	有限责任（自然人投资或控股）	邵关宝	银川市兴庆区南薰东街28号
宁夏瑞民房地产开发有限公司	有限责任	纳新元	银川市兴庆区中山北街375号
宁夏银祥房地产开发有限公司	有限责任	王连喜	银川市兴庆区玉皇阁南街28号北四楼
宁港城市建设发展有限公司	有限责任公司（自然人投资或控股）	康海涛	银川市兴庆区南薰东路北侧富力城中心商务综合楼2513室
宁夏新思维房地产开发有限公司	其他有限责任公司	刘占军	银川市兴庆区中山南街47号
银川恺祥达房地产开发有限公司	有限责任（自然人投资或控股）	姚鹰	银川市兴庆区溪桥花园2号商住楼1单元601-602
宁夏江宁实业有限公司有限责任公司	(自然人投资或控股)	王金水	银川市兴庆区丽景街东侧银川江宁国际酒店用品商贸城15号楼4楼
宁夏中瀛泰富置业有限公司	有限责任公司（自然人投资或控股）	李兴元	银川市兴庆区凤凰北街中瀛御景28号

续表13

企业名称	企业类型	法人代表	企业地址
宁夏三鑫房地产开发有限公司	有限责任公司（自然人投资或控股）	郝卫仲	银川市兴庆区高尔夫家园27号商住楼4号营业房
银川力鼎房地产开发有限公司	有限责任公司（自然人投资或控股）	强飚	银川市兴庆区凤凰商务办公楼4-6号
银川胡商投资有限公司	有限责任公司（自然人投资或控股）	林登科	银川市兴庆区文化西街106号国际贸易中心B段7层B8、B9、B10号办公用房
宁夏圣华恒基房地产开发有限公司	有限责任公司（自然人投资或控股）	姚建国	银川市兴庆区湖滨东街45号
宁夏通和房地产开发有限公司	有限责任公司（自然人投资或控股）	陈志杰	宁夏银川市兴庆区中山北街491号
宁夏蓝泰实业有限公司	有限责任公司（自然人投资或控股）	赵静	宁夏银川市兴庆区民族北街蓝泰大厦B座
银川鑫鑫房地产开发有限公司	有限责任公司（自然人投资或控股）	韩凤莲	银川市兴庆区中山北街375号（大地恒富小区13号楼4
宁夏诚敏房地产开发有限公司	有限责任公司（自然人投资或控股）	陈敏金	银川市兴庆区丽景北街东侧
宁夏昆仑房地产开发有限公司	有限责任公司（自然人投资或控股）	党宾	银川市兴庆区丽景南街昆仑建材市场1号楼
宁夏协力厚房地产开发有限公司	一人有限责任公司（私营法人独资）	李逢春	银川市兴庆区解放东街民生巷46号6楼
宁夏林威房地产开发有限公司	有限责任公司（自然人投资或控股）	李蕾	银川市兴庆区胜利街1000号
宁夏弘德建设发展有限公司	有限责任公司（自然人投资或控股）	张庆宁	银川市兴庆区清和南街398号
宁夏双全房地产开发有限公司	有限责任	闫小龙	银川市兴庆区民族南街新世纪花园桃花源西一6号
宁夏国禾投资发展有限公司	有限责任	钱志乐	银川市兴庆区玉皇阁北街24号

【四级房地产开发公司】

表14

四级房地产公司一览表

企业名称	企业类型	法人代表	企业地址
宁夏农丰房地产开发有限责任公司	有限责任公司（国有控股）	许志扬	银川市兴庆区上海东路596号
宁夏成达房地产开发有限公司	有限责任	殷展眉	银川市兴庆区前进街162号
银川博源房地产开发有限公司	有限责任公司（自然人投资或控股）	徐永	银川市兴庆区金三角现代物流市场20号楼2层1号
宁夏新月房地产开发有限公司	有限公司	张怀礼	银川兴庆区中山北街170号黄河龙大厦八楼
银川中城房地产开发有限责任公司	有限责任	邓凤伟	银川市兴庆区银河家园8号-3-1201室
宁夏龙源房地产开发有限公司	有限责任公司（自然人投资或控股）	朱凤华	银川市兴庆区新华东街47号
银川银风房地产开发有限公司	有限责任	韩效斌	银川市兴庆区清和南街新生巷126号
宁夏青春房地产开发有限公司	有限责任公司（自然人投资或控股）	李青春	宁夏银川市兴庆区解放西街8号
宁夏华健房地产开发有限公司	有限责任公司（自然人投资或控股）	林生洲	银川市兴庆区裕丰路阳光花园5-04-1号营业房
宁夏佳鑫房地产开发有限公司	有限责任	张自录	银川市兴庆区北京东路八一小区13号楼
宁夏盛昌房地产开发有限公司	一人有限责任公司（内资法人独资）	石韶太	宁夏银川市兴庆区胜利南街352号

续表14

企业名称	企业类型	法人代表	企业地址
宁夏海和房地产开发有限公司	有限责任公司（自然人投资或控股）	许学平	银川市兴庆区新华东街金泰大厦B座十四层东B室
宁夏丽基房地产开发有限公司	有限责任公司（自然人投资或控股）	杨健忠	银川市兴庆区新华西街55号四层(原新华西街45号)
宁夏力豪房地产开发有限公司	有限责任公司（自然人投资或控股）	冯勤	银川市兴庆区高尔夫家园27号商住楼5号营业房
宁夏瑞德房地产开发有限公司	一人有限责任公司（法人独资）	张晓东	银川市兴庆区长城东路198号
宁夏川宇房地产开发有限公司	有限责任公司（自然人投资或控股）	姬伟成	宁夏银川市兴庆区治平路280号水木清苑33号综合楼609室
宁夏佳兴房地产开发有限公司	有限责任公司（自然人投资或控股）	包建民	银川市兴庆区凤凰南街39-2-205
宁夏宏昌房地产开发有限公司	有限责任公司（自然人投资或控股）	郑志浩	银川市兴庆区中山北街326号
宁夏致远房地产开发有限公司	有限责任公司（自然人投资或控股）	王利伟	银川市兴庆区胜利南街兴水园1号楼6层
宁夏兴洲房地产开发有限公司	有限责任公司	陈其近	银川市兴庆区清和南街256号
宁夏昊业房地产开发有限公司	有限责任公司（自然人投资或控股）	陈旭东	银川市兴庆区新华东街83-2号
宁夏天信人和房地产开发有限责任公司	一人有限责任公司（内资法人独资）	王忻	银川市兴庆区国际贸易中心B栋5层B07号
宁夏名都实业有限公司	有限责任公司（自然人投资或控股）	丁世平	银川市兴庆区民族南街6号名都国际大厦18楼
宁夏温博房地产开发有限公司	有限责任公司（自然人投资或控股）	胡文成	银川市兴庆区南薰东路28号温州商城六楼
宁夏东城湖房地产开发有限公司	有限责任公司（自然人投资或控股）	吴雪兵	银川市兴庆区中山南街31号宁夏日报社综合楼705室
宁夏东方华港房地产开发有限公司	有限责任公司（自然人投资或控股）	何晓东	宁夏银川市兴庆区北京东路165号八层东侧
宁夏京能创业房地产开发有限公司	一人有限责任公司（内资法人独资）	徐京付	宁夏银川市兴庆区公园街3号
宁夏华兴达房地产开发有限公司	有限责任公司（自然人投资或控股)	胡文兴	银川市兴庆区清河南街311号
银川福兴祥和房地产开发有限公司	有限责任	查学和	银川市兴庆区新华东街83-2号
宁夏新宇房地产开发有限公司	有限责任	席强	银川市兴庆区北京东路北塔巷商业街3—1号北
宁夏佳乐苑房地产开发有限公司	有限责任	胡永青	银川市兴庆区中山北街170号综合楼三楼
银川市建设投资公司	国有	谢仲迟	银川市兴庆区解放东街180号
宁夏宏洲房地产开发有限公司	有限责任	胡学安	银川市兴庆区凤凰北街3号
宁夏鲁能置业有限公司	有限责任	钟安刚	银川市兴庆区湖滨西街65号（银川投资大厦）
宁夏裕隆房地产实业开发有限公司	港澳台商投资合资经营	郄部庆	银川市兴庆区民族南街5号

▷ 城乡建设·交通运输

村镇建设

【概况】 2015年，兴庆区建设交通局已抓好村镇建设、公路建设养护及老旧小区改造为重点，全面完成了各项目标任务。

【老旧小区专项改造工程】 2015年，老旧小区专项改造工程由兴庆区建设交通局负责前期规划及施工、监理招投标，各街道具体组织实施。改造涉及9个街道，12个老旧小区，72栋楼，总面积22万平方米，住户2789户。改造内容为下水管网、屋顶漏雨、小区照明系统、小区安防系统、路面硬化、维修自行车棚、更换单元防盗门和垃圾箱等。总投资3400多万元，资金来源为银川市配套资金和兴庆区本级财政拨款。项目于7月上旬开工。10月20日兴庆区建设交通局、财政局、审计局、经发局、招标办、各街道、造价公司及监理单位召开了兴庆区2015年老旧小区专项改造工程第三次会议暨签证变更专题会议，研讨了各标段施工单位在施工过程中实际产生的变更项目，并对变更项做出决定，要求各标段工程于10月25日前完工。11月初组织建设单位、监理单位和专业工程师对各标段工程进行初验考核。11月中旬竣工。老旧小区改造完成后，由兴庆区建设交通局物业管理办公室、各街道办事处、居民委员会牵头，召开业主大会或业主代表大会，成立小区业主委员会，明确物业服务项目、内容和收费标准等，选择实施专业化的物业服务管理（引进专业化物业公司，进行市场化服务管理）或准物业服务管理（业主自管或社区代管）。

【危房改造工程】 自治区2015年共下达1009户危房改造任务。其中月牙湖乡生态移民899户，每户补助资金0.5万元，补助资金449.5万元，2015年4月完成全部建设任务，移民5月搬迁入住；月牙湖乡57户散建危房中，极度贫困户3户，每户2万元，补助6万元。低保户12户，每户1.35万元，补助16.2万元。其他贫困户42户，每户补助0.8万元，补助33.6万元，三类贫困户危房改造补助资金55.8万元，2015年5月完成建设任务，2015年10月初验收。月牙湖乡未封顶（主体建设完毕）改造任务48户中，极度贫困户2户，每户2万元，补助4万元。低保户13户，每户1.35万元，补助17.55万元。其他贫困户33户，每户0.8万元，共补助26.4万元，三类贫困户危房改造补助资金47.95万元，竣工并验收后由月牙湖乡人民政府拨付补助资金至农户；掌政镇散建危房5户，全部为极度贫困户，补助资金每户2万元，补助资金10万元，2015年2月完成全部建设任务，2015年10月初验收，补助资金全部拨付至掌政镇人民政府。

【建筑节能示范户】 2015年，兴庆区确定建筑节能示范户共110户。其中月牙湖乡57户，每户补助资金0.25万元，共计14.25万元；月牙湖乡48户未封顶（主体建设完毕）危房改造户，每户补助资金0.25万元，共计12万元；掌政镇5户，补助资金1.25万元。共计15.5万元。补助资金在验收合格后由月牙湖乡人民政府、掌镇镇政府拨付。

【通贵乡美丽小城镇建设】 为加快通贵民族特色民族特色小城镇建设步伐，2015年启动通贵乡集镇安置区一期建设项目，该项目占地面积40.7亩，总投资6400万元，建筑面积2.2万平米，住宅152户。已完成投资5100万元，按工程进度拨付资金3717万元，完成住宅、商业和物业管理用房建设，锅炉房建设及安装；未完成部分待2016年天气转暖后继续实施。

【掌政镇美丽小城镇建设】 2015年，实施掌政经四路市政道路建设，总投资970万元，道路全长0.8公里，配套建设路灯、给排水工程。项目通过初步验收并运行，已拨付资金580万元。

【美丽村庄建设】 2015年，兴庆区对掌政镇、通贵乡、月牙湖乡13个村队进行综合整治，实施巷道硬化3.17万平方米，人行道硬化2.34万平方米，路灯亮化663盏，外立面改造、广场硬化等。项目分为三个标段实施，总投资1234万元（其中太阳能路灯投资278万元），已拨付资金750万元，该项目已全部建设完成。其中一标段位于银川市兴庆区掌政镇孔雀一队、四队、五队和春林四队，总投资300万元。实施孔雀一队道路工程，总长度799.08米，孔雀四队道路工程，总长度636.59米，孔雀五队道路工程，总长度825.13米，春林四队道路工程，总长度1151.43米；二标段位于银川市兴庆区掌政镇镇河三队、五队、茂盛七八队和五渡桥一队，总投资323万元。实施茂盛七八队道路工程，总长度531.18米，五渡桥一队道路工程，总长度435.93米，镇河三队道路工程，总长度792.54米，镇河五队道路工程，总长度591.2米，广场硬化1500平方米；三标段位于银川市兴庆区通贵乡通南小学、通北五队和通西三队，总投资335.45万元。实施通北五队道路工程，总长度256.46米，通西三队道路工程，总长度457.68米，通贵广场铺砖工程，面积为2500平方米，通北村外立面整治工程。

【和谐社区创建】 兴庆区有11个街道，998个小区，其中80%以上都是老旧小区，老旧小区普遍存在环境卫生差、治安问题突出、基础配套设施不完善等问题。老旧小区物业管理模式分物业公司管理、业主自治、社区或街道托管三种。288个物业公司管理的小区，环境卫生、治安状况良好；社区或街道托管的315个，业主自治的63个和个别小区由于物业公司退出管理，正在调整阶段，暂未确定管理模式，环境卫生、治安状况较差。根据辖区具体情况，组织各个街道成立物业管理工作领导小组，设立物业管理办公室，建立和完善各项制度。召开辖区物业管理工作会议，对物业工作进行安排部署，对物业公司的服务项目进行备案，成立业主委员会。以“示范项目”为平台，抓点、带面提升物业服务水平，对物业公司资质动态监管，严格市场准入与退出机制。开展物业企业质量满意度调查活动，对物业管理小区环境卫生的日常监督检查，并采取随机抽查的办法，提高住宅小区环境卫生质量，降低物业投诉率。建立健全物业投诉处置执行网络，及时督促物业公司抓好整改落实；建立投诉回访跟踪机制，保证投诉问题处置及时、回访到位，降低物业投诉率。共处置物业投诉案件300余起，处置成功率100%，群众满意率98%以上。

【租赁房地产经纪机构管理】 2015年，兴庆区建设交通局房屋经纪租赁办公室积极与公安、市场监督管理一分局、市场监督管理二分局、街道办事处联系，推进管理租赁登记备案工作。兴庆区非营业性租赁房屋13400多户，营业性租赁房屋14400多户。截至9月，登记中介167户，其中大型房地产经纪机构7家34户，受理房地产经纪机构申请备案案件116件，符合申请备案的案件16件，办理房屋租赁登记备案案件479件。其中商业用房备案332件，住房备案89件，办公用房备案58件。根据银川市房管局房屋登记备案工作管理办法，对备案登记人提供的材料中有市直管公房、未房改房等不符合规定的租赁房屋，不予受理。对房地产经纪机构不定期登记摸底排查，逐步摸清兴庆区一部分租赁房屋的数量、结构、价格、套型、用途等项基本情况，初步登记的面积总量为127538平方米，总价格为7701853元，每月每平方米的价格为5元。受理投诉案件54起。其中处理市督办案件5起，问政银川4起，受理并处理的案件45起。

征地拆迁

【概况】 2015年，银川市兴庆区征地拆迁办公室实施了11个项目，其中市政府审核认定的项目有6个，未审核项目5个，审核认定并到位资金为27586.9973万元，拆迁办发放补偿资金为27586.9973万元，部分项目正在实施，资金使用情况正与市有关部门审核认定。征收各类土地12000余亩，涉及300余户，拆除各类建筑物50多万平方米。

市政府审核认定项目

【银通路拓宽改造项目（友爱中心路—燕庆路）】 该项目涉及大新三队、四队、五队，国有土地38户，征收土地116.97亩，各类建筑物83497平方米，市政府专题会议纪要认定补偿资金17333.4723万元，已拨付到位，并完成征收。集体土地81户（还剩1户未拆除），征收土地77.2亩，拆除各类集体建筑物79560.85平方米，市政府专题会议纪要认定补偿资金4946.8万元，其中货币补偿资金1401.2万元，已拨付到位，并完成土地征收。会议纪要中明确："市直三部门审核情况与兴庆区政府上报数据存在差异部分，由兴庆区人民政府另行上报银川市政府研究。"经测算拆迁成本为7894.17万元（不含大新村村部），相差2947.37万元。相差部分兴庆区人民政府已上报市政府，正在审核。

【兵沟黄河公路及连接线工程A5段公路建设项目】 该项目需补征兴庆区通贵乡通河路以北、七一沟以西土地及地上附着物（通东小学）共需货币补偿63.91万元，市政府专题会议纪要认定63.91万元，已拨付到位，通贵乡未完成征收。

【滨河黄河大桥工程服务区用地项目】 该项目需补征通贵乡集体土地31.07亩，市政府专题会议纪要认定64.21万元，实际完成土地征收31.07亩。

【兵沟黄河大桥连接线工程项目】 该项目涉及征收大新镇新渠稍村边角地（无法耕种）53.63亩，市政府专题会议纪要认定补偿资金为121万元，实际完成土地征收53.63亩，资金已拨付到位。另外，因施工图纸变更，增加征用土地38.76亩，市政府专题会议纪要认定补偿资金为130.59万元。资金已拨付到位，并完成征收土地38.76亩。

【贺兰山路延伸段工程绿化整治项目】 该项目涉及征收大新镇新渠稍村农户土地。该片土地由于长期无人看护，被用于倾倒建筑及生活垃圾，大新镇人民政府将该片土地上垃圾清运并换土绿化，花费资金453万元，市政府专题会议纪要认定补偿资金为453万元，已拨付到位。

【华夏河图一期补征土地项目】 该项目需补征掌政镇永南村土地597.83亩，货币补偿1361.89万元，返房5760平方米，拆迁成本共计3205.09万元。市政府专题会议纪要认定补偿资金为3205.09万元。资金已拨付到位。掌政镇正在进行项目土地征收工作。

市政府未审核认定项目

【贺兰山路与京藏高速立交区及周边生态景观建设项目】 该项目用地位于贺兰山路北侧，需征收土地226.73亩，拆除各类地上附着物面积为18255.92平方米。其中，国有土地43.98亩，集体土地182.75亩。该项目上报征收补偿资金为1635.75万元，审定资金为1389.1701万元，市长专题会议已过，待会议纪要印发后予以拨付，已暂时借支1000万元。

【银川通航产业园和通用机场土地征收项目】 该项目征收月牙湖乡溜山头土地11000亩，上报资金4478万元，市直三部门审核资金为1549.49万元，待市长专题会议通过后予以拨付；银川通航产业园外围纬七路、自来水、专线电缆项目需征地补偿资金1237.45万元，已上报市政府并明确该项目为国开行政府购买服务项目，市财政局牵头，市国土局、市审计局三部门正在联审。

【宝湖路（大新渠—燕庆路）段道路工程项目】 该项目占用大新镇塔桥村集体土地30亩，拆除集体房屋28822.01平方米，上报资金3765.57万元，市直三部门审核为2849万元，审减900万元。待市长专题会议通过后予以拨付。已完成土地征收30亩，并交付使用。

【银佐路（友爱中心路至燕庆路）段道路工程项目】 该项目征用大新镇新水桥村、丽景街满春村集体土地62.22亩，国有土地1.62亩，需补偿资金3723.9万元。项目征收工作已基本结束，正在施工。所需资金已由马凯市长2015年7月2日签市国土局提出意见，现市直三部门正在审核。

【大新棚户区改造配套市政工程】 该项目占用大新镇大新村集体土地52.2亩，需拆除房屋建筑面积3024.2平方米，需货币补偿资金438.08万元。兴庆区已上报市政府，市直三部门正在审核。已完成土地征收52.2亩，并交付使用。

（供稿人：张雪梅）

康居工程

【概况】 2015年兴庆区康居工程办公室在党委、政府的领导下，突出“促发展 促和谐、保民生 保稳定”等工作，将康居工程建设作为城乡一体化建设的有效突破口和服务群众的民生事业，建设群众满意的放心工程，形成了康居建设项目有条不紊顺利推进的良好局面。

【续建康居项目】 2015年兴庆区续建康居项目16个（列入棚户区改造项目14个）。其中政府主导建设八里小区、满春三期A区、满春三期B区、满春四期、新水小区、满春小康村、大新小区、燕阁小区、友爱五队、塔桥7队、上前小区、塔桥北区12个；企业主导建设光华小区、民乐安置区、掌镇三期、阁笛湖小区4个。规划占地面积2332.35亩，规划建筑面积362.15万平方米。其中住宅28884套，286.23万平方米；公寓1351套，8.25万平方米；商业20.1万平方米，公益用房5.72万平方米；地下建筑41.85万平方米。计划总投资116.4亿元。历时28个月的康居项目即将分批完成，满春三期安置区30.5万平方米已竣工交付使用，全年完成投资100.8亿元，216万平方米康居安置房竣工交付使用。

【新建康居项目筹备有序】 2015年新建康居工程项目有友爱大新失地农民公寓，大新失地农民公寓，春和苑公建，友爱安置区一期8#、9#楼项目4个，规划占地面积127亩，规划建筑面积19.95万平方米，主要用于解决银古路办事处友爱村、大新镇大新村失地农民就业增收及2012年以来拆迁项目群众安置遗留问题。计划总投资6.04亿元。友爱安置区一期8#和9#楼项目立项、设计招标、地质勘察、规划设计、规划审批、施工图设计、工程类别确认、控制编制评审均已完成；其他3个项目立项、设计招标、规划设计、规划审批、施工图设计均已完成，正在进行土地手续、选址办理。

【康居工程建设管理】 在康居工程建设中，始终坚持高起点规划、高标准建设、高水平管理、高标准配套。16个康居安置区均选址在京藏高速以东的城市规划区范围内交通便利、适宜居住的地段，全部按照普通商品房框剪结构的标准建设，均为18层及以下建筑，容积率都在2.2左右，绿地率全部达到了35%以上。严格选定工程开发、建设和监理单位，提高项目准入门槛，引入实力强的央企参与建设，实施投标单位缴纳履约保证金制度，将各种要求、指标标准具体化。为了合理控制建设成本，节约优化资金，在政府主导的12个项目全部聘请工程造价咨询机构，进行工程施工阶段全过程造价控制。2015年8月5日，友爱五队安置区A地块工程获评2015年上半年银川市“建筑结构优质工程”。

【康居区服务配套】 康居项目完成后，高标准配套建设幼儿园、文化室、卫生室、治安监控系统、生活超市、人民调解室、市民服务代办站、养老助残扶弱中心、“智慧银川”等便民服务设施，努力打造精品工程、安全工程、阳光工程和廉洁工程，确保安置群众享受同城化公共服务，提升群众生活幸福指数；配合兴庆区卫生局、商务局、教育局、农牧局在各安置区选址建设社区卫生服务中心4处、蔬菜直销点13处、自闭症儿童特殊教育幼儿园1所、农产品检测中心1处，完善安置区配套服务功能；委托3家房地产评估机构对12个安置区商业、公寓、地下车位进行了市场价值评估，评估价值23.6亿元。其中含政府应补缴的土地出让金2.38亿元，为政府处置提供依据。

【完善项目建设各项手续】 2015年内分别协调完成了上前、燕鸽、塔桥北区安置区3个项目初步设计方案批复，办理了塔桥北区安置区项目环评，满春四期、塔桥北区安置区2个项目的土地使用证，9个项目规划工程许可证、质量监督注册手续网上申报审批及施工许可证的办理，政府主导建设的12个项目“四证一书”手续均已办理完毕；各康居安置区消防验收、房屋测绘、小区命名、分户验收、综合验收等工作正在有条不紊进行。

【倒排工期挂图作战合理组织施工】 召开兴庆区重点项目誓师大会、康居工程外网建设协调会、康居工程推进会，实行政府县级领导包项目分工负责制和通报督办制，就各项目剩余工程倒排工期，提出合理的施工方案，进一步强化工程管理，抓安全、保质量、促进度；年初对所有项目实行倒排工期“挂图作战”，汇制成项目进度表，包括项目前期手续、总体进度、完成投资情况在图表中进行标注，将进度情况与工作计划进行实时对照，实现以“挂图作战”方式推进项目工作；及时到位工程资金，完善各安置区的配套设施，确保年底前上前城安置区、塔桥花园安置区、大新安置区等12个216万平方米康居安置区竣工交付使用。

【提前做好工程建设衔接】 多次组织召开康居工程外网设计、建设论证协调会，积极同给排水、供暖、供气、供电等部门对接，完成11个项目的智能化系统设计招标、设计及对接工作；确定无热源接入的大新、新水桥、满春四期等安置区供热方式，适时跟踪供热管线铺设，对接民用天然气的接入；协调市建设局开工建设新水桥、友爱、大新等安置区4条市政规划道路，确保后续外网配套工程顺利实施。

【提供资金保障】 2015年1月—9月，累计争取到上级项目资金6.63亿元，占全年上争资金任务4.3亿元的154.2%，提前超额完成全年任务；积极争取市财政专项资金，同时协调区国开行，按工程进度及时到位银行贷款资金。2015年1月—10月完成投资22.49亿元，到位资金20.42亿元；加强项目资金的使用管理，确保程序规范、资金安全，与宁夏邮储银行合作，设立农民工工资专户实现直接打卡。2015年7月康居办获评“银川市维护农民工合法权益工作先进集体”。

【落实安全生产责任制】 与施工企业签订安全生产责任书，并要求施工单位同下属相关人员、施工队签订责任书，严明责任抓落实，确保安监人员到位、措施到位、责任到位；实施标准化工地建设，完善安全设施，督促施工企业建立健全工程质量和安全生产自我保证体系；以宣传贯彻新修订的《中华人民共和国安全生产法》为抓手，切实加强安全监管。共举办安全生产培训6期，开展安全生产自查和检查9场次，确保每个施工环节安全运行。

【严格执行建设工程招投标制度】 会同招标办在监察、发改、财政、审计等部门的监督下完成4家新建项目设计，以及10个安置区有线电视网络单一来源等项目招标，草拟康居工程各项目合同，反复征求意见进行修改，确定合同内容，由法制办会同律师审定后，签定并备案。

【房屋分配房产证审核】 在区委、政府的领导下，按照“公开、公平、公正”的原则，反复酝酿，制定安置房分配方案，坚持政策连续性、统筹兼顾、群众参与的原则，认真做好即将竣工安置房的分配工作。依据银川市康居房办证政策进行审核，1月—10月共审核通过279套康居房产证办理资料。积极化解安置房分配中出现的各类群众诉求，顺利完成满春新村一、二区2576套25.4万平方米安置房分配。

【康居建设安置档案管理】 在兴庆区信息中心的配合下，开发了兴庆区拆迁安置信息化管理系统，配套了网络连接服务器、投影仪等信息化管理系统硬件建设。10月底前完成了康居拆迁、建设、安置档案微机录入管理。

【配合康居项目资金审计】 2015年先后迎接了审计署兰州特派办对2011到2014年兴庆区辖区内所有康居建设项目专项审计，银川市土储局农发行货款项目专项审计，以及银川市、兴庆区审计局的各类审计。按照审计要求，真实、准确、及时提供各种相关材料和数据，并积极对接释疑，使得各项审计工作圆满完成。

（供稿人：王少芳）

道路交通与客运管理

【概况】 2015年，在自治区、银川市交通运输厅（局）、银川市公路管理处及兴庆区委、政府的领导下，兴庆区建设交通局公路养护与管理工作以“畅、洁、绿、美”为目标，以促进各项工作的落实和优化经济发展环境为落脚点，加强管理，强化措施，公路养护质量和管理水平不断提升。兴庆区地域面积828平方公里，辖区有2个乡2个镇11个街道，有乡村公路沥青混凝土路面121条，350余公里。其中列入自治区公路管理局下达的养护指标中的乡道有16条，89.895公里；村道45条，155.229公里；专用公路1条，0.84公里；辖区公路中有桥梁21座，涵洞554道。

【农村公路续建项目】 2014年，交通运输厅批复月牙湖乡塘北路（6.0公里，四级路）、月牙湖乡月牧公路（6公里，四级路）2个项目。于2014年10月完成招投标，并完成部分路段土方路基和桥梁灌注桩浇筑工程。2015年10月全部建设完成。

【月牙湖乡塘北路新建】 塘北路位于兴庆区月牙湖乡境内，项目总长6.01公里，主线长5.59公里，支线长0.42公里，起点K0+000位于大塘北村六队，路线沿原有旧路总体自北向南行，终点K5+588.129与现状混凝土路顺接，并接于平罗交接处的移民新村处。此路原为土路，该项目为新建，沿线涉及5座小桥，修建等级为乡村公路四级，路基6.5米，路面6.0米。路面结构层为20厘米的天然级配砂砾底基层，20厘米的水泥稳定砂砾基层，4厘米的细粒式沥青混凝土。该项目建成后将极大地方便周边1.6万群众的出行，对沿线移民新村产业发展有极大促进作用。

【牙湖乡月牧公路翻建】 该项目位于兴庆区月牙湖乡境内，主线长5.0公里，支线长1.017公里，全长6.02公里，主线起点位K0+000顺接203省道，沿原有旧路总体自南向北行，K3+958.348处折向东，K4+270.306处折向南，K4+694.399处折向西，终点K4+998.483接路线桩号K3+550.553处，途径塘南八、九、十、十一、十二、十三、十四队。支线起点K0+000接主线K0+630.139处，沿原有旧路总体自西向东行，终点与牛场路2号路相交。此路为翻建项目，修建等级为乡村公路四级，路基6.5米，路面5.0米。路面结构层为20厘米的天然级配砂砾底基层，20厘米的水泥稳定砂砾基层，4厘米的细粒式沥青混凝土。原路修建多年，路面破损严重，极大地制约了沿线村队的发展。该项目建成后将极大地方便沿线群众的出行，同时也为农副产品的运出带来了方便。工程正在进行组建工地试验室等前期工作。

【申报新建乡村公路项目】 2015年，自治区交通厅下达兴庆区的通村公路2条6.165公里。项目分别是位于月牙湖境内的红堤路，长4.065公里，乡村公路四级标准，投资概算为325万元，路基6.5米，路面6.0米；大新镇境内的银佐路，长2.1公里，乡村公路四级标准，投资概算为259.1万元，路基6.5米，路面6.0米。同时，积极与自治区发改委、交通厅对接争取银川通航产业园进出口公路项目立项。该项目全长14.2公里，公路一级标准，投资概算为1.8亿元，路基27米，路面24米。

【乡村道路路面日常管理】 完善日常养护公路工作机制，突出纵向管理职能，实行建养分开。从2010年7月起对乡村公路养护所工作人员进行调整，局机关成立公路建设管理办公室、乡村公路养护所，实行建养分开。以乡镇为单位，组建养护小组，协助局养护所工作。明确各乡镇等部分村镇及巷道由辖区乡、镇、村委会负责日常清扫、保洁工作。对月牙湖乡辖区农村公路委托滨河新村物业公司负责，组建月牙湖乡乡村公路养护队伍，尝试养护新模式。与滨河新村物业公司签订养护协议，进行日常清扫保洁，由建设交通局进行检查考核拨付养护经费并纳入政府年度目标考核。与一线养护工分别签订养护责任书，全面负责路面、路肩、边坡，以及树木的管护，保证每天路面工作7小时，路面巡查10公里，同时兼任交通信息员和路政协管员，及时发现、报告损坏公路的违法行为。结合辖区乡村公路面广、量大、任务重的工作实际，将30名聘用养护工月工资增加至1000元，实行绩效考核。在通贵乡河滩中心村和月牙湖滨河新区设立公路养护站房各一处。为每位养护工办理意外伤害保险，每年统一配发养护工作服2套，按时配发扫帚、铁锹等工具，按季2次发放夏季防暑茶、糖等防暑降温物品。

【乡村公路养护】 组织工作人员对辖区246公里乡村公路、桥涵安全隐患进行排查，重点对所有桥梁的承重结构、桥面伸缩缝、泄水孔是否畅通进行检查。按急缓程度定级分类，详细制订维修计划，列出整修预算，多渠道积极争取、筹集资金，按计划、分步骤对问题路面、桥涵进行维修，保障农村公路运行安全。2015年，排查出安全隐患71处，其中63处交通标志牌缺失，2座桥梁护栏破损（掌茂路的汉延渠桥和新寨路的银东干沟桥），2道涵洞塌陷（渡口路、掌茂路），2处路肩塌方（孔司路一处、掌茂路一处），2处警示标志缺失（北京路延伸段高架桥过掌茂路、孔司路各一处），路面维修5000平方米。对排查出的安全隐患，年内均进行了维修。为改善月牙湖海陶北村沿线居民的出行，规划建设月牙湖海陶北村下七队、上八队巷道硬化工程。该工程路线全长1.833KM，路基宽5.0m，路面宽4.0m，路面结构为20cm厚级配砂砾垫层+20cm厚水泥混凝土面层。工程于2015年6月开工建设，10月完工。

【提高农村公路安全行车系数】 兴庆区建设交通局对辖区农村公路交通安全情况进行了全面的调查摸底，将村边、桥头及公路急弯、交叉路口和公路沿线学校等事故易发路段列为重点治理路段，预防和减少道路交通事故的发生。根据路况调查，对孔司路京藏高速高架桥两侧的1000余个警示桩进行了粉刷，对破损严重的142根进行更换，安装减速带100米，切实为群众提供了安全、稳定的道路运输环境。

【农村公路阳光亮化工程】 为方便群众夜晚安全出行，力争在全自治区率先实现“村村通路灯”的目标。兴庆区决定对主要乡村公路实施亮化工程，计划投资1000余万元在辖区主要乡村公路和村庄沿线安装太阳能路灯，解决沿线居民夜间出行难问题。“农村公路阳光亮化工程”作为2015年兴庆区政府为民办实事之一。兴庆区掌政镇、通贵乡、月牙湖乡、大新镇乡村主干道及辖区银川市管辖道路路灯，设计间距30—40米，单侧安装，取用7米高灯杆，6米安装高度，安装2544盏LED太阳能路灯，涉及道路79.5公里，总投资共计1116.5282万元。6月完成招投标工作，现已全部完工投入使用，正在组织竣工验收阶段。

【完善指路服务功能】 为了更好地为辖区群众提供直观、简便、实用的指路服务功能，方便辖区群众出行，兴庆区建设交通局对全长11公里的孔司路安装了导向牌。在村委会、丁字路口、十字路口安装涉及村名、路名、镇名等内容的交通标识牌100余幅。按照“路修到哪、客运车辆就开到哪，农村客运站点就建到哪”的整体思路，新增加建设客运招呼站10个。

【银川市重点交通基础设施建设项目投资】 2015年完成重点交通基础设施建设，项目投资48.659亿元。银川北京路东延伸及滨河黄河公路大桥工程累计完成投资40.76亿元，占总投资的83.9%（2015年1月—12月完成20.66亿元），银川贺兰山路东延伸及兵沟黄河公路大桥工程累计完成投资15.5亿元，占总投资的77.6%（2015年1月—12月完成6.33亿元）；公路工程项目完成投资10.92亿元；公交场站建设项目完成投资0.22亿元；公交车购置完成投资4.1亿元；黄河银川段航运建设工程项目累计完成投资0.829亿元。

【城市公共交通运输】 2015年，银川市有公交车2398标台（年内新购置626辆），城市每万人拥有公交车15.8标台，日均客运人次89万。公交运营线路105条，公交线路总长度1889.68公里，公交线网总长度598.98公里。公交站点1682处，候车亭797余座，公交首末站62个，站点500米半径覆盖率接近80%，公共交通场站总面积达38.2万平方米，公交车进场率达83.2%。总行驶里程全年完成8444.52万公里，较上年同期下降5.9%；客运总量完成3.2亿人次，较上年同期增加0.36%；公交行车正点率为93%，车厢服务合格率99.81%，车厢整洁合格率98.54%。全年发生万元以上事故45起，其中死亡事故3起，事故间隔里程为146.03万公里。

【公共交通线网布局】 为方便广大乘客出行，2015年开通了绿博园、滨河新区、军博园、综合保税区等区域公交线路，新辟公交56路、56路B线、504路、525路、601路、610路、阅海公交车场—宁夏人民医院、106路早高峰盘短线路、八一车场—B1立交桥，102路高峰盘短车、美德亨国际家居—银川市综合保税区、定制公交奥特莱斯—生态纺织园等12条线路；优化调整B1支线、永丰专线、5路、6路、12路、34路、48路、35路、311路、316路、317路、319路、502路、508路等32条线路。对公交101路、102路、105路、106路等根据客流适时调整运力；适时调整、加密线路，针对节假日期间客流情况，GPS调度中心适时对BRT、101、102、105、106路等客流密集的线路客流进行观察，根据节前和节后以及重点旅游区域客流情况，适时增加、调整相关线路运营车辆。

【智能化系统建设】 推进公交便民惠民工作，落实65岁以上老年人免费乘车和公交卡打折优惠政策。截至2015年底，IC卡中心办理城市交通卡63.4万张。其中大众卡44.48万张；学生卡4.1万张，优惠卡1.6张，高知卡91张，敬老卡10.7万张，爱心卡1.6万张，军警卡5752张，年卡2798张。市民持卡乘车率由原来的7%增到58%。根据“智慧交通”项目需求，完成了1391辆公交客车的移动LTE-FI设备和客流计数器的安装，1724台车载机PSAM卡改造，保证了“市民一卡通”测试。

【出租汽车监管】 银川市有出租车公司19家，出租车5364辆，行业从业人员1.2万余人。2015年办理出租车更新业务812辆，出租车交易过户659辆，办理营运证911本，办理资格证（服务证）8891个，查扣非法营运车辆668辆，查处违章出租车436辆，按照政策要求，收缴出租汽车经营权有偿使用费1745.14万元，收缴各类罚没款502.82万元。对出租汽车的车容车貌车辆卫生以及规范化达标进行严格的月度检审。开设培训班109个，培训从业人员14392人，召开驾驶员例会9期，培训在岗人数达10万余人（次）。接受社会监督，做到“事事有回应，件件有答复”。接来电8591件，送还物品2627件。向出租车公司下派投诉受理指令单689件，调查核实属实373件，违约金处罚339件，批评教育34件，不属实316件，签发督办指令239件。微博收到并答复待办政务437条，回复市民反馈及评论578条，发出微博438条（其中表扬拾金不昧、助人为乐387条，其他51条）。送交物品2627件，占乘客报失物品数量的75.5%，与2014年相比增加了663件。对出租车拼客、拒载等违规行为及卫生差、不主动使用文明用语、不主动出具发票、吸烟、接打手机等不文明行为等问题，加大整治力度，进行夜间突击巡查20余次，检查车辆3574辆，督察通报违章车辆65辆，吊销出租车服务资格证9个。

（注：交通客运资料由银川市建设交通局提供，数据为银川市总数。）

（供稿人：张雪梅　李雅楠）

▷ 城乡服务与管理

城管环卫综合执法

【概况】 2015年城管环卫综合执法围绕兴庆区“8531”工作思路，以“洁净兴庆”“美丽兴庆”“平安兴庆”“主干道路大整治大绿化”等工程为统领，开展城市环境卫生和市容市貌综合整治、校园周边环境整治、餐厨垃圾专项整治、牌匾标识专项整治、食品安全专项整治，着力解决一些难点问题，实现城市精细化管理目标，全面提升城市品位。2014年12月根据《兴庆区人民政府职能转变和机构改革方案》文件精神，兴庆区城管环卫综合执法北局更名为兴庆区市容环境卫生服务中心。

【兴庆区城市管理综合执法局】 1989年7月成立城区城建局，2001年1月更名为城区城市管理局，2002年11月更名为兴庆区城乡市容环境管理局，2009年9月更名为兴庆区城市管理综合执法局。2011年2月，兴庆区政府对城管环卫进行体制改革，将原兴庆区环卫处与城市管理综合执法局合并，将城市综合执法与城市清扫保洁工作职能融为一体，以解放街为界，成立了兴庆区城管环卫综合执法南（北）局两支队伍，兴庆区解放街以南区域的城市管理和卫生保洁工作由南局负责；解放街以北区域的城市管理和卫生保洁工作由北局负责。南（北）两局属行政、事业双轨制单位。2015年，兴庆区政府再次对城管环卫队伍进行改革，将环卫清扫工作剥离，在辖区乡镇街道成立了12个乡镇街道执法中队。兴庆区城市管理综合执法局下设九办一科、三室、五个直属中队、十二个（乡镇）街道执法中队。即党政办、法制办、信访办、渣土办、督察办、数字办、审批办、交通办、宠物办和业务督察科；光明广场管理办公室、南门广场管理办公室、步行街管理办公室；机动中队、直属一中队、直属二中队、直属三中队、直属四中队；凤凰北街执法中队、丽景街执法中队、解放西街执法中队、文化街执法中队、玉皇阁北街执法中队、银古路执法中队、富宁街执法中队、前进街执法中队、新华街执法中队、中山南街执法中队、胜利街执法中队、大新镇执法中队。有职工408人。其中行政8人，在编122人，政府长聘193人，包干制50人，自聘14人，公岗（4050）17人，三支一扶2人，临时工2人。

【城乡管理综合执法改革】 为实现职能部门的资源与社区、网格工作力量整合，提升兴庆区城乡管理水平。2015年4月1日，兴庆区政府按照“三权下放、重心下移，条块结合，权责分明，量化考核，依法治理，服务到位”的原则，成立12个乡镇街道执法中队，以街道社区为单位，划分为69个网格，190名城管执法人员全部深入乡镇街道，按照“定社区、定责、定人”的三定模式，实行执法中队、环卫站管片，责任区管块，执法队员和环卫工人管段的全方位、无缝隙精细化管理，将目标分解到各街道（乡镇）中队，指导街道（乡镇）中队搞好城市管理和社区服务工作，并建立监督检查机制，确保城市管理工作落到实处。兴庆区城管局根据各街道中队需求，定期协调相关职能部门和街道（乡镇），解决职能交叉、空白区等问题，使城市管理责任全面覆盖，不留空白。兴庆区城管委推行城管督察、城管执法、环卫清扫、环卫监督检查、网格化管理“五位一体”的工作模式，促进兴庆区城市管理工作提档升级。

【健全乡镇街道监管网络】 为建立有效的行政执法长效管理机制，实现城市管理“由单一向互动、粗放向精细、突击向长效”的转变，及时确立以兴庆区为核心、城管环卫部门为重点、街道为基础、社区为配合的三位一体网格化、精细化城市管理体系，制定《兴庆区城市管理三位一体网格化精细化管理实施方案》，建立辖区内管理网格区划责任人之间的信息互通机制和协作联动机制。按照周考月评的考核体系，不断完善局领导、业务督察部门、乡镇街道三级考评体系，形成天天检查、月月点评、一月一通报的常态化工作机制，每月对考核成绩后两位的部门给予经济处罚，对成绩前三的给予经济奖励。既增加了考核的透明度，又调动了全名参与城市管理工作的积极性。此外按照城市管理三位一体、网格化、精细化管理工作的要求，绘制网格化管理平面图，参照辖区道路、社区分类标准，细化分工，实现重点区域重点值守、一般区域流动巡查、全天候监控的网格化、精细化管理目标。针对新南门汽车站管理混乱、违章占道经营行为严重的情况，联合车站方、公交分局定期开展联合执法行动，此举从根本上改变了新汽车站周边市容环境脏乱差的现状；针对附属医院周边违章摆摊、占道经营严重的情况，要求胜利街执法中队采取疏、劝、扣、罚、盯、守、值等系列措施加大整治力度，并将部分摊贩疏导至二排沟南侧。实现了日常执法由粗放型向精细化转变，由突出整治向长效管理转变。

【提升城管队伍形象】 邀请法律界专业人士有针对性地进行法律法规的应用、执法程序、执法案卷的制作培训、指导，规范执法队员的行政执法行为。为执法队员制作了胸牌，推行城管执法“六统一”、“五步骤”、两人成排、三人列队、30米之外下车步行执法等规定，形成标准化执法模式，构建规范执法、文明执法、和谐执法环境。前进街街道执法中队定期组织执法队员开展队列训练，并招募志愿者体验城管执法，新华街街道执法中队坚持严明、文明、透明“三明”执法，推行亲民、为民、便民“三民”服务，步行街执法中队设立了文明督导岗，为市民免费提供指路、咨询等温情服务。通过努力，城管队伍的整体形象有了很大的提高。

7月，步行街摩巡队整齐亮相

【信访投诉案件及数字化案件的办结】 全年接待各类信访案件44943件。其中市长热线373件，领导接访312余件，领导带案下访27件，电视问政12件，市局督办单17件，领导批示件19件，接待来访求诉案件16件，电话投诉1580余件。回复率100%。网络微博投诉件325起，办结回复率96%，数字化城管指挥中心立案25233件，按期处置数12196件，按期处置率49.67%，超期处置数10407件，超期处置率41.24%，超期未处置数366件，超期未处置率1.45%，结案数22478件，结案率为97.85%，按期结案数为12121件，按期结案率为52.77%，返工数为2292件，返工率为9.08%，评价等级为B级。

【市容市貌专项治理】 开展了牌匾标识、占道棚亭、店外经营、校园周边市容环境等专项整治工作。兴庆区主干道路两侧设置的各类棚亭主要包括：报刊亭、水果棚、蔬菜棚、早点棚、治安亭、环卫工人休息室、城管岗亭等。在管理上坚持以“规范、取缔、整合、提升”为原则，按照街巷特色及周边建筑风貌，对各种棚亭进行综合治理，拆除、取缔设置档次低、长期占用城市公共空间、影响城市规划和市容环境、存在安全隐患的棚亭。自4月份开展棚亭整治工作以来，摸排各类设置不规范的棚亭249个，下发《限期整改通知书》240

份，移除各类棚亭166座。清理各类破损牌匾标识、电子屏、移动灯箱800余个，查处校园周边无照商贩、非法流动摊点1260余个，取缔暂扣各类经营工具900余件，制止店外经营户6525家。各街道执法中队配合街道清理小区卫生死角近80多处，清理垃圾230余吨，清理乱张贴小广告约7000余处。在校园周边环境整治工作中，直属大队创新管理举措，转变执法方式，不再对校园周边的流动摊贩进行处罚，而是把摊贩变成文明督导员，让其站岗执勤15天，通过角色转换促进摊贩理解城管执法工作，主动到正规场所经营，改善校园周边环境。摊贩佩戴上“文明督导员”的红袖标，在就近学校站岗，每天站岗时间为上午7时至9时，下午13时至15时，由校方对文明督导员的站岗情况进行监督并签字。城管部门根据文明督导员的表现，可延长或减少站岗时间。有22名流动摊贩主动选择了这种处理方式。

【市场秩序专项治理】 对辖区早、夜市、农贸市场占道经营、出店经营、喇叭口、清扫保洁不及时、管理不到位等现象进行治理。已清理无照游商800余人（次），下发限期整改通知书728张，暂扣经营工具及电动车辆300件（次）。

【牌匾标识、临时占道摊点审批】 委托宁夏盛世开元拍卖公司对对兴庆区40个临时占道经营摊点经营权进行拍卖，其中冷饮摊位6个，维修摊位34，为残疾人安排摊位19个，统一划定经营范围，并实行规范化管理；严把门头审批关，对需安装、更新门头的商户均现场勘查，亲自丈量，对符合要求的才予办理审批手续。共审批门头牌匾171家，审批临时占道促销摊点138个。

【宠物管理】 2015年开始宠物办证工作，通过开展文明养犬大型宣传活动、文明养犬进社区等活动，加大对文明养犬的宣传力度，增强养犬人的自律意识。在办证工作中，执法队员主动放弃节假日，采取集中办证、下社区办证、入户办证等方式分组到各社区分片办证、年检和免疫，收到良好成效。已办理犬只准养证171个，年检93个，查处督办投诉205起，办公室投诉328起，数字化案件88起，发放犬只驱虫药120余瓶，发放文明养犬宣传材料1200余份。

【自行车停放管理】 按照“划线定位、标志明显、摆放有序、专人看管、规范管理”的要求，加强自行车静态管理。将辖区内34个看管点进行整合，对70名看管员规范管理，做到统一着装、持证上岗、发牌存车、凭牌取车，每天专人检查各看管点。全年检查停放点和摆放地段180余次，涉及检查人员245余人，清理乱停乱放自行车600余辆，接对辖区汽车站、附属医院等重点区域周边机动三轮车非法载客、载物等突出违法行为进行集中整治，查处各类违规行为百余起。

【蓝天工程行动】 加强辖区建筑工地的监管工作，对辖区内所有建筑工地进行登记造册，做到底数清、情况明。登记辖区在建及新建建筑工地65家，与登记的工地签订责任书，要求其加强规范管理，对施工工地按要求设置围挡，出入口地面硬化，装备洗车平台，施工现场要采取洒水降尘作业，拉运车辆实施密闭运输。对未

11月13日，宠物办为犬只注射电子芯片

开工工地和裸露渣土的空地要采取硬化、覆盖等防尘措施；针对渣土车超高超载、密闭装置破损污染隐患加剧的问题，积极与市渣管办、交警一大队等部门协调、沟通，联合多部门力量对城区重点工地进行现场整治，对不符合要求的运输车辆整改，对保洁措施不过关的工地开具了相应文书，责令其整改。一天三时段不间断监控，并以贺兰山路为基线向外延伸，对相连的丽景街、凤凰街、友爱中心路、六盘山路等周边主要干道进行扩大巡查。规范施工工地62个，下发《责令限期整改通知书》40份，纠正道路粘连18起。

【主干道路市容环境卫生和大绿化整治】 从6月开始，安排专人，联合爱国卫生运动委员会办公室工作人员对辖区贺兰山东路及延伸段、京藏高速公路、青银高速公路、南环高速公路、友爱中心路、丽景街、银横路两侧及沿线乡镇、村庄、物流园、设施温棚区、农村庄点巷道、林带、沟、渠、湖、墙根、房顶等可视范围内有

碍市容市貌的生活垃圾、建筑装修垃圾、裸露渣（土）堆、枯枝死树、白色污染、漂浮物、违章建筑集中清理整治。对发现的问题，在整治过程中及时通知责任部门进行整改，并安排专人对整改情况进行复查通报。辖区主干道路两侧共清理各类垃圾百余吨，平整遮盖土地3000余平方米，粉刷围墙8000余平方米。及时协调兴庆区林业局对辖区主干道两侧绿地进行整治，对枯枝死树进行清理，对缺株现象进行补栽，对裸露土地进行植绿，通过整治，辖区主干道两侧环境卫生得到明显改善，林带内缺株、存有枯枝死树、垃圾的问题已经得到整改，沿线沟渠漂浮物、村庄裸露垃圾、土方也得到清理。

【爱国卫生宣传】 以爱国卫生月活动为契机，组织城管、环卫、各街道办事处、卫计局等15个单位在光明广场开展以“全民参与爱国卫生 共建共享健康中国”为主题的爱国卫生宣传活动。各单位展出宣传展板41块，播放《城市市容和环境卫生管理条例》《餐厨垃圾管理条例》《养犬管理条例》录音，发放四害防制宣传手册近5000份。

【春季病媒生物消杀】 为做好春季病媒生物防控工作，爱卫办组织城管、环卫、各街道办事处和乡镇卫生管理人员近200人参加兴庆区春季病媒生物防制培训班，系统学习了四害防制业务知识，为更好地指导居民开展春季蚊、蝇、蟑螂消杀工作奠定基础。4月29日，兴庆区爱卫办组织专业消杀公司对兴庆区545栋无物业老旧小区、2297个上水井、1422个下水井、535个化粪池、763个垃圾投放点、2个垃圾运转站、5座公厕，以及沟渠、湖泊湿地开展春季病媒生物消杀工作。为加强重点区域环境卫生长效化管理，爱卫办积极探索环境卫生长效管理机制，通过引进专业服务公司，将辖区铁路沿线和二排沟沿线环境卫生以市场化方式落实常态化管理，有效改善城市环境。

【城乡环境卫生整治】 组织动员各街道集中清理老旧小区居民乱堆放，加大乡镇环境卫生整治力度。各乡镇投入人工6000人（次），动用挖机、铲车等200余台次，清理林带12条、庄点巷道520条、沟渠8000米、设施温棚等垃圾近1000吨，清理墙面乱涂写、小广告等2900余处，有效改善农村生活生产环境。

【城市管理案件处理】 2013年10月底，兴庆区依托法院小额诉讼法庭成立了宁夏首家城市管理巡回法庭，配备3名工作人员，对辖区城管、卫生、环保等行政主体申请执行的行政非诉执行案件进行立案审查并加大执行力度，同时对城管部门的执法进行监督指导，杜绝非法强拆、粗暴执法等行为，使城市管理由过去单纯的管理转变为为百姓服务。兴庆区城管巡回法庭制度完善，运行顺畅，在社会管理创新工作中走在了兄弟法院前列，并取得了一定的成绩。2015年，兴庆区城管巡回法庭现场快速办结城管执法过程中所涉及的非诉讼申请强制执行案件3起，调解案件10余起，指导帮助规范城管执法案卷100余份。

【渣土运输管理】 成立专门的渣土管理办公室，结合区域实际，规范渣土运输手续审批制度，建立联审联批机制。渣土运输工地施工前必须经过兴庆区城管局与市局的联审后，渣土办报局领导、兴庆区领导联批。定期组织渣土运输管理知识培训，用日常宣传、随车流动宣传、散发宣传单和专题会议等多种形式宣传渣土处置有关规定。要求所有建筑工地开工之前出入口必须硬化，建冲洗槽，配备冲洗设备，安排专人进行冲洗。所有建筑工地必须与渣土办签订《文明施工承诺书》，建立台账，做到辖区各类工地底数清、情况明。制定“三加”处理应急机制，对渣土撒漏污染路面问题第一时间进行处理。划分南北片区细化执法，定人定工地，每个工地由2名执法人员负责，2名执法人员穿插负责4个工地，实行建筑垃圾运输证》核准会签制度，创建微信渣管平台，三区两县纳入其中，相互共享信息，取长补短，联动管理。加强渣土转运环节的管理，达到全天候、全方位和无缝化管理。由于渣土运输多在夜间进行，安排渣土管理办公室从每晚22：00到凌晨6：00不间断值守，严格控制车辆装载量，督促其密闭严密、车轮清洗之后才准出车。为确保此项工作得到有效落实，兴庆区城管局还强化了执法人员和装备配置，为渣土管理办公室配足了必要的夜间执法器械。对日常管理过程中发现的渣土处置违规行为，在督促和责令其自行纠正的同时，按照有关执法程序查处，查处渣土撒漏行为150余次，乱倒建筑垃圾10余次。督促建筑工地墙体广告22块。查处未经审批的非法渣土运输车30车次，涉及大小26家建筑工地。办理渣土运输准运证150张。收取渣费91万元，罚款3万余元。

【烧烤夜市整治】 结合兴庆区区情制定相应的夜市管理规定，要求经营者烧烤炉及经营桌椅必须进店，明确夜市管理标准，设市、收市时间，要求经营户负责门前机动车的停放秩序，严禁设置外置音响，严格按照《门前“三包”管理责任制》的要求维护好店面周边环境卫生，对规范的凤凰北街中瀛御景停车场、民族北街海宝公园东门南侧场地、北京东路清真美食城、民族南街共享春天物美门前、居然之家光耀店北侧场地、清和街物美门前场地、胜利商业街七处夏季啤酒广场经营者，要求其必须按时撤市，严禁猜拳行令，噪音扰民。夜市经营场地必须于每日撤市后进行清洗，不得过夜，保证经营场地原貌，保证食品安全及用电安全。成立城管、工商、食品安全、公安等部门组成的联合执法小组，延长执勤时间、落实专人把守等措施，对从事露天烧烤行为，整改依然反弹、性质恶劣的当事人依照程序进行查处。通过摄录当事人违章行为等前期调查取证，对违章当事业主进行处罚，达到教育本人、震慑违法的目的。尤其在中、高考期间，停止一切烧烤夜市经营行为，为考生营造良好的备考环境。开展商户自治，评星论级活动。组织商户成立烧烤夜市自治管理机构，根据商户文明经营、遵章守纪、安全经营等方面制定相应的考核细则，采取定期不定期检查、市民监督等方式对夜市经营业主进行评星论级，对级别低的经营户联合工商、食品卫生等部门取消其夜市经营资格。此外，设立举报电话，对群众举报的规范区域以外的占道经营和露天烧烤问题现场处置，实现第一时间受理举报、第一时间现场处理、第一时间解决问题，第一时间情况反馈，从根本上解决烧烤扰民的现象发生。在夜市烧烤管理工作中下发限期整改通知书120余份。

城乡环境卫生综合治理

【概况】 2015年是兴庆区全面实施环卫体制改革新的一年，也是巩固银川市创建全国卫生城市和文明城市劳动成果、全面迎接第二届中阿博览会圆满举办的关键一年。按照兴庆区委、区政府对环卫工作的总体部署，围绕“清洁城市，服务社会”，深入推进洁净兴庆工程，围绕融入“一带一路”战略，加快开放宁夏建设的总体目标和要求，齐聚力量、全力配合，严抓市容环境卫生工作，不断提升作业质量，建立规范化、长效化、精细化的管理机制，使兴庆区环境卫生管理工作取得了较大成就。

【兴庆区市容环境卫生服务中心】 成立于2015年3月，下设机关办公室、督察室、八个清扫公司、两个机扫公司、清运公司和清洁公司共十四个部门，在职职工2500余人，承担兴庆区1395万平方米主干次道路的清扫保洁，51座垃圾中转站、垃圾清运点及“门前三包”的垃圾清运，128个公厕的清洁管理工作及粪便清掏任务。按照《银川市市容环境卫生管理条例》，承担辖区市容环境的监督管理，辖区果皮箱的清掏、保洁清洗任务及环卫机械设备、设施的维修管护任务。有各种环卫作业车辆242辆，其中121辆环卫特种车辆承担辖区内的机械清扫、夏季洒水降尘、冬季清雪任务。

【多元化绩效考评】 打破平均主义，奖优罚劣。将兴庆区绩效考核奖励资金进行二次分配，以奖优罚劣机制激励各党支部间的争先创优，激发党员干部的集体觉悟，充分调动各支部班子领导及党员干部职工的积极性和创造性；实施红蓝黄榜，打破铁交椅。按照百分制考核细则对所属各部门进行考评，根据督查室每月的周通报，结合各公司发生事故或受表扬情况，实施两级效能考核红蓝黄榜并进行奖励。实行末位淘汰，对年内三次亮相黄榜的党支部班子进行调整免职。严评比、真亮相，让先进部门有荣誉感、压力感，让落后部门有危机感、紧迫感，以激发环卫队伍的整体活力；建立三级微信群，实时沟通。建立环卫管理三级微信平台（中心领导班子与中层干部微信群、中层干部与监管员微信群、各公司监管员与班长微信群），发现问题，可随时拍照发至微信群内并即刻整改。利用微信平台，实现各相关部门的协同工作，互相监督，建立责任到位、沟通快捷、处理快速、及时回复的高效率工作链，使环卫管理工作主动、精确、快速和统一。

【树立环卫队伍整体形象】 组织开展“提素质促效能”环卫人员大轮训活动，邀请相关培训讲师先后组织28次培训，为1989名一线环卫职工教授文明礼仪、交通安全、环卫作业技能、车辆保养维修、公厕管理等知识。通过大轮训活动，提高自身素养，强化环卫作业技能，提升文明服务和交通安全意识，结合本职工作，充分运用所学知识，力争达到“作风、纪律、文明、规范、执行力”五个一流的城市管理者；结合“六五”普法工作，以构建城市环卫法治队伍为核心目标，以提高全体职工的法律素质和法治意识为重点，坚持法制教育与法治实践相结合，开展普法依法治理活动，形成以领导干部带头的学法用法、依法管理、依法决策、文明执法的良好氛围；为一线环卫职工换新装、换新车，为清扫员、驾驶员、中转站及公厕管理员等不同岗位的2000余名一线环卫职工订制环卫作业服装，树立兴庆区环卫职工规范化、统一化着装上岗的良好队伍形象。投入123万元为环卫工人更换264台环保省力三轮电动保洁垃圾车和67辆两轮摩巡车，加大机械化作业面。

【道路清扫专项行动】 针对各自辖区范围内的卫生死角、脏点、难点街路开展集中式、分散式的卫生整治，保证全天候巡回保洁，做到“五无六净”。对各街路宽幅林带、绿化带、树坑、道牙、果皮箱底部易积存烟头、碎屑、杂物的卫生死角，以及无人管理长期积存的垃圾脏点进行全面清理。加大商圈、学区重点时段的清扫保洁力度。各公司先后开展了80余次不同规模的集中整治活动，清理生活垃圾和废旧家具等700车次；主次干道“以克论净”，对80余辆环卫作业车辆车体进行喷漆、贴标，并统一编号、分类。按照机械化清扫作业要求，对北京路、凤凰街、新华街等重点路段推进机扫、冲洗、降尘等一系列机械化作业模式。针对气温升高、大风扬尘等实际情况，充分利用现有资源，将洒水车、洗扫车等机械车辆有机结合，配合各清扫公司，做到合理安排，针对各种重大活动或检查情况，适当增加作业频次并延长作业时间。做好因渣土、油污、树胶以及路边杂草导致的道路污染情况的清洗工作。

【建筑垃圾、渣土撒漏及工地周边卫生环境治理】 辖区内多个建筑工地，致使周边卫生环境受到严重污染，特别是民族南街、光华门、贺兰山东路等重点工地的周边路段渣土撒漏现象尤为严重。针对这一难点，中心各清扫公司先后抽调百余人次，对友爱路、贺兰山路、清和街、宝湖路、凤凰街等重要路段的建筑垃圾、工地污染进行集中清理整治，治理渣土撒漏、建筑垃圾等40余处。

【非法广告集中整治】 自六月份开始的非法广告集中整治活动，探索运用“涂料遮盖法”，先后组织600余人（次），对北京路、新华街、上海路、丽景街等主要街道街面墙体小广告重灾密集区域进行粉刷覆盖，共粉刷6万余平方米，使用涂料2500余公斤。对乱贴、乱画、乱写及墙体高处广告不间断治理，累计清理各种非法小广告80余万张，清理面积50余万平方米。

【红花渠治理“四到位”】 专门配备六名清扫保洁人员，购置专用清捞工具，分段进行渠面清捞保洁，统一设置了禁扔垃圾警示牌和卫生责任监督牌，明确责任义务，加大对沿线居民的教育宣传工作，严禁向渠内倾倒各类垃圾、杂物和废水。在红花渠两侧，根据道路实际情况合理安放了14个果皮箱、8个垃圾箱，每天由清扫员及时清掏，加强监督检查。红花渠整治工作初步走上了制度化、规范化、经常化轨道，并形成了相对完善的管理机制。做到了“经费投入、人员保障、责任落实、监督管理”四到位。

【打造“新华商圈旗舰街”】 2015年，将新华商业圈单独划出，成立新的清扫公司，按照商业圈作业标准统一、作业服装统一、作业时间统一、作业质量统一、奖惩制度统一的“五统一”作业模式进行创新管理，挑选出12名业务骨干，组建清扫作业大班和商圈服务机动班，实施“商业圈工资模式”、延时保洁等四项硬措施，不定期对步行街、南门广场等商圈重点区域进行路面、果皮箱、墙体、电杆等的全面彻底的大清洗活动。铲除污染地面的口香糖，平均每次清除的口香糖超5公斤。商圈清扫工具全面换新，以保证新华商业圈这一银川市商业综合体的窗口形象不断提升。

【整治中转站内外环境卫生】 加大中转站设备设施改造投入，为增强垃圾中转站起吊设备安全性，先后投入76万元，对20座垃圾中转站的起吊设备及集装箱进行更新改造。安排近50万元专项资金，对市区内15座中转站站内外墙体、楼梯、大门进行粉刷和喷漆，改造疏通坑底排污管道，在大门两侧安装安全标带，站内墙体贴2.1米高墙裙瓷砖，地面水磨石打磨找平。确保中转站开放时间，杜绝乱堆乱放现象，对中心51座中转站外的环境卫生做到保洁到位，垃圾日产日清。将鼓楼北街垃圾中转站等10座中转站作为改造的试点工程，引进微生物除臭灭蝇技术，改善中转站蝇虫孳生、异味重等现象。加大对中转站内外的消杀工作力度，每天彻底清洗场地、沟槽，防止蚊蝇大量滋生，除异味。根据各中转站实际情况，适当增加或调整清运频次。特别是在夏季，果皮、菜叶等易腐烂垃圾较多，为确保辖区每天六百余吨的生活垃圾及时转运、处理，各垃圾中转站加大了垃圾清运力度，强化网格化管理和调度。七、八、九三个月是日产垃圾高峰期，对垃圾量较高的中转站延长开放时间至晚9点，垃圾收集清运时间早晚均延长为早5点至晚9点，月平均增加清运频次200余次，使垃圾清运工作高效率。加强车容车貌管理。为有效控制车体脏污对城市环境影响，清运公司组织修造厂人员集中对所有中转站内200个垃圾集装箱进行打磨、喷漆，制作20余个车辆挡板，以进行更换。驾驶员及起吊工齐监督，杜绝清运过程中的垃圾撒漏现象。

【公厕设施维修和旱厕改建工程】 为确保公厕能以完善的设施设备服务于民、迎接复检。花费40万余元对百余座公厕出现的墙皮脱落、隔板破旧、地面掉磁、线路老化、换气设施不全、房顶漏水、标识牌破损等进行维修更换、改造完善。解决旱厕周边的脏、乱、差环境，实施城区及上前城、满春村共七座旱厕的改建工程。夏季入厕人流量增大，增加清扫保洁频率，达到无蝇蛆、无尿垢、无杂物、无灰尘、无异味，室内外干净的"五无一净"标准，确保做到服务标准和服务质量不下降。适当延迟开放，增加消毒频次，为保障高峰季以及重大节日和活动期间的市民如厕需求，进一步提高服务质量。对宁园、西塔、仁义巷、中医院对面、回民二小等群众呼声较高的公厕根据具体情况，延长开放时间，由原来的早6点至晚11点延长早5点半至晚12点或凌晨1点。同时，严格规定管理人员每天分晚、早、中、三个时段对所有公厕进行消毒，及时消灭蝇蛆和各种异味。与公厕管理人员签订了《公厕目标管理责任书》，厕内《公厕管理服务标准》《公厕管理员岗位职责》等管理规定上墙。严格按照创卫标准，实行"跟进式保洁"，确保公厕达到清洁卫生、整洁有序的要求。在确保厕内外卫生环境干净达标的同时，服务态度上要求见"四心"（热心、细心、耐心、虚心），做到特殊服务"四个一"（搀一把、问一声、望一下、送一程）。新增500余块阿语温馨提示牌，中阿博览会期间提供人性化服务，努力打造卫生质量、管理服务双优的"精品"公厕。

【作业车辆车棚改造】 3月至5月，历时两个多月，投入150余万元，对中心大院车棚三面墙体封闭、防风防雨的车棚进行改造，减少恶劣天气对停放车辆的损耗，为中心特种车辆及检查的车辆的停放和养护提供安全场所。

【作业车辆驾驶员安全教育】 为进一步加强道路作业安全意识，提高环卫车辆文明作业的安全性，组织160余名清洁作业车驾驶员参加交通安全知识培训。各公司不定期、小范围组织驾驶员进行安全培训。严格遵守交通法规，严禁疲劳驾驶、醉酒驾驶，做到安全驾驶、文明驾驶。注重保持车容车貌及车辆的日常养护工作，最大限度地避免交通事故的发生。对环卫作业车辆超速行驶、逆行或垃圾撒漏严重等违规行为，一经查实，严肃处理。年内对清运公司4起行车严重违规行为进行了通报批评、效能扣分及一定的经济处罚。

【关心环卫工人生活】 为一线环卫工人增资100元，从2015年1月开始补发。做好退休职工及困难职工的慰问、表彰工作。为47名退休职工举办欢送会并颁发退休证书和纪念品；深入月牙湖大塘北村、冰河家园四期、塘南村等18户残疾及困难群众家中，并送去慰问品；向兴庆区工会争取71万元慰问金，在春节前后为近两千名一线清扫职工送去米、面、油、元宵等食品；"三八"妇女节走访慰问了8名贫困单亲母亲，并表彰了4个"巾帼建功先进班组"；在银川市第十个环卫工人节上，有28名环卫职工受到银川市城管局的表彰。在夏季高温天气，每天上午10时至下午2时向各个环卫工人休息点配送绿豆汤，片区一线环卫清扫人员可就近领取。贺兰山路、六盘山路等较为偏远路段，清扫公司则专门安排流动车辆沿线发放绿豆汤。为避免一线环卫职工高温作业中暑，中心购买了5000余元的防暑药品，如藿香正气水、风油精、人丹等，及时发放到一线职工手中。对环卫工人休息室进行装修，本着经济实用的原则对8处休息室进行改造装修（包括两辆流动服务车在内，共有25个环卫工人休息点），改造后环卫工人休息室达到"四统一"，统一门头安装、统一装修风格、统一设施设备、统一管理制度，确保环卫工人在工作之余有温馨舒适的就餐休息场所。工会组织各部门监管人员深入一线，把2015年考上全日制高等院校、家庭困难的职工子女作为重点帮扶对象，详细了解他们的生活困难情况，对符合申报条件的，建立困难学子"助学"档案，做到"三清"，即学生考试情况清、家庭收入情况清、困难状况清，及时向上级工会组织予以申报，并对申报的困难家庭材料进行公示，努力做到助学申报工作公平、公开、公正。已为6户经济困难大学新生家庭申报了"金秋助学"救助。

（供稿人：刘静）

▷ 商贸·物流

【概况】 2015年，各项经济指标开始回到基本平稳的轨道，新产业新业态持续平稳增长。商贸服务带有重点建设项目15个（不含通用机场及通航产业园项目），均为续建项目，计划总投资514亿元，完成年度投资41.9亿元，占年度计划的62%；实现交易额162.6亿元，同比增长0.68%，利税8.13亿元，同比增长0.70%，就业人数4.9万人，同比增长2.08%。永泰城市综合体、宁港财富中国等14个重点续建项目顺利开工建设，项目开工率达到93%，项目工程任务量均已达70%以上。帮助宁夏结婚中心、曹操购物网等企业申报2015年自治区商务厅产业引导基金；帮助宁港产业园引入维也纳酒店管理有限公司、智联招聘、灵武荣昌绒业集团有限公司等入驻企业7家；帮助辖区企业卧龙变压器建立国家级和地方联合工作实验室1个、国家技术中心分中心1个、院士工作站1个，争取到银川市重点人才项目资金12万元；帮助宁夏诺得曼生物技术有限公司建立全区民营小微企业唯一的一个院士工作站——宁夏农业微生物应用技术院士工作站，引进中科院院士1名、加拿大籍微生物应用技术专家1名、博士生导师3名、博士2名、宁夏跨世纪学术技术带头人1名；发掘物流带自有资源星火职业技能培训学校以及重点企业组织“电子商务专题讲座”等专场培训30余场600余人（次）；协助企业组织外派培训人数90余人（次）；累计培训行政管理和企业中高层次管理人才40余名，培训物流行业实用人才百余名；在与IBM 联合成立园区创新平台基础上，引入全国在信息技术、电子商务、现代金融等方面的高级人才11名，包括IBM咨询团队3人、北大纵横管理咨询团队3人、京东电子商务副总经理1人、北京签单王企业管理有限公司4人。中阿博览会期间，帮助宁夏茶叶流通协会、宁夏茶业行业协会举办宁夏（首届）中阿国际茶博会，开展“一带一路”战略下茶产业发展论坛。

宁夏国芳百货购物广场有限公司

宁夏国芳百货购物广场有限公司

成立于2008年1月28日，是甘肃国芳工贸（集团）股份有限公司布局西北战略连锁首家外阜时尚精品购物广场。它地处银川市新华街核心商圈，是一家集购物娱乐、餐饮休闲、院线为一体的大型时尚精品城市广场，云集DIOR、LANCOM、娇兰、后、娇韵诗、悦诗风吟等国际一线化妆品牌，汇聚众多更国际、更时尚、更精致的宝姿、恩曼琳、玛丝菲尔、Koradior、素让、edit10n等国内一线名品女装。

银川居然之家

2014年10月，居然之家银川光耀店正式开业，是居然之家在全国开设的第96家分店，位于兴庆区核心地区，地理位置优越，交通便捷，区位

优势明显，规划建筑面积约7万平方米，汇集了国内外200多个著名家居建材品牌。

公司秉持“让家装和家居服务快乐简单”的企业核心价值观，提倡“专业化、市场化、规范化、学习化；服务为本、诚信为本；用心做人、用心做事；执行为先、企业利益至上；永争第一、拿业绩说话；团队精神，共同发展”的企业管理主张和企业精神，以先进的服务理念和专业化、年轻化的管理团队，努力打造全银川“最幸福的卖场”。

银川四季青国际服装城

银川四季青国际服装城是杭州四季青服装集团做为四季青全国战略布局中西北地区的一个重要节点，携手银川众一集团共同打造的西部地区最大的服装批发商城，填补西北地区没有大型专业服装批发市场的空白。杭州四季青服装集团是中国三大服装批发运营商之一，在国内拥有18家专业市场、1200个服装品牌、1万余家品牌商户、1000亿元以上的年交易额，建立起良好的形象和信誉。银川四季青国际服装城由杭州四季青服装品牌厂家直接供货，按照省级代理的政策给予商户优惠，按照二级批发市场的模式开发建设，按照一级市场的模式运营。发挥银川中心城市在宁夏区域100公里以内的核心经济圈、周边方圆300公里内的内经济圈、300—500公里范围的外经济圈的集聚力、辐射力和带动力作用，将成为辐射周边500公里范围地区的上游服装批发中心，可以引进3000多个国内知名服装品牌的一级代理，可培育1500余个自主创业者（服装经营户），提供5000余个就业岗位，同时还可提供电子商务创业平台，供500余名大学毕业的年轻人进行电子商务创业，年销售额可达到50亿元以上。

银古物流中心

宁夏交通国际物流港2007年5月成立，是集仓储、配送、零担运输、整车运输、停车住宿、餐饮娱乐、汽车修理、汽车驾培、货物中转、货运代理、保险代理以及物流信息服务等功能和业务为一体的大型综合物流国有企业，隶属宁夏交通投资集团有限公司，注册资本3000万元，资产总额2.8亿元，入驻各类经营业户360多家。前身是1995年9月成立的宁夏公路运输站场建设开发服务中心，由银古物流中心、银古物流零担快运公司、银川驾驶员培训中心、宁夏交通职业技能鉴定所、宁夏交通职业技能培训学校等5家单位组成，

银古物流中心园区占地380亩，是交通运输部在全国规划的45个公路主枢纽之一，东邻京藏高速公路，南依青银高速公路，北连银横公路，距银川市中心商圈4公里。建有管理服务中心2112平方米；高架立体仓库8栋，面积35200平方米；平面仓库11栋，面积10652平方米；零担货物

中转库13栋，面积11628平方米；货运信息交易用房236套，面积11000平方米；大型停车场35000平方米，可停放400多辆大型货车；物流宾馆5000平方米；汽车修理部40套，面积1155平方米。

经过多年的持续发展，银古物流中心已经成为宁夏最大的零担货物集散中心，是宁夏知名的大型综合物流企业，先后被人事部和中国物流与采购联合会评为全国物流先进企业，被银川市评为文明单位和“小巨人”企业；通过了ISO 9001质量管理体系认证，是宁夏第一家国家4A级物流企业；被工信部评定为“国家中小企业公共服务示范平台”。

▷财政·税收

财政

【概况】 2015年，制定了《兴庆区政府投资项目管理办法》《兴庆区政府投资项目竣工验收管理暂行办法》《兴庆区村级公益事业建设一事一议财政奖补项目及资金管理办法》《兴庆区花卉产业发展基金管理办法》等各项制度及管理办法，使财政工作更加公开透明，促进财政管理的规范化、制度化、科学化、信息化。与税务部门的配合，深挖税源，坚决消除征管“盲区”和“盲点”，不留“死角”，全力堵塞征管漏洞，有效提高税收质量，增加财政收入。

【公共财政预算收入】 2015年，兴庆区一般公共预算收入129600万元，为年度预算128875万元的100.6%，同比增长12.6%，基金预算收入93875万元（自治区、银川市专项补助），债券置换资金收入63536万元，全面完成了兴庆区三届人大三次会议确定的收入任务和增长目标。

【公共财政预算支出】 2015年，兴庆区三届人大三次会议批准的一般公共预算支出147264万元，调整支出数为235997万元，实际支出221598万元，其中公共财政预算支出数调整为231470万元，实际支出217071万元，为年度变动预算的94%；上解支出数调整为4527万元，实际上解支出4527万元。基金预算支出93557万元，债券置换资金支出59749万元。

【支持教育事业】 加大义务教育均衡化发展工作资金投入。投入1.59亿元，完成16所学校的扩建、迁建和维修改造工程；拨付45026万元，用于教师工资、医疗、保险等待遇保障；拨付5958万元，用于54所中小学校义教经费及取暖费，提高了义务教育阶段的日常公用经费保障水平；拨付565万元，为13所农村中小学7000名农村学生提供免费的营养早餐；拨付635万元，用于农村教师交通、生活补贴、基层工作津贴；拨付5321.48万元，用于弥补2014年教育经费投入不足，保证2015年兴庆区通过国家义务教育均衡化验收。

【支持社会保障体系建设】 落实城乡低保标准自然增长机制，拨付城乡低保资金4461.93万元，保障城乡低收入人群的基本生活；拨付315万元不断完善社会救助体系，提高城乡困难群众医疗救助标准，保障低保对象、五保户、优抚对象等困难群体享受救助；拨付1854万元救助资金，用于抚恤补助、重度残疾人生活救助、自然灾害生活补助和对刑事被害人的救助等，切实保障困难群体的基本生活；拨付1872.59万元，继续实施“七免一救助”、卫生计生宣传和普惠性健康体检医疗设备采购，完成城乡居民普惠性健康体检9300人（次），建立居民电子健康档案51万份；拨付区市公益性岗位补贴资金2998.15万元，帮助977名“4050”城镇下岗失业人员实现再就业；拨付1800万元，用于6716名灵活就业人员社会保险补贴；拨付317.89万元，用于统筹推进城乡社会保障体系建设，完成统筹城乡居民养老保险参保3.5万人，参保率达95%。

【涉农补贴资金的支出】 2015年发

放各种涉农补贴资金2284.54万元，其中农机购置补贴509.31万元“良种补贴”142.50万元，“水库移民补贴”15.90万元，“粮食直补和农资综合补贴”1533万元，“草原生态补偿”83.83万元。实施“一事一议”财政奖补项目资金1700万元。

【政法资金投入】 检法司共拨付9184万元。拨付1746万元用于法检两院基建支出；拨付1290万元用于保证检察院、法院公用经费达到上级规定人均公用经费4.3万元（其中本级财政安排2.6万元，中央财政安排1.7万元）；拨付156万元用于保障司法人均公用经费2.3万元的标准；拨付2533万元，用于兴庆区公安分局504名协勤人员工作经费，为“平安兴庆”建设提供有力地资金保障；拨付539万元，用于老旧小区视频监控安防改造和兴庆区社会服务管理信息平台装修工程及分局巡防中心基建；拨付400万元，用于禁毒工作，净化社会生活环境。

【美丽兴庆建设资金支出】 拨付环卫经费10567万元。拨付751万元，用于实施环卫工人免费享受早、午餐工程；继续落实一线环卫职工增资100元机制，以保障环卫工人人均工资达到1700元/月，支付1839名环卫工人及新增126名环卫工人工资4008万元，使兴庆区环卫工作清扫面积达到按量核算；拨付893万元，为874名环卫工人缴纳保险，保障环卫工人老有所依；追加833万元，用于采购垃圾清扫车、垃圾箱、统一作业服装、环卫中心改造工程，新增改建环卫休息室26个，环卫工人待遇得到进一步提高。

【重点项目建设投资】 2015年，累计投入414337.82万元用于劳动就业和社会保障服务中心项目、银川通用机场和通航产业园项目、康居工程等重点项目建设。其中劳动就业和社会保障服务中心项目1718.9万元；通贵集镇建设工程3797万元；银川通用机场和通航产业园项目39384.4万元，建成了主干道路、机场跑道、站坪、综合业务楼等配套工程；强家庙、河滩中心村工程12328.5万元；移民安置区及月牙湖针织厂建设工程9997.41万元；湖滨街、新华街道路打通安置区建设工程40889.22万元；康居工程268870万元；教育基建项目工程9521.39万元；化解以往重点项目工程债务27831万元。资金的有效投入，为棚户区高标准配套建设幼儿园、卫生室、“智慧银川”等便民服务设施提供了保障。274万平方米康居安置区交付使用，4万余名群众陆续乔迁新居。

【老旧小区改造支出】 2015年，累计拨付4987万元，对老旧小区采取重点与分散相结合的方法进行整治改造，解决了小区排水不畅、道路破损等问题，改善了城市居民的生活环境。

【月牙湖万亩奶牛污水处理厂项目】 2015年投入1082.17万元，建成月牙湖万亩奶牛污水处理厂项目，对排污管网、垃圾填埋厂、垃圾中转站、庄点污水处理场4个乡镇农环建设项目进行了验收，有效治理了农村污水排放。杜绝垃圾随意倾倒现象，极大改善了农村生活环境。

【乡村道路阳光亮化惠民工程】 投入1060万元，实施乡村道路阳光亮化惠民工程，安装太阳能路灯2454盏，覆盖乡村道路79公里，农村出行条件进一步改善。投入813万元，实施阳光沐浴工程，安装太阳能热水器7501台，“美丽乡村”建设取得成效。

【预算执行管理】 按照优先保障民生支出、据实核拨公用经费、按进度拨付项目支出的原则，完善预算资金拨付、指标控制等关键环节，加快指标流转。完善国库集中支付制度改革，严格支付方式，规范支付流程，简化支付环节，提高财政资金的运行效率；在对专项资金进行财政监督的同时，加强财政资金的跟踪问效，提高财政资金使用效益。2015年，对大新镇拨付过渡期租房费、拆迁办拨付过渡期租房费及宁夏红宝实业有限公司申请退还土地使用费和15家预算单位的非税收入情况进行了联合审计核实和重点检查，保障了资金安全。

【科学编制收入预算】 围绕2015年财政收入目标，及时分解落实收入任务，完善收入增长考核和激励机制。

【“三公”经费的管理】 严格执行中央“八项规定”，强化“三公”经费的管理使用，“三公”经费比2014年减少233万元，同比下降16.3%。

【政府采购管理】 2015年1月—12月，完成货物类公开招标项目47项，节约财政资金1657.99万元；完成服务类采购47项，服务项目按费率中标；完成工程项目招标110项，节约财政资金12250.53万元。

【政府投资项目评审】 强化事前和事中监督，确保工程质量和投资效益。1月—12月受理各行政事业单位、乡镇、街道75家单位50万元以下的基本建设投资项目310项，已审结170项，送审金额3354.06万元，定案金额2659.37万元，审减金额694.69万元，综合审减率20.71%。

【清理存量资金】 对各预算单位结余结转资金进行清理，2015年累计收回各预算单位结余结转资金6588万元，盘活调整用途使用资金3903万元；开展126家行政事业单位固定资产的清查清理工作，通过自查和抽查，兴庆区截至2014年12月31日的固定资产总数为948405个，总价值131754.71万元。

【清理甄别债务】 在2014年年底政府性债务审计结果基础上，财政局将兴庆区历年债务根据合同逐笔核对其真实性和债务的性质。根据财政部有关做好政府债券置换存量债务工作的通知精神，认真审核上报债券置换债务数据，妥善使用债券资金，严格债券资金管理并加大监管力度，顺利完成置换存量政府债务工作。

【严查涉农资金保障农民利益】 2015年，财政局对17个部门和各乡镇2013年、2014年度各级财政预算安排的“三农资金”（含基建投资）以及2010年以来涉农资金自查自纠整改情况进行检查。针对查找出的政府采购不规范、挪用专项资金、对专项资金的使用监管不到位、工程项目管理不规范等4个方面的问题，督促相关单位建立健全规章制度，制定农户申领资格公开化、涉农资金发放社会化等5条整改措施，杜绝违纪违法行为的发生，确保涉农资金的安全。

【公车改革各项准备】 配合经发局开展公务车辆摸底前期工作，推进公车改革，将相关改革方案和表格及时报送银川市。经统计核实，兴庆区涉及参改65家行政单位和参公事业单位车辆241辆，涉及参改人员374人。

（供稿人：张红梅）

国家税务

【概况】 2015年，兴庆区国税围绕“确保一个中心，深化两个核心，夯实三项建设”的工作思路，贯彻“依法征税，应收尽收，坚决不收过头税，坚决制止和防止越权减免税，坚决落实各项税收优惠政策”的组织收入原则，贯彻落实中共十八届四中、五中全会精神，以“守纪律、讲规矩”和“三严三实”主题活动为契机，为国聚财、为民收税，着力提升依法行政、税收征管、纳税服务水平，通过科学分配收入任务，严格收入目标责任，加强税收分析预测，密切监控重点税源，深化纳税评估等措施千方百计组织税收收入，实现了税收收入的稳步增长。截至10月31日，兴庆区北区国税累计组织税收收入73904万元，完成年度税收计划的86.95%，同比增长5.22%，增收3665万元，快于时间进度3.62个百分点。组织市区级收入29172万元，同比增长8.70%，增收2336万元。兴庆区南区国税组织税收收入12.68亿元，完成计划任务12亿元的105%，超收6800万元。其中小区级收入累计完成6735万元，同比增长8.49%，增收527万元；营改增累计完成6353万元，同比增长28%，增收1410万元。

【重点税源管控】 制定2015年独立纳税重点税源监控报表制度，适时扩大重点税源企业的监控范围，对重点税源企业进行适时监控，逐一开展税源调查，密切关注企业生产经营状况，分析财务变动情况，对分析指标异常企业配合纳税评估做到管查互动。加强日常服务，定期调研座谈征求意见，了解重点税源企业的涉税需求，采取一对一服务、上门服务、绿色办税通道等方式，提高办事效率，为企业提供优质高效的服务；帮助企业化解风险，对企业的涉税疑点事项，采取预警监控和纳税评估的方式，及时提醒、督促纠正，在确保国家税款及时足额入库的同时保证了企业享受到各项优惠政策，基本实现重点税源企业“应收尽收，该免全免”。兴庆区国税北区重点税源实现税收收入占总收入的40%以上，对年纳税额在300万元以上的45户较大型重点税源企业进行适时监控，筛选出117户监控的重点税源企业，1月—10月，中小税源企业入库税款38931万元，同比增长23.85%；兴庆区国税南区按照“抓大、控中、管小”的方式，对重点税源企业税源实行精细化的分类管理，将企业按税收1000万元以上，1000万元—500万元，500万元以下进行划分，59户重点税源企业缴纳的税款占全部入库收入的78.6%以上。

【纳税评估】 按照数据分析、案头审核、约谈举证、实地核查的递进程序，组织实施专业化团队式的纳税评估。对评估过程中解除疑点的，终止评估；对应纳税额未按税法规定计算的，调整申报，依法补缴税款和滞纳金，并相应调整账务；对一般税收违法问题，依法直接处理；对涉嫌偷逃骗税和虚开发票等违法行为的移交税务稽查处理。通过统一选案和专业化的纳税评估，进一步提高了纳税评估工作的质量和效果。业务科室之间形成联动，逐户分析所控管企业相关数据变化情况，对比分析出疑点企业，变被动等数据为主动要数据，从而更精准筛选需评估的相关企业信息。截至10月31日，兴庆区国税北区评估公路货运企业57户，评估增值税税款216.21万元，其中入库增值税税款129.13万元，所得税税款9.86万元，加收滞纳金13.93万元，抵顶增值税留抵税款60.09万元，评估调增3户企业所得税应纳税所得额224.64万元；兴庆区国税南区评估54户，补缴增值税241.43万元，补缴所得税110.3元，加收滞纳金31.96万元，调增应纳税所得额588.05万元。

【金税三期上线】 作为银川市金税三期试点单位，以“金三”顺利上线为契机，紧抓人员培训、数据清理、系统初始化准备、全量运行、宣传应急、网络设备保障等关键环节，做好扎实的准备工作。自2015年4月13日双轨运行以来，兴庆区北区国税局对全员进行4次系统培训，学习和掌握金税三期系统操作技能，分5批次集中核查清理登记、发票、欠税、多缴税金、预缴税金、违法违章、税收优惠以及金库对账等数据3万余条，在10个业务域累计运行业务127386笔，办理税务登记2872户次，受理申报102426户次，发售发票784305份，入库税款3.82亿元。逐月对未办结任务进行消除，通过多项措施大幅提升征管指标，季度整改信息内容从近万条下降到300余条，尤其是税务登记完整率和财务报表采集率始终保持在95%以上，催报催缴率每月达到100%；兴庆区南区国税局充分做好上线前的各项准备，抽调业务骨干加强培训，全员参与全业务、全量录入，应对双轨期间双轨录入各类业务数据17269条，集中和骨干专项培训22次，完成测试演练业务19项5525条，演练成功5476项，数据准确率99.1%；7月1日单轨上线运行首月，通过操作“金税三期”税收管理系统累计办理各类业务52102笔，占银川市业务量的24.6%。其中税务登记561笔、注销登记92笔、申报业务34441笔、代开发票1141笔、发售发票4520笔、发票验旧3219笔、税费种认定1155笔、一般纳税人资格认定106笔、税收优惠备案94笔、违法行为处理1876笔、定额核定4897笔。征收税款22825万元。

【提升风险防控水平】 2015年自治区国税局下发给兴庆区北区国税局风险防控指标涉及申报类、发票类、运输抵扣类、欠税类和减免税核查类等11类2744条指标，其中中风险类指标4类74条，低风险类指标4类170条，预警类指标3类2500条信息。为确保完成任务，加强业务辅导，针对风控管理指标进行细化分解，逐局、逐人，一对一进行业务讲授，同时将日常巡查与风险防控任务完成相结合，切实将风险防控融入日常管理中。兴庆区南区国税局加强风险管理，做好预警数据核查反馈，完成低风险征管类涉及1项（一址多照）60条；中风险征管类2项3户；低风险货劳类涉及1项（交通运输业增值税零负申报风险点）4条，逐户下发了《税收风险提醒函》，提醒企业关注风险，对存在问题的限期改正；中风险货劳类有6项118户；其中升级版发票开具与申报销售差异风险36户，对31户属错误申报的企业，责令补充申报，补缴税款15497.99元，加收滞纳金555.42元，对5户误操作形成的企业进行辅导和提醒，避免此类问题的再次出现；特定纳税人征收率风险18户，逐户进行辅导并通知补充申报；发票代开中风险1项3户，通过建立代开台帐，加强数据比对，杜绝了各种问题的发生；中风险专项纳税评估1户，补缴增值税697000元，加收滞纳金1045.5元。

【出口退税管理】 严格贯彻《全国税务机关出口退（免）税管理工作规范》《出口企业分类管理办法》《出口货物税收函调管理办法》，正确宣传新的出口退税政策，按照政策规定和退税工作规程的要求，及时受理、审核出口退税。2015年，兴庆区北区国税局根据纳税信用等级、出口退（免）税有关规定，将89户出口企业分别评定为一类、二类、三类、四类，做好出口退税企业的分类管理工作。发出调查函51份，涉及专用发票635份，退税3727.9万元，免抵335.41万元；兴庆区南区国税局管理出口企业39户，其中开展出口退税业务的企业15户，退税362.49万元。

【日常税收征管工作】 兴庆区国税北局及时做好一般纳税人的认定管理工作，特别是营改增一般纳税人的认定工作，1月—10月新认定一般纳税人1092户。规范纳税人的登记制度、纳税申报、发票领购开具等涉税行为，通过金三系统、增值税电子底账管理系统、抵扣凭证核查系统及防伪税控系统进行数据审核分析，强化增值税管理。通过金三系统对4月以后新办的一般纳税人启动巡查，对一般纳税人的登记地址、联系电话、发票领购情况进行后续核查；通过电子底账管理系统及抵扣凭证核查系统对疑点纳税人的购销进行比对分析，对涉嫌虚开的124家企业发票全部作失控处理，涉及发票15422份，涉嫌虚开金额55768万元，税额9481万元，涉及抵扣的进项税额17611.82万元，规范了企业发票的领购、开具，有效遏制了企业的虚开违法行为，堵塞了税收漏洞；提高所得税管理质量，完成所得税汇算工作，除非正常、走逃无法申报等原因外，汇算清缴面达到100%，共申报7834户；对26户资产损失税前扣除及享受减计收入、加计扣除及西部大开发的24家企业进行了资产损失及税收优惠自查和专项核查，调增应纳税所得额2.2万元，补缴税款2.5万元。通过门户网站、微信平台、QQ群等网络媒介多渠道广泛宣传发票升级推行工作要求及相关税收政策，细化推行工作方案，采用区域集中、区域通办的工作模式，制定应急预案，明确岗位职责，严格实行"一站式"服务，全面推行增值税发票系统升级版。截至10月底，共计推行一般纳税人3825户，小规模纳税人4586户。兴庆区国税南局严格按照相关要求规范操作，规避、减少风险、消除预警，以此带动征管基础工作更加规范有序。截至10月底，管户25624户。其中一般纳税人3309户，小规模5387户，个体户16928户。1月—10月新增管户4703户，注销纳税人1701户，认定非正常468户，解除非正常13户，重新税务登记34户，审批定额9547户。按照《发票管理办法》及其实施细则严格日常发票管理及后续监管，定期提取纳税人申报与发票验旧异常数据，检查各类个体和企业80户，查处违法企业24家，收缴各类假发票12份，涉及非法发票121份，涉及金额108.06万元，补税13.45万元，罚款1.23万元。规范消费税管理，国税南局服务的消费税纳税人43户，1—10月入库消费税1684万元。所得税汇算清缴应申报户5124户。其中非正常166户，稽查在案走逃户17户，申报4941户。

【落实税收优惠政策】 严格按照《全国税务机关纳税服务规范》（2.0版）和《宁夏回族自治区国家税务局关于明确部分企业所得税优惠事项纳税服务规范的通知》的要求，做好税收优惠政策的审批、备案、后续管理事项，落实好增值税和企业所得税税收优惠政策，重点做好小微企业税收优惠政策的宣传和落实。2015年，兴庆区国税北局有符合条件享受增值税税收优惠的小微纳税人14302户次，减免增值税523.68万元，享受小微企业所得税税收优惠718户，受惠面达到100%，减免所得税266万元；新增受理增值税减免税109户，累计减免户数达到654户，截至三季度共减征增值税销售额113512万元；2014年汇算结束后所得税累计减免户数达到1363户（包括小微企业税收优惠），2014年度共减免所得税11160.88万元。结合"便民办税春风行动"和《全国县级税务机关纳税服务规范2.2版》的实行，围绕"最大限度便利纳税人、最大限度规范税务人"的宗旨，为纳税人提供满意服务。按照《全国县级税务机关纳税服务规范2.2》的要求，实现设立登记、变更登记和停复业登记即时办结，缩短注销登记办理时限；推广网上文书受理系统，使纳税人享受足不出户办理涉税事宜的便捷；积极落实"三证合一"工作，主动加强与信息采集部门的联系和协调，确保信息采集的完整性；实行开放式发票管理，继续简化专用发票最高开票限额审批程序和普通发票最高版面核定程序，明确票种鉴定人员工作职责，按纳税人需求增加发票领用数量，告知定期验旧规定，处理好服务与管理衔接；积极落实同城通办要求，为纳税人提供满意服务。截至10月31日，受理税务登记6665户，注销登记270户，纳税申报50737笔（其中同城办税5504条），发票发售43324条（其中同城办税1329条），受理一般纳税人登记1092户，税收优惠备案396户；与兴庆北区地税局联合开展新办证户纳税辅导，为纳税人讲解国地税税收政策、涉税注意事项和常规业务办理流程，利用微信、税企QQ群、日常政策宣讲等渠道对《国地税合作规范》及合作事项进行广泛宣传。与地税联合进行纳税信用等级评定，加强对纳税人进行动态分析评估，评定2014年度A级信用等级纳税人35户，与对口银行做好"税联贷""税易贷"事宜。兴庆区国税南局按照始于纳税人需求、基于纳税人满意、终于纳税人遵从的要求，提高办税效率，创新服务手段，提高纳税满意度和税法遵从度，提升纳税服务工作的质量和层次，全面开展"同城通办"工作。截至2015年10月底，为其他辖区纳税人办理纳税申报3070户次，发票领购户1270次，发票代开1520人次，专用发票认证4500份，税务登记、变更107户。积极开展"代、免填单"工作，累计为纳税人办理免填单业务8855份。其中新办税务登记5319户，变更1521户，票种核定2015户。与兴庆南区地税局召开两次联席会议，成立组织领导小组，明确职责，制定《兴庆南区国税局地税局联合注销登记实施方案》，并按照方案对纳税人实施国地税联合注销检查。截至10月底，联合注销15户，查补增值税2.4万元，所得税1.6万元、罚款4000元，调增应纳税所得额22万元。

【规范税收执法行为】 兴庆北区国家税务局遵循“法无授权不可为”原则规范执法，积极清理进户执法项目20项，拟清理执法项目13项，确定本级进户执法项目9类，将进户执法工作划分为涉税规范类、日常核查类和评估类，严格执法程序。已履行进户执法手续165户，杜绝了进户执法的随意性。将5大类13项税收行政审批事项统一前移到办税服务厅办理，提供4项免填单业务，总共对184项业务即时办结，52项业务限时办结，做到了办理业务零门槛、纳税服务零障碍。制定《重大税务案件审理办法》，进一步规范重大税务案件的审理范围、审理程序、工作衔接以及档案管理等，使审理各项工作有章可循。截至2015年10月，受理5起重大税务案件的提请审理工作，及时组织召开重大案件审理会，根据审理委员会的审理决定制作会议纪要及重大案件审理审批表，重大税务案件的审理共计补税76273.78元，罚款19000元。兴庆区国税南局根据《银川市国家税务局关于开展2015年税收执法督察工作的通知》要求，制定并下发了兴庆南区国税局2015年税收执法督察工作方案，采取组织部门自查、进行重点检查、开展系统数据分析比对、深入实地核查等方法开展“税务行政审批改革后续管理情况”等6项内容进行重点督察。对税收执法检查工作发现的问题，及时向责任部门下达《税收执法督查意见书》，要求其限期整改并反馈整改结果。

【税务干部队伍建设】 兴庆区国税北局认真落实干部教育培训工作，坚持每周三“政治业务学习日”制度，将政治理论学习的任务落实在平时，把政治理论学习的成效体现在干部理论素养的提高上。完成23天培训计划，1000多人次参加学习；结合金税三期工程上线，分层次、按类别、有针对性的开展专业技能操作和岗位练兵为载体的教育培训，举办培训班20余期，培训人数300余人次；充分利用区局网络学习系统，搭建学习交流平台，按照区市局关于“三严三实”网络学习要求，112人参加培训，培训面达到100%，累计学习时长1952小时；落实科级后备干部推荐选拔工作。根据《银川市国家税务局系统科级后备干部推荐选拔工作实施方案》精神，推荐5人为科级后备干部。兴庆区国税南局内改流程、减层次、提效率、强素质，外转作风、防形式、重效果、树形象，从严要求每一个干部职工，从思想上牢固树立行风建设无小事的观念，加大工作目标责任制考核和政风行风问责追究力度，从每一件小事抓起，做到人人肩上有责任，件件工作有着落，提高办税质量和效率，提高纳税人满意度和税法遵从度。结合“三严三实”教育活动，把学习中央八项规定、《“四风”问题干部教育读本》等作为全局干部行动准则，从思想深处树立宁夏国税清廉形象，营造风清气正、健康活泼的国税文化氛围，为改进工作作风打牢坚实的思想基础。结合税收工作实际，制定了2015年度教育培训计划安排，坚持每周三集中学习制度，充分利用网络学习系统，拓宽干部学习的渠道，全年共组织各类干部培训近2000人次。认真组织对金税三期的专项操作培训，分层级分阶段，不留死角；选定素质高、业务精、能力强、电脑熟的骨干承担全局师资力量，确保熟练掌握和规范操作各业务模块，应战人海压力测试，应对双轨期间全员参与全业务、全量录入。

（供稿人：何江　徐晓阳）

地方税务

兴庆区南区地方税务局

【概况】 兴庆区南区地方税务局始终把组织收入工作装在心上，扛在肩上，抓在手上，落实在行动中，采取“一带四抓”（局领导带科包所，日抓督导、周抓进度、旬抓分析、月抓考核），扎实开展“营业税清零行动”和“税源风险防控专项行动”等方式方法，多措并举挖潜堵漏，竭智尽力保收促收，最大限度地缩小收入缺口。全年累计完成各项收入157163万元，同比增长11.25%，增收13081万元。其中税收收入81893万元，完成年度税收计划任务的103.01%，超收2393万元，同比增长7.79%，增收5922万元；社保费收入68518万元，完成年度计划任务的108.89%，超收5610万元，同比增长7.50%，增收4778万元；其他收入（不含社保费）6752万元，同比增涨15.54%，增收908万元。

【目标考核“盯”收入】 通过局长、副局长、所长、税管员四级负责制，紧盯目标任务不放松。年初根据市局下达的税收计划任务和各所税源状况，及时科学、合理下达全年税收计划，通过周反馈、月考核紧盯收入进度。8月底，根据各所收入进度和税源变化情况，进一步加大收入考核力度，组织层层签订税收收入目标责任书，按月下达收入计划，将全年目标任务差额层层分解、考核到所、落实到人，每月将税收任务完成情况通过大屏幕进行通报。

【日常管理“保”收入】 针对市局提出的27条组织收入措施，开展“营业税清零行动”、房产税城镇土地使用税清查、严格清理欠税、加强企业所得税汇算清缴清缴工作等一系列挖潜增收的“硬措施、实招数”，促使短收情况逐月收窄。“营业税清零行动”组织入库税款1041万元，企业所得税入库10788万元，其中仅汇算清缴就入库971万元。累计清理欠税606万元。其中清理新欠286万元，清理陈欠320万元。

【重点项目“带”收入】 突出重点行业、重点税源、重点项目监控管理，特别是加大对房地产业、建筑业的监控、巡查和比对，借助辖区建设项目调查梳理进一步完善分局重点项目管理台账，建立和理顺重点项目建设方、施工方、付款方等多方关系及现实征管问题，实施全方位的监管。对12家房地产企业19个建设项目和500万元以上76个工程项目实施监控，累计入库7323万元。

【风险评估“补”收入】 根据日常掌握的风险信息，确定风险对象，采取评估和稽核等手段，重点税源户委托事务所重点评估，中小企业由管理所日常稽核。全年共组织风险评估纳税人153户，涉及税款2463万元，组织入库1975万元。

【协调配合“促”收入】 针对政府代建项目和保障房项目，主动联系协调政府相关部门，采取政府部门第三方信息比对分析和实地核查相结合的方式，以合同为抓手，以工程款拨付即资金流为主线，及时掌握税源情况和款项拨付情况，积极协调甲方付款情况，确保税收及时足额入库。1月—12月，通过部门协调入库税款2500万元。

【优化服务“引”收入】 坚持用全方位的优质服务留住纳税人，稳定现有税源，发掘潜在税源的目标。全年组织入库零散税收10488万元，比上年同期增收1600万元。

10月16日，兴庆南区国、地税检查组对纳税人“宁夏铄铄生态建设有限公司”进行注销检查，标志着国地税联合注销检查进入实施阶段

【制度落实年】 2015年，面临经济持续下行、税源持续偏紧、基数持续攀升、税制改革持续深化的背景下，为确保完成各项目标任务，将2015年确定为“制度落实年”。按照“用制度管人、按制度办事、靠制度管理”的理念，制定下发“制度落实年”主题活动实施方案，并按照制度清理、落实检查、专项督察、考核评比等阶段分步开展、深入推进，完善制度，熟悉制度，遵守制度，严肃制度，提高制度效力，提升工作质效。扎实开展以“财务管理不留死角、税收征管不留盲点、纳税服务不留障碍、责任追求不留情面；思想教育常抓不懈、绩效管理紧抓不懈、作风建设狠抓不懈、廉政建设严抓不懈；纳税服务零投诉、落实规范零差异、税收执法零过错、风险管理零缝隙”“四个不留、四个不懈、四个为零”为主要内容的主题活动。通过建立“三项清单”（建立任务清单、建立落实清单、建立奖惩清单），强化工作绩效。

【“金税三期”单轨上线平稳有序】 按照自治区、银川市地税局的安排部署，完成动员部署、数据清洗、数据采集、双轨测试、双轨运行五个阶段的各项准备工作。经过4个多月的辛勤努力和艰苦奋战，金税三期工程优化版于7月1日正式上线，7月份征期运行平稳有序。在“金税三期”攻坚战的全过程中，做好组织领导到位、学习培训到位、数据维护到位、运维保障到位、宣传工作到位、预约分流到位、问题呈报催报到位“七个到位”。

【税收干部队伍建设】 围绕全局税收业务阶段性重点工作，以“业务讲坛”为载体，按照每月一个主题，突出以带代训、以老带新、以师带徒，开展“税收主题月”活动，提高干部职工职业素养和业务技能。针对干部队伍年龄老化、物质激励弱化、执法监督强化带来的干部队伍活力不强、部分干部不敢担当、不愿担当、不能担当的问题，通过开展干部交流轮岗和双向选择，大胆尝试干部人事制度改革。为了保障公正、民主，在交流轮岗和双向选择工作实施过程中，明确“六项原则”，即坚持党管干部的原则；有利于促进工作的原则；有利于防范廉政风险的原则；公开、平等、竞争的原则；民主与集中相结合的原则；实事求是、因地制宜的原则。分思想动员、双向选择、工作移交接三个阶段，突出三个重点：一是男年龄超过57周岁、女年龄超过52岁（男1958年1月6日之前出生，女1963年1月6日之前出生）的，如本人申请不愿交流轮岗和双向选择的，经分局党组批准可以不交流轮岗和双向选择；二是在同一部门工作（含前后变更部门名称）连续工作超过5年（含5年）以上人员，必须交流轮岗；三是税源管理人员在同一部门管理同一纳税人（辖区）超过2年（含2年）的，必须在部门内部进行管户调整，并报分局备案。设置“两轮选择”：第一轮进行科所长副职人员的双向选择，第二轮进行干部职工的双向选择。对在双向选择中落选的人员进行为期一个月的待岗，待岗期间必须参与分局日常正常的考勤、例会和业务学习，同时应认真完成组织分配的工作任务。待岗期满后，落选人员向分局党组提出书面上岗申请，分局党组对其本人进行专项考核，根据考核结果决定是否重新上岗或继续待岗。

【绩效考评管理】 坚持组织绩效和个人绩效双轮驱动，遵循“横向到边、纵向到底、任务到岗、责任到人”的思路，积极推进绩效管理。按照市局绩效考核工作要求，对市局绩效办下达的共性和个性等考核指标全部承接，制订2015年考核机关科室和税务所的组织绩效考评指标、个人绩效的考核办法和实施细则。创新设置指标，把标准化税务建设、征管规范、纳税服务规范等一些指标融入到个人绩效考核指标中，发挥绩效管理的“指挥棒”的作用。

【360°全景地税体验日活动】 4月17日，为帮助纳税人了解《全国税务机关纳税服务规范》，体验规范实施的便民服务举措，邀请辖区A级纳税人代表、小微企业代表、新办企业代表等50余人通过“听、忆、看、触、学、助、谈”七个环节，全面感受《全国税务机关纳税服务规范》带来的统一、标准的优质化服务。听——听取兴庆区南区地税局介绍有关工作情况；忆——带领纳税人代表参观宁夏地税文化中心，回忆宁夏地税20年发展历程；看——引导纳税人实地观看12366纳税服务热线中心工作现场；触——在办税服务厅实地体验办税流程，参观VIP服务室；学——在纳税人学堂学习小微企业税收优惠政策；助——了解税银互动，签订“税联贷”协议，助力小微企业发展；谈——体验完毕，纳税人代表与税务人员座谈，纳税人代表发出诚信纳税的倡议，税务机关做出纳税服务公开承诺。

【税收优惠政策落实】 在落实税收优惠方面，始终坚持广泛宣传、跟踪辅导、逐户落实的原则，确保小微企业税收优惠政策贯彻落实到位。截至9月底，为384户小型微利企业减免企业所得税256.14万元，为符合条件的小型、微型企业减免营业税28655户次，减免营业税417.83万元，减免城建税116.82万元；为符合条件的1户小型、微型企业减免房产税30.64万元。

【个人所得税明细申报】 为稳步推进个人所得税全员全额明细申报工作，促进代扣代缴管理系统推广扩面突出“三快”积极部署，及时安排对辖区6654户扣缴单位进行全面培训，为后期明细申报工作的梳理推广打下了良好的基础。从10月申报期开始，针对辖区内扣缴单位零散、零申报户多等不便于推广的现状，坚持高点定位，科学规划，建立起局长亲自抓、分管局长靠上抓、专业科室具体抓的联动工作机制，及时成立个税扣缴软件应用推广工作领导小组，层层签订推广目标责任书，将工作进度与目标考核挂钩，做到任务明确、职责清晰、考核严格，为明细申报工作有序开展奠定坚实基础；9月，对税务干部、扣缴单位进行全员培训，安排专用场所、专业人员全天候为纳税人提供实际操作辅导，确保培训一户安装使用一户；立足行政单位工资由财政部门集中支付、大部分事业单位由主管单位统一领导的实际，秉承“特事特办”的原则，积极与自治区财政厅支付中心、银川市财政统一发放办公室等单位和区局税政二处、信息中心等部门领导协调，适时联系召开专题座谈会达成共识，取得各单位的大力支持，使明细申报工作取得实质性进展；针对个人所得税全员全额明细申报推广中部分纳税人的抵触情绪，及时采取“分局、税务所、专管员”三级通知模式向扣缴单位告知个税扣缴明细申报要求，由专管员逐户联系解释个税扣缴明细申报的意义，并组织专业人员对扣缴单位申报中遇到的疑难点问题现场处理解决，充分体现人性化管理服务，进一步提高了扣缴单位的申报遵从程度。11月底，通过系统提取。截至12月底，6254户纳税人（不含个体户、外建户和临时户），已有5713户纳税人成功运用个人所得税全员全额申报扣缴软件进行个税申报，占应申报管户比例的91.35%。

兴庆区北区地方税务局

【概况】 2015年是税收形式最为严峻、收入任务最为艰巨的一年，面对挑战和困难，不断增强组织收入工作的主动性，有针对性地采取措施，加强对重点税源的监控，全面掌握税源变化情况，攻坚克难，下大力气挖潜增收，弥补收入减缺口，仅“大干100天”攻坚阶段就组织入库税款3.37亿元，圆满完成了全年税收任务。截至2015年12月30日共组织各项税费收入19.82亿元。其中税收收入10.451亿元，完成计划任务的100.01%，超收13万元，同比增收0.21亿元；社保费收入9.39亿元，完成计划任务的106.81%，同比增收0.56亿元。

【“金税三期”上线运行】 按照自治区、银川市地税局“金税三期”上线整体安排，克服时间紧、任务重等实际困难，加班加点赶进度，从组织保障、人员培训、沟通交流、监督考核等方面入手，统筹协调、密切配合，不断推进“金税三期”上线工作有序开展，使“金税三期”上线平稳运行。

【网上纳税申报】 通过与网报服务企业联合办公，截至12月底共办理网上申报纳税企业13709家，占正常申报企业的81.19%，网报使用率84.47%以上。

【网络发票推广】 按照网络发票推广的实施方案和培训计划，分批次由简到难逐步实施，组织16期培训班，办理使用网络发票2079户。通过按月将业户申报数据与网络发票开具数据的比对，大力开展发票打假专项活动，为发票使用、缴销、打击发票违法犯罪发挥重要作用。

【纳税评估查补税款】 为了更好的开展纳税评估工作，以“以查代训”的形式，让管理员掌握稽核方法、查账技巧等，从根本上提升税收管理员的管理素质和业务技能。对106家企业进行股权转让和纳税评估，查补入库税费1772.88万元；对305家企业注销进行检查，查补入库税费169.52万元。规范纳税评估和企业注销的检查，为下一步税源管理积累经验。

【税收委托代征】 针对辖区内专业化市场较多、管理难度大的情况，组织开发了委托代征软件，该软件即可监管到国税的定额也可监控到业户发票的开具情况，按照税率计算出税额，由市场管理部门统一汇总缴纳。

【落实减免税审批及税收优惠政策】 严格执行自治区、银川市局减免税管理办法的规定，落实减免税审批制度，定期召开减免税领导小组会议。2015年受理各项备案减免税申请户186户，减免税金额为7242万元。

【企业所得税管理】 积极开展企业所得税汇算清缴工作。首先对管理员进行集中培训，夯实理论知识。2015年汇算清缴2552户，汇算面100%，清缴1064.86万元。

【个人所得税管理】 加强和规范个人所得税的征收管理工作。开展为期3个月的纳税人个人所得税专项培训，培训纳税人8718户，个人所得税明细申报率达到83.66%。2015年受理年所得在12万元以上的纳税人有211户，扣税款693.37万元。

【税收宣传月活动】 部署税收宣传方案，开展“便民办税春风，服务万家小微企业”座谈会和小微企业培训班、大力宣传《全国税务机关纳税服务规范》2.0版。开展“创纳税最优服务、创办税最优环境”活动。在各税务所和征收大厅，宣传《全国税收征管规范》1.0版的实施方案，并结合金税三期工程上线运行，让纳税人了解的岗责体系、业务流程、办税事项，提高办税效率。充分利用网站、短信平台、微信平台、新闻载体，积极宣传税收知识。

【推行“一窗式”服务】 继续推行“窗口受理、内部流转、简化审批、限时办结、窗口出件”的“一窗式”服务新模式，设立全职能“综合受理”窗口后，每日平均办理涉税业务比以前提高了一倍，有效避免了纳税人多次跑、多头找、在各窗口间交叉排队等候现象，纳税人满意度大幅提高，地税形象进一步提升。

【星级办税服务厅建设】 结合创办五星级办税服务厅活动，加大软硬件投入，设置办税服务、咨询辅导、自助办税、等候休息四个区域，建立纳税人VIP室、工作人员心里减压室，以“阳光服务”“效率服务”为目标，深入推进星级办税服务厅建设，全面推行“一窗式”、绿色通道和“首问责任制”，提升纳税服务质量和效率。2015年，办税服务厅被评为“五星级”办税服务厅。

（供稿人：王珏　李崇文）

▷ 金融

【上海浦东发展银行银川分行】 上海浦东发展银行银川分行是上海浦东发展银行股份有限公司（以下简称浦发银行）2014年4月17日为前瞻性融入国家“一带一路”战略在宁夏设立的一级分行。浦发银行是1992年8月28日经中国人民银行批准设立，1993年1月9日开业，1999年在上海证券交易所挂牌上市（股票交易代码：600000）的全国性股份制商业银行，总行设在上海。注册资本金196.53亿元。浦发银行已在全国30个省、直辖市、自治区以及香港特别行政区开设一级分行40家、二级分行（含地级市异地支行）118家，营业机构逾1300家，机构网点总数达到1660个（其中社区、小微支行592个），员工超过4.2万名，架构起全国性商业银行的经营服务格局。2015年5月，《福布斯》杂志发布“全球企业2000强”榜单，浦发银行居榜单第84位，排名上榜中资企业第15位，上榜中资银行第9位；6月，英国《银行家》杂志发布“全球银行1000强”排名，根据核心资本，浦发银行排名全球第35位，居上榜中资银行第8位；7月，美国《财富》杂志发布财富世界500强排行，浦发银行位列第296位，居上榜中资企业第59位和上榜中资银行第9位。

【中国光大银行银川分行】 中国光大银行股份有限公司银川分行成立于2015年11月，位于银川市兴庆区解放西街219号。是中国光大银行在境内30 个省、自治区、直辖市115个经济中心城市设立的1119 家分支机构之一。

【中国银行】 中国银行1912年2月经孙中山先生批准正式成立。从1912年至1949年，中国银行先后行使中央银行、国际汇兑银行和国际贸易专业银行职能，1949年以后，中国银行长期作为国家外汇外贸专业银行，统一经营管理国家外汇，开展国际贸易结算、侨汇和其他非贸易外汇业务，支持外贸发展和经济建设。1994年中国银行改为国有独资商业银行，2004年8月中国银行股份有限公司挂牌成立。2006年6、7月，中国银行先后在香港联交所和上海证券交易所成功挂牌上市，成为国内首家“A+H”发行上市的中国商业银行。

表15

兴庆区辖区中国银行营业网点情况表

序号	机构名称	机构地址	批准成立
1	中国银行股份有限公司银川市宝湖东路支行	兴庆区南薰东街永安巷751号 鲁银拾城塾15号楼3号营业房	1988-01-20
2	中国银行股份有限公司银川市东城支行	兴庆区景墨家园141号楼8至11号营业房	1994-04-08
3	中国银行股份有限公司银川市凤凰北街支行	兴庆区凤凰北街海宝小区2号营业楼2、3号营业房	1996-07-15

续表15

序号	机构名称	机构地址	批准成立
4	中国银行股份有限公司银川市富宁街支行	兴庆区富宁街27号	1996-01-10
5	中国银行股份有限公司银川市湖滨支行	兴庆区湖滨西街65号	1988-08-06
6	中国银行股份有限公司银川市解放街支行	兴庆区解放西街170号	2008-07-09
7	中国银行股份有限公司银川市民族北街高尔夫支行	兴庆区民族北街高尔夫家园22-1号	2003-11-17
8	中国银行股份有限公司银川市民族北街支行	兴庆区民族北街9号	1998-12-07
9	中国银行股份有限公司银川市南熏西路支行	兴庆区南熏西路313号	1992-12-01
10	中国银行股份有限公司银川市清和北街支行	兴庆区清和北街386号	1993-12-05
11	中国银行股份有限公司银川市胜利街支行	市兴庆区胜利街155号	2003-11-17
12	中国银行股份有限公司银川市石油城支行	兴庆区燕鸽湖二区三段002室	2003-08-28
13	中国银行股份有限公司银川市太阳街支行	兴庆区太阳街太阳都市花园西侧营业商铺	1992-06-17
14	中国银行股份有限公司银川市唐徕支行	兴庆区凤凰北街田园巷100号城市1号花园2号楼商业104室	1991-12-01
15	中国银行股份有限公司银川市文化中街支行	兴庆区文化东街5号楼8号营业房	1998-12-05
16	中国银行股份有限公司银川市西城支行	兴庆区凤凰北街21号	1992-10-10
17	中国银行股份有限公司银川市西桥巷支行	兴庆区西桥巷130号	1994-09-19
18	中国银行股份有限公司银川市新华东街支行	兴庆区新华东街115号	1993-04-20
19	中国银行股份有限公司银川市新华街东方支行	兴庆区新华东街269号	1993-11-01
20	中国银行股份有限公司银川市新华支行	兴庆区新华东街43号	1999-07-01
21	中国银行股份有限公司银川市燕鸽湖支行	兴庆区石油城一区二段办公楼东一层	1994-12-01
22	中国银行股份有限公司银川市玉皇阁北街支行	兴庆区玉皇阁北街120号	1994-07-06
23	中国银行股份有限公司银川市长城路支行	兴庆区长城东路310号	1990-08-06
24	中国银行股份有限公司银川市中山北街支行	兴庆区中山北街196号兴庆区辖区中国银行营业网点	2000-09-03

【中国邮政储蓄银行】 于2007年3月20日正式挂牌成立，是在改革邮政储蓄管理体制的基础上组建的中国第五大国有商业银行，承继原国家邮政局、中国邮政集团公司经营的邮政金融业务及因此而形成的资产和负债，并将继续从事原经营范围和业务许可文件批准、核准的业务。中国邮政储蓄银行在全国31个省(市 、自治区)全部设立了省级分行，在大连、宁波、厦门、深圳、青岛设有5个计划单列市分行。 2012年2月27日，经国务院同意，中国邮政储蓄银行有限责任公司于2012年1月21日依法整体变更为中国邮政储蓄银行股份有限公司。2015年12月开始，中国邮政储蓄银行由单一股东向股权多元化迈进，采取发行新股方式，融资规模451亿元，发行比例16.92%。

表16 **兴庆区辖区中国邮政储蓄银行营业网点情况表**

序号	机构名称	机构地址	批准成立
1	中国邮政储蓄银行股份有限公司宁夏回族自治区分行	解放西街9号宁夏邮政大楼	2007-12-21
2	中国邮政储蓄银行股份有限公司宁夏回族自治区分行直属支行	兴庆区民族北街2号	2008-02-29
3	中国邮政储蓄银行股份有限公司银川市宝湖东路支行	兴庆区宝湖东路康桥水郡14-1幢6-8号	2008-06-03
4	中国邮政储蓄银行股份有限公司银川市北塔东路支行	兴庆区景墨家园1号楼10号营业房	2008-12-31
5	中国邮政储蓄银行股份有限公司银川市北苑支行	兴庆区进宁北街293号	2008-06-03
6	中国邮政储蓄银行股份有限公司银川市陈家寨支行	兴庆区胜利街623号	2008-04-29
7	中国邮政储蓄银行股份有限公司银川市东城区支行	兴庆区中山南街195号	2008-04-29
8	中国邮政储蓄银行股份有限公司银川市分行	兴庆区西桥巷25号	2008-02-29
9	中国邮政储蓄银行股份有限公司银川市凤凰北街福星苑营业所	兴庆区凤凰北街福星苑小区（西侧）1-2号	1996-10-09
10	中国邮政储蓄银行股份有限公司银川市凤凰南街营业所	兴庆区凤凰南街31号	2008-04-29
11	中国邮政储蓄银行股份有限公司银川市湖滨西街支行	兴庆区湖滨西街81号	2008-06-03
12	中国邮政储蓄银行股份有限公司银川市解放东街营业所	兴庆区解放东街365 号	1996-10-09
13	中国邮政储蓄银行股份有限公司银川市进宁北街支行	兴庆区北京东路268号	2008-06-03
14	中国邮政储蓄银行股份有限公司银川市兰亭苑支行	兴庆区燕鸽湖二区三段	2008-04-29
15	中国邮政储蓄银行股份有限公司银川市丽景北街在水一方支行	兴庆区丽景北街在水一方D区1#商业楼1-2号营业房	2008-06-03
16	中国邮政储蓄银行股份有限公司银川市丽景支行	兴庆区丽景街宜春巷丽景湖畔66号-1	2008-12-31
17	中国邮政储蓄银行股份有限公司银川市利群西街营业所	兴庆区利群西街7号	2008-06-03
18	中国邮政储蓄银行股份有限公司银川市民族北街支行	兴庆区民族北街188号	2008-04-29
19	中国邮政储蓄银行股份有限公司银川市穆斯林商贸城支行	兴庆区丽景街规划路8号	2008-12-31

续表16

序号	机构名称	机构地址	批准成立
20	中国邮政储蓄银行股份有限公司银川市清和北街支行	兴庆区清和北街401号	2008-06-03
21	中国邮政储蓄银行股份有限公司银川市清和南街清沁苑支行	兴庆区清和南街清沁苑1号楼11号	2008-06-03
22	中国邮政储蓄银行股份有限公司银川市商城支行	兴庆区南熏东街银川商城017-018号房	2008-12-31
23	中国邮政储蓄银行股份有限公司银川市商都营业所	兴庆区商都7B-1-7号	2008-04-29
24	中国邮政储蓄银行股份有限公司银川市胜利街支行	兴庆区胜利街250号	2008-06-03
25	中国邮政储蓄银行股份有限公司银川市双清路塞上骄子营业所	兴庆区双清路塞上骄子公寓15-1号营业房	1996-10-09
26	中国邮政储蓄银行股份有限公司银川市双医路营业所	兴庆区双医路水木清苑住宅小区D16栋7号营业房	1995-12-13
27	中国邮政储蓄银行股份有限公司银川市太阳路营业所	兴庆区太阳路宁夏邮区中心局北侧一楼	1993-08-19
28	中国邮政储蓄银行股份有限公司银川市通贵镇营业所	通贵乡集镇南永通公路西侧清真牛羊肉批发市场11号营业房	2014-08-21
29	中国邮政储蓄银行股份有限公司银川市西城区支行	兴庆区公园街3号	2008-04-29
30	中国邮政储蓄银行股份有限公司银川市新华东街营业所	兴庆区新华东街498号安和园9号楼10号营业房	2006-05-16
31	中国邮政储蓄银行股份有限公司银川市新华街营业所	兴庆区朝阳巷东方红广场西侧一楼	2008-04-29
32	中国邮政储蓄银行股份有限公司银川市新世纪花园营业所	兴庆区新世纪花园3组团1号楼2号营业房	1995-12-13
33	中国邮政储蓄银行股份有限公司银川市兴仁巷营业所	兴庆区兴仁巷领秀一居5号楼9-10号营业房	1993-08-19
34	中国邮政储蓄银行股份有限公司银川市燕庆街营业所	兴庆区燕庆街石油城生活基地商业街2段	2005-09-29
35	中国邮政储蓄银行股份有限公司银川市银河支行	兴庆区银河巷94号	2008-06-03
36	中国邮政储蓄银行股份有限公司银川市永安巷营业所	兴庆区永安巷479号	1996-10-09
37	中国邮政储蓄银行股份有限公司银川市长城东路支行	兴庆区长城东路520号	2008-06-03
38	中国邮政储蓄银行股份有限公司银川市长城路支行	兴庆区长城东路226号	2008-06-03
39	中国邮政储蓄银行股份有限公司银川市长庆支行	兴庆区燕鸽湖石油城燕庆路	2008-06-03
40	中国邮政储蓄银行股份有限公司银川市中山北街营业所	兴庆区中山北街359号	2008-04-29

【宁夏银行】 1998年10月28日，由宁夏回族自治区、银川市两级政府及企业入股组建的一家股份制商业银行。2009年11月26日，宁夏银行小企业信贷中心成立，成为全国较早具备准法人性质的小企业专营机构。2009 年12月8日，宁夏银行西安分行开业，率先在西北城市商业银行中跨省（区）设立分支机构。2011年4月28日，宁夏银行天津分行开业。截至2015年年底，资产总额1190亿元，负债总额1095亿元，各项存款余额820亿元，各项贷款余额550亿元，实现拨备前利润25.9亿元。拥有员工2602人，下辖72 家分支机构,其中总行营业部1家，小企业信贷中心2家，省内分、支行58 家，省外分行2家、省外分行下属支行9家。发起设立隆德六盘山村镇银行。

表17

辖区内宁夏银行分支机构情况表

1	银川兴庆区分支机构	总行营业部	本部	银川市金凤区北京中路157号
2			银川兴庆府大院支行	银川市兴庆区天平街民生MA22东区2-4号-1号
3		西城支行	本部	银川市兴庆区解放西街西桥巷26号
4		东城支行		银川市兴庆区新华东街224号
5		北京路支行		银川市兴庆区北京东路478号
6		光华支行		银川市兴庆区民族南街679-681号
7		新世纪支行		银川市兴庆区北京东路117号
8	银川兴庆区分支机构	湖滨支行		银川市兴庆区湖滨西街88号
9		中山支行		银川市兴庆区清和北街519-525号
10		丽景支行		银川市兴庆区丽景南街246号
11		民生支行	本部	银川市兴庆区民族北街200号
12			银川文化西街支行	银川市兴庆区文化西街19号
13			利民支行	银川市兴庆区利民街151号
14			科技支行	银川市兴庆区公园街8号
15			商城支行	银川市南薰东路中房富力城C座13号
16			永康支行	银川市兴庆区胜利街469号
17			西塔支行	银川市兴庆区新华西街53号综合楼东侧1-2层
18			光明支行	银川市兴庆区文化东街121号
19			新华东街支行	银川市恒诺家居建材一层五号
20			凤凰支行	银川市兴庆区凤凰北街138号
21		广场支行	本部	银川市兴庆区胜利街93号
22			银川六盘山路支行	银川市兴庆区龙盘家私东北角商务楼1-2号
23		新华西街支行	本部	银川市兴庆区新华西街392号
24		鼓楼支行		银川市兴庆区鼓楼北街2号
25		北塔支行		银川市兴庆区海宝东路470号

驻兴庆区保险公司网点一览表

公司名称	地　址
中国平安人寿保险股份有限公司宁夏分公司东城营销服务部	银川市兴庆区北京东路476号荣恒大厦4、5、6、7、8层
中国平安人寿保险股份有限公司宁夏分公司永康营销服务部	银川市兴庆区新华东街建发商业广场B3号楼B5段五层
中国平安人寿保险股份有限公司宁夏分公司宁远营销服务部	银川市兴庆区民族南街240号光耀大厦4层
中国人民财产保险股份有限公司银川分公司营业部	银川市兴庆区民族北街181号
中国人民财产保险股份有限公司银川分公司电子商务营业部	银川市兴庆区民族北街177号商业楼
中国人民财产保险股份有限公司银川市西门支公司	银川市兴庆区西桥巷24号
中国人民财产保险股份有限公司银川市宝湖支公司	银川市兴庆区清和北街景墨家园110-3号
中国人民财产保险股份有限公司银川市兴庆支公司	银川市兴庆区清河北街49号
中国人民财产保险股份有限公司银川市中山支公司	银川市兴庆区北京东路638号吉泰公园世家2号综合楼
中国太平洋人寿保险股份有限公司宁夏分公司	银川市上海中路和信创展中心16楼
中国太平洋人寿保险股份有限公司银川中心支公司	银川市上海中路和信创展中心7楼
中国太平洋人寿保险股份有限公司兴庆区支公司	银川市上海中路和信创展中心4楼
中国人寿保险股份有限公司银川分公司	银川市新华东街47号
中国人寿保险股份有限公司银川市清和支公司	银川市兴庆区新华东街47号
中国人寿保险股份有限公司银川兴庆支公司	银川市兴庆区中山北街64号
合众人寿保险股份有限公司宁夏分公司兴庆区营销服务部	银川市兴庆区北京东路379号金源大厦6层西段
安邦财产保险股份有限公司宁夏分公司	银川市兴庆区北京东路荣恒大厦一、二、三、十层
安邦财产保险股份有限公司银川中心支公司	银川市兴庆区凤凰北街田园巷100号城市1号花园6号综合楼101、102室
安邦财产保险股份有限公司宁夏分公司北京东路营销服务部	银川市兴庆区荣恒大厦综合楼10层
安邦财产保险股份有限公司宁夏分公司兴庆营销服务部	银川市兴庆区凤凰北街田园巷100号城市1号花园6号综合楼101、102室
富德生命人寿保险股份有限公司兴庆支公司	银川市兴庆区文化西街106号国际贸易中心C栋1601-1609室
太平洋产险银川市文化街营销服务部	银川市兴庆区文化东街45号
太平洋产险银川市凤凰花园社区营销服务部	银川市兴庆区凤凰南街凤凰花园小区1号商业楼3号营业房
太平洋产险银川中心支公司景墨家园营销服务部	银川市兴庆区双福巷东侧景墨家园85-1号营业房
泰康人寿保险有限责任公司宁夏分公司	泰康人寿保险有限责任公司宁夏分公司

泰康人寿保险有限责任公司宁夏兴庆支公司	银川市兴庆区南薰东街与中心巷交叉口中房富力城A座22层
泰康人寿保险有限责任公司宁夏兴庆第二支公司	银川市兴庆区解放西街8号青春财富中心十五楼
泰康养老保险股份有限公司宁夏分公司	银川市兴庆区解放西街29号建发现代城2号营业房5层
新华人寿保险股份有限公司宁夏分公司	银川市兴庆区清河北街697号创享国际大厦四楼
新华人寿保险股份有限公司银川中心支公司	银川市进宁北街373号
新华人寿保险股份有限公司兴庆支公司	银川市民族北街303号
阳光财产保险股份有限公司石油城支公司	银川市兴庆区燕鸽湖石油城基地四合院3号商业楼
阳光财产保险股份有限公司银川中心支公司掌政营销服务部	银川市兴庆区纬三路掌政鸣翠天地商业街13号楼营业房10号
阳光人寿保险股份有限公司宁夏分公司	银川市金凤区人民广场东路219号宁夏建材大厦六层
阳光人寿保险股份有限公司宁夏分公司兴庆支公司	银川市兴庆区解放西街217号红旗文化大厦四层
阳光人寿保险股份有限公司宁夏分公司兴庆支公司	银川市兴庆区解放西街217号红旗文化大厦四层

▷ 综合经济管理

国有资产管理

【概况】 2015年，兴庆区国控公司在区委各部委、政府各部门的大力支持下，认真贯彻落实兴庆区委二届七次全会精神，围绕区委、政府全面推进“8531”工作思路落实和年初确定的工作目标任务，以组织开展“守纪律、讲规矩”集中教育、“三严三实”专题教育、“机关干部下基层”、深化拓展“服务型基层党组织”等活动为主要内容，认真做好政府国有资产的管理、融资、债务化解工作，完成区委、政府赋予的各项工作任务。

【“三公经费”支出有关规定】 查找单位可能存在的“三重一大”（重大事项决策、重大人事使用、重大项目安排和大额资金使用）等方面的防控风险点，完善防控措施，健全各项制度。“三公”经费的支出在单位一把手在票据上签字的同时，要求至少有一名副职领导在票据上签字方可报销；严格干部职工外出学习、出国出境审批程序，细化公务接待标准、要求和规定，杜绝违规支出。截至年底，“三公”经费共开支70045.46元，其中业务招待费和差旅费16483元，公务用车费53562.46元。

【土地资产管理】 国控公司名下登记宗地共有六块，总面积861亩，估算价值约1.3亿元。其中兴庆区科技园一宗96亩土地抵押宁夏银行贷款8700万元，金水园旅游区五宗765亩土地。按照银川市推动滨河新区全域AAAAA旅游景区产业发展布局，实施滨河新区城市旅游集散中心建设项目，已经依据银川市政府专题会议纪要将金水园765亩土地移交滨投公司并给予兴庆区政府1890万元投资补偿。通过政府性债务置换形式偿还了宁夏银行8700万元贷款，解除科技园96亩土地抵押。

【征收复垦土地清理】 为加强兴庆区城乡建设项目征收复垦土地管理，防止政府性土地资产流失，根据兴庆区政府专题会议纪要精神（银兴专题纪要发[2015]7号），对兴庆区近年来实施的主干道大整治大绿化和土地增减挂钩项目，所涉及庄点、湖泊、水系征收后复垦的土地进行清理统一管理。由国控公司具体负责委托专业机构进行征收地块的勘测定界，出具成果资料，达到土地利用和管理目的。主要项目包括主干道大整治大绿化项目、安置区征地拆迁项目、土地增减挂钩项目、兴庆区京藏高速公路防洪排涝工程4个项目。

【担保债务清偿】 为推进兴庆区花卉产业发展，2007年经政府授权，国控公司向中国农业发展银行宁夏区分行专项资金贷款1700万元，并全额出借给辖区6家花卉龙头企业用于花卉园艺设施基础项目建设。截至2015年底，6家企业尚欠本金1155.36万元。政府委托宁夏浩晟律师事务所全程代理对长期恶意拖欠借款的银川市明卉花木有限公司、宁夏峰满琳园艺有限公司、银川绿之川园艺专业合作社，以及昆仑农业开发公司4家企业按照法律程序进行诉讼，已通过中级法院强制执行回来明卉花木公司借款担保人140万元。另外两家银川天地缘锦绣园林花卉有限公司、宁夏周景世荣进出口有限公司仍欠款443.36万元，还享受着政府农业项目资金补贴；2007年为带动大新镇、掌政镇农户种植花卉，国控公司与宁夏银行达成1：3放大担保贷款合作协议，由银行直接向掌镇政茂盛村、大新镇塔桥村、杨家寨村等72农户发放小额担保贷款268万元，还有2户欠4.7万元贷款未收回；国控公司担保以掌政中学作为贷款主体向宁夏银行贷款余额为700万元，贷款期限三年（2013年1月5日至2016年1月4日）。

【公务车辆登记管理】 2010年以来，根据兴庆区政府常务会议纪要精神，同意政府采购购置公务用车辆入户登记并将使用单位的车辆挂靠在兴庆区国控公司名下。国控公司名下公务车辆58部，资产935.02万元。其中入固定资产车辆42部，账面价值760.22万元；空挂户车辆16部，资产价值174.80万元。

【国有公建商网销售】 根据兴庆区政府专题会议精神，由国控公司负责销售掌政镇安置区、强家庙和河滩两个中心村、月牙湖乡滨河家园4处国有公建商网。4处国有公建商网共计329套，总建筑面积51516.45平方米，售价17760.68万元；售出191套，收款6165.88万元；拆迁返还、借用20套，价值2595.42万元；未出售118套，应收款8999.38万元。

【国有房产权属手续办理】 根据兴庆区政府2014年第19次常务会议纪要精神，尽快办理国有公建产权登记手续，盘活国有资产。依据土地初始登记要求，要进行建设用地勘测定界、地性分类、权属确权、商业性土地出让金收缴评估核定等程序认定，经向银川市土地权属管理中心申请并委托银川市勘察测绘院对掌政镇安置区（一、二、三期）、河滩中心村、强家庙中心村、月牙湖乡移民安置区国有公建占用土地进行实地勘察测绘，包括商业用房、幼儿园、物业用房、村部、清真寺、市场污水处理厂、公厕、垃圾中转站、中心社区等35处公共建筑物占地进行宗地和勘测定界。委托银川恒信房地产咨询评估中心评估核定商业用房房产价值及缴纳土地出让金，经土地部门下达批复，方可依据国有资产处置程序销售并办理产权手续。强家庙和河滩中心村公建项目建设用地是通过土地增减挂钩实施，土地性质为集体所有，界定为小产权房（没有产权手续）；掌政镇安置区和月牙湖滨河家园公建项目建设用地为国有划拨，待土地出让金核定报批后方可办理土地手续。

【闲置资产处置】 为加强和规范兴庆区国有资产运营管理，按照“国资监管、合理配置、市场运作”的原则，最大限度地盘活闲置资产并回笼资金，使其经营收益最大化，根据《宁夏回族自治区行政（事业）单位国有资产管理暂行办法》，经政府授权对政府闲置资产有偿转让，按照国有资产处置程序并委托中介机构评估、拍卖。对新华街街道办事处旧址房屋资产和满春新村二区营业房两处资产估价值为7000万元房产依据政府会议决定公开拍卖，并对财政备案登记的辖区经营性资产评估作价，加快后续资产处置力度。

【存在的问题】 由于国有资产管理运营机制不够完善，在国有资产运营及国有资产处置等方面还存在一些不足，主要表现在：1、国有资产未授权国控公司经营，形成国有资产分散、闲置、不能盘活，不能形成资产合理配置，特别是还没有发挥国有资本聚集的优势效应。主要表现在国有资产产权归属不明，管理职责不清；2. 国有资本参与资本运作，采取参股、控股等形式进行经营，实现保值增值并获取利润方面还基本上属于空白。主要表现在经营性国有资产和土地资产、闲置资产以及湖泊湿地资源的可持续开发利用以及城乡项目已经征用土地初始登记和管理规范问题；3. 政策性银行贷款指向的唯一性及贷款使用为报账式。主要表现在2007年政府政策性专项贷款支持兴庆区花卉企业发展，出借花卉企业资金追缴困难；4. 公务车辆使用和资产入账盘点脱节，容易造成资产流失。主要表现在车辆使用单位和资产管理单位账实不符，缺乏统一监管。

（供稿人：纪永忠）

土地资源管理

【概况】 2015年，银川市国土资源局兴庆分局在兴庆区委、政府的正确领导下，利用“4·22世界地球日”、“5·12防灾减灾日”、“6·25全国土地日”及“安全生产月”等开展保护环境与预防灾害宣传周活动，齐心协力，努力推进各项工作。

【土地变更调查】 2014年国土部下发兴庆区土地变更调查图斑564个，总面积为41207.3亩，耕地面积5631.18亩，农用地面积24029.42亩。其中占用基本农田图斑45个，面积149.77亩。根据国家下发的监测数据，及时制作土地变更外业调查底图，组成工作组，内、外业齐头并进，实地核实每个图斑的基本情况。经多方协调、反复论证，于2015年1月底按时向国土部上报了变更成果。全面完成2014年度土地变更调查工作，查清本年度辖区范围内各类土地利用变化情况，形成了科学准确、翔实可靠的土地变更调查成果。兴庆区2014年度土地变更总量为785.24公顷（11778.6亩）。

【集体土地和农村宅基地使用权登记发证】 2013年年初，自治区国土资源厅对集体土地所有权确权登记验收。兴庆区集体建设用地和农村宅基地使用权登记发证情况为两乡、两镇27个行政村，完成14022宗的权属调查工作。其中月牙湖乡4280宗，通贵乡4148宗，掌政镇4150宗，大新镇1444宗。利用无人机进行航空摄影测量外业调绘成图，完成兴庆区掌政镇、大新镇、通贵乡、月牙湖乡局部，面积约14平方公里，1：1000地籍图完成26平方公里，为任务量的100%。随后进行内业资料、图件整理、自检及数据库的建设工作，按照自治区统一安排，于2015年年底全面完成宅基地和集体建设用地使用权的确权登记工作。

【划定永久基本农田】 根据《国土资源部农业部关于进一步做好永久基本农田划定工作的通知》和《国土资源部办公厅农业部办公厅关于切实做好106个重点城市周边永久基本农田划定工作有关事项的通知》文件精神，银川市被列为106个重点城市之中，要求于2015年5月底前将核实举证结果数据报送国土资源部和农业部。国家下发给兴庆区城市周边控制范围内，需要划入永久基本农田的初步任务主要分布在京藏高速公路两侧，南部塔桥片区和北部片区。兴庆区1.59万亩中有1.57万亩不宜划定为永久基本农田，分局已按相关规定，积极提供了不符合划为永久基本农田的证明材料。兴庆区共有0.02万亩无举证材料的耕地，需划入永久基本农田。

【基本农田三化建设】 基本农田三化是指：基本农田基础工作规范化、保护责任社会化、监督管理信息化。兴庆区对15.12万亩基本农田进行实地及入户调查，将每个农户的基本农田片块落实在分布图上，制作基本农田农户名册，每户签字认可，做到图、表、册、实地四个一致。片块分布及入户调查全部结束，具备了数据入库条件，同时提交了调查成果，申请入库，此项工作已通过银川市验收。

【耕地后备资源调查评价】 耕地后备资源是实施土地整治的重要基础，是实现耕地占补平衡的重要保障。此项工作自2014年8月开展至2015年9月30日结束。根据国土资源部《关于开展全国耕地后备资源调查评价工作的通知》精神，委托经验丰富的技术单位全面开展兴庆区耕地后备资源调查评价工作，在银川市及兴庆区统计、水务、环保等相关部门的大力配合下，按时完成了相关资料、图件的前期准备及外业核查工作。经市国土局多次专题会议论证，工作成果通过了自治区审核验收，已上报国土资源部审核。

【设施农用地备案】 国土资源部、农业部于2014年9月29日发布《关于进一步支持设施农业健康发展的通知》，停止执行国土资源部、农业部《关于完善设施农用地管理有关问题的通知》（国土资发[2010]155号）。由于自治区和银川市尚未出台相关的规范性执行文件，为规范设施农用地备案登记工作，尽快落实各乡镇报来的设施农用地项目，自行制定项目备案流程，确定备案要件等试行资料模板。已备案30多宗设施农用地项目。

【闲置土地清理】 闲置土地处置是国务院大督察、严问责的重要内容，对推进工作不力或不作为等突出问题，将实行严格问责。按照市委、市政府《关于开展“四个清理”专项行动的通知》和《银川市国土资源局闲置低效土地清理处置专项行动工作方案》要求，分局对兴庆区2008年1月至2014年6月已供的364宗土地进行清理。

【批而未供项目闲置土地清理】 对掌政商业街等5宗未供即用土地按照既处理事、又处理人等规定程序认真进行整改。5宗均已立案查处，没收到位，已移交法院。5宗地已达到了挂牌要求。

【土地资源全天候遥感监测试点】 结合永久基本农田及城市开发边界划定工作，2015年国土资源部将银川市作为全国9个试点城市之一，开展土地资源全天候遥感监测试点。上半年国家下发兴庆区图斑三次共464个（含重合38个）。

【土地执法监察】 2015年动态巡查276次，发现违法行为56宗，涉及土地面积305.1亩。立案并结案4宗，拆除16宗，已停止违法行为36宗，下发《停工通知书》51份、《监察通知书》5份；查办案件15宗，涉及土地面积126.9亩，已结案13宗，其余2宗移交法院强制执行，法律期限未到；分局接到各类信访案件及上级转办件共17件，已全部办结；2014年度土地卫片执法检查工作以2014年度土地变更调查工作为基础，2014年度土地卫片执法检查的工作对象为国土资源部已下发的2014年度土地变更调查遥感监测变化图斑中的新增建设用地。根据自治区、银川市统一安排部署，及时制定《兴庆区2014年度土地卫片执法检查工作实施方案》。

【重点建设项目用地】 与兴庆区政府各部门对接，及时掌握2015年项目用地需求，积极争取用地指标和规划指标，配合通航产业园筹建处、兴庆区卫生局、建设局、人社局、滨河新区申报调规、报批等用地手续20余宗。

【审计署提出问题的整改】 对国家审计署指出的月牙湖草原管理站968亩基本农田被黄河冲刷损毁问题进行整改，在银川市滨河大道西侧、通贵乡境内补充划定了相应面积的基本农田，耕地质量等级不低于所损毁的耕地等别。整改成果已报国土厅等待验收。

【西安督察局审核督察】 西安督察局指出滨河新区范围内的宁夏幼儿师范学校及大学城道路2宗土地属于未查处到位即批准建设用地已查处到位，并于西安督察局正式督察意见下发之前将整改资料上报。

安全生产监督管理

【概况】 兴庆区安全生产监督管理局于2004年5月12日由兴庆区政府批准成立，为隶属于兴庆区经济发展局的二级局，全面负责全区的安全生产监管工作，与安委办合署办公，两块牌子一班人马。2014年年底机构改革，独立办公，从二级局转为一级局。安全生产的监管工作也从原来注重企业安全生产事故的事后处理，发展到现在的事先防范、监管为主；从原来强调生产“小安全”到现在强调全社会的“大安全”；从过去对企业被动防范“指标化”管理模式到现在政府管理企业安全监管“三级全覆盖”模式体系的建立；从原来保障劳动者个体生命健康安全的单一保护到强调安全生产法制化、规范化建设的全社会关注。兴庆区聚集着国家机关、社会团体、企事业单位、商场市场、宾馆饭店、娱乐场所，以及服务行业和个体工商户达2万多家，占全市总量的三分之二。有消防重点单位180家，危险化学品经营企业148家，加油（汽）站36家，烟花爆竹经营单位71家，非煤矿的企业11家，建筑工地58家，机械制造行业5家，学校、幼儿园64家，宗教场所80家，旅游景点、农家乐55家，商场42家，超市5家，市场8家，网吧149家，宾馆、饭店116家，易燃易爆场所37家，歌舞娱乐场所32家，酒吧、餐饮场所67家，影剧院、礼堂3家，高层建筑154个，机动车拥有量60万辆，地下车库54个。2015年，兴庆区发生各类事故441起，同比下降4.33%；死亡26人（生产性安全事故死亡9人），同比下降12.82%；伤420人，同比下降12.5%；直接经济损失235.89万元，同比下降24.22%。其中道路交通事故349起，同比下降1.13%，死亡23人（生产性安全事故死亡6人），同比下降11.43%；伤417人，同比上升12.94%；直接经济损失162.29万元，同比下降23.80%。消防火灾事故91起，同比下降14.15%，无人员伤亡，直接经济损失13.6万元，同比下降26.68%。工矿商贸发生较大安全事故1起，同比下降50%，死亡3人（生产性安全事故死亡3人），同比下降25%；受伤3人同比上升200%；直接经济损失60万元，同比下降25%（通贵乡“7·25”宋庆辉酱菜有限公司硫化氢中毒死亡事故）。

【明确安全生产综合监管职责】 先后4次召开安委会全会、季度例会，总结阶段性工作进展情况、分析预测安全生产形势、部署各时期重点任务；根据重点时期和季节特点，有针对性地指导兴庆区安全生产工作；推进“兴庆区安全生产行政责任规定”责任体系建设，由兴庆区委、政府印发《关于印发兴庆区安全生产行政责任规定的通知》，细化各部门、各乡镇（街道）各级领导的安全生产职责，理清安全生产监管责任，实现安全生产责任的全覆盖；联合多部门积极开展各行业各领域、危化品等经营企业的专项检查。

【危险化学品和烟花爆竹经营】 由安监部门牵头，公安、城管、市场监督管理等单位按各自职责抓好安全监管，建立重点监管档案。对生产、储存、使用、经营、运输重点监管危险化学品的企业，针对其安全生产特点，细化落实各项安全措施，加强安全管理，提高防范和处置危险化学品事故能力。春节期间，依法查处烟花爆竹经营“三违”行为，强化氯酸钾专项整治，杜绝含有氯酸钾的烟花爆竹流入市场；严厉打击非法制售烟花爆竹活动，彻底取缔非法制售窝点。

【道路交通整治】 由公安交警一、二大队负责，依法查处非法营运、农用车载客、超载、超速和疲劳、酒后驾驶等违法行为。在开学期间，做好长途客车、旅游包车、校车等关键运输车辆的安全整治。

【人员密集场所消防】 由公安消防大队负责，对商场、车站、宾馆饭店、网吧、学校、幼儿园、医院、家具城等人员密集场所和易燃易爆单位进行专项整治，加大挂牌督办的重大火灾隐患整改治理力度，确保消防设施齐备完好，消防通道、安全出口畅通，实现安全生产标准化达标，有效消除火灾隐患和杜绝踩踏事故发生，确保群众生命和财产安全。

【建筑施工领域安全监管】 由建设交通局、康居办牵头负责，重点审查建筑施工企业安全生产条件，杜绝无安全生产许可证资质的企业进入建筑市场。要严格施工现场安全监管，严格施工企业脚手架搭设、临边洞口防护、施工用电、使用明火、塔吊和施工机械及日常管理并按照施工方案、标准、规程规范施工；切实加强对施工人员的安全教育，落实各项安全措施。对现场管理秩序混乱、问题突出、隐患严重的施工工地要责令停工整顿，恢复施工要经有关部门审查批准。

【特种设备监督管理】 由市场监管局负责，加大对锅炉、压力容器管道、起重机械、电梯等特种设备的整治力度。现场多次开展电梯安全专项整治，严厉查处使用拼装电梯、翻新电梯、未检投用电梯、过期未检电梯的违规行为。开展液化石油气瓶和车用气瓶充装站专项整治，提高气瓶使用登记率和定期检验率，对非法液化石油气充装站和“油改气”车辆坚决查封停用。认真落实国家《大型起重机械安装安全监控管理系统实施方案》，强化大型起重机械技术安全管理和控制。

【其他行业安全生产】 2015年，先后在学校、电力、水利、农机、建材、商贸、物流等行业，针对行业和领域特点，搞好安全专项整治工作，确保安全稳定无事故。

11月8日，兴庆区安监局工作人员给辖区被监管企业发放安全警示标语及举报投诉电话牌

【加油（气）站集中检查】 针对辖区加油（气）站、餐饮店铺燃料桶炉灶进行多次整治行动。重点打击一批不按规章制度操作的行为，铲除一批危及城市运行安全的“毒瘤”。截至12月底，对加油（气）站进行集中检查32次，查处不按规程卸载燃油行为1起；排查安装燃料罐炉具的餐厅12家，拆除设置在居民区内燃料罐2个，查处并移交公安机关违法倒卖成品油案1起，曝光非法违法经营单位1家。

【重点场所安全检查】 天津“8·12”火灾爆炸事故发生后，兴庆区安委会按照“五个100%”（即“重点地区检查覆盖率100%，重点行业领域检查覆盖率100%，重点企业检查覆盖率100%，企业自查自纠覆盖率100%，隐患销号率100%”）的要求，从8月18日起，由四套班子领导和分管领导带队，并邀请危化和建筑专家，分成10个检查组，对辖区加油站、通航机场、安置区、人员密集场所、旅游景点、宗教场所等百余家单位的安全进行检查。开展对重点行业和领域的联合执法行动5次，检查生产经营单位120家（次），下达执法文书26份，责令整改2家。“两节”“两会”期间，重点开展天然气、烟花爆竹、商场超市、滑冰滑雪场、居民住宅电梯安全等5项联合执法行动，检查生产经营单位1500余次，查处各类隐患200余项，确保了“两节”“两会”期间安全生产形势平稳。

【安全生产事故处理】 依法对7月18日新水桥安置区和7月27日美华家园项目工地两起高处坠落死亡事故进行调查处理，两起事故已结案。追究相关责任单位7家，责任人16名，行政罚款57.3万元。

安全生产“三级全覆盖”监管模式创建于2015年，在辖区全面推行“三级全覆盖”安全生产监管模式，即县（区）、乡镇（街道）、村（社区）分别成立各级安委会、安委办、安监站，按照区域属地划分，履行日常安全生产监管职责。“三级全覆盖”模式的运行，是兴庆区安监局安全生产监察工作的里程碑。该工作模式运行后，兴庆区辖区内4个乡镇、35个行政村、11个街道办事处、71个社区均成立了安全生产委员会及安全生产领导小组。兴庆区市容环境卫生服务中心、兴庆区社会福利院等5家事业单位与燕鸽湖管委会、银川商贸物流服务中心也相应成立了安全生产领导小组。“三级全覆盖”模式建成后，不仅加强了各级政府对安全生产的领导责任和部门的监管责任，同时完善了“一岗双责，齐抓共管”的工作制度，进一步理顺了安全生产工作机制，为兴庆区安全生产工作良好运作奠定了扎实基础。

（供稿人：刘叡）

招投标管理

【概况】 2015年，招标办围绕区委、政府重点工作，完成了银北地区百万亩盐碱地改良滨河大道东西排水沟治理工程、兴庆区劳动就业社会保障服务中心工程、通用机场和通航产业园等项目工程、2015老旧小区专项改造工程、月牙湖扬水灌区渡槽改造工程、大新镇上前村标准化菜市场、掌政镇温棚保温被及滴灌采购、温棚钢架制作采购等重点工程和采购项目招标以及各项建设工程、货物采购及服务类项目招标。截至年底，完成工程招标和货物采购212项，总预算资金为129913.671万元，实际中标金额为120123.22万元，节约资金14013.5万元。其中建设工程项目110项，预算资金117922.05万元，中标金额为107872.6954万元，节约资金12250.525万元，节约率10.20%；完成货物采购项目共46项，预算金额9790.4506万元，中标金额8137.48241万元，节约资金1652.9682万元，节约率16.9%；完成服务类项目共56项。收取履约保证金13079.53万元，均全部转入兴庆区财政局预算外资金账户。

【招标代理】 为了突出招标工作公正、规范，从2014年开始招标项目就实行对招标代理公司由抽签的方式进行业务代理，在财政局、审计局、经发局、公证处部门的监督下，由甲方进行抽签确定招标代理公司，监督部门还对招标代理公司进行业绩考核，参考代理业绩进行选定。招标代理公司在银川市公共交易中心和兴庆区政府招标办的监督下开展代理工作，其主要职责是发布招标公告、制作和上传招标文件，组织招标、投标、评标会议，公布评标结果，向中标企业签发《中标通知书》。2015年抽取代理公司招标154项。

【工程项目控制价评审】 从2015年开始，所有控制价经兴庆区经济发展局委托编制单位编制后，邀请专家评审。评审时先由设计、造价公司讲解，甲方提出此建设项目的要求，专家看控制价和图纸，根据控制价中出现的问题提出疑问，造价公司进行调整完善。政府对控制价进行审核后予以公布。截至2015年，组织控制价评审近90项。

【规范招投标行为】 招标办与兴庆区经济发展局、兴庆区财政局、兴庆区审计局等部门密切配合，严格执行招投标相关法律法规，打击规避进场招标的行为。对符合进银川市公共资源交易中心要求的项目，必须进场交易、接受监管。首先做好招标项目现场勘察、图纸设计、工程量清单编制、招标文件的编制等前期准备工作；其次，招标单位充分考虑项目规模、行业特点、工程款支付等因素，选择科学合理的评标办法；第三，凡是进入招标程序的项目，必须按照法律、法规和招标文件确定的评标办法进行评标定标，确保招投标活动的公开、公平、公正；第四，提高本单位评标专家队伍的整体素质，及时更新本单位自存的评标专家档案库；第五，加强本单位的招标代理机构的日常监督、培训教育，不断提高其代理水平。

【招投标档案管理】 加强招标投标档案管理，规范招投标档案装订、摆放，全面录入档案内容，纸质、电子文档并存，维护招标投标档案的完整性、规范性与安全性。2015年，接受存档档案145项。

（供稿人：何梅萍）

统计

【概况】 2015年，兴庆区统计局在自治区、银川市统计局的指导下，围绕兴庆区委、政府“8531”工作思路，主动适应新常态，努力夯实统计基础，提升统计监测服务能力。1月—12月，兴庆区完成地区生产总值448.04亿元，同比增长8.5%，其中第一产业6.14亿元，同比增长4.3%，第二产业117.36亿元，同比增长8.9%，第三产业324.54亿元，同比增长8.4%；社会消费品零售总额231.49亿元，同比增长7.5%；全社会固定资产投资210.8亿元，同比增长17.8%；规模以上工业增加值8.5亿元，同比增长10.6%；地方财政预算收入12.96亿元，同比增长12.63%；城市居民人均可支配收入30514元，同比增长8%；农村居民人均可支配收入12625元，同比增长8.1%。

【企业“一套表”统计】 不断推进“企业一套表”统计联网直报工作，按照“有机构、有人员、有制度、有资格、有台账”的要求，建立健全统计台账、原始记录和统计管理制度，各统计专业分工负责，及时对企业存在的问题，通过QQ远程、电话或上门指导企业统计人员网上直报系统的安装、证书下载和网上填报等具体操作，出现情况及时沟通，确保了企业网上直报的数据质量，全年网上直报率达100%。兴庆区现有“四上企业”551家。其中规模以上工业企业17家；限额以上批发零售、住宿餐饮企业147家；资质内建筑业企业167家；资质内房地产企业134家；规模以上服务业企业86家。

【基本单位名录库的维护和更新】 普查中心首先将每个阶段下返的全部法人单位资料，严格按照《名录库维护更新实施办法》认真调查，进行纸质表格的填写，及时、准确地对名录库进行维护更新，确保名录库维护工作顺利进行。2015年兴庆区基本单位名录库总共有18571家。其中法人单位14475家，产业活动单位4096家。季度维护处理5309家。其中法人单位新增3500家，变更1809家。其次，积极做好企业的“纳规入统”工作，有步骤地将达到直报规模的企业纳入网上直报。“四上”企业入库31家。其中工业企业3家（2家待审核），建筑企业3家，房地产企业4家，商贸企业4家（待审核），服务业18家（待审核）。退库44家（待审核）。其中工业企业2家，商贸企业31家，房地产企业2家，投资4家，建筑业企业2家，服务业企业3家。

11月10日，自治区统计局人口处处长李雪艳（中）到兴庆区督导1%人口抽样调查工作

【统计“双基”队伍建设】 年初对统计专业分工进行了调整，完善了干部包街道制度。普查中心、各乡镇（街道）统计站克服困难，配齐配全统计专干，并筹集20万元经费，组织32名基层统计人员分四期参加了银川市统计局举办的“适应新常态建设服务型统计培训班”。配合区、市统计局对辖区内的3家五星级统计站、企业进行了复查。

【规范统计执法行为】 通过统计内网、宣传手册、集中培训、上门指导等形式，宣传统计知识，提升基层统计人员业务素质和法律意识。年初利用年报会对“四上”企业1000多人进行法制培训。5月，兴庆区统计局申报的《公司提供虚假统计资料案件》荣获兴庆区“心系百姓·奉献青春”青年依法行政案例优秀奖。9月，联合兴庆区司法局组成执法检查联合组，对辖区20家单位进行统计执法检查。检查发现统计违法行为19起，进行教育整改的4起，纠正违法行为的12起，立案并结案的3起。对提供不真实统计资料的2家企业，给予警告的行政处罚，对1家企业给予罚款1000元的行政处罚，实现了统计立案处罚零突破。

【各项普查、专项统计调查】 完成自治区、银川市两级布置的各项统计监测工作任务。及时发布经济普查主要数据公报，兴庆区第三次全国经济普查领导小组办公室也被国务院第三次全国经济普查领导小组授予“第三次全国经济普查先进集体”荣誉称号，对第三次全国经济普查工作中做出突出贡献的16个单位和88名个人进行表彰；按时完成全国1%人口抽样调查小区划分及地图绘制、调查员培训、物资准备等工作，为确保调查后续工作的顺利开展提供基础保障。已经开始利用PDA入户现场调查工作，专业人员也多次深入乡镇（街道）实地为基层解决问题；提高文化产业调查统计数据质量，由专业统计人员按照先审、后录入的上报程序，对审核出现存在的问题及时通过电话、QQ等予以解决。通过努力，圆满完成247家文化产业调查单位的调查上报工作；企业创新调查，对全专业企业统计人员进行全面讲解和培训，不定时与企业进行沟通联络，跟踪了解上报进度，对填报有误的地方及时与企业联系核准，确保创新调查工作顺利完成；妇儿统计监测，配合妇联召开成员单位联络员统计监测培训会议，撰写监测分析报告；做好行政区划与城乡划分，严格按照城乡划分业务流程和质量节点，认真收集政府关于区划调整的文件，开展城乡属性实地核查工作，按时上报数据和工作报告；做好农业普查前期准备工作，起草工作实施方案，成立领导小组，编制经费预算等，为正式普查奠定基础；完成全面建设小康社会统计监测、月度劳动力抽样调查、私营单位劳动工资统计调查，对578家企业2014—2015年度境外到中国大陆工作的专家进行调查核实，对18家大个体餐饮业进行实地入户调查、商品房供应情况专项统计调查等工作。

【发挥统计职能作用】 结合兴庆区实际，找准兴庆区经济发展存在的问题，及时撰写统计分析报告，为区委、政府提供统计信息、咨询服务。编印了兴庆区月度主要经济指标卡片、《兴庆区简明统计手册》。共撰写统计分析报告45篇、统计业务信息165篇，每月及时将统计分析报告和相关经济指标卡片送至区委、政府领导和相关部门领导手中。

【固定资产投资“双轨制”运行】 为贯彻落实国家和自治区关于开展固定资产投资统计制度方法改革试点工作精神，及时召开2015年固定资产投资统计制度方法改革试点动员暨业务培训会议，对投资统计人员进行专题培训和部署，采用远程、上门等措施督促各企业及时填报报表，促进固定资产投资“双轨制”的顺利推进。兴庆区已开工项目78个（只包括投资500万元以上入固定资产投资统计库的项目），入库74个。其中续建项目入库37个，新建项目入库37个。4个暂未入库统计。

【打造服务型统计队伍】 深入推进党风廉政建设和对“深化作风建设治理庸政懒政怠政整治为官不为为政不为”专项活动，持之以恒推动作风建设新常态，结合统计局工作实际，从“人、财、物、数”等方面构建防范机制。利用业务例会、年报会等形式不断加强基层统计人员的职业道德教育，大力倡导廉洁高效和“不出假数、真实守信”的职业操守。全年举办统计业务培训班11次，参训人员2000余人。定期组织干部职工开展下基层、慰问结对困难户、“全民公益日”等活动，认真贯彻落实“三严三实”和“守纪律讲规矩”主题教育要求，进一步深化党的群众路线教育活动，不断巩固“三难”“两不一慢”专项整治成果，为完成各项统计工作任务提供强有力的政治和纪律保障。

审计

【概况】 2015年，兴庆区审计局围绕兴庆区党委、政府中心工作，拓宽预算执行面、加大经济责任审计力度和完善基建工程审计，努力提高审计质量，发挥审计免疫系统功能。全年开展审计项目19个，审计查出各类违规资金37100.33万元，管理不规范资金25268.74万元。先后对上前城村征地拆迁遗留问题、高台寺村10、11队；友爱2、3队；民乐7、8、9队过渡期租房费、通贵老年综合楼福利服务中心征收补偿费、退还宁夏红宝实业有限公司土地出让费等14个项目进行了审核。

【审计工作制度建设】 先后修订和完善了《兴庆区审计局审计结果公开办法（试行）》、《兴庆区经济责任审计工作联席会议制度》《机关效能投诉制度》《重大决策事项法律咨询制度》《党员干部廉政约谈制度》等。

【审计干部业务培训】 鼓励人员参加市局、区厅各类业务培训，利用局周会时间进行业务交流，提高审计人员的业务水平；重视审计局党风廉政建设工作，层层落实廉政责任，强调全局人员做到依法审计、廉洁审计；认真开展“守纪律、讲规矩”“三严三实”专题教育。打造一支忠诚、干净、尽责、担当的审计队伍。

【财政预算执行审计】 2015年，在对财政部门本级预算执行情况审计的同时，重点对掌政镇政府、月牙湖乡政府、丽景街道办事处3个预算执行单位进行审计。审计查出部门单位在执行预算中部门预算与实际执行结果差异大；部分工程项目未招投标、未进行审计决算；超标准开支公务接待费、公务用车费；违规发放奖金、加班补助以及借外出考察、培训机会公款旅游；截留坐支国有资产收益等。对查出的问题别类进行梳理，并提出指导性的意见和建议19条，于8月向人大作了工作报告，10月对审计查出问题的整改落实情况提交专题报告。

【专项资金审计】 将“三公”经费使用和管理情况均作为重点进行审计，严格控制“三公”经费支出。9月，根据审计署的统一安排部署，由自治区审计厅组织，抽调2名审计人员参加实施全区土地出让金专项审计。

【查处套取挪用侵占涉农资金案件专项行动】 配合兴庆区纪检委对兴庆区自2012年以来的涉农惠农项目和资金进行督察，同时对2012年以来所有进行的涉农惠农资金的审计项目进行梳理归纳，对审计中发现的问题及其整改情况进行汇总，形成专题报告报纪检监察机关、银川市审计局。

【惠民生防风险政策措施落实情况跟踪审计】 2015年，审计局对兴庆区各相关单位的简政放权、棚户区改造、加快发展养老、推进文化创意、夯实农业基础、加快重大水利工程建设、农村人口饮水安全问题、精准扶贫、加强生态环境保护、扩大“营改增”试点、促进高校毕业生就业创业、加强社会救助十一项惠民生政策措施落实情况进行跟踪审计。把棚户区改造等8项惠民重大工程审计作为重点。审计中发现实际建设数量比批复少、项目已基本完工，仍未代缴劳保基金、招投标不规范等问题，提出合理化建议3条，研究提出解决问题的对策，推动政策措施贯彻落实。

【“四个清理”专项行动】 按照兴庆区党委、政府的统一安排部署，兴庆区审计局配合相关牵头单位实施了开展闲置土地、政府债务、政府存量资金、行政事业单位固定资产清理专项行动，提升资产安全和效益。

【领导干部经济责任审计】 与区委组织部等经济责任联席会议成员单位积极对接，确定审计对象、重点资金、重点审计内容、整改问责、审计结果转化和运用5个工作重点，科学安排审计计划。集中学习《宁夏回族自治区领导干部经济责任问责暂行办法》《行政事业单位领导干部任期经济责任审计评价参考标准》，探索问责制度，健全完善经济责任审计分类评价指标体系，发挥经济责任审计在服务干部管理监督、促进党风廉政建设、保障经济社会健康发展等方面的积极作用。全年完成3个单位5名领导干部的经济责任审计。

【基建工程审计】 随着兴庆区建设力度的加大，投资审计成为政府节省财政资金、减少损失浪费的重要关口。审计局围绕本级政府重大投资项目，严格执行兴庆区政府印发的《兴庆区政府性投资建设工程项目管理暂行办法》及《兴庆区建设工程变更签证管理暂行办法》，从工程招投标、变更签证、合同执行情况及合同质量等级控制、工程造价以及财务管理、资金使用等情况入手，因地制宜，加大对政府投资项目的跟踪审计和竣工决算审计力度，通过审计，进一步规范建设单位工程建设程序，保证建设资金真实、合法、有效的使用。2015年，完成基建工程审计156项，送审金额60578.14万元，审定金额54018.24万元，审减金额6559.9万元，审减率10.83%。

【审计公告制度】 执行《兴庆区审计局审计结果公开办法（试行）》，明确公开的范围、内容、形式和程序，推行审计公告制度。将月牙湖乡政府等3个单位的审计报告在兴庆区政府门户网站公开；落实人大常委会加强审计整改督察的要求，两次召开会议专题研究整改方案，向被审计单位发出审计整改通知，落实整改责任，提高审计整改成效，有8家被审计单位和延伸单位提交了《整改情况报告》。

（供稿人：荆巧丽）

市场监督管理

【概况】 2015年是市场监督管理局三局整合、职能并接的开局之年，按照“一年打基础，两年上台阶，三年见成效”的总体工作部署，完成了年度工作目标任务。有各类市场经营主体23171户。其中企业3472家，个体工商户19681户，农民专业合作社18户，较上年增长36%，累计认缴注册资本金455699万元，较上年增长169.86%。特种设备1870部，其中电梯1006部(居民社区550部，商城商场200部，宾馆63部，写字楼58部，学校24部，医院95部，市政天桥5部，娱乐场所10部，使用15年以上老旧电梯2部)，锅炉290台，压力容器467部，起重机械78部，场厂内机动车辆26部，游乐设施3部。食品经营单位2769家，其中生产环节127家，流通环节1439家，餐饮环节1203家。药品经营单位110家，其中批发12家，药店98家，医疗器械经营单位105家。保健食品经营企业83家，化妆品经营企业57家。注册商标503件，全国驰名商标1件，全区著名商标12件，农产品商标5件。全年新增注册商标80件。

【食品安全监管】 召开分局食品安全工作会议，与各成员单位签订2015年食品安全工作责任书。完成民生计划抽检53个批次。其中餐饮环节39个，流通环节7个，生产环节7个。完成日常监督抽检112个批次。其中生产企业全覆盖，小作坊33个批次；流通环节62个批次。完成市食安委安排的月饼抽检任务10个批次。发放公示栏3000个，签订文明餐桌服务承诺书1722份，张贴文明用餐公益广告宣传画1500份。二分局全年实施各类食品抽检339个批次。其中民生抽检78批次，食品质量抽检127批次，快速检测75批次，专项抽检59批次(月饼12批次、小麦及烘焙类食品22批次、食品相关产品25批次)。

【餐饮服务食品安全监督量化分级管理】 辖区有2469家餐饮单位，已评定2380户，完成量化评定96.39%，下发监督意见书418份。其中A级单位60家，B级单位606家，C级单位1714家。指导餐饮单位落实“明厨亮灶”，建设“视频厨房”“透明厨房”“网络厨房”，已落实514家，完成21.69%。

【食品安全专项整治】 以工地食堂、节日食品市场、火锅底料、烧烤餐饮、凉皮市场、清真食品市场、月饼市场、校园周边食品安全、流通领域食品安全、农家乐旅游景区餐饮市场等专项检查为抓手，对辖区内24家工地食堂、50家各类超市、6家集贸市场、15家“农家乐”、1596户食品经营户开展监督检查。规范9户食品经营户的进货查验手续和进货台账。对17户证照不齐全、卫生状况差、未索证索票、消毒设备配备不到位的餐饮单位下发警示通知书，督促健康证过期的21人迅速办理。检查学校食堂、幼儿园、小饭桌159户，排查出食品安全隐患12条，下发整改意见书10余份，规范餐饮监督公示牌17块，对1家无照经营的下发监督意见书。张贴宣传画近120张，发放宣传材料80余份，现场解答相关问题260余人（次）。

【冷冻肉食品经营专项整治】 查扣北环3号冷库过期澳洲大串16件160千克，切虾50件350千克，三全汤圆860袋430千克，鸡叉骨25袋250千克。暂扣新世纪冷链一冷库过期牛胸板肉14件349.72千克。

【重大活动食品安全保障】 积极配合自治区银川市做好元旦、春节、“五一”、“十一”、中高考、第八届民族运动会、中阿博览会等重大节假日、活动期间食品安全保障工作。制定应急预案，实行节假日值班制，对驻会干部、涉会宾馆从业人员进行现场培训和岗位练兵，派3名干部进驻民运会3家涉会宾馆、18名干部进驻中阿博览会17家涉会宾馆进行24小时驻会监管。中阿博览会期间，各部门三级或四级联动，对17家涉会的餐饮单位进行多次检查，承接38次重大活动，保障人数3300人（次），实现零投诉、零差错、零事故。

【食品安全宣传教育】 分批分级分类举办食品监管执法监管人员、餐饮从业人员等培训会议，其中参加自治区食品药品监督局、银川市食品药品监督局培训13次，分局自行组织20余次，培训干部574人（次），从业人员6000余人（次）。发放“餐饮服务食品安全操作规范”“小餐饮单位食品安全操作规范”3000册，“宁夏回族自治区宗教活动场所集体聚餐食品安全管理十项规定”50份，文明用餐宣传画1500份。组织餐饮单位从业人员观看“餐饮服务食品安全操作

9月14日，市场监督管理局一分局执法人员开展校园周边食品专项整治工作

规范”和“重大活动餐饮服务安全监督管理规范”教学片5次。组织餐饮单位从业人员和监管干部参加新修订《中华人民共和国食品安全法》试卷答题550份。

【食品安全紧急事件处置】 5月15日，良益轩羊肉泡馍馆食物中毒事件的处置，对当事人罚款2万元。经请示兴庆区政府，向消费者和社会公布相关信息内容。对涉及中毒事件的64人，责成当事人做好赔偿工作，赔偿62人，赔偿金额179100元。由兴庆区政府组织相关部门和专家对良益轩羊肉泡馍馆进行的卫生复查，并解除对良益轩暂停营业的强制措施；6月15日，东方红六楼银鼎火锅6名消费者食后发生呕吐现象。按照规定程序进行现场调查，经兴庆区疾控中心病理学抽样化验，未检出病菌；7月6日，湖滨西街21号汤家二一七酿皮店有21人食后，发生发烧、喉部不适等症状，采取停业强制措施，兴庆区疾控中心抽检后，未检出病菌；9月5日，银川市兴庆区吴裕泰餐厅新华街店3人吃饭后出现头晕、腹泻等症状，经兴庆区疾控中心工作人员现场确认，此事不属于食物中毒。针对该店有超范围经营生食海产品的行为，餐具洗消间保洁柜没有密闭，食品原材料索证索票不全，烹调间存在生熟、荤素混放现象。执法人员现场下达监督意见书，责令其对存在的问题进行整改。

【校园食品安全示范店创建】 将中山北街确定为创建示范街，创建银川市兴庆区新云商行、银川市兴庆区小白兔文具礼品店、银川市兴庆区快乐学生用品店、银川市兴庆区云和百姓商店、银川市兴庆区利源商场、宁夏翔雯超市有限公司、银川市双宝副食品有限公司菜篮子富宁店、银川市兴庆区凤城糖酒副食品超市、马娜综合商行、银川市兴庆区雅航家饰生活馆、银川市兴庆区姣姣商行、银川市兴庆区祥瑞商行、银川市兴庆区汇缘便利店、银川市兴庆区二中商行、银川市兴庆区民生烟酒商行、银川市兴庆区三福星便利店、双宝菜篮子景墨店、银川市兴庆区宏园商贸中心、银川市兴庆区广利祺超市、银川市兴庆区慈善爱心超市太阳都市店20家校园食品安全示范店。二分局创建食品示范商店6个、示范小作坊5个、餐饮示范店10家、示范街1条(28家餐饮单位)，完成餐饮服务单位“明厨亮灶”263户，占餐饮总户数的24.3%，举办了3期“明厨亮灶”现场观摩会。

9月21日，市场管理二分局开展特种设备安全检查工作

【特种设备安全监管】 开展特种设备安全责任落实年活动与特种设备日常监督检查工作相结合，开展公众聚集场所、大型游乐设施运营场所、电梯、锅炉、自动扶梯和自动人行道使用单位、危险化学品储存区域特种设备、涉氨制冷企业压力容器，以及气瓶充装单位等重点区域的专项检查。检查特种设备使用单位182户次，设备631台（次）。其中电梯450台（次），锅炉54台（次），压力容器76台（个），起重机械1台，游乐设施33台，场内观光车11辆，涉氨制冷压力容器6台。发现安全隐患501条，发出特种设备安全监察指令书69份，督促整改全部隐患501条，立案查处4起，完成自动扶梯、自动人行道安全状况评估30台。组织开展特种设备突发事故应急救援演练活动6次；在安全监察工作过中，落实企业责任主体182家。督促维保单位和使用单位自查各类电梯3551台，建立隐患电梯台账354台，“三无”（无物业管理、无维保单位、无物业专项维修资金）电梯3台，老旧电梯52台；对辖区46台电梯进行了安全技术评估，除穆斯林商贸城16台停用外，其余30台通过评估，均未发现安全隐患。二分局检查特种设备使用单位147家，检查涉及的设备：电梯605部，锅炉29台，压力容器211部，压力管道21064.53米，起重机械6部，场厂内机动车11

辆，游乐设施3部。复查完成124家，下达指令书141份，查出安全隐患295条，整改完成245条。

【危险化学品储存大检查】 “8·12天津滨海新区瑞海国际物流有限公司爆炸事件”发生后，二分局立即制定《立即开展危险化学品储存区域特种设备安全大检查方案》，对辖区内危险化学品储存使用单位摸底排查，检查涉及危险化学品储存区域特种设备使用单位16家，其中化工厂4家（其中1停产），加气站7家，充装站1家，液化气换气站1家，水厂2家，医院1家。查出特种设备安全管理问题25条，下发指令书12份。

【药品安全监管】 举办药品监管工作培训班1期，参训人员43人，组织监管人员参加区（食药局）、市局业务培训103人次，4人参加全区药品GSP认证检查员培训并通过考试，1人取得药品质量管理GSP认证资格；发放《涉药单位现场监督检查记录本》《医疗器械经营企业监督检查意见书》《医疗器械使用单位监督检查意见书》等资料。先后检查药店232家、医疗器械经营企业123家、医疗机构（含诊所）31家。对17家药品、医疗器械经营企业不规范行为下发《责令改正通知书》。二分局对辖区68家药店和42家医疗器械经营单位和22家眼镜经营企业进行重点巡查，配合市局检查药品批发企业2家、医疗器械经营企业31家、医疗机构2家。

【健康会所（体验馆）整治】 检查商户17家、查验二类医疗器械4种，检查宣称具有免疫调节、抗疲劳和调节血脂的产品6种，店堂广告及印刷品广告126份，对出现的4起违法违规行为，现场予以责令改正；开展避孕套专项整治，检查各类经营主体267家，对29家不按法规要求进行备案的企业予以责令改正；开展角膜接触镜专项整治，检查经营户27家，对4家涉嫌从事验配角膜塑形镜行为的经营企业，予以责令改正；开展全市体外诊断试剂综合治理联合检查，对辖区1家购进血糖测试条现场不能提供生产许可证的行为予以立案调查。完成922户保健食品、化妆品经营户备案登记。开展虫草类保健食品、美容美发化妆品、面膜等4期专项检查，对5户存在经营不合格面膜当场责令下架并退回厂家。抽检192件减肥、增强免疫力、缓解体力疲劳、改善睡眠等6类保健食品；完成40批次200份祛痘、抗粉刺类化妆品的抽检。

【市场专项执法检查】 严厉打击“三无”、制售假冒劣质商品等违法行。对辖区245家大型市场、超市进行检查，围绕食品、特种设备、保健食品化装品等重点商品开展整治。依法查处“三无”产品，严厉打击掺杂使假、以次充好、虚假宣传、虚假广告、假冒商标等违法行为。查获假冒“五粮液”酒22瓶，“茅台”酒6瓶，“五粮春”酒42瓶，“五粮醇”酒11瓶，“天之蓝”酒11瓶，“海之蓝”酒25瓶，泸州老窖8瓶，国窖15瓶，牛栏山酒50箱，“三无”发电机50台（为无主物）；假冒“惠普”品牌的复印机硒鼓135只，假冒“自然堂”化装品47瓶，假冒“晨光”笔芯59包；抽检不合格的弹簧软床垫10床；对辖区未获得烟草经营许可证的商户给予了及时处罚；对宁夏新南宏兴天然气有限责任公司私改加气机充装线路，未实施充装前后检查和吴兵杰非法充装液化石油气等非法行为进行了立案处罚。共立案82起（已结案66起，未结案16起），罚款17万元；此外对假冒酒类商标案的3家经营户正在调查取证，2户责令整改；二分局取缔食品无照经营12户，取缔食品黑窝点3个，查获过期食品431袋（瓶），没收假冒“五粮液”酒59瓶、“五粮春”酒140瓶、茅台酒15瓶、剑南春酒14瓶、牛栏山酒60件720瓶，未经检疫的冷冻牛肉150公斤，查处食品经营违法案件12件。

【非法出版物专项检查】 检查商户19家，对2户经营不规范，责令整改；开展考试用品、学生用品市场专项整治。清查电脑通信市场2家，文具用品店、书店、网吧、游戏厅45户，对2户经营者不符合索证索票规定，对1户网吧进行责令限期整改；

【“两小一院”药品医疗器械安全专项整治】 对辖区的32家小药店，33家小诊所，2家民营医院进行专项检查。对4家存在问题的小药店下达责令整改通知书，责令限期整改，并进行复查。

【3·15打假专项行动】 集中执法力量，销毁假冒伪劣产品10大类17个品种，价值20万元。对辖区销售电子衡器12户进行检查，限期责令改正5户，移交北环市场管理所超经营范围1家，对1家销售以欺骗消费者为目的的计量器具经营户进行立案处罚，罚款1000元，没收不合格计量器具5台。

【打击传销和直销企业监管】 走访辖区直销企业14家，建立备案登记14家。完成市局督办举报单21起。开展打击传销宣传4次，进社区播放《黑洞》电影教育片2次，发放宣传材料1000份，宣传画500张，发放礼品300个，悬挂条幅2条。开展打击传销“凌晨”等行动，派出检查人员260人次，捣毁传销居住窝点79处，查获传销人员791人，公安拘留11人，移送公安700人。创建2015年无传销社区（村）2处。二分局对辖区院校、社区、车站等区域集中时间、集中力量开展4次打击传销宣传活动，对辖区24个“无传销社区”进行了回访指导。新增无传销社区1家，检查直销企业3家，建立备案登记15家。

【个体工商户履行社会责任】 二分局确定99户个体工商户作为辖区个体工商户履行社会责任试点。制定方案，集中动员，组织培训，与经营户全部签署《个体户履行社会责任承诺书》，会同兴庆区政府17个部门逐项对99户个体工商户履行社会责任工作综合考核打分。

【12315维权】 对“消费者满意单位”和“消费纠纷和解联络单位”进行监督回访，建立维权志愿者队伍，规范微博受理处理投诉举报流程；完成上报国家局、中消协2015最美维权人物的上报工作。“12315”举报中心上报2536件；“12331”上报141件；“12345”上报129件；“12365”上报42件；微博上报442件；政民上报46件，调处率100%，为消费者挽回经济损失386万元。接待来访232人（次）、接来电咨询468人（次）。

【广告监管】 对辖区484家广告企业进行抽样调查，下发责令整改通知书6份，现场拆除违法广告2条，受理审查户外广告36件，规范或纠正广告内容9件。

【合同监管】 开展旅游、银行、电信等行业的合同格式条款专项整治工作，重点对供水、供电、供暖、供气等公用事业领域不公平格式条款违法违规行为开展整治，检查各类企业合同367份，约谈企业7次，下发行政建议书8份，下发责令整改通知书34份；二分局完成辖区内51家企业“守合同重信用”企业申报初审工作；开展合同格式条款专项整治工作，行政约谈企业7人次，下发行政建议书2份，下发责令整改通知书3份。

【规范抵押登记】 积极协调金融部门和担保企业的联系沟通，促进银企对接，帮助企业改善融资环境，办理12起动产抵押登记，2起动产抵押变更登记，6起注销登记，为各类企业融资3.89亿元。

【计量器具监督检查】 对辖区4家早市、4家集贸市场在用计量器具免费强制检定，检定2336台电子秤。对辖区21家商店销售计量器具电子秤检查并签订诚信经营承诺书；对辖区计量器具生产企业3家、修理企业1家进行监督检查和监督抽查。开展“5·20”世界计量日宣传活动，向市民发放计量知识宣传手册200册、便民标准砝码200个。

【医用计量器具免费检定】 对辖区3家乡镇卫生院24个村级卫生室（大新乡卫生院、掌政镇中心卫生院、通贵乡卫生院）、18家城市社区卫生服务站医疗卫生机构医用计量器具104台进行了免费检定。

【企业登记制度改革】 积极优化业务流程，为市场主体提供优质服务。制定《规范注册大厅办事程序和工作人员行为》的要求。登记各类经营户41508户，办理各类业务18201起。其中办理新登记业务9765起（企业2629户、个体6308户、餐饮小作坊828户）；其他业务8436起。培育“小老板”、小企业860个，创新新岗位4100个，鼓励34名大学生创业。二分局严格落实商事制度改革相关政策，全年新登记各类经营主体5839户。其中企业1150家，个体工商户4682户，发展农民专业合作社7户。办理餐饮许可证503户，小作坊许可证62户，食品流通许可证234户；新增注册资本金137348万元，较2014年增长69.86%；注册办理时间缩短，一个新增企业的办理时间由原来的15天缩短至3天，办理时间缩短12天。新增小企业800家，培养小老板800人，增加就业岗位1300个。

【滨河新区监管延伸】 二分局紧紧围绕市委、政府重点工作，在市局的统筹安排下，积极做好滨河新区市场监督管理延伸工作，累计行程近万公里，对辖区内经营单位进行多频次的检查，处理各类消费者举报投诉40起，为消费者挽回经济损失20余万元。评出“无传销村”1个，先后完成银川市元宵节大型活动、黄河横城冰灯艺术节、银川市黄河栈道万人徒步游以及滨河新区自行车嘉年华、银川通航产业园通航仪式等重大活动的食品及特种设备安全保障工作，保障滨河新区大型活动中市场服务到位、监管到位。

中国移动通信集团宁夏有限公司银川分公司兴庆分公司

中国移动通信集团宁夏有限公司银川分公司兴庆分公司有员工140人，平均年龄33岁；党员23人，平均年龄32岁；部门下设经理1人、副经理1人。内设业务服务办公室、综合+支撑班组、渠道班组、集家客班组、6个大客户班组、7个自有营业厅。2015年，兴庆分公司服务满意度位于银川市3个市辖区第一，运营收入累计完成约6亿元，4G终端销售约15万部，集团信息化收入累计完成1100万元，家庭宽带客户累计新发展7000户。

南京证券

NSC NANJING SECURITIES

南京证券位于宁夏回族自治区银川市兴庆区民族北街15号。2005年年底，进入宁夏市场托管原西北证券，2006年5月正式收购西北证券，设立宁夏管理总部，并于2009年年底经中国证监会批准设立分公司，负责管理公司在西北地区的证券营业部，证券投资咨询，与证券交易、证券投资活动有关的财务顾问，证券承销与保荐，证券资产管理。分公司所辖营业部15家，其中银川市8家、吴忠市1家、石嘴山市3家、固原市1家、中卫市1家、榆林定边1家；有员工205人，平均年龄36岁，其中党员62名，占30%；具有大专以上学历的197人，占96%；少数民族32人，占16%。2014年，分公司又承做了上菱牧业股份公司定向增发项目、宁夏中铝能源集团公司收购方财务顾问项目、宁夏霄霞景观股份公司“新三板”财务顾问项目，并成功签订了宁夏2014年政府债券发行承销协议，进一步提升公司在宁夏地区的影响力。截至2014年年末，实现证券交易量8273.43亿元，为宁夏地区上缴税款3.1亿元。2010年、2013年两次被宁夏回族自治区政府授予“支持经济发展贡献奖”荣誉称号。2015年年初，公司再次向宁夏总工会捐款100万元，开展送温暖活动，为困难职工排忧解难，把关怀与温暖及时送到急需帮助的家庭。

◆ 宁夏分公司开展“三严三实”学习会

◆ 自治区金融工会“五一”表彰大会上，宁夏分公司所属民族北街营业部和中山北街营业部分别获得自治区金融五一奖状和奖章

◆ 南京证券公司为宁夏困难职工捐助仪式

◆ 宁夏分公司组织党员到宁夏博物馆开展党组织活动，图为新党员入党宣誓仪式

兴庆区辖区营业网点名录

序号	网点名称	地 址
1	银川民族北街证券营业部	银川市兴庆区民族北街 15 号
2	银川中山北街证券营业部	银川市兴庆区中山北街 24 号
3	银川文化东街证券营业部	银川市兴庆区文化东街 36 号
4	银川新华东街证券营业部	银川市兴庆区新华东街 43 号 1–4 楼
5	银川凤凰北街证券营业部	银川市兴庆区凤凰北街 21 号
6	银川燕鸽湖证券营业部	银川市兴庆区燕鸽湖燕兴路二区三段营业房 22 号

◆ 与丽景街道办事处开展“共建幸福家园”活动

◆ 在银川步行街开展“打击与防范非法证券期货活动”宣传

◆ 宁夏分公司开展冬季职工趣味运动会——疯狂履带

◆ 宁夏分公司开展冬季职工趣味运动会－夹球流水线

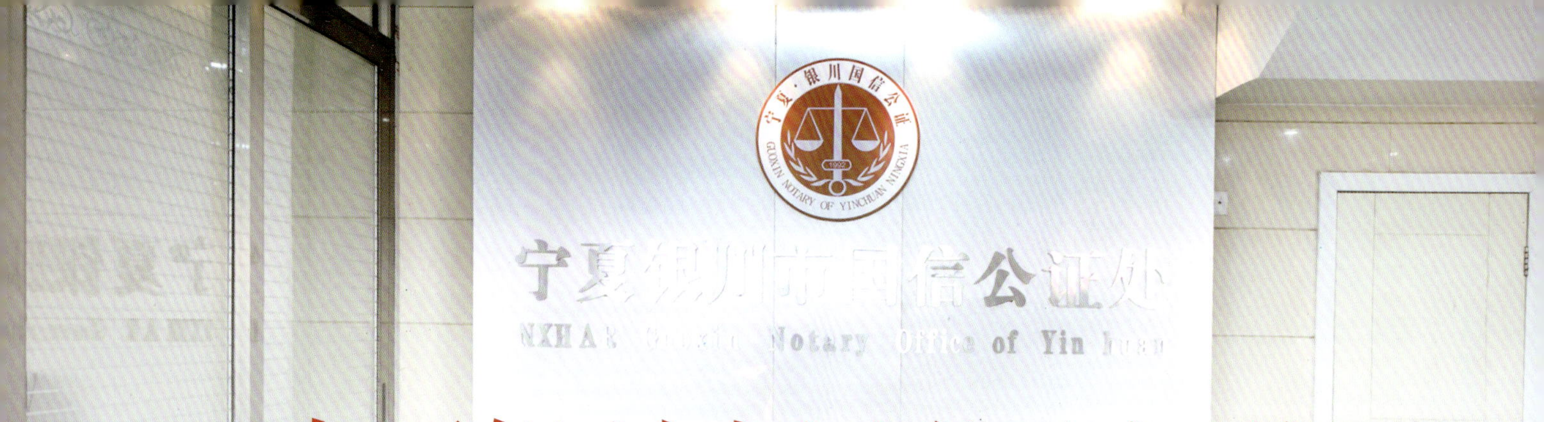

宁夏银川市国信公证处

◆ 领导班子成员

◆ 重温入党誓词

宁夏回族自治区银川市国信公证处成立于1992年，前身为宁夏回族自治区公证处，是宁夏回族自治区公证行业中，业务领域广、发展速度快、办公设备先进齐全、社会效益和经济效益齐步并进的公证处。有公证工作人员61人，其中公证员21人、外语翻译2人。公证服务项目有130多项，公证文书发往80多个国家和地区，法律服务与法律保障职能有效发挥，获得了社会各界的广泛承认和普遍接受。

国信公证处业务范围：主要承办国内外企事业单位委托的大型经济活动公证、全自治区政府采购、建筑工程、机电设备、药品集中采购、电子商务招标及合同公证，为社会群体办理遗嘱、继承、赠与、委托书、声明书、证据保全公证和学历、学位、成绩、

◆ 党团活动

◆ 体育比赛

◆ 诗歌朗诵

◆ 办证场景

国信公证处拥有独立的办公大楼和宽敞的办证大厅，办公面积有 1200 多平方米，具有先进、完善的信息化办公设备，科学规范的档案管理系统。内设专家咨询委员会、质量监督委员会、行政办公室、财务室、国信公证杂志编辑室、涉外公证接待室和 8 个办证业务科室，共 13 个内设机构。在全区率先开发了公证业务管理系统和公证档案扫描、查询系统软件。公证处自成立以来，集体和个人多次受到司法部、自治区司法厅的表彰奖励，获得“第六届全国优秀公证处”称号，并多次被评为自治区级“文明公证处”，被自治区团委和区直机关团工委分别授予“青年文明号”，2012 年 1 月被司法部、中国公证协会授予“全国优秀公证处”荣誉称号。

经历、亲属关系、涉外公证等事项。

2015 年，先后为中阿经贸往来所涉及双边贸易、工程招投标、劳务合作、人员往来等活动提供了多项公证法律服务；参与银川滨河新区及银川综合保税区的建设，为“二区”建设的工程招投标及区内企业的提供了公证法律服务；为区内某大型担保集团的经济合同办理了大量的赋予强制执行效力的公证文书；为宁东镇镇政府的征地拆迁及相关工作提供了全面的公证法律服务；与兴庆区 11 个街道办事处、51 个社区居委会签订《公证法律服务进社区合作协议书》，在各居委小区悬挂公证人员公示牌，定期举办法律宣传、知识讲座等活动，扩大了公证服务覆盖面。

◆ 公证进社区启动仪式

◆ 慰问武警部队

◆ 公证宣传工作

◆ 看望生育职工

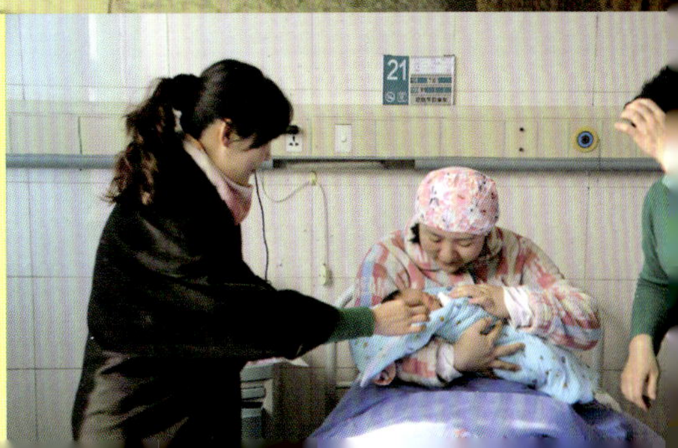

宁夏和晟鲜花港花鸟鱼宠市场

宁夏和晟鲜花港花鸟鱼宠市场是由宁夏和晟鲜花港市场管理服务有限公司投资兴建的一个现代化、专业化的大型综合花鸟鱼宠市场。市场位于银川市南大门，兴庆区胜利南街973号，地处银川苗木销售核心商业圈，毗邻南门汽车站及解放军第五医院。创办于2012年，2013年8月18日正式营业，总占地面积4.7万平方米，商户300余户，进驻率100%。分为花卉绿植区、观赏鱼区、内街宠物区、奇石街、外围商业区五大区域，集花鸟鱼宠、休闲家具饰品、红木家具、奇石古玩、园林绿化、餐饮娱乐于一体。配有占地10000平方米的大型停车场，可提供千余个泊车位。市场以宁夏为中心，凭借规模大、位置佳、规划优、硬件好、配套全、服务规范六大优势，辐射西北地区各省市，领跑宁夏花卉行业。和晟鲜花港花鸟鱼宠市场的建成，不仅美化了城市环境，在满足首府居民改善居住环境、提高生活品位的同时，也成为宁夏花卉行业对外展示的窗口，不但提供了一个良好的产品销售平台，惠及广大花农，且直接或间接为全区下岗职工、失业人员提供就业岗位1000多个。

宁夏长庆高级中学

宁夏长庆高级中学始建于1999年8月，位于银川市兴庆区风景秀美的燕鸽湖畔，2004年9月，由长庆油田移交宁夏回族自治区人民政府，是教育厅直属示范性普通高中。

学校有30个教学班，在校学生1500多人。教职工139人，高级教师94人，占68%；自治区骨干教师16人，银川市骨干教师7人；全国优秀教师1人，全国模范教师（全国模范班主任）1人，自治区特级教师1人，“313人才”1人。

作为原企业移交学校，为继续服务油田建设，学生中70%为油田职工子女。在生源单一的情况下，学校立足本土培养过自治区状元，多人高考总分排在自治区前10位。建校15年有17名学生考入清华、北大；每年高考二本以上录取率保持在50%以上；每年都有20余名学生凭借过硬的专业特长考入全国知名体育艺术院校。近年来，学校先后被确立为“自治区现代教育技术实验学校”“自治区数字化校园试点单位”“自治区和谐校园”“自治区科普示范校”“自治区德育示范校”“自治区安全管理规范化学校”。先后荣获“全国体育卫生工作先进单位”“全国青少年道德实验基地”“全国全民健身运动先进单位”和“全国节约型公共机构示范单位”等数十项荣誉称号。

◆ 研究性学习

◆ 全国青少年创意大赛获金奖

1 2 3 4 5

- ◆ 校门
- ◆ 庆祝建党 90 周年红歌比赛
- ◆ 学生辩论赛
- ◆ “世界无烟日”签名活动
- ◆ “孝敬父母月”演讲比赛

◆ 宁馨嘉园小区实景图

宁夏盛世光大房地产开发有限公司

宁夏盛世光大房地产开发有限公司成立于2010年，位于银川市兴庆区永丰巷106号，注册资金7000万元，是一家民营性质的房地产开发四级企业，专业从事商品房开发及销售。公司有职工30人，其中具有大专以上学历人员23人，具有中高级以上职称人员11人。

◆ 2013年4月28日，宁馨嘉园项目奠基仪式上公司董事长司本念发言

◆ 2013年4月28日，宁馨嘉园项目奠基仪式上宁夏盛世光大房地产开发有限公司全体员工合影

◆ 2013年4月28日，宁馨嘉园项目奠基仪式

◆ 2013年4月28日，宁馨嘉园项目奠基仪式上整齐的方阵

宁夏回族自治区食品药品监督管理局

2015年，自治区食品药品监督管理局贯彻“四个最严”要求，坚持改革创新、问题导向、依法治理，以“四有两责”和执法规范化为抓手，统筹推进制度建设、能力建设和社会共治体系建设，加强“四品一械”监管，实现年初确定各项目标。完成区、市、县三级监管机构改革任务，全区市、县监管部门总体内设机构248个，编制人数2175人，其中食品药品监管机构62个，在乡镇、街道（或区域）设立市场监管所128个。简政放权，在2014年已下放4项行政许可权的基础上，2015年再次将24大类食品生产和19家区局直管餐饮服务单位的行政审批权全部下放到市、县监管部门，行政审批权总体下放比例达92%。推行网格化监管，将全区范围内所有“四品一械”监管对象划分为26个一级网格、118个二级网格、431个三级网格，落实基层执法人员934人，并绘制了全区监管网格图，基本实现了网格责任无缝衔接。新制定出台《自治区食品药品行政处罚案件监督管理办法》《自治区食品药品监督管理系统稽查办案行为规范》《自治区食品药品监督管理系统重大食品药品违法案件督查督办实施办法（试行）》等相关制度12件，草拟《宁夏牛羊肉管理办法》《宁夏葡萄酒安全监督管理办法》送审稿。印发《全区治理餐桌污染工作实施意见》，制定食品冷链备案、临近保质期食品管理等制度办法，完成“明厨亮灶”7714家，完成药品GMP认证16家、GSP认证2630家，全区17家二级以上医疗机构药械管理达到规范化建设标准。开展植入性、介入性医疗器械等8个专项行动，对全区已登记的2117家保健食品经营单位和6070家化妆品经营单位进行摸底调查。统筹安排“四品一械”国家抽检、民生抽检、专项抽检任务12300批次。其中食品抽检8939批次，保健食品抽检458批次，药品（含中药饮片）抽检2330批次，医疗器械抽检123批次，化妆品抽检450批次。

◆ 纪念建党94周年及机关党委换届

◆ 定点扶贫捐款活动

◆ 在宁夏广播电台接受行风在线现场访谈

◆ 集体廉政谈话会

◆ 检查生产企业

◆ 国家食品药品监督管理总局副局长孙咸泽到宁夏检查指导工作

◆ 节日市场检查

◆ 督察校园周边食品安全

◆ 督察餐饮企业食品安全

◆ 2015 年食品安全宣传周

宁夏水利电力工程学校

宁夏水利电力工程学校（原宁夏水利学校）于1976年建校，是国家级重点中等职业学校。位于银川市兴庆区掌政镇，毗邻国家AAA级湿地保护旅游区鸣翠湖，占地面积440亩，建筑面积5.5万平方米。2005年，牵头组建了宁夏水电职业教育集团。2006年，经宁夏回族自治区人民政府批准，设立了宁夏水电技师学院。该校是一所集大学（函授）、大专（函授、脱产）、高职、普通中专、技工技师及各类培训教育、技能鉴定于一体的综合性中等职业学校，也是一所服务行业，面向社会，培养高素质专业技能紧缺人才的培训基地。学校行政隶属于宁夏水利厅，业务上接受上宁夏回族自治区

◆ 学校召开党建暨党风廉政建设工作会议

◆ 宁夏水利电力工程学校与北京工业大学继续教育学院共商成人函授教学工作

教育厅、宁夏回族自治区人力资源和社会保障厅指导。设有水利行业国家特有工种职业技能鉴定站和自治区通用工种技能鉴定所。2014年，学校多方争取筹措资金，启动新校区二期工程建设，完成3号学生公寓、3号教学楼建设，建筑面积6651平方米，建筑面积2958平方米；2号实训车间工程，建筑面积1263平方米。学校围绕培养“合格＋特长”高素质实用型技能人才的目标，2015年，实施国家高技能人才培训基地建设项目、自治区财政以奖代补的水利综合实训中心项目、年度校园绿化

◆ 学校参加水利厅水法宣传活动

美化工程任务、校园文化建设项目、容纳 100 人的电子阅览室建设项目、24 间教室教学录播系统建设项目、满足 40 人的工程造价理实一体化实训室建设项目、泵站运行与电气设备安装理实一体化实训室建设项目共 8 个建设项目。招生 1076 人。其中中职生 821 人，成人大专、本科脱产函授 255 人。安排顶岗实习学生 480 人。

2014 年 10 月中旬，学校承办了第五届全国水利中等职业学校“西夏杯”技能竞赛，来自全国 14 所水利中职学校的 83 名学校领队和指导教师、136 名选手，聚集宁夏水利电力工程学校。大赛设置水利工程 CAD、工程测量、工程算量、土工试验四个赛项。宁夏水利电力工程学校 13 名选手参赛，12 人获奖，获综合团体奖第二名。学校承办的此次大赛得到水利部有关领导的肯定。

◆ 学校承办水利系统泵站运行工和水文勘测工晋级理论考试

◆ 学校承办 2015 年“南方测绘杯”全区技能大赛

◆ 新教师评课会

◆ 学校邀请退休老职工到校座谈、参观

◆ 宁夏水利电力工程学校第 32 届暨宁夏水电技师学院第 7 届运动会

◆ 学校心理健康教育中心举办第六届“5·25”心理健康宣传月活动

宁夏银川一中

宁夏银川一中始建于1906年，位于银川市兴庆区民族南街656号，校园面积120亩，建筑面积50430平方米，生均绿地面积12.7平方米。在宁夏高等院校诞生之前，一直有“宁夏最高学府”的美誉。1929年宁夏建省开始，校名改为“宁夏省立第一中学”。1958年宁夏回族自治区成立，学校更名为“宁夏回族自治区银川市第一中学”（简称银川一中）。1980年，被宁夏回族自治区教育厅确定为自治区首批重点中学，1985年9月创办寄宿制民族高中班、2001年，宁夏回族自治区人民政府投资建设新校，2002年迁新址。2005年，银川一中被确立为宁夏首批一级示范性高中。2003年、

◆ 国际部GAC-ACT全球预科课程揭牌仪式

◆ 青年教工赴盐池交流活动

2004年，李娜、韩陆瑶分别夺得全区高考文科状元。2006年，杜玮、万木春双双夺得全区文、理状元。2007年，李小龙获全区理科状元。2009年，刘逸帆、杜彦涛以656分并列获得宁夏理科状元。2010年，范海霆以667分摘得理科状元桂冠，张佳颖以620分摘得文科状元桂冠；2011年，冯锐以680分（实分）获得自治区理科状元桂冠，沈玉芸以632分（虚分）摘得自治区文科总分第一名。2012年，吕晔、马博恩摘得全区高考理科、文科状元桂冠。2013年，许晓佳摘得全区高考文科状元桂冠。2014年，罗政灵摘得全区高考理科状元桂冠。2015年，何雨轩以691分（实分）摘得自治区理科状元桂冠。

◆ 国际部北外班举行快乐成长感恩亲子活动

◆ 户外主题团日

◆ 主题班会

◆ 新高一年级全体教师

◆ 国际部北外班寒假赴美冬令营

◆ 国际部中育班支教、野营拓展活动

◆ 篮球对抗赛

◆ 缅怀“一·二九”诗歌朗诵会

◆ 健美操队

宁夏邮政集团公司银川市分公司

中国邮政集团公司银川市分公司前身是宁夏府邮政分局，作为宁夏首府的社会公用企业，担负着银川三区、两县、一市的邮政通信工作。公司成立于光绪三十二年（1906），有员工1179人，其中大专及以上学历849人，占全员的72.5%。内设综合办公室、人力资源部、计划财务部、市场经营部、党委党建工作部、网路运行与质量监控部、工会7个部室，以及代理金融业务局、商函广告局、小包业务局、报刊发行投递局、电商分销局、邮虹城市一卡通、集邮公司7个专业局（公司），下辖兴庆区东城、兴庆区西城、金凤区、西夏区和永宁县、贺兰县、灵武市7个分、县（市）局、对外营业网点69处，投递段道168条，服务面积9491平方公里，服务人口230万人。先后获得“自治区五一劳动奖状”“宁夏职工职业首先建设十佳单位” “全国邮政系统用户满意企业”“银川委宣传思想文化工作先进集体”等荣誉。

◆ 军包邮递

◆ 2015宁夏邮政童话世界《蓝世界》全区巡演

◆ 第46届世界邮政日庆祝活动

◆ 东城生肖邮品品鉴会

◆ 《浪西北》旅游联票首发式

◆ 童话世界《蓝世界》宣传

宁夏张氏回医正骨医院

宁夏张氏回医正骨医院始建于1986年，是一所集临床医疗、科研教学、人才培训、预防保健、非物质文化遗产传承保护以及回医药文化展示于一体的回医骨伤医院。是国家级非物质文化遗产“张氏回医正骨疗法”传承保护基地、国家中医药管理局全国重点民族医医院建设单位、第一批全国中医学术流派传承工作室建设单位、第一批“全国优秀民营中医医院”、宁夏卫生厅批准的“宁夏张氏回医正骨人才培训基地”、中国民族医药学会理事单位、银川市少数民族流动人口医疗服务定点医院。1999年，银川市兴庆区清和北街建张宝玉传统回医骨伤专科医院，2003年，经自治区卫生厅批准成为一所二级回医骨伤专科医院。2004年，在吴忠市新区开元大道建立吴忠张氏回医正骨医院；2005年，建立医疗机构制剂室。2008年，建立宁夏张氏回医正骨研究所。2008年6月，“回族医药·张氏回医正骨疗法”被文化部列入“国家级非物质文化遗产名录”。2011年，活血化瘀回药膏和接骨续筋回药膏在全自治区各级中医院调剂使用。2014年11月，经自治区人社厅、卫计委批准，上述两种制剂纳入自治区医保乙类药品支付范围。2015年，骨刺康回药膏和滑膜炎回药膏获得两项国家发明专利。

2011年，投资近亿元，在银川市兴庆区清和北街建成新院，占地面积26亩，建筑面积31000平方米，编制床位260张。

医院有职工近200人，中高级职称33人，卫生技术人员占80%以上。医院设有回医骨伤科、回医烧伤科、回医疮疡科、回医创伤科、回医康复科、回医治未病科、内科、外科、麻醉手术科、急诊科等临床科室，医学检验科、放射科、功能检查科等医技科室。

2012年，医院承担国家中医药管理局、卫生部“十二五”民族医重点专科建设项目、国家临床重点专科（中医专业）建设项目。

医院有西门子16排CT、西门子DR-X光机、

◆ 自治区卫计委副主任崔光学为埃及、阿曼等阿拉伯国家领导及卫生部等嘉宾介绍宁夏张氏回医正骨医院

◆ 第一届中国创新科技成果交流会上，张金东副院长为参会人员介绍宁夏张氏回医正骨医院科研成果

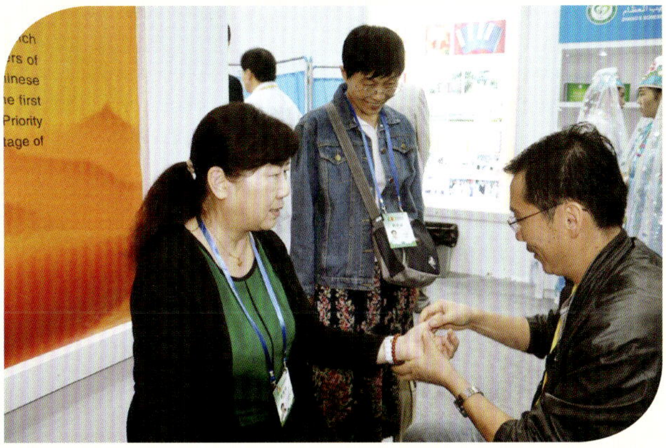

◆ 中国－阿拉伯国家健康产业博览会暨健康产业论坛期间副院长张金东在展厅为中国民族医药学会学术部主任、中国中医科学院刘玉玮教授诊治疾病

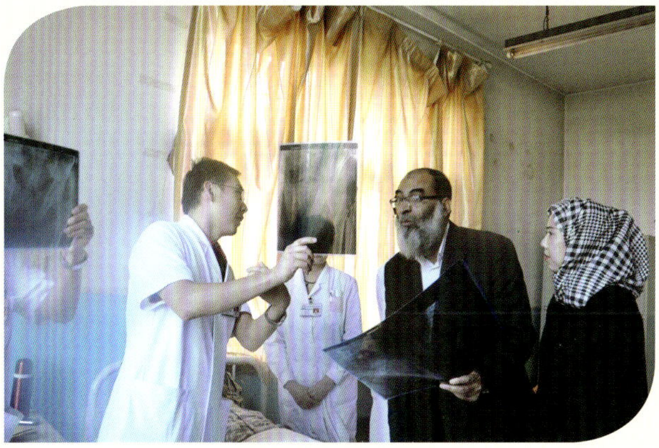

◆ 副院长张金东在病房为印度伊马德医生等人员讲解张氏回医正骨特色疗法

西门子彩超、数字遥控诊断放射系统、全自动生化分析仪、五分类全自动血液分析仪、全自动血凝仪、全自动尿沉渣分析仪、电除颤仪，多功能麻醉机等一大批先进医疗仪器设备。还有新型中药煎药设备、电脑骨伤治疗仪、多功能艾灸仪、数码经络导平治疗仪、电脑三维多功能牵引装置、中医无创针刺仪、中药熏蒸床（仓）、软组织伤痛治疗仪、干扰波疼痛治疗仪、磁振热治疗仪、骨质疏松治疗仪等系列中医诊疗设备。

宁夏中房实业集团股份有限公司

宁夏中房实业集团股份有限公司（简称宁夏中房集团），前身为中房集团银川房地产开发有限责任公司，成立于1982年。作为宁夏本土成立时间最早、累计开发规模最大并首家取得国家一级资质的房地产企业，经营范围涉及房地产开发、金融、采暖供热、物业服务、教育等多个行业，在银川、西宁、河北香河、陕西咸阳各拥有一家房地产开发企业，在宁夏拥有一家运营资金数亿元、全国百强的小额贷款公司和优质教育品牌景博学校。宁夏中房集团累计投资逾百亿元，开发各类房屋近800万平方米，建设了银川火车站、银川兴隆商厦、银川新时尚广场、西宁市全民健身中心、西宁市第三中学等多个城市地标及公益项目，承建了银川市解放东西大街、民族北街、步行街及西宁市南小街等城市干道；建成唐徕小区、牡丹园、高尔夫家园、丽景湖畔、东城人家、玺云台、粹园、西宁国际村、西宁都市绿洲、西宁夏都府邸、西宁城北国际村、西宁萨尔斯堡、咸阳阳光美域等数十个功能完善、

◆ 宁夏中房集团为考上大学的农民工子弟发放助学红包，该活动覆盖宁夏中房集团在建项目所有工地，已经持续多年

◆ 新年第一天，宁夏中房集团倡导并冠名的“元旦健身跑”活动在银川、西宁等城市火热开展。

◆ 2016 年，景博新校落成

◆ 重阳节，宁夏中房集团组织慰问园区独居老人

配套优良的住宅小区。其中，高尔夫家园、丽景湖畔、东城人家先后荣获国家建筑质量最高奖——广厦杯。中房小区里曾留下了胡锦涛、江泽民、乔石、李瑞环、曾庆红、贾庆林、罗干等党和国家领导人视察的足迹。2007 年 11 月，以大股东身份参股宁夏黄河银行。2007 年 12 月 22 日，宁夏中房小额贷款公司注册成立。2011 年，推行集团化管理，宁夏中房集团挂牌成立。2015 年，宁夏中房联合二中教育集团共办景博学校。2016 年，宁夏中房与银川实验小学联合办学景博实验小学。宁夏中房集团多次被国家工商总局授予“守合同、重信用”企业称号。积极支持助学、助残、抗震救灾、扶贫、老旧小区改造、山区失学女童重返校园以及公共环境、市政道路建设等公益事业。将公益主要方向确立为帮助社区孤寡老人、农民工子弟及推行社会健康生活方式，捐款千万元回馈社会。

银川市中医医院

◆ 全国人大代表到医院调研

银川市中医医院创建于 1958 年，是宁夏最早建立的集中医医疗、教学、科研、预防、保健、康复于一体，特色鲜明、优势突出的三级甲等中医医院，是宁夏医科大学附属中医医院、陕西中医大学附属中医医院、全国针灸临床研究中心宁夏分中心，国家中医药管理局首批中医住院医师、全科医师规范化培训（培养）基地，银川市级中医类别人员培训基地，下设北安、金安家园、长城花园、银新苑 4 家社区卫生服务站。

◆ 市长李守银调研市中医院

医院开设有 30 多个专业科室，开放床位 410 张。医院拥有高级专业技术职称人员 100 余人，有 20 余人担任国家级专业委员会委员以上职务，具有硕士研究生学历 50 余人，拥有全国老中医药专家

◆ 4 月 16 日，区医改办专职副主任刘秀丽一行到医院调研参观

◆ 银川市中医医院组织召开了 2015 年迎新春座谈会。院领导班子成员与相关职能科室负责人，以及离退休干部、民主党派、无党派人士、台侨属、高级知识分子等各界代表齐聚一堂，共话医院改革发展

学术经验继承工作指导老师 8 人、自治区老中医药专家学术经验继承工作指导老师 9 人、自治区名中医 6 人、塞上名医 1 人、银川市凤城名医 8 人、博士后合作导师 1 人、硕士研究生导师 7 人。有国家名中医工作室 4 个、银川市名中医工作室 3 个。

◆ 顺利通过自治区中医药回医药管理局关于“大型中医医院巡查”工作

医院注重特色科室建设，肛肠科是自治区级重点专科、国家中医药管理局“十一五”重点专科、国家临床重点中医专科建设单位；内分泌科为自治区级中医重点专科、国家中医药管理局“十二五”重点专科建设单位、国家临床重点中医专科建设单位；心病科为国家中医药管理局“十一五”中医重点学科；康复科为银川市级中医重点专科、自治区级中医重点专科、国家中医药管理局“十二五”重点专科建设单位；妇科为自治区中医优势专科建设单位；骨伤科、男科为银川市级重点专科建设单位：治未病中心为自治区级“治未病”预防保健服务试点单位。医院是国家中医护理重点专科和中医临床药学重点专科协作组成员单位、自治区回医示范病区建设单位。

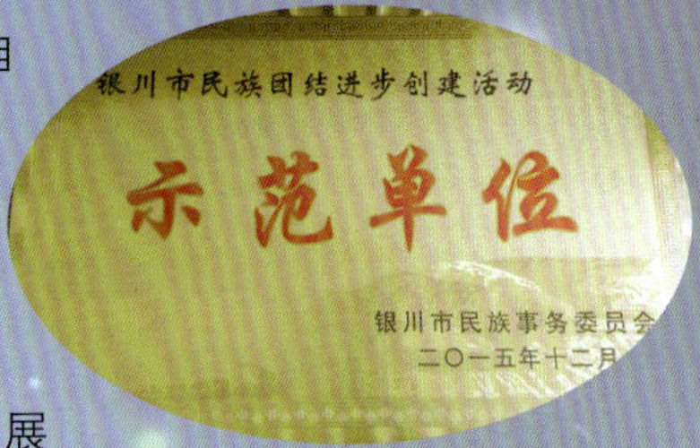

医院坚持科教兴院、人才强院的发展战略，承担宁夏医科大学、陕西中医药大学本科、硕士研究生临床教学工作。承担国家、自治区、银川市等科研项目 130 余项，取得科技成果 20 余项。

医院先后荣获“银川市五一劳动奖章”“第三批全国老中医药专家学术经验继承工作先进管理单位”“第四批全国老中医药专家学术经验继承工作先进管理单位”“宁夏医科大学优秀实践教学基地”“银川市精神文明建设先进单位”“自治区文明单位”等荣誉。

◆ 市中医院获得“中国梦 体育梦”银川市第三届职工运动会广场舞比赛第一名

◆ 全区公益日，中医院医生去安和园社区义诊

◆ 在泾河村开展定点帮扶慰问

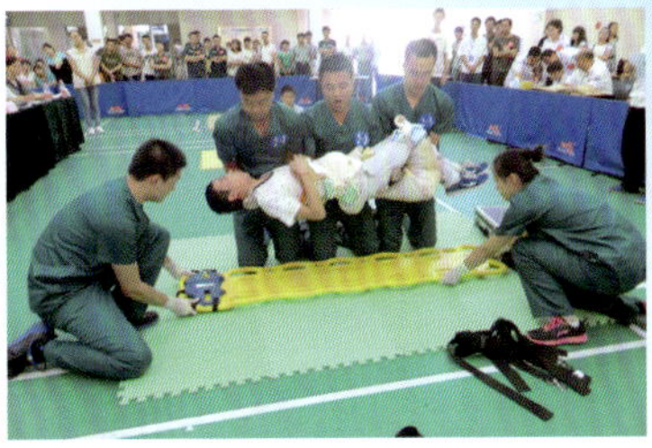

◆ 应急救护技能竞赛

◆ 表彰 2014 年工会积极分子

银川市兴庆区第二十四小学

银川市兴庆区第二十四小学位于北京路与丽景街交会处东北1000米，占地面积42亩，建筑面积9800平方米，建设规模36个教学班，可容纳学生1620人。建校初期，南都公益基金会投入种子基金200万元，学校曾命名为银川市兴庆区新公民小学，2013年更名为银川市兴庆区第二十四小学。学校开设30个教学班，在校学生1453人，教职工67人，招收兴庆区迎春路以南，北京东路以北，丽景北街以东，友爱中心路以西片区适龄学生，其中外来务工人员子弟占87％。学校秉承“把心点亮 静待花开”的办学理念，恪守“每天进一步点点”的校训、“爱满天下，乐育英才”的教风、“不比起点比进步”的学风，依托“名师工作室”、“阳光少年”评价、“同读一本书，提升你我他”等载体和平台，建设学习型、科研型团队，实施“阳光少年”德育评价机制，开展“阳光少年”社会综合实践活动，注重学生的励志、习惯养成教育；开设“少年园艺师”、“体育改变人生”、剪纸等校本课程，促进学生全面、自主发展。着力打造农耕特色的办学文化和品牌。

2013年6月26日，银川市特级教师工作室启动，分别成立“仇千记名师工作室”“胡明名师工作室”，开展“教师论坛”、“会前学习”、“同读一本书，提升你我他”等读书学习活动，为年轻教师搭建学习平台；利用校园苹果苑、葡萄文化长廊、枸杞园、耕读文化园和蔬菜种植园等实践基地，开设“少年园艺师”校本课程，为学生劳动、实践、生活提供平台，打造了农耕特色的校园文化；分枸杞娃、沙枣花、金苹果三个等级评选“阳光少年”，获得10个“枸杞娃”，在班主任处兑换1个“沙

枣花”，累计 10 个“沙枣花”，到少先大队部换取 1 个“金苹果”，获得 1 个“金苹果”即为“阳光少年”。学校定期组织 “阳光少年”参加社会实践活动，激发学生自我管理、自主管理的内驱力，变“要我做”为“我要做”，培养阳光、积极、向善、求真的好少年；安排 6 名专职体育教师开展以体促智、以体怡情、以体励志、以体立德的“体育改变人生”竞赛活动，帮助孩子发现自己的闪光点，树立自信心。

景岳小学

景岳小学始建于 1958 年，是自治区党史研究基地、国防教育基地，是自治区、银川市、兴庆区三级爱国主义教育基地，国家级语言文字规范化示范学校，银川市文明单位，是一所爱国主义教育的窗口学校。学校位于原城隍庙，1941 年4月17日夜，共产党员崔景岳、马文良、孟长被国民党宁夏当局活埋于城隍庙后。三烈士英勇就义 50 周年纪念日，中共银川市委、市政府在三烈士牺牲地建造纪念碑，并将银川第十三小学更名为景岳小学。学校有在校生 886 人，教职工 47 人。学校院内纪念碑正面石墙上部镶有时任中共宁夏回族自治区委书记黄璜的题词“革命烈士永垂不朽”八个铜字。石墙下面镌刻“1941. 4. 17”三烈士就义的日期。在花池中央，竖立着一座不锈钢制成的雕塑，三片钢构件相互鼎立、紧密交错在一起。2008 年 6 月，在纪念碑前树三烈士雕塑《传承》。2013 年 10 月，银川市政府和兴庆区政府筹建了三烈士革命纪念馆，建筑面积 320 平方米，展馆内部装修布展的风格恢弘、庄严、凝重。室内使用了大量文字、图片，利用实物展示、多媒体技术等手段，展示了宁夏工委的工作与活动情况，三烈士少年时期的故事、成年时为革命事业英勇斗争的动人事迹，真实地再现了先烈们革命斗争的历史场景。学校将安全教育、传统教育、红色教育融为一体，打造景岳独特的“红色”文化。

景岳小学

热忱 实现中国梦” 纪念三烈士主
景岳小学 六小 十五小

童心唱响爱国

兴庆区回民第二小学

兴庆区回民第二小学始建于 1937 年，最初由马鸿逵的四姨太刘慕侠兴办，名为慈英学堂（因刘慕侠字慈英），分高小和初小，后改名为西门清真初小。1949 年 9 月 23 日，十九兵团解放银川，西门清真初小命名为银川市第十小学。二十世纪五六十年代，学校只有几间旧土坯房，老师 15 人，学生多，教师少；70 年代，银川市政府在旧址建起了二层教学楼，办公条件得以改善，教师人数增加到 30 多人，校长丁成杰抓教学，带领老师们从唐涞渠底取沙，搞基建，维修校舍；80 年代，金克玲任校长，因照顾少数民族，学校更名为银川市回民第二小学；90 年代，张珏任校长，教师人数 60 多人，在校学生 1600 多名，建起五层教学楼，配齐音乐室、舞蹈室、美术室、图书室和微机室，成为银川市少数几所拥有微机室的现代化学校。

进入 21 世纪，教师近 80 人，学生近 2000 人。学校发展成为银川市示范学校，校长蒋小安获全国“三八红旗手”、全国一级“星星火炬”奖和自治区“十佳校长”荣誉，她率先在小学聘请外教人员讲英语课，推行“雅行教育”（现回民二小“博雅教育”最早的雏形）；开设校外大课堂，组织天文组、航模组、合唱组、舞蹈组等 18 个兴趣小组。

2011 年，兴庆区政府投资 3000 多万元扩建校舍，兴庆区回民二小由原址西门桥头迁入现址上海东路天平街 136 号，占地 36 亩。为均衡教育发展，2012 年、2014 年、2015 年分别将兴庆区新水桥回民小学、兴庆区海宝逸夫小学、兴庆区第八小学并入，兴庆区回民第二小学成为一所拥有观湖、新水桥、海宝、北塔四大校区和一所发展共同体校（兴庆区第二十七小学）、6000 余名师生的教育集团。黄莉任校长，抓课堂、抓校园文化，致力于自治区级数字化校园建设和融合信息化课程改革探索。2014 年 10 月，承办第十二届全国小学信息技术与教学融合优质课大赛。2015 年 4 月，代表宁夏参加在青岛举办的全国第五届教育信息化展览。2015 年 7 月，承办“中国好课堂”分会场活动。黄莉先后荣获自治区“五一劳动奖章”、自治区教育信息化工作先进个人、银川市“十佳校长”、兴庆区“名校园长”荣誉称号。

开学典礼

回民二小教育集团
春季运动嘉年华

兴庆区第九小学

兴庆区第九小学位于银川市湖滨东街高台七队，始建于1950年底。占地面积13333平方米，建筑面积5237平方米。学校前身为高台寺小学，门口立着的两头乾隆年间的石狮子，见证着历史的变迁和学校发展历程。1997年，学校由平房搬入邵逸夫捐建的两栋教学楼，并更名为高台逸夫小学；后又改名为银川郊区红花乡高台小学。2008年2月，划入城市小学。2008年7月，打通湖滨街东街，学校一栋四层教学楼拆除。2009年8月，在校大门口新建教学楼（明德楼）。2013年，银川市教育局为学校新修塑胶操场3700平方米。2014年1月，学校正式更名为兴庆区第九小学。有教学班26个，在校学生1239人，教师61人（含特岗教师7人），其中自治区级骨干教师1人、兴庆区级骨干教师5人。设有多媒体教室、会议室、实验室、仪器室、教师电子备课室、微机室、音乐室、图书室、阅览室、体育器材室等，各类体育器材配备均达到国家标准，

图书册数达21876册，生均19.1册。

校训：博文尚礼，循然育人。

“博文”，“博”即“博大、广纳”；“文”即“文化、人文”。意为教师以广博的知识、高尚的人格引领学生成为有知识、有文化、有涵养的人。“尚礼”，“尚”即“崇尚、推崇”；“礼”即“礼数、德行”。意为校园的每位成员都能崇尚礼仪，不断修正自己的德行。“循然”，“循”即“遵循”，“然”即“规律”。意为按照“人”的成长规律展开教育教学活动。

校徽：创意原型为“蒲公英”，作为处在银川这座移民城市城乡接合部的一所小学，学校容纳了80%的外来务工人员子女，有人把他们比作是“没有春天的蒲公英！”该校教职人员认为蒲公英是怀揣梦想、坚韧不拔、落地生根的象征。在校徽中，“蒲公英”寓意学校来自五湖四海的学生，“蓝色”寓意梦想！“Dandelion”是英文拼写。

银川高级中学

银川高级中学位于银川市兴庆区清河北街育德巷。1999 年 8 月，原银川郊区政府投资创建新型寄宿制学校，名为银川市郊区高级中学，学校占地 2.3 公顷，建筑面积为 4900 平方米，高中教学班 8 个，在校学生近 400 人。2001 年秋，香港著名实业家田家炳捐助人民币 250 万元，助建主教学楼，经银川郊区政府批准，加挂宁夏田家炳高级中学校牌，教学楼命名为“田家炳教学楼”，学校扩为 60 个教学班。2002 年，自治区人民政府同意，在国有资产、公办学校性质以及学校隶属关系不变的前提下，试行按民办教育机制运作，享有国家、自治区有关民办教育的优惠政策。2003 年 10 月，学校更名为银川高级中学，归属于银川市兴庆区，是银川市政府唯一注册校名；宁夏田家炳高级中学校名为田家炳基金会延用校名。2004 年 2 月，成立银川高级中学教育集团，以银川高级中学为主体，学校开始向集团化的方向发展。2009 年，被教育厅命名为自治区普通高中二级示范学校。2009 年 7 月，学校申报的“城市优质高中承担农村普通高中教育任务”课题被教育部立项为全国教育科学“十一五”规划重点课题，银川高级中学由此进入国家首批 100 所特色高中建设项目学校行列。2010 年 11 月，学校归属银川市政府。

正心诚意
自强不息

上陵波斯顿饭店

宁夏波斯顿饭店是宁夏百强企业上陵集团旗下在银川市首家自主品牌产权式精品商务饭店，2013年6月30日正式运营。波斯顿饭店位于银川市最繁华的商业区——新华东街与丽景南街交会处，是一家集商务、旅游、会议于一体的商务饭店。以本土的管理模式和借助全国知名酒店青岛海景花园大酒店的顾问式管理模式，着力打造宁夏饭店业服务管理第一和全国具有一定影响力的精品商务饭店。饭店30层，地下2层，地上28层，拥有客房260间。饭店可同时容纳600人就餐，有大小宴会厅及会议室7个。饭店距机场21公里，距火车站13公里。饭店多次荣获携程旅行口碑榜——2014年度最佳酒店服务奖、2015年度最佳酒店餐饮奖、2015年度最佳酒店服务奖、2015年度最受欢迎精品酒店奖。

◆ 总经理为员工培训

◆ 饭店宴会厅

▷ 卫生管理·人口健康

疾病防控

【基本职能】 银川市兴庆区疾病预防控制中心主要承担辖区内70余万常住人口、30万流动人口，各种疾病、传染病、慢性病的预防与控制；突发公共卫生事件的监测调查、报告及具体控制措施；免疫规划的组织实施；学校卫生、职业卫生的监测；病原微生物常规检验和常见污染物的检验及卫生监督执法相关的检验监测；各医疗机构、城市社区卫生组织和农村乡镇卫生院公共卫生工作的指导、考核及培训；疫情和公共卫生健康危害因素信息管理、监测、报告与控制；健康教育与健康促进等7大类、255项疾病预防控制工作任务。

【麻腮风强化免疫接种】 一类疫苗接种情况：开展10～12岁儿童麻腮风减毒活疫苗强化免疫活动，共印刷强化免疫接种通知单10000份。累计悬挂横幅71条，张贴标语212条，宣传画4000份，刷写板报、墙报71版次，发送短信46800条，共设立固定接种点31个，临时接种点（学校）71个；10–12岁儿童麻腮风减毒活疫苗接种率为98.16%。

【民生计划艾滋病关怀救治工程】 自愿咨询检测服务累计开展2630人次检测与咨询服务，完成民生计划任务数的100%；实施免费抗病毒治疗覆盖率为92.0%；兴庆区美沙酮门诊累计治疗143人，在治人数73例，保持率61.6%。最近一年的HIV检测率为94.4%，HCV检测率81.8%，TP检测率90.4%；积极做好艾滋病感染者每年随访2次，艾滋病病人每年4次的随访工作，HIV随访率96.0%；AIDS随访率100%。（全年目标为90%）。

【健康教育宣传】 编发疾控动态136期、信息82期，加强了与各部门的信息沟通；利用各种宣传日开展宣传工作，制作宣传横幅22条，发放手提袋2500个，宣传折页9000份、宣传单6000余张、宣传画5000余张、各种宣传册10000本、鼠标垫4000个、创办健康教育专栏10期，咨询人数约1600人次。

【传染病防治】 审核兴庆区辖区传染病报告卡片12446张，占全市的50.78%；传染病自动预警信息160条；共报告乙丙类传染病4707例，报告发病率653.26/10万。

【传染病监测】 辖区流感样病例监测医院共采集流感样病例咽拭子标本1158例，监测阳性结果48例，其中季节性流感40例、B型流感1例、甲型H1流感7例；访视伤寒、副伤寒3例，均为其他县区病例；访视狂犬病5例，均为其它县区病例；采集高致病性禽流感环境样115份,人群血标本40份；共采集手足口病病例标本90份，访视及采集重症病例标本47例，其中本县区病例6例，其余41例均为其它省市县区病例。及时调查处置学校、托幼机构传染病暴发疫情47起，其中学校暴发疫情7起，为水痘3起，流行性腮腺炎1起，手足口2起、猩红热1起；幼儿园暴发疫情37起，均为手足口病疫情；家庭聚集性疫情3起，均为手足口病疫情。现场书写疫情处置单47份，并指导消毒，提出防控措施，使疫情及时得到控制。

【朝觐人员中东呼吸综合征医学观察】 辖区110名朝觐返银人员医学观察期限已满，医学观察期间无疑似病例报告，按要求对每位朝觐人员发放“解除医学观察告知书”，医学观察工作圆满完成。

【一类疫苗接种】 乙肝疫苗应接种26652人，实接种26609人，接种率为99.83%；卡介苗应接种9103人，实接种9068人，接种率为99.62%；脊灰应接种33116人，实接种33046人，接种率为99.78%；无细胞百白破三联应接种34880人，实接种34814，接种率为99.81%；白破二联应接种9919人，实接种9884人，接种率为99.65%；麻疹类疫苗应接种20943人，实接种20922人，接种率为99.89%；A群流脑疫苗应接种25337人，实接种25310人，接种率为99.89%；A+C群流脑疫苗应接种11341人，实接种11278人，接种率为99.44%；乙脑疫苗应接种18355人，实接种18323人，接种率为99.82%；甲肝应接种8364人，实接种8343人，接种率为99.75%。

【二类疫苗接种】 乙肝疫苗10935剂次；23价肺炎疫苗2305剂次；7价肺炎疫苗486剂次；狂犬病疫苗19271剂次；狂犬病球蛋白疫苗1782剂次；流脑A+C+Y+W135疫苗1853剂次；甲肝灭活疫苗1065剂次；甲乙肝疫苗302剂次；Hib疫苗4916剂次；水痘疫苗6798剂次；流感疫苗1216剂次；气管炎疫苗113剂次；灭活脊灰疫苗2130剂次。

【疑似预防接种异常反应监测情况】 报告170例疑似预防接种异常反应，2例过敏反应，1例其他，其他均为一般反应病例。与去年相比，辖区疑似预防接种异常反应监测敏感性有所提高（2014年全年共报告疑似预防接种异常反应65例）。

【医务人员麻疹类疫苗接种工作】 为了进一步防控麻疹等疫情，建立免疫屏障，保护重点人群身体健康，严防医源性传播，根据银川市卫生计生委及银川市疾控中心的要求，兴庆区为辖区医疗机构工作人员进行麻疹类减毒活疫苗接种，应种4787人，实种4487人，接种率为98.16%，其中禁忌178人，拒种者122人。

【查验预防接种证工作】 对我辖区的54所小学和94所幼儿园开展了预防接种证查验及疫苗的查漏补种工作，查验覆盖率为100%；秋季查验工作各种疫苗接种率均≥95%。

【性病疫情】 报告五种性病1179例（重复报告78例），本辖区发病数446例，男女性别比为0.80：1。

【哨点监测】 完成吸毒人群、女性商业性服务工作者及孕产妇人群各400份（共1200份）的监测任务及问卷录入与上报，其中FSW和孕产妇人群各检出一例梅毒阳性，吸毒人群检测梅毒阳性42例，丙肝阳性101例。

【医疗机构及监管场所HIV抗体筛查工作】 对辖区监管场所开展逢进必检工作，累计筛查2625人次，HIV初筛阳性1例，梅毒阳性108例。辖区各级医疗机构开展HIV筛查工作，累计筛查153045人次，初筛阳性136人次，确证阳性66例。

【高危人群行为干预工作】 依托辖区5家社区卫生服务站和非政府组织分别针对FSW、MSM人群开展干预，中心对DUS、STD、外来务工人员三类人群的高危行为开展了干预工作，以上5类高危人群共干预21854人次，发放宣传材料19155份，安全套22375支，开展HIV检测7625人次，筛查结果一例确认结果为阳性（吸毒人群），其余均为阴性。

【碘缺乏病监测】 对300份居民用户和100份孕产妇碘盐进行定量测定，合格率为91.75%。

【布病工作】 接诊辖区自愿检测者及医院转介病例402人次，实验室筛查阳性88例。对月牙湖乡万亩养殖场的养殖人员完成高危人群布病筛查100例，检测阳性6例，经流行病学调查，均无相应症状发生。

【包虫病工作】 完成成年居民血样2345份，儿童血样511份，狗粪4406份的采集工作，实验室检测工作正在进行；委托兴庆区城管局宠物办、四个乡镇开展城区和农村犬驱虫药的发放工作，截止目前共对城区的4000条犬，发放犬驱虫药18294片；对农村的1209条犬，发放犬驱虫药7257片。

公共卫生监测

【职业卫生】 共接报农药中毒事件25起，中毒25人，并将信息及时进行网络直报；督导辖区8家职业病体检机构及2家职业病诊断机构职业病相关工作，并完成兴庆区职业病自查报告上报至银川市疾控中心。

【生活饮用水监测】　完成枯水期和丰水期水质监测采样及网报工作，农村安全饮水工程出厂水8份，末梢水16份，城市市政供水末梢水18份，二次供水20份。

【食物中毒】　共调查13起疑似食物中毒，中毒166人，将调查处理情况上报至市疾控中心及兴庆区卫计委，并完成一起食物中毒的突发公共事件网报工作。

【公共场所监测】　对677家公共场所采样5954份；对187家医疗机构采样624份；对50家托幼机构采样150份。

【放射卫生】　每季度对辖区20家医疗机构发放放射个人剂量监测器收取后送至银川市疾控中心进行检测。

【食源性疾病监测】　督导并审核各监测医院食源性疾病网络上报工作。其中，银川市第一人民医院上报80例，宁医附院上报70例，银川市第三人民医院上报77例，银川市妇幼保健院上报95例。

【死因监测工作】　共审核死亡卡片3452张，其中现住址为兴庆区的死亡病例为3048例，报告粗死亡率为423.02/10万。

【肿瘤登记随访工作】　共收到恶性肿瘤病例报告卡4658张，辖区内报告卡2862张，包括死亡病例报告卡457张、新发病例2605张，同时将新发卡片进行随访，共随访恶性肿瘤病例911例。

【伤害监测工作】　共审核订正修改并录入伤害卡片23701张。

【慢性病综合防治】　（1）慢病报表显示2015年，兴庆区总人口为719812人，建立家庭健康档案542584份，建立电子家庭健康档案538131份，18岁以上高血压发病率为7.84%，高血压病人规范管理率为87.45%；18岁以上糖尿病发病率为2.66%，糖尿病病人规范管理率为82.91%；65岁以上老年人管理率为85.75%；（2）心脑血管事件：共报告2015年急性心脑血管事件1797条，补报2014年漏报的心脑血管事件3662条。（3）配合市疾控中心开展居民慢病与营养监测工作。积极协调街道居委会配合国家和银川市疾控中心完成前期的抽样，开展现场调查工作；参与慢病与营养监测的现场入户调查，现已完成4个点的调查工作。

【重性精神疾病管理工作】　重性精神疾病网络系统共录入1823例，规范管理病人1252例，管理率68.6%。共筛查疑似病人451例，确诊并录入国家基本数据收集系统管理118例。

【癫痫病管理治疗项目工作】　癫痫数据库共录入84例，随访46例，退组19例。

检验检测工作

【从业人员健康体检】　共体检42229人次（其中餐饮18839人次、副食2330人次、公共18927人次、药店2133人次），梅毒TRUST3例阳性。

【公共场所卫生检测】　共完成公共场所（空气、公用具）共3215份样品的检测工作，不合样品数为24份，托幼机构采样150份，医疗机构消毒效果监测，对633份样品进行检测，认真填写收样登记、原始记录，并及时出具检验报告。

【艾滋病抗体初筛】　艾滋病抗体初筛检测6770人份，HIV抗体4例阳性，梅毒螺旋体抗体156例阳性，HCV抗体123例阳性，并及时出具检验报告。

【地方病检验工作】　完成布病血清学自愿检测筛查535人份，101例阳性；区疾控下发的布病高危人群筛查100份，6例阳性，并及时出具报告；完成包虫血清学检测3011人份，8例阳性；犬粪440份的样品检测工作。

【突发公共卫生事件及重点监测传染病采样工作】　参与6起食物中毒的采样工作，并及时将样品送至市疾控检验科进行样品的检测工作。

【空气污染监测项目工作】　完成空气污染监测采样工作及数据录入；收集银川市市医院、市妇幼保健院、南桥社区卫生服务站2015年分病种日门诊量和日门诊总量资料，并完成数据网络直报；与五宝社区卫生服务中心签订协议，由其完成社区、学生等健康问卷调查工作及小学生肺功能测试工作。

卫生监督

【概况】　银川市兴庆区卫生监督所具体承担对辖区公共场所、辖区中小学（包括民办中小学）、托幼机构卫

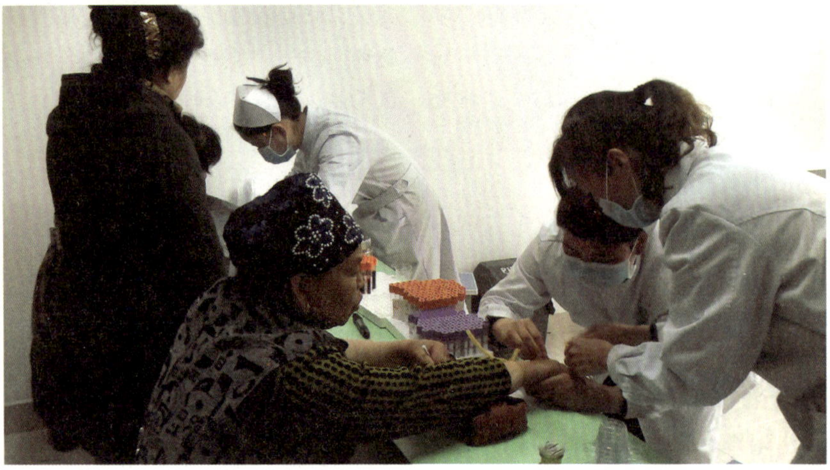

2015年3月，兴庆区全面实施城市居民普惠性健康体检工作

生、医疗机构、传染病防治、职业病防治、二次供水、农村集中式供水、消毒产品、学校卫生、放射卫生、3501户的日常卫生监督工作及公共场所和医疗机构的投诉举报、卫生监督协管、卫生监督稽查等行业的监管。

【公共场所卫生监督检查】 2015年监督检查各类公共场所2760户次，开展了辖区内歌舞厅夜间专项检查工作，监督所实行了错时工作制，共检查了歌舞厅48户，针对存在的问题，下达卫生监督意见书35份，要求其限期整改，同时为每个经营单位配置歌舞厅各类卫生管理制度12种，并指导完善管理。落实银川市卫生计生委印发的《银川市2015年公共场所卫生重点监督检查工作实施方案》，兴庆区重点监督抽检公共场所经营单位25家，采样140份。

【二次供水监督检查】 2015年辖区共有二次供水单位145家，使用无负压变频泵供水的36家，水箱供水的109家。农村集中式供水10家，这10家农村集中式供水单位的水源水基本都是深层地下水，没有沉淀、过滤净化，用变频泵直接打压到供水管网后供村民饮用，无基本的水质自检设施，未制定水污染事故应急预案。有专职供管水人员，安装的消毒设施是二氧化氯发生器，目前只有两家正常运转，其余均未使用。供水单位还设置了水源卫生防护，水源地周围无污染源。检查中对9家农村集中式供水单位出厂水进行水质快速检测，兴庆区疾控中心也在丰水期和枯水期对16监测点水质进行采样。

【学校卫生专项监督】 2015年检查学校69所，托幼机构94所，处理疫情19起（其中学校5起，托幼机构14起）。通过此次监督检查发现各学校能够认真贯彻执行相关卫生法律法规，尤其是九中出现诺如病毒性传染病后，各单位在传染病防控工作方面非常重视，成立了相关工作组织机构，建立健全了规章制度。

【消毒产品重点监督】 2015年检查消毒产品生产企业3家，检查中这3家企业均持有有效卫生许可证、从业人员大部分持有有效健康证，加工原材料索证索票不完善。监督员针对存在的问题下达监督意见书，责令限期整改。

【传染病防治专项监督】 2015年共检查医疗机构292家，其中直管的辖区乡（镇）卫生院4家、村卫生室39家，个体诊所及门诊部249家。对检查中有违法行为的医疗机构进行查处，全年对15家违法医疗单位进行了行政处罚，警告、责令改正14家。罚款1家，人民币3000元整。

【打击非法行医】 兴庆区卫生监督所采用“盯梢式监督”的执法方式，继续在辖区内开展打击非法行医工作，并将长期顽固存在于我辖区内的非法行医人员移交公安部门。2015年全年共出动执法人员900人次，车辆180辆次，举办打击非法行医和医疗机构监督管理综合培训班8期。联合区市监督部门宣传2次，发放宣传资料1751份，出动人员20人次，车辆4辆次。编辑信息16篇。打击取缔非法行医72户次，取缔集贸市场游医、黑诊所38家，行政处罚38家，罚款合计18500元，没收违法所得549.7元，没收违法药品器械30箱，折合人民币89789元，目前已经依法向兴庆区公安分局移送案件5件，立案2件。

【民营医疗机构监管】 对辖区内的220家社会办医、个体诊所进行日常监管管理，做好医疗机构审批工作，截止2015年，审批诊所27家，制定《兴庆区社会办医和民营医疗机构属地化管理工作方案》、《关于印发兴庆区诊所设置标准（试行）的通知》等规范性文件，组建了兴庆区医疗机构评审专家库，加强对民营医疗机构的监管。对辖区内存在不良执业行为的医疗机构进行了不良记分。对252家医疗机构下达不良执业积分通知书252份，责令整改252户次。对35家违法医疗单位了行政处罚，其中警告、责令改正32家，罚款3家，罚款人民币8000元整。

【公共卫生服务】 2015年组织辖区基层医疗机构开展12大类52项基本公共卫生服务，为辖区农村居民及老年人、高血压、糖尿病、儿童、孕产妇等重点人群建立居民健康档案，并为重点人群开展健康体检等工作。共建立纸质居民健康档案511402份，电子档案45000份，电子建档率为77.5%；0-6岁以下儿童系统管理人数为1219人，系统管理率达94.13%；孕产妇保健系统管理人数为176人，系统管理率达100%；高血压规范管理人数4981人，管理率达86%；糖尿病规范化管理人数为716人，管理率达77%；65岁老年人5067人，接受管理人数4831人，规范化管理率达到95.3%；重性精神病规范化管理人数286人，规范化管理率达到94.3%。

人口健康管理

【概况】 2015年11月，根据《兴庆区人民政府职能转变和机构改革方案》，撤销原兴庆区卫生和食品药品监督管理局、原兴庆区人口和计划生育局，正式成立兴庆区卫生和计划生育局，为兴庆区人民政府工作部门，核定行政编制8名。下设综合办公室、财务科、计划生育和妇幼卫生科、基层卫生科、医政医管科、健康教育和信息宣传科和公共卫生科7个职能科室。主管健康教育所1个，4家乡镇卫生院，1家疾控机构，1家卫生监督机构，1家计划生育服务中心，32家银川市直管的社区卫生服务站（中心），43所标准化村卫生室。核定事业编制122名，现有在编人员110人。截至2015年9月底，兴庆区总人口为594512人，出生3696人，人口出生率为6.23‰，出生政策符合率为98.16%，农村孕产妇死亡率为0，婴儿死亡率3.06‰，出生缺陷发生率142.27/万。传染病发病率为599.83/10万，均在自治区、银川市下达指标以内。兴庆区全员人口信息系统常住人口完整率为97.82%，已婚育龄妇女信息录入逻辑关系准确率为97.97%，全年信息变更总数为356917次。

【完善便民服务制度】 全面公开服务事项、服务规范。《流动人口婚育证明》行政审批权下放到乡（镇）人民政府、街道办事处，医师注册变更地址、出生医学证明办理在政务大厅，符合条件即时办理。注重完善制度机制，坚持“谁主管、谁审批、谁负责”，在享受审批权的同时承担其相应的责任。

【建立联席会议制度】 卫生计生与公安、民政等部门按月互通信息，并逐一比对核实补录，提高数据质量，促进出生实名登记管理，出生人口实名登记信息核实率达95%以上。宗教、卫计部门协作设立“少数民族流动人口服务站”，依托网格化管理，听取流动人口诉求和意见，解决儿童入托、入学等问题。民政牵头，逐步建立健全养老服务体系，建立农村养老幸福院、城市居家养老服务站、社区老年活动中心、城市老年饭桌、农村老年饭桌等养老点。教育主导，对“少生快富”项目户子女入学和农村学生及外来务工人员随迁贫困家庭子女全部落实国家“三免一补”政策；为外来务工人员子女开辟了“绿色入学通道”，试行一站式服务，流动人口入学人数达1.2万人。

【流动人口管理】 采集流动人口信息，完成国家流动人口动态监测。截至2015年9月底，兴庆区登记在册全员流入人口44968人，育龄妇女17055人，已婚育龄妇女11778人，网上信息接收办理及时率达98%。与流入兴庆区人口较多的119个县区签订流动人口计划生育双向管理服务协议书。截至2015年年底，兴庆区流动人口服务管理综合覆盖率达85%以

4月2日，兴庆区举办计划生育业务知识培训班

上。成功申报国家扩大流动人口计生协工作覆盖面项目——流动人口计生协示范点项目（通和国际汽车城），建立兴庆区流动人口“如家驿站”。

【社区卫生服务中心建设】 截至2015年12月底，掌政镇中心卫生院已整体完工，新水桥社区卫生服务中心（大新镇卫生院）、文化街社区卫生服务中心及5所社区卫生服务站主体均已完工。完善社区卫生服务中心、村卫生室和社区卫生服务站的基本建设和设备设施配置，发挥社区卫生服务中心在提供基本诊疗、基本公共卫生服务、医养结合以及中医药服务等方面的网底功能，更好地服务于社区居民。

【健康教育宣传】 在银川新闻网开设《兴庆区健康素养专栏》，宣传健康素养知识、健康生活方式、重点疾病防控等健康教育核心信息；打造健康教育示范基地，在兴庆区正丰社区建立心理咨询室、健康小屋，设立健康文化长廊，普及健康教育知识；组织开展各类卫生日、志愿服务等义诊咨询宣传活动近12次，开展健康大讲堂及各类讲座54次。举办文艺演出、知识竞赛、演讲等活动156次。完善人口和家庭公共服务中心102个，新建家庭文化屋29个。

【计生政策衔接】 做好政策衔接，对独生子女性质界定、社会抚养费征收等都予以明确。“单独两孩”和“取消生育间隔”政策全覆盖，严把人口指标，全面掌握二孩政策落实情况并做相关分析工作，提高统计分析利用率。截至2015年12月底，兴庆区受理再生育审批1082例，其中“单独两孩”407例。

【避孕药具发放】 全年累计发放价值45万元的避孕药具10个品种，基本满足育龄人群需求。避孕节育措施及时率、有效率、应用率均达到98%以上，综合避孕率为96%。拓宽免费药具发放面，保证每个社区至少有3—5个运作良好的免费药具发放网点，截至2015年12月底建立健全免费药具发放点520个。推广应用智能型药具发放机，逐步建立智能型免费发放网络，完成安装智能药具发放机16台。

【计划生育利益导向】 2015年“三项制度”项目户政策符合率及惠民政策配套资金落实率均达100%。奖励扶助、特别扶助对象累计485人，发放资金133.44万元。推进“少生快富”工程。截至2015年年底，兴庆区少生快富户165户，少生快富提前奖励扶助330人，兑现奖扶资金39.08万元。惠民政策利益导向受益23221人，兑现资金210.51万元。落实独生子女保健费，独生子女保健费申报10402本，发放462.635万元。

3月24日，兴庆区医疗机构评审专家聘任会

【农村医改惠及民生】 各乡镇卫生院和村卫生室全部实行网络化管理，全面推行药品“三统一”制度，即药品网上统一采购、统一价格、药品零差率销售。坚决破除以药补医行为。完成月牙湖乡和通贵乡“群众满意乡镇卫生院”创建活动，推动基层乡镇卫生院硬件和内涵建设，提升了基层服务能力和水平。4所乡镇卫生院和35所标准化村卫生室实行乡村卫生服务一体化管理。实行绩效工资制度，4所乡镇卫生院和43所村卫生室公共卫生补助经费和乡村医生生活补助及时足额到位。推进乡村医生签约服务，签约户数11753户，签约人次47050人次。

【兴庆区医疗机构评审专家库】

为便于进一步规范社会办医和民营医疗机构的设置、执业登记、变更、校验等行政审批事项，兴庆区卫生和计划生育局与自治区妇幼保健院、银川市第一人民医院、银川市第三人民医院、银川市妇幼保健院、银川市中医院沟通，经医院推荐、专家自愿报名、卫生和计划生育局认可的方式选定了中级以上职称的中医、中西医结合、临床（妇科、内科、妇产科）、口腔、院感或护理、外科（医学美容、皮肤科）以及药剂科等62名专家，建立了兴庆区医疗机构评审专家库。

▷科学技术·环境保护

科学技术

【概况】 2015年科技局围绕产业结构调整实施创新驱动发展战略，面向农村、面向基层，强化服务，推进科技进步工作，加大科技成果转化，完成了年度目标任务。

【科技项目推广与技术创新】 科技项目建设是促进经济发展的助推器，也是实现科技创新、推进兴庆区经济发展的载体，科技局始终把科技项目争取和实施作为重要的工作内容。征集宁港城市建设发展有限公司的宁港智慧园区大数据中心建设、宁夏三瑞机械环保设备有限公司的低压脉冲长袋除尘器研发等11个兴庆区本级工业社发类项目；征集19个本级科技特派员项目；征集银川市兴庆区掌政镇五渡桥园区育苗中心建设、宁夏嘉禾源蔬菜花卉种苗培育基地建设、优质水稻高产技术基础与示范项目，对农业科技示范园建设进行扶持，支持天地缘园区开展物联网项目，建设视频监控系统，全面了解园区花卉生产情况。征集百合新品种引进对比试验示范、黄瓜油亮型新品种引进示范与推广、康乃馨高效生产技术示范与推广、康乃馨新品种选育关键技术示范及产业化应用、高产优质水稻新品种218引进及高效种植示范推广、南美白对虾苗种培育及健康养殖示范、设施蔬菜平衡施肥技术集成与示范等30个本级农业科技项目，项目通过科技局、财政局、经发局、审计局、农牧局、园林局组成的项目审核组的验收。推荐兴庆区顺天然水产养殖场的南美白对虾工厂化养殖示范等9个银川市科技特派员项目；推荐宁夏科育种苗有限公司西北干旱地区彩叶树种育苗关键技术研究与示范、宁夏森淼种业生物工程有限公司森淼红缨新品种繁育及示范推广、宁夏润丰种业有限公司紫甘薯新品种引进及栽培技术推广示范为2015年宁夏科技金融专项推荐项目；推荐宁夏天地缘锦绣园林花卉有限公司的康乃馨优质种苗扦插繁育技术产业化应用、宁夏广勤养殖实业有限公司、宁夏广勤优质黄河鲤水产品繁育及健康养殖技术示范推广、等29个项目为银川市科技计划项目。通过项目的实施促进新技术、新品种的应用，达到提质增效的作用。

【重点工作责任分工】 根据自治区、银川市重点工作责任分工，科技局负责2014年R&D经费增长率和科技后补助资金到位率的责任分工。2014年兴庆区R&D经费较2013年增长3%，科技后补助项目2014年合计补助49.2万元，科技后补助资金到位率100%。科技后补助项目为银川欣安瑞电气有限公司的项目新型大功率高频臭氧发生器专用变压器系列。自治区补助额度12.5万元，兴庆区补助12.5万元，本项目将传统高压变压器技术和新兴高频技术结合，采用了新的设计方法和结构方式，丰富了兴庆区的变压器技术理论研究内容，填补宁夏臭氧发生器专用变压器的空白；年销售收入可达1080万元，税后利润227万元，项目具有自主知识产权，可替代进口产品；与其他同类产品相比，相同体积情况下可输出功率增加22%—30%，高效节能。宁夏森淼种业生物工程有限公司的项目专用枸杞新品种选育及加工技术研究自治区补助额度36.7万元，兴庆区补助36.7万元，本项目通过大果粒枸杞与叶用枸杞的开发利用，实现专用品种选育，促进枸杞产业多元化发展，通过不同枸杞加工技术工艺研究，丰富了枸杞产品形态与种类，引领行业发展。亩产值达到传统枸杞栽培的2—3倍以上。通过加工开发利用，经济效益提高幅度达30%—100%。2015年自治区企业科技创新后补助项目近日下达，宁夏三瑞机械环保设备有限公司的低压脉冲长袋除尘器研发生产项目自治区财政补助额度33.42万元，兴庆区拟补助额度33.42万元。本项目研发推广新型高效除尘设备通过自治区级新产品新技术鉴定，形成年生产项目产品50台套的现代化生产线，实现销售收入2100万元，利润310万元。银川欣安瑞电气有限公司的一种工业用新型高频高压静电除尘变压器项目，自治区财政补助额度19.03万元，兴庆区拟补助额度19.03万元。本项目根据电除尘高频电源的应用要求，采用了区别于传统静电除尘变压器的新的设计方法和结构方式，丰富了兴庆区的变压器技术理论研究内容，填补宁夏新型高频高压静电除尘变压器的空白；项目批量生产后年销售收入可达1000万元，税后利润预计200万元，本项目具有自主知识产权，可替代进口产品，能推动电除尘高频供电电源的应用和工频供电电源的改造。

【科技特派员培训】 作为当前科技工作重要的生力军，为全面提高科技特派员的专业技术水平和综合素质，更好地发挥科技特派员服务农村的能力，先后选派50名科技特派员及管理人员参加自治区科特办举办的全区科技特派员培训班，参加科技特派员与农村科技工作、科技项目申报管理和知识产权保护、科技信息发布、信息传递、计算机信息网络技术、科技特派员后补助项目等方面的专题培训，有效提高了科技特派员服务农村的能力。

【企业科技人才培训】 指导和协助规模以上企业自主开展所需专业知识更新培训，帮助企业创新发展，不断提高企业核心竞争力，增加企业科技创新意识，科技局分别于1月30日和4月24日举办了知识产权保护培训班，对兴庆区辖区中小企业、研发人员进行培训，指导帮助企业及时了解和掌握知识产权政策，为企业知识产权保护创造良好条件，2015年培育并被自治区认定的科技型中小企业有9家。

【科技特派员科技服务】 2015年，155名科技特派员活跃在兴庆区各个行政村，从事设施农业、畜禽水产养殖、粮食生产加工等方面的科技创业，创业内容涉及基地升级建设改造、技术咨询、产品营销和信息服务。银川市、兴庆区科技特派员项目正在征集中，通过项目的征集实施把最新、最实用的科学技术以最快的方式送到产业农民手中，使产业农民掌握最新的科技知识，以科技的手段增加农民的收入。科技特派员张生芳负责的银川市周景世荣职业技能培训学校实施兴庆区生态移民职业技能培训项目，该项目以兴庆区月牙湖生态移民农业科技示范基地为培训基地，形成产+学的模式，在花卉优新品种引育、花卉植物生长远程监控智能化管理技术、植物营养诊断和环境控制自动化技术，水肥一体高效栽培技术、病虫害综合防控技术的研究，对花卉生产低效、病虫害防治难等花卉生产的瓶颈问题。

【农业科技培训】 集中培训示范户5期800人次，培训内容主要围绕农业新技术、新品种的推广引进、示范种植，提高示范户的科技知识、科技水平，让其带动周边农户学科技、用科技。从示范户中培养了21名优秀的人才，发展成为了兴庆区科技特派员。培训农户500人次，培训技术骨干50人，培养农民经纪人10人，带动并解决生态移民就业及创业200人。经过培训后，使农民掌握花卉种植技术，达到产业化生产的效果，可提高宁夏地区优新切花康乃馨的生产水平，按推广种植600亩鲜切康乃馨计算，预计每亩平均产成品花2万枝，均价0.8元/枝，亩均收入达1.6万元，年销售收入达960万元，利润达100万元左右，经济效益显著。银川茂银果蔬专业合作社开展蔬菜种植科技技能培训项目，以“合作社+基地+学校+农户”培训模式，聘请银川市蔬菜研究所、银川市农业技术推广中心相关专家，针对兴庆区蔬菜种植土壤环境、蔬菜种植技术做一次全面的讲解。并通过此项目推广、示范新的种植技术，改善农民长久以来的种植观念，让城乡居民吃上安心菜、放心菜；科学施肥新技术让农民掌握了新的施肥技术，改善种植土壤环境，减少环境污染；病虫害防治技术、测土配方施肥技术、秸秆生物反应堆新技术，降低生产成本，是每亩可节约投资1200多元，带动周边农户200多户，辐射面积6000多亩，增加农民纯收入30%以上。科技局申请银川市科技特派员项目科技特派员创新思路及农民实用技术培训。通过项目的实施，拓宽特派员创业创新思路，发展科技特派员创业多样性和灵活性。可带动兴庆区月牙湖生态移民100人就业，带动兴庆区农民300人就业，孵化对虾养殖户3—5户，养殖面积扩大至300亩左右。

【宁夏“三区”人才支持计划】 为推进兴庆区特色优势产业发展的科技需求，实现兴庆区人才、资金、技术、信息、管理和农村特色资源有机结合，科技局根据自治区科技厅、党委组织部、财政厅、人力资源社会保障厅、扶贫办下发的《宁夏“三区”人才支持计划科技人员专项计划》的要求，申报34名符合条件的科技人才享受“三区”人才支持计划，每年由国家补助2万元，用于开展科技服务工作的补助、交通差旅费、保险和培训费等。

【全民科普教育】 大力提升广大群众青少年的科学素质，形成全社会广泛参与科普的良好社会环境，促进创新型兴庆建设。征集到新华街正丰市民服务站正丰社区青少年科普教育基地、兴庆区中山南街街道开展科普教育宣传提升市民科技素》、兴庆区大塘中心小学航空飞机模型制作与实践活动等科普类本级项目15个。通过科普项目的实施，城乡居民、学校师生获取和运用科技知识的能力明显增强，培养了社区、学校的科普人才。

【防震减灾科学知识宣传】 做好《中华人民共和国防震减灾法》宣传和防灾减灾知识普及，制定宣传实施方案。为各单位、街道乡镇拨付抗震宣传资金，确保抗震宣传、演练顺利进行；结合地震安全社区创建，把防震减灾知识和防震避险技能普及到家庭，做到家户喻晓。5月8日，组织青山社区干部、居民进行防震救援培训。5月12日，组织景墨社区进行了防震救援培训，申报并被银川市地震局批准银古路福园社区为银川市级平安示范社区；4月17日，邀请银川市地震局为兴庆区18小师生进行地震科普知识讲座，提高中、小学生防震避险自救互救能力，达到“教育一个孩子，带动一个家庭，影响整个社会，确保一方平安”的目的；推进防震减灾科普示范学校建设，对兴庆区第27小学、第3小学进行银川市防震减灾科普示范学校创建验收；提高农村民居抗震水平和农村居民的防震避险能力。

（供稿人：张帆）

环境保护

【概况】 2015年，兴庆区环保分局认真贯彻落实市委、政府决策部署，围绕“一个中心”（改善环境质量），实施“两轮驱动”（蓝天工程、主要污染物减排），突出打造“碧水蓝天、明媚银川”城市品牌，狠抓扬尘和煤烟尘防治。加大执法力度，规范执法行为，强化队伍能力建设，群众关心的环保热点、难点问题得到有效解决，使辖区环境质量得到明显改善。按时开展排污申报工作，全面宣传国家排污收费政策，征收废气、噪声类排污费78.68万元。

【燃煤锅（茶）炉烟尘污染综合治理】 建立“网格化”监管机制，通过工作日巡查、节假日错时执法和突击检查相结合，对辖区117座燃煤锅炉房230台供暖锅炉，按区域进行网格化划分，实行片区承包，每一网格责任到人，不留死角，全面排查。下发锅炉房规范化管理通知书117份，对11家煤质硫份超标和13家烟尘超标单位进行立案，对12家锅炉房灰份超标下达限期整改。完成建成区内茶浴炉监察101家118台的监察任务，对永刚实业等5家茶浴炉冒黑烟违法行为进行立案处罚。

【锅炉除尘升级改造】 结合《锅炉大气污染物排放新标准》实施，先后4次组织供暖企业负责人进行除尘升级改造专项会议，加大动员力度，统一思想认识。针对兴庆区供暖锅炉多，治理难度大的特点进行分项治理，积极争取国家专项资金3435.8万元，对19个供热站进行布袋除尘升级改造，对2家供热站进行煤改天然气改造。争取市级专项资金320万元，进行20吨以上锅炉脱硫改造和煤场封闭建设。对6家供热站进行脱硫除尘改造，对4家供热站进行煤场封闭建设。对国家补助资金项目，要求单位严格落实法人制、合同制、招投标制和监理制，并签定承诺书，确保10月底完成项目建设。对在除尘升级改造中有畏难情绪的单位，提出“若出现烟尘超标，将采取从严处罚或按日处罚”的警告，采取高压态势震慑企业违法行为，推进锅炉除尘设施改造。已完成布袋除尘升级改造15家、脱硫改造5家、封闭煤场4家。

【拆除燃煤茶浴炉】 针对茶浴炉拆除数量多、任务重的特点。兴庆区环保分局主动作为，及时打印下发自治区、银川市两级关于《限期淘汰拆除建成区内燃煤茶浴炉的通知》118份，并根据自治区、银川市政府关于燃煤茶浴炉拆除工作部署，于4月印发《兴庆区拆除燃煤茶浴炉工作实施方案》，成立拆除茶浴炉指挥组，由政府区长任总指挥，各街道、乡镇、商贸物流中心、国控公司、环保分局负责人为成员，将兴庆区54家67台燃煤茶浴炉拆除任务进行分解，强化责任落实。2015年，共拆除茶浴炉63家78台（包括99号文之外的10家14台），环保分局拆除茶浴炉出动执法人员117人次，对不配合拆除个人及单位采取蹲点督导、恩威兼施、法与情相结合的方法，共拆除洗浴茶浴炉22家28台，帮助协调拆除供暖茶浴炉19家24台。

【城市扬尘污染防控】 分局派出环保执法人员150余人次，开展施工堆土、建筑渣土、裸露堆场、露天煤场专项调查，拉出清单48处，下发《关于对建筑渣土、裸露堆场限期整治通知书》48份，完成遮盖37处，清理6处，对永泰集团公司银川分公司等7家未整治或整治不到位单位分别予以行政处罚。兴庆区共清理遮盖土方量约667.4万平方米，投入治理资金约46万元；全过程控制施工工地扬尘污染，结合夜间施工噪声查处工作敦促建筑工地严格落实施工工地周边围挡、物料堆放覆盖、出入车辆冲洗、施工现场地面硬化等4项规范化防尘措施，实现4个100%；敦促园林部门绿化9块4648平方米裸露空地，对超过1个月闲置或未开发的裸露空地协调土地权属部门采用临时绿化、硬化、覆盖等防尘措施，从源头消除土地裸露造成扬尘污染。

【禁烧秸秆、芦苇、垃圾等废弃物】 督促各乡镇、街道办将秸秆、芦苇、垃圾等废弃物禁烧工作纳入日常工作中，建立乡镇、村（社区）分片包干制度，层层落实禁烧责任，及时查处并制止垃圾焚烧行为25次。兴庆区蓝天办实施巡查通报制，对发现2次以上火点的责任单位在季度绩效考核中予以扣分。

【餐饮服务业油烟污染治理】 通过看现场和环保设施验收，督促餐饮业使用清洁能源，安装高效油烟净化设施，隔油隔渣设备。结合信访查处和排污许可证的更换、核发工作，对餐饮业治理过程精细化检查，2015年完成勘验三产业现场420家，对符合办证条件的项目依法简化审批程序。实行先发证后规范管理，督促项目经营者守法经营，全力保障居民环境权益。

【控制异味污染】 对河东区域开展异味污染调查，与监测部门一起布点取样，分别对银川市荣洁生活固体废物处理处置有限公司垃圾填埋厂、宁夏嘉农环保科技有限公司、银川市兴庆区龙珍隔离剂油脂加工厂3家企业，恶臭气味超标行为及时下达限期整改通知书的同时，依法立案处罚。积极协调城管部门加大垃圾填埋场机械作业力度并督促垃圾打捞工作，敦促污水处理站恢复正常运行；两次约谈嘉农公司负责人清理整治露天晾晒污泥；要求龙珍隔离剂厂停产整治。通过采取蹲厂驻守的方式督促3家企业积极整改，在市领导的指导和环保部门的监督下，3家企业于2015年8月30日前全部完成整改任务。

【加油站油气回收治理】 兴庆区分局按照油气回收治理方案的要求，分类推进加油站、储油库、油罐车的油气回收治理工作。2015年在环保部门的督促下完成包括中石油南门加油站、中石油北二环加油站和中兴加油站在内的4座加油站，完成油气回收治理设施安装。

【环境保护大检查】 根据自治区、银川市环境保护大检查工作部署，兴庆区及时制定环境保护大检查工作方案上报兴庆区政府审签，成立专项检查组，对辖区内企业进行地毯式全面排查，采取“零容忍”的态度。对排查出环境污染问题及环境违法行为一一梳理，拉条挂账，建档销号，并逐一督察落实。对达力（银川）污水有限公司第一污水处理厂2次超越溢流违法行为立案处罚，并督促企业限期重新制做四排沟闸门，提高水位，杜绝溢流。对一污厂出口在线监控由TOC改为COD，未申请环保验收的问题，督促企业按期完成验收。第五污水处理厂污水在线超标立案处罚；对宁夏鑫尔特能源有限公司建设与环评不相符的问题，要求尽快进行环评变更，否则不得从事二期建设；对宁夏美邦寰宇化学有限公司试生产延期，责令企业限期于2015年9月底建设规范的危废暂存间，5月20日之前将事故应急池中暂存的少量废水通过污水处理站处理后循环利用；督促卧龙变压器有限公司等4家企业按期建设规范的危废暂存间；宁夏林盛供热有限公司，半封闭式煤仓墙面设置多个通风口的问题，已督促完成整改；对宁夏天煜供热有限公司和宁夏林盛供热有限公司锅炉无废气在线监测设施的问题，正在联系安装中；宁夏医科大学总医院，医疗废物暂存点紧挨居民楼，锅炉废气在线监测设施未联网的问题，已督促全部完成整改。共派出执法人员3129人次，检查企业157家次，监察医疗机构115家次，建设项目监察164家，立案104家次，征收罚款75.98万元，下达限期责令整改18家，约谈企业负责人6家，通过环境大检查，从严查处环境违法行为，督促企业及时改正，消除环境污染及隐患。

【减排工作】 依照2015年度减排工作计划，配合总量处落实减排目标责任，强化减排考核。兴庆区2015年计划完成54家67家拆除任务，实际完成拆除茶浴炉63家79台，超额完成茶浴炉拆除任务。为确保20吨以上锅炉炉外脱硫设施建设任务如期完成，分局狠抓督察工作，保证减排项目每月至少到现场检查一次，及时对进展缓慢的企业负责人进行约谈，每月进行通报。宁夏天煜供热有限公司在内的5家供热站脱硫项目工程已全部完工；2家煤改天然气项目正在稳步推进，已完成招标工作；督促达力（银川）污水有限公司第一污水处理厂和上实环境（银川）第五污水处理厂及时上报减排报表，按期完成减排任务。

【水源地监管】 为保障居民饮用水安全，执法人员对兴庆区东郊水源地保护区每季度进行一次排查。对保护区范围内的养殖场及陈克齐骨粉厂累计派出执法人员30余人次，对部分需要关停的养殖场上报兴庆区政府。做好水源地保护区兴庆区段标识，本年度对水源地保护区标识检查四次，及时清理标识周围遮挡物。对辖区内12处农村水源地进行监察，确保无新增污染源、无新增排污口、无新的违法建设。

【农村环境连片整治】 坚持对建成项目、在建项目“两手抓，两手硬”的原则。一方面抓建成项目，通过定期监察农村环境项目运行情况，敦促乡镇完成项目验收，提高农村环保设施利用率，改善农村生态环境。另一方面抓在建项目，通过监察项目工程进度，严格遵守资金拨付制度，加快项目建设速度，同时积极做好上传下达，当好乡镇与上级政府的纽带。已对大新镇2011—2012年项目、掌政2012年项目、月牙湖2011年项目进行交工验收；并敦促通贵乡和月牙湖乡政府加快2013年项目进展速度。月牙湖2011—2012年项目、通贵2011年项目及掌政镇2012年项目完成施工，资料齐全，已申请竣工验收。

6月4日，兴庆区环保分局检查农村环境连片整治项目

【环保方面的热点、难点问题】 开展夜间施工工地噪声专项检查，每天24小时对辖区内违法扰民行为进行查处，坚持投诉一起，查处一起，绝不姑息，绝不纵容，派出监察人员700余人次，查处夜间违法施工行为860件，对其中60起情节严重的违法行为进行立案处罚，投诉查处率100%；开展绿色护考专项行动，考点附近的建筑工地、生产加工、餐饮娱乐场所进行提前15天专项检查，下发“开展绿色护考”通知。高考期间，分组对一中及唐中考场进行蹲点检查，确保高考考场周边环境安全；开展餐饮业油烟噪声扰民整治，对选址符合要求的餐厅禁止颁发排污证，为污染治理设施不正常运行的餐饮业场所更换排污证时，下达限期整改或责令搬迁的监理单。督促餐厅安装油烟、污水治理设施，使用清洁燃料。2015年完成了130家餐饮油烟整治。累计接到信访1600多件，查处率100%，满意率97%。

【滨河新区环保服务】 兴庆区分局依据市局和支队安排，立足“简化高效”原则，促进符合规划和产业政策的项目在最短的时间内得到批复。分局出动90余人次对9家企业和新建项目进行现场监察，进一步落实建设项目环境保护“三同时”。对宁夏川能化工有限公司等6家试生产或试生产延期申请的企业现场核查，对5家均报请市局批准企业试生产或试生产延期，对4家申请验收企业及时联系市环保局进行验收，对滨河新区有针对性的对口服务，主动与滨河新区管委会对接，向滨河新区企业开展环境保护监管延伸服务。

【企业环保行为信用等级评价】 对辖区42家工业企业结合平时监察情况完成评级，并上报市局。

【危险化学品环境管理】 完成对滨河工业园区4家企业的登记，及时录入数据，按时上报固废大队。完成2015年度涉及危化品专项监察，自天津化学品爆炸事件后，兴庆区环保分局成立专项监察组，展开对企业和中学进行危化品专项监察，对银川市第十中学264.99千克过期化学品试剂联系宁夏危废处理中心进行安全处置；对宁夏武警总医院6种危险化学品和宁夏医科大学32种剧毒危险化学品进行检查。

（供稿人：王萌）

▷社会服务·人民生活

人力资源与社会保障

【概况】 2015年，兴庆区人社局按照党委、政府的工作思路，以“民生为本、人才优先”为主线，以完善社会保障体系、构建和谐劳动关系、强化人事人才服务为重点，各项工作顺利开展。

【社保政策宣传】 与区市社保部门、兴庆区就业局等单位配合，采取集中设点、现场咨询、发放宣传资料、播放政策宣传视频等多种方式，在宁园多次对社保政策进行宣传。累计开展大型宣传活动4场次，举办培训2期，发放宣传册6500余份。

【社保参保缴费】 与社保部门、经办银行、乡镇街道等联动，采取专题会议安排部署、重点单位上门督办、滞后乡镇下乡督察、社保经办人员入户催缴等形式，动员城乡居民积极参保缴费，完成2015年社保缴费。统筹城乡居民养老保险参保34659人，完成目标任务3.5万人的99%；被征地农民养老保险参保1456人，累计办理享受养老保险待遇8058人，转移生态移民城乡居民养老保险关系2163人；统筹城乡居民医疗保险参保缴费206754人，完成目标任务19.5万人的106%。

【全民参保登记】 以实施全民参保登记计划为契机，层层落实目标责任，形成联动工作机制，强化政策宣传，优化经办服务，狠抓参保扩面，并按照“查不漏户、户不漏人、人不漏项”的工作标准，扎实做好未参保对象数据入库工作。累计完成1.7万新增应登记人员数据入库。

【社保待遇兑现】 及时向到年龄享受养老保险待遇城乡居民、失地农民发放养老保险存折。为异地就医参保居民落实医保就医费用报销，并告知就医费用超过8000元人员进行了大病医疗保险报销。完成参保居民异地就医三项报销723.89万元。

【普惠性健康体检】 会同卫生部门、乡镇街道进行普惠性体检宣传，营造良好的工作舆论环境，确保体检人员对普惠性体检工作充分了解并积极参加体检，采取集中体检与补充体检的形式完成普惠性健康体检3471人。

【社会保障“一卡通”】 组织人员做好社保卡信息比对、社保卡发放、制卡信息采集，为错卡、丢失卡城乡居民现场补办社保卡，协调区市人社部门、电信、广电公司对已签订服务协议38家基层医疗机构一卡通网络进行检修连通。累计发社保卡193689张，新增发卡人数1.4万人，完成目标任务0.54万人的259%。

【生态移民社会保险关系转移接续】 派专人前往移民迁出地彭阳县进行数据转移交接等工作，2015年搬迁的生态移民社保关系已全部转移至兴庆区。

【医保基金监管】 抓医保风险管理，随机调阅联网微机、核对费用清单，组织专人对辖区的乡镇卫生院及村卫生室开展医疗保险稽核，对冒名住院、挂床住院等违规行为进行处理，查处11件冒名住院、挂床住院等违规行为，确保医保基金安全。

【社保档案整理】 按照自治区要求，对医保待遇支付、会计财务等社保档案进行立档、整理、打印封面、排序上架，并制定档案管理制度，指派专人负责管理社保档案。累计完成社保档案整理22盒。

【劳动合同备案】 加强劳动保障法规政策宣传，加大劳动合同检查执法力度，认真做好窗口备案办理，切实提高劳动合同签订率。办理辖区用人单位劳动合同备案1528家8907人，办理变更解除劳动合同1675家5881人，办理农民工合同备案11家834人。

【劳动监察案件查处】 加强劳动争议投诉举报案件查出，采取窗口受理、政务微博答复、电话咨询指导等方式，积极做好群众举报投诉劳动监察案件受理工作，在进一步规范劳动保障监察执法办案程序的基础上，切实抓好案件调处工作，力求高效准确结案。劳动监察立案222起，结案204起，结案率92%，依法为劳动者要回拖欠工资6529.71万元。2015年收缴建筑企业农民工工资保证金124家1.2亿元，将2起涉嫌拒不支付劳动报酬的案件分别移交法院和公安部门进行办理。

【农民工工资清欠】 构建长效工作机制，将农民工工资直接支付制度及农民工工资保证金收缴作为抓好农民工工作的重点抓手和举措，印发《关于实行建筑业企业农民工工资银行直接支付制度的通知》，推行农民工工资直接支付制度，采取专题会议培训、深入企业专项检查、下发限期办理通知等方式，宣传、推广、指导辖区建筑企业落实农民工工资银行直接支付制度，确保该项制度落地生根。兴庆区辖区内共有41个建筑工地代发4221户，代发金额9871.1万元。积极做好事前预防及应急处置，先后处理畅顺通物流中心项目、立达国际建材五金家居博览城等项目群体性讨薪事件12起，涉案金额5982.41万元。

【农民工工资银行直接支付】 随着经济运行下行，劳动关系矛盾多发，为预防大规模农民工讨薪事件的发生，兴庆区人社局围绕构建和谐关系，着力建立完善事前预防、事中控制、事后治理工作机制，于2015年6月推行农民工工资银行直接支付制度，力求从根源上有效杜绝包工头携款逃匿，以及农民工工资被冒领、挪用、克扣、拖欠等侵害农民工权益现象的发生。根据《中华人民共和国劳动法》《宁夏建筑企业落实劳务实名制和推行农民工工资银行直接支付机制实施方案》等文件精神，印发《关于实行建筑业企业农民工工资银行直接支付制度的通知》；组织辖区内建筑企业负责人召开专题工作会议，就农民工工资直接支付制度对企业进行动员；辖区内建筑工地进行专项督察，对于未实行该制度的工地下发了《关于限期办理农民工工资银行卡直接支付相关事宜的通知》，要求任何建筑企业不得以任何借口推诿拒绝或拖延办理；对建筑企业农民工工资银行直接支付制度进行大力宣传推广，先后多次在《宁夏日报》《银川日报》《银川晚报》《新消息报》等各类报刊及银川新闻联播上进行正面报道。辖区内43个建筑工地开设专用账户，开卡5372张，发放工资金额1.59亿元；收缴34家企业农民工工资保证金共计1313.41万元。

【企业信息采集录入】 印发《兴庆区劳动保障监察网格化管理工作实施方案》，抽调11名协管员进行培训，启动入户检查，采集辖区用工企业信息，完成辖区企业信息采集录入1759条。

【劳动争议调处】 推进仲裁院规范化、标准化建设，加强仲裁员业务培训，促进仲裁员职业化建设，应用“劳动关系管理平台”办案系统，实行仲裁网络化办案，投资6万元，为仲裁院添置电脑、电子监控、法官椅等硬件设备；健全乡镇街道基层劳动人事调解组织。印发《关于成立乡镇街道基层劳动人事争议调解组织的通知》，明确和落实乡镇街道基层劳动人事争议调解组织工作职责、标识式样、标识挂徽及调解员行为规范、胸徽、工作程序等；贯彻“调裁结合、以调为主”的原则，通过快立、快审、快结，确保劳动仲裁案件在人少事多的情况下及时得到处理。劳动仲裁立案485起，涉及劳动者485人，结案445起，法定时效结案率92%，为劳动者挽回经济标的458万元。

【人事人才服务】 围绕兴庆区经济社会发展大局，统筹人事管理职能，着力深化人事制度改革，加强人才队伍建设，完善激励机制，做好人事人才服务，为社会经济发展提供人事人才保障。面向兴庆区，征集专业技术人才知识更新工程高级研修项目、国家百千万人才工程、自治区政府特贴和“313人才工程”评选，配合自治区开展“百名专家基层服务行”、智慧宁夏行等活动，推荐选拔15名农村实用人才赴省外参加培训；严格按程序操作，提升公务员考录工作透明度与公信力，招聘公务员31人，事业人员60人，特岗教师150人；完成2014年度公务员实绩考核和事业单位人员年度考核，确定公务员优秀等次178人，称职等次254人；确定事业优秀等次466人，合格3362人，基本合格2人，不合格2人，不参评29人，不确定等次67人；落实奖惩激励机制，对本年度获得优秀人员及2012—2014年度连续三年考核优秀人员33人进行表彰奖励和记三等功；落实公务员职务与职级并行制度，对符合条件人员进行逐一调查筛选核实并公示，提交区委、政府研究，落实154名符合条件人员职务与职级待遇；组织131名科级以下公务员参加公务员网络培训，举办兴庆区首届公务员素质能力提升工程机关公文写作大赛，完成公务员登记2人，参公登记1人，向市人社局申报了兴庆区社保经办服务中心、银川商贸物流中心参公管理；安置退役士官3人，随军家属2人，退回随军家属档案1人；落实企业退休军转干部解困帮扶政策，根据区、市人社部门安排，向各乡镇街道核拨慰问资金201人10.05万元，在春节前对辖区企业退休军转干部进行走访慰问，了解他们生活情况，并向每人发放500元慰问金，确保企业退休军转干部状态保持总体稳定；深化事业单位人事改革，启动事业单位岗位设置第四轮聘用，对部分单位聘用职数做出调整，推行竞聘上岗，完成事业单位人员岗位聘用；做好职称及工勤技能晋级，对2015年职称工作做出安排，审核上报35名专业技术人员职称评审资格和申报材料；根据市人社局相关通知，为30余名符合条件工勤人员申报了岗位等级晋升，为15名事业单位人员办理了调动手续；发放2014年“三支一扶”大学生42人期满考核证书，完成2015年“三支一扶”大学生岗位征集，上报60个单位150个征集岗位。加强在岗服务“三支一扶”大学生日常管理，及时为在岗服务人员缴纳社会保险，核发工资待遇，对35名辞职人员办理社保、医保、工资停发。派遣151名“三支一扶”大学生到兴庆区各单位服务。

【落实人员工资福利政策】 按照自治区、银川市有关政策落实各类人员工资福利待遇。对2014年下半年选调、考录公务员147人核定工资并核发了2014年各项奖项；根据2014的考核结果，完成2015年机关事业单位晋升级别及薪级工资工作，并核发2014年终一次性奖金；根据自治区国资委、人社厅、教育厅、财政厅等部门《关于做好国有企业职教幼教退休教师待遇工作通知》精神，完成宁夏电力公司、宁夏银河仪表厂幼儿园、邮电幼儿园、银川拖拉机配件厂、银川电表仪器厂幼儿园等13家企业146名职教幼教退休教师规范津补贴待遇核算；先后完成国企移交学校“青山试验机厂学校”退休教师的规范津补贴核算、兴庆区机关事业单位在职及离退休人员的规范津补贴、2014年度公务员工资收入调查统计、2014年度工资年报统计、银川市安排的417家企业薪酬调查等；根据自治区人社厅、财政厅安排，为兴庆区机关事业单位在职及离退休人员7596人调整了工资标准及机关事业单位工作人员养老保险及职业年金的扣缴；核发2015年度民族团结奖；根据《兴庆区政府聘用的非在编人员劳动报酬管理实施方案》，为兴庆区经政府同意聘用的非在编人员晋升薪级工资、增加绩效工资并核发2014年度预调津补贴；每月按时完成工资变动，配合财政及时完成了兴庆区机关事业单位工作人员每月工资核发；落实农村补贴。依据区市要求，将农村教师和乡镇医护人员绩效工资由120元提高至400元。

【机关事业单位工作人员养老保险改革】 根据自治区、银川市有关会议精神，对机关事业单位人员7596人调整了工资标准，同步完成养老保险、职业年金的扣缴，及时将调整工资发放到职工个人账户，并召开工资政策培训会议，对调整政策及相关问题进行培训讲解，确保改革平稳过渡。

【兴庆区劳动就业和社会保障中心项目】 按照区委《关于建立兴庆区准备之冬项目建设推进事业办结制度的通知》要求，早做准备早打算，积极做好兴庆区劳动就业和社会保障中心项目建设，先后完成兴庆区劳动就业和社会保障中心项目评审、立项、土地、地勘、环评手续办理，及施工图纸设计、会审和招标监理。3月5日正式开工，已完成全部工程并接受初检。该项目总投资2564.27万元。其中自治区发改委批复方案总投资1310万元，兴庆区经济发展局批复地下车库概算1254.27万元。现已收到中央、自治区资金1008万元，已完成总工程量1704.35万元，拨付资金1207.18万元。

（供稿人：虎慧燕）

劳动就业服务

【概况】 2015年，兴庆区劳动就业服务局围绕区委、政府“8531”工作思路，以开展“三严三实”教育实践活动为契机，以贯彻执行国家和区市积极就业创业政策为主线，以实现就业群体充分就业、创业群体活力迸发为目标，不断探索工作新思路，实施工作新举措，挖掘工作新亮点，兴庆区就业创业工作取得新进展，实现新跨越。截至2015年12月，兴庆区城镇新增就业人数10062人，完成目标任务4000人的252%；城镇就业困难人员就业768人，完成目标任务510人的151%；“零就业家庭”实现动态消零；高校毕业生登记就业率95%，高于85%的目标任务10个百分点。农村劳动力转移就业10294人，完成目标任务4000人的257%，工资性收入0.9亿元，完成目标任务0.33亿元的282%。开展“订单式”职业技能培训904人，完成目标任务900人的100%；生态移民职业技能培训511人，完成目标任务400人的127%。累计组织开展政策、法规等综合类培训7805人。兴庆区城镇登记失业率3.16%，低于自治区4.3%控制目标1.14个百分点。340名公益性岗位人员全部上岗。截至11月底，兴庆区工商注册登记企业5533家，工商注册登记个体工商户11449户；培育小企业244个，完成目标任务220个的106%；培养“小老板”441人，完成目标任务350人的126%；创造新岗位2794个，完成目标任务2500个的118%。创业培训完成145人，其中“SYB”培训120人，完成目标任务120人的100%，“IYB”（改善你的企业）培训25人，完成目标任务25人的100%。

【灵活就业人员社保补贴申报】 年初及时制作和印制《兴庆区致灵活就业人员申报登记社会保险补贴的公开信》发放到各街道（社区）乡镇（村），宣传、动员兴庆区符合条件的灵活就业人员积极申报，确保符合条件的灵活就业人员全部能够享受社保补贴政策，以此来鼓励就业困难人员灵活就业。截至10月底，申报2014年符合享受社保条件的灵活就业人员6716人，当年新增1795人，争取自治区、银川市灵活就业社保补贴资金1800多万元。

【失业人员保险金】 2015年，依托银川市就业服务信息系统，发挥失业保险“保生活、促就业”的双重作用，将失业人员管理和失业保险金审核、拨付、发放全部纳入网络管理，审核符合享受失业保险金933人次，发放失业保险金91万元。

【公益性岗位安置】 落实公益性岗位安置政策，加强对兴庆区公益性岗位管理工作的调研和用人单位使用公益性岗位的日常检查，维护公益性岗位用人单位和公益性岗位人员双方的利益，确保公益性岗位在服务兴庆区民生工作中发挥积极作用。认真审核、严格把关的基础上，结合兴庆区公益性岗位现状和民生服务工作的特点，精心制定安置方案，并提请政府常务会议进行研究，确保公益性岗位安置的严肃性。在安置重点上，倾斜基层街道、乡镇和政府相关民生服务部门及学校等单位，力求使公益性岗位在基层一线发挥作用，340名公益性岗位全部上岗开展民生服务工作。

【办理就业失业登记证】 把就业失业登记证办理时限由3至5个工作日缩短到当日办证，当日取证，为符合条件的人员及时按规定享受优惠扶持政策提供便利。截至10月底，兴庆区累计办理就业失业登记证4769人（本）。其中办理失业登记2941人，办理就业登记1828人。

【就业服务系列专项活动】 2015年，在“就业援助月”和“春风行动”等系列就业服务专项活动中，重点加强对兴庆区失地农民、城镇就业困难人员、高校毕业生、生态移民等重点就业群体的帮扶和指导。在“民营企业招聘周”和“高校毕业生就业服务月”活动中，组织辖区企业在街道（社区）和乡镇举办失地农民专场招聘会、生态移民专场招聘会，让就业困难群体不出家门就能选择就业岗位。组织辖区内的应往届高校毕业生参加区市举办的高校毕业生专场招聘会和银川市春季人才交流会，为他们在更大的就业创业空间选择牵线搭桥。同银川市人才交流服务中心、银川市就业局的合作，发挥专业机构的资源优势，争取专业机构的支持。在“春风行动”中，创新性的在银川市人才交流服务中心举办的大型招聘会上设立兴庆区劳务经纪人对接专区，为兴庆区劳务经纪人与用工企业面对面对接搭建了绿色通道。同时联合银川市人才交流服务中心、银川市就业局先后在通贵乡举办土地流转剩余农村劳动力专场招聘会，在月牙湖乡和银古路街道等乡镇、街道举办生态移民、失地农民专场招聘会。各乡镇也积极行动，主动走出去帮助农村劳动力寻找岗位，月牙湖乡开辟了青海等地的劳务输出业务。通贵乡积极与滨河新区、综保区对接，组织本乡劳动力外出务工，收到了很好的效果。

【提升就业综合服务】 2015年，加大对兴庆区基层就业创业工作的检查指导力度。多次组织工作人员对街道（乡镇）民生服务中心就业创业工作人员进行“一对一”“点对点”业务指导，促进基层就业工作开展。同时不断强化基层就业创业工作人员的业务培训，提升就业服务人员综合素质和宗旨意识。主动深入社区开展业务指导，在落实政策、就业服务活动开展、充分就业社区创建等方面给予帮助，实现就业创业服务工作关口下移。扩大就业创业政策宣传的覆盖面，为了帮助兴庆区各类就业群体了解掌握并及时享受相关就业创业政策，制作并发放《兴庆区春风行动卡》《兴庆区生态移民就业创业服务卡》《兴庆区小额担保贷款服务指南》《兴庆区致生态移民朋友的一封信》《兴庆区创业小额担保贷款流程》《兴庆区全民创业政策宣传册》《兴庆区大学生创业政策宣传》《兴庆区就业创业服务指南》等涉及就业、创业、培训三大类十余种宣传资料3万余册（本），详细介绍灵活就业社保补贴申领、失业保险金发放、职业介绍流程、技能培训、创业培训流程、创业小额担保贷款等方面的政策，宣传面进一步扩大，宣传效果更加明显。

【多领域就业合作】 2015年，同兴庆区教育局、政法委、团委、残联、民政局、人社局等部门和辖区企业联系合作，在促进兴庆区籍初中毕业生进入职业院校接受中职教育、社区矫正人员就业、青年就业创业、残疾人就业等方面形成合力，共同帮扶不同就业群体实现充分就业。利用公益性岗位安置残疾人就业25人、劳动监察协理员20人、居家养老护理员25人。在同各中职院校沟通协商的基础上，提出兴庆区籍初中毕业生进入职业技术院校参加中职教育给予奖学金资助的实施意见，并经政府常务会议研究通过。这一实施意见的出台，扩大了职业教育的合作面和享受奖学金学生的覆盖面，使每一个符合条件的职业院校和兴庆区籍学生都可受益。同时，从建立合作招生机制、合作办学机制、实习实践合作机制、冠名培训合作机制、继续教育合作机制5个方面强化与职业技术院校的战略合作，拓宽就业渠道。

【兴庆区培训之冬】 2015年，按照区委政府工作安排，高标准开展兴庆区“培训之冬”集中培训。制定内容翔实、操作性强的集中培训方案，对集中培训工作进行明确细致的安排。以提升农村劳动力综合素质和就业竞争力为重点，培训主要分为综合培训和职业技能培训两种，综合培训包括党的知识、计划生育政策、社会治安综合治理知识、疾病预防知识、食品安全知识、文体卫生健康保健知识、种植养殖知识、社保政策、法律法规、宗教政策常识等内容。职业技能培训重点安排就业创业技能、创业意识和创业能力培训等。“培训之冬”累计实现综合培训114期7805人，职业技能培训1307人。突出与兴庆区产业发展、民生事业结合，围绕需求开展针对性培训。月牙湖乡重点开展红树莓、花卉种植、畜禽养殖、屠宰等培训；通贵乡重点开展以劳务经纪人带动为主的绿化工、电工等培训；掌政镇重点开展华夏河图绿化、保洁等培训；大新镇重点开展康居物业需要的保安、保洁、水暖工等培训，针对性的技能培训，实现了供需的良好对接。各街道紧紧围绕家庭服务业发展，主动举办各类家政服务员、育婴师等技能培训，促进了兴庆区家庭服务业的发展。此外，在培训中，结合兴庆区城镇化步伐的加快，将惠民政策、法律法规、医疗卫生、文化生活内容纳入其中，帮助农村劳动力掌握职业技能的同时，培养积极健康向上的生活方式。同时，加大对“培训之冬“集中培训的宣传力度，区市媒体进行了广泛宣传，收到了很好的社会反响。

9月16日，举办“三支一扶”高校毕业生岗前培训

【大学生创业引领计划】 2015年，在加强对青年大学生创业指导的基础上，举办创业特色活动，为青年创业搭建平台。组织兴庆区大学生村官及部分创业者深入创业园区、创业典型人物中开展观摩活动，激发青年创业热情。组织兴庆区23家企业和青年创业者1000多人次参加了银川市创业大集和银川市春秋季高校毕业生大型招聘会。培育兴庆区创业基地，为大

学生和广大青年提供创业就业平台，兴庆区塞上花都、全民服务实体店、结婚中心、3C+、禾合书院、Loop_X等众创空间成为大学生及青年的创业乐土。兴庆区高校毕业生党总支主动与辖区企业对接，为大学毕业生寻找就业岗位。为拓宽创业思路，文化街街道在惠民南巷打造大学生创业里弄，对创业里弄进行包装，组建志愿服务团队，明确服务事项，帮助创业大学生融入创业大家庭，更好地形成政府帮助创业，创业者抱团创业的新局面。同时，也启发其他有志创业的大学生转变思路，更新观念，加入到创业行列中。创业里弄创业户达到5家，吸纳就业31人。兴庆区首届青年网络大赛冠军选手王晓龙在银川市首届青年网络创业大赛中脱颖而出，夺得冠军，进入自治区首届青年网络大赛总决赛前六强，力争在全区决赛中获得优异成绩。

【创业孵化基地建设】 2015年，兴庆区加大对具有孵化功能的创业园区指导帮扶力度，积极落实园区培育计划，在巩固已有园区孵化功能和服务的基础上，加强新园区的培育。指导绿地21城、大新镇盛唐花卉、月牙湖周景世荣花卉基地、掌政镇春耘种植专业合作社4个创业园区完善创业服务流程和制定孵化进出制度。将兴庆区“宁夏智骏酒店管理有限公司”创建为中小企业管理人才基地，将“周景世荣花卉有限公司”和“塞上花都花鸟鱼宠市场”创建为大学生创新创业基地，安排专人提供创业就业服务，推荐上报两个基地的法人为兴庆区企业经营管理拔尖人才。适应形势发展需要，积极开展新型创业载体培育，发掘、指导兴庆区辖区合禾书苑、宁夏结婚中心、3C+众创空间、全民服务实体店、Loop_X众创空间5个创业园区开展创业孵化基地创建。这5个园区创建申报材料已经完善并上报到市创业办等待验收。

【家庭服务业创业就业】 2015年，是兴庆区家庭服务业快速发展的一年。政府出台《兴庆区人民政府关于加快发展家庭服务业促进创业就业的实施意见》，从目标任务和发展重点、扶持政策、规范管理和强化保障4个方面明晰了兴庆区今后一个时期家庭服务业发展的思路和目标。兴庆区年从业人员在100人以上，营业额在100万元以上的家庭服务业企业有6家。家庭服务业所涉及的服务业态有20多类，服务项目200多种，涵盖家政服务、社区服务、养老服务、病患陪护、家庭教育、家务管理、家庭理财、医疗保健、营养配餐、家庭用品配送、月嫂护理、搬家、保洁、代驾、结婚服务等众多内容。2015年11月，兴庆区发展家庭服务业协会正式成立，标志着兴庆区发展家庭服务业工作进入规范、持续、长远发展新的里程碑。

【创业服务体系建设三年实现全覆盖】 2015年，兴庆区继续实施银川市创业服务体系建设，在两年创建完成9个创业服务示范街道乡镇的基础上，将剩余6个街道、乡镇全部纳入创建范围，通过鼓励基层组织高标准搭建创业服务平台，服务全民创业，采取举办街道乡镇创建创业服务体系培训班，开展一对一帮扶指导创建等举措，有效提升了基层服务组织服务创业的水平，街道乡镇在促进创业带动就业方面发挥了积极的示范引领作用。2015年12月，经银川市创业办考核验收，兴庆区新华街等6个街道、乡镇被银川市全民创业领导小组命名为2015年度银川市创业示范街道乡镇（银创领发〔2015〕2号）。至此，通过3年努力，兴庆区11个街道办事处，2乡2镇全部创建为银川市创业示范街道乡镇，兴庆区街道乡镇扶持创业、服务创业、带动就业示范作用更加明显，创业服务平台触角进一步延伸，创业服务范围实现街道（社区）乡镇（村）全覆盖。

【创业孵化园区创建】 2015年，兴庆区大力推进大众创业、万众创新“双创”活动，结合兴庆区特色优势产业发展，积极培育创业孵化基地（园区），打造创业空间，搭建起了培育创客和孵化小微企业创业的新平台。兴庆区认真贯彻落实园区培育计划，对具有孵化功能的创业园区进一步加大了指导帮扶力度，在巩固已有园区孵化功能和服务的基础上，积极开展新型创业载体培育，发掘、指导兴庆区辖区宁夏结婚中心、合禾书苑、3C+众创空间、全民服务实体店、Loop_X众创空间5个创业园区开展创业孵化示范基地创建和银川市示范创业空间创建。2015年12月，经银川市考核验收，宁夏结婚中心等三家园区被银川市政府命名为银川市第七批创业孵化示范基地和众创空间（银政发〔2015〕300号），占命名园区（8家）的38%，为全市之首。

（供稿人：沈钦峰）

生态移民

【概况】 2015年，兴庆区移民办落实党委、政府确定的“8531”工作思路，扎实推进兴庆区生态移民安置工作，帮助移民逐步摆脱贫困，提高移民经济收入，使移民安置区经济社会发展取得了较好成绩，月牙湖乡滨河家园生态移民2015年社会总产值达到12700万元，人均纯收入达到6600元。

【安置区三期安置建设】 按照自治区党委、政府的总体安排部署，兴庆区全面完成2015年安置移民824户的计划任务。三期庄点绿化面积192.1亩。其中庄点绿化工程87.7亩，环庄林带绿化工程71.5亩，生态移民安置区高压走廊经济林带的完善工程32.9亩。续建完成商网二期工程8660平方米，并交付国控公司投入使用。扩建完成月牙湖回民二中教学楼2000平方米，扩建红树莓二期工程1500亩，新建成清真兔产业园80亩，并投产运营。

【移民搬迁安置】 2015年4月18日至4月底，8月及10月中旬，兴庆区分三批次完成了824户3290人移民搬迁安置任务，移民顺利从彭阳县孟塬乡、冯庄乡、古城镇、新集乡、罗洼乡等11个乡镇39个行政村搬迁入住兴庆区。兴庆区公安分局、交警支队、月牙湖乡政府及卫生局等部门紧密沟通协作，使每批移民都能及时、全部、安全地搬迁入住。兴庆区卫生和食品药品监督管理局组织兴庆区疾病防控中心、月牙湖乡卫生院、兴庆区掌政镇中心卫生院等参加了医疗卫生保障工作。医疗队统筹制定值班安排表，备足常用药物和医疗器械，并抽调一辆救护车全天候待命，维护移民生命安全。

【劳务输出移民增收】 2015年，移民办以产业扶贫为导向，千方百计拓宽移民增收致富渠道。继续坚持“五个一保基础，多产业促增收”的致富发展模式，进一步招商选资、引进社会力量推进安置区经济社会发展。结合滨河家园有利的地理条件，组建移民劳务协会5个，培育劳务经纪人45名，积极创建劳务品牌。2015年生态移民外出务工7500余人，户均达到2人，创收8200万元，使劳务收入占家庭总收入的65%以上。

【户均一头托管奶牛】 2015年继续购置托管奶牛824头，按期为往年移民发放奶牛托管费2800元，保证了移民的基础收入，促进了兴庆区万亩奶牛园区的规模发展。

【土地流转】 将分配给移民的水浇地以每亩300斤红小麦的当年市场收购价进行流转，大面积推广畜草种植，已经全部兑现了土地流转费。

【发展村集体经济】 为解决50岁以上群体就业难问题，2015年在种植1000亩红树莓的基础上继续推广1500亩，将开发的2500亩节水灌区分配给移民户，户均约0.7亩，作为村集体经济发展经果林。采取“村集体+合作社+企业”的方式壮大村集体经济。企业与各村签订种植合作协议，负责技术指导和销售渠道，确保移民稳定收入。各村优先选用中老年人、妇女等剩余劳动力开展田间管理、收获采摘等工作。

【移民庭院经济】 2015年，兴庆区通过招商引资，引进集清真肉兔养殖、良繁、屠宰加工和销售为一体的企业在滨河家园建厂兴业，采取“农户+合作社+企业”的模式，引导移民在庭院内利用立体空间养殖肉兔，企业提供统一的饲养和繁育技术，并进行收购加工。解决剩余劳动力的就业问题，带动移民增收致富。

【移民自主创业】 2015年扩建商业网点8660平方米，全部面向移民销售，商业房已经售出90%，400多户移民实现了自主创业，满足了移民日常生活需求，活跃了新老移民区的商贸流通。

【移民区社会事务管理】 争取项目资金，实行精准扶贫。兴庆区各部门单位积极争取各级项目资金，获得银川市移民办、农牧局等单位出台的第二批《关于对兴庆区月牙湖乡生态移民实施“精准扶贫”的政策意见》，该意见对生态移民产业发展项目、移民冬季取暖工程、物业管理等方面提出了具体的扶持和补助政策。其中，移民冬季取暖工程采取“移民自主建设、政府验收补贴”的方式进行，该政策获得移民的广泛欢迎，已经稳步展开；物业管理方面将进一步投入维护设备进行精细化管理。同时，各村对移民弱势群体建档立卡，采取机关干部和移民群众结对帮扶机制，对特困人员重点扶持，增强他们的脱贫致富信心，使广大移民都能逐步致富；选好配强村组干部，完善基层党组织，在新搬迁的五村中安排任命了临时党支部，保障各项工作的正常展开。基层政权的及时建立有效衔接了搬迁后的各项工作，成为党委、政府服务移民群众的有力抓手；成立社区服务组织稳步运转。2013年成立的滨河家园物业管理公司通过两年来的运行，对社区的水、电、环卫、绿化、物业、治安等基本管理发挥了积极的作用，实现了移民自我管理、自我服务的目标；解决宗教信仰场所的建设。2015年，通过多次与信教群众的沟通，移民办、宗教局、月牙湖乡积极联系上级部门，争取资金在安置区建设了东、南、北三座清真寺。清真寺厢房、水房等已经建成，教民的宗教活动需求得到了基本满足。

（供稿人：赵佳美）

扶贫开发

【概况】 2015年，扶贫开发工作按照自治区扶贫开发工作会议的总体部署和要求，围绕兴庆区“8531”工作思路确定的目标任务，坚持开发式扶贫方针，以社会主义新农村及经济建设为目标，以增加农民收入为核心，抢抓机遇、创新工作、强化措施、狠抓落实，重点抓好整村推进、村级互助资金、扶贫建档立卡、劳动力培训转移、社会帮扶5项工作。

【争取扶贫项目资金】 2015年，兴庆区政府投入扶贫项目资金600万元，扶贫办会同月牙湖乡党委、政府，经过调查研究、考察论证，筛选了9个扶贫开发项目上报自治区、银川市扶贫办及财政厅、发改委等部门争取项目资金，批复到位项目资金1130万元。

【扶贫对象动态调整建档立卡】 扶贫对象动态调整建档立卡工作是2015年扶贫开发工作的重点工作，通过动态调整建档立卡，对扶贫对象进行一次全面、专业、规范的识别和摸底调查，进一步精确锁定扶贫对象，落实帮扶政策，提高扶贫对象收入水平和自我发展能力，稳定解决温饱并实现脱贫致富。精准识别贫困对象1855户7642人，并完成信息动态调整录入，完成281人的脱贫标注，955人的预脱贫标注，为5个重点贫困村编制了《十三五整村推进扶贫规划》。扶持滨河家园一村、三村800户建档立卡贫困户实施红树莓种植项目。

【农业产业化扶贫】 制订《兴庆区移民地区促进集体经济、农民收入双增长专项行动实施方案》，向银川市上报《申请扶持兴庆区月牙湖乡产业发展的请示》。银川市出台了《关于2015年兴庆区月牙湖乡生态移民精准扶贫的扶持政策》，通过推进企业+基地+农户及专业合作社+农户的扶贫模式，进行红树莓、清真兔、花卉、奶牛等农业产业扶贫。争取银川市生态移民补助资金143万元，扶持月牙湖乡树莓产业专业合作社种植红树莓1430亩，每亩一次性给予种苗补助1000元。栽植1500亩种苗，银川市财政局、扶贫办已进行丈量、确认；争取银川市生态移民补助资金75万元，扶持滨河新村每村50户示范户发展肉兔养殖项目，共计250户，每户一次性给予种兔及兔笼补助3000元，由兴庆区按程序招投标采购。兴庆区扶贫办、移民办已组织企业负责人、项目村负责人及农户代表召开了项目实施动员会，各项目村正在抓紧落实，项目正在实施中；扶持农户种植经果林，为月牙湖乡海陶北村、大塘北村采购发放苹果树苗25000株；扶持月牙湖乡小塘村花卉种植园区建设，争取银川市资金40万元用于温棚建设补助；扶持农户种植青贮玉米，为月牙湖乡海陶南村采购发放玉米籽种3000千克。

【“以工代赈”项目】 争取自治区发改委“以工代赈”项目资金125万元，建设月牙湖乡第一排水沟下段清淤治理工程，已建设完工，正在进行项目验收、审计决算工作。

【改善群众生产生活条件】 争取银川市扶贫资金40万元，建设塘南村道路硬化项目工程，由于批复较迟，项目正在建设中；争取银川市生态移民补助资金400万元，扶持2000户移民安装采暖设施，每户一次性补助2000元。项目正在建设，待竣工验收后，将项目资金拨付月牙湖乡，再打入农户一卡通。

【村级发展互助资金项目】 继续抓

移民在红树梅基地采摘

好互助资金项目实施，大力开展“金融扶贫”工作。协助月牙湖乡滨河三村、四村成立村级发展资金互助社，争取互助资金增资扩面资金140万元。组织月牙湖乡11个互助资金项目实施村参加互助资金培训班，增强互助资金管理和财务知识。联系协调黄河银行月牙湖分行，开展金融扶贫，累计为月牙湖乡生态移民224户发放912万元金融扶贫贷款。

【社会力量扶贫】 制订《关于兴庆区建立生态移民长效帮扶机制扎实推进安置区和谐发展的工作方案》，主动与帮扶月牙湖乡的银川市直16个定点部门联系，为各村牵线、搭桥，扎实开展“定点帮扶”活动。根据银川市有关文件精神，兴庆区选派10名干部赴月牙湖乡5个重点扶贫村成立扶贫工作队深入派驻村开展工作，充分发掘区、乡、村和社会力量的资源优势，全力做好扶贫工作。

【雨露计划】 自治区扶贫办下达兴庆区2014—2015学年雨露计划任务为200人，下达第一批资金20.57万元。兴庆区扶贫办在项目实施前期做了大量的宣传工作，共有128名学生报名，经过审核，有116名学生符合条件，按照每名学生补助1500元的标准，发放17.4万元，结余3.17万元。正在进行2015—2016学年的报名审核工作，结余资金将用于新学年的学生补助发放。

【扶贫资金使用管理】 兴庆区严格按照扶贫专项资金的管理规定，规范使用专项资金，严厉杜绝贪污、行贿、受贿、私分钱物的行为，确保扶贫资金全部用于项目建设上，真正做到专款专用。扶贫资金实行封闭式报账制管理，在资金使用范围和投向上都是按专项资金的要求管理，即按专户管理，杜绝挤占、挪用等违纪违规问题的发生，建立扶贫资金使用管理评价和奖惩机制，确保扶贫资金规范运行。成立兴庆区扶贫资金使用监管协调领导小组，定期对扶贫项目的完成情况进行审计监督，对发现的问题及时督促整改。

【红树莓产业园区】 2014年引进宁夏青禾农牧科技开发有限公司在月牙湖移民新村推广种植红树莓，两年共种植2500亩，带动建档立卡贫困户1510户。2014年种植的1000亩，2015年已开始挂果，每亩可收入6000元以上，同时可解决600人的就业问题，打工收入在1万元—5万元，对解决生态移民就近就地就业作用明显。

【清真兔产业园区】 引进宁夏爱飞翔畜牧业进出口有限公司，在月牙湖移民新村建设了宁夏清真兔产业园区，该园区以“品种特色化、基地规模化、生产标准化、经营产业化、投入科技化、市场国际化”为目标，旨在打造中国清真兔第一品牌。2015年，带动滨河家园250户建档立卡贫困户发展肉兔养殖，企业提供饲养技术服务并协议收购，预计每户每年可增收1万元以上。

【宁夏中银绒业】 在滨河家园建设宁夏中银绒业月牙湖分厂，可安排1500人就业，已解决370名移民就业问题，人均月工资1600元以上，并缴纳五险一金。

【花卉种植产业园区】 引进宁夏西月花卉科技有限公司，在月牙湖乡小塘村通过土地流转，建设花卉种植产业园区，该园区占地260亩，已建成64栋日光温室、37栋移动温室。小塘村有72户农户承包种植，其中建档立卡贫困户40户。小塘村村民杨丽娟一家五口，以前靠种地及零散打工，每年全家只有6、7千元的收入，去年将自家的11亩土地流转给花卉基地后，又承包了4栋日光温室种植绣球、百合等花卉种植，年收入达到7万元以上。

7月31日，自治区扶贫办主任董玲（左三）调研兴庆区扶贫产业发展情况

【劳务输出】 结合滨河家园毗邻滨

河新区、保税区等有利条件，组建移民劳务协会4个，培育劳务经纪人36名，积极创建劳务品牌。2015年移民外出务工6500余人，户均达到2人，创收7200万元，劳务收入占家庭总收入的65%以上。

【移民家庭商铺经营】 建成并投运107套1.2万平方米商业网点和占地12亩的社区农贸市场，为400多户移民提供自主创业场地，活跃了新老移民区的商贸流通，拓宽了移民致富渠道。

（供稿人：郭京南）

民政

【概况】 2015年，兴庆区民政局坚持“以人为本、为民服务、为民解困”的理念，以改善民生、促进和谐为目标，着力提高社会救助力度，加强养老服务体系建设。落实城乡低保、医疗救助等社会救助制度，扎实做好各类补贴发放工作。积极争取项目资金5179.9万元（目标为2300万元）。截至12月底，为3435户4927人发放城乡低保资金1539.67万元；为790名高龄困难老人发放高龄津贴381.7万元；为1323名享受低保的重度残疾人发放残疾人津贴335.75万元；为69名五保供养对象发放供养金52.1万元；为47名孤儿发放孤儿养育津贴31.6万元；累计发放医疗救助金252万元，直接救助困难群众6667人；为93名城乡低保户子女发放高等教育助学金32.7万元；办理住房保障申请2272份；为4806名60岁以上老年人办理老年优待证；“两节”期间，走访、慰问、补助各类困难群众3988户（人），发放慰问品（金）247.42万元；为213名优抚对象发放优抚金147.9万元；为615名伤残军人发放伤残金843万元；为727名优抚对象发放医疗补助金69.53万元；为317名退役士兵发放优待金332万元；依法办理结婚登记5334对，离婚登记2070对，补办结婚证1306对，婚姻登记合格率为100%，婚检率达到100%；为47人发放殡葬救助金4.7万元，处理无名尸体29具，除少数民族，城市火化率达到96%；办理民办非企业11家，社会团体39个，对登记在册的269个社会组织和531个社区社会组织进行年检；办理收养登记3例；下拨95万元救灾救济资金确保冬令春荒期间灾民的基本生活不受影响。

【和谐社区建设】 贯彻自治区党委、政府《关于进一步深化和谐社区创建工作的意见》，制定《兴庆区深化和谐社区创建工作任务推进表》，加强与各部门配合，合力做好兴庆区全面深化和谐社区建设工作；开展“三权下放”（经营权、用人权、分配权）网格化管理模式，由城管、环卫先行先试，把190名城管执法人员下放到辖区11个街道办事处及大新镇政府，设立街道办综合执法队，将职能部门资源与社区、网格工作相结合；推动社会组织发展，拟订《兴庆区关于进一步培育发展社会组织的实施方案》，重点建设街道社会组织孵化园试点单位4个，举办社会组织孵化园业务培训班；在兴庆区各街道大力发展公益性、服务性、互助性的社区社会组织和面向社区提供公共服务的各类社会组织，同时对服务型、互助型的社会组织放低准入门槛，放宽登记条件；试点建设社工工作室4个，以街道为单位，组建由辖区优秀社工为负责人，社会组织带头人、社区工作者为成员的社工工作室团队；争取自治区民生计划4个，其中城市3个（雅苑社区、东方社区、银华社区）、农村1个（月牙湖村）。

【养老服务体系建设】 在兴庆区两乡两镇全面推广失能失智困难老人护理补贴发放制度，为符合条件的26名老人按每人每月800元的标准发放护理补贴；在2014年的基础上，再完成10个农村幸福院的建设；建设老饭桌助餐点，8个城市老饭桌助餐点和6个农村老饭桌均已投入使用；建设通贵老年综合福利服务中心。

【兴庆区街道行政区划调整】 为提高城市精细化管理水平，促进社会事务、城市行政管理等各项工作高效、有序开展，兴庆区对8个街道及大新镇界线进行了调整。在调整过程中，兴庆区各相关单位密切配合，按照《兴庆区街道行政区划调整工作方案》，对涉及街道档案、人口户籍、财产等各项事务进行移交接收，确保街道区划调整工作顺利完成。通过街道区划调整，切实解决现有街道区划较散乱、界限不清、城市功能不强的现状，以主干道为界线，使界限更加清晰，更加便民利民，提高为民服务水平，促进社会和谐稳定。经提请银川市民政局、自治区民政厅协同会商，兴庆区对11个街道和燕鸽湖管委会72个城市社区进行调整。经重新规划调整，新增社区居委会18个，其中有8个街道的9个城市社区居委会做了相应的区划调整。

【城乡低保对象复核】 对辖区内低保对象及新申请对象进行全面入户复核调查，对拟新增对象进行财产核对，并召开村（居）民代表评议小组会议逐一讨论并及时进行公示，坚持二级审批、二级公示制度，实现动态管理下的应保尽保。通过专项整治活动，新增低保对象56人，其中通过发现机制新增7人，退出低保对象175人。

【城乡低保信息录入更新】 2015年，录入城乡低保、高龄等信息8899条，做到信息数据月月及时更新，低保纸质报表和软件数据完全一致，真正做到软件信息数据真实准确，动态管理。

【提高城乡低保标准】 城市低保标准提高至每人每月380元，农村低保标准提高至每人每年2400元。

【家庭经济状况核对】 通过发函的形式，经住房、车辆、劳动保障等部门，对救助申请家庭经济状况信息核对，受托核对610户889人，对检出的171户271名不符合条件的低保对象，及时清退出低保范围。

【社会救助管理】 成立社会救助工作领导小组，出台《兴庆区“救急难”救助暂行办法》，完善低保、特困人员供养、受灾人员救助以及医疗、住房、教育、临时救助等专项救助在内的社会救助体系工作，切实使困难群众求助有门、受助及时。

【青春护航行动】 关注贫困少年儿童身心健康，结合兴庆区和谐家庭创建活动，在“六一”前夕组织50户贫困家庭观看儿童剧，引导教育少年儿童自信自强。

【城市影院公益电影（试点）放映】 配合银川市文广局开展城市影院公益电影（试点）放映活动，为1743户低保家庭发放5600张电影票，使城市低保户免费走进现代化城市影院，观看院线同期上映的优秀国内外影片。

【民办养老机构扶持】 兴庆区现有公办养老机构2家，民办养老机构9家，床位共计1200张。2015年兴庆区民政局及时为民办养老机构核拨一次性床位补助和运营补助17.7万元。

【城市社区“两委”换届选举和网格员公开招聘】 组织开展兴庆区第五届城市社区“两委”成员换届选举工作，通过民主测评、个别谈话、走访群众等方式，对各社区两委班子成员及其他工作人员三年来服务发展、服务民生、服务群众的情况进行了考核，经过直选和代表选举等方式，选举产生646名“两委”成员，坚持公开平等、竞争择优的原则，各街道（管委会、镇）以笔试加面试等方式对社区工作者进行选拔；并对选举产生的委员组织培训，提高业务水平。结合兴庆区街道办事处区划调整，兴庆区由原来的72个城市社区居委会调整为90个，相应的社区网格也由原来的518个增加至740个。经报请上级部门，兴庆区面向社会招聘公开招聘网格员180名。指导各行政村健全完善村民代表会议、村监会、村务公开等各项工作制度，明确工作要求和考核目标，规范明确村民代表会议规程；统一印发村民代表会议议定事项登记五联表，规范会议记录；全面落实农村党支部、村委会“四议两公开”制度，逐步实现村级重大事项决策制度化、民主化、科学化、规范化。

3月5日，兴庆区召开第二次地名普查动员暨培训会

【双拥共建】 深入各辖区部队做好兴庆区争创全国双拥模范城“八连冠”各项工作，建设“双拥一条街”；做好2013年退役士兵接收、安置和自主就业金发放工作。2015年银川市将退役士兵的接收安置工作下放到县区，兴庆区共接收退伍士兵132名，退伍士官41名，发放《温馨提示》，积极与部队联系接收退役士兵档案并登记造册，按程序完成接收安置的各项工作；做好部队子女入学相关事宜，为25名部队子女解决上学问题；做好节日期间慰问辖区部队工作，开展形式多样的慰问活动，对兴

庆区13个驻军部队及辖区313名重点优抚对象进行慰问。采取多种形式开展社会化拥军工作，进一步促进双拥工作联创共建模式。落实各项优抚政策，组织916名优抚对象进行健康体检。在“9·3”抗日战争胜利纪念日前夕，了解兴庆区优抚对象中抗日战争老兵的家庭情况，及时为11名抗日战争老战士发放慰问金5.5万元。做好兴庆区46名伤残警察的换证工作。第六批无军籍职工接收，共接收安置无军籍职工12人。

【防灾减灾】“5·12”防灾减灾日组织辖区减灾成员单位集中在宁园广场开展宣传教育活动，通过悬挂宣传横幅、制作宣传展板、发放防灾减灾宣传单、《地震防灾避险知识》《防灾减灾知识手册》、挂画等各类宣传资料，提高群众参与防灾减灾工作的积极性，努力实现全社会共同做好防灾减灾工作；在重要节点对兴庆区各社会福利机构开展消防安全检查工作，确保各福利机构安全生产工作不出问题；建设兴庆区救灾物资储备仓库，提升兴庆区应急救灾能力，完善防灾减灾体系建设。

【清明节文明祭祀】制定《兴庆区清明节群众祭扫活动期间突发事件应急预案》。设置文明祭祀点130个，在传统祭祀节日期间，通过张贴通知、设置标志标示、横幅等方式进行广泛宣传，疏导居民到就近的文明祭祀点用事先配置的祭祀器皿进行祭奠。

【第二次全国地名普查】2014年12月至2017年12月开展第二次全国地名普查工作。从2014年7月开始准备，拟订《兴庆区第二次全国地名普查工作实施方案》，精心组织，做到组织、人员、办公场所、设备、资料五落实；注重培训，强化指导，对普查人员进行普查工作规程、资料采集等方面的培训；深入乡镇、村及时解决普查过程中存在的问题，地名普查工作进展顺利。

【社会组织规范管理】对兴庆区正知教育培训中心等7家民办非企业单位进行5A级评定及履行社会责任评价，做好银川市民政局下放移交的民办非企业单位的移交工作。为方便群众办理审批登记依照就近管理原则，接收由银川市民政局下放的银川少儿课余艺术培训学校等24个单位，完成移交手续，并做好年检工作。继续清理婚介机构收费问题，依据《兴庆区民政局关于规范行业协会、婚介组织服务和收费事项专项整治工作的实施方案》，对兴庆区辖区内的婚介机构进行逐一检查，未发现有强制入会、摊派会费、强行服务等违法违规问题。

【街道综合执法“三权下放”】借鉴上海闸北区“三权下放”网格化管理模式，积极引导各级职能部门整合基层资源、工作重心下沉，采取1+x模式（“1”即各街镇，“x”即派出所、城管、卫生、工商等职能部门派出机构），将职能部门的资源与社区、网格工作力量整合到一起，按一定比例赋予街道指挥权、考核权和监督权，通过流程再造和“扁平化”联动操作，实现政府职能部门的工作相互支撑、相互衔接、相互促进，管理全覆盖、服务全方位，形成社会治理“大联动”的工作格局，提升社会治理的针对性、实效性。结合政府机构改革，以兴庆区城管局先行先试，将职能部门资源与社区、网格工作相结合，按照区域划分，工作难易系数、人口、面积大小，在兴庆区成立12个街道（乡镇）执法中队，190名城管执法人员全部深入各街道展开工作。按照街道40%、城管局60%的比例对执法队的工作进行考核。

【社区服务事项准入清单】为充分发挥社区自我管理、自我服务、自我教育、自我监督的职能，结合银川市相关规定，兴庆区委组织部和民政局对落实社区服务事项准入清单向各街道作出重要通知。准入清单明确进入社区的事项由原来的137项减少至20项，明确社区配合开具的证明由原来的18项减少到5项，社区创评事项只保留“星级服务型党组织”和“星级和谐社区”创建。

【转变街道工作职能】兴庆区在11个街道成立了街道市民服务中心，设置劳动就业、民政救助、计生卫生、综合受理4个服务窗口。结合“简政放权”工作，整合服务资源，提升服务效能，根据《兴庆区街道（镇）民生服务中心社会管理和公共服务事项目录》，将原社区服务行政职能全部上收至街道市民服务中心，街道市民服务中心共承担38项政务服务事项。2015年，街道市民服务中心共受理各类事项14.07万件，兴庆区政务大厅共受理各类事项3.51万件。

（供稿人：梁斌杰）

社会福利

【概况】兴庆区社会福利院奉行“大德于心、孝慈于行”的服务宗旨，本着“健康养老、快乐养老，文化养老”的服务理念，不断探索服务模式，完善服务功能，提高服务质量，使各项工作健康有序发展。

【“感恩与孝行”征文】 收到征文300余篇，分别在小学组、初中组、高中组、成人组设立一、二、三等奖及优秀奖共40人，优秀组织奖3个。在《银川晚报》设立专栏，分期刊登获奖作品，同时印刷了6000册《感恩与孝行》获奖作品集。

【成立老年助餐点】 为了给老年人提供更加优质的服务，推动兴庆区老年事业发展，兴庆区社会福利院成立兴庆区老年助餐点，利用院内现有的服务设施、场地和服务团队等资源，把社区居家养老和机构养老的优点融为一体，为兴庆区辖区内的老年人开展配送营养餐服务。已经和天成社区达成合作，为天成社区64名贫困孤寡老人免费配送营养配餐。午餐为一荤两素和一份米饭一汤，受到社区老年人的欢迎，解决了天成社区孤寡老人和残疾群众的就餐需求。

【建立卫生服务站】 探索医养结合新模式，建立完善的老年人健康管理服务机制，解决兴庆区社会福利院老年人看病难的问题。兴庆区社会福利院因地制宜，合理利用有效资源，在福利院设立医疗服务站，积极探索实施康复护理、以医优养、老年临终关怀病房相结合的三位一体式服务模式，方便在院老人看病就医，使养老、康复护理和治病达到无缝对接。

【购买综合责任险】 为减轻入住老人经济负担，给入住福利院的老人全部购买了综合责任险，对老人在入住期间发生的意外伤害产生的医疗费用，由保险公司按照比例承担。已有2名老人因意外受伤得到理赔。

【改善老人居住环境】 积极争取自治区、银川市、兴庆区、民政部门相关资金对福利院基础设施进行整体规划和改造。先后争取自治区财政厅福彩公益金300万元，自治区红十字会捐赠物品20万元，社会爱心组织捐赠物资45万元，兴庆区民政局改造餐厅经费17万元，兴庆区政府资金58万元。更换消防设施，消除消防隐患申请政府资金对损坏的消防设施进行更换，重新定制安装消防自动报警系统，将347个防护栏更换成带逃生窗的防护栏，中心敬老院两栋楼安装了逃生楼梯。福利院和中心敬老院更换防火门44个，防火窗14个，并责成消防巡查员每天按时进行消防巡查。

【代养老人专业化护理】 代养老人平均年龄为78岁，身体状况不一，分为自理、半自理、特护三种情况。根据老人的状况，制定4个护理级别，不同级别给予不同的护理内容。要求护理员每两小时查房一次，24小时监护，随时掌握老人生活起居情况。

【入住老人合同化供养】 与各乡镇、村委会签订《五保人员集中供养协议书》，严格“三无”人员入住资料审核，建立“三无”、五保人员档案。与代养老人签订《代养老人入住合同》。2014年聘请律师依法完善入住合同相关内容，明确入住条件、程序及三方（院方、入住老人、法定赡养人）的权利和义务。

【丰富老人文化生活】 建老年人活动室，购置老年人运动器材。在黄河出版社的支持下成立文化书屋，放置1472本图书供老人观看；成立手工编织、歌咏、剪纸等兴趣小组，每周固定时间邀请专业的老师组织老人学习；每日播放“夕阳红小广播”，内容包括音乐歌曲、院内活动通知、健康和时事政治导读，传达院内活动信息；举办老年人趣味运动会、文艺演出，联系社会团体为老人举办文艺演出60余场次；邀请文联书、画家为老人送书画；为“五保”和“三无”人员过集体生日，协调爱心组织为他们定做生日蛋糕，与他们共唱生日歌，让他们时刻感受到社会大家庭的温暖；组织老人开展春游、秋游活

4月29日，福利院老人参加趣味运动会

动，带老人参观中阿之轴、森淼生态园、绿博园、水洞沟、宁夏园艺产业园，让老人感受大自然，体会大银川变化；举办兴庆区社会福利院老人及家属座谈会、兴庆区社会福利院“晒家风、诵家训、立家规”座谈会、庆“七一”讲党课，感党恩知识讲座会，让老人坐在一起讨论，增进了交流，促进了老人和谐相处。

（供稿人：晋滢）

民族宗教事务

【概况】 2015年，兴庆区民宗局全面贯彻党的民族宗教工作基本方针，创新工作思路和工作方法，推进民族团结进步，加强宗教事务管理，维护民族和宗教领域的正常秩序，促进民族团结和宗教和谐。

【民族团结进步创建】 抓好建章立制，把创建活动摆在更加重要的位置上，用讲座、经验交流会等形式宣传学习党和国家的民族政策法规、民族知识，扩大宣传面，将宣传教育延伸到各阶层各领域。深入推进“民族工作‘七进’”步伐，把创建活动延伸到乡村、社区、学校、企业、机关、军营、宗教场所等各个层面，实现创建活动全社会广覆盖。在已创建的民族团结进步模范中精心打造4—5个“民族团结进步示范窗口”，形成示范效应。认真谋划、组织“2015年民族团结月”活动内容，协调各单位开展各种形式的活动，共同唱响各民族团结和睦、社会繁荣进步的大好局面。及时排查调处矛盾纠纷，维护社会稳定和长治久安。争取区委、区政府及上级部门的重视，搞好创建活动谋划设计，同时协调其他部门，为创建活动顺利开展聚居资源、增加合力。在已创建的民族团结进步模范单位、和谐寺观教堂中精心选优，以交通便利、环境优良、载体创新、活动丰富、事迹突出为原则，打造3个“示范窗口”，总结归纳和凝练好经验好做法，力争形成示范效应。3个窗口分别为：富宁街街道（以回民三小、宗睦回民幼儿园为依托，打造民族团结宣传长廊）、西关清真寺（民族文化展示和民主管理）、兴庆区回民实验小学（以水文化浸润校园精神，将“体验、参与、读书、竞赛、关爱”五大民族主题活动植入校园文化）。

【“民族团结月”活动】 制订《兴庆区2015年“民族团结月”活动实施方案》，开展以“促进各民族交往交流交融，强化中华民族共同体意识”为主题的八项活动，即开展多种形式的民族团结进步宣传活动、区委中心组专题学习活动、民族宗教政策理论宣讲活动、宣传咨询活动、社会公益活动、民族团结文艺展演活动、深化民族团结进步创建、散居少数民族联谊活动”等，召开专题会议进行安排部署，确保活动取得实效。印发《深入创建民族团结进步示范区，全面打造开放富裕和谐美丽兴庆》宣传手册，从民族团结进步创建、少数民族流动人口服务、宗教事务管理、和谐寺观教堂创建、宗教政策法规、回族文化认知、清真食品管理、清真认知等八个方面展示兴庆区民族宗教工作成绩。

【“和谐寺观教堂”创建】 4月，邀请银川市第三人民医院主治医师在西关清真寺举办糖尿病防治健康知识讲座，通过各种宗教活动对广大信教群众进行健康知识宣传。兴庆区健康教育所对开展“清真寺院健康教育咨询点”“健康促进示范清真寺院”创建工作进行重点宣传，要求各宗教场所负责人根据各自的实际情况，积极配合并申请开展创建“咨询点”和“示范寺院”活动。

【发展少数民族经济】 筛选申报银川市少数民族发展资金项目7个，分别为宁夏月美制衣公司少数民族服饰制衣项目、宁夏塞丽麦穆斯林用品商贸公司（中阿）保税商品展示展销交易中心建设项目、宁夏爱飞翔畜牧业

7月11日，兴庆区举办朝觐人员培训班

进出口公司500万只肉兔屠宰线设备项目、兴庆区清真肉牛屠宰加工配送建设项目、通贵乡洪宝特禽养殖升级项目、大新镇新水桥回民幼儿园建设项目、月牙湖乡红树莓产业园区3000吨冷库建设项目；筛选申报兴庆区民族团结进步创建项目、兴庆区通贵乡少数民族特色村建设项目等7个自治区少数民族发展资金项目。已通过自治区项目审定7个，争取资金200万元。

【少数民族流动人口服务管理体系建设试点】 以社区推街道、以街道带社区方式，优选6个街道（玉皇阁北街、凤凰北街、富宁街、胜利街、文化街、银古路），在市民服务大厅设立窗口，按照“四个一”（设置一块标识牌、创设一个宣传平台、搭建一个活动载体、开展一系列主题活动）要求，开展少数民族流动人口服务管理体系建设试点工作。同时新增24个社区（青山、永康、安秀、兴隆、大庙、西关、景园、祥和、幸福、永安、银华、安和、新宁、文艺、健康、八里桥、丽景、丽水、景湖等），继续按照“5321”服务管理机制和“八个有”（有一个服务站、有一间办公室、有一个标识牌、有一个办事员、有一项工作制度、有一份工作方案、有一套办事流程、有一个便民联系卡）要求，指导各街道和社区研究制定推进计划，进一步建立服务平台，开展服务工作，做到“规定动作不走样，自选动作有创新”。开展互观互学活动，6月份宗教局组织辖区各街道民族宗教分管领导、专干共80余人，分别到吴忠市、永宁县观摩学习少数民族流动人口试点单位建设工作和优秀民族团结进步示范单位创建工作。

【宗教场所安全隐患整改】 年初对宗教场所安全隐患进行认真排查，对存在的消防安全防范意识淡薄、防火基础设施配备不足、电路拉接不规范、使用明火等隐患问题，及时对宗教场所民主管理者进行专题培训，并采取措施进行整改。拆除隐患墙体和房屋，重建7家，限制使用1家，停止使用1家；对存在较大隐患的北沙滩清真寺、杨家湾子清真寺翻建水房的问题进行协调。

【换发宗教场所登记证】 严格按照自治区宗教局要求，积极推进宗教场所换证、主要教职人员备案工作，做到不重、不错、不漏。对所有在册登记的宗教场所进行统一编号，完成新版宗教场所登记证的核发，并逐步推行场所机构代码证办理工作。将场所占地面积、建筑规模、面积、建设年代、教职人员、教民数量、派别等基本信息录入信息库。

【宗教场所建设】 因城市改造和重点工程建设涉及到上前城杨家湾子清真寺、凤凰北街沙滩清真寺、丽景街保安寺和大新镇雷祖庙，均要求迁（改）建。经多次与银川市宗教局协调和现场勘验，杨家湾子清真寺因旧寺补偿问题不能达成一致没有进展；保安寺原地翻建不符合城市规划不予批准；沙滩清真寺教民同意搬迁至阳澄巷，但因规划问题还未能开工；雷祖庙新址已报市规划局，已开工建设；协调月牙湖乡和兴庆区移民办为滨河清真东寺建设做好前期工作。

【民族宗教事务】 依照《宗教事务条例》开展各项民族宗教事务工作。做好斋月及“两节”系列慰问活动，累计安排专项资金10万元，慰问清真寺12个、宗教界人士12户。做好朝觐组织和服务工作，坚持网上报名排队和统送统接制度，坚决制止零散朝觐，制作一套《穆斯林朝觐之路》专题片（全区首创），并刻成光碟免费送给朝觐人员作为学习资料，推动朝觐事务管理工作规范化、机制化、常态化。2015年参加朝觐人员115人，已全部完成功课，安全返回国内。打击非法宗教活动，先后联合银川市宗教局、银川市国保大队、丽景街派出所、通贵乡派出所对庆丰苑基督教非法活动依法取缔；对伊斯兰教非法传教人马学接待巴基斯坦籍人员进行遣返。按照《自治区宗教教职人员发放生活补贴考核办法》，对符合发放条件的教职67名人员每人每月发放生活补贴400元，已经发放生活补贴30万元。做好伊斯兰教经学院大专班招生工作。根据银川市民委、宗教局的要求，按照招生简章，在兴庆区范围内经过广泛宣传，13名在职开学阿訇符合招生条件，其中大专班8人、本科班5人。

【清真食品管理】 组织各乡镇、街道通过食品安全宣传月、宗教政策法规学习月、民族团结月、法制宣传月等，在乡镇集市、南门广场、光明广场、玉皇阁广场等地，设立咨询台，接受现场问答，发放《宁夏回族自治区清真食品管理条例》、清真食品管理知识彩页等，为广大市民特别是穆斯林群众宣传什么是清真食品、如何简单鉴别清真餐饮是否属实等，为规范管理赢得社会支持；以重大节日为节点，依据整治方案，分别开展元旦、春节暨各级“两会”市场专项检查，端午节粽子、中秋节月饼、糕点专项整治及“古尔邦节”清真肉类专项检查工作，确保广大穆斯林群众“舌尖上”安全；严格按照《宁夏回族自治区清真食品管理条例》规定，加强日常监管，针对存在的薄弱环节，进行专项整治和重点整治。先后开展了火锅、牛羊肉、中餐、烧烤、中小学幼儿园、商场超市及流动摊点的专项检查和整治，对“假冒清真”“清真不清”等问题，责令不得以清真食品名义销售。累计派出人员890人次，检查牛羊肉销售店（企业）112家次，餐饮店（企业）、销售店2000多家次。

【《清真食品准营证》办理】 坚持每周审理时间不少于3次，采取错时审核、分路线审核和监督员预审、定期回访等措施，对申办清真食品准营证的企业或经营户，在资料齐全的前提下，在5个工作日内进行现场检查审核，合格的当天办理；存在问题的根据整改的情况随时进行复审；累计到现场审理580店次，审理申请表368份次，办理325份，比条例规定的10个工作日缩短5天。开展清真食品准营证办理情况专项检查，针对新开餐饮店不办证和擅打清真标识的，进行专项检查专项，检查企业及经营户169家，下发《催办通知书》76份，清理门头假清真标识102处，移交工商部门督办、催办42家。

【清真食品协管员】 为清真食品协管员办理清真食品协管员工作证，要求协管员在商场、超市、餐饮机构等地，着重以“三表”（从业人员登记表、清真食品及原料出入库登记表、从业人员培训表）、“四册”（清真食品生产经营单位摸底登记册、清真食品生产经营单位审批登记册、清真食品生产经营单位年度考核登记册、从业人员季度、年度申报登记册）“五证”（营业执照、餐饮业服务许可证、从业人员身份证、健康证、进货来源清真食品准营证）为依据检查清真食品行业市场供应情况，对不同场所的清真食品，采取不同形式和侧重点的监督检查。

【中阿博览会期间清真食品检查】 2015年中阿博览会期间，兴庆区接待的宾馆酒店达到20家，数量和规模为前三届的总和。为此，兴庆区于9月初开始，组织人员对接待宾馆及周边进行了拉网式的排查，依法将未办理清真食品准营证企业和经营户全部进行劝解，清理擅自使用的清真标识；博览会期间，对20家宾馆的进货进行严格把关，做到肉食品原料没有索证索票的、没有清真标识的、没有“清真”资质的一律不得使用；所有含有酒精成分的调味品一律不得使用；对太阳神大酒店、银川虹桥大酒店和西府井饭店，指定3名执法人员实行定人定岗定责进行监督检查。

6月1日，少数民族人士为月牙湖回民二中学生捐赠物品

教育

综述

【概况】 2015年，兴庆区辖区内有义务教育学校63所，在校生68158人，在职教师3967人。其中，兴庆区直属中小学46所（初中13所，小学33所44个校区，在校生57317人，在职教师3380人）。外来务工人员随迁子女23618人，占在校生总数的34.65%；留守儿童45人，关爱体系覆盖率100%；三类残疾儿童96人，入学率90.06%。各级各类幼儿园63所。其中公办幼儿园5所；机关办园2所；经审批的民办幼儿园56所（市属11所，兴庆区属45所），在园幼儿19892名。学前三年毛入园率达到85%，创建自治区级示范园6所，市级示范园4所，自治区级一类园14所，自治区二类园20所。自2013年第二轮学前教育三年行动计划开展以来，兴庆区政府将发展学前教育纳入到兴庆区经济社会发展的总体目标中，政府财政投入8112万元，新建10所幼儿园，建立公办、民办、公有民办多种体制并举的学前教育发展格局，公开招考68名在编教师、政府招聘80名合同制教师补充到公办幼儿园。每年投入30万左右，实施学前一年贫困幼儿资助工程。义务教育学校补充、新增教师办公用一体机3033台，学生用机7430台，多媒体设备1155套，同步录播教室12间，实现单机、学校和教育局光纤接入“十、百、千”的宽带接入目标，实现了教学手段的信息化。城乡学校学生全部告别土操场，实现所有学校操场“塑胶化”。

【学校重点项目建设】 依托2015年薄改项目，完成了满春小学、第二十二小学、月牙湖第二回民中学、第二十七小学、第十二小学、满春小区幼儿园扩建、续建、迁建工程；对教育局办公楼及原一职家属楼进行了节能改造，完成了景岳小学操场改造；建设了海军希望小学、大塘中心小学、掌政中心小学师生食堂。同时，完成扩容学校的设备采购等工作。

【提升校园文化品味】 以创建安全管理规范化建设示范学校为抓手，保障学校良好的教育教学秩序，促进学校安全管理水平全面提升。12所中小学、幼儿园被命名为“自治区安全管理规范化建设示范校”。4月，兴庆区教育局承担自治区2015年中小学、幼儿园安全工作现场会，兴庆区第六小学、回民二小作为观摩学校向全区展示创建成果；兴庆区第五小学召开兴庆区“书香校园”建设现场观摩会，集中展示兴庆区书香校园创建成果。共创建自治区、银川市、兴庆区级“书香校园”21所。

【优质教育资源扩面工程】 出台《兴庆区进一步加强优质教育资源扩面工程实施方案》，强化集团化办学机制，加大集团办学力度。成立由教育局教研室牵头的月牙湖回民中学、月牙湖回民二中和大塘中心小学、海军希望小学两个联片大教研基地；成立兴庆区第十八小学与官湖小学、第二十三小学与掌政中心小学两个联合发展共同体，形成了城乡互动，优质共享的发展模式。将兴庆区第八小学与回民第二小学进行了实质性合并，采取一个法人、一个管理团队的模式，实现一个总校、三个校区的管理模式，海宝校区、观湖校区、八小校区实现大学片，使优质教育资源得到扩大。

优化教育资源

【教师招聘工作】 完成免费师范生、事业单位教师招聘的审核、面试以及2015年教师资格认定工作。通过网报、现场资格审核、教学能力测试环节，有1647人符合条件办理证书；7月，在银川十二中正式推进兴庆区教育系统人事制度改革，拓宽教师引进渠道，招聘特岗教师150名，招聘音体美专业教师24名，补充学校教师不足的问题。

【义务教育学校达标情况】 按照《宁夏义务教育阶段中小学办学条件评估认定细则》，2015年，兴庆区辖区15所中学校舍建筑面积、教学及教学辅助用房面积、功能室设备装备、学科教学仪器器材配置、计算机生机比、生均图书、专任教师学历高于规定比例、骨干教师比例等8项指标达标率均为100%，体育活动场地面积达标12所，达标率80%；48所小学中，教学及教学辅助用房面积、功能室设备装备、学科教学仪器器材配置、计算机生机比、生均图书、专任教师学历高于规定比例、骨干教师比例等7项指标达标率均为100%，校舍建筑面积达标44所，达标率91.7%，体育活动场地面积达标36所，达标率75%。15所中学教学及教学辅助用房面积差异系数0.323，体育运动场地面积差异系数0.315，教学仪器设备值差异系数0.193，每百名学生拥有计算机台数差异系数0.205，图书册数差异系数0.152，专任教师数差异系数0.125，专任教师高于规定学历人数差异系数0.148，中级及以上专业技术职务教师数差异系数0.413，综合差异系数0.234，均低于国家差异系数0.55的标准要求。48所小学教学及教学辅助用房面积差异系数0.465，体育运动场地面积差异系数0.547，教学仪器设备值差异系数0.188，每百名学生拥有计算机台数差异系数0.351，图书册数差异系数0.213，专任教师数差异系数0.096，专任教师高于规定学历人数差异系数0.093，中级及以上专业技术职务教师数差异系数0.405，综合差异系数0.294，均低于国家0.65的标准要求。

【农村教师培养】 2015年，安排教师培训经费350万元，教师年人均培训经费达到1000元以上。按照“三个优先”的激励政策，即“农村学校补充师资优先”“评先评优职评优先”“培训学习优先”的原则，对特岗教师和农村教师进行重点培养。从2015年起，特岗教师全部先在城市学校工作培训两年后再到农村学校任教。同时，安排270余名农村教师赴东北师大、北师大、南京教科院培训学习；安排50名农村教师到香港参观学习。

【骨干教师培养】 实施“名师”“名班主任”“名校园长”培养工程，建立“三名工作坊”15个，直接带动135名校长和教师成长。建立并实施了校级干部和教师交流机制，交流比例分别达到20%和10%以上。启动骨干教师下乡计划，2015年在自愿报名的基础上，遴选34名各级骨干教师到农村学校进行为期两年的代培带教活动。为农村教师建设周转用房，租赁通勤车，免费提供一日三餐，同时每月发放480元—550元的津补贴，稳定了农村教师队伍。教师待遇和专业发展走在了宁夏各县区的前列。

【移民安置教育】 月牙湖乡重点移民区，有两所九年一贯制中学，两所小学，一所公办幼儿园，一所公有民办幼儿园。教师366人，在校学生3682人。其中中学生1198人，小学生2484人，幼儿园近600人。兴庆区投资3360万元，在安置区—滨河家园内，高标准建设了月牙湖第二回民中学，学校占地面积50亩，建筑面积12688平方米，建设规模为36个教学班，计划招收1800名学生。教育局先后派相关领导到彭阳县，与教育局及相关部门、乡镇、村队联系，实地了解情况，做好学生摸底工作。面向全区公开招聘了78名正式在编教师；面向兴庆区通过公开竞聘的形式，选拔学校校长和副校长，学校内部公开竞聘中层干部；建立城市学校帮扶带动、资源共享机制。2015年3月，成立月牙湖回民中学和月牙湖回民二中、大塘中心小学和海军希望小学、第十八小学和官湖小学、第二十三小学和掌政中心小学四个学校联合发展共同体，实行农村学校大片教研制，开展一体化的教育管理和教育教学工作。

【城乡学校教师资源配置】 兴庆区教育局下发《兴庆区教育系统城乡学校校级干部交流学习实施方案》《兴庆区学校中层干部考核及交流工作方案》《兴庆区教育局教师轮岗交流工作方案》《兴庆区骨干教师支持农村教育发展工作方案》等文件，完善的校长及教师在城市学校和农村学校、优质学校和薄弱学校之间合理流动交流机制。根据学校与市区的距离分为市区学校、周边学校、农村学校，通过双向选择的方式，原则上在相同层级或相邻层级间学校内进行，严格控制调出教师人数不超过本校教职工总数的8%（含特岗教师）；按照《兴庆区教育局教师轮岗工作方案》，各校根据对口校学科需求安排教师进行轮岗交流，交流的比例为在编教师的10%（除去骨干教师下乡）；组织农村学校校长到城市学校跟班学习，全方位了解城市学校管理制度、校园文化、校长治校办学理念和经验等，参与学校管理工作，完成城市学校布置的具体工作任务；2015年招聘的特岗教师暂分配至城市学校跟岗培训2年，待业务能力成熟再回到农村学校任教。从城市内选派34名各级骨干教师下到农村承担一线的教学任务，开展代培带教工作。

【提高农村教师待遇】 对工作在大新镇、掌政镇、通贵乡的农村教师按每人每月180元的标准兑现农村教师生活补贴；月牙湖乡的教师每人每月补贴280元，实现一日三餐免费。从2014年初起对农村中小学教师发放农村教师补贴120元，2015年初提高至400元。为解决农村教师的交通出行问题，按照“远、中、近郊每月150元、100元、80元的标准”为教师发放交通补贴。在职称评审工作中，对主动争取去农村交流的教师，在符合晋级条件的情况下，学校有空缺岗位的，优先予以晋级。交流到农村的教师，优先评选兴庆区级骨干教师并优先推荐为市、区级骨干教师人选。月牙湖乡24名教师住进“教师周转房”。

【学前教育服务购买】 扩大普惠性学前教育资源，缩小试点园与公办园之间的收费标准，减轻公办园的入园压力。制定并实施《兴庆区购买学前教育服务试点工作实施方案》等一系列方案、办法，公开遴选出15所购买服务试点园，签订购买合同。争取到自治区财政专项资金680万元，兴庆区政府配套相应资金，通过发放助学券、购买学位、补贴教师社保金等三种方式，向试点园中3—6岁适龄入托幼儿贫困家庭每月发放260元助学券，降低贫困家庭幼儿入托的保教费；试点园中的所有幼儿每月享受100元学位补助，从而吸引更多幼儿到试点幼儿园入托；同时，给项目园中已参加社会保险（三险以上）的教师给予每月500元社保金补助，稳定教师队伍。试点园中有3457名幼儿享受学位补助，92名贫困幼儿享受助学券补助，138名专任教师享受社保补助，发放了3期购买服务资金。

【规范办学行为】 落实义务教育阶段经费保障机制，不超标准收费、不代收费，严禁中小学违反国家规定举办各种提高班、补习班、特长班、复读班等；落实“阳光招生”政策，执行电子学籍管理，择校生比例控制在10%以内；公开所有中小学的招生片区，四所直属公办幼儿园通过公开报名登记、公开抽号的方式确定入园名单；开辟外来务工人员随迁子女“绿色入学通道”。

【规范民办教育管理】 依照举办民办非学历教育机构须具备的举办者、办学经费、办学场所、决策机构、校（园）长、专职管理人员、专兼职教师、设备设施、办学章程、教学计划和内部管理制度等条件进行受理和审批，杜绝公办中小学在职人员任民办非学历教育机构的专兼职教师和专职管理人员。2015年取缔关停4所无证幼儿园。

【杜绝有偿家教】 严查中小学校组织学生集体进行收费性的补课，或借助民办非学历教育培训机构以家长委员会等名义组织的有偿补课行为；中小学校将校舍和场所出租、出借给校内外人员组织以中小学生为对象的有偿补习行为；中小学校或在职教师以读书教育活动等理由变相向学生收费的行为；中小学校在职教师以辅导为名在校内进行变相补课收费及“课上不讲课下讲”的行为；中小学校在职教师个人或学科教师共同组织学生在家中或校外租用场地进行集体有偿补课及“校内不讲校外讲”的行为；中小学校在职教师参与社会培训机构组织的有偿补课，或动员、诱导、暗示、强制所教班级学生参加他人组织的收费补课而从中获利的行为。所有直属学校均签订《学校杜绝有偿补课承诺书》，各学校组织全体教师签订了《教师拒绝有偿家教承诺书》。

【教育教学信息化成果】 2015年，兴庆区信息化教学成效凸显。在“全区教育教学信息化大奖赛”中，兴庆区报送的多媒体课件项目有64件作品入围，获奖率达11.6%；在信息化教学课例竞赛中，全自治区29件一等奖作品中，兴庆区就占得5件，优课率达17.2%；在微课竞赛项中，有33件作品入围，获奖率达17.6%；在自治区教育厅办公室组织的2015年“银江杯”全区基础教育微课大赛暨教师空间评选活动中，49件微课一等奖作品中，兴庆区有15件入围，占参赛总数的30.6%，全区109件二等奖作品中，兴庆区入围25件，占二等奖总数的22.9%；在全国2014年度“一师一优课、一课一名师、课课有精品”评选活动中，有10位教师的优课被评为“部级优课”，有124节获市优，18节获省优；在自治区教育厅组织的“全区信息化资源有效应用成果交流现场会”上，兴庆区回民第二小学荣获先进集体，有4人获得先进个人。兴庆区第十八小学田玉梅校长做了信息化应用新起点—构建“3333”教学模式的大会专题交流，受到与会领导和观摩校长的一致好评。

（供稿人：王文革）

2015年兴庆区学前教育基本情况表

学校名称	地址	办学类型	举办者类分组	城乡类别	学前教育班数（个）	在园人数（人）	教职工人数（人）	图书（册）	校舍建筑面积（平方米）	绿化用地面积（平方米）	运动场地面积（平方米）
银川市兴庆区江南水乡幼儿园	银川市清和南街江南水乡B区	幼儿园	民办	城市	8	229	28	300	1145	0	830
银川市兴庆区上前城星月回民幼儿园	兴庆区丽景街上前城南区	幼儿园	民办	城市	4	145	16	500	430	10	260
宁夏回族自治区政府机关幼儿园	银川市兴庆区西桥巷43号	幼儿园	其他部门	城市	9	376	39	5500	1840	100	600
银川丽水幼儿园	银川市新华东街707号丽水家园小区内	幼儿园	民办	城市	13	449	57	6000	3600	354	1800
银川市宗睦幼儿园	银川市兴庆区宗睦巷123号	幼儿园	民办	城市	13	510	58	1650	2625	870	1063
银川市兴庆区蓝天幼儿园	银川市兴庆区大新镇大新村八队	幼儿园	民办	城市	5	145	17	950	818.26	32.16	456.32
银川市兴庆区书琴幼儿园	银川市兴庆区塔白路	幼儿园	民办	城市	6	132	21	955	832.41	50.34	373.76
银川市兴庆区春苗幼儿园	银川市兴庆区银通路	幼儿园	民办	城市	5	140	16	180	680	0	1200
银川市二幼枫叶桥幼儿园	银川兴庆区东城人家小区1号	幼儿园	民办	城市	5	119	28	400	1829	70	830
宁夏公路管理局幼儿园	银川市兴庆区胜利街与永通巷交汇处附近	幼儿园	其他部门	城市	9	352	31	1200	1990	92	400
银川市兴庆区小巨龙幼儿园	银川市兴庆区凤鸣佳苑西大门院内营业房	幼儿园	民办	城市	6	109	22	100	895	100	706
银川市清湖幼儿园	银川市兴庆区凤凰北街清湖苑小区底商	幼儿园	民办	城市	11	335	45	4280	2240	527	486
银川市世纪幼儿园	银川市西夏区北京西路689号	幼儿园	民办	城市	13	494	66	2000	1797	900	670
银川市林华幼儿园	银川市兴庆区林华苑小区院内	幼儿园	民办	城市	9	340	38	500	2879.72	400.36	999.64
银川市燕鸽湖幼儿园	银川市兴庆区环湖东路与环湖北路交汇处	幼儿园	民办	城市	13	559	66	0	2373	942	1267
银川市兴庆区新水桥回民幼儿园	银川市兴庆区新水家园附近	幼儿园	民办	城市	11	254	39	460	2452	68	2418

续表

学校名称	地 址	办学类型	举办者类分组	城乡类别	学前教育班数（个）	在园人数（人）	教职工人数（人）	图书（册）	校舍建筑面积（平方米）	绿化用地面积（平方米）	运动场地面积（平方米）
银川市兴庆区大新中心幼儿园	银川市兴庆区迎燕巷与燕庆路交汇处	幼儿园	民办	城市	4	121	14	500	800	0	1510
银川市兴庆区都市阳光幼儿园	银川市兴庆区上海东路春苑小区	幼儿园	民办	城市	7	187	22	800	3564	200	2000
银川友爱幼儿园	银川市兴庆区友爱家园15栋	幼儿园	民办	城市	8	225	40	720	2002	984.6	1779.5
银川市月牙湖幼儿园	银川市兴庆区月牙湖乡	幼儿园	民办	农村	7	257	32	45	2838.48	2324	1866
银川市大新幼儿园	银川市兴庆区大新镇银通路	幼儿园	民办	城市	3	75	15	1500	2481	6629	4230
银川市第五幼儿园	银川市兴庆区进宁北街宗睦巷60号	幼儿园	教育部门	城市	13	463	44	2300	3374.5	2655	580
银川市第四幼儿园	银川市兴庆区唐徕小区新民巷19号	幼儿园	教育部门	城市	8	303	42	2580	1827	192	1465
银川市兴庆区爱心幼儿园	银川市兴庆区唐徕小区凤凰北街崇安巷190号	幼儿园	民办	城市	4	60	12	1800	526	40	190
银川市兴庆区梓苑幼儿园	银川市兴庆区银佐家园中区	幼儿园	民办	城市	6	190	28	1156	1800	100	560
银川市兴庆区红黄蓝幼儿园	兴庆区西桥巷240号	幼儿园	民办	城市	—	—	—	—	—	—	—
银川市兴庆区金色阳光幼儿园	银川市兴庆区景墨家园A区内	幼儿园	民办	城市	8	295	37	300	3390	300	1500
银川市兴庆区主题阳光幼儿园	银川市兴庆区清苑小区	幼儿园	民办	城市	5	182	23	800	920	100	600
银川市兴庆区太阳都市幼儿园	银川市兴庆区太阳都市花园39栋	幼儿园	民办	城市	7	280	31	0	1367.85	80	470.5
银川市兴庆区康宝幼儿园	银川市兴庆区景明路120号	幼儿园	民办	城市	7	297	34	960	1074.72	200	616
银川市兴庆区三建幼儿园	银川市兴庆区清和北街与益民巷交汇处附近	幼儿园	民办	城市	3	63	9	800	374	8	85
银川市兴庆区旭日龙幼儿园	银川市兴庆区庆丰苑	幼儿园	民办	城市	8	306	39	4500	1800.73	120.03	880.06
银川国电世纪幼儿园	银川市兴庆区上海东路34-4号云开苑	幼儿园	民办	城市	2	32	9	2000	1735	100	670
银川市兴庆区新世界天使幼儿园	银川兴庆区宝湖东路丽景南街交口颐园小区内	幼儿园	民办	城市	10	256	44	3623	3185.01	116	883.99

续表

学校名称	地 址	办学类型	举办者类分组	城乡类别	学前教育班数(个)	在园人数(人)	教职工人数(人)	图书(册)	校舍建筑面积(平方米)	绿化用地面积(平方米)	运动场地面积(平方米)
银川市兴庆区民乐回民幼儿园	银川市兴庆区南桥西巷9号	幼儿园	民办	城市	5	175	17	1075	670	15	300
银川市兴庆区百惠幼儿园	银川市兴庆区立志巷10号	幼儿园	民办	城市	6	186	17	400	1300	11	249
银川市兴庆区惠园幼儿园	兴庆区海湖东街惠园小区北区内	幼儿园	民办	城市	6	183	26	3100	882	21	652
银川市兴庆区建源启明星第三幼儿园	宁夏回族自治区银川市兴庆区丽景北街满春家园	幼儿园	民办	城市	8	244	28	1200	1965.27	1700.15	1200.11
银川市第二幼儿园	兴庆区玉皇阁北街69号	幼儿园	教育部门	城市	15	505	99	6976	3562.2	798.66	2015.93
银川市兴庆区通贵乡中坤幼儿园	银川市兴庆区通贵乡	幼儿园	民办	农村	6	248	24	6500	1100	100	466
银川市兴庆区燕鸽湖幼儿园	环湖东路与环湖北路交叉口南50米	幼儿园	民办	城市	20	728	85	3600	6864	920	3947
银川市兴庆区春桥幼儿园	银川市兴庆区春桥苑13号	幼儿园	民办	城市	5	117	17	800	654	301.72	459.28
银川市兴庆区燕庆实验幼儿园	银川兴庆石油城银燕园小区	幼儿园	民办	城市	15	397	76	3030	4280	400	1600
银川市兴庆区吉睿幸福幼儿园	银川市兴庆区北京东路	幼儿园	民办	城市	8	237	33	1450	1523	146	656
银川市兴庆区宝庆幼儿园	兴庆区宝湖东路562号宝庆家园附近	幼儿园	民办	城市	7	302	27	2000	1304	0	500
银川市第三幼儿园	兴庆区书香雅苑小区	幼儿园	教育部门	城市	9	351	40	4000	2066.77	222	706
启明星第一幼儿园	兴庆区永安巷401号	幼儿园	民办	城市	7	226	28	980	1798.98	342.2	1088.96
银川市兴庆区夏都幼儿园	宁夏回族自治区银川市兴庆区北京东路231号	幼儿园	民办	城市	8	290	34	1000	881.04	100	433.66
启明星第二幼儿园	“宁夏回族自治区银川市兴庆区新宁巷19号”	幼儿园	民办	城市	7	258	29	1032	2021.99	17.56	1565.25
银川众一 集团海宝龙幼儿园	银川市兴庆区海宝小区	幼儿园	民办	城市	16	653	75	1100	4249.7	2240.68	2000.66
银川东晨双语第二幼儿园		幼儿园	民办	城市	9	299	37	1500	2600	0	1700
银川邮电幼儿园	“宁夏回族自治区银川市兴庆区进宁北街396号”	幼儿园	民办	城市	15	580	87	4800	3915.37	800.43	1150.26
银川市兴庆区掌政镇中心幼儿园	银川市兴庆区掌政镇	幼儿园	民办	县镇	7	256	28	1300	1330	1250	540
宁夏嘉园双语幼儿园	宁夏银川市兴庆区南薰东街116号	幼儿园	民办	城市	4	156	23	1256	465	30	200

续表

学校名称	地 址	办学类型	举办者类分组	城乡类别	学前教育班数（个）	在园人数（人）	教职工人数（人）	图书（册）	校舍建筑面积（平方米）	绿化用地面积（平方米）	运动场地面积（平方米）
宁夏嘉园双语幼儿园分园	宁夏银川兴庆区南薰东路嘉园小区内	幼儿园	民办	城市	13	526	64	3572	200.58	121.65	523.15
银川剑桥双语幼儿园	兴庆区北京东路临湖二村小区内	幼儿园	民办	城市	7	194	26	1000	686	20	800
银川市丽景雅居幼儿园	丽景街与解放街交叉路口向东300米南侧	幼儿园	民办	城市	7	206	27	386	1890.27	150.33	1319.69
银川天都幼儿园	宁夏回族自治区银川市兴庆区新华东街492号安和园4号楼	幼儿园	民办	城市	10	340	48	9500	1635	115	350
银川市星光华幼儿园	民族南街二小旁	幼儿园	民办	城市	16	690	72	3334	4230	930	2600
银川市兴庆区大新镇大新村幼儿园	银川市兴庆区大新镇	幼儿园	民办	城市	7	318	31	600	1620	80	930
银川市兴庆区掌政鸣翠幼儿园	银川市兴庆区掌政镇鸣翠花园一区	幼儿园	民办	县镇	10	406	43	2000	2840	680	1500
银川市兴庆区未来星幼儿园	兴庆区水木清苑12号楼	幼儿园	民办	城市	10	389	42	3600	1200	0	900
银川市兴庆区第二十八小学	兴庆区大新镇友爱中心路中国电信对面	附设幼儿班	教育部门	城市	1	44	—	—	—	—	—
银川市兴庆区海军希望小学	银川市兴庆区月牙湖乡海陶北村八组	附设幼儿班	教育部门	农村	—	—	—	—	—	—	—
银川市兴庆区大塘中心小学	兴庆区月牙湖乡大塘村	附设幼儿班	教育部门	农村	2	138	—	—	—	—	—
银川市兴庆区月牙湖回民第二中学	宁夏银川兴庆区月牙湖乡滨河家园	附设幼儿班	教育部门	农村	8	291	—	—	—	—	—
银川市兴庆区月牙湖回民中学	宁夏回族自治区银川市兴庆区月牙湖村二道墩组56	附设幼儿班	教育部门	农村	—	—	—	—	—	—	—

2015年兴庆区小学分校基本情况表

学校名称	地 址	办学类型	举办者类分组	城乡类别	小学教学班数（个）	在校生数（人）	教职工人数（人）	图书（册）	校舍建筑面积（平方米）	运动场地面积（平方米）	录化用地面积（平方米）
银川市兴庆区蒙特梭利国际学校	兴庆区凤凰北街清湖苑小区	小学	民办	城市	8	190	27	600	727.17	200.96	0
银川市兴庆区回民实验小学	兴庆区解放西街389号	小学	教育部门	城市	18	861	41	15500	6725	3394.14	720.23

续表

学校名称	地 址	办学类型	举办者类分组	城乡类别	小学教学班数(个)	在校生数(人)	教职工人数(人)	图书(册)	校舍建筑面积(平方米)	运动场地面积(平方米)	录化用地面积(平方米)
银川市兴庆区第八小学	银川市兴庆区凤凰北街清湖苑旁边	小学	教育部门	城市	20	979	47	14850	9698	11153	9390
银川市兴庆区少林精英小学	银川市石油城向东五渡桥	小学	民办	县镇	6	205	48	3000	3760	15600	6000
银川市兴庆区通南小学	兴庆区永通路西50米	小学	教育部门	农村	6	250	13	6267	2982	4585	3335
银川市兴庆区第二十九小学	兴庆区塔白路塔桥村三队	小学	教育部门	城市	15	727	35	13251	4882	8446	1679
银川市兴庆区第二十八小学	兴庆区大新镇上前城村四队	小学	教育部门	城市	14	527	36	17815	5731	8015	16099
银川市兴庆区司家桥小学	兴庆区永通路与河滩路交叉口东100米	小学	教育部门	农村	6	73	8	2031	2328.26	3410.11	3200.35
银川市兴庆区新水桥小学	兴庆区新燕路与银王公路交叉处北边	小学	教育部门	农村	13	601	29	9634	5810	11320	3394
银川市兴庆区镇河小学	兴庆区金茂路	小学	教育部门	县镇	6	121	11	3568	2134	2258	3350
银川市兴庆区掌政中心小学	兴庆区掌政镇孔雀村一队	小学	教育部门	县镇	12	431	25	8129	3906	6818	4905
银川市兴庆区第二十七小学	兴庆区八里桥村	小学	教育部门	城市	15	636	32	13828	3767	7052	3214
银川市兴庆区新渠稍小学	贺兰山东路与新燕路交叉处北边	小学	教育部门	城市	6	200	14	4484	3750	5575	3842
银川市兴庆区第十六小学	兴庆区富宁街105号	小学	教育部门	城市	37	1843	99	34230	5897.5	9870	1006
银川市兴庆区第十五小学	兴庆区民生街山河湾后巷38号	小学	教育部门	城市	17	763	38	11462	3537	1990	1391
银川市兴庆区回民第二小学	兴庆区上海路与天平街交汇处向北300米处	小学	民办	城市	57	2945	141	55668	18373	20920	7351
银川市兴庆区第三小学	兴庆区立志巷	小学	教育部门	城市	35	1879	93	33410	10142	13925	798
银川市兴庆区回民第三小学	兴庆区宗睦巷89号	小学	教育部门	城市	23	1206	63	22641	10612.53	8388.18	4382.32
银川市兴庆区第五小学	兴庆区进宁北街333号	小学	教育部门	城市	18	884	45	20264	4800	7600	380
银川市兴庆区第七小学	兴庆区永康北巷71号	小学	教育部门	城市	18	958	49	15295	12653	7000	2534
银川市兴庆区第十八小学	兴庆区双福巷	小学	教育部门	城市	32	1872	93	28650	8520	12702	3838

续表

学校名称	地 址	办学类型	举办者类分组	城乡类别	小学教学班数（个）	在校生数（人）	教职工人数（人）	图书（册）	校舍建筑面积（平方米）	运动场地面积（平方米）	录化用地面积（平方米）
银川市兴庆区第二十三小学	兴庆区丽景街宜春巷	小学	教育部门	城市	33	1604	82	26200	9794	12126	7004
银川市兴庆区第四小学	兴庆区新华东街369号	小学	教育部门	城市	18	974	51	22416	3932	9170	518
银川市兴庆区第十九小学	兴庆区宝湖东路260号	小学	教育部门	城市	32	1770	86	29048	10963	11981	6721
银川市兴庆区第二小学	兴庆区民族南街771北边	小学	教育部门	城市	26	1470	70	24461	9276	10255	2255
银川市兴庆区海军希望小学	兴庆区月牙湖乡	小学	教育部门	农村	6	260	13	6421	1780	4158.8	1650
银川市兴庆区唐徕回民小学	唐槐新村西北角	小学	教育部门	城市	36	1929	92	30000	7039.7	7638.3	800.8
银川市兴庆区第二十五小学	兴庆区名人广场东	小学	教育部门	城市	24	1202	63	18162	8770	8704.5	5223
银川市兴庆区第二十四小学	兴庆区丽景北街景福巷	小学	教育部门	城市	32	1288	72	20301	9673	9053	5805
银川市兴庆区大塘中心小学	兴庆区月牙湖大塘南村	小学	教育部门	农村	14	650	31	17745	5654	11208	6847
银川市兴庆区第十小学	兴庆区兴隆街183号	小学	教育部门	城市	20	858	44	12938	4666.84	4936	793
银川市兴庆区回民第一小学	兴庆区胜利街南桥西街10号	小学	教育部门	城市	25	1307	63	21000	8050	5168	2652
银川市兴庆区官湖小学	兴庆区掌政镇茂盛村七队	小学	教育部门	县镇	12	372	23	6749	3169	7040	4880
银川市兴庆区第二十六小学	兴庆区丽景街与银佐路交叉口东400米	小学	教育部门	城市	19	980	48	14973	6730	15888.74	6211.13
银川市兴庆区第十二小学	宝湖东路银川五中北侧	小学	教育部门	城市	24	1236	60	20420	8000	9624	5669
银川市兴庆区第二十二小学	兴庆区永安南巷	小学	教育部门	城市	18	772	37	16083	11000	7842	4069.47
银川市兴庆区碱富桥小学	兴庆区掌政镇碱富桥村四队	小学	教育部门	县镇	9	283	24	8124	3804.09	5686.01	2904.01
银川市兴庆区第二十一小学	银川市兴庆区民族北街83号	小学	教育部门	城市	48	2798	131	56000	15649	5479	6134
银川市兴庆区景岳小学	兴庆区回春巷73号	小学	教育部门	城市	18	832	43	13740	4300	6154	465
银川市兴庆区第九小学	兴庆区湖滨东街466号	小学	教育部门	城市	26	1216	58	21876	5604	7745	2000
银川市兴庆区第六小学	兴庆区中山北街71号	小学	教育部门	城市	26	1460	70	22015	8534	7989	723

续表

学校名称	地址	办学类型	举办者类分组	城乡类别	小学教学班数(个)	在校生数(人)	教职工人数(人)	图书(册)	校舍建筑面积(平方米)	运动场地面积(平方米)	录化用地面积(平方米)
银川市兴庆区第十七小学	兴庆区新华东街金茂建材城西北侧	小学	教育部门	城市	21	980	50	16504	8465	8266	1750
银川市兴庆区春林小学	兴庆区银横路春林村	小学	教育部门	县镇	6	124	9	3352	1580	3336	1667
银川市实验小学	兴庆区前进街七号	小学	教育部门	城市	39	2328	111	61219	11278	4540	2039.79
宁夏长庆小学	市兴庆区长庆银川燕鸽湖基地湖心区(北区)南	小学	教育部门	城市	48	2810	144	78438	13963	11713.58	1631.76
银川博文小学	银川市兴庆区新一中利民街330号	小学	民办	城市	38	2194	96	14000	7848.9	13194	5617
银川市兴庆区月牙湖回民第二中学	兴庆区月牙湖乡移民新村	九年一贯制学校	教育部门	农村	24	1238	140	32901	15784	15983	7199
银川滨河新区小孔明学校	银川市灵武市惠平线	九年一贯制学校	民办	农村	6	108	60	3000	24950	3580	46720
银川市第四中学	银川市兴庆区燕庆街199号	九年一贯制学校	教育部门	城市	22	1146	101	45000	14448	21160	8814.15
银川市兴庆区月牙湖回民中学	兴庆区月牙湖乡	九年一贯制学校	教育部门	农村	7	328	59	24687	8972	14356	8913
银川市兴庆区回民中学	兴庆区通贵乡	九年一贯制学校	教育部门	农村	12	538	74	21398	8765	12015	3539
银川市兴庆区掌政中学	兴庆区掌政镇	九年一贯制学校	教育部门	县镇	12	492	91	28500	27728	21170	5767

2015年兴庆区初中分校基本情况表

学校名称	地址	办学类型	举办者类分组	城乡类别	初中教学班数(个)	在校生数(人)	教职工人数(人)	图书(册)	校舍建筑面积(平方米)	运动场地面积(平方米)	绿化用地面积(平方米)
银川市北塔中学	兴庆区凤凰北街478号	初级中学	教育部门	城市	30	1366	96	45000	15653	12229	14739
银川市第五中学	兴庆区宝湖东路第十二小学南侧	初级中学	教育部门	城市	20	732	65	22000	14797	7531	10516

续表

学校名称	地址	办学类型	举办者类分组	城乡类别	初中教学班数(个)	在校生数(人)	教职工人数(人)	图书(册)	校舍建筑面积(平方米)	运动场地面积(平方米)	绿化用地面积(平方米)
银川市第十二中学	兴庆区胜利街与永安巷交汇处	初级中学	教育部门	城市	30	1315	100	33178	13316	14524	18140
银川市第二十中学	兴庆区裕丰巷119号	初级中学	教育部门	城市	24	1134	94	33842	12028	15557	3400
银川市第二十一中学	兴庆区上海东路（银佐路段9号）	初级中学	教育部门	城市	30	1405	109	35670	11626	16772	5976
银川市回民中学	兴庆区湖滨东街456号	初级中学	教育部门	城市	46	2142	183	76451	27623	21167	10816
银川市第三中学	兴庆区永康南巷43号	初级中学	教育部门	城市	38	1906	153	56530	13625	9964	1205
银川英才学校	兴庆区进宁北街185号-215	初级中学	民办	城市	23	1649	88	9450	6225	181	1550
银川景博中学	宁夏回族自治区银川市兴庆区中房·玺云台	初级中学	民办	城市	23	1481	71	3200	3328	300	120
宁夏长庆初级中学	兴庆区长庆石油城	初级中学	教育部门	城市	28	1530	102	43194	15763	12180	9741
银川市第十中学	兴庆区南薰西街210号	初级中学	教育部门	城市	22	943	91	41700	8797	7968	744
银川市第十五中学	兴庆区文化东街39号	初级中学	教育部门	城市	41	1865	163	64430	23774	19454	4942
银川市实验中学	宁夏回族自治区银川市兴庆区北京东路252号	初级中学	教育部门	城市	—	—	—	—	—	—	—
银川高级中学	兴庆区清和北街育德巷26-28#	附设普通初中班	教育部门	城市	6	223					
银川市兴庆区月牙湖回民第二中学	宁夏银川兴庆区月牙湖乡滨河家园	九年一贯制	教育部门	农村	11	538	140	32901	15784	15983	7199
银川滨河新区小孔明学校	银川市灵武市惠平线	九年一贯制	民办	农村	2	46	60	3000	24950	3580	46720
银川市第四中学	兴庆区燕庆路199号	九年一贯制	教育部门	城市	14	585	101	45000	14448	21160	8814.15
银川市兴庆区月牙湖回民中学	银川市兴庆区月牙湖村二道墩组56	九年一贯制	教育部门	农村	12	575	59	24687	8972	14356	8913
兴庆区回民中学	银川市湖滨东街456号	九年一贯制	教育部门	农村	12	486	74	21398	8765	12015	3539
银川市兴庆区掌政中学	兴庆区掌政镇	九年一贯制	教育部门	县镇	16	695	91	28500	27728	21170	5767
银川市唐徕回民中学	银川市兴庆区唐徕巷	完全中学	教育部门	城市	60	3058	344	189860	49206.74	46160.17	20800

2015年兴庆区高中分校基本情况表

学校名称	地址	办学类型	举办者类分组	城乡类别	高中教学班数（个）	在校生数(人)	教职工人数（人）	图书（册）	校舍建筑面积(平方米)	运动场地面积(平方米)	绿化用地面积(平方米)
宁夏回族自治区银川一中	银川市兴庆区民族南街656号	高级中学	教育部门	城市	51	3058	228	72881	52630	24370	24412
银川市实验中学	银川市兴庆区北京东路252号	高级中学	教育部门	城市	30	1499	117	45000	13362.77	3600.43	5958.33
银川市第二中学	银川市兴庆区英才巷151号	高级中学	教育部门	城市	57	3350	230	94785	69950	17530	37298
宁夏长庆高级中学	石油城燕乐园二区湖心区	高级中学	教育部门	城市	30	1735	140	38479	21273	15600	11000
银川高级中学	兴庆区清和北街育德巷26-28#	高级中学	教育部门	城市	52	2836	198	73000	40589	25239	8383
银川市唐徕回民中学	银川市金凤区正源北街育安巷1号	完全中学	教育部门	城市	36	5213	344	189860	49206.74	46160.17	20800

2015年兴庆区中职分校基本情况表

学校名称	地址	办学类型	举办者类分组	城乡类别	高中教学班数（个）	在校生数(人)	教职工人数(人)	图书（册）	校舍建筑面积(平方米)	运动场地面积(平方米)	绿化用地面积(平方米)
宁夏体育运动学校	兴庆区学院东路南100米	中等技术学校	其他部门			406	85	28546	6622		
宁夏水利电力工程学校	兴庆区鸣翠湖附近	中等技术学校	其他部门			2703	144	56900	48067		
宁夏财会函授学校	兴庆区解放西街351	成人中等专业学校	其他部门			120	8	16836	4800		
宁夏军宏中等职业技术学校	银川市兴庆区清和街936号	中等技术学校	民办			1071	77	36000	—		
宁夏幼儿师范高等专科学校	银川市兴庆区业勤南街	附设中职班	教育部门			1705					

2015年兴庆区特殊教育分校基本情况表

学校名称	地址	办学类型	举办者类分组	城乡类别	教学班数（个）	在校生数(人)	教职工人数(人)	图书（册）	校舍建筑面积(平方米)	运动场地面积(平方米)	绿化用地面积(平方米)
宁夏特殊教育学校	兴庆区清和南街952号	其他特教学校	教育部门		25	241	67	4300			
银川市特殊教育中心	银川市金凤区长城中路林湖左岸东	弱智学校	教育部门		7	91	17				

文化·体育·旅游

文化

【概况】 2015年，兴庆区文化馆顺利通过全国第四次文化馆评估定级考核验收，达到部颁二级标准。图书馆馆藏图书8万余册，年度办理借阅证1246个，借阅图书55623册（次）。

【乡镇（社区）文化站建设】 完善4个乡镇、11个街道综合文化站和36个行政村、67个社区文化活动中心的设施配置，完成15个乡镇、街道文化站的评估定级。其中一级标准的4个，二级标准9个，三级标准的2个。建立社区（村）综合性文化服务中心示范点75个，试点建设率达74%。大新镇和丽景街创建为银川市公共文化服务体系示范乡镇（街道）。打造热爱文化事业，具备场地条件的6户文化大院为示范性农民文化大院。

【街道中心图书馆建设】 推进街道中心图书馆建设工程，8个街道中心图书馆已全面投入使用。在人口相对密集、群众需求较多的新华东街安装一台ATM自助借阅机；为20个图书流通点每季度更新图书300余册，完成农家书屋更新书目采购配送工作。

【“湖城之夏·广场文化季”文艺演出】 2015年4月，兴庆区第四届群众文化艺术节暨第十二届“湖城之夏·广场文化季”活动启幕，在原有的海宝公园和穆斯林商贸城两个演出阵地的基础上，新增燕鸽湖运动广场和丽景湖公园，做为固定舞台，全年组织演出137场（次）。

【千人广场舞大家跳】 已连续举办四年的“千人广场舞大家跳”活动逐步成为群众文化活动最重要的品牌之一和支撑城市市民文化活动的一大亮点。为吸引更多的群众参与活动，将以往的广场集中展示转变为“进学校、进社区、进工地、进军营、进企业、进乡村”的形式进行推广和普及，2015年起，每月组织一次。

【文化“四送六进”活动】 在月牙湖乡、通贵乡、大新镇、掌政镇组织民间艺术团队开展送戏下乡活动，送戏曲50场次、综艺节目57场次、“我们的节日·迎新春精品文艺节目”巡演7场；春节前夕组织30余名优秀书法家、剪纸艺术家先后在南门广场、掌政镇强家庙村为群众送春联、送“福”字，为基层单位赠送书画作品200余幅；与银川市美术馆联合举办“迎新年艺术名家进社区书画讲座”活动，推动文化服务向基层倾斜、向普通百姓倾斜。全年完成送演出244场次、送图书13场次6900册、送培训9次、送电影1400场次。

【“书香兴庆·兴庆书香”系列活动】 举办“共建书香兴庆，共享阅读乐趣”为主题的优秀图书展销活动，利用每周双休日在宁园、少年宫、丽景湖畔等处进行优秀图书展销；“书在你我间旅行，你我在书中畅游”为主题的集体阅读，针对农民工子女较为集中的兴庆区二十四小学及二十六小学的学生，每周安排两个班级到图书馆进行集体阅读；“书香飘集市”活动，在乡镇每月的集市上开展图书流动服务，解决乡村农民看书难的问题。组织开展的“市民读书日”“日读一小时，月读一本书”全民阅读进机关、“当义务小馆员，做美德好少年”、推荐优秀电子图书读书月、“优秀图书展”“超市图书角”“邀你精彩过六一”少儿系列阅读等多项活动。阅读案例“搭乘超市图书角快车去阅读”在全国全民阅读案例评选中荣获三等奖，并荣获银川市委宣传部举办的“书香银川·银川书香”全民阅读活动优秀项目三等奖。

【节日特色文化活动】 元宵节，组织15个乡镇街道的20支社火表演队分别在南门广场、光明广场以及海宝公园举行巡游展演活动，表演内容既保留传统风格又兼具时代特色；国庆节前夕举办“喜迎国庆·美丽银川”乡镇、街道文艺会演；儿童节与兴庆区教育局联合举办“少年心 教育梦”阳光下成长庆“六一”表彰大会暨少年宫成果展演，孩子们表演了声乐、器乐等14个精彩的节目；重阳节之际与《银川晚报》书画院联合承办“2015银川市首届老年人书画大赛”，有200多名老年书画爱好者参加。在文化部举办的“中国民间文化艺术之乡”民歌、山歌展演活动中，编排的花儿表演唱《绿韭菜》代表宁夏亮相苏州，荣获“观众最喜爱的节目”。

【群众体育活动】 将文化活动与体育旅游相结合，开展特色文化旅游节庆活动。在海宝公园举办迎新春时尚光身跑活动，在运动员身体上绘制精美图案，体现传统文化元素，提升了光身跑的内涵；七夕节在鸣翠湖举办“七夕赏荷音乐节”，在黄沙古渡举办第二届沙枣花香节、第十届七夕花棒情人节和激情广场大派对活动，在赵家湖公园举办“塞上冬韵·民俗文化季”系列活动。在掌政镇典农公园举办第二届“欢乐情·中国梦”乡村社火大赛，两乡两镇的13支民间社火队伍参加；在丽景湖公园举行兴庆区民族广场健身舞大赛，辖区各乡镇、街道、民间文艺团队25支代表队参加。

【群众文化培训】 坚持面向城乡、服务基层，先后开展百姓健康舞、广场健身舞、民间舞、现代舞培训36场（次），摄影培训5期，利用暑假开设青少年书法、素描、少儿绘画、手工等4个培训班，70余名中小学生参加。

【基层文化建设投入】 为4个乡镇、11个街道拨付免费开放经费44万元；为掌政镇农民艺术团、月牙湖乡滨河文艺队、月牙湖乡滨河四村、五村文艺队、新月秦腔剧团、通北村农民文艺宣传队、大新镇上前城村农民文化大院、掌政镇镇河村农民文化大院配发电脑、音响、演出服装等设备，价值14.38万元；投入近100万元在两乡两镇重点打造6户示范性农民文化大院；为37个行政村拨付农村文化建设中央专项资金13万元，用于农家书屋书目更新、文化信息共享工程基层服务点补助及农村文体活动；为民间文艺团队发放“欢乐宁夏”兴庆区群众文艺会演奖金10万元，为开展广场演出、“三下乡”、“四送六进”、“千人广场”舞等活动拨付扶持资金15万元。

体育

【概况】 兴庆区辖区拥有体育馆4个、体育场8个、游泳馆9个，30人以上规模的晨晚练点 150个，有国家三级以上社会体育指导员1554名。体育专营店（运动器械、服装、户外用品、渔具等）200余家；娱乐性经营休闲健身场地（如沙滩、水上、运动拓展等场地）18余处；休闲垂钓中心12家；河湖野钓场地10余处；有山西奥瑞特、好家庭等体育器材、甘肃力源体育场地铺设等大型企业在兴庆区设常驻机构。兴庆区体育产业经营年营业额近亿元。2015年兴庆区政府投资5400万元，在掌政镇新建兴庆区体育馆。体育馆占地35亩、总建筑面积9759平方米。体育馆可同时容纳3000人开展活动，是集运动、休闲、健身、文化为一体的中型综合性体育馆。

【青少年寒暑假体育集训】 对12项160名运动员进行为期25天的集中强化训练，提高了运动队伍的整体水平。截至2015年年底，参加各级各类青少年锦标赛，荣获金牌37枚，银牌44枚，铜牌25枚。43名运动员达国家一级运动员标准，50名运动员达国家二级运动员标准，17名优秀运动员输送到自治区体育运动学校，涌现出一批优秀运动员和教练员。

【第六届鸣翠湖端午休闲运动会】 6月19日，鸣翠湖景区利用鸣翠湖国家湿地公园资源开展环湖健步行、龙舟比赛、休闲垂钓赛、包粽子比赛等。兴庆区乡镇街道机关以及辖区企事业单位的42支代表队近1800人参加。

旅游

【概况】 2015年，接待游客78.1万人（次），同比增长8%，旅游收入7265万元，同比增长2.2%。其中，农家乐接待33.2万人次，同比增长3.8%，收入2815万元，同比增长4.3%。

【景区基础设施建设】 黄沙古渡景区投资150万元，在景区各道路边和重点区域栽植各类树木5000多株，完成了湿地公园水道清淤，设置了秦砖房门牌，营造出了民俗院、古渡人家等处的文化氛围（悬挂各类布旗），布置了昭君出塞纪念馆、康熙渡河纪念馆；兵沟景区投资200万元，栽植果树200亩，铺设灌溉管道长8000米，修建码头3座，搭建烧烤台20个；黄河横城景区的游客集散中心投资600万元，栽植各种树木1万株，修建星级厕所200平方米，停车场15000万平方米，铺设道路4000平方米；鸣翠湖景区投资2262万元，改造景区内道路19000平方米，景区内种草种树15万平方米。

【乡村旅游建设】 结合美丽乡村建设，加快推进乡村旅游业的发展。五度桥农庄投资500万元，种植蔬菜3亩，栽植果树4亩，新建儿童沙滩乐园2600平方米，接待大厅改造1200平方米，后厨改造300平方米，垂钓池改造2000平方米，新建停车场4000平方米，新建厕所50平方米，改建厕所20平方米；风雅山庄投资150万元，种植蔬菜10亩，栽植果树5亩，新建厕所40平方米，改造停车场1500平方米，新建自助烧烤区350平方米，改造接待场所1800平方米；段家大院投资200万元，种植蔬菜4亩，栽植果树2亩，栽植各类花卉100平方米，新建停车场1300平方米，米面油加工厂200平方米，玉器加工厂150平方米，改造后厨120平方米，改造厕所50平方米，更换了新颖的门头；花海盛地投资300万元，改建回餐厅500平方米，新建汉餐厅400平方米，新建厕所30平方米，栽植各类树木30亩；广勤生态园、李家大院等农家乐加大了庭院绿化，种植了观赏性较高的桥木和花灌木，硬化了人行道，修建了标准水冲厕所，修建了廊桥，修建了停车场，改造了后厨，设置广告指引牌等。

【第三届银川滨河彩灯冰雪艺术节】 2014年12月5日—2015年3月5日，黄河横城景区举办了“2015年第三届银川滨河彩灯冰雪艺术节”。活动的主要内容有大型冰灯、雪雕、超级冰滑梯、百米雪滑道、少数民族风情歌舞篝火晚会、台湾美食小吃等。活动接待游客12万人（次），旅游收入达340万元。

【鸣翠湖旅游景区】 投资2180万元，成功引资四季滑雪场项目在景区落户。滑雪场占地6万平方米，滑雪道长为400米，建有40米高的赏雪平台，可同时容纳5000人的滑雪空间，配套1500平方米的综合服务大厅，内设售票、租赁雪具、休息等相关配套设施。分别设置高级滑道、中级滑道、初级滑道、儿童戏雪区、情侣双人雪圈等,滑雪项目共接待游客4.3万人（次）。

【景区游乐活动】 8月22日，举办“七夕赏荷节”。活动组织了古筝演凑、爱情宣言、古代四大美女穿越时空赏荷等，吸引游客3000多人；5月23日—30日，黄沙古渡“举办了第二届沙枣花香节”，开展沙枣花征文大赛、自助烧烤、篝火晚会等活动，活动期间景区门票半价，套票优惠。8月22日，举办“黄沙古渡第十届七夕花棒情人节”，活动当天开展篝火晚会、烟花、烟火表演、知名乐队激情表演、热吻大赛等活动。5月30日，兵沟景区举办“路虎车友会周年庆”活动，活动当天进行汽车冲浪赛、篝火晚会、沙地露营等，吸引各地汽车爱好者2000多人参与。

鸣翠湖休闲运动会

乡·镇·街道（管委会）

月牙湖乡

【概况】 月牙湖乡地处银川市东北部58公里，毗邻黄河、毛乌素沙漠，与银川市一河相隔、一桥相连。省道S203线贯穿其境内，是通往银川的东大门，独特的区位优势，便利的交通网络，丰富的取水条件，奠定了月牙湖乡农业重镇的位置。全乡辖12个行政村（搬迁生态移民新成立5个村），73个村民小组，有人口7546户共29499人，回族人口占总人口的55%。有村党支部12个，党员560名（搬迁的生态移民有党员330名）。2015年，实现乡镇企业总产值13亿元，实现利润7000万元。“农家乐”从业人员50余人，年创旅游综合收50万元。

【通用机场和通航产业园】 为进一步拓展银川市现代城市发展新的空间，为银川市“一带一路”建设、新产业转型升级提供新的支撑点，为银川市实现跨越式发展注入新的强大动力，积极配合银川市委、政府和兴庆区委、政府，全力打造通航产业园，完成“一基地一社区三中心”包括通航产业园2010亩大环境绿化工程，种植各类苗木12万余株；完成通航产业园7条共计13.4公里主干道路及配套工程，通用机场1200米跑道，7.4万平方米站坪，4800平方米综合业务楼，4200平方米停机库及能源中心等配套工程。银川通用机场和通航产业园建成后必将成为宁夏通航产业布局的枢纽中心，以此带动农家乐、餐饮、娱乐、住宿等产业发展，实现移民不断增收。

【打造多元化产业】 围绕特色产业，将农业产业转型作为提升全乡经济发展的抓手，坚持打造多元化特色产业，带动全乡移民实现增收致富。2015年扩建了小塘村花卉园区二期项目，投资1390万元建温棚24栋，葡萄种植基地77亩，培训中心一处；全面完成红树莓二期种植任务，投资1760万元，栽种红树莓苗木240万株，配套完成冷库、路面、架电等工程；大力推进“清真肉兔”产业，积极配合企业完成“清真兔业”生态产业园区建设任务，完成屠宰生产线及冷库建设。开展技能培训5次400余人（次）。

【基础项目建设】 2015年月牙湖乡政府争取到自治区、银川市资金及兴庆区本级财政配套资金277.16万元，为塘南村二队“美丽村庄”进行上水、道路硬化及环境绿化建设。争取投资4600余万元，分两年实施月牙湖乡扬水泵站及渡槽改造工程，截止2015年底已完成了征地拆迁、输水管道筑基等工作。顺利完成了小农水工程，维修渠道6条650米，开挖排碱沟6条10公里，开挖清淤主干渠道3次5.4公里；开挖黄河进水口5次2.5公里；积极争取“一事一议”项目资金500余万元，改造了南一支渠5.3公里，硬化海陶南村巷道路2.5公里。

【月牙湖乡劳务输出产业】 劳务产业作为群众致富的支撑产业，始终发挥着积极作用。2015年借助银东滨河新区、红墩子矿区、宁东能源化工基地、黄沙古渡景区、兴庆区万亩奶牛养殖园区移民安置区后期建设工程和上海庙工业小镇、青海诺木洪枸杞种植基地、新疆棉花种植生产基地及银川周边餐饮、物流、建筑业等广阔的用工市场开展劳务输出，增加群众收入。输出劳务1.2万余人次，创收1.5亿余元。同时搭建创业平台解决移民就业，成立创业就业指导中心，帮助全乡移民在滨河家园市场登记摊位60余个。开展各类培训5期，培训人员678余人次。

【月牙湖乡社会救助事业统筹】 全年发放最低生活保障金、各类优抚金、残疾人津贴、冬令救助款及临时救助款等共计421余万元，救助大病患者137人（次）。发放救助金124余万元。2015年足额发放各项惠农资金，累计发放粮食补贴326万元；为1346户1914名低保对象每人每月发放低保金154元，全年共计发放4447548元；有80岁以上高龄老人141户143人，每人每月发放400元高龄津贴（含90岁以上高龄老人5人，每人每月450元），发放高龄津贴657300元；五保户10户13人，每人每月500元生活津贴，补贴10.53万元；6位优抚对象，每人每月400元生活津贴，发放优抚补贴55320元；252户272名低保对象为贰级以上残疾人，每人每月发放200元重度残疾津贴，一级每人每月240元重度残疾津贴，共计发放重残补贴687640元。对月牙湖乡2736户3567名群众进行慰问，发放临时救助、冬令春荒补贴522700元。

【月牙湖乡乡域卫生监管】 2015年，围绕203省道、南一支渠、滨河家园等重点区域完成5次卫生大整治，特别是在县域经济观摩前期，进行为期10天的全乡范围内的卫生整治活动，使得全乡卫生明显改善；同时安排专人定期清扫，确保垃圾日产日清、垃圾清运和无害化处理率达到百分之百。

【月牙湖乡计划生育工作】 为适应社会主义新农村建设发展的需要，深入开展婚育新风进万家、婚育文明和幸福家庭创建活动，加大资金投入力度，宣传品入户率达95%，全员人口信息准确率完成86.5%；出生人口性别比得到控制，出生缺陷发生率同比上年下降17%；人口出生率控制在15‰以内，出生政策符合率控制在93%。免费孕前优生健康检查宣传完成总任务的40%，流动人口管理信息录入达到90%，“四优一满意”群众满意率达到90%。

【月牙湖乡农村文化事业】 2015年，以举办农民运动会、卡拉OK比赛、家风暨家教大讲堂、巧媳妇能婆婆等活动为契机，在充分展示广大群众才艺的同时，促进新老移民的不断融合。投资40余万元装修了4家农民文化大院，完善了各村文体配套设施，为滨河家园5个村书屋配套图书100余册，充实公共文化服务体系，满足农民群众不断增长的精神文化需求。

【月牙湖乡社会综治工作】 以创建“平安月牙湖”为工作目标，全面推进依法治乡进程。大力开展普法活动，举办普法讲座7次，发放宣传材料3000余册，参与普法人员5000余人（次），并顺利通过了普法验收。积极提高对各类矛盾纠纷的快速反应能力和调处能力，在各村成立调委会15个，化解矛盾纠纷27起，有效地维护社会稳定。加强法律援助宣传，举办法律援助宣传2次，提供法律援助6人，接受法律咨询180余人（次），法律援助知晓率有所提高。全年衔接刑满释放人员16人，衔接率100%。

【月牙湖乡土地管理】 2015年，将土地管理和集镇建设作为重点工作，完成203省道改造扩建工程牧民队段征地及附着物14户补偿资金的发放；完成通航产业园征地及附着物补偿，包括“三通工程”征地123.5亩，涉及农户16户；“人饮工程”临时占地308.8亩，涉及农户71户；全年新建房屋19户，翻建81户，查处非法占用基本农田建房3处，并全部拆除。

【月牙湖乡宗教管理】 为保证宗教活动有序正常进行，增强宗教管理工作，对18座清真寺进行消防安全检查，确保信教群众在宗教活动中的安全；对本辖区清真餐馆、牛羊肉屠宰点进行登记，严格规范清真餐饮业，确保其合法经营，对存在的问题进行监督整改。积极有效地解决了滨河家园三座清真寺的派别划分问题，为滨河家园1198户信教群众解决了日常礼拜困难。

【月牙湖乡生态移民】 2015年月牙湖乡党委、政府继续配合兴庆区移民办完成第四期生态移民工作，全年搬迁移民823户3356人。积极打造多元化增收致富产业，确保新移民快速发展。做好生态移民入住后各项管理工作，组织全乡干部深入新移民安置区进行调查摸底，对新搬迁村民所反映的用水用电、生产生活等实际问题进行登记，全部予以解决，确保移民入住后生活和顺、社会稳定。

【月牙湖乡妇女“两癌”筛查工

作】 2015年加大预防“两癌”工作的宣传和督办力度，结合卫计局农村妇女“两癌”筛查，精心组织安排，推进月牙湖乡妇女“两癌”筛查工作落实到位。为791人进行宫颈癌和乳腺癌免费检查，筛查出宫颈癌癌前病变2例、宫颈癌2例。申报农村户口“贫困母亲两癌救助”9人，获得“贫困母亲两癌救助”4人。

【月牙湖乡土地经营权流转】 2015年，月牙湖乡将滨河家园开发的2500亩土地进行流转，流转费用标准为前三年每亩350元，第四年后每亩700元；现各村申报将第四年后流转土地所获得的每亩300—350元费用划拨到村集体，增加集体收入。

【月牙湖乡村集体经济】 为实现基层服务型党组织建设“双增”工作目标，发展月牙湖乡各村集体经济，为各村调配移民安置区公建房12套用于租赁。在保证产权不变的前提下，租赁收入归村集体，解决月牙湖乡“空壳村”现象，截至2015年底，已完成12个村的营业房分配工作。

【月牙湖乡人民调解】 完善人民调解组织，有调委会15个，调解员49人。开展普法宣传及讲座10次，悬挂横幅10条，制作普法展板10块，发放宣传材料6000余册，普法人数8000人次。化解矛盾纠纷41起，其中邻里纠纷15起，婚姻家庭纠纷14起，土地纠纷7起，房屋宅基地纠纷5起。举办了2次大型法律援助宣传活动，提供法律援助6人，接受法律咨询60人次，法律援助知晓率有所提高。

【月牙湖乡社区矫正及安置帮教】 及时调整社区矫正领导小组，建立完整的社区服刑人员花名册，对社区矫正人员严格管理，实行每周报到一次、每月组织学习一次、参加公益劳动一次、每月交一篇思想汇报。司法所开展审前调查7人，新接收社区服刑人员2人，解矫9人，2015年年底有服刑人员1人，衔接刑满释放人员14人，衔接率100%。

【月牙湖乡村镇建设】 2015年，全乡审批房屋74户。其中翻建房屋59户，新建房屋15户。大塘南村新农村新建房屋75户。完成本年度兴庆区建设交通局下达的国家危房改造项目摸底及报送89户。其中大塘北村9户，大塘南村14户，海陶南村21户，海陶北村13户，塘南村16户。完成月牙湖乡美丽村庄建设1处，房屋主体工程已完成。配合兴庆区建设交通局对月牙湖乡塘北路道路进行硬化。

【月牙湖乡粮食直补】 2015年，全乡新增补贴面积5098亩，粮食直补和农资综合补贴面积为40196.67亩。其中农资综合补贴标准为66元/亩，补贴金额2652980.22元；粮食直补补贴标准为15元/亩，补贴金额602950.05元。2014年月牙湖乡搬迁安置移民1248户5098人。其中滨河一村户数233户989人，新增面积989亩；滨河二村187户754人，新增面积754亩；滨河三村户数3户10人，新增面积10亩；滨河四村户数825户3345人，新增面积3345亩。

【月牙湖乡民生服务中心】 服务中心迁新址后，介于新老移民的中心地段，群众办事很方便。全年累计为群众办理事项（含各村级为民办事全程代办点代办事项）29925件。其中劳保就业窗口办理各类事项15310余人（次）；民政残联窗口共完成低保、重残、五保、高龄、优抚军人、临时救助等各类事项5915人（次）；计生卫生窗口共完成计生卫生相关工作1000余件；各村村民代办点累计办理各类事项7700余件。

【月牙湖乡生态移民区取暖锅炉验收】 2015年，完成生态移民安置区滨河家园取暖工程第二批验收。滨河家园一村229户，二村78户，三村190户，四村176户，共计673户。为每户群众发放

2月5日，月牙湖乡滨河家园四村举行村委会选举

2000元锅炉安装补助款。134.6万元补助款已全部发放到群众手中。

【月牙湖村】 月牙湖村沿203省道分布，毗邻黄沙古渡旅游区，有得天独厚的人文和旅游服务优势，面积约15万平方米，辖月牙湖、二道墩、园艺、牧民4个自然队，占地面积8000亩，耕地面积6500亩，人均占有耕地4亩，是月牙湖乡唯一的汉族村，汉族占98%。有人口794户1791人。全村经济收入来源主要靠耕地收入和劳务输出，以玉米、水稻为主导产业，兼有养殖、运输及农家乐等产业。2015年，纳入低保人群44户50人，享受五保津贴人员2名，80岁以上高龄老人6人。

【大塘南村】 大塘南村位于月牙湖乡东北部，全村占地面积4500亩，其中耕地面积2941.018余亩，人均占有耕地1.5亩，以种植玉米、小麦、黄豆为主导产业。2015年有553户1938余人，全部为回族，全村党员43名，其中女党员4名。2015年，纳入低保人群111户160人，享受80岁以上高龄补助13人。争取政府专项资金硬化村庄道路3.55公里（包括新庄点的巷道和一队生产路硬化）；争取园林局扶持资金6.5万元，在村部新修建了篮球场。

【大塘北村】 大塘北村位于月牙湖乡最北端，下辖5个队，2015年有农户325户，人口1180人，耕地面积1989.7亩。全村党员31名，其中女党员2名，纳入低保人群53户73人，享受五保津贴人员2名，80岁以上高龄老人2人。群众参合率85%以上，参保续保率到83%以上，评定上报“扶贫”建档立卡户38户。2015年，利用项目资金硬化新建中心村6.0公里村庄道路，清淤疏通大小排碱沟2300米，完成中心村庄南排洪沟整治700多米建设工程。

【海陶南村】 海陶南村位于月牙湖乡最南边，占地面积5800亩，其中耕地面积4200亩，人均占有耕地1.5亩，以中药材、玉米、小米、黄豆为主导产业。2015年有561户1698人，全部为回族，党员44名，其中女党员5名。2015年纳入低保人群109户179人，80岁以上高龄老人2人。利用为民发展项目资金，完成9至12队的自来水主管道铺设，总长1700米，涉及村民189户；通过“一事一议”工作，九队至十四队巷道路硬化3000多米；修缮9队农渠900米；路西队新坟建设修路575米，停车场4000多平方米，沙化路西巷道路1300米。

【海陶北村】 海陶北村下辖6个村民小组，有耕地2800亩，2015年有人口394户1346人，全村党员34名，其中女党员1名；2015年，纳入低保人群95户117人，享受五保津贴人员2名，80岁以上高龄老人4人。养老保险上缴率为90%，医疗保险上缴率为100%，劳务输出工作达到370人次，产生经济效益为110万元。黄牛存栏800头，统一规划和建设牛棚40座，粪池66个。

【小塘村】 小塘村位于月牙湖乡西北部，占地面积5000多亩，耕地面积2600多亩，人均占有耕地1.5亩，以养殖业、种植业为主导产业。有村民379户1272人，全村党员32名，其中女党员5名。2015年，纳入低保人群70户76人，享受五保津贴人员2名，80岁以上高龄老人2人。2015年，在现代设施农业花卉基地内，与宁夏西月贸易科技有限公司继续合作，有7户村民承包大棚，每户4间，每年可增加2万元家庭收入。利用为民服务与发展专项资金维护、新建了灌溉农渠；争取“一事一议”资金项目，建设村内3条生产道路硬化；争取专项资金，修缮四队排碱沟。

【塘南村】 塘南村位于月牙湖乡中心，2015年有576户2112人。全村党员32名，其中女党员5名。2015年，纳入低保人群89户125人，享受五保津贴人员1名，80岁以上高龄老人5人。实现人均纯收入6800元的增收目标。

【滨河家园一村】 滨河家园一村位于银川市兴庆区月牙湖乡北部黄河东岸，203省道东侧，北面与新建的滨河家园三村、南与滨河家园二村、东与滨河家园四村分别相邻，设6个村民小组，861户3923人，全村党员91名，其中女党员15名。2015年，纳入低保人群170户261人，80岁以上高龄老人40人。全村劳务输出3100人次，人均创收1.5万元，占人均纯收入的70.5%；培育红树莓种植产业450亩，解决中老年妇女就业创业210人次，创收90万元；举办技能培训办班3期，为106名青年中年进行点电焊、挖机、铲车实用技术培训，组织实操上岗62人。

【滨河家园二村】 月牙湖乡滨河二村2015年有人口654户3015人，回族人口占2/3，全部为固原市彭阳县搬迁至此的生态移民。党员58名，其中女党员6名。2015年，纳入低保人群199户315人，80岁以上高龄老人24人。除奶牛托管和土地流转的收入外，现阶段村民的主要收入为花卉大棚种植、养殖、经营小本生意和外出务工等。组织村民到青海摘枸杞，人均收入5000元左右，共计收入45万元左右；花卉园就业收入50万元；红树莓基地就业13人，收入7万元，摘红树莓40余人，收入4万元左右，兰州铁路局输出40人（次），收入28万元左右。争取为民服务发展专项资金，建设了老年活动中心。

【滨河家园三村】 月牙湖乡滨河三村有796户村民3669人，全部为固原市彭阳县搬迁至此的生态移民。全村党员83名，其中女党员6名。2015年，纳入低保人群206户249人，享受五保津贴人员2名，80岁以上高龄老人19人。现阶段收入主要以劳务输出为主。有劳动力1582人，除了一部分在滨河新区打零工、红树莓管护、羊绒厂上班外，有840余人通过16位劳务带头人分别在内蒙古、陕北、宁东等地务工，有230余人在干部的带领下分别在红树莓种植基地、青海枸杞基地（诺木洪农场、德令哈基地）、兰州铁路局、滨河经济开发区以及辖区重点工程施工地等地打工，每人工资在日平均80元以上，月人均工资在2400元左右，全年劳务总收入1587万元，劳务人均纯收入为4240元，比上年增长600元，增长率为11%，占人均纯收入总数的68%。

【滨河家园四村】 月牙湖乡滨河四村2015年有村民824户3674人，全部为固原市彭阳县搬迁至此的生态移民。全村党员73名，其中女党员9名。2015年，纳入低保人群199户305人，享受五保津贴人员2名，80岁以上高龄老人26人。围绕“双增”工作和国家精准扶贫工作要求，拓展劳务输出就业机会，增加村民收入。配合红树梅基地完成1000亩种植任务；发挥村劳务协会作用组织劳务经纪人向甘肃、内蒙古、新疆、青海及区内宁东、固原、贺兰、吴忠、平罗、滨河新区、石坝等地输出3600人次；联系各类有资质的培训学校，举办铲车、装机、电焊、电子商务、肉兔养殖、SYB创业培训等各类培训7班，285人参加；考察甘肃中天羊业万只羊场，开阔干部群众的眼界，使其认识到养殖技术、规模、合作社运营模式的重要性；利用“黄河金岸”开发项目，发展休闲农业。

【滨河家园五村】 月牙湖乡滨河五村成立于2015年5月，位于兴庆区与平罗县交界处，紧邻黄河，西到203省道红线，东到鄂尔多斯台地，距月牙湖乡政府4公里，全部为固原市彭阳县搬迁至此的生态移民，2015年有村民829户3881人。2015年，通过多种途径增加村集体经济收入。营业房出租每年为村集体经济增收15000元；老年饭桌建设项目工程建设、装修已经全部结束，正在兴庆区财政局评审中心进行审计决算中；红树莓产业入股分红，自治区移民局扶持生态移民致富产业红树莓300万元，经宁夏荣德佰瑞农业科技发展有限公司与月牙湖乡滨河家园各村村委会协商一致，制定入股分红方案，宁夏荣德佰瑞农业科技发展有限公司以年利率5%的分红收益，每年向村集体分红15万元（每村3万元）收益，用于增加滨河家园各村贫困户收入。

（供稿人：王丹）

通贵乡

【概况】 通贵乡位于银川市东郊17公里，总面积94.3平方公里，沿河13.8公里，东西长7.8公里，辖河滩村、司家桥村、通南村、通贵村、通北村和通西村6个行政村，62个自然村。全乡总人口15193人，农业人口14046人，占全乡总人口的92.4%；回族人口12507人，占总人口的82.3%，境内建有18座清真寺，是一个名副其实的“塞上回乡”。2015年，粮食作物播种面积4.97万亩，夏收作物播种面积0.46万亩；有各类养殖户2243户，奶牛存栏2613头；黄牛饲养量1580，存栏1105头；羊饲养量为44960只，存栏21794只；生猪饲养量为9588头，存栏4637头；家禽饲养量为115139羽，存栏97184羽。全乡实现生产总值2.04亿元，同比增长7%；完成经济总收入1.68亿元，同比增长6.4%；畜牧产值0.36亿元，实现农村居民人均可支配收入11470元。

【通贵乡河南袁氏实业有限公司】 依托水稻种植、畜牧养殖优势，发展生态农业、农业旅游观光、特色农产品商贸产业，引进河南袁氏实业有限公司，建设万亩生态观光园项目。该项目计划投资5000万元，打造集生态观光旅游、现代都市农业展示、农业科学技术教育培训等为一体的现代都市农业观光基地，已完成土地平整、水稻栽培等。

【通贵乡美丽乡村项目】 为促进农村经济社会科学发展、提升农民生活品质、加快城乡一体化、进一步改善群众生产生活条件和人居条件，实施美丽乡村项目。该项目主要通过对村庄的道路、排水、路灯亮化、房屋外立面改造、休闲娱乐场所等基础设施的改造建设突出乡村的整体形象。新建两条巷道，长度240米，宽度4米，水泥混凝土路面；两侧铺设人行道面积2000平方米；设置高4米路灯33盏；配置垃圾箱4个；农宅外立面改造，涉及35户农宅，更换大门35套，外立面和围墙喷涂漆面；修建广场2500平方米；五队北侧沟道砌护180米。清理“两违”建筑，拆除河滩中心村彩钢房15处，通贵街面违建1处。制止在建“两违”建筑，下发停工通知书30份、限拆通知书30份。

【通贵老年综合福利服务中心】 依托沿黄河带的宜人环境和集镇资源，发展养老服务、医疗康健等新型产业，建设通贵老年综合福利服务中心项目。兴庆区通贵老年综合福利服务中心项目位于通贵乡通贵村永通路以东、银通路以北11号地块，规划用地面积32356平方米，约48.53亩，总建筑面积15470平方米，容积率0.48，建筑密度11.0%，绿地率48%，地面停车位76辆。总投资约4500万元，其中争取中央专项彩票公益金支持宁夏养老服务建设项目资金约1260万元，其余资金由兴庆区财政配套。于2015年9月15日开标，中标企业为银川市第三建设有限公司，监理单位为中通服项目管理咨询有限公司。施工单位9月30日进驻施工现场，三通一平工作已基本完成，施工现场临时建筑、围墙已完成，现正在进行桩基处理。项目建成后，可在满足安置通贵乡三无、五保、鳏寡孤独和残疾人员的基础上，辐射服务周边城区，特别是对下一步通贵乡养老产业的发展起到积极的示范带动作用。建筑包括五层老年人居住用房楼、三层提供医疗康复、休闲娱乐的综合楼，以及老年人用房楼——综合楼连廊、附属用房等。

【通贵乡集镇安置区一期工程】 通贵乡集镇安置区位于通贵乡西侧，东至平安路，南至通贵北街，西至永通路，北至学校家属院，主要利用张桂英希望小学和学校家属院，全部为镇区规划建设用地，项目占地面积41亩，需签订拆迁协议33户。规划建设住宅共152户，面积83.38平方米的24户，102.6平方米的48户，130.17平方米的48户，164平方米的32户。总建筑面积20214平方米。其中住宅18396平方米，商业1468平方米，物业及服务用房350平方米。建筑风格以伊斯兰建筑风格为主，12户至16户为一“回”字型院落。主要安置银川市兵沟黄河大桥及连接线安置拆迁户121户529人，操场扩建11户，派出所2户；剩余安置学校家属房、居民拆迁房等。建设工期为2014年9月至2015年9月，项目投资概算6500万元，以银川市政府财政投资为主，争取自治区、银川市部门支持（其中自治区环保资金240万元），不足部分由兴庆区政府自筹。安置区主体工程已完成建设，工程正在紧张进行中。

【通贵乡土地流转】 通贵乡土地流转全乡流转土地面积达到24061亩。其中昊王米业9630亩，袁氏集团8831亩，世外桃园公司5600亩。

【通贵乡劳务产业】 建立家庭劳动力信息台账，先后联系银川市就业局，组织劳务经纪人现场与各企业洽谈业务，并在通贵乡文化广场开展春季土地流转剩余劳动力招聘现场会，提供就业岗位365个，参加招聘人员1200人，解决就业人员90人。结合冬季党员轮训工作，开展政策法规培训班48期，培训人次达4000人（次）；先后免费开展园林绿化、电工、新

3月9日，兴庆区通贵乡2015年春分行动招聘会在乡文化广场举行

型专业农民三期培训，培训人数300余人。全乡18岁到60岁劳动力8351人，在家常年种地人员3562人，占劳动力总数的43%，跟随劳务经纪人或自发组织在银川市周围灵活就业人员3276人（农忙时兼顾种植业），占劳动力总数的39%，本地常年从事商业等各种行业固定就业人员（以种植业为辅）893人，在市内各工商企业就业人员620人，项占劳动力总数的18%，全乡大部分家庭都形成了以其他行业收入维持家庭日常生活支出及农业资金投入、年底以农业收入变现做为家庭年收益的劳作模式。

【通贵乡农村基础设施建设】 争取自治区水利厅北部盐碱地整治项目工程，对通北村西丰沟砌护2.4公里、通南村黄羊沟砌护2.7公里、滨河大道西侧边沟砌护5公里，并且对改造范围内的尾水进行配套，项目采用干砌石砌护，疏通了沟道，极大改善了长期以来沟道滑坡、塌方较为严重的问题；协调兴庆区农业综合开发办投资，对通贵村银通公路南侧、通西村惠农渠以西、贺兰山路以南所有农渠进行砌护并对水利工程进行了配套。项目涉及通贵村二、三、七队、通西村五队、六队、七队、八队，共计砌护渠道47200公里，配套斗、农口、渡槽、尾水、生产桥等各类建筑物3930座（含畦田口3700座）；投资150万元，完成兴庆区人代会议案工程，对通北村民生渠、长渠，通北村五队斜渠、通北村十队斜四条斗渠进行砌护，共计砌护渠道4714米，配套建筑物80座；争取自治区财政“一事一议”奖补项目，对通西村、通北村农渠进行砌护，涉及通西村一、二、三队，通北村五、六、八、九、十、十一队，共砌护农渠35公里，配套建筑物25座；积极开展秋季农田水利基本建设工作，完成农田建设25000万亩，清淤、开挖沟渠320余条，整修林地100亩，新造林地25亩4000株，补植树木2000株，树木绑扎涂白5万株，林木管护1000亩。

【通贵乡社会事业统筹】 落实各项惠民政策，使党的惠农政策真正落到实处。发放各类救助资金2521119元。其中城市低保604976元，农村低保311796元，高龄津贴584500元，重残补贴281400元，五保供养金16875元，大病医疗救助97477元，门诊医疗救助170445元，困难临时救助44300元。对全乡原有185户198人和2015年新增城市低保户进行了家庭经济状况核对和筛查，筛出不符合低保条件的31户30人；农村低保户由原来193户255人中筛查出不符合条件的52户62人。彻底遏制以往的“关系保、人情保和政策报”的错报现象，使民政救助工作走向法制、规范，初步达到公平、公正、公开。

【通贵乡环境卫生综合治理】 标本兼治，狠抓环境卫生综合整治。全年投入资金50余万元，开展环境卫生综合整治大行动，确保全乡街道整洁、乡容美观。各村对各道路干线、村庄巷道卫生进行整治，全乡累计出动人员2800人（次），雇用装载机15台（次），工作时间25余小时，雇佣四轮车32辆，累计清理垃圾250余车，清理、涂刷电线杆、墙面乱贴乱画、非法广告120余处。为保障卫生整治效果，兼顾发展壮大村集体经济，将卫生保洁以政府购买服务的方式打包给通北村劳务公司，由乡卫生站负责监督考核，保洁效果有了较大改善。

【通贵乡人口与计划生育】 以建设“少生优生、文明富裕、健康和谐”的社会主义新家庭为目标，优化人口结构，稳定低生育水平，推动计划生育家庭创业发展。通遗乡有人口15193人，流动人口流出161人，流入237人，已婚育龄妇女3013人，已采取各种节育措施2899人，综合节育率96%。出生125人，出生政策符合率99%，出生性别比为95，各项指标均达到要求。落实“少生快富”政策，“少生快富”项目户45户，奖励扶助79人，提前享受奖励扶助40人。独生子女户、农村计划生育两女户参加统筹城乡居民基本医疗保险的1764人，补助资金88200元。独生子女69人，兑现奖励金额33450元。创建幸福家庭2166户，其中新增570户，累计达到全乡居民总户数的60%。

【通贵乡社会综合治理】 稳步推进司法、综治、信访工作。辖区内社区服刑人员12人，全部配有定位手机，做到行动全掌握，全年无脱管漏管人员，无重新犯罪人员。组织社区矫正人员参加公益劳动累计时间120小时，115人（次），参加集体学习时间100小时，全年解除矫正人员6名，解矫人员就业率达100%，对全乡刑释解教人员做到人人有档案、行踪全落实，并积极做好安置工作。组织法律宣传进集市、进学校等活动14场（次），受教群众10万人（次），其中青少年1万人（次），组织人民调解员培训3场（次），举办各类法律培训班、知识竞赛、播放法治教育片17次，发放各类宣传资料6万余份，办板报专栏26块。落实矛盾纠纷排查调处，坚持“两排查一分析”和矛盾纠纷排查调处联席会议制度，2015年共排查矛盾纠纷210件，调处208

件，调处成功率为99%，辖区内无重大刑事案件发生，无造成不良影响的群体性事件发生；组织各类宣传活动6场（次），参与信教群众3000人（次），利用每周五“主麻日”阿訇以讲“伍尔兹”的形式开展禁毒、普法宣传。乡信访部门全年共受理群众信访事项40件200人次，其中处理群众来信10件次，集体访3批次100人次。

【通贵乡土地承包经营权流转】 通贵乡耕地面积7万余亩，是以农业种植为主的乡镇之一。地理位置偏僻、农民收入低、经济文化发展落后，人均土地面积多、耕作手段落后是通贵乡最显著的特点。为提高农业生产效益，引导农民开展土地承包经营权流转，发展规模经营，采取“公司+合作社+种植大户+基地”的运行模式，推行“统一品种、统一标准、统一机械、统一收获、统一销售、统一加工”的管理模式，形成利益连接体，和种植户共同参与优质水稻示范点建设。截至2015年，各种类型的流转总面积已达到25554亩，涉及农户2676户。全乡通过出租、互换、转让、转包等方式流转出土地17646亩，占二轮承包合同面积的50%，签订流转合同1598份，经营大户流转1865亩，涉及农户220户，龙头企业流转9603亩，涉及农户978户，农户间流转594亩，其他主体和个人流转5584亩，涉及农户633户。用于粮食生产15873亩，畜禽产业752亩，水产养殖959亩，其他项目62亩。与农户签订规范流转合同的企业有宁夏昊王米业公司、宁夏陇旺农业发展公司、宁夏市外桃园农业发展公司等。这些企业入驻后，在通南村、通贵村、通北村部分区域规划了有机水稻生产基地和中药材种植基地，在河滩村、司家桥村通北村，也已初步形成了奶牛养殖等规模化经营项目。乡政府成立乡农村土地承包经营权流转服务中心，按照银川市《关于鼓励农业产业集中发展和实施土地规模经营的意见》，规范土地流转秩序，具体指导土地流转工作。凡是外来企业流转土地，一律采用自治区统一制订的《土地承包经营权流转合同》，按照“政府引导、农户流转、规范合同、依法鉴证”的流转办法，把重点放在维护农民土地承包经营权、明确流转双方责、权、利上。对单个农户之间零散土地的流转，按照双方意愿，当好中介、做好参谋；对大面积土地的集中流转，坚持以农民自愿为首要原则，按照涉及农户的多少，分别召开所属村村民代表大会进行讨论，形成决议后再逐步实施，确保所有农户均达到满意。全乡已流转出土地的农户中涉及务工的达到2028户，务工人员达到5700余人，流转土地每亩年均效益达到3000余元。

【通贵村农贸超市】 2015年10月，经兴庆区政府区长现场办公会议研究，决定以购置通贵乡集镇安置区营业房的方式完成农贸超市项目建设计划，营业房面积不低于395平方米。其中市级财政扶持资金60万元不变，投资增加部分由兴庆区财政足额配套。

【通北村生态立体特禽养殖农业观赏园】 该项目已于2015年7月中旬建成，建有特色禽养殖区、白杨文化长廊、特禽观赏区、休闲垂钓区、特色种植区5个区，包括门楼1座，房屋11间（管理员办公住宿房1间、泵房1间、鸡舍2间、鸭鹅舍3间、七彩山鸡舍2间、饲料房2间）；观光桥2座；竹夹板路2条；观光亭、休闲亭4座。对园区内的“七一”沟进行平整，每侧平整范围为宽4米，长618米，建设3侧围栏1700米，建设230米篱笆围栏。总投资35万元。其中，银川市财政投入28万元，兴庆区财政配套7万元。项目现正在招标中，基地建成后，由通北村党支部出租给养殖及种植大户进行运营，支部每年收取6万元租金作为村集体经济收入。

【通西村黄牛养殖小区】 通西村申报的黄牛育肥养殖小区项目为银川市第三批扶持发展壮大村集体经济计划项目。该项目建设地址为通贵乡通西村二队，占地面积20000平方米，建筑面积12240平方米。银川市“双增”项目扶持资金为通西村购买60头奶牛，将60头奶牛交由企业托管，企业按每头基础牛每年2200元左右支付托养费用给村集体，托养期为六年，六年后将基础牛归还给村集体，以此增加村集体收入。项目已上报，待审批。

【通北村】 通北村位于通贵乡北部，南与通贵村相连，西、北部与贺兰县金贵镇为邻，东靠黄河与月牙湖乡相望。全村13个自然村民小组，有1024户4204人。2014年至2015年年底流转土地11216.89亩。村集体以资产入股的方式成立卫生保洁专业劳务公司，承担乡域内的卫生整治保洁工作，由乡政府购买服务，解决劳动力30人左右。

【通南村】 通南村地处通贵乡中部，北靠通贵村，西邻贺兰县金贵镇，南接司家桥村，东与鄂尔高斯台地隔河相望，南北长约5公里，东西约7.5公里，总面积约38平方公里，耕地面积约1000公顷，下辖15个生产小组。有党员115名，其中女党员16名。农户1005户，人口4020余人，农户沿永通公路、民生渠两线的王家庄子、段家庄子、丁家庄子、沈家桥等5个自然村落居住。回族人口占总人口的99.3%，劳动力2800余人，约有400余剩余劳动力，季节性地从事建筑、捕渔、运输、服务等第二、三产业。全村以粮食（水稻）种植和牛、羊、鱼类养殖业为主导产业。

【通西村】 通西村地处通贵乡西部，距银川市区13公里，东与通北村相邻，西至贺兰县金贵镇，南至通贵村，北与金贵镇通昌、江南村相接，银通路穿境而过，交通便利，面积8平方公里，其中耕地面积1.2万余亩，辖区内共有清真寺3座。全村9个村民小组，人口450户2014人，66名党员，其中女党员13名。全村有专业养殖合作社8个、专业协会1个。以水稻种植为主，种植面积1.1万亩，其余为小麦套种玉米，种植面积0.1万亩；商业、交通运输和养殖业为辅，养殖业以育肥牛、羊养殖为主，牛存栏350头，羊存栏2700只。2015年年末农民人均纯收入7000元。

【通贵村】 通贵村位于通贵乡集镇，总面积19平方公里，东西7.1公里，南北2.4公里，耕地面积8775亩，有15个自然村，1个街道，人口1715户6003人，劳动力1800多人，常年外出打工人数220多人，占总人口的5%，占劳动力人口12%。有党员107名，其中50岁以上党员66名。全村以农业为主要产业，农作物种植以水稻为主，养殖业和劳务输出为辅助产业。农作物总播种面积13147.2亩，水稻种植面积11947.2亩，产量531.7万公斤，平均亩产量950斤，亩收入1216元；流转土地面积4500亩。家畜存栏4969头。其中牛存栏944头，羊存栏4025只。

【司家桥村】 通贵乡司家桥村位于通贵乡最南端，距离乡政府6.2公里，东临永二干渠，西至惠农渠，南与掌政镇永固村相连，北与通南村接壤，东西宽约28公里，南北约3公里，总面积8.4平方公里，全村共6个生产小组，人口212户1030人，现有耕地面积5500亩，年人均纯收入约4750元，主要以种植水稻、奶牛养殖为主。

【河滩村】 河滩村位于通贵乡最南端，村域面积约13平方公里，土地总面积7900多亩，其中村集体土地2800多亩，人均耕地4.6亩。有村民小组4个，总人口260户1069人，劳动力521人。农业生产以水稻种植和畜牧同步发展，水稻总产量400多万公斤，生猪养殖和奶牛养殖场7个。其中奶牛养殖厂4个，生猪养殖场3个，生猪年出栏2000多头，年末存栏582多头，奶牛存栏1000多头。

大新镇

【概况】 大新镇地处银川市市区东部，东临兴庆区掌政镇，南与永宁县望远镇相邻，西隔丽景街与银川市兴庆区主城区相望，北与贺兰县习岗镇新胜村相连，辖区南北长15公里，东西平均宽度2.2公里，辖区总面积33平方公里，下辖6个行政村、1个农转非公司和2个社区。总人口17747人，其中少数民族6200人，占全镇总人口的34.9%。已婚育龄妇女3549人，出生102人，其中一孩62人，二孩39人，多孩超生1人，男54人，女48人，死亡60人，生育率98%，人口出生率5.7‰，自然增长率2.4‰。为1749人发放计划生育户医保补贴8.7万元，独生子女费14.3万元，为29名计生奖励扶助对象发放奖扶资金3.5万元，为12名特别奖扶对象发放特扶资金3万元。办理就业失业登记认证160人，为283人发放灵活就业补贴65万元；办理城镇职工养老退休72人，失地农民养老保险1266人，城乡居民养老保险新增227人，城乡新生儿医疗保险444人，发放社会保障卡1018张，为197户296名城乡低保人员发放低保金88.8万元，发放饺子费、采暖费13.9万元，发放春节慰问金、城市三无人员慰问金、困难群众补贴、城乡高龄津贴、农村五保、城乡残疾人津贴、困难群众临时救助、大病救助等78.9万元，审核上报保障性住房68户。

【大新镇征地拆迁】 对宝湖路（大新渠至燕庆路）道路工程项目涉及塔桥村八队33户农户的菜棚进行丈量、登记、造册，签订拆迁补偿协议，按期交地保证宝湖路道路工程项目顺利开工建设；109国道线银川段上海路（友爱中心路至燕庆路）连接道路工程项目涉及新水桥村一队农户22户，全部签订补偿协议；与被宁夏交通物流园项目征占未签协议的农户协商，协助宁夏交通物流园项目和新渠稍村一队签订庄点拆迁协议137份，养殖场拆迁协议95份；与大新棚户区东侧规划路建设项目（银通路至北京路段）涉及大新四队14户村民签订补偿协议；与京藏防洪排涝工程项目涉及新水桥村一、二、四、五队31户农户签订15户补偿协议。

【大新镇拆迁安置】 与兴庆区拆迁

办核对，大新镇拆迁安置面积163.28万平方米，涉及7179户。各村已经分房面积95.38万平方米，还有67.9万平方米未进行分配。其中上前城村安置面积33万平方米，已分30万平方米，未分3万平方米；塔桥花园安置面积8.8万平方米全部分完；友爱安置区安置面积3.9万平方米，已分2.4万平方米，未分1.5万平方米；永泰城安置面积28.4万平方米，已分20万平方米，未分8.4万平方米；大新安置区18.4万平方米，已分8万平方米，未分10.4万平方米；燕鸽安置区23.18万平方米全部分完；满春四期安置面积3.6万平方米，已分3万平方米，未分0.6万平方米；新水桥安置区和塔桥北区安置区44万平方米安置房未完工。

【大新镇新建项目】 争取“一事一议”项目资金219万元，申报村级公益事业“一事一议”财政奖补项目五个。项目分别是：新水桥村10队、11队、15队巷道路硬化及排水工程，新水桥村10队、11队水利配套工程，水桥村13队水利配套工程，大新村6队水利配套工程，新渠稍村9队、11队生产桥建设及13队水利配套工程。上前城标准化菜市场建设项目；争取专项资金120.5万元，建设2015年第一批为民服务资金项目，大新镇涉及5个村；争取专项资金168.4万元，建设兴庆区第二批发展壮大集体经济项目（新渠稍村现代农业示范园区建设项目，大新村现代农业设施温棚建设），大新镇涉及两个村；招商引资1.5亿元建设孔雀湖供热项目（总投资2.4亿元）；永泰城项目投资1.5亿元；2015年2月，验收高标准农田建设项目，该项目工程涉及七个标段，工程招标金额1541万元。通过上争取、镇补贴、村支持等多种方式筹措资金近100万元，结合春季和秋季农田水利建设，完成渠道清淤128条60余公里，渠道砌护6条5.6公里，翻建和新建各类水利设施370余座。

【大新镇设施农业】 在稳定新渠稍花卉种植面积和经济效益的基础上，运用市场经济杠杆促进设施农业提质增效。2015年在镇财政不再额外补贴的前提下，引导农民花菜轮茬、以花为主，巩固新渠稍村1—5期园区花卉种植面积，鲜切花种植8000间左右。新建新渠稍花卉园区6期（12队、13队）、设施温棚205栋4800余间，全部种植蔬菜和鲜切花。完成配套园区硬化道路6条10720平方米，渠道修护5条2140米，桥涵、闸门211个，电力配套入网205户。

【大新镇小杂菜种植】 发挥大地小杂菜生长周期短、投入成本低、销售渠道广的优势，利用2015年人大议案资金，在新水桥村11、12队建设1000亩小杂菜种植基地，使之成为银川市民优质生态蔬菜的主要供应地。建设新式空心棚20余栋，完成水利配套、抗旱机井、道路硬化等配套设施。

【大新镇人口与计划生育工作】 2015年，召开8次人口与计划生育专题会议，研究人员配备、经费保障，以及各项惠民政策与计划生育奖励优惠政策的衔接和落实，投入计划生育经费182132元，为149位育龄妇女做孕前优生健康检查；四项病毒检测165人，两筛检查187人；利用流动人口回乡过年、“三八”妇女节、母亲节、“5·29”协会日等，开展人口计生知识学习班13次，各种形式宣传活动7次，发放各类宣传单1800余份，发放避孕套1500余盒，制作计生宣传手提袋3000个。设立人口和家庭公共服务中心7处，各类宣传栏14处。按照国家、自治区等有关规定，办理新增独生子女费领取存折卡118人，兑现2014年镇级独生子女保健费499人142500元，审核、申报2015年独生子女保健费351人155625元。计划生育户医保补贴经费2230人156100元。2015年全镇申报1户少生快富户，7户奖励扶助户，2户特别扶助户，为符合奖励扶助和特别扶助的家庭按时发放补助资金，并按照银川市卫计委利益导向优先优惠政策，为5户生够孩次实施绝育手术的群众申请奖励金1.6万元。对计划生育特困家庭组织慰问活动2次，慰问家庭2户，发放米面油、慰问金等合计1000元。

【大新镇流动人口管理服务】 组织各村对流动人口逐户逐人进行登记，集中清理清查2次，查验登记外来人口1800余人，发放通知书1800余份。联合派出所组成执法小组，定期对各村梳理出来的难点逐一进行处理。对流出人员分村进行登记，发放致流动人口的公开信，并督促未办证的群众及时办理流动人口婚育证明。2015年，办理流动人口婚育证明8本，签订流动人口责任书2200余份。流动人口卫生和计划生育服务管理综合覆盖率达95%以上，流动人口网上信息办理及时率达100%。

【大新镇全员人口信息普查】 按照属地管理原则，对上前城南北区、聚丰苑、银古小区、兴庆华府、东城人家等新建小区开展人口信息普查工作，通过普查摸清兴庆华府等小区的人员结构、育龄妇女数量、独生子女家庭等人口信息，并将信息及时录入全员人口信息平台。信息普查工作涉及辖区内5个村2521户6975人，育龄妇女504人。其中东城人家1216户3020人，育龄妇女152人；兴庆华府164户510人，育龄妇女94人；银古小区312户645人，育龄妇女2人；燕兴花园252户898人，育龄妇女37人。上前城南北区、孔雀湖花园、燕鸽五队等小区入户工作也已基本完成。全员人口信息平台村级应用率达到100%，常住人口完整率97.86%，单变量综合完整率96.91%，户单变量综合完整率98.91%，各主要指标均达到区卫计局的要求。

【大新镇社会综合治理】 加强外来流动人口管理，重点整治出租房屋和清查登记外来人口，签订治安责任书；做好刑释解教人员的安置帮教，与77人刑释解教人员办理帮教手续，落实帮教人，签订帮教协议书，按照要求建立帮教档案；建立175名吸毒人员档案，做到记录、档案、签字“三落实”。排查、化解矛盾纠纷，受理矛盾纠纷116起，调解案件94起，没有发生民事纠纷转化为刑事案件的事件；开展肇事肇祸精神病人筛查，根据《关于加强2015年肇事肇祸等严重精神障碍患者救助工作的实施意见》，大新镇制订了《大新镇开展肇事肇祸精神病人筛查工作实施方案》，成立排查小组，大新镇新增加疑似肇事肇祸精神病人29个，其中确诊10个。全镇配备30名信息员、60名联络员，各村（公司）也全部建立了治安联防组织，成立了20人的专业联防队及10人以上义务联防队伍，共同维护辖区治安稳定。2015年，立各类刑事案件321起，破173起，受理治安案件251起，查处185起。

【大新镇畜牧业】 大新镇以奶产业为主导的畜牧业效益不断提高。狠抓规模奶牛生产，建立农村合作社，大力发展奶产业，在抓好规模养殖的同时，抓好散养户的出户入园工作。全镇奶牛存栏3014头，肉牛饲养625头，生猪饲养1536头，羊只饲养16217只，家禽饲养4.8万羽。肉产量432.5吨，禽蛋产量18.8吨，鲜奶产量12116.2吨。引进国内外优质奶牛冷冻精液，推广性控冻精普及，引进冻精0.5万只，冷配奶牛1924头。做好养殖户饲养补贴工作。按照兴庆区基础母羊、母牛饲养补贴实施方案，2015年审核并上报6户990只基础母羊，4户136头基础母牛予以补贴；兑现了2014年3户473只基础母羊，每只补贴100元，计47300元；2户76头基础母牛补贴，每头补贴500元，计38000元，两项共计85300元。通过银行一本通由兴庆区财政会同农牧局于去年年底一次性打入养殖户账户中。组织防疫人员对全镇的猪、牛、鸡、鸭等家畜、家禽进行免疫防治，全年免疫牛口蹄疫7278头、羊口蹄疫30245只、猪口蹄疫3125头；免疫高致病猪蓝耳病1536头；猪瘟1536头；小反刍兽疫7125只；免疫布鲁氏病7125只；免疫高致病禽流感4.8万羽；新城疫3.2万只，羊梭菌16217只。

【大新镇就业创业】 安排专人管理就业失业登记证办理，对符合条件的登记造册，办理就业失业证160人；录入农村劳动力转移个人信息1400人；举办管道工培训班两期，培训失地农民110人；举办康居安置区秩序维护员培训班四期，培训失地农民311人；举办康居安置区家政服务培训班一期，培训失地农民54人。

【大新镇城乡居民养老统筹】 办理城乡居民养老保险登记320人；办理待遇领取审批134人，并发放养老金存折；办理丧抚费28人；特殊身份认定62人；完成1026位失地农民养老认证。办理城镇职工退休72人，职工认证1470人；代办职工丧抚费28人，金额约122万元；办理4050人员补贴283人，金额649949元。办理城乡新生儿医疗保险444人；特殊人群认定1265人；发放社会保障卡1018张。办理失地农民养老保险1266人，为988人发放养老金存折；完成83位失地农民养老认证，失地养老保险老政策转接新政策办理退保284人。城市高龄

9月1日，大新镇党委书记王全存（右）为抗日战争老兵送去反法西斯胜利70周年纪念牌以及慰问奖金

累计207户217人，1月—12月累计发放高龄津贴84220元；为12户12人城市高龄老人发放自治区采暖费2400元，饺子费720元；农村高龄累计1285户1355人，1月—12月累计发放高龄津贴503000元，春节慰问80—89岁农村老人10户15人，发放慰问金5000元，慰问90—100岁农村老人12人，发放慰问金12000元。塔桥村利用聚丰苑老年公寓500平方米改造成塔桥村老年饭桌；新水桥村也在本村开办老年饭桌，两个村分别争取民政资金25万元为老年人提供贴心服务。新水桥村、新渠稍村、燕鸽村分别争取民政资金3万元，开办本村老年幸福院，丰富农村老年人文化娱乐活动。

【大新镇公益性岗位人员管理】 为24位公益性岗位人员发放基本工资248026元。10月办理上岗6人，自愿顶替1人；11月办理解除劳动合同4人；为每个村配备一名协理员，保证各项基层工作的顺利开展。

【大新镇城乡低保户管理】 截至2015年，城市低保累计1049户1195人，1月—12月累计发放低保金529387元；为90户136人城市低保发放饺子费8160元；为90户136人城市低保发放自治区采暖费27200元；为91户138人城市低保发放银川市采暖费49455元；农村低保累计1287户1968人，1月—12月累计发放低保金359172元；为106户158人农村低保发放自治区采暖费15800元、饺子费9480元；为107户160人农村低保发放银川市采暖费28850元；春节慰问低保户62户，发放慰问金37000元，慰问城市三五人员8人，发放慰问金4000元；9月份为110户158人困难群众增发补贴28440元；开展2015年新增低保入户调查工作，对新申请的低保对象的家庭收入、住房情况、身体状况、子女收入等情况进行摸底，11月对所有低保户信息进行核查，包括名下车辆、房屋、家庭收入、子女收入等，对不符合低保规定的予以取消资格。农村五保人员累计198户210人，集中供养1人，1月—12月累计发放五保金131250元；为16户五保人员发放银川市采暖补贴8000元；春节慰问五保户19人，发放慰问金9500元。农村散居的五保户，按时发放生活费，并敦促村干部了解五保人员的生活和身体情况，及时处理相关问题。

【大新镇残疾人救助】 开展残疾人基本服务状况和需求专项调查，上门入户666户，电话入户54户，并全部录入全国信息平台。为33名精神残疾人发放补贴23100元，为167名一、二级重度残疾人发放生活津贴322800元，给10名残疾人发放轮椅，为34名残疾人配置了辅助器具，为68名残疾人发放燃油补贴17680元，为50名视力残疾人员做了视力筛查，为20名残疾人做了听力筛查。城市重度残疾累计599户618人，1月—12月累计发放残疾人津贴135080元；农村重度残疾528户608人，1月—12月累计发放津贴130880元。

【大新镇困难救助】 临时救助困难群众99人，1月—12月发放救助金43300元；为34户54人申请大病救助，1月—12月累计发放救助金107563元；审核上报保障性住房68户，等待住房保障局审批；为辖区13名优抚对象发放优抚补助金54905元；春节慰问60岁退役老兵22人，每人慰问金500元，共计22000元，发放补贴6600元；4月为优抚对象和农村老兵发放民族团结奖每人300元，共计10500元；为22名农村退役老兵提标，发放金额1695元；“八一”建军节慰问优抚对象12人，每人300元，共计3600元。

表18 2015年大新镇财政收支情况表 单位：万元

财政收入	财政拨入经费	1641.78
	征地拆迁补偿款	6551.10
	农业补贴	425.82
	民政救济款	252.90
	社会保障经费	36.23
	其它拨款	489.94
合　计		9397.77

续表18

财政支出	工资性支出	602.43
	社会保障支出	331.67
	医疗卫生支出	249.12
	日常公用经费支出	157.94
	民政救助	277.31
	高标准农田建设项目财政拨款支出	694.16
	基层政权和社区建设支出	197.35
	城管执法经费	50.00
	银古宽幅林带租金	29.94
	其他及征地补偿款	6495.76
合　计		9085.68
余　额		312.09

表19　　**大新镇2015年村集体资金使用情况表**　　单位：元

村　名	年初账面余额	总收入	总支出	余　额
上前城村	530689.85	3008629.08	868313.30	2671005.63
塔桥村	1579382.04	3878534.81	1974309.85	3483607.00
大新村	850979.19	2166522.43	2376972.56	640529.06
燕鸽村	3190471.08	321614.49	651546.40	2860539.17
新水桥村	2880399.95	2002646.40	2601699.06	2281347.29
新渠稍村	2891795.80	3648939.29	3330201.29	3210533.80
合　计	11923717.91	15026886.5	11803042.46	15147561.95

【大新村】　地处兴庆区丽景街东1公里处，位于银通路两侧，东邻燕鸽村、燕庆公司，西接高台村，南接银古路友爱村，北靠新水桥村。占地面积3平方公里，有耕地1800亩，人均耕地0.5亩。辖10个村民小组，有898户3668人，其中少数民族126户492人，党员168名，其中正式党员166名、妇女党员36名、大专以上文化程度党员18名。2015年全村农民纯收入1.1万多元，村集体经济收入15万元。全村党员致富带头人40多人，占全村党员30%，其中年收入10万元以上的有16人，5万元以上的27人。主要经济收入以花卉、蔬菜种植、房屋出租、劳务输出为主。

【上前城村】　地处银川市南大门，东至大新渠、西至唐徕渠、南至永二干沟、北至上前城康居北区。全村现有10个村民小组，人口1124户3989人，回族296户1294人，是一个典型的回汉杂居村，10个生产队因城市建设全部失地，农转非人口3910人。村党总支下辖前锋、前华两个党支部7个党小组，党员141名，预备党员2名，培养入党积极分子7名。

【塔桥村】　位于银川市东3公里处，占地面积3.3平方公里，有13个村民小组，全村1635户4273人，回族人口2080人，占总人口的48.7%，党员147名。2015年，村集体经济100万元，农民人均纯收入1.4万元。

【新渠稍村】 位于银川市东郊九公里处，北临贺兰新胜，西临八里桥良繁场，南临新水桥，东临贺兰汉佐村。耕地面积3500亩，人均1.1亩，辖13个村民小组，人口829户3316人，回族1398人，占总人数的42.2%。现代设施农业种植为村民主要经济来源，培育特色花卉、蔬菜。

【新水桥村】 位于银川市市区东4公里，东邻汉佐，西靠满春村，北邻新渠稍，南对大新村，占地面积4.9平方公里。辖15个村民小组，人口1200户5200人，回族3800人，占总人口的80%以上，党员163人。全村主要产业为劳务输出、交通运输以及温棚种植。有“五保户”9人，高龄老人60人，残疾人109人，其中重度残疾48人。享受低保的村民29户40人。

【燕鸽村】 位于银川市东郊3公里处，东邻掌政镇茂盛村，南靠石油城，西邻大新村，北接新水桥村，耕地面积1300亩。辖5个村民小组，人口320户1370人，回族66户264人，占总户数的20.6%，党员67名，入党积极分子8名。人均纯收入由2010年的7741元增加至2015年的12790元，集体经济收入12万元。

【燕庆公司】 位于银川市东3公里处，属于农转非公司，4个村民小组，242户988人，党员55人。土地全部征用，公司集体有2个市场在经营，年收入达300万元。

【东城人家社区】 成立于2015年8月，西至友爱中心路，南至银横路，北至新华街，东至燕庆街，总面积约1.1平方公里。辖区内在册统计商户54户，社区统计总户数为4281户，掌握信息的有2450户7288人，其中流动人口766人。有10个网格区。社区由东城人家小区、管道基地家属院、燕兴花园3个小区组成。社区现有工作人员7名，网格员4名，公岗1名。

【聚丰苑社区】 成立于2015年8月8日，位于友爱中心南路以东、银川五中以南、大新渠以西、六盘山路以北，约2.2平方公里。包括聚丰苑南区、聚丰苑北区、上前城康居北区、塔桥安置区四个居民小区，辖区有银川市交警一大队、兴庆区武装部、银川五中、银川市第十二小学四个单位，利达建材市场一个大型市场，约有住户2997户1万余人。社区现有工作人员5名，网格员3名，公岗1名，党员22人。

掌政镇

【概况】 掌政镇位于银川市东，距市区约9公里，土地面积118平方公里，耕地面积6.2万亩，辖12个行政村，104个村民小组，人口9766户23511人，少数民族1213人，有777个残疾人。其中一级63人，二级242人，三、四级共472人。享受低保待遇147人，享受自治区重残津贴的有147人。已婚育龄妇女4450人，未婚775人。2015年全年出生166人，其中男孩82人，女孩84人，性别比97.62，政策外出生1人，政策符合率99.4%；死亡103人，死亡率7.57‰。2015年，掌政镇围绕区委“8531”工作思路，以“打造十公里经济圈，提升五个产业带”为总抓手，深入推进基础设施建设，聚力发展优势特色产业，大力改善村镇人居环境。财政总收入8029.78万元，总支出7460.27万元。社会消费品零售总额3.79亿元，同比增长2%；农民人均可支配收入1.25万元，同比增长6%。

【掌政镇特色农业发展】 落实优质粮食种植5.77万亩。其中小麦5698亩，玉米7690亩，水稻4.4万亩。新建水稻工厂化育秧基地1个，标准育秧大棚22栋，代育代插1000多亩，实施稻旱轮作1613亩。建设万亩水稻高产示范区1个，百亩核心攻关区2个，培育国家级科技示范户160户。5.77万亩粮食作物全部参加了政策性农业保险，涉及农户4762户。

【掌政镇设施农业】 种植各类鲜切花1.3万间，蔬菜4万亩，花卉3334亩。全力实施“两个中心”建设：一是新建占地520亩的兴庆区蔬菜育苗及新品种示范中心，建成高标准温棚118栋；二是完成占地230亩的兴庆区花卉育苗中心一期工程建设，建冷藏包装车间及24栋大中拱棚。上争资金1260万元完成供银蔬菜基地卷帘机等配套设施安装。投入资金1000余万元，完成五渡桥、洼路村温棚、电力等配套设施建设。引进董洋果业，新建高标准拱棚240亩。

【掌政镇畜禽产业】 推广畜牧水产科学化养殖，在镇河六队新建南美白对虾养殖温室96栋，培育壮大了碱富桥南美白对虾基地。奶牛存栏1万头，羊只饲养1万只，生猪饲养1.1万头，家禽饲养15万羽。肉类产量840吨，蛋产量321吨，牛奶产量3万吨。落实母畜补贴政策，发放资金23.3万元。加强口蹄疫、小反刍兽疫等防控，全年无重大动物疫病发生。

【掌政镇壮大村集体经济】 深入开展“三资”清理及专项整治工作，严格“三资”监管，村集体经济运行模式进一步规范。投入资金140余万元，实施为民服务发展项目9个。争取资金365万元，实施壮大村集体经济项目5个，年增加村集体收入60万元。

【掌政镇土地流转确权】 流转土地2197.9亩，涉及农户580户。完成土地确权前期户籍信息录入、公示，进入合同签证阶段。

【掌政镇旅游产业发展】 檀溪谷水上嘉年华、华夏河图美术馆、艺术家之村、永南村黄河农业生态观光园等项目投入运营，乡村文化旅游资源日益丰富。整合41家农家乐、渔家乐、花家乐资源，打造乡村旅游线路，全年接待游客20万人次，辐射拉动辖区餐饮、商贸、交通等行业的繁荣发展，商气、人气明显提升。2015年8月被住房城乡建设部、国家旅游局评为“全国第三批生态景观旅游名镇”。

【掌政镇“美丽乡村”建设】 加强生态环境综合整治，着力改善群众生产生活条件。坚持“栽管并重”，对新植树木进行管护，成活率达到90%。华夏河图生态小镇、雕塑公园、艺术史公园、惠农渠生态公园建设已基本完工。开展封育禁牧工作，辖区植被得到有效保护。投入资金200万元，集中整治庄点巷道69条、沟渠路200余条，清理垃圾脏点300余处。维修强家庙污水处理厂管网，通过银川市环保局验收。投资632万元，在5个村8个庄点实施“美丽乡村”建设项目，硬化道路2.6万平方米，安装路灯305盏，放置垃圾箱187个，建成文化广场2个，配置健身器材14套。

【掌政镇拆违治违】 全面完成违建房屋拆除及复垦工作，加大动态巡查力度，始终保持对违章建设的高压态势。下发限期拆除通知书230余份，拆除违建4.5万平方米。制止违法占地、填埋湿地、破坏水系等行为144起，涉及土地106.2亩。

【掌政镇城乡一体化建设】 围绕特色小城镇建设，凝心聚力，攻坚克难，实施小城镇安置区三期、掌政中心卫生院续建工程、赵家湖生态公园、兴庆区体育馆等项目建设。在永南村补征华夏河图一期项目用地597.83亩。全年发放征地拆迁补偿款1621.88万元。

【掌政镇农田水利建设】 投资700余万完成孔新渠、大银河渠等16项162处农水工程。建设高标准农田1.5万亩，完成清淤支斗沟114条78公里，新开农渠28条18.2公里，整修农路228条196公里。投入资金450余万元，实施镇河、洼路人饮工程改造，保障了周边8000余群众的饮水安全。补贴250万元为农户安装太阳能热水器2500台。投资178万在强家庙村、小城镇安置区安装监控设施。投资700余万实施永固变配出双回工程及2814鱼场改造工程，确保全镇农业生产、群众生活用电安全稳定。

【掌政镇安全生产】 落实安全生产责任制，签订安全生产（消防安全）责任书1268份，开展消防知识培训四次。开展安全生产大检查，累计排查中小企业、建筑工地、旅游景点、宗教场所、商户960家。下发《停工整改通知书》240份，取缔非法充装液化气、储存硫酸等商户6家，在主要路口及学校周边安装减速带26条。取缔无证经营小作坊11家、学校周边流动摊贩8家。检疫生猪1560头，鸡1850羽，消除食品安全隐患。

【掌政镇人口计生工作】 举办政策法规、药具使用、艾滋病及慢性病防治等培训班20次，设立计生服务室12处，宣传栏27处。在永南村清真寺建

10月30日，掌政镇秋季农田水利建设现场

立穆斯林人口文化书屋，开通“健康掌政”微信公众号，让阳光计生深入人心。申报国家奖励扶助27人，少生快富户2户，发放独生子女保健费44.83万元，惠民政策落实到位。

【掌政镇社会保障工作】 发放城乡低保、高龄津贴、临时救助等民政惠民资金436万元，实物240份。建设农村“幸福苑”5个、老饭桌2个。在做好城乡统筹医疗、养老保险工作的同时，重点关注失地农民养老保险筹备及办理工作。完成全民登记1479人。加大创业就业培训力度，开办家政服务、计算机操作等培训班4期，转移输出农村劳动力3307人。

【掌政镇社区戒毒康复工作站（绿荫工作室）】 成立于2015年5月，办公场所面积28平方米，配备了禁毒专职工作人员3名。掌政镇有在册涉毒人员132人，吸毒人员实现“一人一档”。其中社区戒毒10人，社区康复12人，强制隔离戒毒19人，看守所羁7押人，服刑4人，戒断三年未复吸22人，社会面吸毒人员53人，死亡3人，社区戒毒超期未报到1人，药物维持治疗1人。

【茂盛村牛羊养殖场建设项目】 由于茂盛村的几家养殖场地点在自家门口，养殖场地狭小，饲养牛羊近百只，非常拥挤，加之卫生条件差，气味难闻，影响居住。2015年，按照“双增双减”盘活资产的要求，为增加集体经济收入，村委会决定将位于茂盛村官湖园区西侧长期闲置、堆放大量建筑垃圾的13亩村集体土地，形成集体资产，建设牛羊养殖场以招租方式进行经营。项目投资88万元，建设标准化牛羊养殖圈棚1500平方米、彩钢饲料棚400平方米、简易平房3间。既解决了群众生产问题，也扩大了村集体经济收入。该地非水源保护地，周边为农田、加工企业和养殖场，距离农居较远，不会影响农户居住。

【春林村有机蔬菜种植项目】 位于春林三队，占地28亩。由于小城镇建设，春林村一部分农民无地耕种，为解决就业问题，银川市台办引进台湾新农化工有限公司，计划投资86万元建立有机、无公害蔬菜种植基地，打造不使用化肥、农药的绿色有机、无公害蔬菜种植。该项目高标准建设二代温棚5栋、大型拱棚2栋、耳房7栋，打造集旅游采摘观光、新农业科技示范、多元化精品种植为一体的有机蔬菜基地。7栋大棚每年每栋租金1.7万元，每年可为村集体增加收入12万元，解决本村劳动力20余人，增加农民收入近30万元。

【强家庙中心村农具停放点建设项目】 2011年，兴庆区围绕打造城乡一体化示范区目标，实施了强家庙中心村建设项目，项目占地面积596亩，新建农宅1236套。中心村建成后，改变了过去村庄布局散、规模小、环境差的状况。在规划之初，为杜绝院内乱搭乱建，没有规划农业机械停放的车棚。随着农业产业化、规模化、集中化经营，中心村居住群众各种农机具无处停放的问题日趋突出。为此，兴庆区政府决定每平方米300补贴元，投资648万元实施强家庙中心村农具停放点建设项目，农户又自筹844万元完成项目建设。强家庙中心村建设粮食仓储和农机具停放点后，便于粮食集中收购、输出，农业机械集中停放、管理，也有利于成立农业机械经营公司进行规模化生产和经营。

【董洋果蔬科技示范园】 董洋果蔬科技示范园位于杨家寨村6队，占地280亩，建有大中型拱棚15栋，主要种植菜花、娃娃菜、茄子等蔬菜和桃树、李子树、杏树、枣树等果树。科技示范园区立足于蔬菜和果树新特优品种的引进、试验、示范、推广，采用“公司+农户+基地”的运作模式，调整当地农业产业结构、增加农民收入。

【杨家寨村菌菇示范基地】 杨家寨村菌菇示范基地位于杨家寨村9队，占地面积6.4亩，已建设7栋钢结构双孢菇棚。该基地的双孢菇种植采用立体栽培模式，每栋栽培空间900立方米，共计栽培空间6300立方米。建设形成的固定资产产权属杨家寨村集体，以竞价招租方式承包给农户，可增加村集体经济收入8万元，同时带动7户农民从事该产业，可增加农民收入近60万元。

【兴庆区蔬菜育苗中心及新品种示范园区建设项目】 建设项目位于五渡桥村，占地面积700亩。一期建设面积520亩，2015年建设完成高标准二代温室113栋、大型拱棚5栋；完成园区耳房建设113栋、电力配套4公里。园区温棚采用全钢架结构，比一般二代温棚高0.8米，温室空间大，利于育苗生产和种植。一期育苗中心年育苗1.2亿株，可满足5万亩蔬菜种苗需求，在满足周边县区蔬菜种苗的同时，辐射内蒙古、吴忠、固原、中卫、石嘴山等地区。园区温室已全部完成育苗及定植任务，配套先进的行走式喷灌及一体化水肥控制系统，精量自动化操控，减少劳动成本，实现园区温室开合卷帘机、风口、水肥、长势监控智能化控制模式；园区集“名、特、优、新蔬菜品种引进、试验、示范、精品种植、采摘”为一体，努力打造成现代休闲观光农业示范区。项目建成后可实现年收入1000余万元，常年雇佣劳动力近百人。

【赵家湖生态旅游项目】 赵家湖生态旅游项目是宁夏檀溪文化旅游发展有限公司投资建设的，公司成立于2014年3月，注册资金1亿元，隶属上海檀溪集团旗下具独立法人全资子公司。项目是以“檀溪谷”为品牌的旅游项目，包含欢乐水世界、温泉养生会馆、海滨浴场、花卉种植观光园四大板块，以及民俗清修道观和五星级主题度假酒店，旨在打造集温泉养生、休闲度假、花卉观光、民俗体验、水体娱乐、文化交流、商务会议、特色餐饮、产权酒店等为一体的综合型、多元化的理疗式、体验式、娱乐式的国家AAAAA级旅游度假胜地。项目区占地45万平方米，预计投资25亿元人民币，分三期投资开发建设。开发完成后将接待游客量每天预计达3万人次，可解决当地劳动就业人数约800人。计划五年内开发建设完成并将成功申请国家AAAAA级旅游景区，成为银黄旅游带的又一张新旅游名片。公司于2014年8月8日正式对外营业的檀溪谷欢乐水世界被称为“西北最大水上乐园”之一。

【掌政村】 位于银川市东郊8公里处，面积10平方公里，现有耕地面积2800亩。辖14个村民小组，常住人口1056户4800余人，党员156名。

【杨家寨村】 位于银川市兴庆区东郊4公里处，地处银川平原与长庆石油燕鸽基地相邻，占地面积7.5平方公里，耕地面积3755亩；辖区有9个村民小组，全村户籍人口2107人，其中回族人口460人，占全村总人口的22%，党员96名。

【镇河村】 位于掌政镇北端，北靠金贵镇银河村，南与本镇洼路村、五渡桥村接壤，东靠惠农渠，西靠汉延渠，面积0.7平方公里，辖11个生产队，耕地面积5200亩，湖泊湿地、滩涂面积6000亩，人均纯收入12500元，全村2862人，党员98人，8个功能党小组。

【五渡桥村】 地处掌政镇中心地带，东临洼路村、西临孔雀村、南靠掌镇村、北靠镇河村，耕地面积4588亩，常住人口509户2050人，辖8个村民小组，5个功能党小组，党员80名，2015年人均纯收入12734元。设施农业为主导产业，全村建有二代温棚2.3万余间，年收入近2000万元。2015年有380户农户从事温棚种植。

【茂盛村】 位于兴庆区银通路8公里处，面积7.5平方公里，耕地面积5010亩，辖9个村民小组，人口2200人，党员89人，人均纯收入1.1万多元。

【春林村】 位于银川市东6公里，东接掌政村，西靠大新镇，南接永宁县，北接孔雀村。京藏高速、青银高速纵横穿过，银横路、银古路横贯全村，地理位置优越，交通便利。辖区土地面积2.5平方公里，辖6个村民小组，人口732户2332人，党员65人，2015年农民人均可支配收入8900元。

【孔雀村】 位于兴庆区掌政镇的最西边，与石油城相临，是掌政镇的西大门，东至汉延渠，南至春林村，北至杨家寨，距银川市中心约5公里，耕地面积4430亩，人均耕地2.2亩。辖7个自然队，人口690户2248人，少数民族41人，党员79名。2015年全村农民人均纯收入12700元。

【永南村】 永南村地处兴庆区掌政镇东南方向，东靠黄河，西靠惠农渠，面积12平方公里，人口1340人，回族人口450人，辖区内有七个村民小组，全村经济以水稻种植为主。

【洼路村】 东濒惠农渠，南临掌政村，西接五渡桥村，北毗镇河村，现有面积28平方公里，耕地4217亩，辖九个村民小组，人口560户2136人，党员94名，有水产养殖党小组、畜禽养殖党小组、花卉种植党小组、夕阳红党小组、黄瓜种植党小组、西红柿种植6个功能党小组。蔬菜花卉种植和奶牛养殖为两大支柱产业。

【强家庙中心村】 强家庙中心村耕地2.2万亩，人口1234户2936人，党员109人。中心村主要以发展优质水稻种植为主导产业，以劳务输出和交通运输为辅。

【碱富桥村】 全村耕地面积10200亩，人口941户2153人，辖12个村民组，5个功能党小组，86名党员。以农牧业为主导产业，推广规模化农作物种植结构，种植水稻5000亩，全村三个养殖场，奶牛存栏620头，生猪养殖1300头，羊1000只，家禽养殖11000羽。人均纯收入达8000元以上。

前进街街道

【概况】 2015年，前进街街道按照“围绕中心、服务大局、拓宽领域、强化功能”的要求，抓重点、攻难点、求亮点，街道基层组织建设不断向纵深迈进，较好地完成了各项目标任务。

【前进街街道为民服务发展专项资金项目】 按照银川市为民服务发展专项资金使用规定，在辖区4个社区党组织中开展宣传摸底工作，针对社区在文化场所建设、流动人口管理、平安社区创建、老年人管理服务等公共服务事项及社会管理事项中开展问卷调查，梳理党员群众普遍关心的问题，形成汇总意见，确定“星光一家人”文化宣传长廊、老旧小区设施改造、社区文化阵地建设、老旧小区改造为群众文化娱乐休闲活动场地建设项目4个项目。项目经兴庆区组织部评审及实地勘验开始施工。现华林、陶瓷社区项目已完工，顺利通过组织部验收。星光华、银华二个社区的项目正在施工过程中。又增加了新成立西塔社区的老旧小区改造建设项目，项目投资10万元，项目经兴庆区组织部评审及实地勘验后已开始施工。

【前进街街道非公企业党组织组建工作】 街道党工委按照兴庆区组织部要求，对辖区所有非公有制企业进行摸底，特别是以几个比较集中的写字楼作为重点，对企业成立党组织情况及有党员情况进行摸底，按照党员分布情况、行业特点及分布区域进行分类，对辖区内的非公有制企业，按照属地管理原则，实行以社区为网格进行派驻非公企业党建指导员，协助社区和行业党组织抓好所辖非公企业党组织建设工作，不断扩大党的工作覆盖面，增强党在非公有制企业的影响力，促进非公有制企业健康有序发展。6月初，召开前进街党建联席会，组织辖区24家成员单位党建工作负责人观摩了宁夏林业局森林公安局、新一中党建工作开展情况，以及银华社区的阵地建设，并在银华社区召开党建联席座谈会，辖区党建联席会会员单位代表。会上进行了经验交流，与8家辖区单位党组织签订了以“六联六共”为主要内容的帮扶协议。

【前进街街道老旧小区改造工作】 2015年，投入资金656余万元，其中银川市人大议案资金300万，对辖区48个老旧小区公共设施现状进行调查摸底，将存在问题较集中的12个老旧小区室外排水管网、化粪池、自行车棚、楼院照明等设施逐步进行改造。改造工程惠及11个小区62栋楼，受益居民2117户5900人。

【前进街街道社区“两委”换届】 成立换届选举工作领导小组，制定实施方案及工作流程图，将有丰富经验、熟悉党务工作的干部进行社区“两委”换届工作责任包干，指导社区工作开展。拓宽选人的视野，注重从高校毕业生、复转军人、下岗失业人员、取得全国社会工作者职业资格证的党员中选拔优秀人才。通过笔试、计算机操作测试，最终从17名报名者中按照从高分到低分的原则录用10名社区工作者，及时为社区补充一批新生后备干部，为社区换届选举工作打下良好基础。2015年8月7—8日，所辖五个社区居委会进行了第五次换届选举大会，产生社区居委会主任5人、社区居委会副主任6人，选举社区议事委员会成员26人。

【前进街街道人口和计划生育工作】 与各社区居委会、辖区单位、流动人口层层签订责任书，视目标任务完成情况与年度考核挂钩，坚决执行“一票否决”制；定期、不定期开展常住户及流动人口摸底调查，确保全员人口信息准确率不低于95%，统计报表数据准确率不低于97%，育龄群众基础知识知晓率不低于93%。办理一孩生殖健康服务证75人，申请办理再生育服务证24人，申请办理独生子女父母光荣证35人，发放独生子女保健费950余人，独生子女医保补贴890余人。

【前进街街道迎接国家卫生城市复检】 根据总体工作安排，结合街道实际，制订《前进街办事处关于开展环境卫生“百日整治”活动实施方案》《前进街市容卫生工作考核奖励实施方案》《第二十七个“爱国卫生月”活动计划》，做到制度健全，机构完善，措施落实；开展春季城乡环境卫生综合整治“百日”活动及“爱国卫生月”活动，组织社区网格员、党员志愿者对辖区无物业老旧小区、背街小巷“脏、乱、差”现象集中整治。整治老旧小区10个，更新垃圾箱5个，清理城市“牛皮癣”2000余张，张贴温馨提示5000份。

【前进街街道社会保障救助】 累计发放低保金366人98423元，优抚金16960元；发放困难群众收入补贴51户86人15480元。春节期间，发放高龄津贴3人6300元；慰问优抚对象10人，为辖区170户老人进行了宁居通升级服务。为18名精神、智力残疾低保户申请“阳光家园”居家托养服务，为4名重度困难残疾人上报“残疾人家庭无障碍设施改造”项目申请，帮助3名残疾人参加“淘宝云客服”培训。

【前进街街道社区文化工作】 依托街道文化中心，建立了前进街秦腔剧团、老年合唱队等文艺队伍，创新开展“四进（文化进社区、文化进工地、文化进军营、文化进乡村）六会（趣味运动会、“六一”儿童诵诗会、“七一”红歌会、“八一”军民联欢会“十一”国粹欣赏会、浓浓重阳情慰问会）活动，形成“一社区一队伍月月有活动”的新型文化工作模式。各社区、居住小区均设立健身点，极大地丰富了街道居民的文化生活。2015年2月前进街银华社区被评为银川市公共电子阅览室示范点。2015年4月前进街秦腔剧团“欢乐宁夏”群众文艺会演小戏小品、曲艺类比赛二等奖。2015年7月，荣获银川市民运动会广场健身舞大赛第三名。2015年9月荣获第二届“金茂国际健康生活港杯”秦腔电视大赛第三名。

【前进街街道社会治安综合治理工作】 坚持抓好防控网络建设，实行“大网络、小网格”的综治维稳管理模式，在辖区35个网格内逐步完善“网格化”管理服务模式；按照“四化三延伸”（信息排查经常化、基础数据信息化、综治宣传常态化、管理工作服务化，组织建设向“盲点”延伸，基础工作向末端延伸，平安创建向家庭延伸）的要求，完善基层维稳综治“网格化管理”工作机制，与辖区单位、社区居委会签订了《社会管理综合治理工作任务责任书》35份；在兴庆区禁毒办的大力支持下率先建立了前进街绿茵工作室，创新开展“125爱心工作法”（围绕“一个思路”把好“两道关口”实施“五个到位”），加大对辖区涉毒人员排查，整理、完善街道戒毒（康复）工作档案。登记吸毒人员145人，设立“禁毒宣传角”6处，发放宣传资料3000余份。

【前进街街道再就业工作】 依托辖区资源，开展“就业赶场”服务，加大就业培训力度，积极与辖区企业联络，做好上门服务、定向培训，促进群众充分就业，解决企业用工难；结合劳动保障公共服务体系工作经验，加强充分就业重大决策、全民创业和就业优先战略工作，打响街道就业品牌，提升前进街人气。安置下岗失业人员87人，其中安置就业困难人员50人。采集用工信息500条，提供就业岗位200人（次），办理就业失业登记证1365人，1176人实现就业再就业。

【前进街街道医疗养老服务】 办理退休人员领取养老金资格异地认证400人，调整、修改企业退休人员领取养老金资格认证数据库信息1.3万余条，接收退休人员1500人，办理退休人员社区转移500人，完成对城乡统筹人员、失地农民养老保险人员、退职人员二次领取养老金认证工作。发放城镇居民医保卡1万余张，新增参保人员信息4900人。发放、更正城镇居民医保卡、医保信息1000余条，办理城镇居民医保手续10000人，信息咨询1.3万人次，办理信息查询5000余人次。

【星光华社区】 东起民族南街、西至凤凰南街，南起治平路、北至宝湖路，面积0.63平方公里。社区所辖1个封闭小区，分A、B、C三区，共62栋楼，居民3024户8597人，其中60岁以上老年人883人，少数民族1150人。驻社区机关、企事业单位有3个，党员志愿者队伍7支，社区党总支下设2个支部，共有党员95人。

【银华社区】 东起民族南街，西至凤凰南街，北起修业路，南至宝湖路，面积0.52平方公里，居民楼80栋，有住户4849户12122人，党员52人。社区企事业单位1个，个体商业网点312个。退管人员370名，低保户1户1人，残疾人26人。

【陶瓷社区】 2015年6月，社区进行了调整。调整后，东起三林巷、敬德街，西至利民南街，北临南熏街，南至修业路，面积0.39平方公里，按照和谐社区创新社会管理工作要求，划分了8个网格。辖区常住人口3442户8605人。社区党总支下设2个支部，5个功能性党支部，党员102名。辖区单位2家，社区内有60岁以上老年人879人，80岁以上高龄老人105人，低保家庭12户21人，残疾人141人。

【华林社区】 2015年6月，社区重新调整，东至民族南街，西至三林巷，北至解放街，南到修业路，面积0.46平方公里。有居民小区23个，居民住宅楼89幢，住户3562户，新建华美家园2000余户，共计5561户13720余人，党员106名，设2个党支部，6个开放型支部。辖区机关单位5家，个体户88户，60岁以上老人1680人。社区有志愿者队伍6支，注册登记志愿者1000余人。

【西塔社区】 2015年8月新成立的社区，东至民族南街，西至利民街，南至南熏西街，北至解放街，面积0.7平方公里。居民楼98幢，人口3269户8063人。有文明单位13家，非公有企业78家，个体户近700家。非公企业党支部3个，党员119人，能定期参加支部活动的党员58人，流动人口约240人，60岁以上老年人1078人，残疾人119人，实名注册的志愿者920名，有网格员志愿者、党员志愿者、红领巾志愿者、共建单位志愿者、小区楼院院长志愿者、非公企业党组织志愿者6支。西塔社区有工作人员11名，其中网格员7名，公益性岗位工作人员4人。

（供稿人：金花）

解放西街街道

【概况】 2015年，解放西街以实现“8531”工作思路总体目标为重点，以促进和谐发展为目标，以提升社区服务质量为核心，按照工作重点和责任分工，逐一分解细化全年重点工作任务，切实做到各项目标任务按时间节点稳步推进。

【解放西街人口计划生育工作】 免费孕前检查任务完成75%，审核发放独生子女保健费2197户753500元；投入资金1000元对13户符合计划生育政策且相对贫困的产后妇女开展了“三个一”暖心服务；为辖区586名纯居民育龄妇女进行免费体检。

【解放西街劳动就业社会保障工作】 审核2014年度灵活就业人员社保补贴513人1475260元；发布用工信息43条，用工种类24类，提供用工岗位164个；开展大学生青年创业咨询服务活动15人（次），新增就业920人。累计发放城市居民最低生活保障金678513元，发放优抚金62544元，为居家养老服务对象开展服务280余次。投资4万元，改善了福川苑老年人活动中心设施；投资7万元，更换了5个社区的办公桌椅；各节日慰问高龄老人474人；开展扶贫帮困助残活动，发放慰问物资及现金269260元。

【解放西街社区居委会换届选举】 5月15日召开换届选举动员会议，5月20—21日对第四届任期届满的工作人员进行了三评，6月5日成立第五届社区换届选举选举委员会，7月6日各居民小组推选出300名第五届社区换届选举大会的居民代表，7月10日，对面向社会招聘65名，经过参加考试、面试、测评、谈话，最后确定的42名第五届社区居委会候选人，8月7—8日选举产生了42名社区工作人员，圆满完成了第五届社区居民委员会换届选举工作。

【解放西街环境卫生整治】 在节日期间，动员社区矫正人员、低保户、志愿者及学生进行卫生清扫，参加人员达620余人（次）。1月27日至28日，动员196家沿街单位、商户清理积雪。“3·5”学雷锋爱国卫生日期间动员北苑五小220名小学生参加小区楼院卫生清扫，对辖区无物业老旧小区126栋楼1119个下水井进行集中消杀。2015年，共组织大型卫生整治45次，清理垃圾、乱堆放86车，清理绿地327000余平方米，下发通报28期、简报6期。

【解放西街老旧小区改造与管理】 举办物业管理培训班，对辖区内的老旧小区106栋楼进行改造，对辖区83栋楼278个单元照明设施进行改造，安装楼道灯1203盏，维修楼道灯272盏，安装庭院灯172盏，受益居民3100户；对改造后的小区桃山巷东西区、进宁小区治安室进行粉刷，制作、安装大门、门禁系统8个，安装监控设施23个。6月1日，清扫保洁人员、秩序维护员10人已全部上岗，正在办理门禁卡、收取物业费、电费等；更换73个下水井盖，修剪树木434株，对228株有病虫害的树木进行喷药，维修翻新127个垃圾箱，新配置垃圾箱143个，在桃山巷东西区种植低矮观赏树40株。

【解放西街社区志愿者服务】 实行志愿服务积分制，即对志愿者服务内容、服务时间、服务质量等进行记录造册，根据活动内容及形式，制订志愿者积分、嘉奖和回馈制度。开展文明劝导、乐于助人、诚信友爱、见义勇为、关爱他人等志愿服务活动，动员青少年志愿者结对帮扶空巢老人、残疾人和外来务工人员子女，义务参加无障碍设施建设和维护；在北苑等4个社区建立学生课外活动场地，开展四点半驿站服务，社区派出老党员、志愿者对活动秩序和公共器材设备的维护。

【解放西街平安创建工作】 与辖区21家成员单位、6个社区签订目标责任书；开展在册吸毒人员大排查、综治宣传月、治安乱点地区整治等专项行动；做好社区矫正和安置帮教工作，对24名矫正人员、47名刑释解教人员进行帮教、安置，无一重新犯罪。签订安全生产责任书625份，完善安全生产监管职责体系，坚持每周一次、每月两次、每季度一次的消防安全检查制度。开展“打非治违回头看”“百安”等系列活动，在各节假日期间和特殊时段，开展集中检查和专项整治6次，有效地维护了辖区的安定。

【解放西街服务型基层党组织建设】 结合社区网格化治理新模式，探索党组织建设与网格化治理有机融合，建立四级党建体系，各社区党总支建立党讯通，各网格党支部建立党员联系卡，涵盖社区每一个党员，形成以社区党总支为领导核心、网格党支部为管理主体、楼栋党小组为支撑、网格党员为骨干的精细化管理服务体系。组织党员学习12次，644人参加，发送党章582本、学习材料659份，观看电教片8次，以网格支部为单位组织党员外出活动6次，322人参加。按照“办公场所最小化，服务场所最大化”要求，压缩办公阵地，打造功能室，完善社区党组织服务设施。为党员活动室、市民学校等活动阵地更换桌椅，配备绿色盆景、花卉，提升环境氛围。开展社区听证会、社区议事园等民主议事活动15次，涉及居民切实利益的大事小情都由居民自己做主。为12家非公企业拨付党建经费2.4万元，为新成立的非公企业党支部配备了标牌、党旗、党章，赠送了学习书籍等。

【解放西街为民服务和发展专项资金的使用和管理】 严格按照四议两公开程序，确立了老旧小区改造、打造社区文化艺术队等6个项目，投入资金约100万元，打造宜居环境，丰富文化生活。

【华新社区】 占地面积0.4平方公里，辖福川苑、福星苑、北宝苑三个居民小区，居民楼77幢，常住居民3960户9914人，回族、满族、蒙古族等少数民族1181人，党员1252名，60岁以上老年人1227人，学龄前儿童344人，中小学生839人，育龄妇女1547人，残疾人97人，低保家庭22户。辖区单位5个，个体经营网点200个。

【北苑社区】 东至民族北街，南至北京路，西至进宁北街，北到上海东路，面积约0.26平方公里。由金菊园、红梅园、翠竹园、玉兰园、牡丹园、水产小区、临湖一村7个住宅小区组成，有84幢居民楼，人口3215户8233人，党员130人，育龄妇女1670人，60岁以上老年人570人，70岁以上老年人425人，80岁以上老年人123人，90岁以上老年人9人，低保户15户24人，残疾人115人。个体工商户182户。

【海宝社区】 位于兴庆区海宝公园正南方向，东起进宁北街，西至天平街，北京路以北，上海路以南，面积0.60平方公里。有居民小区10个，居民住宅楼84幢，人口3927户10316人。辖区单位12家，个体商业网点150户；设2个党支部，党员202名。

【文艺社区】 位于解放西街东南角，南临解放西街，西靠立新巷、珠市巷，北接湖滨西街，东接民族北街，面积0.35平方公里。有居民楼72幢，人口2511户6126人，党员141人。有机关单位20个，个体私营单位310个。

【银湖社区】 位于民族北街以西，湖滨西街以北，凤凰北街以东，北京东路以南，面积2.16平方公里。有居民楼112幢楼，居民3787户7126人，老年人占20%，党员256名。机关、学校、企事业单位14个，沿街商业网点387个。大多数是非物业管理小区。按照每400户划分为一个网格，共划分为9个网格，配备网格员9名。

【健康社区】 位于凤凰碑东北角，东起立新巷、珠市巷，西至凤凰北街，南起解放西街，北至湖滨西街，面积0.35平方公里。有住宅楼47幢，居民1740户4803人，离退休人员464人，党员356人。有宁夏体育馆、自治区科技厅、自治区计量设计院、自治区体育运动学校、宁夏会堂、中国国电、银川市中医院、银川市新华书店、假日酒店、绿洲饭店10个单位，238个商业网点。

（供稿人：李鑫）

胜利街街道

【概况】 胜利街街道2015年6月区划调整后四至为：东至清和街，南至徕龙公园与永宁为界，西至民族街、凤凰南街延伸至南环路口，北至宝湖路，面积9.15平方公里。有物业管理小区27个，居民住宅楼384幢，居民21739户59571人；无物业老旧小区楼院16个，居民楼60幢，居民2136户5105人。流动人口6641人，出生362人。其中男孩196人，女孩166人。政策外生育7人。政策符合率98%，男女出生性别比为118。出生率为5.7‰，已婚育龄妇女8128人。辖9个社区居委会（在区划调整前原有9个，调整出去3个，根据工作需要又新成立了3个），9个社区党组织（3个总支部、6个支部），党员498名；街道共有网格员80人（社区基干63人，公益性岗位17人）；街道机关在编28人（行政编制7人，事业编制9人，政府聘用12人）。现有街道机关工会1个，社区联合工会9个，辖区非公企业工会组织29个。涵盖非公有制企业271个，职工3671人，其中女职工1000人，农民工931人，工会会员3671人。

【胜利街“爱心公社”】 以社区党总支为依托，着力打造街道、社区、辖区单位、社会组织联合组织而成的区域化党建服务组织“胜利街爱心公社”。工作流程为：项目申请——联席考查——入壳评估——培养成长——出壳（后续服务）。“爱心公社”联合党支部班子成员由11人组成，其中党支部书记1人，副书记1人，委员9名。委员从辖区的宁夏医科大学、宁夏医科大学总医院、宁夏疾病预防控制中心、宁夏中德皮肤病医院、宁夏医科大学回医中医院、康宁馨陪护中心、康爱心康复中心、解放军第五医院、宁夏阳光医院、家园社区卫生计生服务站等十几家医疗单位的党组织负责人（或者党建联络员）中产生，实行“专职委员+兼职委员”制。通过党建联席招募吸收社会组织、辖区单位、非公企业和群众志愿者队伍，把公益行动和志愿者服务渗透其中，让更多辖区单位、非公企业党组织和党员志愿者根据居民实际需要实施“定单定向服务”，为辖区居民提供全方位、立体化康体娱乐服务。制定“爱心公社志愿者服务菜单”，涵盖洁美家园行动、便民助民服务、扶贫济困服务、就业（创业）服务、志愿服务等二十多项在内，现已有联盟单位40多家。

【胜利街孵化社会组织服务中心】 着力在社会服务和公益慈善领域培育扶持孵化有行业影响力、发展潜力、社会急需的社会组织，以“引进一批、孵化一批、发展一批”为导向，坚持以培育扶持、资源整合、提升能力、合作交流、风采展示“五位一体”为功能定位，引导、扶持、培育辖区内各类小微社会组织的发展，借助街道社区现有的公岗、“三支一扶”、大学生志愿者，为社会组织提供人力、智力、专业培训、活动场所、物力等方面的便利条件，培育激发社会组织活力并壮大社会组织。按照社会组织的类型，定期召开社会组织联系会，听取意见，针对辖区居民的需求制定服务计划和活动计划，为社会组织提供政策咨询、信息交流、从业培训、申报登记、阵地支持、活动开展等服务，坚持为社会组织的发展和居民的需求服务。采取优势互补、抱团取暖的方式，资源共享，畅通信息。中心已入驻公益类、文体类、社会服务类、兴趣类四大类社会组织11家，它们分别是：银川市爱心互助会、祥和社区夕阳红腰鼓协会、南华社区红舞鞋舞蹈队、景园社区辣妈艺术队、康馨社区门球协会、南华社区夕阳晨辉漫画班、家园社区矛盾纠纷调解队、天盛社区拐仗服务队、清苑社区亲情服务驿站、胜利街社工之家协会、康馨社区科普协会。

【胜利街人大代表社区联络站】 胜利街原有人大代表23名，2015年5月因区域划分调整后，有代表17人。其中自治区级代表1名、银川市级代表3名、兴庆区级代表15名、身兼银川市兴庆区两级代2名。街道设立4个人大代表社区联络站，分别是天盛社区联络站、景园社区联络站、康馨社区联络站、南华社区联络站。联络站设站长1名，由社区书记兼任，联络员2名，1名由社区网格员兼任，另1名由选民担任。

【胜利街安全生产工作】 贯彻落实《安全生产行政责任规定》，完善“一岗双责，齐抓共管”工作制度，组织安委会成员召开6次专题会议、4次安全生产联席会议，按照自治区、银川市、兴庆区安全生产党政同责全覆盖的工作要求，健全安全生产组织机构，实现“三级全覆盖”。组织安委会成员学习《中华人民共和国安全生产法》《中华人民共和国消防法》《防火灭火常识》等，树立安全生产“责任重于泰山”的思想观念。组织各社区在各自所管辖区内以“加强安全法治，保障安全生产”为主题，开展了安全生产培训班5次，消防演练2次，集中宣传6次，并采取大副标语、展板、手册散发传单等多种形式，广泛宣传安全生产知识，展出展板20块，悬挂横幅20条，宣传手册1000册，散发宣传单1500余份。制订《胜利街2015年安全生产目标管理责任书》，与9个社区居委会，50多个辖区单位，3200个私营企业、个体工商户签定了目标管理责任书。先后在“安全生产月、安全生产万里行”活动、中阿博览会及各大节假日期间进行了多次大规模全面检查，对加油站、医院、学校、网吧、宾馆、茶楼、KTV、建筑工地等安全重点单位、私营企业进行不定期检查，查出隐患及时纠正，共下发限期整改通知书20份，查出安全隐患20处。对施工工地、五医院东侧彩钢棚进行重点检查，共下发《限期整改指令书》5份，责令施工单位进行整改。

【胜利街社区换届工作】 2015年5月20日成立胜利街第五届社区换届工作领导小组，经兴庆区区划调整，对9个社区63名基干进行了区划调整，3个社区18名基干分别交于中山街和新华街。区划后9个社区45名基干，根据《兴庆区社区换届方案》的有关规定，按照本次换届部分社区工作人员退休、超龄、辞职和末尾淘汰等要求，11名基干不能参加此次换届，参加社区换届的只有34名基干。按照民政局批复新的社区基干指数为63名。6月13日面向社会公开招考社区工作者，经过笔试、计算机、面试，以总成绩由高向低共计录用候选人29人。8月4日进行了候选人公示，8月7—8日各社区进行了社区换届选举大会，选举产生社区委员63名，其中主任9名，副主任18名，委员36人。换届当选人员平均年龄35岁，大专学历人员45人、党员30人，有社工证书的2名。8月8日公示，并颁发了当选证书。

【胜利街社会保障工作】 受理住房保障业务1572件，年审保障住房552户。开展残疾人基本服务状况和需求专项调查；慰问78户一级和二级残疾人；新增残疾人12户，助听器初筛25名；为4户残疾人家庭进行无障碍设施改造及配备辅助器具；筛选阳光家园新增5人，并为14名阳光家园享受着发放每人700元补贴；发放残疾人辅具器具38个。2014年低保户140户235人，2015年低保户75户124人。因街道划分，宝庆社区、双城门社区、清和社区分别划到中山南街44户73人，新华街31户52人。2015年街道发放临时救助资金总计39700元，发放低保金820338元，发放重度残疾津贴33户35人185640元。

【天盛社区】 东起胜利街，西至永安巷，南至治平路，北以宝湖路为界，面积0.8平方公里。人口3643户7208人，常住人数5440人，流动人口1768人，少数民族人口821人。辖区有企事业单位6家、商业网点261个。有志愿者队伍8支442人，党员89人。

【康馨社区】 东起胜利街，西至永安南巷，南自二排沟起，北以治平路为界，面积0.8平方公里。双怡苑、水木清苑、林华苑三个居民小区，人口4580户10447人，流动人口3916人。辖区单位1个、商业网点121个，有志愿者队伍6支1426人。

【祥和社区】 有5个居民小区，人口4457户5291人，少数民族746人，流动人口49人，党员120人。辖区单位1个（宁夏光耀实业集团有限公司），面积1.1平方公里。

【南华社区】 东起胜利街，西至二排沟，北起胜利街五医院桥头，南至六盘山路口，面积0.5平方公里。有南花园、绿秀苑一期、绿秀苑二期、嘉木花园、自治区干部休养所、干疗院6个居民小区，住宅楼67幢，人口3011户3442人，流动人口676人，少数民族人口615人，党员37名。辖区单位1个（金沙林场）、商业网点334个，有志愿者队伍5支350人。

【家园社区】 东至清河南街，南至银川市特勤消防二中队，西至凤凰南街，北至贺兰山路，面积0.5平方公里。人口2562户4298人，流动人口1200人，少数民族有500人，党员10人。辖区单位有天豹汽车站、天豹客运一公司、天豹客运二公司、天豹客运五公司、天豹客运快客分公司5家。

【景园社区】 北至治平路以南，西至胜利街以东，南至六盘山路以北，东至清和街以西，面积1.1平方公里。江南水乡景园B区、江南水乡幸福里、老十二中家属院、五医院家属院4个小区，人口3019户4310人，流动人口1116人，党员30名，少数民族179户505人，育龄妇女1084人，60岁以上老年125人，80岁以上老年人4名，单亲母亲11人，低保户7户11人，残疾人13人，社区矫正4人，刑释解教3人。辖区商业网点350个，志愿者5支250人。

【紫金社区】 成立于2015年6月，北起治平路，东至胜利街，西至清河街，南至宝湖路，面积0.7平方公里。辖紫金新都（在建中）、怡秀苑小区、文华园小区、天和苑小区、颐水苑小区、医学院家属院、江南北居、江南水乡A区、特殊教育学校家属院、水利学校家属院、车管所小区11个居民小区，3个小区有物业公司。人口3567户5600人，流动人口799人。辖区单位水利设计勘测院、兴庆区第十九小学、银川市特殊学校，商业网点241个。社区主要特点是老旧小区较多，散居户多人口混杂。

【上前社区】 成立于2015年7月，东至清和南街，南至高速路高架桥，西至凤凰南街，北至特勤二中队南墙边，面积0.3平方公里。现有1个居民小区，有居民住宅楼48幢，人口1234户2392人，流动人口262人，少数民族人口433人。辖区单位有宁夏医科大学和公交三分公司2个，以及商业网点27个。

【清苑社区】 成立于2015年6月，北至小游园停车场，南至林华苑，东至永安南巷，西至凤凰南街，面积0.7平方公里。现有居民小区3个，均为物业管理小区，人口3145户4896人，流动人口775人，少数民族人口618人，党员19名。唐华苑为占地返还小区，大多居住失地农民和散居户。辖区单位2个，商业网点110个。

外来务工人员较多，出租房屋、公寓酒店较多。

（供稿人：雷立军）

凤凰北街街道

【概况】 2015年7月，凤凰北街街道接管了由丽景街街道划入的北塔社区，并将北塔社区分成北塔社区和民运社区2个社区，新增1个（民运）社区，增加区域面积1.8平方公里。调整后东临凤凰北街，南至解放西街，西以唐徕渠，北至上海路，面积5.2平方公里。7个社区，人口47594人，登记流动人口3088人，核定“两委”成员职数为51人。

【凤凰北街“联合党委”工作机制】 落实街道大工委、社区联合党委运行机制，街道通过征求辖区单位意见，将辖区35家单位党组织负责人选聘为街道大工委兼职委员，共同落实党建联席会议制度，共同部署区域化党建工作，结合社区和辖区单位实际，共同商议共建项目，共同履行共建协议。成立街道社会组织联合党支部（非建制型），覆盖10余家社会组织，建立功能党小组，做到社会组织管理和党建工作同步推进，进一步扩大基层党的组织和党建工作的覆盖面。建立“社区党总支—网格党支部—楼宇党小组—党员”四级网格党建体系，形成社区党建工作合力，面向社会公开招聘51名优秀社会工作者，为社区党组织服务注入新的活力。2015年，成立社区非公企业联合支部2个、社会组织联合支部1个。完成宁夏福建企业家协会党支部换届选举。

【凤凰北街专项资金项目】 按照“四议两公开”程序，在崇安、阳澄、兴隆、安秀社区确定了4个为民服务和发展专项资金工程类项目，由社区两委班子成员、社区党员代表、居民代表、街道包委领导共同监督把关，严格施工程序，确保资金使用规范，工程质量达标。所有项目已经全部验收完成，做到为民服务和发展精准落实。

【凤凰北街机关干部下基层】 建立在职党员和机关干部下基层报到制度，结合共建单位和各类志愿者特点，搭建民意收集、扶贫帮困、卫生整治、政策宣讲等志愿服务平台，激励机关干部、在职党员参与社区建设，服务群众、服务民生。2015年，累计下基层蹲点人数95人次，解决群众反映问题28件，走访慰问困难群众51人，帮扶慰问资金19万余元。

【凤凰北街社会治安综合治理】 重视综治信访维稳工作，将维稳信访工作与街道各项工作结合在一起。建成100余平方米的标准化司法工作站，为社会治安综合治理工作提供硬件保障。全年开展送法进小区、进寺院、进学校等大型活动6次，解答法律咨询20余人（次）；排查民间矛盾纠纷62件，其中重大疑难纠纷7件；防止群体性械斗4件，相关人员14人。完善刑释解教人员的登记、走访制度，全年接收社区矫正人员25名，没有脱管、漏管和重新违法犯罪的现象发生。

【凤凰北街安全工作】 细化安全生产“三级五覆盖”责任，按照“关口前移，重心下移”的原则，明确各社区安全领导小组的责任与职责，建立起街道、部门、社区上下一体的监管体系。建立完善安全生产6项管理工作台账，实现科学化的台账管理。组织开展了小区内消防通道清理工作，确保小区内生命通道畅通无阻。全年签订安全生产责任书1016余份，印发安全生产实施方案50余份，发放安全、消防宣传资料500余份，制作展板16块，悬挂横幅24条，消防安全培训7次。

【凤凰北街计划生育工作】 围绕“强基础、升质量、抓落实、上台阶”的工作思路，认真宣传贯彻计划生育法律法规，坚持依法行政，扎实开展生殖健康优质服务工作，稳步推进计划生育工作健康发展。采取各种节育措施8011人，领取独生子女父母光荣证1454对，出生173人，出生率3.6‰，死亡60人，自然增长113人，自然增长率2.4‰，出生政策符合率98.2%。

【凤凰北街老年服务】 推行退休人员管理“双向”服务机制，成立老年人协会、市民学校、夕阳红为老服务队及秦腔、红歌、银梦艺术团等，推行各种服务老年人项目，先后组织开展了“中老年人才艺达人秀”“走进大自然·沐浴阳光·让爱温暖人间”一日游等活动。

【凤凰北街民政工作】 落实低保、救助工作，建立低保边缘家庭及临时救助人员信息库，完成对低保户、临时救助、大病医疗救助的管理制度修订，全面复核低保对象，推动低保工作“阳光运行，阳光操作”；与辖区单位和抗日战争老战士共同举办“铭记历史，缅怀先烈”纪念抗日战争胜利70周年联欢会。“八一”建军节，走访慰问军烈属24户，发放慰问金10万余元。开展关爱特困老人的“暖冬行动”，为92名特困老人送去价值1万元的暖心棉被及棉衣，走访慰问80岁以上老人85人，发放慰问金5元；开展各类助残活动，通过举办残疾人康复培训班、改造无障碍设施、筛查先天性心脏、免费治疗矫正牙齿、节日慰问等活动，将关爱送到残疾人家庭。

【凤凰北街民族宗教工作】 落实民族宗教政策，开展少数民族文化图书漂流、“回乡今秋民族文化展演”等活动，丰富和活跃少数民族群众的业余文化生活。在崇安、阳澄社区通过建设少数民族工作站、少数民族之家，打造民族团结示范社区。在穆斯林重大节日期间为辖区清真寺送去慰问品、慰问金2万余元。

【凤凰北街民兵与征兵工作】 3月，按照规定程序开展民兵整组工作，组织辖区民兵集合点验，参点率为100%；组织民兵参加为期一周的集中封闭训练，提高民兵抗震救援能力。

【凤凰北街工会工作】 2015年新发展2家单独建会企业，单独建会企业24家，工会小组涵盖单位92家，在职职工2388人。落实困难职工“送温暖”“送岗位”、职工维权等，全年发放生活救助帮扶金1.2万元。

【凤凰北街“三社联动”】 搭建“三社联动”服务平台，社区党组织、社会组织、社工队伍，按照各自不同分工，共同服务于社区建设，减轻了社区工作者的负担，缓解了社区工作人员不足的问题，同时使社区部分服务项目向专业化、社会化发展，形成了相互补充、相互促进的良好局面，有力推动了和谐社区建设。

【凤凰北街居家养老服务】 建成街道、社区二级居家养老服务中心，引入市场化管理方式，由专业化的社会组织宁居通老年人服务中心承接街道“暖夕阳”老年人餐厅，发挥社会组织的作用。兴隆、崇安、安秀3个社区就餐点运行正常，解决了80余位社区空巢、孤寡困难老人吃饭难的问题。

【凤凰北街政务信息报送】 总结和反映工作中的创新、亮点，及时报送政务信息。2015年，共撰写上报信息360条，被各类报刊网站及媒体采用刊登355条次。其中《宁夏日报》12篇，《法治新报》99篇，《新消息报》42篇，《华新时报》83篇，宁夏公共频道6次，宁夏电视台1篇，宁夏工运简讯6篇，《银川日报》6篇，《银川晚报》24篇，银川市总网站1篇，兴庆信息2篇，共青团兴庆区委2篇，兴庆党建网1篇，新华政务通70篇。

【崇安社区】 东临凤凰北街，南临湖滨西街，西至西桥北巷，北到北京路，面积约0.5平方公里。辖唐徕小区一、二组团，工业设计院家属楼，领秀一居，如意苑，有居民住宅楼91幢，人口3887户9877人，党员215人，少数民族人口680户。辖区单位8家。社区特点是老年人多、贫困户多、下岗失业人员多。

【北安社区】 面积0.31平方公里，居民住宅楼48幢，别墅13幢，住户3012户，常住人口6329人，残疾人31人，低保户3户，60岁以上老人731人，特殊人员9人（原吸毒人），单亲母亲26人。设2个党支部，1个非建制党支部，党员104名，6个功能党小组，志愿者712人。辖区单位1家，非公企业46家，个体商业网点165个。

【阳澄社区】 面积0.97平方公里，有9个居民小区，5289户13314人。

【安秀社区】 北至解放西街，西至凤凰北街，东至唐徕渠，面积0.7平方公里。有居民楼57幢，6幢27层高的小高层，58户平房，人口3393户11179人，党员141人，低保户29户54人，企业退休社区化管理人员1209人。有商业网点120多个，小企业8家，党政机关、企事业单位有18个。

【兴隆社区】 面积0.48万平方米，居民住宅楼100幢，新建唐徕花园10栋，居民3609户10827人。辖区单位2个，党员196名，非公企业12家，个体商业网点112家，各类志愿者服务队伍8支224人。社区有残疾人155人，低保户36户，高龄老人83人，特殊人员48人，单亲母亲21人。

【民运社区】 成立于2015年8月，东至凤凰北街中段，西至唐徕渠，南至上海路中段，北至康平路中段，面积0.9平方公里。社区内现有海宝西区、运动员村、民族运动员村及北塔六队小康村四个小区101幢楼，居民3481户10486人，流动人口2051人，党员65名。辖区单位3个，非公企业3家，个体工商户130户。

【北塔社区】 成立于2015年8月，东靠凤凰北街，南靠康平路，西靠唐徕渠，北至贺兰山路，面积0.9平方公里。有锦泰花园、清湖苑、枫河雅居、兴洲财富缘4个居民小区，居民楼72幢，4775户9070人，少数民族543户1633人，党员92人，低保户15户，残疾人54人，社区志愿者901人。60岁老年人421，特殊人员12人，单亲母亲9人。辖区单位9个，个体工商户114户，有网格员7名，公岗3名。

（供稿人：吴维莉）

中山南街街道

【概况】 2015年区划调整，中山南街东起丽景南街，南到宝湖东路，西至中山南街（胜利街），北到解放东街，面积3.94平方公里，110个小区，人口25997户，常住人口45209人，流动人口11875人。由康华社区、富强社区、安和社区、新宁社区4个社区调整为康华社区、富强社区、安和社区、新宁社区、民乐社区、金南社区、清和社区7个社区，将社区划分为69个网格。设37个基层党组织。其中社区党总支部7个，社区党支部18个，非公企业党支部4个，联合支部7个，机关党支部1个。党员746人。有24个党政机关单位和17个民办非企业单位。

【中山南街非公企业党组织建设】 成立街道“两新”组织党总支部，构建“两新”组织网格化管理的新体系。根据非公企业规模和所在社区区域划分网格，实现以大带小、以强带弱，共同发展提高，重点对所在辖区的非公小微企业进行逐步覆盖，对未登记备案的社区社会组织进行孵化培育。指导组建企业党组织5家，组建联合党组织6家，覆盖辖区40个党组织空白企业。登记备案社会组织2家，将3名生产经营管理能手培养成党员，有4名优秀党员管理人员进入党支部班子。党群共建，为网格内企业成长发展凝心聚力，深化“四联”品牌，即“党建工作联抓、公益服务联做、文体活动联手、治安维稳联防”，推动“两新”组织党群工作有序开展。

【中山南街文明创建】 利用单位电子显示屏、公开栏、橱窗等宣传阵地加强宣传，扩大公益宣传的社会覆盖面，提升城市文明程度和居民素质。针对个人品德、家庭美德、职业道德、社会公德四方面内容，采取自荐、他荐方式，筛选推荐优秀典型，张贴“善行义举道德红黄蓝榜”100余次。开展“道德模范”评比，培养自治区级好居民邬茜；开展“邻里守望”志愿服务以及“晒家风诵家训立家规”系列活动，使好人好事、道德模范的宣传深入人心。

【中山南街群众文化体育】 结合节假日组织民间文艺骨干、文化志愿者举办“体育彩票杯中山南街体育大拜年”、企业退休人员茶话会、正月十五社火表演等丰富的演出。组织单位工作人员和居民参加2015年宁夏市民运动会兴庆区第九套广播体操比赛、千人健步行“黄河外滩”徒步大会、兴庆区鸣翠湖市民运动会、中山南街趣味运动会等各类体育活动。8月22日，在兴庆区海宝公园举办“凝聚正能量，同筑中国梦”专场文艺演出；9月26日又举办“共庆中秋，喜迎国庆”专场文艺演出。

【中山南街市民服务】 将原来分散办理的35项服务类事项，统一集中到中心窗口进行开放式服务，并承接了政府相关部门的16项审批类事项，通过取消、合并、调整，减少16项、增加3项，精减为38项。

【中山南街扶贫帮困】 为804户1316人发放低保金341371元；为5户高龄低收入老年人发放生活津贴16650元；为310户330人发放重度残疾生活津贴70000元；为84户130人，发放低保门诊救助8260元；开斋节、古尔邦节期间为157户149人发放补助金45540元；为31人发放临时救助金20200元；为4人发放大病医疗救助金4431元；“助残日”救助1人，发放金额500元；救助弃婴2名，救助金额2890；为2人发放社会救助金2100元。春节期间，开展十项救助帮扶活动，救助460余人次，发放各类救助资金32.7万元。3月举行“春风行”慈善救助公益活动，为辖区23户重度残疾及重特大疾病家庭发放慈善救助金16300元，救助物品72件。中秋节为19人发放临时救助金11000元；“助残月”期间，为20户困难残疾人发放了米面油等生活品，价值6000元；为34名残疾人申报了“阳光家园”托养计划。

【中山南街养老服务】 投资19万元在金南社区友爱三区改扩建老年活动中心，并投资4.8万元购置了活动器材，社区300多名老年人受益；在金盾小区投资17万元新建社区老饭桌，解决辖区43名老年人就餐难问题。开展2015年企业退休人员领取养老金资格集中认证工作，企业退休人员认证应完成3181人，实际认证3171人，集中现场认证1562人次，上门认证105人次，异地认证45人次。1月—10月，企业退休人员社会化管理新增115人，办理本辖区内退休人员转移和跨辖区转移56人。办理企业退休人员去世丧葬费及抚恤金申领

58人，发放抚恤金及丧葬费用共计260.4万元。

【中山南街社会保障服务】 开展社会化管理预约上门服务，提供政策和业务咨询。为高龄、残疾、孤寡退休人员上门发放社会保障卡26张，发放居民社保卡7175张，办理新生儿参保31人。发放2014年度城乡居民医疗保险补助737人，36810元；审核2015年度乡居民医疗保险补助申报资料1197人，8.379万元。

【中山南街人民武装工作】 “国防月”组织50人前往军博园参观银川舰，增强民兵的使命感和荣誉感。重视征兵工作，4月—5月，7个社区设立登记站，挂横幅25条，发放宣传单500余份。把好政审关、体检关、文化关、年龄关、户口关和定居关，严格执行“十不准”。

【中山南街人口与计划生育工作】 与7个社区及24个辖区单位签订《2015年人口和计划生育目标管理责任书》，计生专干岗位培训8次。有已婚育龄妇女8427人，出生97人，人口出生率2.05‰。其中一胎男孩36人，一胎女孩34人，二胎男孩12人，二胎女孩15人。出生政策符合率97.9%。一孩完整率92.43%，二孩完整率91.42%，三孩完整率93.02%，多孩完整率100%。加强幸福家庭创建工作，为辖区54户幸福家庭拍摄全家福。发放2014年度独生子女保健费794人，22.8425万元；审核2015年独生子女保健费申报资料839人，发放保健费35.6875万元。

【中山南街工会工作】 与4个社区联合工会、65家企业及行业工会签订2015年工会工作目标责任书，完善街道一社区一企业工会组织网络，深入辖区企业与企业主的沟通。组建独立建会企业3家，从筹备金名册中发展工会小组18个，发展会员438人，工会组织年报在册会员人数10075人。

【中山南街社会综治】 调解矛盾纠纷132件，得到以案定补经费1万余元。对辖区2010到2015年的刑满释放人员和解除劳教人员系统地、详细地排查摸底，对排查出的刑释解教人员逐一建立个人档案。区域划界变动，从胜利街和银古路接收安置帮教人员51名，现有78名安置帮教人员，对于家庭困难的刑释解教人员，司法所积极协调民政部门将其纳入最低生活保障范围，实现了“应保尽保”。在劳务市场、瓷砖市场设立法律咨询点，社区所有巡逻人员还按时按点按段尽职尽责，入户发放安全常识宣传材料。累计宣传15次，挂横幅48条，展板27块，板报15期56块，发放《市民平安手册》及其他宣传材料上2000余份，举办社区专干、青少年学生法制培训班10期。针对南门广场、劳务市场、新华东街、红花渠沿岸及瓷砖市场周边发生的盗窃、抢劫和诈骗等案件性质，在加强社区治安巡逻的同时，积极与派出所协调，加大在街面的治安巡逻力度，多次专门组织民警带领联防队员进行重点巡逻守护和打击，全力维护中山南街辖区的社会治安。全年，立刑事案件928起，自侦246起；治安案件831起，查处405起。5月开展了为期两个月的吸毒人员大排查行动，通过排查辖区现有在册吸毒人员230人，其中监管场所羁押90人，社会面吸毒人员102人，死亡11人，现实际管控社区戒毒（康复）人员27人，每季度回访一次。建立街道、派出所、居委会、家庭组成的“四位一体”帮教小组，不定期实行帮教。

【中山南街物业服务管理】 引进社会物业公司1家，对改造后的老旧小区物业管理进行外包。完善街道物业中心的各种规章制度，对辖区内的25家物业公司进行建档，定期召开例会、组织学习，提高物业管理水平。对辖区小区的路面、下水、照明、防水等基础设施进行改造，方便居民出行。全年投入经费30余万元，开展集中整治6次，动用机械100多台次，派出人员200余人，清运瓷砖碎片及非生活垃圾800余吨。

【中山南街食品安全】 成立安监站，完善“一岗双责”“三级全覆盖”工作制度，制作标牌16块，制作中山南街重点企业分布图。联合食品监督所取缔红花小区的黑作坊，打掉五家黑作坊。在瓷砖市场取缔了非法幼儿园3家。在各重大节前组织辖区人口密集重点企业、单位进行消防安全培训，消防安全检查11次。

【安和社区】 2015年5月区域划分调整后，东起丽景南街，南至南熏东路，西到红花渠东，北到新华东街，辖区面积为0.32平方公里，人口5381户10762人，流动人口328人，少数民98人，党员59人。有住宅小区楼院40个，分别为安和园20幢楼、安康苑4幢楼，天都十六区安置房7幢，商品房9栋。企业及个体工商户86户（家），辖区内行政事业单位1个，非公企业4家，个体经营户183家；企业建独立工会8家，工会小组21家，工会会员146名。

【金南社区】 北到新生巷，南到宝湖东路，东临丽景街，西至清和街，面积1.3平方公里，楼院2个，小区7个，居民3200户6520人，直管党员47人（其中预备党员1人），在职党员182人，离退休党员141人。辖区单位7个，商业网点228家。

【康华社区】 2015年5月区域划分调整后，东至丽景街，西至红花渠，南至新华东街，北至解放东街，面积0.3平方公里，人口3267户8167人。住宅小区楼院5个，分别为康华园10幢楼、康怡园34幢楼、财贸小区3幢楼、雅安公寓3幢楼、领尚公寓1幢楼。辖区商务楼有华润万家、立达市场。

【民乐社区】 2015年5月区域划分调整后，向兴庆区民政局申请成立民乐社区。东至丽景街，西至清和街，南至风机厂中心巷，北至南熏东路（景明路），面积1.7平方公里，人口4189户8958人。有住宅小区楼院7个，楼栋59个。低保户19户31人，残疾人94人。分10个网格，9名网格员。

【清和社区】 东至清和南街，西至胜利南街，南至宝湖东路，北至长城东路，面积2.6平方公里，人口5785户15541人。有住宅小区楼院27个，楼栋162个。低保户40户69人。

【富强社区】 东至红花渠，南至长城东路，西至中山南街（胜利街），北至新华东街，面积0.40平方公里。有居民楼69幢，人口3109户7305人，少数民族557人，党员152人。辖区单位199个，个体工商户1174户，其中清真食品店25家。

【新宁社区】 2015年5月区域划分调整后，东起红花渠，南到新华东街，西至中山南街，北到解放东街，面积为0.34平方公里。人口3134户5349人。有住宅小区楼院37个。商业网店企事业单位23个。划分为7个网格，网格员7名。

（供稿人：刘丽丽）

富宁街街道

【概况】 富宁街街道位于兴庆区西南角，南起凯尔福邸、北到解放街、西至唐徕渠、东至利民街，占地面积5.4平方公里。辖区人口16982户36017人，出生183人，出生率为5.09‰，出生政策符合率97.27%，男女出生人口性别比为128，死亡121人，死亡率3.56‰；已婚育龄妇女6018人，领取独生子女证1512人。2015年参保人员295人，参保金额14750元。新建工会组织3家，发展会员153人。

【富宁街楼栋“微党建”】 依托社区楼栋、居民成立党支部，构建社区楼栋党建网络，突出“组织全覆盖”。成立楼栋党建工作站，实现“服务全方位”，通过党小组细化分工，使楼栋支部党员充分发挥政策宣传员、民意调查员、文化活动指导员、民事纠纷调解员、治安巡逻员“五大员”作用。

【富宁街“党员示范一条街”】 以发放爱心粮卡、提供免费理发、打造树人课堂、组建小行业帮帮团的方式，开展“相约十五日”志愿服务活动。有55家商户签订承诺书，为居民发放爱心粮卡44张；开展“知恩图报，奉献社会”爱心认领活动，号召爱心企业、人士以资助资金、购买商品、供应原料等方式进行爱心认领，为商户提供补贴，有12家企业参与，捐赠“爱心互助金”1万余元。设立三色积分榜，激发志愿服务后劲。对积极参加志愿服务的商户进行张榜公示，以褒扬先进，激发后进，促使“党员示范一条街”形成诚信经营、规范服务、奉献社会的良好氛围，有15家商户积分达到500分以上。

【富宁街基层党建“八个一”微工程】 通过微党课、微信群、严考核、读好书、心理咨询、奉献日、结对子、写家书的“八个一”微工程，激发基层党员参与组织生活的积极性。上党课三次，开通300余人党员微信群，邀请专家对75名党员干部进行心理疏通，组织党员参加党员参与志愿活动5次，开展4次13人帮扶活动。

【富宁街精神文明创建】 实施文明提升工程，开展“文明餐桌行动”“节俭养德”等宣传教育和安全文明交通督导活动，引导市民出行文明有序；建立诚信建设工作及“红黑榜”发布制度。在辖区幼儿园、中小学广泛开展未成年人文明礼仪规范教育、成长进课堂11次，开展“文明家园、和谐社区”等主题宣传活动9次、学雷锋志愿服务系列活动12次。建成总面积200平方米，藏书容量约2万册的街道中心图书馆，免费为辖区居民、中小学生提供图书借阅、电子阅览、资料查询服务；打造“文化富宁·花开四季”特色群众文化活动品牌，组织富宁街老战士艺术团、摄影协会等民间艺术团队送戏下乡、摄影进社区演出53场次；开展各项室内外运动会、健身操比赛、健步行等活动

8次；在辖区掀起“书香富宁”的全民读书热潮，利用“大舞台”电教娱乐功能，开展各类学习、培训、专题讲座、文艺演出等90场次。

【开通“微观富宁”微信平台】 创建便民服务、宣传信息、爱心传递三个“微平台”，凸显便民、惠民、亲民。居民可以轻松查看办事流程、社区活动、惠民政策、实用信息，实现不出门便知国家事和社区情。

【富宁街民政工作】 发放各类优抚金76185元，优抚军人医疗救助金14549元，组织优抚军人和残疾军人到定点医院体检2次；发放低保金561286元；发放低保对象慰问金42500元，发放低保对象临时价格补贴27987元；审核困难家庭医疗救助27人，发放救助金138754元；医疗救助咨询18人；为11位困难人员发放临时救助金7500元；办理高等教育助学救助1人。发放高龄医疗门诊3800元；为辖区25位老年人办理老年证。发放重度残疾人救助金113400元；审核上报4人殡葬金4000元。富宁街孤儿王汶2015年考入上海师范大学，多方联系爱心组织和团体，为其筹措学费1.8万元。

【富宁街社会保障工作】 全年接收490个单位的退休人员5542人，精简退职人员13人，社会化管理率和认证率达到99%。完成居民医保信息转入400人，转出200人，办理医疗保险2300人，发放社保卡1400张；城镇职工和居民医保系统更改信息140人次；医保核定缴费340人次，低保户核定360人次，新生儿核定130人次。发放各类就业宣传资料3000份。办理就业失业登记430人，就业失业证年审办结450份，辖区单位用工委托招聘115家，求职登记400人次，有需求人员登记及参加职业技能培训和创业培训135人次。2015年登记下岗失业人员785人，当年实现再就业738人，就业率达94%；帮助就业困难人员就业51人，四五十人员再就业问题得到解决，零就业家庭动态消零。

【富宁街市民大厅服务】 本着“争满意窗口，创一流服务”的工作要求，在街道设置考核榜，激励前进，鞭策后进。在四个业务窗口外配备一名工作人员，与大厅窗口工作人员组成AB岗，确保市民服务大厅各窗口时刻有人接待，工作无缝对接。利用每周三下午下班前的空闲时间，开展“半小时”课堂，针对38项为民服务事项内容进行集中学习和交流，让每位工作人员都能对自身工作的“前置条件、办理流程、办结时限”做到“一口清”。

【富宁街社会综合治理】 动员辖区单位开展平安创建，要求辖区未达标单位和小区积极创建平安单位、平安小区；对在册法轮功人员的帮教，实行四包一的工作制度，不定期对重点人员进行回访；开展综治宣传月活动，向辖区居民群众和各学校发放中小学生安全防范宣传手册，各社区利用板报、宣传栏、召开座谈会等形式加强了综治、安全防范宣传。共出宣传板报三期30块，宣传展板15块，悬挂标语横幅15条，出动宣传人员26人，发放安全防范宣传手册600余本，综治宣传单1000余份；在几个重点日安排人员对三所宗教场所进行密切关注，及时掌握三所宗教场所的情况；加大禁毒宣传教育及打击传销活动的工作力度，富宁街现在册吸毒人员227人。其中强制隔离戒毒人员70人，服刑人员25人，社区康复21人，社区戒毒11人。超期未报到人员8人，社会面吸毒人员89人，死亡3人。

【大庙社区】 面积1.2平方公里，有23个居民小区楼院，居民住宅楼83幢，人口3118户8124人。辖区机关单位7个，“两新”组织20个，商业网点232家，志愿者队伍6支60人，党员84人，社区网格员8人。

【利群社区】 东起利民南街，西至富宁南街，北到新华西街，南至长城东路，面积0.80平方公里。有18个小区，居民住宅楼105幢，人口3842户10970人，低保户47户，残疾人143人。党总支下设3个党支部，党员153人。联合工会1个，非公企业独立工会10个，工会会员874人。有辖区单位3个，商业网点370个。

【南苑社区】 东至利民南街，西至唐徕渠，南至书院西巷，北至长城东路，面积1.2平方公里。有9个小区，人口7953户8046人，党员119人。有辖区单位4个，商业网点182个。规范社区网格，将社区划分为8个网格，实行“3+X”管理模式。利用社区文化资源创新载体，创建社区特色文化队伍，成立了市民教育学校。

【西关社区】 面积1.05平方公里，有居民小区9个，居民住宅楼68幢，人口3250户5730人。辖区单位8个，“两新”组织9个，商业网点130个，有志愿者队伍5支120人。

【中寺社区】 东至利民街，西到富宁街，南临利群街，北接解放街，面积0.85平方公里，是一个老旧小区集中、流动人口众多、少数民族汇聚、宗教场所林立的社区。人口3769户10932人。有事业单位4个、宗教场所三处，分别是清真中寺、地藏寺和天主教堂。辖区商户主要沿富宁街、前进街两侧分布，现有非公企业114家，个体工商户370户。

【自强社区】 东起富宁街，西至凤凰南街，南起新华西街，北至解放西街，面积0.24平方公里。有居民住宅楼72栋，除两个有物业小区外，其他均为无物业管理的老旧小区人口3121户5252人。有事业单位3个，个体商户248户，非公有制经济企业35家。社区有基层党组织14个，其中社区党总支部直管党组织6个，党员159名。有8名网格员，各类志愿者队伍13支，注册志愿者500余名。

（供稿人：杨卓轩）

玉皇阁北街街道

【概况】 2015年5月区域化调整，信义社区、天成社区调整到文化街街道，银古路街道八一社区、高台寺社区调整到玉皇阁北街街道。调整后，东起丽景北街，西至中山北街，南起解放东街，北至上海东路，面积5.8平方公里，人口28514户77655人，已婚育龄妇女9201人，采取各种节育措施8786人，新出生223人，孕前检查190对。有北关、青山、东方、永康、八一、高台寺6个社区，划分55个网格，网格员36名，助理网格员19名，有3名网格员取得全国社区工作者初级资格证书。年度累计为2200人次发放低保金73.3万元；发放门诊医疗救助、高龄津贴等各类补助补贴25.7万元；办理低收入困难家庭住房保障202户。为8名自主创业人员成功办理申请小额担保贷款40万元；为12787名居民办理医保（2015年新增477人）；接受企业退休人员5175人，为84人办理丧付费443万元。

【玉皇阁北街基层党组织评星定级】 街道党工委按照银川市社区服务型党组织评星定级的标准，以“项目、品牌、创新、服务”四个带动，发挥社区党组织领导核心和政治核心作用，探索引进社区组织，构建政府化公共服务、居民自我服务与市场商业化有机结合，促进服务型党组织建设。六个社区中推荐四星级社区1个、三星级社区1个、二星级社区4个。

【玉皇阁北街基层党组织的服务功能】 利用银川市为民服务发展专项资金，修建北关社区群众活动阵地，硬化八一社区高台三队、青山实验机厂家属院院落，为永康社区东环路小区，高台寺社区8队、12队等小区建设自行车棚；发挥辖区单位党组织的共驻共建作用，做好北关社区“四点半课堂”、永康社区“红领巾驿站”工作；开展党组织、党员志愿者服务，在下属6个党总支1002名党员中推行党员“积分制”管理，向辖区党员发放“党员智能卡”1300多张，通过POS机终端、电脑、手机“三线”通网，将党信息录入、定期活动签到、党内活动参与、发挥先锋模范作用等以积分的形式进行记录与查询，并因地制宜的设立兑换空间，激发党员主体意识，促进管理效能提升。

【玉皇阁北街转变干部作风】 开展《中国共产党廉洁自律准则》《中国共产党纪律处分条例》主题教育活动，增强党员干部的纪律和规矩意识，整治庸懒怠，深化街道干部作风建设。街道班子成员和干部每周至少下社区2—3次，28名干部职工累计下社区1200余次，结对帮扶基层生活困难党员群众28名，排查化解矛盾纠纷200余起，帮助生活困难群众解决实际困难120件，帮助社区兴办民生实事130件。

【玉皇阁北街精神文明工作】 开展丰富多彩的文艺活动，先后组织展演了“同心共谱和谐曲，团结共筑民族情”、欢庆“六一”残疾儿童慰问演出及庆“七一”“民族团结一家亲”及“弘扬法治精神，争做守法公民”等主题文艺演出11场次，举办庆祝建党94周年社区书画展、“书香飘逸校园，阅读伴我成长”图书“漂流”活动等；开展无物业老旧小区和街巷院落卫生综合治理，清理乱堆乱放6000余件，乱贴乱画3万余处，为各社区

6月3日，玉皇阁北街街道组织社区网格员考试

配备垃圾箱210个，垃圾车7辆，新增清扫保洁员4名，确保卫生城市复检和文明城市复检工作取得成功。

【玉皇阁北街老旧小区改造】 配合做好银川市老旧小区改造项目工程，更换下水井盖39个，安装庭院灯112个，楼道灯602个，门禁系统13套，大门20个，电表51块，修缮小区看护室1间，受益群众454户1254人。

【玉皇阁北街“135”社区模式】 结合“微心愿圆梦、菜单式服务、精细化管理服务”特色活动，在北关社区试点，探索建立“135”社区工作模式，即强化社区党组织这一领导核心，发挥好社区工作者、社区党员、社区志愿者三支队伍的作用，建立“党建责任落实、共同参与组织、民主监督管理、基本建设保障和群众服务长效”五项机制，实现“美在社区、爱在社区、乐在社区、安在社区、和在社区”的目标，提升社区服务群众水平。

【八一社区】 东至丽景街，南接北京路，西靠红花渠，北至上海路，面积1.2平方公里。有八一小区、银佐家园（中、东、西三个区）、尚东帝景花园、高台三队小康楼、塞北嘉苑5个居民小区，居民楼62幢，人口3711户11577人，60岁以上老年497人，伤残人员41人，享受低保4户；党员90名，流动党员3人，女性党员28人，回族党员21人。商业网点300余个，志愿服务队伍6支，注册志愿者人数1063余人。非公企业党支部3家，非公企业建立独立工会组织5家，工会小组8家，非公企业妇代会组织1家。

【东方社区】 东至红花渠，西至清和北街，南至解放东街，北至北京东路，面积0.8平方公里。有居民楼88幢，居民小区23个，无物业小区9个，人口4241户10665人。有企事业单位3个，非公企业216家，党员130人，低保户22户，残疾人62人，60—79岁老年人759人，80岁以上48人，90岁以上4人。志愿者服务队4支700余人。

【高台寺社区】 北至解放东街，西接丽景街，南至北京路，东靠红花渠，面积1.3平方公里。有2个生产队失地农民自建楼114幢，9个居民小区住宅楼88幢，人口8191户23512人，流动人口2365户7080人，少数民族1700人，党员131名，志愿服务队7个，12个网格，网格员8名，助理网格员4名。辖区单位120个，个体工商户380户。

【永康社区】 东起清河北街，西至中山北街，南起解放东街，北至北京东路，面积1.26平方公里。有38个小区，居民楼121幢，其中64幢（215个单元，2364户）是建于90年代的老旧三无小区，31个小区为居委会自管楼院，人口5330户13000人，残疾人217人，低保人员44户68人，老年人1638人。失独家庭5户，残疾家庭7户。非公企业党支部6家，党员181名，商业网点941个。有彩虹志愿者服务队、“红领巾”驿站、永康义警巡逻队、益康社区卫生服务康复队等4支志愿者服务队，注册志愿者人数770余人。分9个网格，网格员5名，助理网格员4名。

【青山社区】 东至红花渠，南至北京东路（539号–561号），西至清和北街（359号–627号），北至上海东路（857号–896号），面积0.76平方公里。有19个居民小区，居民住宅搂137幢（含12处居民自建院落），人口3216户8040人，分7个网格，网格员4名，助理网格员3名。有企事业单位2个，商业网点212个，党员188名，志愿者队伍5支，注册志愿者838人

【北关社区】 南至北京路，东至清河北街，西至中山北街，北至上海路，面积0.62平方公里。有居民楼59栋，人口3825户10861人，分9个网格，网格员6名，助理网格员3名。有企事业单位6个，商业网点253个，独立建会非公企业7家，党员156名，志愿者队伍6支，注册志愿者963人。

（供稿人：邹文萍）

新华街街道

【概况】 2015年区划调整后，东起中山街和胜利街，西至民族南街，南起宝湖路，北至解放街。社区由原来鼓楼社区、正丰社区、永安社区、富华社区4个社区调整为鼓楼、正丰、永安、富华、双城门、宝庆、裕民、长信8个社区，双城门社区、宝庆社区由胜利街街道划拨，新成立裕民社区、长信社区。人口35938人，已婚育龄妇女6243人，采取各种节育措施5930人，领取独生子女父母光荣证1076本，出生163人，出生率5.39‰，出生政策符合率97.54%，死亡55人，死亡率1.82‰，自然增长108人，自然增长率3.57‰。新华街街道社区有干部66人，党员30人，5人取得全国初级社会工作者资格。

【“新华商圈”党建工作】 创建新华商圈党群服务中心，选派党建指

导员38名进入商圈非公企业开展工作，非公企业推荐优秀员工368名担任党建联络员，14家非公企业单独成立党组织，党建工作覆盖非公企业354家。205年在非公企业中发展党员8名，培养入党积极分子31名。以“一中心两员”为纽带，将商圈内街道“联合工委”的成员单位和非公企业紧密的联系起来，以“工建服务党建”，发挥工会组织优势，为新华商圈企业、职工开展法律、安全生产等教育培训10场次；评选商圈“最美劳动者”47名；帮扶商圈困难职工49人次，帮扶金额4.8万余元，举办商圈职工技能大赛、趣味运动会、羽毛球比赛等文体活动6场（次）。

【新华街街道为民服务和发展专项资金项目】 本着为民办实事、办好事的基础定项目，严格按照“四议两公开”的程序和规定实施，制定8个项目。富华社区夕阳红日间照料中心和鼓楼社区党群服务中心建设2个项目已完工，其余6个项目均为活动阵地改造和活动器材采购，已购棋牌桌椅、室内健身器材、按摩椅等，照相、摄像、音响、声器和表演服装等，还有部分设备和阵地氛围营造正在进行中。

【新华街街道志愿服务】 在辖区制作文明公益广告160块，发放宣传品5000余份，通过电子屏播放文明广告120条；以“学教理论宣讲”“道德讲堂”“善行义举红黄蓝榜”为抓手，传颂社会主义核心价值观，弘扬社区的先进人物，推进城市社区精神文明建设；招募志愿者4255人，成立法律志愿服务队、夕阳红志愿队、医疗志愿服务队等47支，结合“雷锋月”、每周五志愿日、“全民公益日”及重要节点深入开展“美丽银川”“邻里守望”“全民公益”主题活动。开展志愿服务100次，参与人数1258人次，累计工时3753小时。以“盘活辖区资源，推行共驻共建”为理念，建立社区团组织8个、非公企业团组织18个，创办“志愿新华”微信群，发布活动信息76条。

【新华街街道工会工作】 常年不定期摸排辖区迁出迁入单位工会组织覆盖情况，健全非公企业工会组织。建非公企业工会74个、社区联合工会8个（涵盖工会小组626家）、机关工会1个，会员8873人；打造服务型工会组织。开展“五送”（送温暖、送文化、送医送药、送法律、送政策）活动，慰问、帮扶困难职工267名，发放救助金9.16万元；职工参加医疗互助268人；开展销售服务、法律等培训16场次；开设《说法工会》流动栏目，以案释法2期；为3家企业打造“职工之家”；创建“出彩新华”微信公众平台，实现与辖区企业无障碍交流；在6个社区联会工会、61家非公企业工会成立“三个维权组织”，建立70人的劳动争议调解员队伍，以及劳动法律、劳动保护监督员队伍各65人，受理、办结诉求46件。完成6家区域性、60家非公企业、1个商贸行业的工资集体协商专项合同的签订、备案工作，覆盖职工2053人；评选“最美劳动者”，开展技能、演讲、征文比赛，举办登山、书画、摄影、羽毛球比赛等文体活动，增强职工的归属感。

【新华街街道妇联工作】 举办妇女创业就业、法律、健康等讲座10期，推荐2个家庭参加兴庆区家庭才艺比赛，向兴庆区推荐8个最美家庭评选，推荐12户参加自治区好家风评选；帮扶救助18个困难家庭，关爱单亲母亲150人，“亲情帮扶”刑满释放人员8人；建立妇女诉求代理点，受理、办结妇女诉求6起。组织辖区妇女开展才艺比赛、包粽子等节日食品制作大赛14场次。

【新华街街道综合治理】 协调为老旧小区安装技防设施，在永安巷15号等4个小区安装或增加技防设施；推进“红袖章”工程，成立志愿者队伍3支320人，开展群防群治活动52次；调解各类纠纷18起，涉及当事人23人，受理信访督办件99件；在新华步行街、宁园等人口集中的地方开展禁毒宣传10余次，发放各类宣传资料3000余份。对183名在册吸毒人员分类建档，通过多种方式了解吸毒人员动态，采取教育、劝诫等措施，督促其履行协议、定期吸毒检测；争取资金5万元，解决街道无“绿荫工作室”的状况。针对新华商圈的银川商城、温州商城等重点地带的“两抢一盗”频发现象，实现“街、警、居”三效合一，增加安防设施、巡逻人员，提高防控能力。

【新华街街道打造司法先行示范街】 成立法律志愿服务站，聘请专业律师为法律顾问，招募法律服务志愿者，每周五下午开展普法宣传、法律咨询等非诉讼服务，接收法律咨询145人（次），代写诉状9份；开设“关爱明天、普法先行”预防青少年犯罪的法律讲堂，在社区、学校举办讲座3期，参加中小学生920余人；开展“法律八进”活动，举办培训班7期，培训人员400多人，普法宣传、“法律赶早市”15场（次），发放宣传单5000余份；对辖区20名社区矫正人员和52名刑事解教人员逐一走访登记、建档，定期教育，按程序规定进行管理；举办“感恩日”活动，社区矫正人员向区肢残人协会捐赠现金11800元、衣物78件；举办新疆维吾尔族、流动人口与社区居民“手拉手”活动，参与人员110人。

【新华街街道安全生产工作】 与辖区所有店面签订安全生产责任书2311份，督促2555家单位、大小商业网点、娱乐场所建立健全消防安全档案，举行消防演练17次，重点检查单位消防安全16次，检查“六小”（小饭店、小歌厅、小洗浴、小网吧、小发廊、小市场）场所3610家，对存在应急照明设施不全、安全疏散通道不畅通、安全疏散指示标志不明显、灭火器配置不符合要求等隐患问题的，发限期整改通知书139家，跟踪督察完成整改130家。

【新华街街道人民武装工作】 对辖区内适龄青年进行走访摸底，创办“新华武装”微信群，引导高学历青年兵役登记。组织民兵整组，参加兴庆区应急救援专业技能、队列训练。组织民兵开展真人分级组对抗演练。

【新华街街道“夕阳红”日间照料中心】 2015年5月在富华社区成立“夕阳红”老年日间照料中心，包含居家养老助餐点120.15平方米和老年活动中心408平方米，服务辖区60岁以上老人，辐射周边宝庆、双城门、长信、永安等社区老人达800余名。是一种适合老年人的“白天接受照顾和参与活动，晚上回家享受家庭生活”的社区居家养老服务新模式。

【“4点半”小树苗课堂】 2015年10月13日，富华社区与银川市第二十五小学联合成立“小树苗”爱心四点半课堂。旨在解决社区内的困难家庭、单亲家庭、双职工家庭的孩子，每天下午4点半放学后无人看管的难题。社区及学校组织了25名学科教师和有艺术特长的党员志愿者轮流到课堂，对现有的40多名学生进行课业辅导，开展思想教育、兴趣小组、心理健康等各项丰富多彩的教育活动。

【新华街街道居家养老服务】 春节期间为20名90岁以上老年人每人发放慰问金1000元，为18名88岁—89岁老年人每人发放慰问金500元，“重阳节”发放高龄慰问金3.6万元；在“全民公益日”为水务小区老年人测血压、血糖1场次；5月，富华社区夕阳红日间照料中心建成启用，为辖区70岁以上独居、空巢、失独、失能的高龄老人提供低偿就餐服务。

【新华街街道社会救助工作】 为120户190人低保对象发放低保金274841元；“两节”慰问低保对象41户68人，发放慰问金24600元；医疗救助22户，发放救助金117859元，临时救助10户，发放救助金10244元，发放采暖补助52219元，“两节”慰问困难群众21户，各发放米面油1份。为4户优抚对象发放优抚金40657.5元，困难补助500元，过节费3000，民族团结奖1200元，八一慰问费1500元，“八一”建军节为10名优抚对象、8名复转军人、6名军转干部发放慰问金19600元。“两节”“全国助残日”走访慰问残疾人51户，发放米面油等生活用品。重点关注一户多残、重度残疾、无经济收入的23户贫困残疾人，为38名残疾人申领燃油补助，为37个残疾人家庭申报每户700元困难补助。

【新华街街道劳动保障工作】 帮助失业人员搭建再就业平台，鼓励失业人员自谋职业、自主创业，办理就业失业登记证146人，年检19人，安置失业人员883人，发布用工信息46条，提供岗位63人；培育“小老板”10家，培育“小企业”2家。接管退休人员1910人，转移人员66人，退管年度认证2344人，助异地认证37人；纳入社会化管理人员4254人（含移交人员1909人）；开展“4050”（女40岁及以上、男50岁及以上）灵活就业人员社保补贴申报核查，申报317人，为上年度申报的395人发放社保补贴869294元；领取城镇居民医保“一卡通”7016张；办理丧葬费24人1565174.47元；完成36家企业薪酬调查，接待社保就业等事项咨询服务1000余件。

【新华街街道老旧小区公共设施建设】 争取资金50万元，对老旧小区内的路灯、单元楼道照明系统、下水井等公共设施进行改造、维修、完善。安装路灯53套、楼道公共照明系统灯1296套，更换下水井盖90套及维修下水井基础145座。争取改造资金130余万元，对长城东路341号院的室内下水管网、室外路面进行集中整治。

【宝庆社区】 2015年6月由胜利街街道整建制划归新华街街道，东临胜利街，南起宝湖东路，西起红花渠，北至宁夏西京妇产医院，面积1.1平方公里。有居民小区10个，居民楼65栋，人口3327户8806人。辖区单位2个，商业网点180家，志愿者队伍5支，注册志愿者400余人，社会组织2个。

【正丰社区】 东起市场巷、永安巷，西至民族南街，南到跃路，北至利群东街，面积1.5平方公里。居民楼72幢，人口4378户7467人，流动人口668人，回族、蒙古族、满族、维吾尔族、土家族等少数民族流动人口236余人，党员157人。

【富华社区】 东起红花渠，西至民族南街，南起宝湖路，北至富华巷，区域面积0.6平方公里。由新世纪花园、新世纪桃花源、星光花园、拾城塾4个小区组成，有居民住宅楼68幢，人口5166户7680人，党员44名，少数民族人口1031人，流动人口321人，志愿者近410人。辖区企事业单位8个，各种文化团队4支，学校2所，幼儿园1所。居民自治小组2个，有残疾人协会、老年协会、计生协会、妇代会、人民调解委员会、社区文体队、关工委等群众组织7个。

【鼓楼社区】 位于新华街商圈繁华地带，东至玉皇阁南街，西至民族南街，南至利群东街，北至解放东街，面积0.6平方公里。有居民小区34个，居民住宅楼61幢，住户3062户。辖区单位8个，个体企业工商户2568户。有志愿者队伍8支623人，党员85名。

【双城门社区】 东起胜利街，西至玉皇阁南街，南起南塘巷，北至南薰街，面积0.45平方公里。2015年5月，双城门社区由胜利街划分到新华街，并接收原中山南街富强社区南薰街28号楼、丰泽里家属楼、家友商业广场、北京华联。有居民楼33幢，人口1847户4437人，党员65人，少数民族人口639人，低保户12户19人，残疾人51人。辖区单位5个，非公企业25家，个体工商户362户。3个居民自治委员会，注册志愿者756人。

【永安社区】 东起玉皇阁南街，西至永安南巷，北起利群东街，南至南塘巷，面积0.59平方公里。有居民楼57幢，人口2840户6421人，党员97人，退管人员803名，低保户28户42人，残疾人127人。辖区有有限公司41家，个体商业网点1544个。

【裕民社区】 2015年8月7日成立，东至中山南街，西至玉皇阁南街，南至南熏东路，北至解放东街，面积0.4平方公里。有居民小区17个，居民住宅楼35幢，人口1301户。辖区有机关事业单位11个，非公企业16家，个体工商户786户。志愿者队伍4支295人，党员80名。

【长信社区】 2015年8月成立，东起红花渠，西至民族南街，北起铁路，南至文萃巷，面积0.35平方公里。辖区居民小区4个，居民楼29幢，人口2050户4486人，党员46名，少数民族847人，育龄妇女636人，残疾人23人，低保户6户，老年人266人，80岁以上21人。

（供稿人：马志书）

文化街街道

【概况】 2015年区划调整后，原玉皇阁北街的信义社区、天成社区居委会划归文化街，文化街街道东至中山北街，西至民族北街、南至解放东街，北至上海东路，辖区面积约3.1平方公里，6个社区党总支部及下设13个党支部，人口51543人，已婚育龄妇女7126人，出生123人，男56人，女67人，死亡66人，独生子女领证1733人，出生政策符合率99%，人口出生率3.81‰，自然增长率1.77‰，综合节育率96%，男女出生性别比1：0.9。

【文化街街道基层服务型党组织建设】 拓展“金色丰收市民学校”服务功能，创建“1+X”模式，建立社区党总支—网格党支部—楼宇党小组—党员的四级网格党建体系，在商业楼宇、人流集中处、小区门房等地方设置4个睦邻点，安排部分无职党员骨干在服务站轮流值班，重点收集并解决群众到访反映的所需所盼和难点问题，组织群众开展各种文体活动，灵活多样地为民服务。

【文化街街道党员结对互助】 在街道及社区开展与困难党员结“穷亲”、与流动党员结“远亲”、与年老党员结“邻亲”、与年轻党员结“特亲”活动，将各级组织的党员纳入结对共建活动中，编织一张党员助党员、党员助群众及群众助党员、群众助群众的党群互助网。组织党员志愿者定期开展“洁净兴庆、助老扶困”等服务活动达200余人（次）。

【文化街街道为民服务和发展专项资金项目】 通过“四议两公开”的方式，结合2015年老旧小区改造项目，确定2015年为民服务项目6个，全部为建设工程类项目。对玉皇阁北街189号前后院进行硬化，安装大门；为惠民巷散居楼安装16个大门及门禁系统；为永丰巷安装大门及监控设施；对天成、游乐等社区部分楼院进行整理美化。6个项目全部完工，并通过了兴庆区委组织部及相关部门的审核验收。

【文化街街道社区党组织换届选举】 通过笔试、面试、民主测评、社会公开选聘和公推直选等多种选任方式，6个社区党总支部及下设的13个党支部全部完成了换届选举工作。选出党总支委员30名，书记6名，具有大专及以上学历19名，占63%，1名为“三支一扶”大学生，1名为应届毕业大学生，总支班子成员平均年龄44岁。

【文化街街道第九个党建月活动】 为庆祝中国共产党成立94周年，体现党组织的关怀，党工委班子成员，分别了走访慰问了辖区16名老党员和困难党员，送去慰问金共计4800元；丰收社区党总支部与银川市十五中联合举办了孝德知识讲座，60名学生聆听了讲座。银川市卫计委、中医院举办“送健康进社区”专家义诊活动，70多名党员居民参加义诊；幸福社区党总支部组织党员开展“我为社区做贡献、我为党旗添光彩”座谈会，切实改进工作作风，以良好的精神状态，加强社区党建工作，促进社区各项工作全面推进；天成、山河湾、游乐、信义社区党总支部组织老党员参观青铜峡市中华世纪黄河坛。组织党员志愿者清扫街巷、清除小区草坪杂草、宣传计生、治安等相关知识。

【文化街街道老旧小区改造】 实施“照亮回家路”工程、老旧小区楼院综合整治工程，先后为43栋82个单元安装了楼道院落照明灯，对10个楼院小区进行了上下水改造和硬化，安装监控摄像头35个、电子门禁30个。

【文化街街道社会治安综合治理】 落实社会治安综合治理领导责任制和创新社会管理建设督导制度，与辖区单位、市民服务站、物业公司签订年度综治工作目标管理责任书。发挥“三声”联防作用，做好小区楼院的日常看护工作，开展形式多样的禁毒宣传教育活动，提高居民的防毒识毒禁毒意识，登记吸毒人员263人。组建义警队伍6支，设立义警点5处，强化治安防控基础工作。对辖区涉外企业、常住外国人、教堂情况进行摸底登记，辖区有5名外国人居住。制定了《文化街开展减少刑事（治安）案件增幅专项行动工作方案》，通过开展人员密集场所治安问题专项整治行动，努力减少辖区各类刑事（治安）案件增幅。开展法制宣传2次，举办讲座4次，受理信访督办案件31件，调处纠纷61件。其中人民调解案件22件，行政调解39件。组织“两劳”人员集中教育5次，公益劳动6次，教育转化解除社区矫正人员7人。对5名困难社区矫正人员进行走访慰问，送去价值3000元的米、面、油及现金。

【文化街街道社会保障工作】 民政救济工作进一步健全，政策性住房保险和养老保险工作深入人心，所有符合低保条件的居民纳入低保保障体系，结对帮扶和慰问送温暖活动深入人心，残疾人居家安养政策继续推行，关心孤寡老人、残疾人、优扶对象、特困家庭等社会弱势群众生活制度得到全面落实。建立完善老饭桌4处，就餐老人达130人；充分发挥老年人活动中心作用，开放老年活动中心4个；慰问困难户87户，发放慰问金及物资34200元；为142户241人申请最低生活保障，为99户困难家庭办理房屋补贴户及经济适用房登记手续，为19名老复员军人、伤残军人、烈属等发放定补和抚恤金80404元；开展为民代办4005件，为特殊群体上门办理业务34件；组织生活困难的66名残疾人免费体检，配置辅助器具29件、助视器22件，发放残疾人救助金19200元。成立文化街大学生就业创业服务中心，继续扶持“大学生里弄”开展创业就业工作；审核发放2013年灵活就业社保补贴495人，补贴金额1293044元，办理就业失业证350余人，登记需求用工单位25个，家庭服务业摸底22家，再就业安置470人，发放就业创业宣传单、用工信息300余份；居民发放新“社会保障卡”6963张，城乡居民医疗保险录入2308件。

【丰收社区】 东起丰收巷，西至民族北街，南起文化街，北至光明巷，辖区面积约0.41平方公里，有居民小区9个，居民楼112幢，人口8409人，党员222名，流动人口693人。60—69岁老人706人，70—79岁老人556人，80—89岁以上老人140人，90岁以上老人11人，百岁老人2人。育龄妇女1600名，独生子女320名。有物业小区2个，无物业小区7个，个体工商户220家，各种企业和法人单位90个，从业人员415人。享受低保33户54人，登记下岗失业人员112人，企退人员1559人，4050公岗人员4人，各类残疾人169人。

【山河湾社区】 东到玉皇阁北街，西到民族北街，南以解放东街为界，北至湖滨东街，面积0.3平方公里，居民小区13个，居民楼85幢，有物业小区2个，无物业小区11个。人口8246人，党员188名，流动人口1009人。60—69岁老人778人，70—79岁老人504人，80—89岁以上老人211人，

90岁以上老人18人。育龄妇女1295名，独生子女138名。享受低保35户52人，参加医疗保险714人，登记下岗失业人员232人，企退人员1336人，4050公岗人员2人，各类残疾169人。事业单位9个，国有企业单位3个，个体工商户449户，各种企业和法人单位227个，从业人员2128人。

【天成社区】 东至中山北街，南至北京东路，西至文化街隆安公寓，北至上海东路，面积0.6平方公里。居民小区13个，居民楼76幢，有物业小区10个，无物业小区3个，人口4456户9527人，流动人口486人，党员165名。60—69岁老人412人，70—79岁老人387人，80—89岁以上老人60人，90岁以上老人4人，育龄妇女2608名，独生子女510名。享受低保16户24人，参加医疗保险551人，登记下岗失业人员19人，企退人员743人，4050公岗人员3人，各类残疾115人。有事业单位9个，国有企业单位4个。有个体工商户163户，各种企业和法人单位85个，从业人员1006人。

【信义社区】 东至中山北街，西到玉皇阁北街，南至解放东街，北到北京东路，面积0.52平方公里，人口数5966人，流动人口635人，党员102人。辖区60—69岁老人689人，70—79岁老人41人，80—89岁以上老人97人，90岁以上老人15人。育龄妇女720人，独生子女184名。低保户48户84人，残疾人208人，离退休人员774人，两劳人员10人，吸毒人员37人。有企事业单位8个。

【幸福社区】 东到玉皇阁北街120-248号，西到民族北街197号-131号，南以湖滨东街135-163号为界，北至北京路，面积0.50平方公里，居民小区6个，有物业小区4个，无物业小区2个，居民楼75幢，散居楼23幢，人口8402人，流动人口942人，党员146名，60—69岁老人226人，70—79岁老人196人，80—89岁以上老人182人，90岁以上老人18人，育龄妇女996名，独生子女480名。享受低保44户71人，参加居民医疗保险2712人，登记下岗失业人员215人，企退人员1348人，社区申报4050养老补贴人员169人，各类残疾234人。辖区事业单位3个，个体工商户220户，各种企业和法人单位58个，从业人员570人。

【游乐社区】 东到温莎花园，西到民族北街，南以北京东路为界，北至上海路，面积约0.58平方公里，居民小区11个，有物业小区7个，无物业小区4个，居民楼89栋。人口数13014人，流动人口780人，党员83名。60—69岁老人254人，70—79岁老人197人，80—89岁以上老人68人，90岁以上老人2人，百岁老人1人，育龄妇女1314名，独生子女155名。享受低保9户15人，参加医疗保险325人，登记下岗失业人员29人，企退人员738人，4050公岗人员1人，各类残疾104人。有事业单位2个，国有企业单位3个，个体工商户208户，非公企业128家，从业人员675人。

（供稿人：杨华）

丽景街街道

【概况】 丽景街街道2015年8月区划调整后，东至小中沟、南至上海路、西至唐徕渠、北至贺兰山路，面积17.6平方公里，人口18275户50407人，少数民族人口9158人，街道党工委下设22个党支部，党员1237名。社区由原来的景太社区、景墨社区、雅苑社区、观湖社区、银虹社区、庆春社区6个社区和北塔村、八里桥村、双庄村、满春村4个村委会调整为景太社区、景墨社区、雅苑社区、观湖社区、银虹社区、庆春社区、泰和社区、春城社区、满春社区、八里社区、双庄社区、兰溪社区12个社区居委会和八里桥村、双庄村、满春村3个村委员。有法人单位1160个，个体户6997户，涵盖交通运输、教育卫生、娱乐服务、汽车销售、房地产、宾馆等。

【丽景街街道基层党建】 实行“领导班子成员+各站办所负责人”带头学习的模式，以“党工委会议传达+各站办传阅”的形式进行理论学习，集中开展“讲诚信、懂规矩、守纪律”和“三严三实”学习教育活动及“三政两不为”专项活动。围绕扶贫帮困、环境卫生整治、政策解答等内容，积极参与服务社区、服务群众等各种公益活动。按照组织发展程序和相关要求做好入党积极分子培养和预备党员考察工作，发展党员15名，预备党员转正13名。实施为民服务和发展专项资金项目，12个社区已上报项目实施方案及预算表，项目预算121.43万元。按照有关法律法规有计划、有步骤地通过公推直选的方式完成10个社区党组织换届选举，产生党支（总）部委员34名。

【怡兰北塔美居安置工程】 陕西怡兰集团代建失地农民5平方米营业房及20平方米公寓面积32001平方米，丽景街辖区北塔村和八里桥村失地农民认购面积26901平方米，向怡兰集团支付代建费6500余万元，占应缴代建费74%。

【双庄村失地农民就业市场及公寓项目】 双庄村失地农民就业市场及公寓建设项目于2015年1月经兴庆区经发局批复同意立项，项目规划占地面积约49亩，规划建设面积30000平方米，项目估算总投资1.1亿元。项目政府不投资，经村民大会表决并报政府研究同意，双庄村委会与宁夏通和房地产开发有限公司达成联合开发意向。

【春润苑小区改造工程】 切实改善居民居住和出行条件，对春润苑小区屋面防水、外围墙、自行车棚、道路等进行改造，改造面积6.8万平方米，惠及居民2800余人。

【丽景街街道“点亮回家路”民生改造工程】 2015年，街道自主实施对银虹社区的汽修厂、粮运小区、公交公司、双庄苑、郊区三建、桃园小区和景太社区的双庄小区7个老旧小区进行改造，安装路灯17盏，更换楼道灯和开关275套，更换下水井盖8个，维修下水井盖14套，更换面包砖110平米，路面硬化320平方米，维修垃圾箱6个，更换小区大门1套，安装门禁系统1套。项目全部竣工，报兴庆区财政局评审中心进行审计验收核查。

【丽景街街道背街小巷支路市政设施维护】 自9月1日起，银川市将背街支路小巷市政设施维护工作交由街道负责，街道积极与政府相关部门联系对接，明确了接管范围，同时发动社区组织人员成立了12只巡查队伍负责对接管区内的市政设施破损情况进行巡查。制定了巡查、报修等相关制度，明确各责任单位的职责，共更换破损下水井盖、井篦10余个，维修破损人行道20余处。

【丽景街街道征地拆迁工作】 银佐路扩宽工程项目，对满春村五、七队8户进行房屋拆迁，拆迁面积13126.67平方米；“银川恒大御景”住宅小区商品房项目，对双庄村2队14户进行房屋拆迁，拆迁面积17703.8平方米；对满春乡集镇路商业街地面附着物进行现场测量，有148户，各类房屋面积近5.3万平方米；对刘振峰旧货市场违章建筑（活动板房、围墙）以及满春旧货市场乱堆乱放物品进行依法强制拆除，拆除面积近6000平方米；对辖区内春润苑和雅和苑小区住户进行房证办理，春润苑A区办理房证120套，雅和苑A区办理房证277套。

【丽景街街道社会综合治理】 联合派出所打击各类严重刑事犯罪和“两抢一盗”等影响人民群众安全感的犯罪活动。立刑事案件数656起，破刑事案件数334起，受理行政案件数690起，查结行政案件数284起，打击涉毒人数80起，涉黄1起。采取下基层到八里桥村、北塔村、双庄村、满春村调研信访遗留问题现场办公与召开专题会议相结合的方式，制定“一原则四制度”（信访问题遵循和坚持属地管理的原则，建立信访事项月通报、信访事项档案制度、上访群众村队限时接待制度、化解信访遗留问题化解政策和资金拨付制度）。协调解决村队信访遗留问题，采取政府购买服务方式聘请律师化解信访积案，使信访问题及时化解在基层，接访206次500余人。其中初访48次68人，重访158次430人，进京访2人，处理市长热线信访督办161件。建立人民调解委员会13个（街道调委会1个，村社区调委会10个及西北农资调委会、拆迁安置调委会），人民调解员60名，调解信息员15名。接访矛盾纠纷31起，成功调处31起；解答群众咨询145次，做到“小事不出居村，大事不出街，矛盾不上交”。

【丽景街街道安全生产】 与辖区企业单位签订安全生产责任书516份，建立健全街道、社区安全生产责任制，规范安全生产工作的各项规章制度，对辖区内学校、加油站、建筑工地等重点单位进行多次大检查，检查学校5家，网吧5家，市场4个，加油加气站6家，现场整改4家，限期整改3家，对建筑工地和土炼油及危险化学品场所进行3次集中排查。

【丽景街街道环境卫生整治】 投入45万元，改善周边的环境。多次对满春小康村及满春五队、七队小东沟沟边和辖区无物业管理小区等重点地段的卫生进行集中整治，动用铲车24台次，用时150余小时，组织人力356余人次，清理生活垃圾450余车。协调相关部门在满春5队小东沟边修建水冲式公厕1座。对辖区双福巷中间的绿化带及凤凰北街两侧、贺兰山路南侧，109线两侧，丽景街两侧，上海路北侧林带内的白色垃圾进行多次捡拾和清理，清理600余处广告、乱画等，组织人员300余人次。对满春四队以及江宁酒店东侧围墙的乱贴乱画粉刷1300余米。整治辖区店外经营、流动摊贩、店外乱堆乱放现象，下发整改、处罚决定书54份，清理乱堆乱放45处，配备垃圾箱100多个。在满春5队、小东沟边及满春小康村、公安分局东侧空地砌筑墙1000余米，喷绘标语20余条。各社区、村开展环境卫生整治竞赛评比活动，以奖代补，奖励5万元。各社区配合宁夏阳光有害生物控制有限公司对辖区内越冬蚊蝇、蟑螂孳生地进行了防制消杀，为居民发放杀蟑胶饵800支，高效氯氰菊酯400袋，各种病媒生物防治药品200千克。

【丽景街街道违法违规建设专项整治】 全年拆除、清理违法建筑11处，建筑面积7632平方米，耗用铲车50小时，挖机30小时，工程车10余辆，人员192人次，耗资53万元，下发限期整改通知单40余份。丽景街有违法图斑10处，已经拆除违法图斑7处，拆除清理图斑面积1892.6平方米。

【丽景街街道“蓝天工程”】 对辖区内存在露天堆场的责任单位下发限期整改通知单20余份，对辖区内穆商路南侧、友爱中心路两侧，友爱中心路与海宝路交叉口东南角，友爱中心路西侧、海宝路北侧、胡商东侧，以及满春大酒店西侧、满春小康村北侧等无主堆土进行两个阶段的治理。清理渣土时，在进出口的路上进行洒水防尘处理，并遮盖防尘网。覆盖防尘网、种植草坪总费用达30余万元。整治辖区内渣土堆场5处，对渣土堆场进行了修整堆放，并遮盖防尘网4000余米，种植草坪12000平方米，清理拆除燃煤茶浴炉9处。硬化了满春小康村上海路以北的空地，硬化面积2700平方米，投入8万余元。

【丽景街街道社会保障工作】 动员城镇居民参加养老保险238人，办理统筹城乡居民社会养老保险24人，办理农转非失地农民保险70人，发放失地农民退保存折17本，发放社会保障卡974张，参加城市居民普惠性健康体检1000余人。完成企业退休人员认证3076人，办理农转非失地农民认证178人，统筹城乡居民养老保险认证6人，办理农转非失地农民死亡9人，办理去世退休人员抚恤金丧葬费36人，发放抚恤金、丧葬费1700278.76元；申请办理经济适用房4套，廉租房34套，公共租赁房129套；实现失业人员再就业737人，发放就业失业登记证465人，灵活就业“4050”人员社保补贴办理9人，培训业务40人，政策咨询1316人次。春节慰问下岗失业人员6户，送去慰问金3600元。73户符合条件的居民申请小额贷款413万元。

【丽景街街道社会救助】 落实城乡居民最低保障、城乡居民医疗救助、农村五保供养、自然灾害救助、困难优抚对象救助等制度，累计为740户1185人发放低保金330781元，各类补贴23700元；发放80岁以上高龄低收入老年人生活津贴18900元；大病救助兴庆区级11户，发放救助金120583元；临时救助12户，发放救助金6000元。救急难3户，发放救助金9000元。为辖区10户患大病困难家庭发放慰问金30000元。春节为低保户、困难群众及高龄低收入老年人发放米、面、油各78份。为169人重度残疾人发放生活津贴，发放金额33万元；为68名贫困残疾人发放金额40800元；为城市低保对象中重度残疾人发放生活津贴410户429人，发放金额89120元。

【丽景街街道社区工作者人民满意率考评】 12个社区居委会换届选举工作圆满完成，产生社区居委会成员86人，大专（含大专在读）以上学历人员80名，高中以上学历人员6名；社区居委会班子成员平均年龄36岁。推行“4+2”人民满意率考评模式（“4”即从入户率、建档率、知晓率、满意率4项指标考核社区工作；“2”即考核对象为社区党支部、社区居委会和社区工作者），提高党员和社区干部在人民心中的满意率。

【景墨社区】 东靠双福巷，南邻海宝路，西接民族北街，北连沙渠路，面积0.28平方公里，有景墨A区、尚书房、东湖苑南区和北塔美居（在建）4个小区，东湖苑南区属于无物业小区。有居民楼95栋，人口4941户10616人，党员92名。

【景太社区】 有太阳都市花园、双庄小区、佳龙苑3个独立小区，面积0.5平方公里，居民楼54栋，人口3100户5600人，党员13名，志愿者队伍7支306人。辖区单位30个，商业网点44个。

【银虹社区】 东至清和北街，北至金三角，西至民族北街，南至上海东路，面积2.2平方公里。无物业小区17个，有物业小区9个，人口4165户1.6万人，党员97人，60岁以上的老年人1193人，残疾人员83人，低保家庭10户，空巢老人356人，独居老人75人，85岁以上26人。

【双庄社区】 东至丽景路，南至上海东路，西接109国道，北连沙渠路，面积1.3平方公里。有居民小区10个，人口7099户8980人，党员25人，少数民族312户1052人，流动人口3052人，残疾人21人，60岁以上老人452人，80岁以上老人10人，低保户6户。辖区企事业单位1个，私营企业398家，个体工商户961户。

【庆春社区】 东至丽景北街，西至民族北街，南至清净巷南，北至贺兰县交界，面积1.8平方公里。有居民小区9个，人口9047户27000人，党员134人。辖区有小学1所，幼儿园1所（民办），商业网点300多个。

【雅苑社区】 东至友爱中心路，南至银佐路，西至丽景北街，北至规划六号路，面积0.8平方公里，有居民小区3个，住宅楼78幢，人口3530户9890人，党员63名，注册志愿者658人。辖区单位3个，学校2所，商业网点383个。

【满春社区】 面积1.5平方公里，小区包括满春新村二区、博雅家园一区、博雅家园二区，及江宁国际酒店用品城、胡商国际商贸城，人口4045户，志愿者队伍两支650人。商户719户，商业公寓377户，商业网点40个。

【八里桥社区】 2015年6月区域调划后，东起丽景北街，南至沙渠路，西至民族北街，南至清净巷，面积1平方公里，居民小区7个，人口3146户7800人，党员31人，志愿者队伍5支50人。辖区单位5个，“两新”组织1个，商业网点180个。

【观湖社区】 东至民族北街，西至凤凰北街，北至康平路，南至上海东路，面积3.0平方公里，有观湖壹号、中瀛御景、中房萃园3个居民小区，人口3592户5680人，党员18人。辖区有非公企业及沿街商业网点123个，行政事业单位6个。

【春城社区】 2015年8月成立，面积0.8平方公里，有满春新村一区、满春宜居苑两个独立小区。居民楼41幢，人口3016户7100人，党员91人。辖区单位3个，个体工商户37户。

【兰溪市社区】 2015年8月8日成立，东至友爱中心路，南至宁港中心南巷，西至丽景北街，北到贺兰县交界处，面积3.6平方公里。小区9个，居民楼32栋，人口9050户17022人，党员50名，流动人口545人。辖区有个体工商户5830户，非公企业420家，建筑工地10家，快递公司10家，加油站3家，化学危险品1家，物流园3家。

【泰和社区】 2015年8月8日成立，东至民族北街，南至抗康平路南道牙，西至凤凰北街，北至贺兰山路，面积1.3平方公里。有京能天下川、兴庆府大院东区、兴庆府大院西区3个居民小区，人口8794户6429人，党员42人。有沿街商业网点及个体工商户206个（户）。

（供稿人：王燕玲）

银古路街道

【概况】 银古路街道东起友爱中心路，西至清和南街至宝湖路至丽景街，北起上海东路，南至迎宾广场南三角，面积9.65平方公里。2015年区划调整后，有宝南社区、春园社区、迎宾社区、景湖社区、丽景社区、福园社区、友爱社区、丽水社区、云和社区、康园社区10个社区居委会，友爱村、民乐村、高台寺村、光华门村4个村。有低保户122户191人，发放低保金398076元。发放低收入高龄老人生活津贴103700元，大病医疗救助15人次58511元，临时救助19人35500元，办理低保人员丧抚费1人1000元；累计发放低收入高龄老人生活津贴元。2015年6月在福园社区成立“银古路街道办事处市民培训学校”，在丽景社区成立“银古路街道办事处家庭服务业阳光便民联系中心”。安置灵活就业人员985人，发放医保卡25125张。

【银古路街道打造一居一品特色社区】 丽景社区党支部创建银古路街道社会组织服务中心，开设老年饭桌和“书画飘香家园”活动；景湖社区开展创建1个服务型基层党组织，打造区域化党建、网格化管理、人性化服务3个平台，深化共驻共建、志愿者、爱心、数字化、为老为少、群众文化6种服务工作法，开办“阳光三人行”活动；迎宾社区打造聚民心、顺民心、暖民心、稳民心、鼓民心、得民心“六心”服务工程；宝清社区拓展和完善“康乃馨家园”服务空间，对重点户进行“1+1”结对服务；福园社区打造老年活动室，提升服务水平。

【银古路街道为民服务发展项目】 按照“四议两公开”程序，确定迎宾社区的篮球场改造、丽景社区的老饭桌改造、福园社区的活动中心改造、新增友爱社区的活动室改造4个为民服务发展项目，已全部施工完毕，等待验收。采购类项目也在询价招标中。

【银古路街道志愿服务】 银古路有注册志愿者4043人，志愿服务队在平台发布各类志愿服务活动信息342次。组织学习《兴庆区志愿管理办法》，对各社区主管志愿服务的工作人员进行志愿服务业务知识培训，健全和完善志愿服务组织领导机制、管理运行机制和表彰激励机制，各社区全部建立志愿服务积分嘉许回馈制度。打造“三关爱”（关爱空巢老人、农民工及其子女、残疾人）志愿服务活动品牌，推荐上报“全国志愿服务示范团队”8支、优秀志愿者8人，评选上报节俭养德先进组织和个人各一名。推进“邻里守望”志愿服务，街道及各社区志愿者与110名的空巢老家庭开展了“一帮一”牵手行动，走访、谈心200余人（次）；社区卫生站志愿者上门为患病老人进行保健服务12人次；丽景社区志愿者为75岁以上老人送生日寿馍；景湖社区为60岁以上老人发放便民饭桌餐券优惠卡500张，在重大节日期间免费为困难空巢老人、残疾人送餐上门，并依托小饭桌，志愿为困难儿童提供生活帮助。成立老年人文化活动队伍10支，开展广场文艺演出18次。

【银古路街道“道德红黄蓝榜”评选】 2015年累计上红榜158人，上蓝榜25人，上黄榜的7人。街道党工委将道德红黄蓝榜的评选纳入年度表彰奖励计划，制定激励措施，助推善行义举“道德红黄蓝榜”活动，开展“第二届兴庆道德模范”评选活动，推荐上报“道德模范”21人。

【银古路街道社区文化建设】 2015年，投资8万余元，在丽景湖公园北侧新搭建银古路街道“社区大舞台”广场文艺演出阵地，拨16.4万元专项资金在福园社区现有文化活动室的基础上，改扩建福园社区文化活动中心；兴庆区文体局拨款3万元在丽水社区现有公共电子阅览室的基础上，改扩建银古路街道中心图书馆。各社区做到文化阵地、文化活动室面对居民全年免费开放，常年开展各类文体活动。

【银古路街道民族宗教工作】 开展“民族团结政策宣传”活动，举办民族政策、民族知识专题讲座，采用专题报告会、辅导讲座、调查研究等形式，促进政党、民族、宗教、阶层、海内外同胞关系和谐，增强统一战线服务科学发展的积极性和主动性。妥善处理民族间的矛盾和摩擦，定期排查不安定因素，对可疑人员及时排查上报。尊重信教群众自由，引导信教群众正确开展宗教活动。

【银古路街道社会治安综合治理】 坚持“预防为主，综合治理”的工作方针，以平安建设、普法和禁毒知识宣传教育为切入点，广泛开展禁毒宣传教育，认真落实各项目标任务。发放宣传资料1000余份，受教育群众约2000人次；改善红花渠沿线、瓷砖市场环境，投资1万余元制作各种门牌和房屋信息牌，成立重点地区整治和出租房屋管理领导小组。抽调5名工作人员配合派出所对该地域的出租房屋进行全面摸底登记，建立出租房屋管理档案，与房东逐一见面并签订出租房屋治安管理责任书。配合公安、工商等各部门查处传销案件15宗，捣毁传销窝点35个。接待来人来访案件195件。其中办理督办案件155件，交办函40件。

【银古路街道环境整治】 开展迎接银川市国家级卫生城市复审、银川市全国文明城市复审、中阿博览会开幕为主题的爱国卫生活动，先后清理违章占道经营小商贩1000多家，对丽景南街机动车辆违停进行清理。清理违停机动车辆180余辆/次；召开3次创卫宣传动员大会，悬挂营造创卫气氛的条幅20幅，集中整治乱堆乱放、卫生死角等卫生脏点255处，清理各类垃圾80多车，铲除小广告5000多条。开展卫生大巡查、大整治，发布《卫生整治通报》六期，整改卫生死角、乱堆乱放等脏点209处。邀请专业医生进社区开展“诺如病毒的感染与防治”等健康教育讲座宣传活动39期，义诊活动32次，参加1800余人次，制作健康教育宣传专栏86期，发放宣传资料3000余份。对友爱小区、宁夏女子监狱、戒毒所家属院进行地面硬化、楼道硬化，外墙保温等改造。投资80余万元，维修街巷1000余米。拆除违章建筑、乱搭乱建100余处1.1万余平方米。成立支路小街巷市政基础设施管理领导小组，制定《支路小街巷市政基础设施管理的实施方案》，对丽景康居北侧规划路、祈福巷、宜春巷、彰武巷、景育巷路面状况、安全隐患进行监管，监管范围长4571米，面积76032.3平方米。

【迎宾社区】 东至友爱中心路，南至迎宾广场，西至丽景南街，北至宝湖东路，面积1.7平方公里。有1个居民小区和两个在建小区，居民住宅楼62幢，人口2680户7541人，党员50人，社区志愿者2支100人，文化队伍2支，低保户12户。有企事业单位1个、商业网点289个、幼儿园3所。

【丽景社区】 东至友爱中心路，西至丽景街，南至宜春巷，北至北京东路，面积0.9平方公里。有2个居民小区，居民住宅楼65幢，人口3026户8667人，党员75人，社区志愿者5支1100人，低保户3户。有企事业单位

36家、商业网点323个、幼儿园1所、文化队伍5支。

【景湖社区】 东至友爱路，南至解放街，西至丽景街、北至宜春巷，面积0.9平方公里。有两个居民小区，居民住宅楼96幢，人口4194户11403人，党员67人，社区志愿者队伍5支1446人。有企事业单位3家、商业网点138家、幼儿园2所、学校1所、社区医疗服务站网点1所、文化队伍2支。

【春园社区】 东到杞福巷以西，南到广市巷以北，西到丽景北街以东，北到上海路以南，面积1.4平方公里。有6个居民小区，居民住宅楼87幢，人口4040户12120人，党员36人，社区志愿者6支625人，低保户11户。企事业单位4个、商业网点230家、幼儿园2所、学校1所、社区医疗服务站网点1所、文化队伍3支。

【宝南社区】 2015年8月7日成立，东至丽景街，南至迎宾广场南三角，西至清河街、北至宝湖路，辖区面积1.7平方公里。4个有物业居民小区，2个无物业小区，居民住宅楼63栋，人口3030户8341人，党员34人，社区志愿者8支，低保户1户。企事业单位5家，商业网点2328个，幼儿园1个，大型市场4个，社区医疗服务站网点1个，文化队伍2支。

【康园社区】 2015年8月7日成立，东至友爱中心路，南至北京东路，西至杞福巷、北至上海路，面积0.8平方公里。有3个居民小区，居民住宅楼66栋，人口3574户10035人，党员41人，社区志愿者3支650人，低保户7户。企事业单位3个，商业网点78家个，幼儿园2所，文化队伍2支。

【友爱社区】 2015年8月成立，东至友爱中心路，南至宝湖路，西至丽景街，北至新华东街，面积约1.8平方公里，地处兴庆区东郊，属城乡结合部拆迁返还房。有居民小区3个，住宅楼25栋，人口5321户15963人（待建楼未入住2717户8981人），党员32人，社区志愿者5支80人，低保户1户。企事业单位998个，商业网点228家，学校1所，社区医疗服务站网点1所，文化队伍2支。

【云和社区】 2015年7月8日成立，东至二排沟，南至新华东街，西至丽景街，北至银通路，面积0.42平方公里。有2个居民小区，居民住宅楼75幢，人口3010户8773人，党员33人，社区志愿者5支180人。企事业单位4家，商业网点89家，幼儿园1所，社区医疗服务站网点1所，文化队伍2支。

【丽水社区】 西至丽景雅居二排沟，北到银通路，东至友爱中心路，南到新华街路延伸段，面积0.42平方公里。管辖丽水家园楼71幢居民住宅楼，现入住居民3016户8950人，党员480名。育龄妇女1978人，60岁以上老年人642名，低保户9户12人，残疾人55名。社区志愿者队6支1420人。企事业单位3家，商业网点198个，幼儿园1所，社区医疗服务站1所。

【福园社区】 东至杞福巷，西至丽景街，南至北京东路，北至广实巷，总面积1.5平方公里。有5个居民小区，居民住宅楼75幢，人口3548户10416人，育龄妇女2759人，分7个网格，有志愿者队伍6支150余人。商业网点130个。

（供稿人：官力彬）

燕鸽湖管委会

【概况】 燕鸽湖管委会管东至石中高速公路，南至银古公路，西至燕庆街，北至银通路，辖区面积4平方公里。2015年5月新增了燕依园社区，社区由5个增至6个，并完成社区居委会换届选举。为低保户、优抚对象、残疾人、高龄老人发放各类补贴、慰问金、救助金、助残卡、最低生活保障金等78万元，为400余名60岁以上老年人办理宁夏老年人优待证。

【燕鸽湖全面推进网格化管理】 2015年，管委会通过推行网格化管理健全服务网络，实现社区服务管理的“全覆盖、全天候、零距离”。6月1日，网格化管理与服务平台上线运行。6月中旬，基本完成网格化信息数据录入。引入政府职能和社会资源实现职能、资源与管理信息系统“三融合”。精细化管理水平的提升，将推动惠民政策落实、推进社区居民自治、拓宽社区居民参与社会治理的范围和途径，逐步实现社区民事民议、民事民管、民事民办。

【创建燕鸽湖社会组织孵化基地】 5月，管委会按照《兴庆区关于进一步培育发展社会组织的实施方案》，与燕鸽湖物业服务处在燕乐园社区共同创建了“燕鸽湖社会组织孵化基地”。有8个志愿服务组织、6个群众生活服务组织、2个社会服务组织共16个社会组织进入孵化。通过开展一系列居民喜闻乐见的活动，社会组织在居民、社区与政府之间搭建起了一个沟通交流的平台，在弘扬中华民族的传统美德、推动文体事业发展、增强公民社会责任、缓解社会矛盾纠纷、促进社会公平正义、构建文明和谐社会方面发挥了积极作用。

【燕鸽湖创建自治区级社区戒毒（康复）示范点】 自“绿荫工作室”成立以来，分别接待了公安部部长郭声琨、自治区主席刘慧、全国17个省市公安厅厅长、自治区禁毒总队、长庆油田矿区事业部、吴忠市禁毒委等大型观摩调研7次。2015年申报了自治区社区戒毒（康复）示范点。6月11日，管委会配合兴庆区禁毒办举办了“绿荫之夏”禁毒文艺晚会。9月15日，中国禁毒基金会“千人关爱工程”向“绿荫工作室”捐赠了图书。

【燕鸽湖国学讲堂】 国学讲堂自开办以来，活动形式多样化，覆盖面广，从多个层面上传授国学知识，弘扬中华美德，传承经典文化，积极传递正能量。中医养生、弟子规、太极、易筋经、健身气功导引养生功等受到广大中老年居民的欢迎。

【燕鸽湖精神文明工作】 按照《兴庆区2015年精神文明建设工作要点》安排，以弘扬社会主义核心价值观为出发点，以全国文明城市复验为契机，抓特色、建阵地，抓载体、促创建，抓宣传、重引导，广泛开展邻里互助、结对帮扶、评先选优、志愿者服务、青少年教育、学雷锋等活动。3月，管委会组织5个社区开展学雷锋活动10多场次。4月份举办通讯员培训班，传授了写作方面的技巧，报送各类通讯报道1300多篇，在各类媒体发表731篇。注册志愿者2000余人，开展“孝道、邻里和谐”服务进社区、“六五普法”进社区、“春季疾病与预防”活动、地震、避震预演、“晒家风、诵家训、立家规、促和谐”道德讲堂活动、及低碳环保宣传等活动180多场次。

【燕鸽湖社会保障工作】 2015年新接收企业退休人员39人，其他街道转移3人。办理丧葬15人，发放丧葬费73.821万元，办理城乡居民养老保险78人，发放社会保障“一卡通”13407张，新增医保人数1010人。对180名特殊人员进行审核，为168人办理就失业证，帮助25名就业困难人员签订公益性岗位劳动合同，为218名符合政策条件的居民发放“4050”灵活就业补贴52万元，培训各类失业人员87人。

【燕鸽湖环境卫生工作】 按照“立足卫生抓宣传，抓好宣传促卫生”的工作思路，以迎接卫生城市复检和巩固文明城市成果为目标，以长效管理和突击整治为重点，迎接复检及中阿博览会的召开。雇佣铲车、挖机及运输车对燕鸽湖周边的生活及建筑垃圾进行了清理。清理生活垃圾3000余吨，建筑垃圾8900余吨，清理乱贴乱画4800余处。及时、足量投放鼠药100公斤，投放灭蟑毒饵280支，粘蟑螂屋（板）80套，消杀面积达3160平方米，有效降低了蟑螂、蚊、蝇密度。

【燕鸽湖安全生产工作】 开展安全月宣传咨询活动及消防进社区活动，撰写的安全生产工作信息在《银川晚报》《新消息报》、手机政务通及兴庆区《安全生产简报》刊登16篇。进行安全检查18次，查出各类隐患和不安全现象26处，发出隐患整改通知书26份。对6个社区124家商店、企业进行普查登记造册，把28家饮食店、食堂和小网吧列为重点监督对象，对长庆油田9个单位采取自查和随机抽查的办法，经常性开展安全生产监督检查工作。

【燕庆园社区】 位于长庆燕鸽湖石油基地东南角，辖燕庆园、燕鸣园和旺角商业街，面积0.46平方公里。有居民楼62幢，人口3052户8650人，流动人员34户98人。有商业楼房10幢，综合会馆1所，企事业单位22个，商业网点82个。

【燕乐园社区】 面积0.508平方公里，住宅楼90幢，人口3200户9334人。有医院一家，个体商户129户，幼儿园1所，高级中学1所，文化运动广场2处，人工湖1处。

【燕翔园社区】 包括燕和园、燕翔园与孔雀湖家园3个小区，面积0.3357平方公里。有人口3718户1.1万人。有企事业单位14个，商业网点35个。

【燕欣园社区】 面积0.33平方公里，由燕舞园、燕欣园两个小区组成，有楼宇74幢227个单元，入住居民2936户7136人。辖区内有宁夏长庆小学1所，幼儿园1所，企业单位5个，商业网点58个，老年人活动中心2所。

【燕依园社区】 2015年5月成立，由燕润园小区（3区）和燕依园小区（5区）两个小区组成，面积0.23平方公里左右，住宅楼67幢，人口2964户8094人。企事业单位2个，个体商户3户，文化运动广场1处。

【银燕园社区】 地处燕鸽湖基地以北2公里处，面积0.21平方公里，绿化面积约0.15平方公里。有住户1746户4505人。辖区内有幼儿园1所，动力中心（供热站）1个，居民十五分钟生活中心1个，社区居家养老活动室7间。

（供稿人：袁洲）

2015年派出所领导名录

		姓　名			姓　名
5月解放西街派出所与凤凰北街派出所合并	所　长	王新明（6月起）	8月21日银古路派出所与胜利街派出所合并	所　长	马力兵（5月止） 杨　虎（5月起）
	教导员	祁元忠（6月起）		教导员	杜　强（5月止） 王　强（5月起）
	副所长	邬　占（6月起） 王　鑫（6月起） 杨惠勇（6月起）		副所长	邬　占（5月止） 杨　华（5月起） 邓　君（5月起） 余　刚（5月起） 王　晖（5月起）
	户籍警	周　燕（6月起） 钱海峡（6月起）		户籍警	郭惠茹
5月文化街派出所与玉皇阁北街派出所合并	所　长	马力兵（5月20日起）	8月20日胜利街派出所与中山南街派出所合并	所　长	马建平（6月止） 任建华（6月起）
	教导员	曹建刚（5月20日起）		教导员	曹学民（6月止） 杨翊韬（6月起）
	副所长	李　杨（5月20日起） 张　进（5月20日起） 王　伟（5月20日起）		副所长	高　尚（6月起） 蒋　伟（6月起） 马建文（6月起）
	户籍警	刘志敏（5月20日起） 戴雪梅（5月20日起）		户籍警	王玉华 孟惠茹
5月富宁街派出所与前进街派出所合并	所长	王　强（5月20日止） 龚海滨（5月20日起）	5月新华街派出所与中山南街派出所合并	所　长	朴　杨
	教导员	杜　强（5月20日起）		教导员	盛华荣（5月20日起）
	副所长	廖大凯（5月20日止） 田　斌（5月20日止） 王　伟（5月20日止） 胡韶东（5月20日起） 汤　辉（5月20日起） 郭　斌（5月20日起）		副所长	茆兴力（5月20日起） 杨俊磊（5月20日起） 祝旭亮（5月20日起） 杨学礼（5月20日起）
	户籍警	秦春华（5月20日起） 倪晓芬（5月20日起）		户籍警	金　惠（5月20日起） 王玉华（5月20日起）
丽景街派出所	所　长	王新明（6月止） 马建平（6月起）	通贵乡派出所	所　长	刘　伟
	教导员	戈　灵		教导员	孙来宁（7月止） 冯伟（11月止）
	副所长	何怀武 袁立东			
	户籍警	白　雷		户籍警	殷　利
燕鸽湖派出所	所长	李　喜	月牙湖派出所	所　长	吴学林（6月起）
	教导员	马绍龙		教导员	任建华（6月止） 杭立宁（6月起）
				副所长	王守利（6月止）
	户籍警	吴乐芸		户籍警	张伟东
掌政镇派出所	所　长	张宁山	大新镇派出所	所　长	杨伟平
	教导员	丁宝忠		教导员	刘锋荃（5月止） 薛晶东（6月起）
				副所长	张　进（5月止） 张　明（6月起） 张　毅
	户籍警	张衍宇		户籍警	雷凤果

▷ 学苑人物

陈华

出生于1970年12月，陕西佳县人。1993年7月毕业于陕西师范大学，2001年获西北大学研究生学历，共产党员，宁夏长庆高级中学数学高级教师，教育部课程教材研究优秀实验教师。

2007年被宁夏回族自治区人民政府授予自治区“十佳教坛新秀”称号；2011年被宁夏回族自治区人民政府授予自治区优秀教师称号；2012年被宁夏回族自治区人民政府授予自治区高中数学特级教师称号；2013年被评选为国家“313人才百千万人才工程第三层次新世纪技术带头人”。多次获教育厅优秀共产党员荣誉称号，三次获中国数学会优秀教练员称号，连续12年教育厅年终考核为优秀。近年来撰写教学论文20余篇，多篇论文或课题成果在自治区级以上刊物上发表。

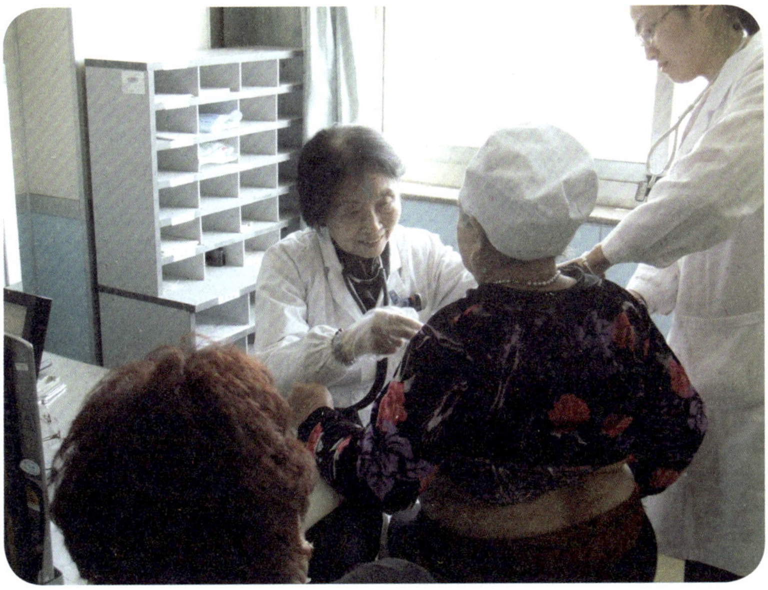

陈树兰

生于1931年12月,吉林省长春市人。1952年毕业于中国医科大学医疗系，心内科主任医师，教授，硕士研究生导师，现任宁夏医学院名誉院长。中华医学会理事、《中华医学》《中华心律失常》杂志编委，享受国务院政府特殊津贴。

擅长于心血管内科业务，从医多年来始终坚持在医疗、教学和科研第一线，有丰富的临床经验和扎实的临床基础，解决了大量的疑难、危重疾病。作为学科带头人开展了许多新业务、新技术，主持开辟了介入性心脏病学领域。曾出席国际学术会议并交流论文，被卫生部授予"边远地区优秀医学科技工作者"称号，被自治区评为宁夏"十大女杰"之一，并获自治区"科技明星"称号。

陈晓秋

女，出生于1971年10月，汉族，中共党员，四川省泸州市人。1991年7月，毕业于宁夏银川师范学校，2011年2月享受国务院特殊津贴，2016年12月评为正高级教师，现任宁夏长庆小学校长。

2001年10月，参加教育厅公开选拔聘为银川二十一小学主管教学副校长；2002年10月参加国家高级教育行政学院西部校长培训；2006年8月参加北京师范大学发展教育心理学研究生学习，2007年7月任银川二十一小学党总支书记兼副校长，2008年参加自治区党委组织部首批江苏挂职校长学习；2010年8月，任宁夏长庆小学校长。

工作期间，勤奋耕耘，致力于教育教学的理论研究与实践。2002年代表自治区参加教育部组织的全国青年教师优质课评比荣获一等奖；2005年、2006年分别获得自治区优质课评比指导老师一、二等奖；2008年获教育部全国优质课评比指导老师二等奖；2003年、2005年、2007年三次参加教育部全国优秀教师论文评选，均获得一等奖；2008年在全国非智力因素专业委员会论文评比中获二等奖。先后在国家级和省级核心期刊发表论文30余篇，主编和参与编写的论著3部，另有5篇论文被人教、高教等出版社公开发行的书籍收录。2007年、2009年两次应中国教育学会邀请在北京、西藏等地授课讲学。

主持的教育科研课题在全国"十五"规划课题中获成果一、二等奖。2003年，独立研发的注重语文素养拓展校本课程《诗文诵读与书法》，在全区小学语文课程改革成果会中向全区推广；2008年被国家教育部录入"中华名师库"，被《教育艺术》杂志定为封面人物专题介绍；2010年承担中国教育学会十一五科研重点课题，历时两年2012年获"全国优秀科研型校长"称号；2015年被教育部授予全国督导评估专家，参加全国义教均衡验收。2015年获中华全国总工会"全国五一巾帼标兵"称号。

仇千记

生于1966年2月，汉族，中共党员，语文特级教师，中学高级教师，区级骨干教师，宁夏“塞上名师”培养对象，全国小学语文学会特级教师研究中心委员，自治区继续教育专家团成员，自治区“910教育奖章”获得者。1995年参加县、市、自治区和全国四级优质课比赛，获得全区第一名、全国二等奖。现任银川市教科所教研员。首开“无人监考”的“诚信考试”模式，取消高耗低效的手抄本语文作业，增加“语言银行”特色作业，实行“活页作文”，减轻了师生负担，提高了作业效率。2011年，在兴庆区“新公民小学”成立自治区第一个名师工作室，2013年开办“特级教师工作室”。2015年9月，“仇千记工作室”在全国第九届名师发展论坛上进行大会交流，2016年11月在全国第十届同名论坛上再次进行大会交流，并获得“全国优秀工作室”荣誉称号。编著的《小学想象作文新天地》《小学生必背古诗词75首》在全国公开发行。

杜殿川

1966年12月12日出生，回族，中共党员，教育管理硕士，中学高级教师，宁夏教育学会思想政治课教学研究会副理事长。自治区骨干教师，自治区“313”人才，全国思想政治课优秀教师，自治区首批塞上名校长培养对象，全区创建教育强县（市、区）工作先进个人，现任银川唐徕回民中学教育集团党委书记、校长。

2011年被评为全国思想政治课优秀教师、自治区“313”人才、自治区首批塞上名校长；2012年被评为全区创建教育强县（市、区）工作先进个人；2013年被评为银川市首届凤城名师、银川市职工岗位能手；2014年被评为自治区优秀教师；2016年成为自治区塞上名师工作室主持人。先后有14篇论文获全国、自治区一等奖，近10篇论文发表在《宁夏教育》《宁夏日报》等报刊上。

孔繁元

生于1938年4月,汉族，中共党员，湖北省沙市人。1960年毕业于武汉医学院（现华中科技大学同济医学院），现任神经内科教授、主任医师、宁夏医科大学名誉院长。退休，曾任宁夏回族自治区第八届人大常委会委员。

1976年7月28日唐山发生大地震，率宁夏医疗防疫分队参加“防疫灭病”工作，1978年率宁夏首批援贝医疗队远渡重洋，到贝宁博古省坎迪县进行医疗援助；1985年受卫生部派遣赴法国salpetriere医院从事脑脊液细胞学研究，回国后在国内率先引进先进、高效的Cytospin细胞收集器，自制国产化两用式的FCS细胞离心仪，改进了脑脊液收集方法，规范了在光镜下准确识别脑脊液正常和异常细胞形态特征及其临床意义；1998年在全区13家医院（多坐落于回族群众聚居的南部山区）建立远程教学网络，开展远程医疗和学术讲座，主持的“宁夏远程医学教育网络建设及应用研究”获2001年国家级教学成果二等奖；先后发表学术论文40余篇，出版学术专著6部，获国家专利1项、二等奖6项、三等奖5项、自治区教学成果奖一等奖1项、“国家级教学成果奖二等奖”1项。

1994年被卫生部科技司授予“边疆地区优秀科技人员”称号，1997年被选为中共十五大代表，1999年获宁夏回族自治区第四次民族团结先进个人和国务院第三次“全国民族团结进步模范个人”称号，2005年被评为“宁夏首届十大新闻人物”，2008年被评为“宁夏50年影响力人物”和自治区有突出贡献专家，2009年荣获“100位为宁夏建设作出突出贡献英雄模范人物”奖章，2013年享受国务院政府特殊津贴。

芦苇

生于1958年1 1月，汉族，祖籍宁夏中卫市沙坡头区。1982年1月毕业于宁夏大学中文系，高中语文特级教师，正高级教师，教育硕士，宁夏作家协会会员。现任银川市教育科学研究所所长，兼任宁夏中学语文教学研究会理事长。

1989年9月至1997年7月担任中卫一中副校长，1997年7月至2000年9月担任中卫二中校长，2000年9月至2003年7月任银川高级中学（宁夏田家炳高级中学）副校长，2003年7月至2014年7月任银川高级中学校长，2014年7月起任银川市教育科学研究所所长。

1997年9月，银南地区行政公署授予“银南地区中学语文学科十杰教师”称号；1998年9月，被国家教育部、国家人事部评为1998年全国教育系统劳动模范，授予“全国模范教师”称号；2000年9月，获第四届“全国十杰中小学中青年教师”提名奖（银奖）；2004年9月被自治区人民政府授予高中语文特级教师；2006年3月被自治区教育厅评为继续教育先进个人；2007年9月被自治区总工会、自治区教育厅授予“9·10”教育奖章；2016年6月，被银川市人民政府确定为首批享受政府特殊津贴人员；2016年12月，评为正高级教师。语文教育专著《24夜：与花季女儿谈写作》被自治区党委宣传部、教育厅、自治区团委、出版局共同推荐为宁夏中小学生暑期百部优秀读物；2013年起担任银川市高中语文特级教师工作室导师。

吕治林

出生于1963年7月10日，甘肃泾川人，先后在长庆石油学校、陕西师范大学、福建师范大学教育管理专业研究生班的学习，研究生学历，现任宁夏长庆高中学英语高级教师。

2007年被评为教育厅先进教育工作者；2009年宁夏区直机关精神文明建设指导委员会授予“敬业奉献道德模范”；2011年荣获自治区“9·10”教育奖章；2013年被评为银川市优秀教师；2014年被授予全国模范教师及全国中小学优秀班主任荣誉称号，9月9日在京参加庆祝第30个教师节暨全国教育系统先进集体和先进个人表彰大会，受到中共中央总书记、国家主席习近平及国务院总理李克强等党和国家领导人的接见。

宋光琼

出生于1963年1月7日，中共党员，大学学历，中学高级教师，现任兴庆区教育局教研室副主任兼小学语文教研员。

1999年9月被评为银川市教育系统优秀教师，2006年9月被授予首批“自治区级文科骨干教师”称号，2005年10月被中央教科所教育人力资源研究部评为全国优秀教研员，2007年被教育部课程教材研究所评为全国优秀教研员，2011年她被自治区教育厅评为国培计划“宁夏农村骨干教师培训项目”优秀指导教师，2012年2月被自治区人民政府授予“小学语文特级教师”称号，2013年9月被银川市委、市人民政府授予首届“凤城名师”称号，并荣获“银川市职工岗位能手”称号。2015年12月成立“特级教师宋光琼工作室”，成员包括三区两县一市的10名骨干教师。30多篇学术论文、征文和教学设计先后在国家级、省级刊物上发表或获奖。全国中文核心期刊《小学语文教学》在1998年第3期封二“小学园丁颂歌”栏目中做了专题简介。

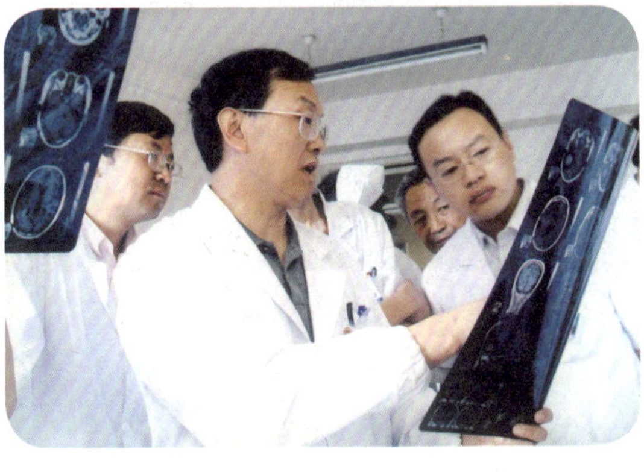

孙涛

生于1957年1月，汉族，河南巩县人，中共党员，中共十六大代表，二级教授，主任医师，博士生导师，第12届全国政协委员，现任宁夏医科大学校长、党委副书记。

现为科技部国家科技奖评委、自然科学基金评委、中国高等教育学会医学教育专业委员会副会长、中华医学会医师学会副会长、海峡两岸医药卫生交流协会神经外科专业委员会副会长、中国医疗保健国际交流促进会神经损伤学分会副会长、宁夏颅脑疾病重点实验室——省部共建国家重点实验室培育基地主任、中华神经外科分会功能学组名誉组长等社会职务，是卫生部重点专科神经外科首席专家、重点学科神经病学创新团队带头人、《中华神经外科》杂志副主编、《宁夏医科大学》学报主编，主持“973”专项、国家自然科学基金项目等23项。先后发表科研论文200余篇。其中SCI论文30余篇，参与编著专业书籍15部，主编出版著作9部。国家“百千万人才工程”人选，享受国务院政府特贴，是卫生部授予“有突出贡献中青年专家”。2010年获科技部“十一五”国家科技计划执行突出贡献奖，2012年获宁夏党委、政府首批“塞上英才”奖，2014年获“何梁何利”区域创新奖，2015年获“中国好校长”称号，2016年评为“科学中国人（2015）年度人物”，宁夏50年大庆“有突出贡献专业技术杰出人才奖”的四位获奖者之一，获“王忠诚中国神经外科成就奖”。

谭风兰

出生于1967年5月，回族，宁夏石嘴山人，1990年毕业于陕西师范大学历史系，获得历史学士学位，现为银川市十五中学“道德与法治”教师，2016年评为正高级教师。

2003年被评为首届自治区级骨干教师，2011年获得全国优秀政治教师称号，2012年获得自治区政府颁发的宁夏初中政治特级教师称号，2013年被评为银川市首届凤城名师，2014年获得银川市“五一劳动”奖章，2017年获全国中小学名师工作室优秀主持人奖。先后参与《成长教育》《民族政策常识》《廉洁教材》《义务教学思想品德教师用书》等教材及教辅资料编写工作，主持并完成“开展感恩教育的实践与研究”等省市三项课题的研究；10多篇论文在省级刊物上发表或获奖。

杨子鸣

生于1969年11月，汉族，宁夏灵武人，中共党员，1989年7月毕业于宁夏大学数学系，银川市回民中学高级教师。

2004年被认定为自治区骨干教师， 2008年评为银川市首届“十佳教师”，2013年荣获银川市首届凤城名师称号，2014年获全国模范教师、全国德育优秀工作者，2015年评为兴庆区教育系统优秀党务工作者。

2004年荣获自治区“中小学课堂教学质量工程”先进个人，2008年荣获全国数学青年教师优质课评比一等奖，2012年获全国数学竞赛优秀辅导员称号，先后编著《资源与学案》《我的新课堂》《初中数学解题宝典》《成功之路》《中考档案》等教辅材料。

叶勇军

生于1964年，宁夏平罗人，1987年毕业于西北师范大学，中学高级教师，现任宁夏长庆高级中学校长、党委副书记，2016年享受国务院特殊津贴。

叶勇军被聘为中国教育学会高中教育专业委员会委员、宁夏生物学会常务理事、宁夏中学生物教学研究会常务理事、宁夏“百所回民中小学标准化建设工程”项目学校评估验收专家组成员国家语言文字工作委员会机关报《语言文字报（考研版）》教研员（第339号）、中国关心下一代工作委员会。坚持高中生物教学与研究，主持参与国家、自治区重大科研课题10余项，多次获全国课题研究先进个人、先进校长称号。编著了《创新人才培养系列丛书》《教师不可不知的教学心理效应》等著作。

遇旻

生于1965年6月，汉族，山东龙口市人，教育管理硕士研究生，高级教师，现任银川市实验小学教育集团党总支书记、校长，银川市十二届党代表，银川市名校长工作室主持人。

2006年6月被中共银川市委员会评为优秀共产党员，2006年9月被银川市委市政府评为优秀教育工作者，2007年11月被中国基础教育学会研究会评为全国素质教育模范校长，2008年9月被银川市委市政府评为“两基”国检先进个人，2008年11月被中国教育学会中育教育发展研究中心评为创新型校长，2009年3月被银川市政府评为2008年度全市安全生产工作者先进个人，2009年被银川市教育局评为优秀党务工作者，2009年9月被自治区教育厅、宁夏总工会授予“9·10”教育奖章获得者称号，2009年11月被宁夏回族自治区评定为313人才，2010年5月被自治区精神文明建设委员会评为自治区未成年人思想道德建设工作先进个人，2011年享受自治区政府津贴，2015年享受国务院特殊津贴。

黄莉

1969年9月出生，汉族，银川市永宁县人，中共党员，大学本科，高级教师，现任兴庆区回民二小教育集团（观湖、新水桥、海宝、北塔四大校区和兴庆区第二十七小学一个发展共同体校）校长。

2011年8月获银川市法制宣传教育先进个人，2011年12月获银川市创建文明城市先进个人，2012年9月评为银川市优秀教育工作者，2014年9月被评为银川市“十佳校长”、兴庆区“名校园长”，2015年12月被自治区教育厅评为全区信息化教学资源有效应用试点工作先进个人。

闫梅

1964年10月出生，汉族，中共党员，高级教师、自治区级骨干教师、自治区优秀教师，宁夏师范学院客座教授，1981年参加工作，现任银川市唐徕回民小学校长。

2012年2月被自治区人民政府评为小学语文特级教师，2012年3月被自治区妇女联合会评为自治区“三八”红旗手，2014年2月享受自治区政府特殊津贴，2015年9月被自治区组织部、教育厅等五厅局命名为首批“塞上名师”。先后成立了自治区“塞上名师闫梅工作室”、银川市“特级教师工作室”、银川市“名校长工作室”。主持全国教育科学“十一五”规划课题“城市小学大班额课堂教学有效性研究”，撰写的学校案例《文化育人，让每一位师生都成为最好的自己》被评为全国中小学社会主义核心价值观优秀案例。

荣誉

受全国部门表彰奖励的集体和个人

一、集体

兴庆区大新镇	全国文明乡镇	中央精神文明建设指导委员会
兴庆区燕鸽湖管委会	全国社区戒毒社区康复工作示范单位（点）	国家禁毒委
兴庆区文体局	全国全民健身操舞大赛宁夏健美操大赛最佳表演奖	国家体育总局体操运动管理中心
兴庆区文体局	全国全民健身操舞大赛宁夏健美操大赛一等奖（民族健身操老年组)	国家体育总局体操运动管理中心
兴庆区文体局	全国全民健身操舞大赛宁夏健美操大赛特等奖（自选动作 社会组）	国家体育总局体操运动管理中心
兴庆区司法局	2014年度人民调解宣传工作先进集体	中华全国人民调解员协会
兴庆区卫生和计划生育局	国家卫生应急综合示范县（市、区）	国家卫计委应急办
兴庆区民政局	全国第二届结婚登记颁证技能比赛	民政部
兴庆区工商联	全国“五好”县级工商联	全国工商联
兴庆区科协	《全民科学素质行动计划纲要》“十二五”实施工作先进集体	中国科协等9部委
兴庆区团委	2014—2015年度大学生志愿服务西部计划优秀项目	全国大学生志愿服务西部计划项目管理办公室
兴庆区残联	2011—2014年全国残疾人体育工作先进单位	中国残疾人联合会、国家体育总局
兴庆区工会	全国工会基层组织建设创新成果三等奖	中华全国总工会
兴庆区工会	全国五一巾帼标兵岗	中华全国总工会
兴庆区人民法院	全国文明单位	中央精神文明建设指导委员会
兴庆区人民法院	全国巾帼文明岗	中华全国妇女联合会
兴庆区教育局	国家义务教育质量检测优秀组织单位	教育部

二、个人

王建平	兴庆区社会福利院	全国红十字会优秀护理员	全国红十字会
李　英	兴庆区民政局	全国第二届结婚登记颁证技能比赛银牌颁证员称号	民政部
刘欣燕	兴庆区经合局	全国第二届结婚登记颁证技能比赛优秀颁证员称号	民政部

陈万义	一线清扫员	全国劳动模范	中共中央委员国务院
姜丽娟	兴庆区关工委	全国关心下一代先进工作者	中国关工委

受自治区人民政府表彰奖励的集体和个人

一、集体

兴庆区经合局	2014年度招商引资指导性目标完成一等奖	自治区人民政府
兴庆区卫生和计划生育局	2014年度人口和计划生育目标管理综合三等奖	自治区人民政府
兴庆区政府	全区主干道路大整治大绿化工程川区组第一名	自治区人民政府
兴庆区政府	2015年度全区政务督察工作先进集体	自治区人民政府
兴庆北区地税局	自治区优秀志愿服务组织	自治区人民政府
兴庆北区地税局	全区法制宣传先进集体	自治区人民政府

二、个人

陈万义	一线清扫员	自治区劳动模范	自治区党委 自治区人民政府
官　宁	兴庆区政务服务中心	全区政务服务工作先进个人	自治区人民政府
马咏晖	玉皇阁北街办事处	2015年自治区级优秀党务工作者	自治区党委　自治区人民政府
李小芹	玉皇阁北街办事处	2015年自治区民族团结模范人物提名奖	自治区党委　自治区人民政府
秦志萍	玉皇阁北街北关社区	自治区劳动模范	自治区党委　自治区人民政府

受银川市人民政府表彰奖励的集体和个人

一、集体

兴庆区胜利街	平安建设工作先进集体	银川市委、银川市人民政府
兴庆区前进街	平安建设工作先进集体	银川市委、银川市人民政府
兴庆区文化街	平安建设工作先进集体	银川市委、银川市人民政府
兴庆区文化街	银川市安全生产工作先进单位	银川市委、银川市人民政府
兴庆区人社局	银川市维护农民工合法权益工作先进集体	银川市人民政府
兴庆区经合局	2015年度银川市人民政府授予中阿博览会突出贡献单位	银川市人民政府
兴庆区水务局	2015年农田水利基本建设先进县（市）区先进集体	银川市委、银川市人民政府
兴庆区市容环境卫生服务中心	城市综合管理先进集体	银川市委、银川市人民政府
兴庆区政府	银川市维护农民工合法权益工作先进集体	银川市人民政府
兴庆区政府	2015年度农业农民增收先进集体	银川市人民政府
兴庆区政府	2013—2015年度人大议案办理工作先进单位	银川市人民政府
兴庆区国控公司	国有企业财务监督工作先进单位	银川市人民政府
兴庆区康居办	银川市维护农民工合法权益工作先进集体	银川市人民政府
兴庆区市场监督管理兴庆一分局	2014年度安全生产先进单位	银川市人民政府
兴庆区北区地税局办税服务厅	三八红旗集体	银川市人民政府

二、个人

陆正学	解放西街街道办事处	2014年度社会管理综合治理工作先进个人	银川市委　银川市人民政府
余梅琴	兴庆区康居办	银川市维护农民工合法权益工作先进个人	银川市人民政府
丁晓燕	中山南街街道办事处	最美银川人	银川市人民政府

李　芳	兴庆区社会福利院	最美银川人	银川市人民政府
何梅萍	兴庆区安监局	银川市2014年度安全生产工作先进个人	银川市人民政府
徐　洋	兴庆区安监局	银川市2014年度安全生产工作先进个人	银川市人民政府
张献荣	兴庆区安监局	银川市2014年度安全生产工作先进个人	银川市人民政府
王海鹏	兴庆区经合局	2014年招商引资先进个人	银川市委　银川市人民政府
胡小多	兴庆区人民法院	2014年度政法工作先进个人	银川市委　银川市人民政府
姜　戈	兴庆区人民法院	个人三等功	银川市委　银川市人民政府
陆　涛	兴庆区人社局劳动保障监察大队	银川市维护农民工合法权益工作先进个人	银川市人民政府
缪　龙	兴庆区人社局劳动保障监察大队	银川市维护农民工合法权益工作先进个人	银川市人民政府
徐林雨	银川二幼教师　最美银川人	银川市委 银川市人民政府	
马　丽	银川四幼园长　最美银川人	银川市委 银川市人民政府	
许富城	第四中学学生　最美银川人	银川市委 银川市人民政府	
吕　英	银川市兴庆区回民第一小学	优秀教师	银川市人民政府
丁彩红	银川市兴庆区第二小学	优秀教师	银川市人民政府
王　举	银川市兴庆区第三小学	优秀教师	银川市人民政府
曹晓红	银川市兴庆区第三小学	优秀教师	银川市人民政府
张芳兰	银川市兴庆区第四小学	优秀教师	银川市人民政府
白霞玲	银川市兴庆区第五小学	优秀教师	银川市人民政府
牛　福	银川市兴庆区第六小学	优秀教师	银川市人民政府
万　菁	银川市兴庆区第七小学	优秀教师	银川市人民政府
赵翠玉	银川市兴庆区第八小学	优秀教师	银川市人民政府
郭晓霞	银川市兴庆区第九小学	优秀教师	银川市人民政府
李秀萍	银川市兴庆区第十小学	优秀教师	银川市人民政府
刘舒婷	银川市兴庆区第十小学	优秀教师	银川市人民政府
梁建斌	银川市兴庆区第十二小学	优秀教师	银川市人民政府
仇向军	银川市兴庆区景岳小学	优秀教师	银川市人民政府
练　莉	银川市兴庆区第十五小学	优秀教师	银川市人民政府
马榕榕	银川市兴庆区第十六小学	优秀教师	银川市人民政府
刘　扬	银川市兴庆区第十六小学	优秀教师	银川市人民政府
刘国林	银川市兴庆区第十七小学	优秀教师	银川市人民政府
薛耀兰	银川市兴庆区第十八小学	优秀教师	银川市人民政府
妥宝莲	银川市兴庆区第十九小学	优秀教师	银川市人民政府
余静静	银川市兴庆区第二十二小学	优秀教师	银川市人民政府
丁新华	银川市兴庆区第二十三小学	优秀教师	银川市人民政府
张　庆	银川市兴庆区第二十四小学	优秀教师	银川市人民政府
周咏梅	银川市兴庆区第二十五小学	优秀教师	银川市人民政府
李秀红	银川市兴庆区第二十六小学	优秀教师	银川市人民政府
周海燕	银川市兴庆区第二十七小学	优秀教师	银川市人民政府
刘士庆	银川市兴庆区第二十八小学	优秀教师	银川市人民政府
郑凤瑜	银川市兴庆区第二十九小学	优秀教师	银川市人民政府
乔玉琳	银川市兴庆区回民第二小学	优秀教师	银川市人民政府

黄文捷	银川市兴庆区回民第二小学	优秀教师	银川市人民政府
曹淑霞	银川市兴庆区回民第三小学	优秀教师	银川市人民政府
金　利	银川市兴庆区回民实验小学	优秀教师	银川市人民政府
吕银春	银川市兴庆区唐徕回民小学	优秀教师	银川市人民政府
王晓娟	银川市兴庆区唐徕回民小学	优秀教师	银川市人民政府
岳　惠	银川市兴庆区掌政中心小学	优秀教师	银川市人民政府
郭彩霞	银川市兴庆区官湖小学	优秀教师	银川市人民政府
王璐瑶	银川市兴庆区大塘中心小学	优秀教师	银川市人民政府
刘紫燕	银川市兴庆区海军希望小学	优秀教师	银川市人民政府
贺晶晶	银川市第二幼儿园	优秀教师	银川市人民政府
顾新华	银川市第三幼儿园	优秀教师	银川市人民政府
王　婷	银川市第四幼儿园	优秀教师	银川市人民政府
吴晓燕	银川市第五幼儿园	优秀教师	银川市人民政府
张子斌	银川市第三中学	优秀教师	银川市人民政府
贺　华	银川市第三中学	优秀教师	银川市人民政府
赵晓娣	银川市第四中学	优秀教师	银川市人民政府
马学广	银川市第四中学	优秀教师	银川市人民政府
杨　琳	银川市第五中学	优秀教师	银川市人民政府
李　芃	银川市第十中学	优秀教师	银川市人民政府
海　娟	银川市第十二中学	优秀教师	银川市人民政府
朱凤云	银川市第十五中学	优秀教师	银川市人民政府
孙春燕	银川市第十五中学	优秀教师	银川市人民政府
郑国华	银川市回民中学	优秀教师	银川市人民政府
李淑芳	银川市回民中学	优秀教师	银川市人民政府
温宇霞	银川市第二十中学	优秀教师	银川市人民政府
何金林	银川市第二十一中学	优秀教师	银川市人民政府
向　君	银川市兴庆区掌政中学	优秀教师	银川市人民政府
李占峰	银川市兴庆区回民中学	优秀教师	银川市人民政府
高满堂	银川市兴庆区月牙湖回民中学	优秀教师	银川市人民政府
李怀玉	银川市兴庆区月牙湖回民第二中学	优秀教师	银川市人民政府
徐伟云	银川市兴庆区月牙湖回民第二中学	优秀教师	银川市人民政府
张　倩	银川市世纪幼儿园	优秀教师	银川市人民政府
王丽红	银川市兴庆区教育局	优秀教师	银川市人民政府
周静波	银川市第四中学	优秀教育工作者	银川市人民政府
闫　利	银川市第三中学	优秀教育工作者	银川市人民政府
王晓平	银川市兴庆区第七小学	优秀教育工作者	银川市人民政府
王永利	银川市兴庆区第十七小学	优秀教育工作者	银川市人民政府
褚宪虎	银川市兴庆区海军希望小学	优秀教育工作者	银川市人民政府
孔玲芳	银川市第五幼儿园	优秀教育工作者	银川市人民政府

附录

兴庆区城市社区居委会区划调整方案

随着兴庆区城市规模的不断扩大，城市人口数量急剧增加，街道及社区辖区面积及人口、住户分布不均的问题日益凸显，给社区发展建设带来一定的困扰。为进一步提升兴庆区城市社区管理服务水平，推进和谐社区建设进程，科学合理地确定各社区居委会的区域规模，促进社区基础设施和公共服务等资源的优化配置和合理布局，特制定本调整方案。

一、基本情况

区划调整前，兴庆区所辖的11个街道办事处和1个管委会（燕鸽湖）共有72个城市社区居委会，共有社区居委会“两委”成员518人。经本次重新规划调整，新增社区居委会18个，其中：胜利街街道办事处3个、新华街街道办事处2个、银古路街道办事处4个、前进街街道办事处1个、中山南街街道办事处1个、丽景街街道办事处3个、凤凰北街街道办事处1个、燕鸽湖管委会新增设1个、大新镇人民政府新设立2个，共计有城市社区居委会90个，核定“两委”成员职数共计646人。其中有8个街道办事处的9个城市社区居委会做了相应的区划调整。

二、区划设置调整的原则要求

（一）充分考虑公共服务资源配置、人口规模和管理幅度等因素，按照便于管理、便于服务、便于居民自治的原则确定管辖范围，一般以辐射3000户左右居民为基本标准设置，1000户以下的原则上予以撤并。

（二）新增设的社区居委会，必须配有办公用房和公共服务基础设施，原则上不低于400平方米，有具体的名称和明确的方位。

（三）新增小区设置社区居委会，应由商用住房开发企业按照自治区（宁政办发［2006］208号）《关于加强社区组织工作用房和居民公益性服务设施建设与管理工作的意见》和（宁党办发［2012］33号）自治区党委、人民政府《关于进一步加强城乡和社区建设的意见》的规定，无偿提供社区公共服务基础设施，室外户均0.5平方米，室内户均0.2平方米。

（四）社区“两委”成员职数的核定：居民户数在3000户以下的核定为5名，3000户—5000户的核定为7名，5000户以上的核定为9名。

三、具体调整规划及设置情况

（一）解放西街街道办事处维持原状未做调整，辖区面积4.1平方公里，边界四至：东起民族北街，西邻凤凰北街，北起上海东路。共辖6个城市社区居委会：银湖社区居民委员会、海宝社区居民委员会、北苑社区居民委员会、华新社区居民委员会、健康社区居民委员会、文艺社区居民委员会，核定“两委”成员职数为42人。

（二）富宁街街道办事处维持原状未做调整，辖区面积5.29平方公里，边界四至：东至利民街，南至书苑，西至唐徕渠，北至解放街。共辖6个城市社区居民委员会：中寺社区居民委员会、利群社区居民委员会、西关社区居民委员会、自强社区居民委员会、南苑社区居民委员会、大庙社区居民委员会，核定“两委”成员职数为44人。

（三）前进街街道办事处在原区域不变的情况下，将原来的陶瓷社区和华林社区重新规划，又增设了西塔社区，新增1个（西塔）社区，调整后辖区总面积2.28平方公里，边界四至：东至民族南街延伸至唐徕渠，南至凤凰街延伸段与民族街交汇处，西至利民街接书香苑西巷至凤凰街以东，北至解放街。共辖5个城市社区居民委员会：银华社区居民委员会、陶瓷社区居民委员会、华林社区居民委员会、星光华社区居民委员会、西塔社区居民委员会，核定“两委”成员职数为37人。

（四）文化街街道办事处接管了由玉皇阁北街街道办事处划入的信义社区和天成社区，新增区域面积1.3平方公里。调整后辖区总面积3.1平方公里，边界四至：东至中山北街，南至解放东街，西至民族北街，北至上海东路。共辖6个城市社区居委会：山河湾社区居民委员会、丰收社区居民委员会、幸福社区居民委员会、游乐社区居民委员会、信义社区居民委员会、天成社区居民委员会，核定“两委”成员职数为40人。

（五）凤凰北街街道办事处接管了由丽景街街道办事处划入的北塔社区，并将北塔社区分成北塔社区和民运社区2个社区，新增1个（民运）社区，增加区域面积1.8平方公里。

调整后辖区总面积5.2平方公里，边界四至：东至凤凰街，南至解放街，西至唐徕渠，北至贺兰山路。共辖7个社区居委会：阳澄社区居民委员会、安秀社区居民委员会、兴隆社区居民委员会、崇安社区居民委员会、北安社区居民委员会、北塔社区居民委员会、民运社区居民委员会，核定“两委”成员职数为51人。

（六）丽景街街道办事处将原有的北塔社区划归凤凰北街街道办事处管辖，减少区域面积1.8平方公里。鉴于辖区内新建居民住宅楼的增家及入住人口的增多，原有观湖社区重新划分为2个社区（泰和社区、观湖社区），原有的八里桥社区划分为2个（八里桥社区、兰溪社区）.原满春社区划分为2个（满春社区、春城社区），共新增3个（泰和、兰溪、春城）社区。调整后，辖区面积17.6平方公里，边界四至：东至友爱中心路，南至上海东路，西至凤凰北街，北至贺兰交界处。共辖12个城市社区居民委员会：观湖社区居民委员会、泰和社区居民委员会、庆春社区居民委员会、八里桥社区居民委员会、兰溪社区居民委员会、景墨社区居民委员会、雅苑社区居民委员会、景太社区居民委员会、银虹社区居民委员会、双庄社区居民委员会、满春社区居民委员会、春城社区居民委员会，核定“两委”成员职数为86人。

（七）玉皇阁北街街道办事处接管了由银古路街道办事处划入的八一社区和高台社区，新增区域面积2.5平方公里，将原有的天成社区和信义社区划归文化街街道办事处管辖，减少区域面积1.3平方公里，调整后玉皇阁北街街道办事处辖区总面积为5.8平方公里，边界四至：东至丽景北街，南至解放东街，西至中山北街，北至上海东路。共辖6个城市社区居民委员会：北关社区居民委员会、永康社区居民委员会、青山社区居民委员会、东方社区居民委员会、八一社区居民委员会、高台社区居民委员会，核定“两委”成员职数为42人。

（八）中山南街街道办事处接管了由胜利街街道办事处划入的清和社区和银古路街道办事处划入的金南社区，将金南社区分成了金南、民乐2个社区，共新增区域面积1.3平方公里，将原有的新宁社区部分划拨由新华街街道办事处管辖，面积约0.3平方公里。新增了1个（民乐）社区。调整后区域面积3.94平方公里，边界四至为：东至丽景南街，南到宝湖东路，西至中山南街（胜利街），北至解放东街。共辖7个城市社区居委会：安和社区居民委员会、富强社区居民委员会、新宁社区居民委员会、康华社区居民委员会、清和社区居民委员会、金南社区居民委员会、民乐社区居民委员会，核定“两委”成员职数为53人。

（九）银古路街道办事处将原有的八一和高台两个社区划拨由玉皇阁北街街道办事处管辖，将原有的金南社区划拨由中山南街街道办事处管辖，共计减少区域面积3.3平方公里，将原有的迎宾社区划分为迎宾、友爱2个社区，将原有的丽水社区划分为丽水、云和2个社区，将原有的福园、春园社区合并重新划分为福园、春园、康园3个社区，并新设置了宝南社区，共新增4个（友爱、云和、康园、宝南）社区。调整后区域面积9.65平方公里，边界四至：东至友爱中心路，南至宝湖路，西至丽景街，北至上海东路。共辖10个城市社区居民委员会：景湖社区居民委员会、福园社区居民委员会、丽景社区居民委员会、友爱社区居民委员会、丽水社区居民委员会、云和社区居民委员会、康园社区居民委员会、宝南社区居民委员会、迎宾社区居民委员会、春园社区居民委员会，核定“两委”成员职数为72人。

（十）新华街街道办事处接管

了由胜利街街道办事处划拨的双城门、宝庆两个社区和中山南街街道办事处划拨的部分新宁社区（重新民名为裕民社区），新增区域面积1.68平方公里，将原有的永安、正丰2个社区重新划分为永安、正丰、长信3个社区，共新增2个（长信、裕民）社区。调整后区域面积5.28平方公里，边界四至：东起中山南街延伸至胜利南街，南至宝湖路，西至民族南街，北起解放街。共辖8个城市社区居民委员会：鼓楼社区居民委员会、裕民社区居民委员会、双城门社区居民委员会、宝庆社区居民委员会、长信社区居民委员会、永安社区居民委员会、正丰社区居民委员会、富华社区居民委员会，核定“两委”成员职数为62人。

（十一）胜利街街道办事处将原有的双城门、宝庆两个社区划拨给新华街街道办事处管辖，将原有的清和社区划拨给中山南街街道办事处管辖，总计减少面积1.58平方公里，因新建住宅区域的扩大及住户的增加，在新建区域新增设置了3个（紫金、清苑、上前）社区居委会。调整后区域面积9.15平方公里，边界四至：东至清和街，南至徕龙公园与永宁为界，西至民族街、凤凰南街延伸至南环路口，北至宝湖路。共辖9个城市社区居民委员会：紫金社区居民委员会、清苑社区居民委员会、上前社区居民委员会、景园社区居民委员会、天盛社区居民委员会、祥和社区居民委员会、南华社区居民委员会、康馨社区居民委员会、家园社区居民委员会，核定“两委”成员职数为63人。

（十二）燕鸽湖管委会原有5个社区居委会，因新建住宅区域的扩大及住户的增加，新增1个（燕依园）社区，调整后区域面积2.61平方公里，边界四至：东起京藏高速公路，南至银古高速公路，西起燕庆街，北至银通路。共辖6个城市社区居民委员会：燕欣园社区居民委员会、燕乐园社区居民委员会、燕庆园社区居民委员会、燕翔园社区居民委员会、银燕园社区居民委员会、燕依园社区居民委员会核定“两委”成员职数为42人。

（十三）大新镇人民政府因城镇化水平的提高，大新镇辖区内新建小区入住的城镇居民逐年增加，由于大新镇和所辖村级组织没有城市管理机构和人员，为便于管理和服务，新设立2个（聚丰园、东城人家）社区，面积3.9平方公里。核定“两委”成员职数为12人。

四、工作要求

（一）严格组织程序。各相关单位在组建各新增设置的社区居委会过程中，按照《中华人民共和国城市居民委员会组织法》等有关法律法规，坚持“精简、高效”原则，依规、按职数设置选配社区居委会工作班子，按程序成立社区基层党组织，妥善处理原社区集体资产分割和居民户籍管理等事宜。

（二）加强领导宣传。加强组织领导、部门协调和工作指导，认真组织实施，强化宣传引导，切实做好干部群众工作，确保组建工作顺利完成，尽快使社区各项管理与服务工作进入正常轨道。要坚持“以人为本、为民服务”的理念，努力建设居民满意、具有自身特色的和谐社区。

（银兴政办发［2015］98号）

2015年7月30日

兴庆区2015年老旧小区专项改造工程实施方案

按照区委、政府“8531”工作思路和“建设和谐富裕新兴庆的总体要求，结合自治区住房和城乡建设厅《关于在全区城镇开展老旧小区住宅小区整治改造和推进物业管理的指导意见》（宁建（房）发〔2014〕6号）文件精神，为切实加强和创新社会治理工作，构建“平安、整洁、优美、宜居”的人居环境，进一步改善居民生活质量，兴庆区决定对辖区部分老旧小区基础设施进行专项改造，特制定2015年老旧小区专项改造实施方案如下：

一、指导思想

以党的十八大精神和科学发展观为统领，结合兴庆区实际情况，以保障和改善民生为宗旨，以便民、利民、为民、安民为目标，坚持以人为本、注重民生改善、本着“缺什么补什么，差什么改什么”的原则，重点对老旧小区的排水设施、屋面防水、安防监控设施、道路硬化、室外及楼道照明、单元防盗门，停车场地、环境卫生等进行综合整治，实行封闭式管理，切实解决居民群众关心的热点难点问题，不断提高老旧小区管理水平。

二、基本原则

（一）统筹推进。结合兴庆区实际情况，统筹安排和实施老旧小区专项改造工作，与棚户区改造、建筑节能改造、供热管网改造、供水排水改造、燃气管网改造等项目结合起来，整合资源，形成合力。

（二）先急后缓。改造计划按照先急后缓、先难后易、集中整治和分散整治相结合的原则，在选点中着重解决影响老百姓正常生活的基本问题，改造小区首先以解决小区照明、环境脏乱差、下水管网老化、屋顶漏雨等为重点。

（三）区域合并。按照区域合并、规模改造与管理的原则，改造着力改变老旧小区分割、独立、零散的现状，拆除围墙，打通障碍，形成统一的小区，为实现后期物业管理奠定基础。

（四）业主参与。全面开展老旧小区调查摸底工作，充分征求居民群众的意见和建议，调动居民的积极性和主动性，既要保障业主和居民的权利，也要明确业主和居民应尽的义务与职责。

（五）标本兼治。注重改造老旧小区的整体环境，改造水、电、排污等生活配套设施，既要对小区环境进行硬化、绿化、美化、亮化等，又要注重日常物业管理长效机制建立，实现建管并举、标本兼治。

（六）部门指导。政法委、兴庆区建设交通局、物业办、街道办事处等部门，要切实加强对老旧住宅小区整治改造工作的指导监督，积极支持有关部门开展各项工作。各有关部门具体职责如下：

1. 兴庆区政法委：组织实施辖区各老旧小区安防监控系统的建立，监督指导各老旧小区健全完善治安防范设备设施，小区安防监控系统建立后，确保与公安部门的安防系统平台联网。

2. 兴庆区经济发展局：负责兴庆区2015年老旧小区专项改造工程前期手续报备与批准，负责兴庆区2015年老旧小区专项改造工程建设方案的评审。

3. 兴庆区建设交通局：在兴庆区人民政府的领导下，牵头负责老旧小区专项改造各项工作。摸清辖区老旧小区基本情况，并提出改造计划及项目前期招投标工作，后期监督指导街道办事处做好老旧小区管理工作。

4. 兴庆区园林管理局：负责对改造后的老旧小区进行绿化种植，指导街道办事处、社区对种植后的树木进行养护。

5. 兴庆区招标办：负责兴庆区2015年老旧小区专项改造工程设计单位、监理单位、施工单位的招投标工作。

6. 兴庆区财政局：负责兴庆区2015年老旧小区专项改造工程财政拨款，保证资金及时拨付到位，确保工程按时完工。

7. 兴庆区审计局：负责兴庆区2015年老旧小区专项改造工程预算执行情况及施工项目中变更签证的决算。

8. 街道办事处：配合兴庆区建设交通局摸清辖区老旧小区基本情况，提出需要改造的老旧小区并实地查看，待项目确定后，监督、协调施工过程，并对各老旧小区改造工作进行后期管理；对于改造后不具备专业化物业管理条件的老旧小区，由各街道办事处、社区居委会牵头组织居民群众，因地制宜地采取业主委员会自管、居委会代管等形式开展准物业服务管理。

9. 兴庆区物业办：引导各基层组织积极参与老旧小区推行物业管理工作。牵头召开业主大会或成立业主委员会，动员居民群众积极参与改造工作，支持改造后的老旧小区推行物业管理。

三、2015年工作计划

主要针对老旧小区普遍存在路面不平、路灯不亮、下水不畅、屋面漏雨、安防不完善等情况进行改造。集中整治、分散整治共涉及13个小区、83栋住宅楼、住户3281户、改造总面积约25万平方米、总概算投资4074.82万元，目前项目已完成设计招投标，预计4月底开工。改造内容包括：下水管网，屋顶漏雨，小区照明系统，小区安防系统，路面硬化，更换垃圾箱等。

各改造老旧小区基本情况如下：

1. 玉皇阁北街街道办事处：造纸厂家属院，建筑面积：7072.78㎡，3栋楼，115户、建成年代：1989—1991年，改造内容：下水管网、屋面防水、更换单元防盗门、室外及楼道照明、路面硬化、围墙维修、自行车棚维修等。

2. 玉皇阁北街街道办事处：中山北街107#院，建筑面积：6115㎡，4栋楼，82户，建成年代：1988年，改造内容：下水管网、屋面防水、更换单元防盗门、室外及楼道照明、路面硬化、围墙维修、自行车棚维修等。

3. 银古路街道办事处：银河小区，建筑面积：23966.7㎡，4栋楼，244户，建成年代：1997—2003年，改造内容：路面硬化、楼道照明、自行车棚维修等。

4. 文化街街道办事处：永丰巷三合院，建筑面积：20174㎡，4栋楼，292户，建成年代：1991—1997年，改造内容：下水管网、屋面防水、更换单元防盗门、室外及楼道照明、路面硬化、围墙维修等。

5. 富宁街街道办事处：富康小区，建筑面积：19291㎡，9栋楼，302户，建成年代：1989—1996年，改造内容：下水管网、屋面防水、更换单元防盗门、室外及楼道照明、路面硬化、围墙维修等。

6. 富宁街街道办事处：前进街87#大院，建筑面积：30561.6㎡，11栋楼，492户，建成年代：1981—1995年，改造内容：下水管网、屋面防水、更换单元防盗门、室外及楼道照明、路面硬化、围墙维修、自行车棚维修等。

7. 前进街街道办事处：前进街51#大院，建筑面积：4247㎡，3栋楼，60户，建成年代：1989年，改造内容：下水管网、屋面防水、更换单元防盗门、室外及楼道照明、路面硬化、自行车棚维修等。

8. 前进街街道办事处：三林巷银华小区，建筑面积：45543.08㎡，17栋楼，522户，建成年代：1987—2000年，改造内容：改造内容：下水管网、室外及楼道照明、路面硬化、更换单元防盗门、围墙维修、自行车棚维修等。

9. 新华街街道办事处：长城路341#院，建筑面积：5038.56㎡，2栋楼，132户，建成年代：1994—1998年，改造内容：下水管网、屋面防水、更换单元防盗门、室外及楼道照明、路面硬化、围墙维修等。

10. 胜利街街道办事处：颐水苑，建筑面积：12300㎡，4栋楼，144户，建成年代：1990年，改造内容：下水管网、室外及楼道照明、路面硬化、更换单元防盗门、围墙维修等。

11. 解放西街街道办事处：宁光电工厂家属院，建筑面积：8740㎡，3栋楼，122户，建成年代：1983—1999年，改造内容：下水管网、屋面防水、更换单元防盗门、室外及楼道照明、路面硬化、自行车棚维修等。

12. 中山南街街道办事处：解放东街275、277、279#院，建筑面积：3722㎡，3栋楼，54户，建成年代：1998—1999年，改造内容：下水管网、路面硬化、围墙维修等。

13. 丽景街街道办事处：春润苑，建筑面积：68000㎡，16栋楼，720户，建成年代：2003年，改造内容：屋面防水、路面硬化、围墙维修、自行车棚维修、室外照明等。

四、后期管理模式

对改造后的老旧小区，由兴庆区物业管理办公室、各街道办事处、居民委员会牵头，召开业主大会或业主代表大会，成立小区业主委员会，明确物业服务项目、内容和收费标准等，选择实施专业化的物业服务管理或准物业服务管理。主要采用以下三种物业服务管理模式：

（一）专业化物业管理。在对基础设施和环境实施专项改造的基础上，通过政府补贴、居民缴费、部门共建、划分车位收取费用等渠道筹集资金，引进专业化的物业公司，由物业公司进行市场化服务管理。

（二）业主自管。在兴庆区物业办、各街道办事处、社区的指导下，通过业主大会或业主委员会建立相关自治制度，多渠道筹集资金，聘用本小区业主或社会服务人员，实现业主自我管理的准物业模式。并在兴庆区物业办、各街道办事处、社区的统一指导下，推行网格化服务和管理，不断优化便民服务和群防群治的质量。

（三）社区代管。对部分不具备规范管理条件的散居楼、独栋楼，由社区居委会聘用专职人员，对小区的卫生、治安进行管理，提供基础的物业服务，待条件成熟后逐步推行市场化物业服务管理。

五、保障措施

（一）健全工作机制。由兴庆区建设交通局牵头，成员单位由物业办、政法委、招标办、经济发展局、财政局、审计局、各街道办事处、社区等部门组成，同时协调电力、供水等企业单位积极配合，制定具体实施方案，兴庆区建设交通局负责提出项目前期改造计划，招标办负责项目招投标工作，完成施工、监理招投标后由街道办事处对项目中后期进行管理实施，建设交通局负责业务指导及监督，竣工验收后由物业办牵头推行物业管理工作。

（二）加大资金投入。2015年，兴庆区通过政府财政拨付4000万元，专门对老旧小区实施改造，在资金的有力保障下，保证项目顺利实施，杜绝因资金问题造成老旧小区专项改造项目停滞的现象。

（三）广泛深入动员。各街道、社区充分发挥基层组织的作用，积极做好宣传和引导教育工作，采用多种方式，宣传老旧小区专项改造的重要意义，鼓励和引导居民群众积极参与，支持改造工作。

（四）强化监督检查。兴庆区建设交通局要强化对专项改造工程的全程监督，发现问题及时处理；定期召开老旧小区专项改造专题会议，汇报工程进展情况，对于存在的问题，协商解决，街道办事处与监理单位、施工单位要及时收集和吸纳群众的意见和建议，对居民群众提出的意见和建议进行落实；对按期完成任务的单位和好的做法及时宣传报道，对态度不积极、行动迟缓、不能按期完成改造任务的予以曝光，营造良好的舆论氛围。

（银兴政办发〔2015〕59号）

2015年4月28日

兴庆区促进农村居民持续增收实施方案

为了认真落实银川市委、政府关于开展“双增双减”专项行动的部署，扎实做好兴庆区“三农”工作，加快建立促进农民增收的长效机制，实现农业提质增效、农民持续增收、农村繁荣稳定，促进兴庆区经济社会又好又快发展。结合兴庆区实际，现就增加农民收入制定实施方案。

一、总体要求

深入贯彻落实党的十八届三中、四中全会及自治区、银川市农村工作会议精神，以增加农民收入为核心，以城乡统筹发展为目标，以强化科技创新为支撑，加快现代农业发展，提高农民经营性收入；以提升就业技能为抓手，促进农民充分就业，提高农民工资性收入；以深化农村改革为驱动，推动农村土地资本市场化，提高农民财产性收入；以完善保障水平为依托，切实解决农村民生问题，提高农民转移性收入。

二、工作目标

到2018年，农村经济社会全面发展，形成以增产增收、优质增收为基础，以农业农产品收入为主，以务工增收、转产增收为辅，以财产增值增收、补贴增收为补充的多元化持续增收新格局，农民收入持续增长，城乡差距明显缩小，农村消费水平大幅提升，群众幸福指数显著提高。兴庆区农村居民可支配收入年均同比增长10%以上，月牙湖乡农村居民可支配收入年增同比增长15%以上。

三、主要任务

（一）大力培育特色优势产业，夯实农民增收基础

1.以“四大主导产业”为抓手，构建农民保持增收长效机制。按照因地制宜、合理布局、整村推进的原则，科学确定花卉产业、优质稻、瓜菜生产、奶畜产业四大产业为兴庆区重点发展的农业产业，做精做细，提升做强主导产业，为农民持续增收提供坚实保障。一是坚定贯彻“兴花”的发展思路，坚持主打“兴庆康乃馨”品牌，着力转变花卉产业发展方式，重点增加鲜切花生产规模，建设兴庆区康乃馨育苗中心，提升鲜切花品质，到2018年，行标达到A、B级标准的占80%以上。二是以黄河两岸为重点，优质稻生产稳定在5万亩，对通贵乡和掌政镇银通路两侧常年稻田实行稻旱轮作2万亩。三是大力发展瓜菜产业，建立蔬菜温室核心示范区，争取创建4个瓜菜示范区。四是加大万亩奶牛生态养殖场生产规模，奶牛存栏量达到2万头。

2.提升农产品加工转化升值能力。深入实施龙头企业升级工程，扶持九曲米业等农产品加工企业，努力打造自治区级和国家级农产品加工示范基地品牌。支持龙头企业开展技术研发、基地建设、品牌创建，形成龙头带基地联农户的产业化发展模式，努力实现从传统农业、产量农业向优良品种、高新技术、高端市场、高效益“一优三高”农业转变。

3.创建示范性产业经营体系。在现有“公司+农户”、“公司+基地+农户”的经营模式基础上，探索推进基地农民以土地和资金入股，实行多种形式的联合与合作，真正形成风险共担，利益均沾的利益共同体。到2018年，兴庆区农民专业合作社总数达75个，达到区、市示范合作社标准30个。认真落实自治区《关于促进家庭农场发展的指导意见》，探索建立土地流转机制，促进产业大户向专业化、规模化和集约化方向发展，分产业建立家庭农场和大户档案，在科技推广、疫病防治、信息服务以及贷款担保方面给予政策支撑和技术支持；发展种养结合、种加结合、产供销结合的结合型、综合型经营大户，带动新的产业链、产业群的形成。大力开展农业产业大户技能培训，提高产业大户的能力。到2018年，兴庆区家庭农场总数达50个，创建区、市星级标准达到15个。

（二）加快发展农村二、三产业，拓宽农民增收渠道

1.全力抓好创业带动就业。实施更加积极的就业政策，进一步完善财政、信贷、社保补贴等扶持政策，统筹推进城镇新增劳动力、大中专毕业生、返乡农民工和农村劳动力转移就业工作。落实激励政策，支持企业稳定现有就业岗位。加大培训力度，鼓励高校毕业生、下岗失业人员、技能人才等各类群体自主创业、自谋职业。以目前建成的村级劳务公司和协会为基础，进一步完善县、乡两级联动的人力资源市场体系和以行政村为基础的就业信息服务网络，建立用工地与劳动力输出地协调联动机制。今后四年，每年新增城镇就业2000人以

上，新增农村劳动力转移1000人次以上，农民工资性收入确保年均增长15%以上。

2.积极发展农村休闲观光农业。加快推进休闲观光农业。构筑以月牙湖乡、掌政镇为面，以203省道、银横路、孔司路、鸣银路、滨河大道为线的沿黄休闲观光生态圈，依托目前已具雏形的适水产业、经果林和设施农业，发展观光、采摘等庭院式休闲农业。同时，进一步规范经营行为，不断提高和丰富休闲观光农业的内容和功能，促进都市农业健康持续发展。

带动发展一批“农家乐”旅游特色村，逐步把乡村旅游业发展成为支柱产业和农民增收新亮点。

（三）推动农业科技创新，提高农民增收技能

1.强化科技对农民增收的支撑。加强与农业高等院校、科研机构的紧密合作，广泛开展产学研联合，促进农业科研成果转化与普及。加快新品种、新技术、新机具引进、试验、示范和推广，推动农村经济向科技型、生态型、效益型方向发展，提升农村综合经济实力，带动农民致富。进一步完善农民科技培训体系，加大对新型农民科技培训、转移培训、产业培训，培养产业工人。制定农村种养殖经营大户表彰奖励办法，鼓励有文化、有农业生产和经营技术的青壮年农民留在农村，推动农业规模化、产业化发展。从今年开始，每年培育农业科技示范户100户以上，到2018年达到500户以上。

2.实施“一村一品”工程。依靠科技创新驱动，把提高土地产出率、资源利用率、劳动生产率作为主要目标，把增产增效并重、良种良法配套、农机农艺结合、生产生态协调作为基本要求，发挥资源比较优势，坚持市场导向，整村整镇推进优势资源开发，推行规模化、标准化、集约化生产，打造特色优势品牌，促进优势产业集群发展。重点扶持发展设施农业、奶产业、特种禽畜养殖，休闲观光农业等，加快形成“一村一品”、“一村一业”的产业化发展格局，培植一批专业村。

（四）深化农村综合改革，开辟农民增收新路径

1.利用土地流转，推动规模化发展。在坚持农村土地承包关系长久不变的前提下，鼓励引导农户采取转包、转让、互换、出租、股份合作等多种方式进行土地承包经营权流转，支持乡镇、村探索建立土地股份合作社、股份制农场、家庭农场等经营模式，促进农业适度规模经营。到2018年，力争创建1个2000亩以上的土地股份合作社、1个2000亩以上的股份制农场，兴庆区土地适度规模经营面积达到4万亩。

2.加大村企合作力度。引导和扶持村集体经济组织在参与村企合作的过程中，承揽工业企业退出的服务外包、原料供应、劳务培训和初级产品加工等业务，促进企业资金、技术、产品等资源同村集体经济组织的土地、劳力、原料等生产要素的优化重组和合理配置，鼓励企业就地吸纳农民为企业职工，拓展农民就业空间和社会保障渠道。

（五）落实强农惠农富农政策，拓宽农民增收新渠道

认真落实粮食直补、农资综合直补、良种补贴、农机具购置补贴政策，确保及时发放到户。认真执行粮食最低收购价、支持鲜活农产品“农超对接”、村级公益事业“一事一议”财政奖补等政策。全面落实家电补贴政策，及时兑现区、市、兴庆区农业产业化、农村改革等支农性财政补助，逐步建立健全农业保护体系，多方面增加农民的转移性收入。

四、保障措施

1.建全机构，加强领导。为确保兴庆区农民收入工作深入推进，有效开展，能够落到实处。兴庆区成立增加农民收入专项行动工作小组，组长由政府副区长冯德旺担任，成员由组织部、农牧局、水务局、林业局、农发办、科技局、财政局、民政局、建设交通局、商务局、市国土资源局兴庆分局、各乡镇党委、政府、各涉农街道党工委、办事处等相关部门负责人组成，办公室设在农牧局，具体负责日常事务。

2.建立农业投入增长机制。从2015年起，兴庆区财政每年安排支农资金，重点对产业培育、新技术新品种推广等实行专项补贴或以奖代补，同时制定优惠扶持政策，吸引社会资金向“三农”投入，促进农民增收。加大农业各类项目资金整合力度，集中财力办大事，实现“三农”投入的产业集聚和项目集聚，提高资金的使用效率。

3.建立农村工作协调机制。各有关部门特别是涉农部门，要按照各自工作职能和分工，制定促进农民增收的任务目标和具体措施，层层分解责任，抓好工作落实。其他部门要围绕促进农民增收，研究制定支持农村、帮扶农村、发展农村的工作措施，做好保障和服务工作。

加强乡镇之间、部门之间、上下级之间、政府与企业、与合作组织之间的沟通协调，建立联系协调机制，共同推进农村发展、农民增收。

4.建立督察考核机制。把农业增产增效、农民持续增收、农村繁荣稳定作为衡量农村工作水平的主要依据，作为考核党政领导班子、领导干部绩效的重要依据，作为考核涉农部门、乡镇的主要指标，每年年底由政策研究督察室牵头，会同组织部、农牧局、统计局等相关部门对目标任务进行考核，确保农民增收各项目标任务落到实处。

（银兴党办发［2015］45号）

2015年5月27日

兴庆区增加村集体经济收入实施方案

为落实银川市“双增双减”工作部署，进一步壮大村集体经济，提高农村基层组织执政能力，根据《银川市增加村集体经济收入实施方案》精神，现结合兴庆区村级组织集体经济发展现状，提出本方案。

一、指导思想

以科学发展观为指导，以发展壮大村集体经济为目标，积极探索适应社会主义市场经济要求的村级集体经济发展新途径、新办法，坚持因村制宜、发挥优势，坚持分类指导、完善政策，坚持突出重点、多措并举，不断增强村集体经济自身“造血”功能和综合实力，为全面推进社会主义新农村建设奠定坚实的物质基础。

二、基本原则和工作目标

（一）基本原则

1.坚持科学发展、统筹推进的原则。把发展村集体经济与招商引资、项目建设、现代农业和社会事业发展等工作相结合，统筹考虑、共同推进。

2.坚持因地制宜、因村施策的原则。发展村集体经济要遵循市场经济规律，坚持以市场为导向，结合各村基础条件、资源禀赋，一村一策，量力而行。

3.坚持依法行政、规范管理的原则。发展村集体经济要依法依规行事，在尊重农民生产经营自主权的基础上，调动群众积极性，依法行政，规范管理。

4.坚持注重积累、着眼长远的原则。发展村集体经济初期要注重资产的原始积累，学习借鉴现代化的企业经营管理理念，以有利于村集体经济健康长远发展的原则开展工作。

（二）工作目标

实施农村集体经济倍增计划，利用银川市、兴庆区扶持发展壮大村集体经济项目资金，从2015年起三年内计划扶持发展村集体经济项目10—15个。力争到2015年底15个近郊村（大新镇7个、掌政镇8个）中有4个年经营性收入达到100万元以上，3个达到50万元以上，5个达到20万元，3个达到5万元；9个远郊村（通贵乡6个、掌政镇碱富桥村、永南村、强家庙中心村）年经营性收入不低于5万元，其中4个村达到10万元；月牙湖乡11个移民村中至少有7个村有经济收入。到2016年底，兴庆区全面消除“空壳村”，“脱壳村”年集体经济收入不少于3万元，其他村年集体经济收入增幅不少于20%。到2017年底，至少有3个村集体经济收入达到300万元—500万元，有6个村达到100万元—200万元，50万元以上的村达到9个；有10个村年收入达到20万元—50万元；兴庆区村年集体经济收入最低不少于10万元。

三、主要任务

各乡镇要充分发挥村集体的组织协调作用，通过土地流转、条田整治、园区引领，形成“一村一品”、“一村一业”的产业布局，不断壮大村集体经济。大新镇要依托交通便利优势，发挥各村劳务公司作用，发展农副产品交易、商贸物流、市民农场等支柱产业；掌政镇要借助小城镇辐射带动潜力，加快组建合作经济组织，积极发展蔬菜配送、脱水蔬菜加工、小食品加工等特色产业；通贵乡要立足优质稻基地优势和豆腐产业品牌，深化村企合作，积极发展精品米加工基地和规模化豆制品加工园区；月牙湖乡要放大生态农业基地效应，在增强劳务输出创收能力的基础上，积极发展以饲草种植、清真兔家庭养殖、肉牛羊繁育为主，以经果林采摘、林下养殖、农家乐餐饮为辅的休闲观光农业。

（一）盘活集体资源资产促增收。各乡镇组织各村充分利用村集体现有荒地、林草地、湖泊等资源，通过自主经营、合作经营，把资源优势转为经济优势；对村集体闲置或低效使用的旧学校、旧砖场、办公用房、机械设备等，通过整修或翻建，以招标形式实行租赁或以入股的形式参与经营，培植稳定、可持续收入来源。

（二）发展多种经营形式促增收。以现有村级活动场所，结合乡镇发展总体规划、土地利用规划和新农村建设总体布局规划，在小城镇、中心村建设中，给村集体规划预留一定面积的建设用地或商住用地，由村投资自建、合建农村门市超市用房、农资代销点用房、通信保险代办点用房等，由村集体通过房屋出租或雇用人员进行百货农资经营、代办通信保险等收费服务增加经济收入；采取村集体自筹、上级扶持等方式筹集资金，组建物业公司、养老幼教等增加村经济收入。

（三）领办合作经济组织促增收。围绕发展设施农业、畜牧养殖、特色林果等优势特色产业，由村级组织以村集体现有土地、资产、资金等进行入股，以股份合作的形式领办、创办专业合作社或专业生产协会等合作经济组织，实现农民专业合作社合作经营，以此获取股份收益。建立完善"支部+合作组织"运行机制，由村集体在合作组织生产经营活动中提供技术指导、信息传递、物资供应、统购统销等一系列有偿服务，增加集体经济收入。由农牧局提供指导，每个乡镇于2016年底至少培育出2个由村党组织领办的合作组织，兴庆区将对考核达标、当年总收入达到5万元以上的合作组织按比例给予2万元以上的奖励资金补贴。

（四）创办专业实体促增收。相对偏远的通贵乡、月牙湖乡，通过村级组织引导，将农户的四轮拖拉机、农用三轮车、各类运输卡车集中起来，组建农机作业队、运输队，组织农户利用农闲时间从事货运或农田作业，村集体可按一定比例从作业费中提取相应的服务费，增加集体经济收入。对于劳动力资源丰富的村，可成立劳务公司，把本村有一定技能的人组织起来，村级组织提供各类用工信息服务，收取相应的服务费。

（五）开展村企联建促增收。有驻村企业或距市区二、三产业密集区较近的村，在村企自愿的基础上与企业结成共建对子，由企业与村合作开发经营，或由村集体以土地等进行参股，增加村级集体经营收益。对与企业有供给关系的村，加强村企对接，进一步巩固供给关系，村集体通过提取服务费用增加集体收入。对于经济基础较好的村，可引进企业从事二、三产业经营，通过收取设施及土地租金和其他服务费用增加集体收入。对有村办企业的村，可采取租赁、股份合作、委托经营等多种经营方式，挂大联强，搞好企业资产经营，实现集体资产保值增值，形成稳定的集体经济增长渠道。

（六）以项目带动促增收。银川市将建立扶持发展壮大村集体经济专项资金，从2015年起，连续3年对项目建设进行资金扶持。按照项目建设资金市、区8：2的筹集比例，兴庆区财政也将配套一部分扶持资金，2015年计划安排500万元，以后连续2年每年安排1000万元，用于发展壮大村集体经济。有集体收入的村也可配套一部分资金，但不得新生村级债务。扶持专项资金采取资金扶持、担保贷款、股权（债权）投资三种方式，以项目化管理办法组织实施。主要扶持无集体经营性收入的"空壳村"和集体经济收入薄弱村，通过形成资产，以租赁等方式获得稳定的收益。各乡镇、村结合区位优势和当地产业分布，积极实施可行性发展项目。由组织部牵头，农牧局、财政局、民政局等部门配合，做好项目的申报、组织、实施和验收工作。

四、保障措施

（一）加强发展村集体经济的组织领导。成立兴庆区增加村集体经济收入专项行动工作组，组长由政府副区长冯德旺担任，成员由组织部、农牧局、水务局、林业局、农发办、科技局、财政局、民政局、建设交通局、商务局、市国土资源局兴庆分局、各乡镇党委、政府、各涉农街道党工委、办事处等相关部门负责人组成。办公室设在农牧局，具体负责日常事务。

实行县级领导包村联系工作机制，确保薄弱村有主要领导牵头抓好工作落实。各成员单位要结合工作职能和业务特点，为发展村集体经济搞好指导和服务。由政策研究督察室牵头，协调各成员单位落实发展壮大村集体经济的相关政策，指导和督促各乡镇抓好各项工作任务落实，对发展壮大村集体经济情况进行经验总结和宣传报道。各乡镇要切实加强领导，成立专门的领导小组，结合各自实际，制定出本乡镇"一村一策"发展村集体经济细化方案（报送组织部、政策研究督察室、农牧局备案），安排专人抓好各项工作落实，做到有责任、有任务、有考核、有奖惩。

（二）多渠道扶持发展村集体经济。对于利用现有资源或领办农村专业合作经济组织或进行生产经营性基础设施建设或创办经济实体，使村集体经济发展壮大的，除了争取银川市、兴庆区财政项目资金扶持以外，各乡镇也要安排资金支持发展村集体经济。农牧局、林业局、水务局、国土分局、建设交通局、扶贫办等涉农部门要积极支持村集体经济发展，对有利于村集体经济发展的农业产业化、农业基础设施、土地整理、宅基地复垦、扶贫开发、农业综合开发等项目要优先立项和扶持。

（三）强化村级集体资产管理。各乡镇要切实抓好农村集体“三资”管理，建立健全集体资产管理制度，加强资产核查，盘活集体存量资产，构筑集体资产增值机制。要强化村级财务管理，建立健全村级财务代理机制，规范代管手续，完善村级财务公开制度，严格收支审批，加强监督检查，努力控制非生产性开支，严禁举新债发展村集体经济，严禁任何组织或个人侵占、平调、破坏、私分集体资产资源，切实保护农村集体经济组织的合法权益。

（四）加大考核奖惩力度。发展村集体经济将列入《兴庆区各村党组织星级评定考核办法》，并与村干部绩效考核挂钩，其中二星级的党组织村集体经济收入不少于1万元，三星级的不少于5万元，四星级的不少于10万元，五星级的不少于20万元。每年年底，由政策研究督察室牵头，会同组织部、农牧局等部门对此项工作进行考核。设立壮大村集体经济奖，每年评选6个发展壮大村集体经济先进村（村集体经济总量前2名、村集体经济增量前2名、脱壳村前2名），分别奖励村集体补助资金5万元。对先进村党支部书记、村委会主任各奖励3000元，享受财政补贴的其他村干部各奖励1000元，村书记与村主任“一肩挑”的奖励5000元。2016年年底仍不能“脱壳”的村，由“双增双减”工作领导小组对有关乡镇、村提出通报批评，由所在乡镇党委对村负责人进行诫勉谈话，村集体不得参与当年的评先评优。

（银兴党办发〔2015〕46号）

2015年7月27日

关于实行建筑业企业农民工工资银行直接支付制度的通知

政府各部门，各建设（开发）企业、施工总承包企业：

为规范兴庆区建筑领域农民工工资支付行为，预防和解决建筑企业拖欠、克扣农民工工资问题，保障社会和谐稳定，根据《中华人民共和国劳动法》、《自治区党委办公厅政府办公厅〈关于进一步深化平安宁夏建设的实施意见〉的通知》及《宁夏建筑业企业落实劳务实名制和推行农民工工资银行直接支付机制实施方案》，结合兴庆区实际，经研究，决定实行农民工工资银行卡支付制度。现将有关事项通知如下：

一、适用范围

在兴庆区行政区域内从事建筑施工的建设（开发）单位、外地施工总承包企业、专业承包企业、劳务分包企业，从事建筑活动的管理人员及与用人单位形成劳动关系的农民工。

二、部门和企业职责

（一）按照“分级负责、属地管理、行业主管、部门联动”的原则，由兴庆区劳动保障监察大队负责监督实施，兴庆区建设交通局、康居办、工会及银川市公安局兴庆分局等部门共同实施监管。

（二）按照“谁承包、谁负责”和“谁用工、谁负责”的原则，对农民工工资支付日常管理实行施工总承包企业全面责任制和专业承包（劳务分包）企业直接责任制。

三、实施步骤

（一）任命劳资专管员。建设（开发）单位要指定专人负责农民工工资银行卡直接支付工作，其中：100人至200人施工现场，任命1名劳资专管员；200人至500人施工现场，任命2名劳资专管员；500人以上施工现场，任命3名劳资专管员。

（二）设立专用账户。建设（开发）单位或施工承包企业在银行设立“农民工工资支付专用账户”，与银行签订《农民工工资委托支付协议》。

（三）采集个人信息。建设施工企业采集农民工个人信息，包括姓名、性别、年龄、身份证号、户口所在地、现住址、联系电话等，将信息汇总后形成用工档案。

（四）办理银行卡。企业为本单位农民工统一办理个人工资银行卡，交农民工个人保存和使用。

（五）申报、确认工资表。施工企业根据农民工签订的合法劳动合同以及工程进展情况制定月工资表，经农民工签字确认后报总承包企业审核，审核通过后形成正式工资表。

（六）企业汇款。建设（开发）单位或施工承包企业根据当月工程完成量及工资表，足额向“农民工工资支付专用账户”汇款，受委托银行根据建设（开发）单位或施工承包企业提供的工资表代发工资，将工资款直接划拨到个人工资银行卡上。

（七）企业公示。企业每月要在工地告示牌上公示农民工月工资支付情况，并保存以备检查。

（八）部门督察。各管理部门将不定期检查企业支付农民工工资情况，对企业提报的工资支付相关资料的真实性进行督察。

四、工作要求

为切实保障农民工工资银行卡支付制度顺利实施，有效维护农民工合法权益，各相关单位要加强协调、强化管理，共同推进该制度落到实处。

（一）加强部门协作。兴庆区人力资源和社会保障局、建设交通局、工会、康居办及银川市公安局兴庆分局等部门要加强联系、密切配合，把企业使用银行卡支付农民工工资情况列入日常监管事项，加强监督检查。同时，积极指导企业解决实施过程中的具体问题，确保本制度顺利实施。

（二）强化行业监管。兴庆区劳动保障监察大队将联合相关部门于5月份组织一次专项检查，凡未执行农民工工资银行卡支付制度或执行不到位的企业，出现拖欠农民工工资问题，引起上访，造成不良影响的，经查证属实，记入企业不诚信档案，上报银川市住房保障和建设局取消该企业在兴庆区招投标资格。因拖欠工程款导致拖欠农民工工资的，全部由建设（开发）企业支付拖欠的农民工工资。

（三）加大宣传力度。各有关管理部门、各建筑企业应加大宣传力度，通过现场告示牌、上岗培训等形式，提高农民工工资银行卡支付制度的知晓度，增强农民工维权意识。

联系人：兴庆区劳动保障监察大队队长陆涛联系电话：4011847

（银兴党办发〔2015〕51号）

2015年4月8日

兴庆区创建2016－2020年“全国科普示范县（区）”实施方案

为进一步贯彻落实《中华人民共和国科学技术普及法》（以下简称《科普法》）及《全民科学素质行动计划纲要》（以下简称《全民科学素质纲要》），大力加强基层科普服务能力建设，提高公民科学素质，促进兴庆区经济社会协调可持续发展。兴庆区委、政府决定，继续开展2016－2020年“全国科普示范县（区）”创建活动。根据中国科协《全国科普示范县（市、区）创建标准》和自治区科协的要求，现结合实际，制定本实施方案：

一、指导思想

以邓小平理论和“三个代表”及科学发展观为指导，认真贯彻党的十八大及十八届三中、四中全会精神，全面实施《科普法》和《全民科学素质纲要》，大力开展全民科学素质建设，提高全民科学素质，促进人的全面发展，实施创新驱动战略，增强自主创新能力，实现经济社会和谐可持续发展，为建设开放、富裕、和谐、美丽兴庆区做出积极贡献。

二、总体目标

依照“政府推动，全民参与，提升素质，促进和谐”的方针，形成党委领导、政府推动、各部门协作、全社会参与的工作格局，通过创建，进一步增强基层科普服务能力建设，健全科普设施，完善科普网络，壮大科普队伍，推动科普工作社会化、群众化、制度化、经常化开展。科普文明程度明显提高，城乡群众科学素质明显提升，科普服务能力明显增强，为经济社会发展提供科技支撑和智力保障。

三、工作任务

（一）各级党委政府高度重视，加强对科普工作的领导

1. 加强组织领导，建立完善长效机制

认真实施《科普法》和《全民科学素质纲要》，将全民科学素质建设纳入经济社会发展总体规划及精神文明建设规划，制订科普工作中长期规划和年度计划及年度目标责任考核之中，健全完善全民科学素质领导小组及创建科普示范县（区）工作领导小组及成员单位联席会议制度的领导组织机构，将科普工作列入各级党委、政府的重要议事日程，根据人员变动，及时调整完善机构。每年召开党政领导小组及联席会议至少2次以上，党委、人大、政府、政协主要领导每年听取科普工作汇报、研究问题2次以上，分管及联系领导及时听取科普工作汇报，及时研究解决科普工作存在的问题，为科普工作创造良好的环境和条件。

2. 健全完善各级科普工作组织机构建设，促进科普工作的发展。健全完善区、乡镇、街道、村居三级全民科学素质和创建工作领导组织机

构。建立以政府主要领导担任组长，区委、人大、政府、政协分管及联系领导担任副组长，各乡镇、街道、有关部门主要负责人为成员单位的全民科学素质和创建工作领导小组等组织机构，每年召开研究科普专题会议2次以上。乡镇、街道、村居均以主要负责人担任组长的全民科学素质和创建工作领导小组。并由副乡（镇）长、街道副主任担任科协主席，配备专兼职科普专干，作用发挥良好，保障有力，每年召开研究科普专题会议2次以上。

现有乡镇、街道科协16个，33个村和83个社区全部建立了科普活动站，农村乡镇均建立了农村专业技术协会，科协和科普组织机构健全，基础设施基本完备，正常运作。今后，将依照科协和社团章程，及时换届，充实人员，完善制度，明确科普专兼职人员及职责，严格任务目标考核制度。每年召开理事会不少于2次。“十三五”期间，对现有33个各类专业技术协会、69个农村专业合作组织、29个家庭农场，各类专业技术协会增加至60个，各类专业经济组织发展至80个，家庭农场发展到40个，充分发挥农村经济组织带动农民增收致富的作用。

3. 建立科普工作考核管理与表彰奖励制度。将科普工作纳入年度目标责任考核。按照全民科学素质建设规划及创建“全国科普示范县（区）”工作方案的要求，兴庆区全民科学素质和创建领导小组将组织对各乡镇、街道及各相关部门成员单位进行统一考核。明确目标任务，健全检查考核制度。定期督察，对措施不力、工作不到位，责令限期整改，造成工作延误影响的单位和个人，追究领导责任并予以通报，并纳入年度工作绩效考评。对典型经验总结推广，对科普工作做出突出成绩的责任单位、科普组织和个人将予以表彰和奖励。

（二）加强基层科普服务能力建设，提升科普服务水平

1. 科普队伍及业务素质建设。加强各级科协及社团组织队伍建设，乡镇、街道、村、社区、学校及各类社团科协进一步充实壮大科普服务队伍和人才配备，确保人员职责明确、发挥作用。要加强各类科普人员和技术人员理论和能力素质培养，采取单位自培、高等院校科研机构培训，应用“请进来，送出去”多种途径学习培训，更新知识结构，促进科普工作及科技推广。县（区）级科协、科技局做好协调组织，与辖区各科研院所、企事业单位对接联系，广泛吸纳各行业、各领域中高层次专业技术人才，建立40人以上专家技术服务团。乡镇、街道要积极建立城乡科普志愿者队伍，每个社区科普志愿者队伍至少达到60人以上，各类科普志愿者达到5000人。农村科技特派员达到120人，100%的村有科技带头人、科技示范户和科普员，形成以科技致富能手为主体的农民科普队伍。

2.保障科普经费投入。根据《科普法》和《全民科学素质纲要》及银川市文件精神，将科普经费足额列入政府财政预算，2015年人均科普经费达到2元，每年递增10%以上。按照自治区和银川市“十三五”科普发展要求，2020年人均科普经费达到3元列入财政预算。依据《科普法》和《科学素质纲要》规定，乡镇、街道科普经费每年列入财政预算10万元，有关成员单位科普经费每年列入财政预算5万元。另外，将全民素质领导小组办公室经费纳入财政预算，每年安排8万元，以保障实施《科普法》、《全民科学素质纲要》和创建“全国科普示范县（区）”工作实施，切实发挥科普示范县（区）示范作用。按照国家、自治区、银川市重大科普工作规定，对“科技周”、“科普大篷车”等重大和专题科普活动，由财政另行增加科普经费。吸纳社会力量办科普的途径，采取合作共建的方式，筹集科普资金，投入科普事业及基础设施建设。

3.完善科普设施建设。加强各级科协组织基础设施建设，使县（区）级科协办公设施齐全，科普宣传设备配备“科普大篷车”、科普服务车辆，反邪教协会阵地建设设备齐全，功能发挥良好。重点加大城乡特别是农村的科普设施建设和经费投入力度，16个乡镇、街道，33个村、83个社区均建有科普服务站，设备基本齐全，保障有力。中小学校80%以上科普工作室建设配备齐全、正常运作。农技协科普活动站，科普站、栏、员建设齐全。今后，随着城乡建设的发展，将重点加强“站、栏、员”和科普阵地建设。继续完善配备科普宣传栏，提高服务质量。主要公众活动场所建设电子屏宣传栏、科普画廊6处以上，确保每个村、社区“站、栏、员”配置齐全并正常运行。每2个月更新一次内容，力争科普宣传设施覆盖率达到100%。

4. 提升科普服务能力。积极改善科协开展科普工作的办公、人员、网络等设备配置，保障创建活动顺利开展。每年有计划地对科普专兼职工作人员进行2－3次综合业务素质培训。多方努力争取资金，并从科普经费中安排资金，从2014年开始逐步为各乡镇、街道配备“科普服务直通车”配备2—3辆，至2020年，为所有的乡镇、街道配备“科普服务直通车”，提高科普服务能力和水平。

（三）开展重点人群的科学素质建设

1. 大力开展未成年人科学素质的工作。在中小学校大力开展科学技术普及。健全完善科普组织机构，指定专兼职科普辅导员，开展校园经常性各类科普知识宣传、讲座、竞赛活动。充分利用辖区科普资源优势，采取共建共享，整合校外科普教育资源，依托宁夏科技馆、博物馆、银川市青少年宫和社区科普活动室，开展校外科技教育活动。定期举办“青少年科技创新大赛”“机器人竞赛”“科技模型竞赛”等科普精品活动，每年开展科普讲座4次以上。“十三五”期间，创建青少年科普教育特色学校10所、青少年科技教育基地9家，确保学生参与科普活动90%以上。提高基础教育阶段科普课程质量，促进在校中小学生科技智力开发。加强中小学校科普教师、科技辅导员队伍建设，每年进行3次以上培训，进一步提高青少年科学素质。

2. 大力开展农民科学素质工作。一是广泛开展文化、科技、卫生“三下乡”、“科技周”、“科普日”等活动，发放各种科普资料，提升农民的科学素质。每年科技下乡活动不少于6次。二是加强培训工作。制定培训规划和年度安排，依托农业科技培训中心、农函大、科普活动站、科普示范基地、“三农”呼叫网络等咨询，进行科普培训，组织农民带头人，加快新品种、新技术的推广。每年推广新技术、新品种5—10项以上。村干部、农村党员接受科普培训面达到100%，每年各类咨询、培训、讲座受益人数不少于10000人（次），乡镇干部、涉农企业管理人员每年科技培训达到100%以上。三是发挥农技协和农民专业合作社在技术培训、推广、服务作用。围绕优势特色产业，实现产、供、销一条龙服务，引导涉农企业、农技人员、种养大户、致富能手、农民经纪人发挥作用，为带动农民科技致富服务。

3. 大力开展提高城镇劳动者科学素质工作。切实提高科学素质。各责任单位利用资源共享共建，与街道、社区联合开展培训。社会保障、工会、科技等部门积极开展各种形式的劳动再就业培训，重点抓好城镇失业人员和失地农民创业和再就业培训，95%以上的城镇失业人员走上就业岗位。开展“科普大篷车”、“四进社区”活动，把科普送进家庭。发挥社区科普学校的作用。完善城市科普网络，完善科普志愿者队伍，巩固科普活动阵地。提高居民的科学素养。每年街道、社区工作人员接受各类科技培训和科普教育面达到100%，不少于50学时；每年90%以上的城镇各类从业人员要接受在岗培训和继续教育，继续教育每年不少于70学时，掌握1—2项再就业技能。在辖区企业开展各种技能比赛、岗位能手、“讲理想、比贡献”等活动，提高职工科学文化素质。

4. 大力开展提高领导干部和公务员科学素质工作。提升领导干部和公务员科学素质工作。制订培训教育规划方案和年度安排，配发科普读本，每年组织公务员参与各项科普教育活动4次以上。每年组织邀请国家及有关中高科技专家向公务员、科级以上领导干部作专题辅导咨询、讲座报告会2次以上，每年向区委政府提供决策咨询不少于2次。组织公务员参与各项科普教育活动，举办学习型机关干部读书活动。组织参观重点科技场馆（所）活动2次以上，拓宽广大干部的知识面，提高科学决策、管理水平和科学素养。

5.大力开展社区居民科学素质的工作。发挥各级科协、街道、社区和辖区单位的作用，利用资源共享、共建科普资源等方式，广泛开展“科普进社区”活动，健全街道科协、社区科普服务站40人以上科普宣传员和科普志愿者队伍。依托社区各类公共服务场所，社区科普服务站、青少年科普工作室、科普图书室等，重点面对老年人、妇女、少年儿童开展形式多样的科学、安全、健康生活等方面的科普宣传和教育、培训、讲座等活动每年不少于12次。及时更新科普宣传栏、科普画廊，每年更新科普宣传栏、科普画廊内容不少于4次。宣传国家方针政策，有关法律法规，健康安全等生产等教育，每月1次以上，坚决杜绝伪科学、邪教活动。发挥科普志愿者队伍，将科学、文明、健康的生活方式融入居民生活之中，提高社区居民的科学素质，促进社区和谐和繁荣稳定。

（四）实行科普工作常态化和大众化，努力营造科普工作良好社会环境

1. 开展群众性、社会性和经常性科普活动。围绕“创新创业，科技惠民，节约能源资源，保护生态环境，保障安全健康，促进创新创造”工作主题，乡镇、街道、社区、学校利用各种公众场所，开展科技“三下乡”、科普赶集、科技周（月）、科普日和“科普之冬（春）”活动，以科学应用展示、科普讲座、培训等形式的经常性科普活动每年不少于15次。在街道、社区开展科普知识竞赛、科普文艺演出、科普展览、社区文化节等活动。在企业开展节约能源资源转变经济发展方式宣传教育活

动。每年开展的科技下乡和“科教进社区”等经常性科普活动不少于12次，乡镇、街道每月至少1次，社区每月至少1次。科普宣传活动的覆盖面达到常驻人口的95%以上。

2. 充分利用媒体资源大力开展科普宣传。大力开展全民科学素质和创建工作宣传，围绕“节约能源资源，保护生态环境，保障安全健康，促进创新创造，科技惠民”工作主题，开展各类科普知识宣传。积极利用各类媒体开展科普宣传。利用电视台、报刊开设科普栏目每月不少于1次，利用政府网站发布科普、农业科技信息，每月不少于2次。各种文化艺术活动要有科普宣传内容。今后，在创新宣传方式和途径上有所突破，拓展科普宣传领域和影响力。

3.大力加强反邪教协会阵地设施建设和宣传教育活动。加强反邪教协会机构和阵地设施建设。做到“六个有”，即：有机构、有牌子、有人员、有场地、有经费、有落实，反邪教协会宣传配备多功能培训室，投资10余万元配备投影、电教设备等，加强反邪教宣传和培训工作。电教培训设备齐全，并配有“科普大篷车”、科普服务车辆，功能发挥良好。印制反邪教宣传资料3万余份（册），光盘1万余张，并制作科普手提袋1万余个，制作围裙1万个等多种形式的宣传，在各乡镇、街道、村（居）等人口密集公共场所等开展“倡导科学方法、传播科学思想、弘扬科学精神”为主题宣传教育活动每月2次以上，每年30次以上。今后，将进一步加大反邪教宣传和经费投入力度，增强鉴别伪科学、识破邪教，提高警惕，自觉抵制邪教的自觉性和鉴别力。辖区若产生影响恶劣的愚昧邪教、伪科学活动和重大安全责任事故，实行“一票否决”。

4. 广泛动员和利用社会资源开展科普活动，形成全社会共同参与科普工作的良好社会氛围。党政部门、社会团体和企事业单位，广泛吸引社会各方面力量兴办科普事业或开展科普活动，并利用学校等公共场所、科技园区、示范基地等公共资源，面向公众开展科普活动，构建广泛参与的大科普格局，科普活动的覆盖面达到兴庆区常驻人口的95%以上。科普工作与“五个”文明及文明城市创建与科普示范县（区）创建有机结合，辖区内无影响恶劣的愚昧迷信、伪科学活动，努力营造科学、文明、健康向上的科普工作社会环境和氛围。

5.完善科普示范体系，增强科普示范品牌典型带动效应。在巩固现有科普示范乡镇、科普示范街道、科普示范社区和各类科普教育培训基地的基础上，“十三五”期间，充分发挥科协与有关部门的协作，力争达到各类科普示范单位151个，其中：实现4个乡镇全部科普示范乡镇，12个街道办事处达到科普示范街道，现有82个社区90%以上达到科普示范社区70个以上。科普示范学校30所以上，农技协、企业科协、科普示范基地达到30个以上。获得全国“科普惠农兴村计划”和“科普带头人”以奖代补表彰的“科普惠农先进单位”5个。加大农村各类实用人才和示范典型的培养力度，形成村村有科技特派员、科普带头人、科技示范户，重点在培植和提升质量、示范效果、带动农民科技致富规模上有大幅度提高，“十三五”末城市家庭中科普示范家庭不少于3000户，农村培育各类科技示范户不少于2000户，科普带头人不少于3000人，各类科普志愿者达到5000人。不断创新发展，强化示范效果。

四、创建组织实施（2015年1月－2016年6月）

（一）创建动员阶段（2015年1月—3月）

1. 完善组织机构，健全工作制度。健全调整实施全民科学素质和创建“全国科普示范县（区）”工作领导机构。建立完善兴庆区全民科学素质建设工作联系会议制度，领导小组下设办公室在科协，负责具体实施全民科学素质及创建活动的日常工作。各乡镇、街道、有关部门成员单位以及村居层层完善组织机构，健全工作制度。

2. 加强全民科学素质领导小组办公室和创建领导小组办公室工作。认真履行领导小组办公室职责，负责实施全民科学素质及创建日常工作开展，拟定总体发展规划和年度计划；对全民科学素质和创建工作办法、标准及测评指标，制订创建工作实施方案，拟订实施的任务。对创建工作及会议决定，进行指导、协调、督促，并调研，对发现的问题，提出意见建议，上报领导小组研究解决。定期通报创建工作情况和重大事项，确保全民科学素质及创建工作顺利进行并取得优异成绩。

加强全民科学素质和创建工作组织机构领导小组办公室建设，提供必要人员及经费支持，保障工作正常开展。以保障实施《科普法》、《全民科学素质纲要》和创建“全国科普示范县（区）”工作实施。

（二）组织考核实施阶段（2015年4月—2016年6月）

1. 召开兴庆区创建“全国科普示范县（区）”工作安排部署会议全

面安排部署创建工作。加强媒体宣传，营造社会氛围。利用电视、报纸、网络、科普宣传栏、科普画廊等媒体和形式，宣传创建“全国科普示范县（区）”的重要意义及目标任务，营造领导重视、社会关注、群众参与创建活动的良好社会氛围。

2.加强科普基础设施建设加强两乡两镇和12个街道办事处（含燕鸽湖管委会）均要完善新增科普活动站（室）、“站、栏、员”建设。完善科普宣传栏、画廊等设施；配备科普宣传设备，做到科普画廊（宣传栏）内容每年更新4次，在辖区繁华公共场所新建科普画廊或科普电子屏幕1—3处。建成银川市、自治区级以上青少年科技教育基地、农技协、农村科普示范基地、科普示范学校12处以上，完善中小学科普活动室。完成农技协、科普服务站规范化建设6个。

3. 加强科普宣传和技术培训组织各乡镇、街道及部门成员单位和社区、学校、农技协及社会各界，依托各种科普阵地和平台。利用科普画廊、宣传栏、电子屏幕等设施及组织实施“科技下乡”、“科技活动周”、“科普日”等重大科普活动，开展各种经常性的科普宣传累计不少于30次，受益群众6万人次。同时，协调银川电视台、银川晚报开展专题科普宣传，每月不少于4次，报刊4次以上，增强科普工作的影响力。

各成员单位要各司其责，协调组织举办各种科技咨询、培训、讲座及现场会、科普展览等活动，每年不少于12次，参加科技活动的科普工作者及科技人员达到1200人（次）以上，受益群众达到1.5万人（次）以上，开展农村实用技术培训活动。使农民掌握1—3项实用技术，农村党员、基层干部带领群众科技致富的能力和农民科普素质普遍增强。

（三）迎接考核命名阶段（2015年11月—2016年6月）

1.由自治区科协依据兴庆区申报材料和自查验收情况，按测评、验收、命名程序和要求，首先由自治区测评验收组考核，命名兴庆区为2016－2020年“自治区科普示范县（区）”创建单位。

2.按照逐级申报的原则，兴庆区获得宁夏回族自治区“科普示范县（区）”创建单位。由自治区择优推荐兴庆区申报“全国科普示范县（区）”创建单位，并于2015年12月上报中国科协，兴庆区力争以优异的成绩被中国科协认定命名为2016－2020年“全国科普示范县（区）”。

3.兴庆区创建领导小组（办公室）根据创建办法、标准和测评指标的规定。分别对乡镇、街道、各成员单位采取测评打分和综合评价相结合的方法，统一组织自查，对不合格的单位进行查漏补缺，整理完善创建工作资料。迎接自治区测评、验收、命名。

4.根据中国科协安排，2018年将组织对2016年－2020年第一批全国科普示范县（区）开展示范评估考核。

（四）总结表彰阶段（2016年6月—12月）

创建考核验收及命名结束以后，对创建工作进行全面总结，对各乡镇、街道、成员单位在创建工作中成绩突出的单位和个人，进行表彰奖励；对开展创建工作措施不力、工作不到位，造成延误和影响的单位和个人，予以追究领导责任并予通报，并纳入年度工作绩效考评。

（银兴党办发〔2015〕84号）

2015年11月5日

2015年兴庆区基本建设项目计划表

序号	项目名称	建设性质	建设内容及规模	总投资	2015年计划总投资	责任单位及责任人	备注
	兴庆区合计72个			1244140	495770		
一	农林水牧渔项目（18个）			17230	13590		
（一）	农业（6个）			8910	7270		
1	月牙湖乡红树莓种植项目	续建	建设2500亩红树莓种植基地，目前已完成1000亩种植任务。	3100	1760	月牙湖乡 孔铮	
2	生态移民奶牛托管项目	新建	购买奶牛845头，由月牙湖万亩奶牛养殖场企业进行托管。	1690	1690	农牧局 汪洪波	
3	兴庆区花卉育苗中心	新建	建设花卉育苗中心20亩，智能温室2000m^2、日光温室5座等。	1000	700	农牧局 汪洪波	
4	银川市兴庆区通贵乡通西村0.7万亩高标准农田项目	新建	该项目主要砌护渠道77条总长33.694km；清淤支斗沟9条总长9.926km；平田整地4000亩；营造农田防护林401.3亩；树莓丰产栽培技术示范推广1000亩；新修10cm厚砂石路等。	920	920	农发办 刘建民	
5	银北万亩农田排碱工程(1)	新建	月牙湖乡清淤9.1公里，整治长度8.69公里，总投资1070万元，配套各类建筑物94座；掌政镇、通贵乡清淤长度17.81公里，整治长度10公里总投资730万元，配套各类建筑物114座。	1800	1800	农发办 刘建民	
6	银北万亩农田排碱工程（2）	新建	治理黄洋沟2.7公里，西丰沟2.4公里	400	400	水务局 咸波	
（二）	林业（2个）			650	650		
1	月牙湖安置区三期庄点绿化工程	新建	绿化面积200亩。	290	290	园林管理局 张建刚	
2	月牙湖防洪堤西侧绿化工程	新建	该项目绿化面积135亩，长9千米，宽10米。	360	360	农牧局 汪洪波	
（三）	水利（10个）			7670	5670		
1	月牙湖扬水泵站改造项目	续建	建泵站一座，安装高口管道长度5539m，低口管道长度3292m。	5100	3100	水务局 咸波	
2	掌政镇孔雀村孔新渠砌护配套工程	新建	砌护渠道2681米，总灌溉面积2000亩，改造各类建筑物共49座。	150	150	水务局 咸波	
3	掌政镇大银河渠改造工程	新建	砌护渠道4.59km，配套改造建筑物124座。	250	250	水务局 咸波	
4	月牙湖治沙林场渠道砌护	新建	砌护斗渠6.7公里，配套建筑物121座。	280	280	水务局 咸波	

续表

5	生态移民区红树莓滴灌工程	新建	对1000亩树苗滴灌工程进行改造，对2000亩树苗滴灌项目配套自动化控制设备。	140	140	水务局咸波	
6	农田水利基础设施建设工程	新建	通贵一干渠两侧，斗农渠砌护配套。	300	300	水务局咸波	
7	掌政镇镇河村安全饮水工程	新建	新建收费大厅、泵房、化验消毒、管理房等共计225.7m^2；新建100m^2蓄水池1座；铺设UPVC输水干、支管道16.83公里；巷道管49.81公里；入户管80.01公里。入户安装1779套，新建各类阀井28座，水表井222座，穿沟渠路建筑物31座。	200	200	水务局咸波	
8	月牙湖南一支渠砌护工程	新建	砌护南一支渠长5718米，配套建筑物39座。	500	500	水务局咸波	
9	通贵乡通南村永通公路两侧排水工程	新建	铺设φ600mmHDPE双壁波纹管8600m，φ200PVC入户管4515m，φ800钢筋混凝土套管长60m，φ600钢筋砼套管长154m，路面恢复面包砖5576㎡，恢复硬化柏油路恢复152㎡。各类建筑物总计468座，其中检查井157眼，雨水井301眼，入沟尾水10座，开挖土方36813m^3，填土方39794m^3，浆砌石121.3m^3，混凝土233.2m^3。	600	600	水务局咸波	
10	月牙湖第一排水沟下段清淤治理工程	新建	第一排水沟清淤、治理5.4公里；配套建筑物17座。	150	150	扶贫办李兴俊	
二	交通（5个）			19110	18810		
1	月牙湖乡塘北路工程	续建	长6.0公里，公路四级，路基宽6.5米，路面宽6.0米。	970	970	建设交通局马伟	
2	月牙湖乡月牧公路工程	续建	长6.0公里，公路四级，路基宽6.5米，路面宽5.0米。	680	680	建设交通局马伟	
3	掌政镇市镇道路工程（纬一路、纬二路、经四路）	续建	纬一路、纬二路、经四路全长共1.4公里。	1400	1100	建设交通局马伟	
4	兴庆区乡村公路阳光亮化工程	新建	亮化道路79公里，安装路灯2120盏。	1060	1060	建设交通局马伟	
5	银川通航机场基础设施建设项目	新建	该项目位于月牙湖乡，占地面积约4000亩，建设飞机跑道、航站楼等基础配套工程。	15000	15000	商服中心周振勇	
三	社会事业（48个）			1206800	462370		
（一）	教育体育（12个）			23320	17960		
1	兴庆区月牙湖第二回民中学扩建项目	续建	扩建一栋教学楼，总建筑面积2590㎡。	770	270	经发局、教育局杨剑、孙自文	经发局牵头，教育局配合

续表

2	满春小学扩建项目	续建	规划占地约14亩，新建综合教学楼一栋，建筑面积2890㎡，教工食堂572m²。	1210	610	经发局、教育局杨剑、孙自文	经发局牵头，教育局配合
3	兴庆区第二十二小学迁建项目	新建	占地35亩，总建筑面积10000㎡，规划建设24个教学班。	4130	3000	经发局、教育局杨剑、孙自文	经发局牵头，教育局配合
4	兴庆区第十二小学迁建项目	新建	总占地面积35亩，总建筑面积9000㎡，规划建设24个教学班。	4130	3000	经发局、教育局杨剑、孙自文	经发局牵头，教育局配合
5	海军希望小学、大塘中心小学、掌镇中心小学师生食堂建设项目	新建	新建学校食堂1500㎡。	520	520	经发局、教育局杨剑、孙自文	经发局牵头，教育局配合
6	兴庆区第二十七小学扩建项目	新建	新征土地约10亩，新建综合教学楼、食堂建筑面积4899㎡。	1810	1810	经发局、教育局杨剑、孙自文	经发局牵头，教育局配合
7	兴庆区新水桥小学扩建项目	新建	规划占地约14亩，新建综合教学楼一栋，建筑面积2941㎡，食堂572㎡，门房40㎡。	1210	1210	经发局、教育局杨剑、孙自文	经发局牵头，教育局配合
8	兴庆区第七小学迁建项目	新建	总占地面积16亩，迁建18个教学班规模，总建筑面积7000㎡。	3000	3000	经发局、教育局杨剑、孙自文	经发局牵头，教育局配合
9	兴庆区满春小区幼儿园新建项目	新建	规划占地7亩，总建筑面积2668㎡，9个教学班规模。	780	780	经发局、教育局杨剑、孙自文	经发局牵头，教育局配合
10	兴庆区三通两平台建设项目	新建	教育资源平台、教育管理平台、人人通、教师研修平台、教育局计算机管理中心。	580	580	经发局、教育局杨剑、孙自文	经发局牵头，教育局配合
11	兴庆区景岳小学操场改造项目	新建	改造操场4000㎡。	180	180	经发局、教育局杨剑、孙自文	经发局牵头，教育局配合
12	兴庆区掌政中学体育馆项目	新建	该项目占地约35亩，总建筑面积约11100㎡。	5000	3000	文体旅游局陈洁	
（二）	医疗卫生项目（2个）			920	920		
1	兴庆区村级卫生室建设项目	新建	建设2个每个120㎡的标准化村卫生室。	120	120	卫生和食品药品监督管理局马建军	
2	城市社区卫生服务站建设项目	新建	建设8所社区卫生服务站，每所在300㎡—500㎡之间。	800	800	卫生和食品药品监督管理局马建军	
（三）	保障性住房（21个）			1168590	429520		
1	新水桥安置区项目	续建	该项目规划建设面积51.5万㎡，地下建筑面积7.7万㎡，建设住宅3778余套。	164800	62140	康居办杨银生	

续表

2	燕鸽五队安置区及失地农民公寓项目	续建	该项目规划建设面积14.3万㎡，建设住宅360套。	45700	20560	康居办 杨银生	
3	阁笛湖安置区（永泰小区）项目	续建	该项目规划建设面积36.16万㎡，建设住宅3297套。	115700	38560	康居办 杨银生	
4	八里桥十一、十二队安置区项目	续建	该项目规划建设面积6.9万㎡，建设住宅528套。	22000	5820	康居办 杨银生	
5	大新安置区项目	续建	该项目规划建设面积23万㎡，建设住宅1872套。	73600	22320	康居办 杨银生	
6	满春四期安置区项目	续建	该项目规划建设面积29.1万㎡，建设住宅2482套。	93100	18620	康居办 杨银生	
7	满春小康村安置区项目	续建	该项目规划建设面积8.05万㎡，建设住宅683套。	25800	6450	康居办 杨银生	
8	友爱五队安置区（A、B区）项目	续建	该项目规划建设面积14.99万㎡，建设住宅1076套。	47900	11770	康居办 杨银生	
9	塔桥七队安置区项目	续建	该项目规划建设面积11.4万㎡，建设住宅928套。	36500	3650	康居办 杨银生	
10	塔桥北区项目	续建	该项目规划建设面积21万㎡，建设住宅1488套。	67200	26900	康居办 杨银生	
11	上前城安置区项目	续建	该项目规划建设面积46.8万㎡，建设住宅3988套。	149800	30780	康居办 杨银生	
12	光华门六、十一队安置区项目	续建	该项目规划建设面积5.3万㎡，建设住宅526套。	17000	11910	康居办 杨银生	
13	银川市兴庆区新华西街道路畅通中卫巷棚户区改造（新卫家园）	续建	规划建筑面积80092.61㎡。	36040	6340	旧改办 袁辉	
14	银川市兴庆区唐徕小区银拖厂家属院及周边棚户区改造（唐徕花园）项目	续建	规划建筑面积419556㎡。	213850	120150	旧改办 袁辉	
15	月牙湖移民安置区三期项目	续建	安置区三期5万平米，830户。	8800	1800	建设交通局 马伟	
16	通贵乡集镇安置区一期项目	续建	安置区一期2.2万平米，152户。	6480	5000	建设交通局 马伟	
17	春和苑公建项目	新建	该项目规划占地面积20600㎡，其中地上9600㎡，地下11000㎡。	7470	7470	康居办 杨银生	

续表

18	大新村农民公寓项目	新建	初步规划可建设建筑37290㎡，其中公寓27960㎡（400套），商业4030㎡，地下建筑面积5300㎡。	13490	9500	康居办、大新镇杨银生、王文生	康居办牵头，大新镇配合
19	友爱村农民公寓项目	新建	建设营业房和公寓面积约3.3万平方米。	11880	8300	康居办、银古路办事处杨银生、杨子阳	康居办牵头，银古路街道办事处配合
20	丽景街双庄村失地农民就业市场及公寓建设项目	新建	规划占地面积32673.9㎡，规划总建筑面积50000㎡，其中：轻钢结构仓储物流市场27000㎡，商业7700㎡，公寓15300㎡。	11000	11000	康居办、丽景街办事处杨银生、王彦忠	康居办牵头，丽景街办事处配合
21	农村危房改造项目	新建	危房改造1000户。	480	480	建设交通局各乡镇马伟、王文生、孔铮、杨国军、马兴俊	建设交通局配合，各乡镇配合
（四）	社会保障（11个）			13500	13500		
1	胜利街办事处清河社区便民服务中心项目	续建	规划建设面积370㎡，设置社区服务中心。社区活动室、图书室等多功能服务中心。	130	130	胜利街办事处马巍	
2	银川市月牙湖乡203省道环境整治道路铺砖工程	续建	实施道路铺砖面积15000㎡，建设2米高围墙150米，铺设排水管道1051米等。	260	260	月牙湖乡孔铮	
3	兴庆区检察院专业用房建设项目	新建	新建检务大楼共三层，占地1982㎡，包括案管中心、控申大厅、预防职务犯罪教育基地和未成年教育基地。	900	900	检察院刘定远	
4	兴庆区劳动就业和社会保障服务中心项目	新建	兴庆区劳动就业和社会保障服务中心规划建筑面积3996㎡，建筑主体为四层钢筋混凝土框架结构。	1470	1470	人社局王建宁	
5	兴庆区市民服务中心改造项目	新建	扩建700㎡，对原有3000㎡建筑进行改造加固装修。	1000	1000	政府办公室赵景宝	
6	老旧小区专项改造项目	新建	约30万平方米老旧小区改造任务。	3000	3000	建设交通局、各有关街道马伟	建设交通局牵头，各有关街道配合
7	通贵乡办公用房维修及锅炉房、职工食堂工程	新建	办公用房墙面维修1609.68㎡；改造屋面566.09㎡；新建锅炉房及职工食堂572.27㎡，主体层数为一层。	300	300	通贵乡杨国军	
8	兴庆区通贵乡老年福利服务中心	新建	占地50亩，供养300人，建设面积11000平方米及设施配套。	3500	3500	民政局通贵乡武俊华杨国军	民政局牵头，通贵乡配合

续表

9	兴庆区美丽乡村建设项目（农村基础设施建设）	新建	人行道硬化7.89万平方米，庄点路硬化10.98万平方米，亮化路灯1382套，巷道排水37.12千米，配备垃圾箱1102个。	2000	2000	建设交通局、各有关乡镇 马伟	建设交通局牵头，各乡镇配合
10	兴庆区辖区背街小巷改造工程	新建	银川市下放至兴庆区的168条巷道的道砖铺设、下水改造工程。	600	600	建设交通局 马伟	
11	兴庆区教育局业务用房和原一职家属楼维修改造工程	新建	维修改造总面积5026平方米。主要实施屋面防水、建筑节能改造、水电改造等工程。	340	340	经发局、教育局 杨剑、孙自文	经发局牵头，教育局配合
（五）	信息技术（2个）			470	470		
1	掌政安置区一、二区监控建设项目	新建	安装网络高清视频监控系统。	150	150	建设交通局 马伟	
2	兴庆区安置区安防监控系统建设工程	新建	对光华门一期（林华苑）、友爱（聚丰苑）、八里桥（雅和苑）、八里桥七队（雅庆苑）、满春二期（春和、春茗、春祥、春雅苑）5个安置区实施安防监控系统建设。	320	320	康居办 杨银生	
四	商贸物流类（1个）			1000	1000		
1	上前城村标装化菜市场项目	新建	总建筑面5000㎡，分地下一层、地上两层，钢混结构，室外经营场地2800㎡。	1000	1000	大新镇 王全存	

2015年党委及其办公室发文摘录

文号	文件名称	时间
银兴党发〔2015〕1号	关于推荐上报马伟等15名同志为市管副处级领导干部培养对象初步人选的报告	2015年1月23日
银兴党发〔2015〕2号	关于成立中国共产党银川市兴庆区卫生和计划生育工作委员会等的决定	2015年1月26日
银兴党发〔2015〕3号	关于命名2014年度兴庆区文明单位的决定	2015年3月9日
银兴党发〔2015〕4号	关于开展四个清理专项行动的通知	2015年3月10日
银兴党发〔2015〕5号	关于表彰2014年兴庆区民兵工作先进单位和个人的决定	2015年3月16日
银兴党发〔2015〕6号	关于印发《中共银川兴庆区委关于全面推进依法治区的实施方案》的通知	2015年3月19日
银兴党发〔2015〕7号	关于银川商贸物流服务中心党工委和纪工委班子人选的请示	2015年3月26日
银兴党发〔2015〕8号	关于命名2014年度兴庆区民族团结进步创建模范集体的决定	2015年3月27日
银兴党发〔2015〕9号	关于银川通用机场建设项目选址评审会暨筹建工作推进情况的报告	2015年4月15日

续表

银兴党发〔2015〕10号	关于申报第三批全国社区治理和服务创新实验的请示	2015年4月15日
银兴党发〔2015〕11号	关于兴庆区创建2016—2020年全国科普示范县（区）的请示	2015年4月30日
银兴党发〔2015〕12号	关于同意兴庆区纪委对王全存违纪问题处理意见的批复	2015年5月22日
银兴党发〔2015〕13号	关于协调银川通用机场北侧220伏高压线塔迁移项目纳入供电专项工程的请示	2015年6月17日
银兴党发〔2015〕14号	关于同意给予王文生停止执行党内职务处分的批复	2016年6月29日
银兴党发〔2015〕15号	印发《兴庆区关于落实自治区党委第四巡视组反馈意见的整改方案》的通知	2015年7月8日
银兴党发〔2015〕16号	关于对兴庆区2012—2014年度考核中连续三年获得优秀等次公务员进行表彰奖励的决定	2015年8月4日
银兴党发〔2015〕17号	关于研究确定王莉同志为副处级考察对象评议人选的报告	2015年9月2日
银兴党发〔2015〕18号	关于表彰优秀教育工作者优秀教师等先进个人和安全示范创建单位等先进单位的决定	2015年9月6日
银兴党发〔2015〕19号	关于上报兴庆区落实自治区党委第四巡视组反馈意见整改情况的报告	2015年9月16日
银兴党发〔2015〕20号	关于同意兴庆区党委对乌永峰违纪违法问题处理意见的批复	2015年10月14日
银兴党发〔2015〕21号	关于对2015年中阿博览会期间作出突出贡献暨环卫工作先进集体和先进个人进行表彰奖励的决定	2015年10月22日
银兴党发〔2015〕22号	关于研究确定孔铮同志为副处级领导干部考察对象建议人选的报告	2015年10月27日
银兴党发〔2015〕23号	关于认真学习宣传贯彻党的十八届五中全会精神的通知	2015年11月18日
银兴党发〔2015〕24号	印发《进一步加强兴庆区少先队工作的实施意见》的通知	2015年12月3日
银兴党发〔2015〕25号	关于上报兴庆落实自治区党委第四巡视组巡视反馈意见整改情况的报告	2015年12月6日
银兴党发〔2015〕26号	关于上报《兴庆区委常委班子三严三实专题民生生活会方案》的报告	2015年12月4日
银兴党办发〔2015〕1号	关于转发《银川市信访秩序专项整治活动实施方案》的通知	2015年1月5日
银兴党办发〔2015〕2号	关于2014年第四季度信息调研采辑情况的通报	2015年1月7日
银兴党办发〔2015〕3号	关于呈送《兴庆区2014年农村妇女小额贷款工作总结》的报告	2015年1月9日
银兴党办发〔2015〕4号	关于成立兴庆区信息化建设领导小组的通知	2015年1月13日
银兴党办发〔2015〕5号	转发银川市《关于加强农村集体经济管理的意见》的通知	2015年1月14日
银兴党办发〔2015〕6号	转发自治区党委办公厅《关于加强和改进紧急信息报送工作的通知》的通知	2015年1月30日
银兴党办发〔2015〕7号	关于开展安全生产工作督导督查和工作检查的通知	2015年2月6日

续表

银兴党办发〔2015〕8号	关于转发自治区党委办公厅《进一步规范公文报送办理有关事项的通知》的通知	2015年2月12日
银兴党办发〔2015〕9号	关于举办2015年兴庆区红红火火闹元宵展演活动的通知	2015年2月5日
银兴党办发〔2015〕10号	关于印发《中共银川市兴庆区委2015年工作要点及责任分工》的通知	2015年2月7日
银兴党办发〔2015〕11号	关于印发《2015年重点工程重大项目督查工作方案》的通知	2015年2月7日
银兴党办发〔2015〕12号	关于落实一岗双责规范工作流程加强风险防控工作的通知	2015年3月1日
银兴党办发〔2015〕13号	关于开展2015年机关干部下农村送政策促发展活动的通知	2015年3月5日
银兴党办发〔2015〕14号	关于启用中共银川市兴庆区离退休干部工作委员会印章的通知	2015年3月10日
银兴党办发〔2015〕15号	关于挂图作战督办项目实施的通知	2015年3月10日
银兴党办发〔2015〕16号	关于印发《发展守纪律、讲规矩集中教育活动实施方案》的通知	2015年3月11日
银兴党办发〔2015〕17号	关于推荐第三届最美银川人和表彰第二届兴庆道德模范的通知	2015年3月24日
银兴党办发〔2015〕18号	关于调整兴庆区街道办事处行政区划界限工作的通知	2015年3月31日
银兴党办发〔2015〕19号	关于2015年第一季度信息调研采辑情况的通报	2015年4月7日
银兴党办发〔2015〕20号	关于印发《2015年兴庆区县级领导包项目责任分工》的通知	2015年4月10日
银兴党办发〔2015〕21号	关于兴庆区政府微信公众平台信息发布等相关工作安排的通知	2015年4月14日
银兴党办发〔2015〕22号	关于调整领导联系重点工业企业和项目的通知	2015年4月17日
银兴党办发〔2015〕24号	关于启用中国共产党银川市兴庆区卫生和计划生育工作委员印章的通知	2015年4月23日
银兴党办发〔2015〕25号	关于印发《兴庆区2015年绩效考评工作方案（修订）》的通知	2015年4月28日
银兴党办发〔2015〕26号	关于印发《兴庆区2015年党风廉政建设和反腐败作主要任务分工》的通知	2015年4月28日
银兴党办发〔2015〕27号	关于2014年第四季度各单位绩效考评情况的通报	2015年4月29日
银兴党办发〔2015〕28号	关于兴庆区2014全年绩效考评情况的通报	2015年4月29日
银兴党办发〔2015〕29号	关于做好五一，端午节各项工作的通知	2015年4月29日
银兴党办发〔2015〕30号	关于转发《银川市扶持发展壮大村集体任务暂行办法》的通知	2015年5月5日
银兴党办发〔2015〕31号	关于调整兴庆区绿化委员会组成人员的通知	2015年5月8日
银兴党办发〔2015〕32号	关于印发《兴庆区上争资金考核办法》的通知	2015年5月8日
银兴党办发〔2015〕33号	关于印发《兴庆区全面推进依法治区工作责任分工方案》的通知	2015年5月12日
银兴党办发〔2015〕34号	关于调整兴庆区防范和处理邪教问题领导小组组成人员的通知	2015年5月14日
银兴党办发〔2015〕35号	关于印发《关于2015年深化平安兴庆建设的实施方案》的通知	2015年5月14日

续表

银兴党办发〔2015〕36号	关于做好上级部门及新闻媒体支持兴庆区重点项目重点工程建设相关工作的通知	2015年5月14日
银兴党办发〔2015〕37号	关于调整兴庆区安全生产委员会成员单位的通知	2015年5月19日
银兴党办发〔2015〕38号	关于印发《深化拓展服务型基层党组织创建工作实施意见》的请批通知	2015年6月8日
银兴党办发〔2015〕39号	关于做好2015年兴庆区城市社区两委换届选举工作的通知	2015年5月20日
银兴党办发〔2015〕40号	印发《关于在县处级领导干部中开展三严三实专题教育实施方案》的通知	2015年5月20日
银兴党办发〔2015〕41号	关于重申领导干部请销假管理制度的通知	2015年5月20日
银兴党办发〔2015〕43号	印发《兴庆区县级领导包案化解信访积案减少群体信访事件的实施方案》的通知	2015年5月26日
银兴党办发〔2015〕44号	关于印发《兴庆区开展双增双减专项行的实施方案》的通知	2015年5月27日
银兴党办发〔2015〕45号	印发《兴庆区促进农村居民持续增发实施方案》的通知	2015年5月27日
银兴党办发〔2015〕46号	印发《兴庆区增加村集体经济收入实施方案》的通知	2015年5月27日
银兴党办发〔2015〕47号	印发《兴庆区相对后进基层党组织集体整顿纪律工作方案》的通知	2015年6月2日
银兴党办发〔2015〕48号	印发《兴庆区第九党建月活动实施方案》的通知	2015年6月8日
银兴党办发〔2015〕49号	印发《兴庆区基层服务型党组织建设基础强化实施方案》的通知	2015年6月8日
银兴党办发〔2015〕50号	关于做好兴庆区机构改革中档案移交工作的通知	2015年6月9日
银兴党办发〔2015〕51号	关于做好兴庆区党政客户端美丽兴庆推广和运用工作的通知	2015年6月10日
银兴党办发〔2015〕52号	关于调整兴庆区双拥工作领导小组成员的通知	2015年6月11日
银兴党办发〔2015〕53号	印发《兴庆区2015年群众评议机关和作风活动实施方案》的通知	2015年6月12日
银兴党办发〔2015〕54号	关于做好2015年度自治区效能目标管理考核有关工作的通知	2015年6月16日
银兴党办发〔2015〕55号	印发《关于兴庆区进一步加强爱国卫生工作巩固提升国家卫生城市创建成果的工作方案》的通知	2015年6月17日
银兴党办发〔2015〕56号	关于举办2015年宁夏市民运动会兴庆区第九套广播体操比赛的通知	2015年6月17日
银兴党办发〔2015〕57号	关于做好三严三实专题教育自学的通知	2015年6月18日
银兴党办发〔2015〕58号	关于报送《兴庆区2015年上半年党风廉政建设和反腐败等工作总结》的报告	2015年6月24日
银兴党办发〔2015〕59号	印发《兴庆区2015年提升城市文明水平工作方案》的通知	2015年6月29日
银兴党办发〔2015〕60号	印发《兴庆区双增工作扶持政策意见》的通知	2015年6月29日
银兴党办发〔2015〕61号	关于2015年第二季度信息调研采辑情况的通报	2015年7月7日
银兴党办发〔2015〕62号	关于2015年第一季季度各单位绩效考评情况的通报	2015年7月10日

续表

银兴党办发〔2015〕63号	兴庆区各单位党政主要负责人向区委三述实施方案	2015年7月13日
银兴党办发〔2015〕64号	关于成立7、25气体中毒事件应急处理工作领导小组的通知	2015年6月25日
银兴党办发〔2015〕65号	关于进一步加强党委信息上报工作有关事宜的通知	2015年7月3日
银兴党办发〔2015〕66号	关于深入开展四查四问的通知	2015年8月12日
银兴党办发〔2015〕68号	关于兴庆区集中开展安全生产大检查的通知	2015年8月18日
银兴党办发〔2015〕69号	关于印发《兴庆区安全生产行政责任规定》的通知	2015年8月19日
银兴党办发〔2015〕70号	关于开展安全生产督查工作的通知	2015年8月19日
银兴党办发〔2015〕71号	关于完成2015年各项经济指标及重点工作目标任务的通知	2015年8月27日
银兴党办发〔2015〕72号	关于印发《兴庆区2015年民族团结月活动实施方案》的通知	2015年9月2日
银兴党办发〔2015〕73号	关于表彰2014年度项目建设和上争资金工作先进集体的决定	2015年9月9日
银兴党办发〔2015〕74号	关于做好2015年古尔邦节中秋节国庆节期间有关工作的通知	2015年9月22日
银兴党办发〔2015〕75号	关于认真贯彻落实李建华同志重要批示申请的通知	2015年9月30日
银兴党办发〔2015〕76号	关于印发《兴庆区开展从严从实火干实干100天活动实施方案》的通知	2015年10月10日
银兴党办发〔2015〕77号	关于表彰2015年兴庆区第九套广播体操比赛的决定	2015年10月10日
银兴党办发〔2015〕78号	关于2015年第二季度各单位绩效考评情况的通报	2015年10月12日
银兴党办发〔2015〕79号	关于2015年1—9月各部门单位上争资金完成情况的通报	2015年10月14日
银兴党办发〔2015〕80号	关于2015年第三季度信息调研采辑情况的通报	2015年10月14日
银兴党办发〔2015〕81号	关于调整兴庆区创建全国科普示范县（区）工作领导小组的通知	2015年10月23日
银兴党办发〔2015〕82号	关于调整兴庆区全民科学素质工作领导小组的通知	2015年10月23日
银兴党办发〔2015〕83号	转发《中共银川市委办公厅银川市人民政府办公厅<关于开展向宁夏电力公司学习活动的通知>》的通知	2015年10月27日
银兴党办发〔2015〕84号	关于印发《兴庆区创建2016—2020年全国科普示范县（区）实施方案》的通知	2015年11月5日
银兴党办发〔2015〕85号	关于陈述《兴庆区2015年开展党风廉政建设责任制等工作情况汇报》的报告	2015年11月17日
银兴党办发〔2015〕86号	关于兴庆区开展基层干部小作为乱作为等损害群众利益问题专项排查整治行动的通知	2015年11月18日
银兴党办发〔2015〕87号	关于印发《兴庆区学习贯彻<中国共产党廉洁自律准则>和<中国共产党纪律处分>等实施方案》的通知	2015年11月28日
银兴党办发〔2015〕88号	关于上报兴庆区2015年度创新工作成果和获奖情况的报告	2015年11月28日
银兴党办发〔2015〕89号	关于调整兴庆国有资产管理委员会成员的通知	2015年11月29日

续表

银兴党办发〔2015〕90号	关于规范2016年度重点党报党刊订阅工作的通知	2015年11月27日
银兴党办发〔2015〕91号	关于成立兴庆区康居安置分配工作领导小组的通知	2015年12月1日
银兴党办发〔2015〕92号	关于印发《兴庆区迎接区市考核责任分工表》的通知	2015年12月17日
银兴党办发〔2015〕93号	关于拨付银川通用机场开航仪式用餐费用的报告	2015年12月22日
银兴党办发〔2015〕94号	关于印发《深化堡垒工程开展星级基层服务型党组织创建活动实施方案》的通知	2015年12月23日
银兴党办发〔2015〕95号	关于2015年第三季度各单位绩效考评情况的通报	2015年12月24日
银兴党办发〔2015〕96号	关于做好2016年元旦春节期间有关工作的通知	2015年12月29日
银兴党办发〔2015〕97号	印发《关于扎实开展准备之冬活动的实施方案》的通知	2015年12月2日
银兴党办通〔2015〕1号	关于召开中共银川市兴庆区委二届七次全体（扩大）会议的通知	2015年1月7日
银兴党办通〔2015〕2号	关于组织参加2015年自治区农村工作暨扶贫开发工作电视电话会议的通知	2015年1月27日
银兴党办通〔2015〕3号	关于组织参加2015年全区卫生和计划生育工作电视电话会议的通知	2015年1月30日
银兴党办通〔2015〕4号	关于参加自治区纪委十一届五次全会第一次大会分会场会议有关事项的通知	2015年2月5日
银兴党办通〔2015〕5号	关于召开银川市对兴庆区领导班子和领导干部年度考核会议的通知	2015年2月6日
银兴党办通〔2015〕6号	关于召开中共银川市兴庆区纪委二届五次全体（扩大）会议和党委工作会议的通知	2015年2月17日
银兴党办通〔2015〕7号	关于召开兴庆区2015年人民武装工作会议的通知	2015年3月16日
银兴党办通〔2015〕8号	关于召开2015年第一季度经济工作和项目建设推进会	2015年4月1日
银兴党办通〔2015〕9号	关于召开自治区党委第四巡视组巡视兴庆区工作动员会的通知	2015年4月2日
银兴党办通〔2015〕10号	关于举办法制思维与法制政府建设专题讲座的通知	2015年4月7日
银兴党办通〔2015〕11号	关于召开兴庆区政府微信公众平台信息发布工作布置与培训会议的通知	2015年4月13日
银兴党办通〔2015〕12号	关于召开兴庆区守纪律讲规律主题教育活动专题讲座报告会的通知	2015年4月16日
银兴党办通〔2015〕13号	关于举办三严三实专题教育党课的通知	2015年5月19日
银兴党办通〔2015〕14号	关于召开2015年兴庆区城市社区两委换届选举工作动员培训会的通知	2015年5月21日
银兴党办通〔2015〕15号	关于参加银川市专题辅导报告会的通知	2015年6月9日
银兴党办通〔2015〕16号	关于举行兴庆区政府与宁夏银行批发贷款担保股份有限公司签约仪式的通知	2015年6月11日
银兴党办通〔2015〕17号	关于举办优才讲坛严以修身专题讲座的通知	2015年6月16日

续表

银兴党办通〔2015〕18号	关于迎接银川市六五普法检查验收工作的通知	2015年8月4日
银兴党办通〔2015〕19号	关于召开兴庆区述纪、述廉、述作风会议的通知	2015年8月13日
银兴党办通〔2015〕20号	关于召开兴庆区巩固深化国家卫生城市工作会议的通知	2015年8月18日
银兴党办通〔2015〕21号	关于在第十届环卫工人节组织机关干部职工参加义务劳动的通知	2015年10月23日
银兴党办通〔2015〕22号	关于召开兴庆区2016—2020年度全国科普示范县（市、区）工作会议的通知	2015年10月27日
银兴党办通〔2015〕23号	关于征订《保密工作》《保密科学技术》的通知	2015年10月27日
银兴党办通〔2015〕24号	关于召开兴庆区传达学习党的十八届五中全会精神暨落实党风廉政建设两个责任集体约谈会的通知	2015年10月27日
银兴党办通〔2015〕25号	关于召开《准则》《条例》专题辅导暨学习培训动员大会电视电话会议的通知	2015年11月25日
银兴党办通〔2015〕26号	关于举办全区学习贯彻党的十八届五中全会精神专题辅导报告电视电话会议的通知	2015年11月11日
银兴党办通〔2015〕27号	关于征订《秘书工作》《中办通讯》的通知	2015年11月25日
银兴党办通〔2015〕28号	关于参加自治区党委中心组（扩大）学习会兴庆区分会场会议的通知	2015年11月26日
银兴党办通〔2015〕29号	关于召开兴庆区深化星级和谐社区创建工作推进会的通知	2015年12月11日
银兴党办通〔2015〕30号	关于召开党建暨党风廉政建设工作述职评议会的通知	2015年12月18日

2015年政府及其办公室发文摘录

文号	文件名称	时间
银兴政发〔2015〕1号	关于兴庆区2014—2018年规划迁建的兴庆区第二十二小学与4所项目学校旧校址使用情况的报告	2015年1月4日
银兴政发〔2015〕2号	关于将银川四幼搬迁至中国工商银行股份有限公司宁夏回族自治区分行学校的指示	2015年1月4日
银兴政发〔2015〕3号	关于拨付永二干沟环境整治征收补偿资金的请示	2015年1月4日
银兴政发〔2015〕4号	关于协调银川气象局提供银川通用机场周边气象资料的请示	2015年1月5日
银兴政发〔2015〕5号	关于拨付银通路（丽景街—友爱中心路段）拓宽改造项目征地拆迁资金的请示	2015年1月5日
银兴政发〔2015〕6号	关于核拨兴庆区部分已实施项目征收补偿金的的请示	2015年1月5日
银兴政发〔2015〕7号	关于申请召开银川通用航空产业园产业发展与空间布局规划评审会的报告	2015年1月7日
银兴政发〔2015〕8号	关于申请召开银川通用航空产业园产业发展与空间布局规划评审会的报告	2015年1月7日
银兴政发〔2015〕9号	关于为兴庆区第二十七小学扩建项目办理土地使用手续的请示	2015年1月8日
银兴政发〔2015〕10号	关于为兴庆区第十二小学扩建项目办理土地使用手续的请示	2015年1月8日

续表

银兴政发〔2015〕11号	关于光华门二期康居工程建设资金的请示	2015年1月9日
银兴政发〔2015〕12号	关于解决办理兴庆区月牙湖扬水站改选工程站输水管道建设用地手续的请示	2015年1月9日
银兴政发〔2015〕13号	关于申请购买或租赁原住房保障局办公大楼用房的请示	2015年1月12日
银兴政发〔2015〕14号	关于提请银川市人民政府提请自治区人民政府向兰州空军司令部申报《关于建设银川通用航空机场的报告》的报告	2015年1月12日
银兴政发〔2015〕15号	关于为兴庆区回民中学扩建项目办理土地使用证的请示	2015年1月13日
银兴政发〔2015〕16号	关于申请银川智慧城市建设现行示范区的请示	2015年1月15日
银兴政发〔2015〕17号	关于双庄村拆迁安置项目（金水花园）安置剩余房屋处置方案的请示	2015年1月19日
银兴政发〔2015〕18号	关于大新安置区建设有关事宜的请示	2015年1月22日
银兴政发〔2015〕19号	关于拨付光华门二期康居工程建设资金的请示	2015年1月22日
银兴政发〔2015〕20号	关于借款支付唐徕小区安置项目农民工工资和材料款的请示	2015年1月29日
银兴政发〔2015〕21号	关于办理兴庆区掌政镇农民安置区三期项目用地手续的请示	2015年2月2日
银兴政发〔2015〕22号	关于兴庆区颐和盛世广场项目拆迁测算的报告	2015年2月2日
银兴政发〔2015〕23号	关于对宁夏富地房地产开发有限公司代建中卫巷及唐徕安置区接管有关事宜的报告	2015年2月2日
银兴政发〔2015〕24号	关于银通路（友爱中心路至燕庆路）扩宽项目征收补偿审核测算有关情况的报告	2015年2月6日
银兴政发〔2015〕25号	关于请求终止执行纳秀兰、金继军条件判决的报告	2015年2月6日
银兴政发〔2015〕26号	关于调整月牙湖乡土地利用总体规划的请示	2015年2月10日
银兴政发〔2015〕27号	关于申请拨付永二干沟综合整治工程建设资金的请示	2015年2月11日
银兴政发〔2015〕28号	关于办理北塔失地农民公寓项目用地等相关手续的请示	2015年2月13日
银兴政发〔2015〕29号	关于报送银川通用机场和通航产业园项目开工仪式方案的请示	2015年2月15日
银兴政发〔2015〕30号	关于办理银川热力公司与唐徕安置区置换土地的请示	2015年2月16日
银兴政发〔2015〕31号	关于报送2015年村镇建设项目计划的报告	2015年2月27日
银兴政发〔2015〕32号	关于报送2015年兴庆区美丽乡村建设和集镇安置区建设项目的报告	2015年2月27日
银兴政发〔2015〕33号	关于对兴庆区南区北区国家税务局超额完成税收征收任务的嘉奖令银兴政发[2015]33号：关于银川通用机场预选址意见的区请示	2015年3月3日
银兴政发〔2015〕34号	关于将原宁夏职业技术学院东校区建设幼儿园的请示	2015年3月6日
银兴政发〔2015〕35号	关于划拨兴庆区劳动就业和社会保障服务设施项目用地的请示	2015年3月9日
银兴政发〔2015〕36号	关于支付农发行土地融资贷款利息事宜的请示	2015年3月11日
银兴政发〔2015〕37号	关于银川通用机场和通航产业园建设项目失地农民安置意见的报告	2015年3月13日
银兴政发〔2015〕38号	关于宁夏宝丰健康城项目建设的请示	2015年3月17日

续表

银兴政发〔2015〕39号	关于银川通航产业园暨通用机场大环境绿化工程建设的报告	2015年3月18日
银兴政发〔2015〕40号	关于银川通用机场场外道路就项目用地的请示	2015年3月18日
银兴政发〔2015〕41号	关于银川通用机场建设的报告	2015年3月18日
银兴政发〔2015〕42号	关于北环批发市场一期集体土地变更为国有的请示	2015年3月18日
银兴政发〔2015〕43号	关于湖滨西街道路畅通工程及唐徕小区旧城改造项目过渡期租房费发放有关事宜的请示	2015年3月18日
银兴政发〔2015〕44号	关于2015年银川通用机场工程和通航产业园主干道路工程招投标的请示	2015年3月19日
银兴政发〔2015〕45号	关于2015年银川通航产业园主干道路工程建设的报告	2015年3月19日
银兴政发〔2015〕46号	关于增拨财政资金的请示	2015年3月19日
银兴政发〔2015〕47号	关于解决银川通用机场和通航产业园2015年建设项目占用林地的请示	2015年3月20日
银兴政发〔2015〕48号	关于申请兴庆区劳动就业和社会保障服务中心项目配套资金的请示	2015年3月23日
银兴政发〔2015〕49号	关于吴涛同志申报烈士的请示	2015年3月26日
银兴政发〔2015〕50号	关于划拨兴庆区通贵老年综合福利服务中心项目用地的请示	2015年3月26日
银兴政发〔2015〕51号	关于协调解决兴庆区满春小康村拆迁户过渡期临时安置费相关事宜的请示	2015年3月26日
银兴政发〔2015〕52号	关于2014年度政府信息公开工作情况的报告	2015年3月26日
银兴政发〔2015〕53号	关于宁夏离职干部休养所改造项目国有土地房屋征收的决定	2015年3月30日
银兴政发〔2015〕54号	关于将中国工商银行宁夏分行学校用地移交给兴庆区作为银川四幼迁建用地的请示	2015年3月30日
银兴政发〔2015〕55号	关于核拨银川通用机场和通航产业园编制规划经费的请示	2015年3月30日
银兴政发〔2015〕56号	关于划拨银川通用机场及场外道路项目国有建设用地使用权的请示	2015年3月31日
银兴政发〔2015〕57号	关于申请对兴庆区农业特的发展基金给予资金配套的请示	2015年4月8日
银兴政发〔2015〕58号	关于申请实施兴庆区城市道路配套绿化工程的请示	2015年4月8日
银兴政发〔2015〕59号	关于原宁夏粮食学校土地移交兴庆区政府过程中存在问题的请示	2015年4月8日
银兴政发〔2015〕60号	关于调整兴庆区幼儿园建设项目资金的请示	2015年4月8日
银兴政发〔2015〕61号	关于对失实报道的严正抗议	2015年4月9日
银兴政发〔2015〕62号	关于银川通用机场建设项目选址评审会暨筹建工作推进情况的请示	2015年4月13日
银兴政发〔2015〕63号	关于对兴庆区阁底湖片区周边改造项目征地拆迁补偿复核测算先进行复核的请示	2015年4月16日
银兴政发〔2015〕64号	关于办理民乐清真食品园新建项目划拨用地手续的请示	2015年4月16日

续表

银兴政发〔2015〕65号	关于办理兴庆区大新镇新渠稍村雷祖庙迁建项目用地手续的请示	2015年4月16日
银兴政发〔2015〕66号	关于申请扶持兴庆区月牙湖生态移民安置区产业发展的请示	2015年4月16日
银兴政发〔2015〕67号	关于申请解决兴庆区月牙湖扬水灌溉区一万亩耕地严重盐碱化问题的请示	2015年4月16日
银兴政发〔2015〕68号	关于变更旧城南部棚户区改造四片区两宗地土地使用权的请示	2015年4月17日
银兴政发〔2015〕69号	关于调整掌政镇月牙湖乡土地利用总体规划的请示	2015年4月20日
银兴政发〔2015〕70号	关于杜兴庆区部分已实施项目予以联审的请示	2015年4月20日
银兴政发〔2015〕71号	关于报送2015年危窑危房改造项目计划的报告	2015年4月20日
银兴政发〔2015〕72号	关于报送2015年兴庆区美丽乡村综合整治项目的报告	2015年4月20日
银兴政发〔2015〕73号	关于回购商品住宅用于群众安置的请示	2015年4月20日
银兴政发〔2015〕74号	关于协调解决银川通用机场和通航产业园2015年建设项目占用林地事宜的请示	2015年4月23日
银兴政发〔2015〕75号	关于协调解决银川通用机场场址内文物遗址保护问题的请示	2015年4月23日
银兴政发〔2015〕76号	关于举办中国西部花店业第三届高峰论坛暨中国·银川康乃馨主题花艺大赛的报告	2015年4月23日
银兴政发〔2015〕77号	关于银川通用航空产业基地征地拆迁测算的报告产业园暨通用机场大环境绿化工程建设的报告	2015年4月24日
银兴政发〔2015〕78号	关于恒大银川地产公司拟开发建设海宝路侧规划八号路东侧128亩用地的请示	2015年4月24日
银兴政发〔2015〕79号	关于办理兴庆区民乐安置区二期项目划拨用地手续的请示	2015年4月28日
银兴政发〔2015〕80号	关于帮助解决北环批发二期项目建设资金及贷款扶持资金的请示	2015年4月28日
银兴政发〔2015〕81号	关于兴庆区大新镇新水桥村清真牛羊肉定点批发市场二期征地拆迁相关事宜的请示	2015年4月28日
银兴政发〔2015〕82号	关于申请办理兴庆区体育馆项目用地手续的请示	2015年4月28日
银兴政发〔2015〕83号	关于上报种粮农民直接补贴和农资综合补贴面积的报告	2015年4月29日
银兴政发〔2015〕84号	关于解决兴庆区被征地农民养老保险财政资金的请示	2015年5月5日
银兴政发〔2015〕85号	关于申请建设宁夏公安边防总队农副业生产基地的请示	2015年5月5日
银兴政发〔2015〕86号	关于申请办理月牙湖综合服务楼建设用地相关手续的请示	2015年5月7日
银兴政发〔2015〕87号	关于银川市人防地下商业街项目分项的请示	2015年5月8日
银兴政发〔2015〕88号	关于兴庆区民乐安置区项目有关问题的紧急报告	2015年5月8日
银兴政发〔2015〕89号	关于拨付银川通航产业园2015年大环境绿化工程资金的请示	2015年5月14日
银兴政发〔2015〕90号	关于办理大新镇安置区二期项目用地划拨手续的请示	2015年5月15日
银兴政发〔2015〕91号	关于征收银川艺泰装饰工程有限公司土地房屋补偿问题的报告	2015年5月15日
银兴政发〔2015〕92号	关于核拨银川通用机场和通航产业园编制规划经费的请示	2015年5月19日
银兴政发〔2015〕93号	关于协调解决银川通用机场和通航产业园主进道路占用基本农田事宜的请示	2015年5月20日

续表

银兴政发〔2015〕94号	关于确定银川通用机场建设工程项目法人和资金承诺函的请示	2015年5月20日
银兴政发〔2015〕95号	关于兴庆区人民武装部旧址资产处置的请示	2015年5月20日
银兴政发〔2015〕96号	关于减免民乐村城中村改造土地出让金的请示	2015年5月21日
银兴政发〔2015〕97号	关于协调加快阅底湖生态公园建设的请示	2015年5月26日
银兴政发〔2015〕98号	关于将兴庆区2012年农村环境连片整治示范项目剩余资金用于项目配套设施及维护的请示	2015年5月27日
银兴政发〔2015〕99号	关于宁钢·财富中心项目变更总规划的请示	2015年5月27日
银兴政发〔2015〕100号	关于在兴庆区上海路北北塔湖东新建一所公办中学的请示	2015年5月27日
银兴政发〔2015〕101号	关于将银川市劳动就业培训中心现址改建小学的请示	2015年5月27日
银兴政发〔2015〕102号	关于宝丰健康城教育区项目建设的请示	2015年5月27日
银兴政发〔2015〕103号	关于宝丰健康城医疗保障区畜牧局建设的请示	2015年5月27日
银兴政发〔2015〕104号	关于宝丰健康城养老去项目建设的请示	2015年5月27日
银兴政发〔2015〕105号	关于新华街（燕庆段街）打通工程的测算报告	2015年5月27日
银兴政发〔2015〕106号	关于将宁夏工商职业技术学院老校区土地移交给兴庆区作为兴庆区七小迁建用地的请示	2015年5月29日
银兴政发〔2015〕107号	关于银川通用机场北侧220千伏高压线塔改造项目的请示	2015年6月3日
银兴政发〔2015〕108号	关于银川通航产业园外接供水管网工程建设的请示	2015年6月5日
银兴政发〔2015〕109号	关于拨付唐徕市场拆迁补偿费用的请示	2015年6月5日
银兴政发〔2015〕110号	关于核拨湖滨西街道路畅通工程及唐徕小区项目过渡期租房费事宜的请示	2015年6月8日
银兴政发〔2015〕111号	关于解决友爱村庄点改造遗留问题的请示	2015年6月8日
银兴政发〔2015〕112号	关于对十三五扶贫移民搬迁计划数据的报告	2015年6月9日
银兴政发〔2015〕113号	关于兴庆区北塔村安置工程项目相关事宜的请示	2015年6月10日
银兴政发〔2015〕114号	关于解决统一收银试点工作相关问题的请示	2015年6月10日
银兴政发〔2015〕115号	关于中国南方电网公司投资事宜的请示	2015年6月10日
银兴政发〔2015〕116号	关于解决银川市通用机场和通航产业园建设工程用料的请示	2015年6月10日
银兴政发〔2015〕117号	关于通航产业园项目区月牙湖乡海涛南村迁坟事宜的请示	2015年6月10日
银兴政发〔2015〕118号	关于取消世行贷款宁夏黄河东岸防治治沙项目兴庆区项目区的报告	2015年6月11日
银兴政发〔2015〕119号	关于申请移交黄河湿地公园兴庆区管护区的请示	2015年6月11日
银兴政发〔2015〕120号	关于拨付农发行土地融资贷款利息事宜的请示	2015年6月11日
银兴政发〔2015〕121号	关于支付银川市金达公司征地补偿款的请示	2015年6月11日
银兴政发〔2015〕122号	关于银川市兴庆区宝湖路（大新渠至燕庆路）道路工程项目征用大新塔桥村土地及房屋拨款的请示	2015年6月11日

续表

银兴政发〔2015〕123号	关于银通路（友爱中心路至燕庆路）扩宽改造项目新增集体土地征收补偿款情况的请示	2015年6月11日
银兴政发〔2015〕124号	关于核拨银通路（友爱中心路至燕庆路）扩宽改造项目国有土地房屋征收补偿资金的请示	2015年6月11日
银兴政发〔2015〕125号	关于审核拨付青银高速公路两侧绿化整治项目征收拆迁补偿资金的请示	2015年6月11日
银兴政发〔2015〕126号	关于拨付银川通用机场和通航产业园编制规划设计经费的请示	2015年6月12日
银兴政发〔2015〕127号	关于拨付过渡期租房费的请示	2015年6月12日
银兴政发〔2015〕128号	关于规划建设月牙湖向南北两处回汉故地的报告	2015年6月12日
银兴政发〔2015〕129号	关于申请银川通航产业园主干道—203省道开设平交道口的请示	2015年6月15日
银兴政发〔2015〕130号	关于兴庆区2015年安全生产亮点工作情况的报告	2015年6月15日
银兴政发〔2015〕131号	关于完善民乐村城中村改造项目手续的请示	2015年6月15日
银兴政发〔2015〕132号	关于满春小康村北侧土地及上海东路拓宽改造土地房屋征收测算遗留问题的请示	2015年6月15日
银兴政发〔2015〕133号	关于拆除原宁夏粮食学校C级D级危房的请示	2015年6月15日
银兴政发〔2015〕134号	关于银通路拓宽改造项目两户土地置换的请示	2015年6月17日
银兴政发〔2015〕135号	关于申请对兴庆区新增失地农民营业房及公寓情况审核认审	2015年6月17日
银兴政发〔2015〕136号	关于银川颐和盛世广场城市综合体项目建设用地相关事宜的请示	2015年6月17日
银兴政发〔2015〕137号	关于银川通用机场北侧220千伏高压线塔迁移项目的请示	2015年6月18日
银兴政发〔2015〕138号	关于解决民乐安置区建设资金的请示	2015年6月18日
银兴政发〔2015〕139号	关于对兴庆区大新镇新水桥村清真牛羊肉定点批发市场二期征地拆迁费用进行审批的请示	2015年6月18日
银兴政发〔2015〕140号	关于核拨兴庆区包干项目超期过渡费的请示	2015年6月22日
银兴政发〔2015〕141号	关于对大新失地农民公寓等项目建设用地划拨的请示	2015年6月23日
银兴政发〔2015〕142号	关于农发行贷款抵押土地事宜的请示	2015年6月24日
银兴政发〔2015〕143号	关于银川通用机场和通航产业园国有土地使用权的请示	2015年6月24日
银兴政发〔2015〕144号	关于兴庆区2015年上半年粮食流通工作效能目标完成情况的报告	2015年6月26日
银兴政发〔2015〕145号	关于拨付通用机场项目资金的请示	2015年6月26日
银兴政发〔2015〕146号	关于拨付银川通用机场和通航产业园主干道路项目资金的请示	2015年6月26日
银兴政发〔2015〕147号	关于青银高速公路临沙至水洞沟段两侧矿山地质环境治理项目七号漫水坝复工再次被阻挡的情况的说明	2015年6月26日
银兴政发〔2015〕148号	关于解决兴庆区玉皇阁北街永康社区活动场所的请示	2015年6月26日
银兴政发〔2015〕149号	关于调整大新镇掌政镇土地利用总体规划的请示	2015年6月29日
银兴政发〔2015〕150号	关于银川通航产业园道路名称命名的请示	2015年6月29日
银兴政发〔2015〕151号	关于修建安置区配套道路的请示	2015年6月29日

续表

银兴政发〔2015〕152号	关于授予马明德、晋宁忠、马明祥通知兴庆区：见义勇为积极分子荣誉称号的决定	2015年6月29日
银兴政发〔2015〕153号	关于拨付通航产业园前期规划、地勘、设计项目费用的请示	2015年7月1日
银兴政发〔2015〕154号	关于拨付银川通用机场前期规划、地勘、设计项目费用的请示	2015年7月1日
银兴政发〔2015〕155号	关于将兴庆区劳动就业和社会保障服务中心地下车库纳入2015年社会公共停车场的请示	2015年7月1日
银兴政发〔2015〕156号	关于申请核拨兴庆区京藏高速公路防洪排涝工程拆迁经费的请示	2015年7月2日
银兴政发〔2015〕157号	关于申请核拨银佐路（友爱中心路至燕庆路）工程道路项目征用大新镇、丽景街街道办事处土地及房屋拆迁补偿资金的请示	2015年7月2日
银兴政发〔2015〕158号	关于核拨银川通用机场和通航产业园外围道路及给水管道建设项目土地征用补偿资金的请示	2015年7月2日
银兴政发〔2015〕159号	关于重新对银川通用机场和通航产业园外接供水管网工程费用的请示	2015年7月2日
银兴政发〔2015〕160号	关于调整征兵工作领导小组及征兵办公室人员的通知	2015年7月7日
银兴政发〔2015〕161号	关于免于要求民乐清真食品园绿地招标的请示	2015年7月8日
银兴政发〔2015〕162号	关于核拨银川通用机场和通航产业园外围道路征地拆迁经费的请示	2015年7月8日
银兴政发〔2015〕163号	关于核拨银川通用机场和通航产业园外接自来水管道铺设项目征地拆迁经费的请示	2015年7月8日
银兴政发〔2015〕164号	关于湖滨西街道路畅通及唐徕小区旧城改造项目有关事宜的请示	2015年7月8日
银兴政发〔2015〕165号	关于呈报兴庆区义务教育均衡发展工作自评报告的报告	2015年7月13日
银兴政发〔2015〕166号	关于办理旧城南部安置区建设用地的请示	2015年7月13日
银兴政发〔2015〕167号	关于民乐清真食品园建设项目用地相关事宜的请示	2015年7月13日
银兴政发〔2015〕168号	关于审核贺兰山路与京藏高速立交区及周边生态景观建设项目拆迁测算报告的请示	2015年7月13日
银兴政发〔2015〕169号	关于长期支付贺兰山路与京藏高速立交区及周边生态景观建设项目拆迁补偿资金的请示	2015年7月14日
银兴政发〔2015〕170号	关于对兴庆区生态移民安置区新增建设项目进行批复的请示	2015年7月16日
银兴政发〔2015〕171号	关于对兴庆区生态移民安置区住房建设项目进行变更的请示	2015年7月16日
银兴政发〔2015〕172号	关于宝丰健康城项目用地有关问题的请示	2015年7月17日
银兴政发〔2015〕173号	关于将原银川中心粮库用于兴庆区回民一小迁建用地的请示	2015年7月17日
银兴政发〔2015〕174号	关于核拨银川市大新棚户区改造配套市政工程大新棚户区东侧路银通路—北京路项目征地拆迁补偿资金的请示	2015年7月17日
银兴政发〔2015〕175号	关于兴庆区月牙湖乡撤乡建镇的请示	2015年7月17日
银兴政发〔2015〕176号	关于贺兰山路与京藏高速立交区及周边生态景观建设项目漏项部分测算的请示	2015年7月27日
银兴政发〔2015〕177号	关于金水园旅游区国有土地转移滨河新区给予资金补偿的请示	2015年7月29日

续表

银兴政发〔2015〕178号	关于京藏高速防洪排涝水系工程宁夏燕鸽景观苗木公司租赁土地及地上附着物件征收补偿的报告	2015年7月30日
银兴政发〔2015〕179号	关于申请增加智慧社区建设试点单位暨协调智慧政务建设有关事宜的请示	2015年7月30日
银兴政发〔2015〕180号	关于解决上前城保障性住房项目拆迁农民安置用房建设相关问题的紧急请示	2015年7月30日
银兴政发〔2015〕181号	银川市兴庆区人民政府关于向永泰公司借款用于永泰城项目红线内拆迁补偿经费的请示	2015年7月31日
银兴政发〔2015〕182号	关于拨付银川通航产业园道路项目资金的请示	2015年8月3日
银兴政发〔2015〕183号	关于拨付通航产业园外接供水管网建设维护资金的请示	2015年8月3日
银兴政发〔2015〕184号	关于将兴庆区二十九小等十三所学校土地确权为国有土地的请示	2015年8月3日
银兴政发〔2015〕185号	关于核拨兴庆区红花梁拆迁过户超期安置过渡期和房费事宜的请示	2015年8月4日
银兴政发〔2015〕186号	关于减免康居安置区相关费用的请示	2015年8月4日
银兴政发〔2015〕187号	关于审批新建银川通用机场导航台給台址的请示	2015年8月6日
银兴政发〔2015〕188号	关于审批新建银川通用机场甚高频（VHF）通信台台址的请示	2015年8月6日
银兴政发〔2015〕189号	关于调整孔雀村四队养殖区土地规划用途的请示	2015年8月7日
银兴政发〔2015〕190号	关于对银川通用机场建设工程初步设计总说明图纸、概算书进行行业审查的请示	2015年8月7日
银兴政发〔2015〕191号	关于对《银川通用机场初步设计阶段飞行程序设计报告进行行业审查的请示	2015年8月7日
银兴政发〔2015〕192号	关于对兴庆区机关事业单位固有资产处置的请示	2015年8月10日
银兴政发〔2015〕193号	关于拨付徕龙公园和京藏高速公路两侧防洪排碱工程建设资金的请示	2015年8月11日
银兴政发〔2015〕194号	关于金水园旅游区国有土地转移滨河新区给予资金补偿的请示	2015年8月13日
银兴政发〔2015〕195号	关于核拨银通路（友爱中心路—燕庆路）拓宽改造国有土地房屋征收奖励和补助资金的请示	2015年8月13日
银兴政发〔2015〕196号	关于印发银川市兴庆区中小微企业发展融资担保扶持基金管理办法（暂行）的请示	2015年8月13日
银兴政发〔2015〕197号	关于变更自治区人民政府与兰州空军司令部签订新建宁夏银川通用机场协议的报告	2015年8月17日
银兴政发〔2015〕198号	关于兴庆区京藏高速防洪排涝工程土地流转相关事宜的请示	2015年8月24日
银兴政发〔2015〕199号	关于兴庆区京藏高速防洪排涝工程拆迁测算相关事宜的请示	2015年8月24日
银兴政发〔2015〕200号	关于拨付银川市兴庆区月牙扬水泵站更新改造工程实际配套资金的请示	2015年8月25日
银兴政发〔2015〕201号	兴庆区人民政府关于不予确认石志国见义勇为行为的决定	2015年9月1日
银兴政发〔2015〕202号	关于优化和开通小区各康居安置区公交线路的请示	2015年9月2日
银兴政发〔2015〕203号	关于支付农发行土地融资利息事宜的请示	2015年9月2日

续表

银兴政发〔2015〕204号	关于拨付民乐安置区工程进度款的请示	2015年9月2日
银兴政发〔2015〕205号	关于提请研究宝丰建康城项目土地征收补偿资金的请示	2015年9月5日
银兴政发〔2015〕206号	关于建设银川二幼西侧规划路的请示	2015年9月7日
银兴政发〔2015〕207号	关于黄河银川段航运建设工程项目测算情况的请示	2015年9月8日
银兴政发〔2015〕208号	关于华夏沙图生态小镇民生酒店征地及附着物测算情况的请示	2015年9月8日
银兴政发〔2015〕209号	关于对兴庆区南北区国家税务局超额完成税收征收任务的请示	2015年9月8日
银兴政发〔2015〕210号	关于银川通用机场暨通航产业园航展活动租购飞机费的请示	2015年9月12日
银兴政发〔2015〕211号	关于在银川通航机场建立相关通航作业服务基地的请示	2015年9月15日
银兴政发〔2015〕212号	关于划拨银川十二中建设用地的请示	2015年9月15日
银兴政发〔2015〕213号	关于银川通航产业园专用电缆项目征收测算的请示	2015年9月17日
银兴政发〔2015〕214号	关于开展涉农资金专项整治行动工作总结的报告	2015年9月17日
银兴政发〔2015〕215号	关于成立银川通航产业园管委会和银川通航产业园运营管理有限公司的请示	2015年9月17日
银兴政发〔2015〕216号	关于提请银川市委新审定交通物流园规划四号路项目的请示	2015年9月18日
银兴政发〔2015〕217号	关于对黄河宁夏段二期防洪银川市兴庆区通贵河道整治工程征地测算费用予以核拨的请示	2015年9月22日
银兴政发〔2015〕218号	关于申请2011—2012年农村环境连片整治项目竣工验收的报告	2015年10月9日
银兴政发〔2015〕219号	关于上前城安置区智慧社区不进行直饮水建设的请示	2015年10月9日
银兴政发〔2015〕220号	关于上海东路拓宽征用满春渠土地给予核拨补偿资金的请示	2015年10月9日
银兴政发〔2015〕221号	关于为兴庆区第三十小学新建项目办理土地使用手续的请示	2015年10月9日
银兴政发〔2015〕222号	关于华夏沙图生态一期补征土地存在问题的请示	2015年10月15日
银兴政发〔2015〕223号	关于核拨上海东路拓宽满春渠土地补偿资金的请示	2015年10月15日
银兴政发〔2015〕224号	关于调整增加兴庆区教育用地的请示	2015年10月15日
银兴政发〔2015〕225号	关于将宁夏税务干部学校置换改建一所小学的请示	2015年10月15日
银兴政发〔2015〕226号	关于为兴庆区掌政市政道路办理规划用地手续的请示	2015年10月15日
银兴政发〔2015〕227号	关于建设兴庆区绿化苗圃基地的请示	2015年10月16日
银兴政发〔2015〕228号	关于划拨三林小区附近国有土地用于兴庆区社区服务的请示	2015年10月19日
银兴政发〔2015〕229号	关于银川通用机场暨通航产业园航展活动追加经费的请示	2015年10月20日
银兴政发〔2015〕230号	关于友爱安置区东侧（银横路至银古路）征地补偿测算的请示	2015年10月20日
银兴政发〔2015〕231号	关于申请征地拆迁工作经费的请示	2015年10月20日
银兴政发〔2015〕232号	关于调整兴庆区文化街社区卫生服务中心办公用房的请示	2015年10月21日
银兴政发〔2015〕233号	关于湖滨西街道路畅通工程及唐徕小区旧城改造项目过渡期租房费发放有关事宜的请示	2015年10月21日
银兴政发〔2015〕234号	兴庆区关于深化和谐社区创建等三项重点工作整改落实情况的报告	2015年10月21日

续表

银兴政发〔2015〕235号	拨付银川市兴庆区月牙湖泵站改造工程资金的请示	2015年10月21日
银兴政发〔2015〕236号	关于大新镇大新村3、4、5队征地补偿测算的请示	2015年10月23日
银兴政发〔2015〕237号	关于银川通用机场项目使用林地的请示	2015年10月23日
银兴政发〔2015〕238号	关于银川通航产业园基础设施项目使用林地的请示	2015年10月26日
银兴政发〔2015〕239号	关于银川市银横公路治超给房屋建筑工程项目土地征收测算情况的请示	2015年10月27日
银兴政发〔2015〕240号	关于滨河大桥紧急救援建设项目征收土地测算的请示	2015年10月27日
银兴政发〔2015〕241号	关于对兴庆区银通路（丽景街—友爱路）拓宽改造项目遗留问题剩余房屋征收补偿安置测算实施方案进行审核的报告	2015年10月28日
银兴政发〔2015〕242号	关于申请兴庆区中小学建设项目补助资金的请示	2015年10月28日
银兴政发〔2015〕243号	关于拨付旧城南部安置区建设资金的请示	2015年10月28日
银兴政发〔2015〕244号	关于协调解决银川通用机场和通航产业园基础设施项目林地审批相关事宜的请示	2015年10月30日
银兴政发〔2015〕245号	关于银川通用机场和通航产业园资金使用事宜的请示	2015年11月3日
银兴政发〔2015〕246号	关于授予李学斌等同志兴庆区见义勇为积极分子荣誉称号的决定	2015年11月5日
银兴政发〔2015〕247号	关于解决满春二期安置区热源的请示	2015年11月9日
银兴政发〔2015〕248号	关于解决掌政安置区三期工程资金的请示	2015年11月9日
银兴政发〔2015〕249号	关于兴庆区规划四号路满春冷库征地拆迁补偿测算的请示	2015年11月9日
银兴政发〔2015〕250号	关于核拨兴庆区34亿贷款土地收储已实施项目征地补偿及道路建设资金的请示	2015年11月10日
银兴政发〔2015〕251号	关于协调解决银川通用机场和通航产业园基础设施项目占用林地相关事宜的请示	2015年11月10日
银兴政发〔2015〕252号	关于兴庆区森林覆盖率调查情况的报告	2015年11月17日
银兴政发〔2015〕253号	关于调整兴庆区通贵乡2013年农村环境集中连片整治的请示	2015年11月17日
银兴政发〔2015〕254号	关于对兴庆区掌政镇至轻纺城新建道路进行分项的请示	2015年11月18日
银兴政发〔2015〕255号	关于对兴庆区二十二小学附近八里桥四排沟桥面进行翻建的请示	2015年11月18日
银兴政发〔2015〕256号	关于拨付银川市兴庆区城南部安置区建设资金的请示	2015年11月18日
银兴政发〔2015〕257号	关于补办满春康居安置区二期项目前期手续的请示	2015年11月19日
银兴政发〔2015〕258号	关于追认杨鸿儒为烈士的请示	2015年11月19日
银兴政发〔2015〕259号	关于申请拨付通航产业园建设资金的请示	2015年11月19日
银兴政发〔2015〕260号	关于对满春三期B区国有资产处置的请示	2015年11月24日
银兴政发〔2015〕261号	关于申请拨付京藏高速公路两侧防洪排碱工程建设资金的请示	2015年11月24日
银兴政发〔2015〕262号	关于兴庆区2015年度耕地保护目标责任履行情况自查的请示	2015年11月25日
银兴政发〔2015〕263号	关于办理甘肃泰盛物资集团有限公司固有土地使用证变更手续的请示	2015年11月30日

续表

银兴政发〔2015〕264号	关于对兴庆南区国土税实施联合评估检查堵漏增收工作给予通报表扬的决定	2015年12月2日
银兴政发〔2015〕265号	关于对兴庆区南区地方税务局予以嘉奖的决定	2015年12月4日
银兴政发〔2015〕266号	关于申请拨付银川通用机场占用林地需缴纳林草地植被恢复费的请示	2015年12月4日
银兴政发〔2015〕267号	关于解决通航机场工程项目政府购买服务2015第四季度财政补贴请示	2015年12月7日
银兴政发〔2015〕268号	关于大新镇塔桥村拆迁营业房安置信访事项化解事宜的请示	2015年12月7日
银兴政发〔2015〕269号	关于采取PPP模式建设康居安置区的请示	2015年12月7日
银兴政发〔2015〕270号	关于拨付银川市兴庆区光华门村返租费的请示	2015年12月7日
银兴政发〔2015〕271号	关于兴庆区银通路（有爱中心路—燕庆街）房屋补偿安置测算方案的请示	2015年12月7日
银兴政发〔2015〕272号	关于宁夏众一集团有限公司物流港项目建设过程中相关遗留问题的请示	2015年12月7日
银兴政发〔2015〕273号	关乎拨付隆湖尚东帝景拆迁高台寺村2、4对和满春1队过渡费的请示	2015年12月7日
银兴政发〔2015〕274号	关于高小军职务聘任的通知	2015年12月8日
银兴政发〔2015〕275号	兴庆区关于清理处置批而未供土地的工作报告	2015年12月14日
银兴政发〔2015〕276号	关于康居安置区的请示	2015年12月17日
银兴政发〔2015〕277号	关于回购兴庆区北塔村失地农民安置项目营业房及地下车位的请示	2015年12月17日
银兴政发〔2015〕278号	关于银川通航产业园招商引资	2015年12月22日
银兴政发〔2015〕279号	关于银青高速路南侧涉及征收砖厂砂石厂煤场用地范围内地上附着物及设备评估情况测算报告的请示	2015年12月24日
银兴政发〔2015〕280号	兴庆区政府关于废止和宣布失效部分兴庆区人民政府规范性文件的决定	2015年12月25日
银兴政发〔2015〕281号	关于申请拨付通航产业园建设资金（普）进展情况的报告	2015年12月25日
银兴政发〔2015〕282号	关于将银川老年大学现办公场所划归兴庆区用于社会福利院开展业务的请示	2015年12月28日
银兴政发〔2015〕283号	宁夏银川市兴庆区对国家教育督导检查组对宁夏回族自治区5个县（区）义务教育均衡发展督导检查反馈意见中兴庆区存在的问题及整改报告	2015年12月30日
银兴政办发〔2015〕1号	关于对安委会紧急工作会议到会情况的通报	2015年1月4日
银兴政办发〔2015〕2号	关于对政务常务会议专题会议决定事项落实情况进行督察的通知	2015年1月6日
银兴政办发〔2015〕3号	关于做好兴庆区政务服务中心迁建启用前期准备工作的通知	2015年1月14日
银兴政办发〔2015〕4号	关于印发《兴庆区2015年基本建设项目计划表》的通知	2015年1月15日
银兴政办发〔2015〕5号	关于印发《开展机关事业单位吃空饷问题集中治理工作方案》的通知	2015年1月16日

续表

银兴政办发〔2015〕6号	关于对兴庆区2014年土地变更调查工作中发现的违法占地进行限期拆除清理和复垦的通知	2015年1月16日
银兴政办发〔2015〕7号	关于印发兴庆区农村土地承包经营权确权登记工作共性问题处理意见的通知	2015年1月23日
银兴政办发〔2015〕8号	关于对十二五规划各项任务完成情况进行总结的通知	2015年2月6日
银兴政办发〔2015〕9号	关于印发《兴庆区基本侨情普查工作实施方案》的通知	2015年2月6日
银兴政办发〔2015〕10号	关于印发兴庆区民办教育机构专项整治活动方案的通知	2015年2月9日
银兴政办发〔2015〕11号	关于印发银川市兴庆区人民政府办公室主要职责机构设置和人员编制规定的通知	2015年2月11日
银兴政办发〔2015〕12号	关于印发银川市兴庆区经济发展局主要职责机构设置和人员编制规定的通知	2015年2月11日
银兴政办发〔2015〕13号	关于印发银川市兴庆区教育局主要职责机构设置和人员编制规定的通知	2015年2月11日
银兴政办发〔2015〕14号	关于印发银川市兴庆区民政局主要职责机构设置和人员编制规定的通知	2015年2月11日
银兴政办发〔2015〕15号	关于印发银川市兴庆区财政局主要职责机构设置和人员编制规定的通知	2015年2月11日
银兴政办发〔2015〕16号	关于印发银川市兴庆区人社局主要职责机构设置和人员编制规定的通知	2015年2月11日
银兴政办发〔2015〕17号	关于印发银川市兴庆区卫计局主要职责机构设置和人员编制规定的通知	2015年2月11日
银兴政办发〔2015〕18号	关于印发银川市兴庆区审计局主要职责机构设置和人员编制规定的通知	2015年2月11日
银兴政办发〔2015〕19号	关于印发银川市兴庆区城市管理综合执法局主要职责机构设置和人员编制规定的通知	2015年2月11日
银兴政办发〔2015〕20号	关于印发银川市兴庆区农牧局主要职责机构设置和人员编制规定的通知	2015年2月11日
银兴政办发〔2015〕21号	关于印发银川市兴庆区建设交通局主要职责机构设置和人员编制规定的通知	2015年2月11日
银兴政办发〔2015〕22号	关于印发银川市兴庆区水务局主要职责机构设置和人员编制规定的通知	2015年2月11日
银兴政办发〔2015〕23号	关于印发银川市兴庆区林业局主要职责机构设置和人员编制规定的通知	2015年2月11日
银兴政办发〔2015〕24号	关于印发银川市兴庆区统计局主要职责机构设置和人员编制规定的通知	2015年2月11日
银兴政办发〔2015〕25号	关于印发银川市兴庆区商务局主要职责机构设置和人员编制规定的通知	2015年2月11日
银兴政办发〔2015〕26号	关于印发银川市兴庆区安监局主要职责机构设置和人员编制规定的通知	2015年2月11日
银兴政办发〔2015〕27号	关于印发银川市兴庆区司法局主要职责机构设置和人员编制规定的通知	2015年2月11日

续表

银兴政办发〔2015〕28号	关于印发银川市兴庆区文体旅游局主要职责机构设置和人员编制规定的通知	2015年2月11日
银兴政办发〔2015〕29号	关于印发银川市兴庆区经济合作局主要职责机构设置和人员编制规定的通知	2015年2月11日
银兴政办发〔2015〕30号	关于印发银川市兴庆区市容环境卫生服务中心主要职责机构设置和人员编制规定的通知	2015年2月11日
银兴政办发〔2015〕31号	关于进一步加强和改进应急值守和突发事件信息报告工作的通知	2015年2月13日
银兴政办发〔2015〕32号	关于学习宣传自治区政府三部规章的通知	2015年2月27日
银兴政办发〔2015〕33号	关于做好2015年行政执法证件年检工作的通知	2015年3月3日
银兴政办发〔2015〕34号	关于印发兴庆区第二次全国地名普查工作实施方案的通知	2015年3月4日
银兴政办发〔2015〕35号	关于调整领导工作分工的通知	2015年3月9日
银兴政办发〔2015〕36号	关于进一步核实失地农民享受5㎡营业房、20㎡公寓的通知	2015年3月11日
银兴政办发〔2015〕37号	关于对兴庆区2012年—2014年征地拆迁项目进行审计的通知	2015年3月11日
银兴政办发〔2015〕38号	关于尽快核查经营性用地未挂牌已开工项目用地情况的紧急通知	2015年3月18日
银兴政办发〔2015〕39号	关于组织开展兴庆区三届人大三次会议代表议案建议政协三届三次会议委员提案办理工作的通知	2015年3月18日
银兴政办发〔2015〕40号	关于进一步加强政务信息报送工作的通知	2015年3月19日
银兴政办发〔2015〕41号	关于开展兴庆区非法集资风险专项排查活动的通知	2015年3月20日
银兴政办发〔2015〕42号	关于印发2015年兴庆区为民办19件实事任务分列表暨政府工作报告主要工作任务分列表的通知	2015年3月20日
银兴政办发〔2015〕43号	关于启用印章的通知	2015年3月24日
银兴政办发〔2015〕44号	关于印发兴庆区环境保护大检查工作方案的通知	2015年3月26日
银兴政办发〔2015〕45号	关于印发《兴庆区政府投资项目竣工验收管理办法（试行）的通知	2015年4月1日
银兴政办发〔2015〕46号	关于印发兴庆区加快发展家便服务业促进创业就业工作实施意见的通知	2015年4月8日
银兴政办发〔2015〕47号	关于印发兴庆区籍初中毕业生进入职业技术学院（学校）参加中职教育给予奖学金资助实施意见的通知	2015年4月8日
银兴政办发〔2015〕49号	关于成立兴庆区社会救助工作领导小组及各部门救助工作任务分工的通知	2015年4月8日
银兴政办发〔2015〕50号	关于印发兴庆区开展严厉打击非法采挖林木专项行动方案的通知	2015年4月8日
银兴政办发〔2015〕51号	关于实行建筑企业农民工工资银行直接支付制度的通知	2015年4月8日
银兴政办发〔2015〕52号	关于成立银川通航产业园暨通用机场项目工作协调小组的通知	2015年4月8日
银兴政办发〔2015〕53号	关于印发兴庆区2015年花卉产业扶持资金使用实施细则的通知	2015年4月16日
银兴政办发〔2015〕54号	关于废止银川市兴庆区经藏高速公路防洪排涝工程建设指挥部及指挥部办公室印章的通知	2015年4月24日

续表

银兴政办发〔2015〕55号	关于做好当前禁牧封育工作的紧急通知	2015年4月24日
银兴政办发〔2015〕56号	关于做好2015年度自治区银川市人大代表议案建议政协委员提案办理工作的通知	2015年4月27日
银兴政办发〔2015〕57号	关于印发《兴庆区人民政府2015年推进依法行政建设法治政府工作安排》的通知	2015年4月28日
银兴政办发〔2015〕58号	关于印发《进一步推动兴庆区消防安全网格化管理工作实施方案》的通知	2015年4月28日
银兴政办发〔2015〕59号	关于印发《兴庆区2015年老旧小区专项改造工程实施方案》的通知	2015年4月28日
银兴政办发〔2015〕60号	关于印发《兴庆区拆除燃煤茶熔炉工作实施方案》的通知	2015年4月28日
银兴政办发〔2015〕61号	关于印发《兴庆区2015年蓝天工程实施方案》的通知	2015年4月28日
银兴政办发〔2015〕62号	关于成立大新镇新水桥村集体经济组织制度改革试点工作指导小组的通知	2015年4月28日
银兴政办发〔2015〕63号	关于印发《兴庆区救济难救助暂行办法》的通知	2015年4月28日
银兴政办发〔2015〕64号	关于转发环保部办公厅《关于进一步加强环境影响评价违法项目责任追究的通知》的通知	2015年4月28日
银兴政办发〔2015〕65号	关于成立涉农资金专项整治活动领导小组的通知	2015年4月29日
银兴政办发〔2015〕66号	关于调整兴庆区地质灾害防治领导小组的通知	2015年5月6日
银兴政办发〔2015〕67号	关于印发《兴庆区2014年度土地矿产卫片执法检查工作实施方案》的通知	2015年5月11日
银兴政办发〔2015〕68号	关于印发《兴庆区涉农资金专项整治行动实施方案》的通知	2015年5月14日
银兴政办发〔2015〕69号	关于2014年各乡镇街道办事处、消防工作考核情况的通报	2015年5月18日
银兴政办发〔2015〕70号	关于贯彻《宁夏回族自治区突发事件应对条例》加强突发事件应对工作的通知	2015年5月19日
银兴政办发〔2015〕71号	关于积极配合做好银西高铁兴庆段前期地勘工作的通知	2015年5月20日
银兴政办发〔2015〕72号	关于征集报送十三五规划项目的通知	2015年5月20日
银兴政办发〔2015〕73号	关于对各乡贞街道中心图书馆及农民文化大院督察情况的通报	2015年5月27日
银兴政办发〔2015〕74号	关于兴庆区人民政府办公室工作人员第四轮岗位聘用的通知	2015年5月27日
银兴政办发〔2015〕75号	关于印发兴庆区森林火灾应对处理预案的通知	2015年6月1日
银兴政办发〔2015〕76号	关于申请兴庆区部分信息化建设项目经费的请示	2015年6月2日
银兴政办发〔2015〕77号	关于印发2015年兴庆区市民运动会启发暨《宁夏·兴庆第六届鸣翠湖端午休闲体育运动会活动方案》的通知	2015年6月10日
银兴政办发〔2015〕78号	关于配合做好宁夏凯添能源天然气管道分段整改的通知	2015年6月10日
银兴政办发〔2015〕79号	关于印发兴庆区2015年节能宣传周和低碳日活动实施方案的通知	2015年6月10日
银兴政办发〔2015〕80号	关于印发《兴庆区夏季消防检查工作方案》的通知	2015年6月11日
银兴政办发〔2015〕81号	关于印发兴庆区2015年中小学招生工作安排意见的通知	2015年6月12日
银兴政办发〔2015〕82号	关于上报2015年上半年工作总结及下半年工作安排的通知	2015年6月12日

续表

银兴政办发〔2015〕83号	关于印发2015年兴庆区节能宣传周活动实施方案的通知	2015年6月15日
银兴政办发〔2015〕84号	关于兑现2013、2014年度人口和计划生育目标管理责任书的决定	2015年6月16日
银兴政办发〔2015〕85号	关于成立乡镇街道基层劳动人事争议调解组织的通知	2015年6月16日
银兴政办发〔2015〕86号	关于调整工作分工的通知	2015年6月23日
银兴政办发〔2015〕87号	关于印发《兴庆区森林防火区和森林防火期的通知》的通知	2015年6月25日
银兴政办发〔2015〕88号	关于转发《银川市政府部门职责履行评估检查实施方案》的通知	2015年6月29日
银兴政办发〔2015〕89号	关于印发《兴庆区政府投资项目监理办法》的通知	2015年6月30日
银兴政办发〔2015〕90号	关于尽快商议满春冷库拆迁事宜的通知	2015年7月2日
银兴政办发〔2015〕91号	关于原一职综合楼和实训楼加固扩建工程事项的请示	2015年7月8日
银兴政办发〔2015〕92号	关于印发兴庆区建立政府部门权力清单制度工作方案的通知	2015年7月8日
银兴政办发〔2015〕94号	关于召开兴庆区重点建设项目誓师大会的通知	2015年7月15日
银兴政办发〔2015〕95号	关于印发贺兰山东路及延伸段主干道环境卫生整治方案的通知	2015年7月17日
银兴政办发〔2015〕96号	关于申报水污染防治项目的通知	2015年7月23日
银兴政办发〔2015〕97号	关于加快推进兴庆区康居工程项目建设的通知	2015年7月24日
银兴政办发〔2015〕98号	关于印发《兴庆区城市社区居委会区划调查方案》的通知	2015年7月30日
银兴政办发〔2015〕99号	关于兴庆区两法衔接信息共享平台进行情况的通报	2015年7月30日
银兴政办发〔2015〕100号	关于印发《兴庆区贯彻落实〈宁夏回族自治区法治政府建设指导体系（试行）〉实施方案》的通知	2015年7月30日
银兴政办发〔2015〕101号	关于调整工作分工的通知	2015年8月6日
银兴政办发〔2015〕102号	关于印发兴庆区关于促进工业经济平稳运行加大财政扶持的实施意见的通知	2015年8月14日
银兴政办发〔2015〕103号	关于做好兴庆区2016年建设项目计划编报工作的通知	2015年8月18日
银兴政办发〔2015〕104号	关于调整兴庆区地质灾害防治领导小组暨进一步加强地质灾害性防治工作的通知	2015年8月24日
银兴政办发〔2015〕105号	关于清理整顿公务员考试录用违规培训机构有关事项的通知	2015年8月31日
银兴政办发〔2015〕106号	关于印发兴庆区支路小街巷市政基础设施管理方案的通知	2015年9月1日
银兴政办发〔2015〕107号	关于全面清理现行有效的政府规章和规范性文件的通知	2015年9月6日
银兴政办发〔2015〕108号	关于成立乡镇人民政府、街道办事处应急管理办公室的通知	2015年9月17日
银兴政办发〔2015〕109号	关于印发《兴庆区花卉产业发展基金管理办法》的通知	2015年9月18日
银兴政办发〔2015〕110号	关于上报落实自治区人民政府、内蒙古自治区人民政府合作框架协议分工情况的通知	2015年9月18日
银兴政办发〔2015〕111号	兴庆区人民政府规范性文件清理工作的通知	2015年9月30日
银兴政办发〔2015〕112号	关于上报2015年工作总结2016年工作安排暨十二五期间工作总结十三五期间工作安排的通知	2015年10月8日

续表

银兴政办发〔2015〕113号	关于进一步做好兴庆区2016年基本建设项目计划编报工作的紧急通知	2015年10月9日
银兴政办发〔2015〕114号	关于做好进驻政务服务中心有关准备工作的通知	2015年10月10日
银兴政办发〔2015〕115号	关于申请拨付政务云高拍仪采购经费的请示	2015年10月10日
银兴政办发〔2015〕116号	关于对单用途商业预付卡企业发卡情况进行摸底的通知	2015年11月5日
银兴政办发〔2015〕117号	关于梳理上报权利运行责任清单的通知	2015年11月9日
银兴政办发〔2015〕118号	关于印发《兴庆区开展焚烧秸秆专项整治工作实施方案》的通知	2015年11月9日
银兴政办发〔2015〕119号	兴庆区2015年度法治政府建设工作自查报告	2015年11月9日
银兴政办发〔2015〕120号	关于印发《兴庆区康居安置房分配实施方案》的通知	2015年11月16日
银兴政办发〔2015〕121号	关于开展2015年度招商引资目标任务考核工作的通知	2015年11月18日
银兴政办发〔2015〕122号	关于呈报2015年上半年国民经济和社会发展计划执行情况及下半年工作安排报告的审议意见办理情况的报告	2015年11月18日
银兴政办发〔2015〕123号	关于认真做好近期政府信息与政务公开有关工作的通知	2015年11月20日
银兴政办发〔2015〕124号	关于调整兴庆区国有资产投资控股有限公司董事会、监事会减员的通知	2015年11月26日
银兴政办发〔2015〕125号	关于成立胡商国际贸易城项目农民工工资案件工作组的通知	2015年12月11日
银兴政办发〔2015〕126号	关于印发《兴庆区人民政府建立政府及其工作部门权力运行责任清单实施方案》的通知	2015年12月21日
银兴政办发〔2015〕127号	关于对兴庆区2015年度土地变更调查工作中发现的违法占地进行限期拆除清理和复垦的通知	2015年12月28日
银兴政办发〔2015〕128号	关于印发《兴庆区2015年度土地矿产卫片执法检查工作实施方案》的通知	2015年12月28日
银兴政办发〔2015〕129号	关于印发兴庆区节水专项行动计划实施方案（2014—2018）的通知	2015年12月28日
银兴政干发〔2015〕1号	关于提请刘春玲等同志的职务任免的议案	2015年3月25日
银兴政干发〔2015〕2号	关于提请徐辉艳等同志的职务任免的议案	2015年5月22日
银兴政干发〔2015〕3号	关于赵景宝同志免职的通知	2015年5月27日
银兴政干发〔2015〕4号	关于刘春玲等同志职务任免的通知	2015年5月27日
银兴政干发〔2015〕5号	关于王爱华等同志职务任免的通知	2015年5月27日
银兴政干发〔2015〕6号	关于武丽等同志任职的通知	2015年5月27日
银兴政干发〔2015〕7号	关于杜新艳等同志职务任免的通知	2015年5月27日
银兴政干发〔2015〕8号	关于马晨晓等同志任职的通知	2015年5月27日
银兴政干发〔2015〕9号	关于倪小军同志任职的通知	2015年5月27日
银兴政干发〔2015〕10号	关于张玲同志任职的通知	2015年5月27日
银兴政干发〔2015〕11号	关于提请王恪等同志免职的议案	2015年8月6日
银兴政干发〔2015〕12号	关于提请王永虎同志职务免除的议案	2015年11月9日

续表

银兴政函发〔2015〕1号	关于申请将宁港财富中心违规建设项目不纳入不良记录的函	2015年1月23日
银兴政函发〔2015〕2号	关于办理大新安置区二期项目选址手续的函	2015年1月5日
银兴政函发〔2015〕3号	关于提供银川市矿产资源分布相关资料的函	2015年1月5日
银兴政函发〔2015〕4号	关于兴庆区京藏青银高速两侧绿化整治项目征收姜新生（龙源公司）土地情况的说明函	2015年1月7日
银兴政函发〔2015〕5号	关于申请办理兴庆区掌政镇市政道路工程土地相关手续的函	2015年1月7日
银兴政函发〔2015〕6号	关于征收国有土地的函	2015年1月7日
银兴政函发〔2015〕7号	关于兴庆区北塔村安置工程项目土地挂牌出让相关事宜的函	2015年1月7日
银兴政函发〔2015〕8号	关于办理兴庆区通贵老年福利服务中心项目用地相关手续的函	2015年1月22日
银兴政函发〔2015〕9号	关于配合提供银川通用机场选址工作相关资料的函	2015年1月22日
银兴政函发〔2015〕10号	关于《关于对征收原银新干沟管理所用地意见的函》的函	2015年1月26日
银兴政函发〔2015〕11号	关于兴庆区政府办公室与兴庆区经济发展局行政关系的证明	2015年1月30日
银兴政函发〔2015〕12号	关于办理兴庆区掌政镇四所学校建设用地权属登记手续的函	2015年2月2日
银兴政函发〔2015〕13号	关于办理兴庆区体育馆项目用地相关手续的函	2015年2月2日
银兴政函发〔2015〕14号	关于取消掌政镇经二路道路规划的函	2015年2月2日
银兴政函发〔2015〕15号	关于2015年民乐安置区二期项目选址的函	2015年2月2日
银兴政函发〔2015〕16号	关于高台寺7队商住楼项目有关事宜的函	2015年2月2日
银兴政函发〔2015〕17号	关于对开展清查规范税收等优惠政策通知回复的函	2015年2月2日
银兴政函发〔2015〕18号	关于解决沙滩清真寺建筑安全问题的函	2015年2月6日
银兴政函发〔2015〕19号	关于兴庆区新水桥农贸市场建设用地挂牌相关事宜的函	2015年2月6日
银兴政函发〔2015〕20号	关于杜兴庆区新增失地农民营业房及公寓进行审核的函	2015年2月6日
银兴政函发〔2015〕21号	关于邀请银川市土地储备局对银通路国有土地征收补偿指导工作的函	2015年3月11日
银兴政函发〔2015〕22号	关于兴庆区体育馆建设项目选地用地的承诺函	2015年2月10日
银兴政函发〔2015〕23号	关于兴庆区体育馆建设项目地方配套资金的承诺函	2015年2月10日
银兴政函发〔2015〕24号	关于调整穆斯林商贸城二期项目用地性质的函	2015年2月15日
银兴政函发〔2015〕25号	关于永泰城阁第湖城市生态休闲公园项目用地手续有关问题的咨询函	2015年2月15日
银兴政函发〔2015〕26号	关于兴庆区政务服务中心改扩建等项目申请列入银川市既有建筑节能改造项目的函	2015年3月18日
银兴政函发〔2015〕27号	关于兴庆区塔桥安置区（北区）建设项目建设项目情况说明的函	2015年3月19日
银兴政函发〔2015〕28号	关于对接金融业务工作的函	2015年3月19日
银兴政函发〔2015〕29号	关于拨付黄河金岸·华夏河图生态小镇一期建设补征土地项目安置房建设资金的函	2015年3月20日
银兴政函发〔2015〕30号	关于银川通航产业园绿化工程用地预审的函	2015年3月24日

续表

银兴政函发〔2015〕31号	关于办理银川市热力公司与唐徕安置区置换土地手续的函	2015年3月26日
银兴政函发〔2015〕32号	关于八里桥雅和苑安置区《建筑工程规划许可证》有关事宜的函	2015年3月26日
银兴政函发〔2015〕33号	关于申请办理银古路丽景街社区老年活动中心项目改造选址鬼哈相关事宜的函	2015年4月1日
银兴政函发〔2015〕34号	关于燕葆地产公司土地置换事宜答复意见的函	2015年4月7日
银兴政函发〔2015〕35号	关于银川通用机场和通航产业园规划纬十路项目用地相关事宜的函	2015年4月8日
银兴政函发〔2015〕36号	关于原宁夏粮食学校土地移与兴庆区政府过程中存在的问题的函	2015年4月8日
银兴政函发〔2015〕37号	关于在银川站经济服务产业园更改部分公交线路增设公交站点的函	2015年4月8日
银兴政函发〔2015〕38号	关于浙江国际轻纺城项目建设用地挂牌出让事宜的函	2015年4月8日
银兴政函发〔2015〕39号	关于将兴庆区大新镇新渠稍村蔬菜温棚电力设施配套工程列入银川市2015年农网改造投资计划的函	2015年4月16日
银兴政函发〔2015〕40号	劳动保障服务所用地的函	2015年4月16日
银兴政函发〔2015〕41号	关于报请追认王建忠同志为烈士的答复函	2015年4月16日
银兴政函发〔2015〕42号	关于兴庆区拆迁未安置及征地补偿款拨付情况的函	2015年4月23日
银兴政函发〔2015〕43号	关于兴庆区月牙湖乡移民安置区2015年暂不开展光伏决案试点工作情况说明的函	2015年4月23日
银兴政函发〔2015〕44号	关于办理恒大银川地产公司拟开发建设海宝路北侧规划八号路东侧128亩用地手续的函	2015年4月27日
银兴政函发〔2015〕45号	关于报送兴庆区2015—2017年中心村建设规划编制工作实施方案的函	2015年4月28日
银兴政函发〔2015〕46号	关于兴庆区满春旧货市场升级改造的函	2015年4月28日
银兴政函发〔2015〕47号	关于办理八里桥雅和苑安置区房屋产权初始登记相关事宜的函	2015年4月28日
银兴政函发〔2015〕48号	关于申请中卫巷安置区安装隔音玻璃屏障的函	2015年4月28日
银兴政函发〔2015〕49号	关于办理大新镇安置区二期项目用地手续的函	2015年4月28日
银兴政函发〔2015〕50号	关于拨付过渡期租房费的函	2015年4月28日
银兴政函发〔2015〕51号	关于征求银川市公安局公安分局新建胜利街派出所项目选址意见的函	2015年5月5日
银兴政函发〔2015〕52号	关于协调办理兴庆区月牙湖乡红树莓产业园区项目用地初审意见的函	2015年4月28日
银兴政函发〔2015〕53号	对《银川市全面深化改革领导小组2015年工作要点（征求意见稿）》等文件修改建议的函	2015年4月28日
银兴政函发〔2015〕54号	关于帮助提供兴庆区月牙湖乡水源勘探资料的函	2015年4月28日
银兴政函发〔2015〕55号	关于银川通用机场北侧220千伏高压线塔事宜的函	2015年4月28日
银兴政函发〔2015〕56号	关于办理月牙湖综合服务楼建设用地相关手续的函	2015年5月5日
银兴政函发〔2015〕57号	关于挂牌出让兴庆区友爱中心路西侧两宗国有建设用地的函	2015年5月5日

续表

银兴政函发〔2015〕58号	关于同意建设宁夏公安边防总队农副业生产基地的函	2015年5月5日
银兴政函发〔2015〕59号	关于公开办理光华门6队、11队安置区所占用土地使用权证的函	2015年5月6日
银兴政函发〔2015〕60号	关于大新安置区东侧规划路等项目用地情况说明的函	2015年5月14日
银兴政函发〔2015〕61号	关于完善光华门村农民商城相关竣工备案事宜的函	2015年5月15日
银兴政函发〔2015〕62号	关于局域世和·天玺国际中心项目办理商品房预售许可证手续支持的函	2015年5月15日
银兴政函发〔2015〕63号	关于给予世和·天玺国际中心项目建设支持的函	2015年5月15日
银兴政函发〔2015〕64号	关于浙江国际轻纺城项目用地拆迁有关情况的函	2015年5月21日
银兴政函发〔2015〕65号	关于银川通航机场建设工程监理项目申请变更招标方式的函	2015年5月28日
银兴政函发〔2015〕66号	关于征询兴庆区上前城标准换菜市场用地土地相关情况的复函	2015年5月28日
银兴政函发〔2015〕67号	关于挂牌出让兴庆区友爱中心路西侧两宗国有建设用地的函	2015年5月29日
银兴政函发〔2015〕68号	关于银川新一代天气雷达气象探测环境保护的承诺函	2015年6月1日
银兴政函发〔2015〕69号	关于终止中国西部珠宝文化博览会中心项目有关事宜的函	2015年6月1日
银兴政函发〔2015〕70号	关于浙江国际轻纺城项目用地拆迁信访问题办理情况的函	2015年6月2日
银兴政函发〔2015〕71号	关于申请银川通用机场配套工程施工项目二标段变更招标方式的函	2015年6月3日
银兴政函发〔2015〕72号	关于永泰城周边配套市政道路项目用地的函	2015年6月3日
银兴政函发〔2015〕74号	关于尽快对丽景街至燕庆路65、66号地的北开工建设的函	2015年6月5日
银兴政函发〔2015〕76号	关于穆斯林商贸城批发市场二期项目供电事宜的函	2015年6月10日
银兴政函发〔2015〕77号	关于新增失地农民营业房及公寓审核情况的函	2015年6月11日
银兴政函发〔2015〕78号	关于征求建设大新桥综合市场意见的函	2015年6月11日
银兴政函发〔2015〕79号	关于兴庆区大新镇新渠稍雷祖庙迁建用地支付情况说明的函	2015年6月11日
银兴政函发〔2015〕80号	关于友爱中心路东侧土地延迟交地的函	2015年6月11日
银兴政函发〔2015〕81号	关于协调通航产业园建设用砂石料供应问题的函	2015年6月15日
银兴政函发〔2015〕83号	关于对徐永国有土地证和房产证确认的函	2015年6月17日
银兴政函发〔2015〕84号	关于中国穆斯林国际商贸城二期项目土地价格评估相关事宜的函	2015年6月17日
银兴政函发〔2015〕85号	关于申请批准2016年棚户区改造项目的函	2015年6月18日
银兴政函发〔2015〕86号	关于减免康居安置（棚户）区高可靠性接电费用的函	2015年6月18日
银兴政函发〔2015〕87号	关于给予世和·天玺国际中心项目办理商品房预售许可证承诺的函	2015年6月23日
银兴政函发〔2015〕88号	关于尽快审批安置区规划建设方案的函	2015年6月22日
银兴政函发〔2015〕89号	关于办理兴庆区旧城（棚户区）改造项目相关土地手续的函	2015年6月22日
银兴政函发〔2015〕90号	关于交回银川拖拉机厂家属院国有土地非用征的函	2015年6月22日
银兴政函发〔2015〕91号	关于对兴庆区物流带相关土地进行挂牌出让的函	2015年6月23日

续表

银兴政函发〔2015〕92号	关于对银川通用机场正式用电项目和通航产业园外界供水管线工程采用邀请招标方式的函	2015年6月25日
银兴政函发〔2015〕93号	关于协调解决立达国际建材五金家具博览城项目验收事宜的函	2015年6月25日
银兴政函发〔2015〕94号	关于申请变更银川通用机场配套工程施工项目（二标段）招标方式的函	2015年6月25日
银兴政函发〔2015〕95号	关于设立兴庆区双拥路灯箱宣传牌的函	2015年6月26日
银兴政函发〔2015〕96号	关于兴庆区通贵老年综合福利服务中心建设项目土地征收情况的函	2015年6月29日
银兴政函发〔2015〕97号	关于银川市民用天然气输配工程第二门站东部调压站项目用地征地拆迁情况的函	2015年6月29日
银兴政函发〔2015〕98号	关于大新安置区项目有关情况的函	2015年6月29日
银兴政函发〔2015〕99号	关于申请对银川通用机场清运土方工程和通航产业园围栏工程采用邀请招标方式的函	2015年6月29日
银兴政函发〔2015〕100号	关于对良益轩羊肉泡馍馆进行评估验收的报告	2015年6月29日
银兴政函发〔2015〕101号	关于尽快对兴庆区北塔四队供暖管网系统进行施工的函	2015年7月1日
银兴政函发〔2015〕102号	关于成立兴庆区北塔四队供暖网系统及增容费的函	2015年7月1日
银兴政函发〔2015〕103号	关于宁夏上陵集团原兴庆科技园项目用地纳入整体规划的函	2015年7月1日
银兴政函发〔2015〕104号	关于申请核拨塔桥村安置区（一队）项目征收补偿资金的函	2015年7月2日
银兴政函发〔2015〕105号	关于申请核拨城中村改造项目征收补偿资金的函	2015年7月2日
银兴政函发〔2015〕106号	关于申请核拨穆斯林商贸城二期项目征收补偿资金的函	2015年7月2日
银兴政函发〔2015〕107号	关于明确上前城七、八队安置房交付相关事宜的函	2015年7月2日
银兴政函发〔2015〕108号	关于建设大新镇塔桥村失地农民百货市场意见的函	2015年7月2日
银兴政函发〔2015〕109号	关于申请核拨大新安置区项目征收补偿资金的函	2015年7月2日
银兴政函发〔2015〕110号	关于办理银川市胜利南街统建房项目土地手续的函	2015年7月6日
银兴政函发〔2015〕111号	关于对兴庆区部分征地款进行复核的函	2015年7月6日
银兴政函发〔2015〕112号	银川市兴庆区人民政府房屋征收补偿决定书	2015年7月7日
银兴政函发〔2015〕113号	关于先予介入安置区质量和安全监督事宜的函	2015年7月8日
银兴政函发〔2015〕114号	关于兴庆区农村宅基地确权登记发证前期调查的函	2015年7月8日
银兴政函发〔2015〕115号	关于对兴庆区少林精英武校项目用地有关事宜的函	2015年7月8日
银兴政函发〔2015〕116号	关于将塔桥村小学等十三所小学土地确权为国有土地的函	2015年7月8日
银兴政函发〔2015〕117号	关于提供银川通用机场和通航产业园周边地下水资源勘探报告的函	2015年7月8日
银兴政函发〔2015〕118号	关于采用邀请招标方式对银川通用机场综合业务楼及塔台电梯采购项目进行招标的函	2015年7月13日
银兴政函发〔2015〕119号	关于中国穆斯林国际商贸城二期项目用地抵押贷款相关事宜的函	2015年7月13日

续表

银兴政函发〔2015〕120号	关于尽快审核贺兰山路与京藏高速立交区及周边生态景观建设项目拆迁测算报告的函	2015年7月13日
银兴政函发〔2015〕121号	关于对近期兴庆区重大信访事项的情况说明	2015年7月14日
银兴政函发〔2015〕123号	关于天煜供热扩建中心项目用地有关事宜的函	2015年7月16日
银兴政函发〔2015〕124号	关于建设大新失地农民公寓项目规划选地的函	2015年7月16日
银兴政函发〔2015〕125号	关于建设友爱失地农民公寓项目规划选地的函	2015年7月16日
银兴政函发〔2015〕126号	关于兴庆区友爱中心路西侧加油站项目用地征地拆迁情况的复函	2015年7月16日
银兴政函发〔2015〕127号	关于申请对银川通用机场和通航产业园进行同期质量监督的函	2015年7月16日
银兴政函发〔2015〕128号	关于实行开展银川通用机场项目招标工作的函	2015年7月16日
银兴政函发〔2015〕129号	关于银川通用机场及场外道路项目建设征地补偿款全部到位的函	2015年7月24日
银兴政函发〔2015〕130号	关于兴庆区部分养殖企业拆迁、停户、转产的情况说明	2015年7月25日
银兴政函发〔2015〕131号	关于投资建设大新村综合市场项目相关事宜的函	2015年7月27日
银兴政函发〔2015〕132号	关于国龙健康园项目选址意见事宜的函	2015年7月27日
银兴政函发〔2015〕133号	关于国龙健康园项目用地招拍挂事宜的函	2015年7月27日
银兴政函发〔2015〕134号	关于投资建设大新村综合市场项目规划选址相关事宜的函	2015年7月29日
银兴政函发〔2015〕135号	关于减免兴庆区康居安置区建设项目商业部分城市基础设施配套费用的函	2015年7月30日
银兴政函发〔2015〕136号	关于银川通用机场北侧220千伏高压线改造有关事宜的函	2015年7月28日
银兴政函发〔2015〕137号	关于滨河新区203省道建设项目征收牧民新村土地补偿款借款的函	2015年7月31日
银兴政函发〔2015〕138号	关于核拨银通路（友爱中心至燕庆路）拓宽改造项目国有土地房屋征收奖励补助资金的函	2015年8月3日
银兴政函发〔2015〕139号	关于对银川通用机场飞行程序设计采用单一来源和对银川通航产业园路灯采购等项目采用邀请招标方式的函	2015年8月3日
银兴政函发〔2015〕140号	关于界定原银川市财经学校与长城东路341号院地界的函	2015年8月3日
银兴政函发〔2015〕141号	关于宁夏女子监狱行政大门南侧治平路征地拆迁工作的复函	2015年8月4日
银兴政函发〔2015〕142号	关于兴庆区辖区内三条道路征收情况的函	2015年8月4日
银兴政函发〔2015〕143号	关于妥善安置北京录至红墩子道路建设项目（贺兰段）15户征地拆迁户事宜的函	2015年8月4日
银兴政函发〔2015〕144号	关于阁第湖城市生态休闲公园项目生态用地批复的函	2015年8月4日
银兴政函发〔2015〕145号	滚阿玉减免银川通用机场各单位体楼位置屠补测工作费用的函	2015年8月4日
银兴政函发〔2015〕146号	关于尽快为上前村安置区提供高靠电源的函	2015年8月4日
银兴政函发〔2015〕147号	关于原兴庆区科技园办公用房处置事宜的函	2015年8月7日
银兴政函发〔2015〕148号	关于协调外置校园周边流动食品摊贩车辆的函	2015年8月7日
银兴政函发〔2015〕149号	关于对旧城南部棚户区改造三片区（美华家园二期）项目予以立项的函	2015年8月7日

续表

银兴政函发〔2015〕150号	关于申请办理银川通用机场建设项目临时施工许可证手续的函	2015年8月7日
银兴政函发〔2015〕151号	关于尽快拆除燃煤茶熔炉的函	2015年8月7日
银兴政函发〔2015〕152号	关于大新、友爱失地农民公寓项目用地情况说明的函	2015年8月17日
银兴政函发〔2015〕153号	关于新华东街一号综合楼相关事宜的函	2015年8月18日
银兴政函发〔2015〕154号	关于旧城南部安置区绿地事宜的函	2015年8月18日
银兴政函发〔2015〕155号	关于银川通航航空产业基地征地拆迁审核项目会审建议的函	2015年8月18日
银兴政函发〔2015〕157号	关于审批办理大新村综合市场项目临时性建设工程规划许可证事宜的函	2015年8月24日
银兴政函发〔2015〕158号	关于申请拨付兴庆区裸露及无主堆土覆盖整治经费的函	2015年8月24日
银兴政函发〔2015〕159号	关于凤凰南街（六盘山路—双庆路）道理工程使用林地足额补偿的函	2015年8月24日
银兴政函发〔2015〕160号	关于银川市友爱中心路（六盘山路—沈阳路）道理工程建设项目使用林地足额补偿的函	2015年8月24日
银兴政函发〔2015〕161号	关于黄河金岸华夏沙图生态小镇酒店用地交地时间的函	2015年8月24日
银兴政函发〔2015〕162号	关于大新友爱失地农民公寓项目用地情况说明的函	2015年8月24日
银兴政函发〔2015〕163号	关于兴庆区包干项目超期部分过渡期租房费会审意见的函	2015年8月24日
银兴政函发〔2015〕164号	关于兴庆区范围内实施市级建设项目过渡期租房费审核会审意见的函	2015年8月24日
银兴政函发〔2015〕165号	关于申请停业天都十六区项目商品房预售许可的函	2015年8月24日
银兴政函发〔2015〕166号	关于拨付203省道建设项目牧民新村段征地拆迁款的函	2015年8月25日
银兴政函发〔2015〕167号	关于对兴庆区满春安置区三期B区公建资产出让金的函	2015年8月31日
银兴政函发〔2015〕168号	关于对兴庆区闲置办公房资产出让核定土地出让金的函	2015年8月31日
银兴政函发〔2015〕169号	关于加快银川通用机场北侧220千伏高压线塔改造工程建设的函	2015年9月2日
银兴政函发〔2015〕170号	关于银川市兴庆区涌泉加油站给办理建设用地审批手续的函	2015年9月2日
银兴政函发〔2015〕171号	关于银川市宝丰养老健康中心项目预先核准的函	2015年9月6日
银兴政函发〔2015〕172号	关于旧城南部安置区建设相关事宜的函	2015年9月6日
银兴政函发〔2015〕173号	关于旧城南部安置区建设项目用地相关事宜的函	2015年9月6日
银兴政函发〔2015〕174号	关于对兴庆区机关事业单位国有资产处置的函	2015年9月7日
银兴政函发〔2015〕175号	关于对兴庆区机关事业单位国有资产处置的函	2015年9月7日
银兴政函发〔2015〕176号	关于申请对兴庆区双庄村钢模板厂旧城改造项目拆迁总成本予以审核认定的函	2015年9月7日
银兴政函发〔2015〕177号	关于友爱失地农民便民市场项目规划选址相关事宜的函	2015年9月8日
银兴政函发〔2015〕178号	关于恒大御景二期项目建设用地内场清理事宜的函	2015年9月8日
银兴政函发〔2015〕179号	关于新水桥小学选址的函	2015年9月7日
银兴政函发〔2015〕180号	关于掌政镇安置区三期地下车库建设情况的话请说明	2015年9月9日

续表

银兴政函发〔2015〕181号	关于限期查处整改违法占地的函	2015年9月9日
银兴政函发〔2015〕182号	关于京藏高速公路防洪排涝工程整改工作的复函	2015年9月9日
银兴政函发〔2015〕183号	关于牧民新村203省道建设项目征收补偿测算情况的函	2015年9月9日
银兴政函发〔2015〕184号	办理兴庆区二十九小掌政中心小学土地手续的函	2015年9月15日
银兴政函发〔2015〕185号	关于兴庆区鼓楼北街等项目用地征地拆迁的函	2015年9月17日
银兴政函发〔2015〕186号	关于对银川通用机场综合业务办公及厨房家具用品采购项目采用邀请招投标方式的函	2015年9月17日
银兴政函发〔2015〕187号	关于对上报银川市2015年计划实施项目库的部分项目进行调整的函	2015年9月17日
银兴政函发〔2015〕188号	关于对兴庆区征地迟还款予以复核	2015年9月17日
银兴政函发〔2015〕189号	关于银地（挂）字2009—50号地具体情况的函	2015年9月17日
银兴政函发〔2015〕190号	关于兴庆区10号收储地块土方清理承诺函	2015年9月30日
银兴政函发〔2015〕191号	关于友爱失地农民便民市场项目用地挂牌出让事宜的函	2015年9月30日
银兴政函发〔2015〕192号	关于203省道建设项目牧民新村段拆迁补偿款事宜的函	2015年9月30日
银兴政函发〔2015〕193号	关于调整棚户区项目贷款资金的函	2015年9月30日
银兴政函发〔2015〕194号	关于减免康居安置（棚户）区高可靠性接电费用的函	2015年9月30日
银兴政函发〔2015〕195号	关于办理民乐安置区二期项目划拨土地契税减免有关事宜的函	2015年10月8日
银兴政函发〔2015〕196号	关于办理民乐安置区二期土地证的函	2015年10月8日
银兴政函发〔2015〕197号	关于兴庆区部分养殖企业拆迁、停户、转产的情况说明	2015年10月9日
银兴政函发〔2015〕198号	关于协调办理兴庆区康居安置区排水管网穿越大新渠建设手续的函	2015年10月14日
银兴政函发〔2015〕199号	关于申请将银川通用机场建设工程项目可列入政府购买服务有关事项的函	2015年10月15日
银兴政函发〔2015〕200号	关于办理月牙湖扬水泵站改造工程用电手续的函	2015年10月15日
银兴政函发〔2015〕201号	关于修建月牙湖扬水灌区渡槽改造工程输水管道203省道函桥的函	2015年10月15日
银兴政函发〔2015〕203号	关于免缴兴庆区棚户区改造项目高可靠性接电费的函	2015年10月17日
银兴政函发〔2015〕204号	关于调整兴庆区文化街社区卫生服务中心办公用品的函	2015年10月20日
银兴政函发〔2015〕205号	关于办理大新安置区二期划拨土地契税减免有关事宜的函	2015年10月27日
银兴政函发〔2015〕206号	关于办理北塔村安置区项目划拨土地契税减免有关事宜的函	2015年10月27日
银兴政函发〔2015〕207号	关于泊松2016年棚户区改造项目的复函	2015年10月30日
银兴政函发〔2015〕208号	关于核拨兴庆区七个安置区项目部分已实施项目征地补偿资金的函	2015年10月30日
银兴政函发〔2015〕209号	关于大新村综合市场临时性建设工程规划许可审批承诺函	2015年10月30日
银兴政函发〔2015〕210号	关于同意中国农发重点建设资金投入银川市兴庆区国有资产投资控股有限公司的函	2015年11月3日

续表

银兴政函发〔2015〕211号	关于同意中国农发重点建设资金投入银川市兴庆区国有资产投资控股有限公司的函	2015年11月3日
银兴政函发〔2015〕212号	关于落实中央彩票公益亟支持兴庆区体育馆建设项目的承诺函	2015年11月4日
银兴政函发〔2015〕214号	关于满春安置区二期社区服务用房及物业管理用房项目选址意见书延长有效期限的函	2015年11月9日
银兴政函发〔2015〕215号	关于兴庆区征地补偿费兑付情况的函	2015年11月9日
银兴政函发〔2015〕216号	关于缓缴兴庆区棚户区改造安置区项目高可靠性接电费的函	2015年11月10日
银兴政函发〔2015〕217号	关于康居安置（棚户）区计表配置的函	2015年11月19日
银兴政函发〔2015〕218号	关于认定兴庆区养殖企业拆迁、停产、转产的函	2015年11月19日
银兴政函发〔2015〕219号	关于银川市兴庆区人民政府申报农村一、二、三融合试点项目的函	2015年11月19日
银兴政函发〔2015〕220号	关于兴庆区通贵集镇安置区二期项目选址的函	2015年11月23日
银兴政函发〔2015〕221号	关于申请置换通贵乡集镇安置区二期项目建设用地指标的函	2015年11月23日
银兴政函发〔2015〕223号	关于申请出具旧城南部棚户区改造三片区项目（华美家园二期）招投标手续的函	2015年11月27日
银兴政函发〔2015〕224号	关于签订银川市犬只留检（收容）所用地协议事宜的复函	2015年11月30日
银兴政函发〔2015〕225号	关于报送兴庆区现代都市休闲农业示范区建设项目实施方案的函	2015年12月1日
银兴政函发〔2015〕226号	关于办理民乐村城中村改制项目国有土地使用权证的函	2015年12月2日
银兴政函发〔2015〕227号	关于拨付兴庆区旧城南部棚户区改造工程安置区建设资金的函	2015年12月2日
银兴政函发〔2015〕228号	关于解决银川通用机场工程项目2015年第四季度贷款利息的函	2015年12月4日
银兴政函发〔2015〕229号	关于办理2015年月牙湖乡高效节水灌溉工程用电手续的函	2015年12月7日
银兴政函发〔2015〕230号	关于丽景街以东金凤十字路以北友爱中心路以西项目用地拆迁情况的函	2015年12月7日
银兴政函发〔2015〕231号	关于拨付兴庆区旧城南部棚户区改造工程安置区建设资金的函	2015年12月7日
银兴政函发〔2015〕232号	关于对掌政镇镇河村张国洗给予养殖场损失给与补偿函	2015年12月7日
银兴政函发〔2015〕233号	关于征求兴庆区第三十小学选址有关意见的函	2015年12月8日
银兴政函发〔2015〕234号	关于征求银川市兴庆区月牙湖乡总体规划（2015—2030）意见的函	2015年12月8日
银兴政函发〔2015〕235号	关于光华门6队、11队康居安置区项目选址的函	2015年12月11日
银兴政函发〔2015〕236号	关于同意中国农发重点建设基金投入银川市兴庆区国有资产投资管理有限公司	2015年12月11日
银兴政函发〔2015〕237号	关于民乐安置区建设及资金监管有关事宜的函	2015年12月14日
银兴政函发〔2015〕238号	关于暂借银川通用机场政府购买服务项目资金的函	2015年12月14日
银兴政函发〔2015〕239号	关于申请对玉皇阁北街商业房屋产权单位名称进行变更的函	2015年12月21日
银兴政函发〔2015〕242号	关于兴庆区2016年度和十三五期间城乡规划管理工作的函	2015年12月25日

续表

银兴政函发〔2015〕243号	关于办理治平路市政道路建设项目用地手续的复函	2015年12月25日
银兴政函发〔2015〕244号	关于《关于制止宁夏振之峰废旧物资回收有限公司非法占地的函》的复函	2015年12月28日
银兴政函发〔2015〕245号	关于明确康居安置区专项维修基金收取事宜的函	2015年12月28日
银兴政批字〔2015〕1号	关于成立月牙湖乡滨河四村村民委员会的批复	2015年1月13日
银兴政批字〔2015〕2号	关于新兴时代管理有限公司等3家单位重大火灾隐患进行摘牌的批复	2015年3月18日
银兴政批字〔2015〕3号	关于掌政镇强家庙村和永固村合并成立强家庙村村民委员会的批复	2015年4月8日
银兴政批字〔2015〕4号	关于同意将宁夏生产力促进中心房权证地过户到兴庆区国控公司名下的批复	2015年7月14日
银兴政批字〔2015〕5号	关于对银川通用机场及场外道路项目国有建设划拨用地的批复	2015年7月24日
银兴政批字〔2015〕6号	关于同意给予王文生停业执行行政职务的批复	2015年7月27日
银兴政批字〔2015〕7号	关于同意《月牙湖乡水利设施改造拆迁安置工作实施方案》的批复	2015年8月4日
银兴政批字〔2015〕8号	关于宁夏建工集团装饰公司7.27高空坠落调查的批复	2015年10月9日
银兴政批字〔2015〕9号	关于对《山东潍坊大成钢结构工程有限公司7.18高处坠落的调查报告》的批复	2015年10月9日
银兴政批字〔2015〕10号	关于同意给予马永峰开除公职的批复	2015年10月9日
银兴政批字〔2015〕11号	关于对宁夏温州商城等4家重大火灾隐患单位摘牌的批复	2015年10月9日

▷ 索引

说明：

一、本年鉴索引按照汉语拼音（同音字按声调）顺序排列；第一字相同，按第二字音序排列。依次类推。

二、类目、分目、条目用小五号黑体字标示，正文款目用小五号宋体字标示，表格后用“（表）”。

三、标引词后阿拉伯数字表示内容所在页码。数字后的拉丁字母a、b、c分别表示从左至右第一、二、三栏。

A

B

C

D

H

J

M

N

P

Q

R

S

T

W

X

Y

Z

▷ Table of Contents

Features

Practical Steps taken in 2015 to address people' s common concerns in Xingqing District

Media Reports on Xingqing District

Memorabilia

An Overview of Xingqing District

Political Party · Government Administration

Democratic Party · Mass Group

Rule of Law

Military

Agriculture and Animal Husbandry · Afforestation · Water Conservancy

Industry · Realty Industry

Urban Construction · Transportation

Urban and Rural Management & Service

Business & Commerce and Logistics

Finance · Taxation

Finance

General Economic Management

Medical Health

Science & Technology · Environmental Protection

Social Services and People's Livelihood

Education

Culture · Sports · Tourism

Township · Town · Street (Administrative Committee)

Academy Figures

Awards and Honors

Appendix

Index

Contents